SIEBEN

TÜRME

VIERTEL

SIEBEN

FERIDUN ZAIMOGLU

TÜRME

ROMAN

VIERTEL

Kiepenheuer & Witsch

Ausführliches
Personenverzeichnis
auf Seite 795

Ausführliches Personenverzeichnis auf Seite 795

MIX
Papier aus verantwor-
tungsvollen Quellen
FSC® C083411

www.fsc.org

Verlag Kiepenheuer & Witsch, FSC® N001512

1. Auflage 2015

Umschlaggestaltung: Barbara Thoben, Köln
Umschlagmotiv: © plainpicture/Viviana Falcomer
Autorenfoto: © Melanie Grande
Gesetzt aus der Minion
Satz: Buch-Werkstatt GmbH, Bad Aibling
Druck und Bindung: CPI books GmbH, Leck
ISBN 978-3-462-04764-6

Für meine geliebten Eltern

»Gott hat neunundneunzig schöne Namen,
einen weniger als hundert.«

Überlieferung des Propheten

Prolog

Sie nennen mich Hitlers Sohn. Flüchtiger Arier. Kind mit Kraft.
Sie nennen mich Windhundwelpe des Führers. Sie rufen mich den
Gelben, die kleine Sonne, Zauberperle, lachendes glückliches Äffchen. Sie sagen: Verwandle dich nicht, und wir werden dich bewundern. Sie wollen mir schmeicheln, also lächele ich sie an.
Sie knurren die Laute, die Türken, sie pressen sie heraus, die Kose-
worte, sie dichten mir eine feurige Herkunft an. Sie sagen: Wir
haben nur diese kleine Welt, und wir haben aber so viele Wünsche – erfülle sie uns. Sie nennen mich: Das deutsche Kind, das die
Düsternis vertreibt.
Der Teufel schreibt Zeichen und zeichnet Male. Das Land ist mit
kleinen Teufeln bevölkert. Ich bin ein kämpfender Geist, ein Modell-
mensch.
Sie sagen: Schau uns an. Schau uns ins Gesicht. Der Blick aus braunen Augen sticht und brennt. Der Blick blauer Augen kann uns
nicht verwüsten.
Mein Vater sagt: Tausend Hunde bellen, weil sie einen Hund bellen
hören.

Ich gelte als geschrumpfter Mann, dessen Finger und Zehen zucken, weil er beglänzt ist. Weil er brennt. Die Mütter anderer Kinder kämmen mich. Die Väter nicken ernst, wenn sie mich sehen, sie nicken oder hacken mit dem Kinn in die Luft.

Sie nennen mich: Maschine der Geschichte. Gerät der Gottesmacht. In ihrer Liebe gedeihe ich. Im fremden Land sprieße ich. Sie sprechen mir eine vererbte Mordlust zu, ich verstehe sie nicht.

Die Türken glauben: Das Schicksal ist ein ernstes Spiel. Die meisten Männer werden fallen durch das Schwert. Viele Männer trägt der Wind fort, sie werden verweht wie zerkörnte Erde. Die Stirn ist die schwarze Tafel Gottes. Auf der Stirn eines jeden Mannes, und einer jeden Frau, steht geschrieben der Anfang, die Mitte, das Ende.

Sie sagen: Du darfst nicht zögern noch innehalten. Du bist ein Deutschblütiger. Du entstammst dem erblühenden Volkstum. Dort, in deinem Land, sind alle im Freudentaumel. Harre aus bei uns, in der Wildnis, und kehre zurück.

Ich sage: Rückkehr ist ausgeschlossen, solange der Hund die Hunde bellen macht. Das sind meines Vaters Worte.

Ihm gehen sie aus dem Weg. Sie schauen ihn an, als wäre er poliertes Metall, in dem sie sich spiegeln. Sein Gesicht ist kein Gesicht. Er kann den Schatten nicht wegwaschen. Die Worte der neuen Sprache spricht er zungenlahm, sie verübeln es ihm, weil sie eine böse Absicht vermuten.

Ein Mann sagt: Er wird fallen. Ich hinterbringe es meinem Vater. Er spricht den Mann an, der ihn als Memme im Geschirr beschimpft. Kein Widerwort, kein Gegenschlag, kein Hieb: Mein Vater schweigt, lächelt, schweigt, dreht dem Mann nur den Rücken zu.

Sie sagen: Ehre ihn, weil er dich gezeugt hat. Er steckt dich an mit der Krankheit, die alle Glieder lähmt. Sein verschwärztes Antlitz ist manchmal ein blinder Spiegel – dann wenden wir uns ab. Sei uns nicht böse, kleine Arierseele, wir wollen uns nur schützen. Du kommst nach deiner Mutter. Wir wollen dich nicht aufhetzen gegen ihn; ehre ihn und deine Ahnen.

Mein Vater sagt: Ich und dies Land – das passt wie der Geier ins Taubenhaus.

Verdoppeltes Elend am Ende der Welt. Wir flohen. Wir haben unser Ränzel geschnürt. Wir flohen den Rauch und fielen nicht ins Feuer. Affenschande nennt es Vater. Nach deutscher Luft in den Lungen sehnt er sich.

Sie nennen mich: Stahlleib. Blut spritzt auf Eisen, es rostet. Blut schwemmt das Leid fort, ich verstehe nicht. Sie tänzeln im Kreis, in dessen Mitte ich stehe. Sie gurren mich an. Sie bitten mich, die Schwelle oder das Fenster ihres Hauses zu berühren: Schutz vor dem Dieb. Sie heben den Fuß, ich berühre die Schuhkappe, die Schnürsenkel: Die Schuhe werden länger halten.

Ich berührte die Wunde am Arm des Mädchens, dass sie sich schnell verschließt. Mein Vater verbietet es mir. Man hat ihn um seine Seelenruhe gebracht. Es wird ihn nicht umbringen.

Er nennt mich: Vagabund, Streuner, Buschmann. Er tadelt gern, er lobt nicht. Daheim, im geraubten Reich, ist der Himmel blauer, und die Wiesen sind grüner. Das Reich des bellenden Hundes, alle jubeln, sagt er, und sprechen ein bellendes Deutsch.

Sie, die sie mich bitten, die Hand aufzulegen, auf Stein, Holz und Haut, bitten mich auch, deutsche Worte zu sprechen.

Ich sage: Honig.

Ich sage: Wetter.

Ich sage: Magen und Mädchen.

Sie schauen mir auf den Mund, auf die Zähne. Sie frohlocken, wenn sie meine Zungenspitze sehen. Ein ernstes Spiel mit dem deutschen Kind.

Ich kratze mich am Handknöchel an der Wurzel des mittleren Fingers – sie reißen mir die Hände auseinander. Ich darf es nie wieder tun, weil mein Vater sonst verarmt.

Ein Mann verwarnt die Kinder, sie lehren mich den Aberglauben einer anderen Zeit.

Diese Zeit ist zerschmolzen wie Glas. Biegsam wie eine Gerte soll ich sein, unbeeindruckt soll ich sein von Gerede und Gerücht. Die Ahnen liegen in den Gräbern, in meinem Kopf sind sie nicht begraben.

Ich sage: Zimmermann.

Ich sage: Handwerk.

Ich sage: Brot und Bruder.

Ich sage: Stolz und Glanz.

Alte Männer drehen ihre Zigaretten, sie sitzen auf Schemeln, und wenn ich an ihnen vorbeilaufe, winken sie mich zurück. Sie fragen, ob ihre Sitten mich bedrücken. Ich verstehe nicht. Sie fragen, ob ich mir nachts die Stirn wund schlage vor Pein. Jede Antwort gefällt ihnen. Sie reichen mir den Teller Rosinen, ich darf eine Handvoll auflesen.

Sie sagen: Hitlersohn, werde groß und tüchtig.

Meinen Vater schweigen sie an.

Mein Vater warnt: Hüte dich vor diesen finsteren Knechten, sie spitzen das Maul.

Das Viertel ist mein Land.

Teil I

ISTANBUL 1939

1. Der Erbarmer

Die Krähe stirbt im blassen Licht. Er spannt das Gummiband der Zwille, zielt und trifft sie an der Brust. Eine Schwinge fächert sie auf, fällt zur Seite, der Schnabel wetzt über die Erde. Batur senkt den Kopf, er zittert.

Ich spähe: In der Ferne Feuerschein, die Zypressen, die sich im Winde wiegen, sind erhellt. Wir haben uns versteckt am Feldrain, hinter den Büschen am Acker, den man mit Abwässern düngt. Ödland außerhalb der Mauern. Sie stehen im Schatten der Hütten aus morschem Holz. Ich zähle drei Kinder und den großen Bruder, der den Vogel getötet hat. Wir sind in der Überzahl.

Dschenk stemmt die Fußballen in die Erde, er will angreifen, ich zerre ihn zurück. Burak und Nuyan lauern, sie summen leise ein Kampflied. Die Feinde sind bewaffnet. Sie haben Astgabeln vom Haselstrauch gespalten, sie haben sie glatt geschmirgelt, sie schießen nicht mit Papierkrampen. Wenn sie uns früh entdecken, bluten wir aus Löchern im Kopf.

Die Krähe bewegt sich. Der Große lacht verrückt, Flammenrot leckt seine Wangen und seine Haare. Die Zwille steckt er in die Hosentasche, tritt aus den hellen Schatten, er übergibt seine Zwille einem Kind.

Wir sind auf der Hut: Sie könnten uns täuschen. Sie könnten uns im großen Bogen umgehen und in den Rücken fallen. Der Große führt die Kleinen an. Wir können sie besiegen. Mein Plan: Burak und Nuyan klammern sich an seine Beine, bringen ihn zu Fall. Dschenk, Batur und ich peitschen die Brut mit sausenden Zweigen in die Flucht. Der Feind ahnt nichts von unserem Hinterhalt. Jetzt blickt der Große herab auf die Beute. Er umgreift die Flügel, reißt die Krähe hoch, Licht blitzt auf an den Krallen, Licht blitzt auf am aufgesperrten Schnabel, die Kinder schreien, als hätten sie gesiegt. Vogel in der Faust, Geschrei der Getreuen, glücklich ist der Große, weil man ihn verehrt. Sein Gesicht wie geteert. Riecht er am Gefieder?

Er beißt der Krähe in den Kopf. Die Kinder sind still.

Mächtige Welt, sagt Batur.

Er frisst sie roh auf, sagt Nuyan.

Tut er nicht, sage ich und spähe.

Hast du Angst, Deutscher?, sagt Dschenk.

Er muss zuerst fallen.

Hier, sagt er und zeigt mir den faustdicken Stein mit den scharfen Kanten, ich klopfe ihm damit die Stirn auf.

Du übernimmst ihn?

Du musst ihn unten hart rammen, sagt Dschenk.

Und wir?, sagt Burak.

Ihr schlagt den Rest der Brut, sage ich.

Er wird die Krähe rupfen, stückeln, braten und essen, sagt Batur.

Heute wildern sie hier, morgen in unseren Straßen. Willst du das?

Nein.

Nuyan sagt fromm ein kurzes Gebet auf. Dschenk spuckt auf den Stein in seiner Faust, ich schlucke nicht trocken, er würde mich später verspotten. Ich spähe: Der Große umringt von den Kleinen, wir werden sie überraschen. Ich zwänge mich durch die Büsche, Dschenk schließt auf, wir laufen los. Auf halbem Wege schreie ich: Ergebt euch! Ihr seid umstellt von Banditen!

Der Krähenbeißer dreht sich um, er lächelt. Wir stürmen auf ihn zu, Batur beschimpft ihn und die Kinder als Aasfresser. Mein Zweig wischt dem Großen über den Unterleib, er zuckt nicht, Dschenk fällt ihn an und stößt ins Leere, weil der Beißer einen Schritt zur Seite macht. Burak, Nuyan und Batur ringen mit den Kindern. Der Beißer zerrt Dschenk an den Haaren hoch, entwindet ihm den Stein, er schlitzt ihm die Wange auf. Ich peitsche ihm ins Gesicht, auf den Hals, ich brülle: Rückzug!

Wir laufen weg, wir müssen fliehen, wir stolpern über Stauden und Stöcke. Dort, wo der Blitz einschlug, an der rotschwarz gescheckten Erde, dort werden wir uns nach der Flucht versammeln. Dort wächst Gras und Pflanze geknickt und mit grindigen Wunden. Dort findet man verbackene Glasscherben, Fantasiesteine, bunten Abfall, all das, was man zum Schaben und Ritzen braucht. Ich denke: Wenn man mit blitzverbrannter Scherbe übers Pflaster kratzt, klingt es, als knirsche ein kleines Tier mit den Zähnen im Schlaf.

Ich laufe und denke. Ein Feind springt mir auf den Rücken, ich falle hart, der Feind zieht mir den Kopf in den Nacken, steckt mir von hinten Vogelfedern in den Mund, ich spucke sie aus.

Ihr habt Knicker und Knöpfe in den Taschen, sagt der Krähenbeißer, ihr seid keine Banditen.

Lass mich los, sage ich.

Deine Freunde, sie haben dich mir überlassen. Du bist meine Geisel. Schau hin!

Er legt den toten Vogel neben mein Gesicht. Geborstener Kopf. Schwarzes Lumpenbündel. Der Große sitzt auf meinen Schultern, er hat auch mich erbeutet, guter Fang an diesem Tag. Die Kinder stehen nah bei ihm.

Kubilay, sagt der Beißer.

Ja?

Kennen wir ihn?

Das arische Kind, sagt Kubilay.

Arier, ruft der Große aus und lacht, du bist es wirklich. Näschen wie bei einem Mädchen. Mädchenhelle Haut. Mädchenklang deiner Stimme. Willst du mich betören?

Nein, sage ich.

Schlitzt du ihn auf?, sagt ein Kind.

Mund halten! … Schänden werde ich dich nicht, Arier. Wieso greift ihr uns an?

Das ist unser Acker, sage ich.

Unfruchtbares Land voller Ratten und Krähen, ich schenke es euch. Wenn du tief genug gräbst, findest du angenagte Männerknochen.

Stimmt nicht.

Hier starben viele, die sich verirrten, sagt der Beißer, man erstach und verscharrte sie. Nachts heulen ihre Seelen. Am Tag liegen sie bloß in der Erde.

Lass mich, sage ich und versuche, hochzukommen. Er drückt mir den Daumen in den Nacken, ich halte still. Die Kinder sind seine Soldaten, sie warten auf ein Wort, das sie erlöst aus der Starre. Ich schaue auf die tote Krähe, auf die gebrochenen Flügel, auf die gespreizten Federn an der Brust. Der Stein hat ihn aufgerissen, Blut sickert aus dem Wundschlitz.

Soll ich dich aufbrechen wie den Vogel?, sagt der Große.

Nein, sage ich.

Er soll gehen, Bruder, sagt Kubilay, der Kampf ist entschieden.

Hörst du, Arier? Dein Fürsprecher bittet um Milde.

Er greift zur Krähe, beißt ihr den Kopf ab, steckt mir den Kopf in die Hosentasche, steht auf.

Ich warte auf den Schlag, auf die Tritte der Kinder. Ich warte, bis mir vom Liegen auf der harten Erde die Knöchel schmerzen. Das ist der Acker unserer ersten Schande. Schnabelklappern der Vögel, die auf Zypressenästen nisten. Asche am Himmel, es brennt die windschiefe Scheune auf der Brache.

Ich wende mich ab, gehe zwischen staubigen Feldern zurück zum Viertel, trete durch das Belgradtor der verfallenen Stadtmauer. Der Grieche Vasil wässert sein Gemüsefeld, ich winke ihm zu, er starrt mich an: Ein vorbeilaufendes Kind grüßt kein Mann. Am Laden des Krämers Fewsi biege ich ab.

Dort stehen sie, auf dem Stück verdorrten Lands, drei flackernde

Geister im Dunkeln. Sie sind müde, sie sind entseelt durch die Hand des Kopfabreißers. Seine zermalmende Kraft hat uns niedergerissen. Nuyan schneidet die Kerben aus dem Griff seiner Zweigpeitsche, er will von vergangenen Siegen nichts mehr wissen. Burak ist verschwunden. Dschenk verflucht den Großen, er nennt ihn den Cousin einer Kröte. Schwarz beschmierte Menschenhaut.

Er lacht nur, um seine Zähne zu zeigen, sagt Batur.

Ihr seid weggerannt, sage ich, ich blieb.

Der Arier gibt an, sagt Dschenk, schau, das ist meine Wunde.

Du erzählst deiner Mutter folgende Geschichte: Ich wollte eine Katze küssen, da hat sie mich zerkratzt.

Sie glaubt mir nie.

Was hat er mit dir gemacht?, sagt Nuyan.

Ich musste Federn fressen, sage ich, und er gab mir ein Geschenk.

Ich werfe den Kopf der Krähe vor ihre Füße. Batur weicht einen Schritt zurück. Nuyan schaut über die Schulter in die Richtung der Stadtmauer. Es könnte sein, dass der Große mir gefolgt ist. Dass er mit einem letzten Schlag uns vernichtet.

Wenn Kopf und Körper getrennt bestattet werden, wachsen sie am Tag der Auferstehung nicht zusammen, sagt Nuyan.

Du kennst die Gnade Gottes nicht, sagt Batur.

Er verhöhnt uns, sagt Dschenk, ich sollte das Messer meines Vaters schnappen und ihn anspringen.

Damit er dir auch die andere Wange zerschlitzt?, sage ich.

Wir sind dumm, sagt Nuyan, wir haben uns mit einem großen Bruder angelegt. Das wird sich herumsprechen.

Er schlägt Kinder. Wenn die anderen Großen davon hören, sind sie aufgebracht.

Kennt ihn jemand?, sagt Batur.

Tschetschenen, sagt Dschenk, vertrieben und seltsam.

Wieso?

Es heißt, sein Vater gürte sich mit Schlangen.

Märchen, zischt Nuyan.

Die Mutter flucht dir Todesblässe an.

Glaubst du das?, sage ich.

Wer beißt einem Vogel in den Kopf?, sagt Dschenk, doch nur einer, den man zum Wilden erzogen hat.

Wir müssen gehen, sagt Batur.

Und die halbe Leiche?, sagt Nuyan.

Lockt Hunde und Käfer an.

Muss unter die Erde, sage ich.

Mit bloßen Händen schaufeln wir ein kleines Loch, legen das Stück Krähe hinein, schütten es zu, treten den Boden fest. Soll man ein Gebet sprechen? Haben Tiere eine Seele, und wenn ja, ist sie dem Tier aus dem Schnabel oder aus der Brustwunde herausgefahren?

Wir sind ratlos. Die Seele ist der Krähe entrissen, sie ist vielleicht entzweigerissen und fügt sich zusammen wie der Kragen, den man an das Hemd näht. Batur drängt, wir zerstreuen uns.

Spiel der kleinen Mädchen auf der Straße: Sie werfen Kieselsteine hoch und fangen sie mit dem Handrücken auf. Sie kichern, als wir vorbeilaufen, Batur wird rot. Das Mädchen mit der zerfransten Schleife im Haar nennt ihn Zuckerprinzchen. Ich habe ihm heimlich zugesehen, wie er den Namen des Mädchens mit dem Finger in nasse Erde schrieb. Jetzt fragt er mich nach unserer Ausrede, er kann nicht lügen, und mir merkt man die Lüge an. Wir einigen uns auf die halbe Wahrheit.

Im Haus von Tete, der Frau, die wir Großmutter nennen, brennt Licht. Sie steht nicht, wie sonst oft bei Anbruch der Abenddämmerung, am Fenster. Also wird sie wohl ungesüßten Tee trinken und alte Lieder singen. Das Gebet wird ausgerufen – gutes oder schlechtes Zeichen? Am Gartentor unseres Hauses bleiben wir kurz stehen, klopfen den Staub von den Kleidern. Diesmal hüpfen wir nicht von einer Gehwegplatte zur nächsten. Mutlos bin ich, und Batur ahmt mich nach. Ich steige die fünf Treppen hoch, drehe an der Klingel. Die Tochter des Hauses schließt uns auf. Derya ist streng, sie schüttelt bei unserem Anblick den Kopf. Wir schnüren unsere Straßenschuhe auf, ich schlage die Zierdecke zurück, wir stellen unsere Schuhe in das Regal.

Hierher, ruft mein Vater.

Hitlersohn, sagt Abdullah Bey.

Sie sitzen am gedeckten Tisch, Batur und ich stellen uns nebeneinander auf. Bayka Hanim zankt ihren Mann aus, er soll den Namen des finsteren Gauners nicht in den Mund nehmen. Er lächelt erst sie und dann mich an.

Deine Stirn blutet, sagt sie.

Ich habe sie mir wund geschlagen, sage ich, an einem Stein, der am Boden lag. Den ich nicht aufhob.

Du bist gestürzt?

Ja. Ich bin über eine Knolle gestolpert und fiel auf den Stein.

Und mein Sohn Batur fiel mit, sagt Abdullah Bey.

Ich wollte mich an ihm festhalten.

Steckenpferdreiter, sagt mein Vater auf Deutsch.

Abdullah Bey runzelt die Stirn, er kennt das Wort nicht, er hält es für eine knappe Ermahnung.

Hast du Hölzchen im Mund?, sagt er zu seinem Sohn.

Wolf hat recht.

Womit?

Er riss mich zu Boden.

Es gibt süße Teigbällchen als Nachspeise, sagt Bayka Hanim.

Wir haben uns geprügelt, sagt Batur.

Am liebsten würde ich ihm einen blauen Fleck in den Arm zwicken. Jetzt starrt mich mein Vater böse an. Ich muss die ganze Geschichte erzählen. Derya hält sich im Hintergrund, und nur einmal schnalzt sie missbilligend mit der Zunge.

Als ich fortfahren will, um zu schildern, was mit dem toten Vogel geschah, unterbricht mich die Dame des Hauses. Ich werde für die Lüge büßen müssen, mein Vater ist unerbittlich. Er sagt: Ich schüttele dich aus den Lumpen, wenn du dich im fremden Haus nicht benimmst. Hände waschen, Hose wechseln. Fingerkuppen in Wasser tunken, Finger spreizen, mit den Fingerzinken durch das Haar fahren.

Derya wartet im Flur, schenkt mir einen Pferdewagen. Der Karren besteht aus einem Schafskieferknochen, um den sie Garn gebunden hat. Das Gespann: Gelenkknochen, die an Holzstäben festgemacht sind. Mädchenspielzeug, ich bedanke mich trotzdem. Sie nimmt es mir ab, legt es auf die erste Treppenstufe, schickt mich ins Wohnzimmer.

Ich setze mich auf den freien Stuhl neben Batur, stecke den Serviettenzipfel in den Ausschnitt, schaue nicht auf meines Nebenmannes Brotscheibe, schaue nicht auf meines Gegenübers Teller.

Auf meinem Teller: mit Reis gefüllte Paprikaschoten. Der Herr des Hauses dankt Gott für die Gaben und wünscht uns allen eine gesegnete Mahlzeit. Wir dürfen beginnen. Batur ist Linkshänder, ich presse den Ellbogen an die Flanke.

Du warst befremdet über unsere Speisen, sagt Abdullah Bey, damals, als du herkamst. Immer noch hast du dich nicht daran gewöhnt, dass uns knusprig gebratenes Gekröse schmeckt.

Ich kann mich nicht beklagen, sagt Vater, ich werde immer satt.

Wir essen Innereien.

Mein Ehemann, beachte bitte die Tischsitten, sagt Bayka Hanim.

Natürlich, sagt Abdullah Bey, der einäugige Krämer verkauft Schweinefleisch ... wie heißt Laden auf neumodisch?

Charcuterie, sagt Bayka Hanim.

Ja. Der Krämer jedenfalls wird deshalb von manchen Männern im Viertel verfemt. Sie nennen ihn den Wurstchristen. Gestern passte mich ein Kerl ab. Einer, von dem ich erst dachte, er hat sich die Oberlippe mit Kohlengrus bestäubt. Ihm sprießt aber nur der Flaumbart. Mausgesichtig. Wenig Hals. Der Junge stellt sich mir in den Weg und sagt: Kauf nicht ein bei ihm. Er verkauft totes Schwein. Er ist ein Wurstchrist. Ich sage ihm: Was sind wir? Bratdarmmoslems.

Derya kichert, läuft rot an, flieht ins Bad. Bayka Hanim klopft mit dem Nachtischlöffel ihrem Mann auf den Handrücken. Eine Frau des sanften Tadels. Abdullah Bey spricht über Bratkartoffeln mit Speckwürfeln, eine Versuchung für einen rechtschaffenen Muselmanen wie ihn, der in den zwei Jahren seines Aufenthalts im Deutschen Reich genau wissen wollte, was für Fleisch ihm die Servierfräuleins auf den Teller legten. In den besseren Restaurants wurde nämlich die heiße Pfanne auf dem Wägelchen an den Tisch gebracht.

Er fragt Vater, ob ihn das Heimweh plagt.

Was soll er antworten? Ich sehe ihm sein Unbehagen an, auch wenn er stumpf geradeaus blickt. Er scheint das Ahnenschwert an der Wand zu mustern. Dann räuspert er sich die Kehle frei, betupft die Mundwinkel mit der gestauchten Serviette und sagt, dass Männer seines Schlages eigentlich Schlechteres verdienten. Natürlich würde ihm die Hausmacher-Rostwurst mit Sauerkraut fehlen. Natürlich sehnte er sich danach, nur an manchen Abenden, mit Menschen seines Volkes in der Sprache seines Volkes zu sprechen. Aber er, Franz, und sein Sohn Wolf wären aufgenommen worden von einer Dame und einem Herrn, die ihm nichts schuldeten.

An dieser Stelle winkt Abdullah Bey ab, schaut in die Runde, und bittet alle Anwesenden bis auf Vater, den Raum zu verlassen.

Ich danke Bayka Hanim für das Essen.

Sie sagt: Gott füllt unsere Mägen, ich bin nur seine Handlangerin.

Ich wasche mir die Hände, laufe die Treppen hoch, lege mich auf den Holzfußboden an der Fensterseite, starre durch das kleine Astloch: Ich sehe die Hände meines Vaters auf dem Tisch, Abdullah Bey faltet die Serviette, bis sie so klein ist, dass sie in die Brusttasche passt. Sie schweigen, ich lausche ihrem Schweigen.

Franz, ich habe mit dir eine ernste Sache zu besprechen.

Das ist offensichtlich, sagt Vater.

Du hast deine Frau selig lange genug geehrt.

Willst du mich verkuppeln?

Ich könnte darüber lachen, aber das wäre nicht angemessen, sagt Abdullah Bey, meine Frau hat sich umgesehen. Zugegeben, ohne deine Erlaubnis. Sie hat viele beste Freundinnen. Und sie wiederum haben viele Töchter.

Zu jung, sagt Vater.

Bist du zu alt? Nein. Willst du bis ans Lebensende weiblos bleiben? Das wäre nicht gottgefällig. Ich weiß schon, den Himmel bemühst du selten um Beistand.

Die Engelscharen schauen zu beim Weltenbrand, sagt Vater.

Was bedeutet das letzte Wort?, sagt Abdullah Bey.

Krieg.

Lass uns zu dieser ernsten Sache zurückkehren. Ein kerniger deut-

scher Mann genießt hohes Ansehen. Du musst dich entscheiden …
Gibt es eine Dame deines Herzens?
Nicht dass ich wüsste.
Was ist das für eine Antwort?!
Abdullah, ich will nichts an meinem Familienstand ändern.
Du gibst höheren Töchtern Privatunterricht. Ihre Väter sind reiche
Türken. Oder Griechen. Oder Armenier. Sie schätzen dich. Wenn
du um die Hand der Tochter eines dieser Männer anhalten würdest,
was würde er dir wohl sagen?
Geh heim ins Reich, sagt Vater.
Jetzt faltet Abdullah Bey die Serviette auseinander. Plötzlich springt
er auf, ich sehe ihn nicht mehr. Da, er setzt sich wieder hin. Was
wird er getan haben? Er wird, wie es manchmal seine Art ist, einige
Schritte auf und ab gegangen sein, um seine Gedanken zu ordnen.
Alles auf den Tisch?, sagt er.
Alles auf den Tisch, sagt Vater.
Es gibt böse Gerüchte. Ich habe eine erwachsene Tochter. Sie sträubt
sich noch. Aber bald wird sie heiraten müssen. Das ist der Gang der
Dinge. In den letzten Wochen warfen mir manche Frauen seltsame
Blicke zu. Sie pressten die Lippen aneinander. Als müssten sie die
Worte zwischen Gebiss und Gaumen gefangen halten. Als wäre ich
ein verrufener Kerl. Habe ich Unrechtes getan? Habe ich jeman-
den in Verruf gebracht? Ich spürte die bösen Blicke. Ich sprach
meine Frau darauf an. Ihr ist zu Ohren gekommen, dass man dieses
Hauses entheiligt. …
Was heißt das?
Man beschmutzt die Ehre meiner Tochter.
Sie glauben doch nicht etwa …
Doch, genau das tun sie, ruft Abdullah Bey, sie tuscheln hinter unse-
rem Rücken. Sie flüstern: Sie ist das Arierliebchen. Sie flüstern: Der
Herr des Hauses lässt es geschehen, er ist schließlich sein Freund.
Wahrscheinlich hat er selbst ein schmutziges Geheimnis, das der
Deutsche nur unter einer Bedingung hütet. Die beiden haben ei-
nen Handel geschlossen: Ich erlaube das sittenwidrige Verhältnis,
ich halte den Mund.
Erpressen sie dich?

Gerüchte sind Erpressung, sagt Abdullah Bey, hör zu, Franz! Du hast ein deutsches Herz. Aber du hast es begriffen. Eine junge Grazie wird bespien. Und es liegt an dir, ob es dich etwas angeht.

Ich verstehe, sagt Vater, darf ich aufstehen?

Keinen Schnaps?

Vater lehnt diesmal ab. Eine baldige Entscheidung verspricht er seinem Freund.

Bayka Hanim ruft mich nach unten, fast stolpere ich über den Kieferknochen. Sie erklärt, dass es für mich zu früh sei, ins Nachthemd zu schlüpfen. Sie werde ihre Freundin Nuriye Hanim besuchen, ich solle mitkommen und das Schafsfell nicht vergessen.

Draußen, im Geisterlicht, schaurige Männer. Sie wenden sich ab. Bayka Hanim sagt: Menschen, die sich ihrer Unreinheit wegen schämen, sind Heilige. Ich nicke, ohne zu verstehen. Ein Mann reibt die Schuhspitzen am Hosenbein an der Wade blank. Beim Anblick einer Dame mit Kind wechselt er die Straßenseite. Er achtet die Sitte.

Mein Vater nennt höfliche Halunken Sauglöckner. Mich warnt er vor Entratung.

Wir verharren vor dem Haus der Freundin, Bayka Hanim lächelt und lobt mich. Ihr Sohn hat sich von ihr bestechen lassen, deshalb bleibt er zur Strafe zu Hause. Sie lüpft das durchsichtige rotbestickte Tuch auf ihrem Haar, strafft es, legt es auf, streicht die Zipfel hinter die Ohren. Sie ist bereit, ich klopfe an die Tür.

Nuriye Hanim, schöne Witwe, ihr rechtes Auge tränt, deshalb sieht man sie immer mit dem Tränentuch in der Hand. Sie bittet uns herein. Bayka Hanim holt ihre Hausschuhe aus dem Stoffbeutel, ich schlüpfe in die großen Lederpantoffeln des verstorbenen Mannes. Die Wände sind behängt mit dünnen Zierteppichen. An der Kommode lehnt eine Knickhalslaute. Ich bekomme ein Glas heiße Schokolade, Bayka Hanim trinkt Tee und saugt zwischendurch an Zitronenschnitzen.

Die Frauen sprechen über Derya, die blühende blasse Schönheit. Die Jünglinge des Viertels glichen Katzen, die Grashalme zerbeißen, sie werden von Fliegen benascht. Vielleicht würde bald der richtige Mann vorsprechen – was hieße richtig?

Richtig ist Geld, sagt Nuriye Hanim, richtig sind hohe Jochbögen, richtig ist gute Gesittung, richtig sind Augen ohne böse Splitter im Braun. Sie fragt mich, ob mir ein Mädchen gefalle. Bayka Hanim klopft ihr mit dem Teelöffel auf den Handrücken. Sie bittet um eine Schüssel mit Wasser, ich rücke näher an den Beistelltisch. Sie lässt Tinte in das Wasser tropfen, es bilden sich Schlieren wie Fangarme. Das in der Tiefe lauernde Tier treibt hoch. Zu Fäden zerlaufende Tropfen, ein Gesicht, viele Gesichter, das Wasser färbt sich blau, Bayka Hanim schaut auf.

Nicht gut, und nicht schlecht, sagt sie.

Erzähl', sagt Nuriye Hanim.

Viele Spiele verderben.

Ja?

Ich sah eine schiefe Fratze. Die Fratze eines Menschen von außerhalb. Verhexte Seele. Alles krumm an ihm. Böse ist er nicht, Schaden anrichten will er nicht. Er flüstert ein Wort, immer wieder: Weiß.

Weiß wie die Farbe?, sagt Nuriye Hanim.

Er verspricht eine weiße Welt, sagt Bayka Hanim.

Schneefall?

Nein. Licht, in dem das Schwarze verglüht. Licht, in dem alles seine Farbe verliert.

Droht Gefahr?

Ich kann sie nicht erkennen … Mein Mund ist trocken, ich bitte um ein weiteres Glas Schokolade.

Nuriye Hanim will wissen, ob die Engel nicht mehr Einkehr halten in unseren Häusern, weil wir nach der Gosse riechen. Ich höre die Worte, ich verstehe nicht: Verse, die sich wie Schmutz festsetzen. Liedgut der Fremden. Böse Augen, die sich öffnen. Es droht Erstickung. Doch Gott ist unser Halt.

Ihre Tochter Ayfer erscheint plötzlich in der Tür, die Mutter erschrickt, schilt mit ihr, sie soll aufhören, sich anzuschleichen. Das Mädchen will mit mir spielen. Es muss versprechen, danach ins

Bett zu gehen. Es umgreift meinen Zeigefinger und zieht mich in den Vorratskeller. Fünf Jahre alt, denke ich, nur ein Jahr jünger als ich, und trotzdem mehr Kind. Es zeigt auf eine Dose auf dem zweithöchsten Regal, auf Zehenspitzen kann ich sie nur berühren, die Dose rutscht an die Wand. Ich stelle mich auf eine Obstkiste, schraube den Deckel auf.

Bald sitzen wir auf dem Steinboden und essen getrocknete Maulbeeren. Ihr Rock ist hochgerutscht, es ist mir nicht recht, ich senke den Blick. Ayfer spricht in Halbsätzen, sie spuckt mir plötzlich ins Gesicht und verteilt den Speichel über die Stirn. Die Wunde brennt. Ich stehe auf, gehe zurück zu den Frauen. Ayfer rennt mir hinterher, sie redet, unterbrochen von Kinderlauten, von meinem wehen Fleisch, von ihrer Spucke, von Maulbeeren, dann verschwindet sie. Das Mädchen mit den aufgeschürften Knien. Bis vor Kurzem hieß es, ein niederer Dämon bewohnte es, doch seine Wildheit ist gebändigt, man sagt, Ayfer sei nur gärend jung.

Ich rolle mein Schafsfell aus, lege mich hin, stelle mich schlafend.
Schläft der Junge schnell ein?, sagt Nuriye Hanim.
Fast immer, sagt Bayka Hanim, was bedrückt dich?
Die Tintenfratze …
Ich las etwas hinein, was nicht stimmen muss.
Früher haben die Frauen ihre Ketten vorgezeigt.
Die Männer versetzen das Geschmeide, sagt Nuriye Hanim, es wird strenger.
Tote ohne Trost, das sind wir.
Denk nicht daran. Du musst eine Tochter großziehen.
Ich begehe den Tag wie immer, sagt Nuriye Hanim, die Arbeit nimmt mich in Anspruch. Ich halte das Haus rein. Mein sonderbares Mädchen ist gottlob gesundet. Ich fege den Straßenschmutz, den der Wind über meine Schwelle weht, wieder hinaus.
Dann bist du glücklich.
Von welchem Feldpächter kaufst du deine Tomaten?
Bayka Hanim lacht, denn sie hat verstanden. Haydars Tomaten sind die besten im ganzen Viertel. Doch Nuriye Hanim schickt ihre Tochter nicht mehr zum Feldpächter. Obwohl sie in der Sonne öf-

ter blinzeln muss und ihre Augen tränen, macht sie sich selbst auf den Weg. Sie schmachtet ihn an. Sie lässt jede einzelne Tomate von ihm polieren, damit sie länger verweilen kam. Sie entschuldigt sich mit ihrem Sauberkeitseifer. Der Anblick von blank geriebenem Obst und Gemüse würde ihre Stimmung heben. Haydar, der emsige Feldbauer, wird von den Großen Brüdern beneidet: Sein Fausthieb kann einen Ochsen niederstrecken. Man vermutet, dass er mit bloßen Händen zwei Männer gleichzeitig erwürgen kann. Er wohnt in einer Baracke auf seinem Feld, seine Tür verschließt er nie, er scheint keine Angst zu haben, dass man ihn nachts überfällt. Keine Frau und keine Kinder. Zum Ergötzen aller Witwen wäscht er sich den Oberkörper am Brunnen neben der Holzbaracke. Jeden Freitag, vor dem Gebet.

Ich bin das arische Kind, man beachtet und lobt mich und glaubt aber, dass ich die Worte nicht verstehe, die Frauen und Männer mit heiserer Stimme flüstern. Die Frau des Schreiners sagte leise: Er muss es tun, bevor mein Wunsch verwelkt. Die Frau des Barbiers sagte einer Griechin: Kannst du dem Wind ein Zeichen aufdrücken? Dieser Mann ist der Wind, er weht in unsere Herzen. Tomatenputzer Haydar, ihr Liebling, ihr Feind. Sein Bruder Hamit, ein strenger Mann. Er fährt jede an, die ihn im Scherz den halben Haydar nennt. Sie sind keine Zwillingsbrüder, sie sehen einander nicht ähnlich …

Nuriye Hanim schüttelt mich sanft, ich rolle mein Fell zusammen, sie sagt, ich müsse ihr abgelauschtes Geheimnis für mich behalten. Ich verspreche es ihr. Auf dem kurzen Heimweg schweigt Bayka Hanim, wir starren kurz auf Scherben und Splitter auf dem Pflaster: in der Wut zerschlagene Ziegel und Gläser. Vielleicht sind zwei große Brüder aneinandergeraten. Der Bürgersteig vor unserem Haus ist sauber gefegt. Bestimmt hat Abdullah Bey die Männer besänftigt und sie gebeten, die Scherben am Gartentor einzusammeln.

Bayka Hanim schickt mich ins Bad, ich soll nicht vergessen, die Füße, vor allem die Falten zwischen den Zehen, zu waschen. Ich hebe vorsichtig die schwere Holzklappe auf dem Loch des Plumpsklos: Biss- und Nagespuren an der Unterseite. Ratten schleichen sich in den Keller. Sie kriechen durch das Abflussrohr, kriechen heraus aus dem Loch. Derya ist in Ohnmacht gefallen, als eine Ratte an ihren Füßen vorbei ins Haus huschte. Der Schreiner hatte gerade die frisch gezimmerte Kommode geliefert. Er scheuchte die Ratte in den Hintergarten und tötete sie mit zwei Hieben mit dem Kehrblech.

Ich steige die Treppen hoch, die Tür des Zimmers meines Vaters ist angelehnt, flackerndes Licht dringt durch den Spalt, leckt über den Flurboden. Ich wünsche ihm leise Gute Nacht, er ruft mich herein. Auf dem Tisch die brennende Petroleumlampe, ein halb volles Glas auf dem Unterteller, meines Vaters Rechte am Glas, sein Finger fährt am Trinkrand entlang, immer wieder. Er hat sich für die Nacht schon umgezogen.
Hat dich das Gerede der Frauen zermürbt?, sagt er auf Deutsch.
Was heißt ... zermürbt?
Wenn die Dummheit wehtäte, hörte man dich von Berlin bis nach Potsdam schreien.
Ja, sage ich.
Hat man über mich gesprochen?
Nein.
Die werden sich hüten, sagt Vater, sie kriegen alle ein breites Maul vom Lästern. Aber: Der wirft mit Dreck, der bleibt auf Dauer nicht unbe...schmutzt. Du kannst nach rechts oder links ausschlagen, du kannst auf deinem Fleck festwachsen – alles einerlei. Sie finden an dir immer einen Makel. Am besten, man sagt weder Gicks noch Gacks. Dann heißt es: Der Mann ist hochmütig, er will mit uns nicht verkehren ... Hell strahlten die Lampen meines Landes.
Ja.
Jetzt folgt die Herde dem elenden Bock. Sie nennen dich Hitlersohn – wieso?
Weil sie mich mögen, sage ich.
Was?
Sie meinen es nicht böse.
Da sei dir mal nicht so sicher, sagt Vater, für sie bist du ein Affenjunges mit Rüsche und Lätzchen. Ich seh doch, wie du dich anbiederst.

Tu ich nicht.

Widersprich mir nicht! Junge, sieh dich vor. Wir sind umgeben vom fremden Volk. Es teilt mit uns Brot und Salz, und die Armut. Wir haben einen Schlafplatz. Man trachtet nicht nach unserem Leben …

Mein Vater: Er ist ein Fels, keine Brandung kann ihn zerspalten. Mich schützt er, mich nährt er, mich lobt er nicht, mich liebt er. Sein Gesicht im Schein der Lampe: Holz, in das man Furchen geschnitten hat. Nichts wird ihn erschüttern, er fällt nur, wenn er fallen will.

Schlaf mir nicht ein, ruft er aus.

Wirst du Derya heiraten?, sage ich.

Nein.

Der Tau schmilzt bei ihrem Blick.

Von wem hast du das?

Von Dschenk, meinem Spielfreund, sage ich.

Deine verlausten Kameraden, reden sie auch über mich?

Nur Gutes. Sie sagen: Derya kann es schaffen, dass dein Vater sein Doppelleben aufgibt.

Ein vergiftetes Lob, ruft er.

Sie sagen: Wenn Derya ihm Söhne schenkt. werden sie zu harten Kämpfern auswachsen.

Und was antwortest du?

Nichts, sage ich, sie stellen mir ja keine Fragen.

Klugschwätzer. Geh ins Bett.

Ich liege unter der Decke und denke: Morgen will Derya mit mir Aprikosenkerne spalten. Die bitteren Mandeln werden wir brechen und den Bruch den Vögeln vor den Schnabel streuen. Sie hat mir ein Geheimnis verraten: Sie hat schöne glatte Haut, weil Bayka Hanim während der Schwangerschaft Pfirsiche mit gezuckerter Milchhaut gegessen hat. Sie wirft meinem Vater nicht heimliche Blicke zu, sie errötet nicht, wenn er das Wort an sie richtet. Derya würde sich in ihr Schicksal fügen. Wäre ich dann ihr Kind? Und ihre eigenen Kinder, wären sie meine Geschwister?

Ich liege und denke: Vater ehrt meine Mutter. Er erinnert sich an sie, wenn er den Handschmeichler auf dem Tisch betrachtet. Ihr Geschenk für ihn zum Geburtstag. Schöne Mutter hatte ich, ich hatte eine schöne Mutter. Zehn Mal wiederhole ich den Satz, bis die Worte zerfallen.

Ich weiß: Es schlafen die Gottesdiener. Es schlafen die Heiden. Mond tropft die Nacht bleich. Junge hungrige Hunde beißen draußen ins Holz der Stufen. Spitze Zähne. Schaben und Schleifen. Der Nachtwächter bläst in die Trillerpfeife, die Hunde spritzen wimmernd auseinander. Aus dem Lendenfell eines Tiers hat er seinen Tabakbeutel genäht. Er hat ihn mir gezeigt, er ist so groß wie die geballte Faust eines Mannes. Es schlafen die großen Brüder, die tagsüber toben. Beim kleinsten Geräusch werden sie sich aufrichten und zum Messer greifen. Der Kopfabreißer, hat er schon die Augen geschlossen? Lauert er dem Rattenkönig auf, der größten Ratte im Viertel, um sie aufzureißen, dass sie in der Hitze verfaule und verdorre? Die Männer würden ihn bewundern, die Frauen sich in ihn verlieben. Der Krähenbeißer wäre der Herr der Gassen.

Ich liege und sehe: Fünf Steine, von fünf Zwillen geschleudert, treffen zwei Krähen, ein Vogel wird an der Brust getroffen, ein anderer am Flügel. Drei Vögel fliegen davon, unverletzt, sie fliegen im Abenddämmer über die zerfallene Mauer, über die Kurden, die darin hausen, über Felder, Maulbeerbäume, zersprungene Ziegel, über glühende Schlote, über das Minarett, über die Kuppel der Kirche, über Kürbisse, Tomaten und Auberginen, über die Schwärme von Fliegen, die das Gemüse umschwirren. Sie fliegen über die gemästeten Opfertiere, über die Männer, die hinaufstarren. Sie fliegen über Frauen, die Hemden und Hosen in Hintergärten aufhängen. Sie fliegen zum Grab ihrer geköpften Schwester, stürzen herab. Hacken und scharren den kleinen Schädel frei. Alles dunkel, alles still. Ich tauche ein in den Traum.

2. Der Barmherzige

Der Eimer ist in den Brunnen gefallen, ich angele mit dem Eisenhaken am Seil. Endlich verfängt er sich im Loch, das der Herr des Hauses unter den Rand des Eimers geschlagen hat. Ich schöpfe Wasser, ziehe den vollen Eimer vorsichtig hoch, trage ihn ins Haus. Bayka Hanim lobt mich, kein einziger Tropfen verschwendet, meine Hände sind trocken. In der Nacht haben wir Labkraut um die Bodenbetten ausgelegt, Wanzen kleben am Seim, wir gehen hinaus in den Garten, häufen das Kraut und verbrennen es. Es riecht schlecht, doch wir müssen warten. Kleines Feuer erlöscht.

Batur hat den Tisch gedeckt, Bayka Hanim verteilt die dünnen Brotscheiben, wir bestreichen sie mit selbst gemachter Pflaumenmarmelade. Jeder Bissen wird zehnmal zerkaut. Baturs Wangen glühen nicht mehr wegen des Verrats, er hat mir Murmeln geschenkt. Kratzer in seinem fahlen Gesicht, die Wunden verheilen langsam. Zwei Tage sind vergangen seit unserer Niederlage. Wir wissen, wer die Scheune in Brand steckte: ein großer Bruder, dessen Namen wir nicht denken und nicht laut aussprechen dürfen. Sein Name ist ein unheiliges Wort. Batur spielt mit dem Messer.

Richte die Schneide nicht gen Himmel, sagt Bayka Hanim, die Engel verletzen sich die Zehen.

Ja, Mutter.

Ich frage mich, wieso bist du zum Linkshänder geraten? Es gibt keinen anderen in unserer Sippe. Weshalb benutzt du die böse Hand? Deine gute Hand ist nicht verkrüppelt. Ich gab dir den Löffel in die Rechte, du hast ihn sofort fallen lassen. Kannst du dich daran erinnern?

Nein, sagt Batur.

Ich bat den Priester damals um Rat. Mir hat nicht gefallen, wie er über meinen Sohn sprach. Über dich. Seit jenem Tag meide ich ihn. Hundert Zaubersprüche soll er kennen. Meinetwegen. Schadenszauber prallt an den Wänden unseres Hauses ab. Er verherrlicht die Analphabeten … Versteht ihr das?

Nein, sage ich.

Der Prophet Mohammed konnte nicht lesen noch schreiben. Doch er war Gottes Liebling. Deshalb hat er ihm das Wissen geschenkt. Er musste sich nicht anstrengen, wie wir das tun müssen. Wer sich heute nicht bildet, bleibt dumm. Übrigens, mein kleiner Christ, Jesus wurde von Gott sehr geliebt.

Du bist ein guter Prediger, Mutter, sagt Derya.

Wir schrecken zusammen, Bayka Hanim schnappt bei ihrem Anblick nach Luft: Derya hat sich die langen braunen Haare geschnitten, jetzt reichen sie ihr nur noch bis über die Ohrläppchen. Sie nimmt auf dem Stuhl Platz, der eigentlich ihrem Vater vorbehalten ist. Sie greift zur Marmeladenschale, legt zwei dünne Brotscheiben übereinander, bestreicht die obere Scheibe.

Wieso?, sagt Bayka Hanim.

Weil mir die Blicke der Männer nicht gefallen. Weil sie nicht glauben sollen, dass ich ihnen gefallen will.

Ich zweifle an deinem Verstand, Tochter. Die Frauen, die in schwarzen Kartoffelsäcken stecken, die Verhüllten, sie nennen ihre Hülle Schutzgewand zur Abwehr der Blicke.

Schwarz verschluckt Licht, sagt Derya.

Mund zu beim Essen!, ruft ihre Mutter, wo ist das Schnitthaar?

Derya springt auf, läuft aus dem Zimmer, kehrt zurück, legt den langen geflochtenen Zopf auf Zeitungspapier auf den Tisch.

Ich habe aufgehört zu essen, ich starre. Batur schluckt laut den Bissen herunter, er starrt. Bayka Hanim sitzt wie gelähmt auf ihrem Stuhl.

Dein Vater, sagt sie.

Ich weiß, sagt Derya, er wird es nicht gut aufnehmen.

Macht dich das stolz?

Gestern ging ich durch die Lianengasse, blieb an unserem früheren Haus stehen, schaute aus Gewohnheit auf die schöne gelbe Fassade. Ich fühlte mich beobachtet. An der Ecke, am Feld des nasenlosen Süleyman, standen zwei junge Männer … Ihr Knirpse ehrt sie als große Brüder.

Sie hat uns Knirpse genannt, sagt Batur zu mir.

Zwei Männer, fährt Derya fort, sie betrachteten mich.

Unziemlich, ruft Bayka Hanim aus.

Was sollte ich tun?

Laut werden. Schreien.

Ich bin umgekehrt und habe einen anderen Weg genommen.

Das war klug, sagt Batur.

Du hältst dich heraus, sagt Bayka Hanim.

Ich machte also einen Umweg, sagt Derya, und ärgerte mich. Ich war gezwungen, an Resuls Kaffeehaus vorbeizulaufen.

Viele Männer.

Keine Männer. Nur ein alter Mann, der mit dem Rücken zu mir saß. An der Ecke, keine zwanzig Schritte entfernt, sah ich die beiden Kerle lauern. Sie grinsten höhnisch …

Ehrloses Gesindel!

Du kennst die Geschichte jetzt, urteile nicht zu hart über mich.

Die Frau des Hauses brütet, und wir schauen ihr beim Denken zu. Auf eine knappe Bewegung hin beugen wir uns über unsere Teller. Sie entlässt uns Kinder nicht, obwohl wir fertig gefrühstückt haben.

Ich sage es in gemeinverständlichen Worten: Es ist dein Haar, und du hast dich an niemandes Besitz vergriffen. Aber: Rasierst du dir die Augenbrauen, weil ein Mann dir ein Kompliment macht? Willst du Nase, Wangen, Mund und Kinn hinter einem Gesichtsgitter verstecken? Nicht einmal dann wärest du vor Nachstellern sicher.

Am besten, ich verlasse mein Zimmer nicht, sagt Derya.

Dann wirst du erst recht zum Geheimnis. Die jungen Männer stünden Schlange an unserer Tür.

Ich wäre die Heilige, um deren Gunst man buhlt.

Das ist nicht lustig, sagt Bayka Hanim und steht auf. Sie geht um den Tisch, greift den Zopf am oberen Ende, schreitet fast feierlich zur Wand, hängt den Ahnensäbel ab, drückt den Zopf auf den Nagel. Hier wird er hängen, sagt sie, keiner nimmt ihn ohne meine Erlaubnis ab. Habt ihr das alle verstanden?

Ja, sagen wir Kinder.

Ja, sagt Derya nach einigem Zögern.

Ihr Kinder geht spielen. Erst bringt ihr aber die Festtagsschuhe meines Mannes zum Schuster.

Es ist der Tag der fliegenden Händler, sie rufen ihren Beruf oder ihre Waren aus. Derya stürzt zum Fenster, schiebt den Riegel zurück, stößt die Flügel auf. Ein Mann steht an seinem Glaswagen mit Gummireifen, nach einigen Minuten habe ich die Worte am Holzschild an der Seite des Wagens entziffert: Alles zum Nähen und Flicken für die moderne Frau.

Hohe Gläser mit bunten Knöpfen. Bänder und Borten. Schneiderkreide, Maßband, Nadel, Garn und Faden. Der Händler zeigt eine Schere vor, dann schneidet er einen Stoffrest in der Mitte entzwei. Die Frauen an den Fenstern klatschen, bald ist der Mann von Müttern und Töchtern umringt. Batur und ich ziehen los, in meiner Hosentasche klacken die Murmeln. Wir haben uns abgesprochen, wir werden die Lianengasse hochgehen, und wenn wir die ehrlosen Brüder sehen, werde ich sie mit Murmeln bewerfen.

Wir suchen vergeblich nach ihnen. In der Pilgergasse, am Brunnen an der Ruine, hat sich eine Schlange gebildet. Dschenk winkt von Weitem, zeigt auf seine Wange und reckt den Daumen. Jede Wunde verheilt. Ein Händler schiebt sein Wägelchen vor sich her, wir bleiben stehen und schauen zu: Er verkauft Plätzchen aus gesüßtem Kichererbsenteig, Nüsse, Pfefferminzbonbons, geröstete Kichererbsen. Er taucht einen Holzstab in eine zähe Paste, dreht und zieht, schneidet die Fäden ab, drückt den Holzstab einem Kind in die Hand. Mit Murmeln kann ich ihn nicht bezahlen, wir wenden uns ab.

Schuster Tarik sitzt auf einem Schemel vor seinem Laden, er singt ein Lied: Warte nur, bis sich mein Herz öffnet/Warte auf den Tag, an dem der Totengräber arbeitslos wird …

Tarik Bey bekommt ein böses Gesicht, wenn man ihn als Schuhmacher anspricht. Er bastelt Puppen für die Mädchen.

Im linken Schaufenster hat er billige Puppen ausgelegt: Die Köpfe sind die dicken Enden von Schafschenkelknochen, um die Schäfte hat er Stofffetzen gewickelt. Im rechten Schaufenster sehe ich viele Mädchen im Glockenrock. Er hat mir gezeigt, wie er sie macht. Er bestreicht eine Holzvorlage mit Fett, legt feuchte Papierstreifen darauf und übereinander. Er lässt es trocknen, schneidet es in zwei Hälften, klebt sie zusammen, bemalt das Gesicht. Dünne Augenbrauen, kleine Augen, dicker Hals. Er malt nach dem Gesicht der jungen Frau, die ihn verließ. Sie hat sich durch die Liebschaft mit einem Mann ohne Geldsorgen verbessert und ist weggezogen. Derya hat sie gekannt, sie lobte sie einmal als kluges Mädchen. Es hätte gesehen, dass im Viertel der Mörtel aus den Mauerritzen bröckelt. Dass der Zorn der Männer dem Ofenblechdonner gleicht. Dass man bei Männern nur um vier Dinge wissen muss: Oberseite, Unterseite. Vorderseite, Hinterseite. Das kluge Mädchen hätte verstanden, dass in den Augenhöhlen seines Mannes Trauer nistet. Er würde es dazu verdammen, in kleinen Löchern zu ergrauen. Sie wurde dicker, er schmolz wie Talg im Feuer. Dann verschwand sie, schickte Derya einen Brief, in dem sie von ihrem neuen Glück schrieb. All das ist eingeschlossen in meinem Kopf. Die Türken wissen: Der Arier, das Kleinkind, betrügt nicht Mann noch Frau.

Ich küsse Tarik Bey die Hand, Batur tut es mir gleich. Er winkt uns in den Schatten unter der zerschlissenen Markise. Er lässt das Lied mit leisem Summen ausklingen. Ich zeige ihm die Schuhe, bestelle Grüße von unserem Haus.
Neue Sohlen, sagt er nach einem kurzen Blick.
Ja, Herr Meister, sage ich.
Hast du sie gesehen?
Wen?
Meine Frau.
Nein, Meister.
Du lügst nicht, sagt er, sonst würde deine Stimme brechen. Batur, bist du der Katzenschweif des Deutschen? Ich bin mir sicher, wenn er sich anstrengte, würdest du wie ein Katerschwanz über den Boden wischen.
Er ist mein Bruder, sagt Batur.
Nicht nach dem Blut, aber nach dem Herzen. Ja, das verstehe ich. Arier, deinen Vater habe ich seit ein paar Tagen nicht gesehen. Wo steckt er?
Abgereist.
Meines Wissens ist er Lehrer, sagt er, Händler müssen reisen. Lehrer müssen lehren. Hast du Batur Deutsch beigebracht?

Der Führer befiehlt Härte, brüllt Batur.

Ich übersetze es ins Türkische, Tarik Bey schaut mich finster an. Der Liebeskummer hat ihn gezeichnet. Männer, die hassen wollen, schimpft er üble Sippschaft.

Jetzt sagt er: Der Erste, der heute an meiner Tür klopfte, war ein Krämergeselle. Ich sah die Würgemale an seinem Hals. Ich fragte, ob ihn sein Meister schlecht behandelt. Er verriet mir, dass ihn ein starkes Mädchen in seinem Alter fast erdrosselt hat. Das ist die Schande der Zeit. Wir Männer sind mutlos, uns ist wenig Würde geblieben ... Morgen könnt ihr die Schuhe abholen.

Danke, Meister, sage ich.

Zehn Kurusch wird es kosten. Richte Bayka Hanim aus, ich lasse mich nicht herunterhandeln. Sie kann säuseln wie sie will, ich bleibe hart.

Er scheucht uns fort, unsere Segenswünsche mildern nicht seine Not. Keine Mutter im Viertel hat ihm eine Puppe abgekauft, ihre Töchter fürchten sich vor den bleichen strengen Maskengesichtern. Batur wird übermütig, er schlägt vor, zum Feld unserer Schmach zu ziehen. Er dreht sich springend und jauchzend um seine Achse, plötzlich wird er müde, fällt auf den Hosenboden. Ich stütze ihn, wir humpeln zum Brunnen, die Frauen lassen uns vor. Er spritzt sich Wasser ins Gesicht, legt die Hände aneinander, trinkt in hastigen Schlucken. Wir sitzen auf der Bordsteinkante, er zittert leicht, dann lässt das Zittern nach. Dschenk taucht plötzlich auf. Er hat Walnussschalen an die Pfoten einer Katze gebunden, wir schauen ihr kurz zu, bis die Mädchen am Brunnen zu weinen anfangen. Ihre Mütter sind wütend, sie lösen die Knoten, die Katze springt maunzend davon, eine aufgebrachte Frau versetzt Dschenk eine Ohrfeige. Das wird sich herumsprechen, der Samen einer neuen Feindschaft ist gesät. Vor den großen Brüdern hat man Angst, die harten Trinker bleiben in den Schenken und prügeln aufeinander. Eine rachsüchtige Mutter kann aber großen Schaden anrichten.

Derya sagt: Der Puppenmacher soll froh sein, dass sie ihm nur davongelaufen ist. Eine Frau härteren Holzes hätte ihm im Schlaf das Ausbeinmesser in die Kehle gerammt.

Dschenk muss versprechen, keine Tiere mehr zu quälen, er nickt ernst. Schläge und Klapse schrecken ihn nicht ab. Der Schrottsammler steigt vom Esel ab, lüpft die Schiebemütze und grüßt höflich die Frauen. Sie mustern ihn und seinen Buckel. Eine zerquetschte Flosse am Rücken. Es heißt, er würde die Rückennaht seines Hemdes aufreißen, um es tragen zu können. Wir können es nicht nachprüfen, er trägt immer ein großes Jackett aus dickem Stoff. Ein Zigeuner, er bannt Ratten und Ungeziefer. Vor seinem Esel sehen wir uns vor. Er beißt sogar große Hunde, die ihn anspringen. Der Zigeuner fragt nach minderwertigem Metall, nach rostigem Eisen, nach Zinntellern und Gabeln mit abgebrochenen Zinken. Es sind Zeiten, da keiner seinen Besitz hergibt. Abfall wird begraben, Labkraut mit Wanzen am Seim wird verbrannt, verbeulte gelöcherte Töpfe und Kannen werden in den Keller geschafft. Der Sammler zieht mit leeren Händen weiter in die Viertel der Reichen. Kann er auf dem Rücken schlafen? Hat er eine Kuhle in die Bodenmatratze geschnitten?

Batur möchte nach Hause gehen, die Spiele fallen aus. Der Schuster und der Zigeuner, denke ich, zwei Männer ohne eine Frau an der Seite, wieso sind sie nicht Freunde geworden?
Zu heiß, flüstert Batur, seine Wangen glühen. Derya schließt uns auf, beim Anblick ihres kleinen Bruders erbleicht sie. Er muss sich sofort ins Bett legen, ich höre sie im Bad Wadenwickel mit kaltem Wasser tränken. Bayka Hanim legt die Nadeln beiseite, sie stickt an Tassenuntersetzern aus Spitze. Sie rennt aus dem Zimmer, kocht für ihren Sohn eine heiße Suppe, bleibt lange weg. Ich berühre den Zopf an der Wand, und weil es mir ungehörig erscheint, weiche ich zurück, starre aus dem Fenster, bohre mir Nagelkerben in den Handballen.
Bayka Hanim reicht mir eine süße Pastete, ich soll die Hand darunter halten, damit keine Krümel auf den Boden fallen. Ich schwöre ihr, dass wir uns draußen nicht mit anderen Kindern gebalgt haben. Abdullah Bey tritt ins Zimmer, er hatte Spätschicht und musste die ganze Nacht arbeiten. Als er von Baturs Unwohlsein erfährt, verstummt er und rauscht hinaus. Nach einer halben Stunde sitzt er

auf dem Polstersessel, seinen Mokka hat er nicht angerührt, Frau und Mann schweigen, die Tochter zupft an den Haarspitzen. Der Sohn schläft.

Wann kommt mein Vater zurück?, sage ich.

Nicht jetzt, sagt Derya.

Bitte jetzt, flüstere ich.

Abdullah Bey trinkt den Mokka in einem Zug aus, bestreicht seine Zähne mit Kaffeesatz, zieht die Oberlippe hoch, glotzt mit großen Augen. Ich lächele, er aber will mich zum Lachen bringen.

Keine Späße, sagt Bayka Hanim, der Junge muss es wissen.

Was denn?, sage ich.

Franz bleibt für lange Zeit weg, sagt Abdullah Bey, ich will dich nicht belügen.

Der Brief, sagt Bayka Hanim.

Er steht auf, zieht an der obersten Schublade der Kommode, holt ein doppelt gefaltetes Blatt hervor. Dann setzt er sich wieder hin, faltet das Blatt auseinander, streckt den Arm und beginnt zu lesen: Lieber Sohn, ich habe Abdullah aufgetragen, diesen Brief so spät als irgend möglich dir vorzulesen. Ich habe Arbeit in Ankara gefunden. Deine Aufzucht übernimmt für eine unbestimmte Zeit die Gastfamilie. Die Damen des Hauses haben sich damit einverstanden erklärt. Abdullah, aus dessen Mund du meine Worte vernimmst, wird dich hüten, weil er ein Mann von Ehre ist …

Hast du ihm den Brief diktiert, sagt Derya spöttisch.

Sei still, sagt Bayka Hanim, weiter!

… weil er ein Mann von Ehre ist. Du magst sie sehr, das weiß ich. Batur ist dir ein guter Spielkamerad. Ich werde dir keine Gute Nacht-Geschichte erzählen. Also geradeaus: Es ist für alle Beteiligten das Beste, wenn ich verschwinde. Du liegst oft oben auf dem Bauch, und lauschst. Deshalb wird dir das Gespräch nicht entgangen sein, das Abdullah und ich geführt haben. Derya ist eine junge Frau von untadeligem Charakter. Üble Nachrede schadet ihr, schadet mir, schadet uns allen und zerstört die Familie. Wir sind aufgenommen worden in großer Not, die Gastfreundschaft dürfen wir nicht missbrauchen. Ich schreibe dir Briefe in loser Folge. Sei tapfer. Dein Vater … Hast du alles verstanden?

Ja, sage ich leise, ich bin übrig geblieben.

Was steht auf dem Stoffetikett am Hemd, das du trägst?, sagt Bayka Hanim.

Mein Name.

Ich habe ihn eigenhändig hineingestickt. Wieso tat ich das? Nicht, weil ich glaube, dass du verloren gehst. Du lebst unter diesem Dach wie wir alle. Und jeder von uns trägt ein Namensetikett an Bluse oder Hemd.

Ist das dein Haar, das am Nagel hängt?, sagt Abdullah Bey.

Ja, Vater, sagt Derya.

Die neue Frisur steht dir gut. Die Zahl der Bewerber wird sich verdoppeln.

Oh nein, sagt Derya. Sie redet über das Glück, keinen Mann bekochen und bewirten zu müssen. Natürlich, fügt sie hastig dazu, ist der eigene Vater davon ausgenommen.

Bayka Hanim widerspricht: Ihre Tochter würde glauben, dass die Männer eine ansteckende Krankheit hätten. Ähnliches habe sie von jungen Frauen im Reicheleuteviertel vernommen. Aufsässige Damen, die sich französische Zweitnamen zulegten, Damen mit Federn am Hut und rotem Mund, sie köderten Wild an, zu diesem Schluss komme man, wenn man ihnen beim Gang durch die Straßen zuschaute. Sie fluchten den Männern die Schamesröte ins Gesicht. Damen, zum Duell gerüstet, die Tagesweisheiten nur abgelesen, kurzhaarige Furien, die alles, was in der Heimat wächst, madige Früchte schimpften.

Derya nennt sie daraufhin eine Lobsprecherin des zerfallenen Imperiums. Atatürk, der Vater der Türken, hätte doch nicht umsonst die Osmanenbande zerschlagen. Und ihr übrigens verboten, für immer und ewig, den türkischen Boden zu betreten.

Abdullah Bey und ich lauschen ihnen. Er macht nicht den Fehler, sich einzumischen. Denn sonst würden beide Frauen ihn mit vereinter Kraft angreifen.

Wolltest du Vater nicht heiraten?, sage ich, das habe ich mir gewünscht.

Das ist unmöglich, sagt Derya nach einigem Schweigen, Herr Franz liebt nur eine Frau.

Meine Mutter.

Ja, sie ist im Paradies, sagt Bayka Hanim.

Wo liegt es?

Dort, wo wir nicht hinkommen, solange wir leben.

Vielen bleibt der Eintritt auch nach dem Tode verwehrt, sagt Derya kichernd.

Hüte deine spitze Zunge! Eine Vermählung meiner frechen Tochter mit deinem Vater stünde von Anfang an unter einem Unstern. Sie haben ein eher geschwisterliches Verhältnis.

Er ist so alt wie mein Onkel, sagt Derya.

Ruhe! Du verstörst das Kind.

Sie streiten sich wieder. Derya nennt das Paradies den Ackergrund, den die Priester verpachten würden.

Da funkelt sie Abdullah Bey an: Man müsse die Lügen der Prediger von der heiligen Wahrheit unterscheiden. Gotteslästerung dulde er in seinem Haus nicht. Er zeigt auf mich und ruft: Verderbe dem kleinen Christen seinen Glauben nicht.

Derya will zu einer Brandrede ansetzen, hält sich dann aber doch zurück. Abdullah Bey neigt nicht zu Zornausbrüchen. Zwei Mal im Jahr wird er wütend und stampft alles nieder, was sich ihm in den Weg stellt. Ich werde Derya nie wieder in Verlegenheit bringen. Ich werde nie wieder eine unpassende Bemerkung machen.

Bayka Hanim verstaut Nadeln und Garn im selbst gestrickten Nähbeutel, geht auf den Flur, horcht auf Schmerzenslaute. Batur schläft.

Nach einiger Zeit trägt sie das schwere Tablett herein, Derya muss unter ihren wachsamen Augen servieren. Kürbisscheiben, mit Walnusssplittern bestreut, in Zuckersirup.

Vater fluchte, weil er gezwungen war, Rinderfutter zu essen. Er fluchte leise am Fenster in seinem Zimmer. Ich häufe die Splitter zu einem kleinen Hügel: hochragender Berg im überfluteten Land. Ich werde ermahnt, ich darf nicht mit dem Essen spielen.

Es klingelt an der Tür. Nuyan fragt, ob man den Arier für zwei Stunden entlassen kann. Bayka Hanim klopft ihm auf die Hand. Sie sei keine Gefängniswärterin, der Gastsohn habe einen Namen, und zur Strafe für die doppelte Ungehörigkeit müsste Wolf in genau einer Stunde wieder zu Hause sein, sie würde auf die Uhr schauen.

Nuyan wünscht Batur gute Genesung. Es spricht sich alles schnell herum im Viertel.

3. Der König

Am Damaszenerpflaumenbaum auf dem Feld des Griechen Vasil stehen Dschenk und Burak, sie starren auf dünstende Ackergäule. Dschenk erzählt: Es ist für ihn der Tag der Ohrfeigen und der aufgebrachten Frauen. Seine Mutter hat ihn schon im Garten des Hauses abgefangen, ihm zwei Backpfeifen verpasst, ihn einen Lümmel geschimpft, der durch die Rippen stinke. Er musste hinter ihr herlaufen, sie rannte und schrie ihn auf der Straße an, sie lief zum Haus der Frau, die Dschenk gedemütigt hatte, und als sie dort angekommen waren, schrie sie so lange, bis die Frau herauseilte, sie wollte mit einem Ochsenziemer auf Mutter und Sohn losgehen.

Der Grieche Hristo saß vor seiner Kneipe, schlenderte seelenruhig über die Straße, entwand der Frau mit einem Griff den Ochsenziemer. Er sagte: Ich werde ihn für dich aufbewahren. Dein Mann, der ein guter Kunde von mir ist, kann die Viehgerte bei mir abholen. Da aber warf sich die Frau auf den amen Hristo und wollte ihm die Haare in Büscheln ausreißen. Er hatte nämlich, ohne böse Absicht, den Ehemann seiner Nachbarin als Trinker beschrieben.

Dschenks Mutter war für ihre Klatschsucht bekannt, sie wurde gemieden und getadelt, einige Frauen hatten ihr sogar nahegelegt, in ein anderes Viertel umzuziehen, sonst würde man Maßnahmen ergreifen. Sie besprach sich mit ihrem Mann, der sofort zum Polizeirevier eilte. Die Polizisten wollten den Worten eines volltrunkenen Mannes wenig Glauben schenken. Hristo jedenfalls hatte das Offensichtliche ausgesprochen. Derya sagt über Dschenks Mutter: Sie färbt den Ruß und verkauft ihn für Weizenmehl.

Und wie ging die Geschichte aus?, sage ich.

Der Barbier mischte sich ein, sagt Dschenk, er spielte sich auf als Friedensrichter.

Er stottert.

Ja. Deshalb verloren die Frauen die Geduld. Meine Mutter nannte ihn einen kleinköpfigen Schafscherer.

Da wurde er bestimmt wütend, sagt Burak.

Und stotterte so schlimm, dass die Spucke spritzte. Sie spritzte ins Gesicht der Frau. Da griff die zu einem losen Zaunpfahl, zog ihn aus der Erde und ging auf den Barbier los. Sie konnte aber keinen Schlag anbringen.

Wieso?, sage ich.

Die Männer sind davongerannt. Meine Mutter sah mich und sich in Gefahr. Also sind auch wir geflohen. Wir hörten sie im Garten zetern.

Ist sie verrückt?

Sie ist glücklich, weil sie verrückt ist, sagt Nuyan.

Dann muss der Krähenbeißer platzen vor Glück.

Der kleine Bruder des Irren, Kubilay … ich sah ihn am Regenfass stehen, er starrte ins stinkende Wasser. An seinem Scheitel klebte Blut.

Sein eigenes?, sagt Dschenk.

Woher soll ich das wissen? Er sang ein Totenlied.

Man macht sich die Zunge schmutzig, wenn man über diese Dinge spricht, sagt Burak.

Wir müssen uns rächen.

Ich schweige, er nennt mich einen deutschen Feigling. Frauen können ihn ohrfeigen, aber es geht ihm an die Ehre, wenn ein großer Bruder in sein Gesicht schneidet. Ich übergehe die Beleidigung. Er reizt mich, er schnappt wie ein bissiges Tier. Am Anfang des Jahres, im harten Winter, stimmte er für mich, ich sollte sie führen. Das tat er, um Nuyan auszustechen. Jetzt aber will er über mich gebieten, er kommt nach seiner Mutter, die gern Befehle erteilt.

Ich wende mich zu den anderen: Was glaubt ihr, sollen wir uns mit ihnen anlegen?

Ich bin dagegen, sagt Burak.

Der Arier wird dich mit einem feuchten Kuss belohnen, sagt Dschenk.

Du willst unbedingt einen Streit, sagt Nuyan, den bekommst du hier sofort.

Ehe sich Dschenk versieht, hat Nuyan ihm die Beine weggeschlagen, er landet auf der Seite, er will am Boden ausweichen, doch trifft ihn ein Fausthieb, und ein zweiter und ein dritter. Dschenk blutet, der Kampf ist entschieden. Er steht auf, ballt die Fäuste, holt tief Luft und reicht erst Nuyan und dann mir die Hand. Wir sind Brüder unter dem ewigen Himmel des Siebentürmeviertels. Sein Blut ist unser Blut. Wir gehen zum Brunnen und waschen ihm das Blut aus dem Gesicht. Ich biete ihm die Führung an, er lehnt ab, er muss sie sich verdienen. Er wurde geschlagen, sein Wort hat kein Gewicht. Ohrfeigen, Schläge, Hiebe, diesen Tag wird er nicht vergessen.

Wir sprechen über gottestreue Dschinn, die Dämonen. Es gibt verspielte und böse, fleischverletzende oder ins Fleisch einströmende Geister. Manche bestehen aus Licht, Spucke und Knochenmehl. Manche aus dem ersten Schrei des Säuglings und dem letzten Atemzug eines Mannes. Ein guter Geist nagt am Essensrest, er trinkt aus Pfützen kurz nach dem Regenfall, er meidet die Nähe von verflöhten Hunden. Sein Herz ist ein kleiner Flammenball auf der linken Brustseite, die Flammen lodern hell auf, wenn ein Mann oder eine Frau oder ein Kind Gott lobt. Die verspielten Dschinn stecken den Menschen im Schlaf Schwefelhölzer zwischen die Zehen. Die Hofhunde wittern sie und schlagen an. Die bösen Geister, verflucht seien sie bis zum Jüngsten Tag, da sie nach einem Blick Gottes verdampfen. Sie sind verrenkt und hüftschwer, sie haben vier Augen, und jedes Auge sieht aus wie eine Erbse in der hohlen Nussschale. Sie raunen den Tauben ins Ohr, und die Tauben hören die Flüche. Im Sündenkessel zerkocht ist ihr Fleisch. Ein böser Dschinn weht über das Schlachtfeld, behext den Soldaten, der an Kampfkraft einbüßt. Buraks Mutter droht ihm abends, wenn er nicht einschlafen mag, mit dem kollernden Tier. Diesen Namen trägt ein schwarz verbrannter Dschinn, der nur dann ins Haus eintritt, wenn man ihn darum bittet. Der Geruch von verbrannten Pinienzapfen lockt ihn an. Reißt man ihm eine Stachelborste aus dem Fleisch und zischt im selben Augenblick ein Wort der Verderbtheit, macht man ihn zum Diener. Dschenk sagt, seine Tante habe einen Bauern gekannt, dem das gelungen sei.

Und wie weiter?, sagt Nuyan.

Man hat ihn gefunden, in einer kochenden Blutlache, ohne Augen, ohne Zähne, ohne Fingernägel.

Die Geschichte hast du erfunden, sagt Nuyan.

Dschenk ist kurz davor, ihn anzufallen, sein ausgewaschenes Blut ist verronnen und vergessen.

Burak stellt sich zwischen die beiden und erzählt von dem Nachtschreck in unserem Viertel, er sei stärker als das kollernde Tier und hundert Ochsen. Er hat ihn als Schatten, als Dunkelheit, als halbes Gesicht an der Zimmerdecke wahrgenommen. Den Schreck könne man nämlich nie ganz sehen, nur den Heiligen und den Unschuldigen und den bösherzigen Kerlen zeige er sich und verschmelze aber sofort mit der Nacht. Wahrscheinlich flappte das nasse Laken auf der Wäscheleine, der brausende Wind weht manchmal Hemden und Socken in Nachbargärten, weht sie hoch, und sie stürzen an den Fenstern vorbei auf die Erde. Burak, das ängstliche Kind, sieht den Schatten, und glaubt, dass er heimgesucht wird.

Ich denke an Batur, was wird er träumen, welche Geister wird er sehen?

Die Freunde begleiten mich nach Hause, fragen Derya an der Tür nach der Gesundheit des Kameraden. Er schläft sich gesund, sagt sie, er wird bald mit euch toben können.

Sie sind alle bedrückt: Bayka Hanim legt den Kopf schief und lauscht dem tropfenden Wasserhahn. Abdullah Bey versucht, sie durch kleine Späße aufzuheitern, dann verfällt er selbst in Schweigen. Derya macht mit einem Zeichen auf sich aufmerksam, ich folge ihr in den Hintergarten, wir schauen blind auf das von der Stadtmauer umfasste Feld. Ich erinnere mich an eine ihrer Lehrstunden. Sie hatte mir verraten, dass die Griechen das Viertel Penta Prikior nannten, fünf Türme. Nach der Eroberung Istanbuls durch die Osmanen wurden zwei weitere Türme gebaut. Ich würde gerne mit dem Wissen prahlen, das sie mir beigebracht hat.

Batur hat am rechten Fuß sechs Zehen, sagt sie plötzlich.

Ja, sage ich.

Die Leute haben sich das Maul zerrissen. Sie nannten ihn eine Missgeburt.

Die Mädchen kichern immer, wenn sie ihn sehen. Sie finden ihn schön.

Er wird später Herzen brechen, sagt Derya lächelnd. Sie steht im Schein des Flurlichts, nestelt an den Ärmeln ihrer Bluse. Obwohl es nicht kühl ist, behaucht sie ihre Hände, ich rieche Minze, sie kaut morgens und nachmittags auf Minzblättern.

Der Arzt war da, sagt sie, Herr Paskalidis. Er hat Batur abgehorcht und untersucht. Sein Herz ist schwach.

Was heißt das?, sage ich.

Es wird dauern, bis er sich ganz erholt hat. Erst dachte ich, eine Verkühlung, eine Kindergrippe, heiße Suppe, Wadenwickel, und nach drei Tagen ist es ausgestanden.

Bald geht er mit uns auf Raubzüge.

Was für Raubzüge?

Ach nichts, sage ich.

Ihr stehlt doch nicht etwa den armen Leuten die Auberginen von der Kammer?

Nein, sage ich, Ehrenwort.

Gut so, sagt Derya, der Hochzeitslader hat auch an unsere Tür geklopft. Onkel Alpay heiratet.

Wen?

Die Edelfrau Firuse, sagt Derya böse.

Die Grazien werden wehklagen: Eine entengesichtige Frau mit Schmutzschlieren am Hauskittel hat ihnen den schönsten Mann des Siebentürmeviertels weggeschnappt. Sie verliehen ihr nicht umsonst den Spottnamen. Natürlich ist die Dame Firuse nicht von adeliger Herkunft. Sie spricht leicht näselnd, und man beschämt sie, weil man ihr nicht glaubt, dass ihr rechtes Nasenloch von Geburt an verstopft ist. An heißen Tagen sieht man sie langsam durch die Gassen schlendern, sie wedelt sich mit einem bunten Fächer kühle Luft zu. Die Frauen zischen: Wen hat sie bezahlt, dass er Pa-pageien auf den Luftwedel gemalt hat? Vertreibt sie das kollernde Tier, oder uns, die sie bestimmt dem Gesindel zuschlägt? Dabei hat der Trödelzigeuner mehr Benehmen! Sie zischen: Ihr ist Herrenart zu eigen. Schaut nur, wie sie daherschreitet, als gehörten ihr alle Gemüsefelder. Die Bänder und Schleifchen in ihrem Haar! Nach neuester Mode ist selbst die Maus in der Kommode! Die Frauen nennen sie Einfuhr aus Paris, das verdreckte Fräulein, die blasse Edelfrau von der Dachkammer.

Werden wir mitfeiern?, sage ich.

Wir warten ab. Die Einladung haben wir angenommen. Der Lader kaute am Stift mit aufgesteckter Kappe. Als ich ihn deshalb aufzog, ging er grußlos davon.

Was hast du denn gesagt?

Ich habe ihm Gebäck gegen den heißen Hunger angeboten. Und gelacht. Die Männer hassen es, wenn Frauen lachen, sagt Derya.

Willst du dir auch einen französischen Zweitnamen anlegen?

Ich bin nicht töricht … Ich habe dir einen Knochenkarren ge-schenkt. Wieso spielst du nicht damit?

Weil er riecht, sage ich leise.

Nach Schaf.

Nein, nach totem Menschen.

Sie schüttelt den Kopf, verflucht den Aberglauben, der auch vor reinrassigen Ariern nicht haltmache, und schickt mich hinein.

Zum Abendessen gibt es Auberginenpüree und Reis, ich esse mit kleinem Löffel und versuche, nicht zu schlingen, es schmeckt sehr gut. Abdullah Bey hat es aufgegeben, seine Frau zu erheitern. Er starrt blind auf den Zopf am Nagel, der Schatten auf dem Tep-pich sieht aus wie eine stocksteif gefrorene Schlange. Das Gespräch kommt auf die bevorstehende Hochzeit von Alpay Bey, den ich künftig Onkel zu nennen habe. Wird die Ehe halten, was glaubt Bayka Hanim? Sie kaut zu Ende, legt den Löffel auf den Teller und rügt die Klatschweiber, die erst lernen sollten, in hochhackigen Da-menschuhen zu gehen. Erst dann könnten sie über eine Frau urtei-len, die sie übrigens als ihre Schwägerin ans Herz drücken würde.

Ihr Bruder habe eine gute Wahl getroffen, er sei nicht in die Falle eines großbusigen Tingeltangelmädchens getappt.

Diese scharfen Worte aus ihrem Munde verblüffen uns, Derya strahlt sie an.

Ich steige die Treppen hinauf, gehe in mein Zimmer, kleide mich im Dunkeln aus und ziehe den frisch gewaschenen Pyjama an. Sie wollten mich nicht alleine schlafen lassen, doch ich habe so lange gebettelt, bis sie nachgaben. Ich ziehe mit Kissen und Decke in das Zimmer meines Vaters um.

Ich winkele unter der Bettdecke das Bein an, setze den Fuß auf. Das bedeckte Knie ist der Kopf ohne Mund und Zunge, er schaut den anderen Kniekopf ohne Augen an. Sie sind die Köpfe von Stelenmenschen, Mann und Frau, mager, aber satt, sie haben sich verhüllt, weil es verboten ist, dass sie sich treffen. Weil die Kniefrau dem Kniemann jedes Mal noch in der ersten Minute ihrer Begegnung sagt: Sie, die das Verbot ausgesprochen haben, würden in meinen Augen dein Abbild sehen. Er antwortet ihr dann immer: Du bleibst von mir ungesehen und unberührt.

Bayka Hanim hat mir das Märchen erzählt. Die Liebenden schwören heilige Eide. Er haucht sie an, sie haucht ihn an, ihre Atemluft vermischt sich. Sie nennen dieses ihr Leben besonders. Sie sterben, ohne sich auch nur ein einziges Mal geküsst zu haben. Ich ziehe die Beine an, schmiege Kniefrau an Kniemann. Mauersegler nisten unter dem Dach, ich verstehe ihre Vogellaute nicht. Das Zimmer riecht nach meinem Vater.

4. Der Heilige

Die Braut trägt eine Bluse aus Tüll und Spitze, einen langen Glockenrock, an den eine Schleppe angenäht ist, ein Pfauenschweif in Hellblau und Rosa. Sie hält einen Strauß aus Anemonen und Efeu in Händen. Der Blütenkranz aus Margeriten rutscht ihr immer wieder in die Stirn unter dem Schleier. Lochstickerei, flüstert Derya. An den Frackaufschlag hat Alpay Bey einen kleinen Efeuzweig angesteckt, er will ihr ewig treu bleiben. Die Braut hakt sich bei ihm ein, und sie gehen von Tisch zu Tisch, nehmen die Glückwünsche entgegen, nicken lächelnd, ziehen weiter. Firuse Hanim kneift jedem Kind in die Wange, ohne den Stulpenhandschuh auszuziehen. Der Kranz drückt das Haargelock platt, sie schwitzt und seufzt, aber ihre Freude will nicht vergehen.

Ich habe den Frauen gelauscht, sie sind entsetzt: Die rote Schärpe auf den Hüften der Braut regt sie sehr auf. Schükran Hanim, die rechts von mir sitzt, spricht von den Plissee-Rosetten an ihrer Handtasche, sie schaut aber gelegentlich auf, und schließlich, kurz vor dem Zerplatzen, beugt sie sich zu Derya, die Schleife an der Vorderseite ihres Turbans kitzelt meine Nase. Sie sagt: Will sie uns bloßstellen? Das Zeichen, das am Rock prangt, weist sie aus als Jungfrau. Ist das nicht unverschämt?

Derya will nicht in ein Gespräch über Keuschheit verwickelt werden, sie streicht dem bleichen Batur über den Kopf. Er hat ein zweites Stück Hochzeitstorte essen dürfen, Firuse Hanim brachte den Teller eigenhändig an den Tisch.

Wir wurden von zu Hause abgeholt und fuhren mit dem Bus auf die andere Seite Istanbuls: In Beyoglu leben Männer, die sich Diener, Zofen, Gärtner und Chauffeure halten. Der ältere Bruder von Firuse Hanim, Akkan Bey, kommt für alle Kosten auf. Er hat trotz der hohen Miete auf den Festsaal im unteren Stockwerk eines Hotels bestanden. Das Gebäude gehört dem Armenier Tokatliyan. Ein reicher Mann. Es heißt über ihn, dass er Zahnstocher und Schuhlöffel aus Gold besitzt. Seine Frau soll ihn davon abgehalten haben, sich die Haare zu vergolden. Die Männer und Frauen aus meinem Viertel starren hoch zum großen Kristalllüster, er sieht aus wie eine Königskrone. Derya ist aufgefallen, dass die Kellner nicht darunterstehen wollen, sie haben Angst, dass er ihnen auf den Kopf fällt. Schükran Hanim tuschelt mit anderen Frauen, mit der Frau des Dampfbadbetreibers, mit der Frau des Schreiners und der Frau des Hodschas. Sie alle sind zornig, sie tupfen den Schweiß ab, unter den Achseln haben ihre Kleider runde Schweißflecken. Bayka

Hanim würde jedem von ihnen am liebsten mit der Kuchengabel auf den Handrücken klopfen. Sie hat den Kopf abgewandt, und als es nichts half, stopfte sie sich vor den Augen der Frauen einen geknüllten Papierstreifen ins rechte Ohr. Sie will sich nicht gemeinmachen mit Leuten, die, wie sie sagt, in die hohe Schwätzerschule gegangen sind.

Unlust rührt in Abdullah Bey, doch er muss es bis zum Ende aushalten. Er darf nicht trinken, er muss den besonnenen Anverwandten des Bräutigams spielen. Alle zehn Minuten raucht er eine Zigarette, bläst den Rauch durch die Nasenlöcher hinaus und betrachtet die verziehenden Schwaden.

Die Braut steht jetzt an unserem Tisch, sie lächelt uns an, ich lächele zurück.

Alte Mädchen sollten keinen Ehrengürtel tragen, sagt Schükran Hanim, sie sollten auch nicht daherschreiten, als führten sie einen Triumphzug an.

Alpay Bey macht einen Schritt nach vorne, Firuse Hanim einen Schritt zur Seite, sie verstellt ihm den Weg. Die Männer werden später bestimmt behaupten, dass er ihr untertan sei. Er hätte sich gefügt, statt für seine Frau zu streiten.

Liebe Dame, sagt die Braut, was meinst du damit?

Du bist vor Stolz geschwollen, sagt die Frau des Hodschas, und du hast so viel Rouge aufgetragen, dass ich nicht mehr sicher weiß, welche Hautfarbe du hast.

Ich habe Schükran Hanim eine Frage gestellt. Bist du ihre Marionette?

Du beleidigst das Eheweib des Priesters, ruft sie aus, habt ihr das gehört?

Also, liebe Dame, ich bin jünger als du. Mich hat nur mein Mann nach der Trauung geküsst. Was stört dich an der Schärpe?

Es gehört sich nicht!

Ich halte den Brauch hoch, sagt die Braut, ich habe bislang keusch gelebt. Im Gegensatz zu manchen alten Mädchen, die wir so freundlich waren einzuladen.

Nicht!, sagt Alpay Bey.

Ich habe meinem Mann auf einen Laib Brot Treue geschworen …
Dein Haupt, dein Rumpf und deine Beine, voller Sünden, schreit
Schükran Hanim.

Ihr Stuhl fällt um, als sie sich vom Platz erhebt, ihre Handtasche
wischt über meine Wange. Auch die verbündeten Frauen sind aufgestanden und rufen Verwünschungen: Die Edelfrau sei eine Magd,
die nur durchs Nadelöhr blasen könne. Wer die Gattin eines heiligen Mannes verfluche, leugne Gott. Der teure Stoff an ihrem Leib
tarne sie schlecht, man habe sie als Gottesleugnerin entlarvt, und
das Übel müsse man mit der Axt aushauen. Firuse Hanim nennt sie
daraufhin Geschöpfe von beschränktem Verstand.

Die Kellner eilen herbei, bitten die Damen um Mäßigung. Schükran Hanim schlägt einem Kellner mit der Handtasche ins Gesicht,
zwei Stoffrosen fallen ab. Sie ruft, der Kerl hätte sie unsittlich am
Rücken berührt. Er beteuert seine Unschuld, verlässt auf Anweisung von Alpay Bey den Saal.

Deryas Hand schießt vor, sie hält Schükran Hanims Nase zwischen
Zeige- und Mittelfinger, sie zieht an der Nase und zwingt Schükran
Hanim in eine gebückte Haltung. Dann zerrt Derya sie hinter sich
her, alle Gäste starren, die aufgebrachten Frauen sind erstarrt.

Wenig später kehrt Derya wieder zurück, zeigt auf den Ausgang
und sagt: Raus! Als sie nicht gleich gehorchen, wirft sie ihnen einen Porzellanteller vor die Füße, sie fliehen. Firuse Hanim reicht
ihr den Strauß, den sie ablehnt. Sie will nicht heiraten und sie lässt
sich auch nicht überrumpeln.

Der Bräutigam klatscht in die Hände und bittet die Gäste, den Vorfall zu vergessen und weiterzufeiern. Tatsächlich reden die Männer
und Frauen an den Tischen gleich los, sie sprechen über den herrlichen Skandal. Abdullah Bey schiebt seinen Stuhl neben Deryas
Stuhl, grinst von einem Ohr zum anderen.

Wie bist du sie draußen losgeworden?

Frauensache.

Glaub ich nicht, sagt Abdullah Bey, du hast ihr grobe Gewalt an-
gedroht.

Nein, Vater. Ich habe ihr gesagt, ich würde, wenn sie nicht Ruhe
gibt, ein bestimmtes Geheimnis ausplaudern.

Oh, wirklich?

Sie ist, wie heißt es, keine Frau von Schande. Sie hat nichts außer ihrer verdammten Tugend.

Was könnte das für ein Geheimnis sein, sagt Bayka Hanim, wenn nicht eins, das keins ist?

Alpay Bey hat das Muttermal an ihrem Hals geküsst, er war volltrunken und torkelte am helllichten Tag durch die Lianengasse, als Schükran Hanim um die Ecke bog und mit ihm zusammenstieß.

Nach dem Vorfall erzählte sie den Frauen am Brunnen in der Pilgergasse, er habe ihr auch einen Kuss auf den Mund drücken wollen. Zu ihrem Pech gab es zwei Augenzeugen, den Metzger und den Barbier. Sie erzählten: Den Verleumder hängt man im Jenseits an der Zunge auf. Also sollte diese Frau sich hüten. Der arme Mann wurde unter ihr begraben, er schrie um Hilfe, sie aber machte ein Gesicht wie eine Taube, die einen Brocken Brot aufpicken will. Wir spielten Karten, wir zögerten. Einer Frau in Bedrängnis helfen wir gern, doch wie stehen wir da, wenn wir eine Dame zur Besinnung bringen? Wir schauten tatenlos zu, der Mann biss ihr ins Ohrläppchen und in den Hals, warf sie ab und lief im Zickzack davon …

Schükran Hanim streute daraufhin das Gerücht, beide Männer würden an verschiedenen Tagen an ihrem Fenster schnurren und um Einlass bitten. Jeder kennt die Wahrheit: Sie ist in Alpay Bey unsterblich verliebt. Im Gegensatz zur Dame Nuriye mit dem tränennassen rechten Auge kümmert sie Schicklichkeit wenig. Was aber ist das Geheimnis, das kein Geheimnis ist? Ihre Liebschaft mit dem Griechen Teologos, der Thunfisch in Salzlake verkauft.

Deryas kurze Haare erregen Aufsehen, sie wird von jungen Frauen in Rüschenkleidern darauf angesprochen. Sie rollt mit den Augen, als modisch will sie nicht gelten.

Ein Mädchen im Faltenrock lächelt mich an, ich lächele zurück. Wir spielen draußen im großen Garten Fangen. Ich renne hinter die Bäume, trotz meines Vorsprungs holt sie mich schnell ein, wir stehen schwer atmend nebeneinander und wissen nicht, was wir tun sollen. Dann sagt das Mädchen mir, dass ich es langweilen würde, und verschwindet. Ich kehre zurück an unseren Tisch, die

Gäste stopfen sich heimlich Gebäck in die Taschen. Die Braut wird wegen ihres Hochzeitkleides bewundert.

Batur möchte wissen, ob ich etwas Verbotenes gemacht habe.

Kein Kuss, keine Berührung, sage ich.

Berna, sagt er.

Ist das ihr Name?

Eine verwirrte Maus. Sie kann die Lider umstülpen. Sie klopfte mir mal auf die Schulter, ich drehte mich um und bin fast vor Schreck gehüpft. Wenn sie lacht, glaubst du, ein Fohlen würde wiehern.

Wir sind umgeben von Irren, sage ich.

Und du, Hitlersohn, bist ihr König.

Zwei Geiger, ein Hackbrettspieler und ein Rahmentrommler spielen auf, der Bräutigam verbeugt sich vor der Braut, sie tanzen erst im engen Kreis. Alpay Bey schwitzt, als müsste er einen Holzklotz spalten. Er bewegt seine Lippen, sie flüstert ihm Worte ins Ohr. Er hat Tanzunterricht genommen, wie mir Derya verriet, er musste aus Anstandsgründen mit einem Mann üben. Es missfiel ihm derart, dass er nach der ersten Stunde den Lehrer auszahlte und floh. Er ruckt mit dem Oberkörper vor und zurück, seine Füße schleift er nach. Die Gäste klatschen zur Ermunterung, er aber stolpert mehrmals über die Schuhe der Braut.

Plötzlich geht das Fensterglas zu Bruch, und auch das Glas des zweiten Fensters an der Hotelfassade zerspringt in viele Scherben. Alpay Bey führt die Kellner nach draußen, wir sehen sie im Garten herumstreifen. Sie können die Steinewerfer nicht fassen. Der Verdacht fällt schnell auf Schükran Hanim und ihre Gefolgschaft. Soll man die Straßen nach ihnen durchkämmen oder gleich die Polizei rufen?

Ich kann mich heimlich absetzen. Der reiche Akkan Bey steht im Nieselregen, umgeben von starken Männern, sie bemerken mich nicht. Ich lausche und erfahre: Es passiert nicht zum ersten Mal, die Roten stecken dahinter. Moskaus Knechte. Schänder und Notzüchtiger. Dreck klebt an ihren Füßen. Feinde, ihr Kinn soll splittern. Scharf gemachte Hunde, Taschenratten mit rotem Schmier am Pelz. Ein Mann führt das große Wort, er sagt laut: Wer Herd und Heimat verteidigt, muss das Pack niederschlagen. Er verstummt jäh, als Akkan Bey ihn stumm anblickt. Seine Entscheidung steht fest, er will keine weitere Aufregung. Die Klatschweiber werden es der Polizei hinterbringen, den Beamten wird man erzählen, dass man die Kinder ob des groben Streichs gerügt habe. Er übernehme alle Kosten. Der herbeigeeilte Hotelleiter ist sofort einverstanden. Der Mann, der die Roten verfluchte, senkt den Kopf.

Was soll ich tun?, denke ich. Behalte ich die Neuigkeit für mich, wird man weiterhin die streitsüchtige Schükran verdächtigen. Plaudere ich über das abgelauschte Gespräch, bin ich nicht länger das verschwiegene Arierkind.

Ich bitte Abdullah Bey um Rat. Er entscheidet sich für eine Notlüge: Er wird die Nachricht weitertragen und behaupten, dass er heimlich gelauscht habe.

Nach einer Viertelstunde wissen es alle Männer und Frauen im Saal. Firuse Hanim hat sich umgezogen, sie sitzt an unserem Tisch und streicht den langen Seidenrock glatt.

Die Kommunisten, sagt sie, sind es nun Verräter, oder streiten sie für eine gerechte Sache?

Schau uns an, sagt Bayka Hanim, wir wohnen fast alle im Armeleuteviertel. Und dein Bruder ist ein guter Fürst.

Die Zeiten sind vorbei, sagt Derya.

Sie hat mich schon verstanden. Schau du dich lieber nach jungen Männern um, die dein Herz stocken lassen.

Fängst du schon wieder damit an.

Sind die Roten im Recht, oder nicht?, sagt die Braut.

Wir hatten eine Revolution, was brauchen wir eine zweite?, sagt Bayka Hanim.

Was meinst du, Derya?

Sie wollen die Armen befreien. Ich denke: Was geschieht, wenn unsere Leute befreit sind? Sie rotten sich zusammen, sie plündern erst das Geschäft des einäugigen Krämers. Der übrigens in seinem Festtagsanzug grauenhaft aussieht. Aber gut, was geschieht danach? Unsere Leute strömen über die Brücke hierher und plündern Delikatessenläden. Sie brandschatzen. Sie prügeln auf Männer ein, die sie für Ausbeuter halten. Sie saufen alle Schnapsflaschen leer.

Sie brechen in die Villen ein und klauen das Silberbesteck und die Schmuckschatulle. Was sie nicht mitnehmen können, beschmieren sie mit ihrem Körperdreck oder zerschlagen es.

Kennst du einen Kommunisten?, sagt Firuse Hanim.

Nicht nur einen, sagt Derya.

Es heißt, man muss sich schützen vor ihrem Einfluss. Sonst ist man nach einer Woche auf ihrer Seite.

Wird mir nicht passieren. Es sind alles Bürgerkinder, das finde ich seltsam.

Wer selten reitet, dem tut der Hintern weh, sagt Bayka Hanim.

Wieso stellst du diese Fragen?, sagt Derya.

Ich kenne einige Männer, sie sind kultiviert. Sie sind sehr höflich zu Frauen. Vor einem Jahr etwa fingen sie an, komisch zu reden.

Sie lieben Parolen, sagt Derya, sie entnehmen sie ihren heiligen Büchern. Geschrieben von Deutschen und Russen.

Sie möchten in einem anderen Land nach Hause kommen, sagt ihre Mutter.

Du hasst sie?

Bayka Hanim verneint, sie möchte sich nicht auf die Seite der Sieger noch der Besiegten schlagen. Es gebe genug Kriegsverletzte mit Knotenstock, und wir lebten in instand gesetzten Baracken zwischen Ruinen einer vergangenen Pracht. Geld verderbe, Not verderbe, und in den Vierteln der Reichen und der Armen würden Männer hausen, die bis ins Mark böse seien.

Den jungen Frauen behagen ihre Worte nicht, sie wollen aber keinen Unfrieden heraufbeschwören. Die Gäste haben die Mantel- und Jackentaschen vollgestopft, sie brechen auf.

Braut und Bräutigam stehen nebeneinander am Ausgang, schütteln Hände, küssen Wangen, verabschieden Freunde und Verwandte. Akkan Bey hält sich im Hintergrund und mustert die Männer. Er sucht nach einem Verräter, einem Aufrührer, einem roten Volksfreund. Wir sind über jeden Verdacht erhaben, er winkt uns zu, rückt seine Krawattennadel gerade. Derya errötet und huscht ins Freie. Sie ist trotzig, sucht nach Trost. Sie kann sich nicht mehr verstecken hinter den langen Strähnen, die wie ein Kopfbehang ihre Augen verhüllten.

5. Der Frieden

Jeder Engel leuchtet. Wir aber sind stumpf. Wir waschen uns aus dem Ohr, was die Nacht hineingeflüstert. Alles ist aus Glas, wir achten darauf, dass wir nichts zerbrechen. Große Bremsen scheuchen wir nicht weg, Hundegebell schreckt uns nicht. Wir warten, dass uns die Hasen lecken. In das Dunkel ragen wir.

Abdullah Bey sagt: Dies Dunkel ist geheiligt. Wir haben nicht geschlafen, wir haben uns nicht gereinigt. Nach dem Regen: In den Pfützen baden die Tiere. Eine Stille aus webenden Spinnen.

Ich werde gerufen, ich steige hinab, ich trete ein ins Zimmer. Sein Leib im Leichentuch auf dem Boden, das Schlachtermesser, die Schneide vom Gesicht abgewandt, auf seiner Brust. Man glaubt, das Messer beschwert den Rumpf und verhindert, dass er sich aufbläht. Derya wollte es wegbringen, Abdullah Bey sagte: Kein Ungehorsam, bitte nicht zu dieser Stunde.

Jetzt sitzen Frauen des Viertels im Kreis, das tote Kind in der Mitte. Sie ziehen stumm an der Gebetskette, die Perlen klacken. Sie anempfehlen Baturs Seele dem Herrn, sie loben den einen Gott.

Batur ist in den Morgenstunden gestorben, sein Herz blieb einfach stehen. Ich bin von Bayka Hanims Schrei wach geworden, Derya schickte mich wieder ins Bett. Das Zimmer, in dem er starb, wird sieben Tage beleuchtet, seine Seele ist noch an das Haus gebunden. Ich lebe im Haus des Toten. Das nicht abgedeckte Wasser in Gläsern und Krügen wurde weggegossen. Die Nachbarn lachen nicht und hören keine Musik, sie achten die Gefühle der trauernden Familie.

Abdullah Bey spritzt seiner Frau Kölnischwasser ins Gesicht, dann aber, nach einem Blick auf den reglosen Sohn, stürmt er in den Hintergarten, ich höre ihn heulend weinen. Der Erste in der Familie, dem sich Batur im Traum zeigt, wird einen Tag fasten, ich bin davon nicht ausgenommen. Die Frauen des Dampfbadbetreibers, des Hodschas, des Schreiners, und Schükran Hanim sitzen im Kreis und beten still. Alle Feste abgesagt, alle Fehden ausgesetzt, jede Feindschaft vergessen.

Die Haustür steht sperrangelweit offen. Die Feldpächter sind gekommen, mit der Mütze in der Hand, sie haben einen Korb Früchte mitgebracht. Die Metzger, die Barbiere, die Krämer, die Wachmänner, der Kaffeehausbetreiber Resul, die Mütter von Baturs Freunden, die Griechen, die Armenier, die Juden: Sie klopften an, senkten den Kopf, sprachen ihr Beileid aus. Der Hodscha stieg auf das Minarett und sang die Totenklage. Webende Spinnen, Gottespreisung, summende Fliegen, gerötete Augen, bestickte weiße Ziertücher. Mein Vater wurde benachrichtigt, er wird bestimmt nicht erscheinen, der Kummer des fremden Volkes stößt ihn ab.

Der Hodscha und sein Gehilfe treten ein. Nein!, schreit Bayka Hanim und wirft sich auf den Leichnam ihres Sohnes. Abdullah Bey gelingt es nur unter großen Mühen, sie wegzuzerren. Ich werde nicht fortgeschickt.

Sie legen Batur in einen schlichten Holzsarg, schultern ihn, gehen auf die Straße, der Sarg ruht auf der rechten Schulter von Abdullah Bey und auf der linken Schulter des Hodschas. Der einäugige Krämer und Haydar lösen sich aus der wartenden Menge, treten an das hintere Sargende. Nach wenigen Schritten übergeben sie an andere Männer, die das Gotteslob ausrufen. Nach altem Brauch muss der Vater des Toten den Sarg vorne rechts und links und hinten rechts und links getragen haben. Ich sehe weinende Frauen am Straßenrand und Kleinkinder, die zu ihren Müttern hochschauen.

Als wir an Resuls Kaffeehaus vorbeiziehen, strömen die Jungen und die Alten zum Sarg, wechseln sich ab, verschmelzen mit dem Geleit.

Ein Mann sagt: Sei tapfer, Arier.

Ein anderer flüstert: Seine reine Seele flog empor zum Allmächtigen.

Eine Frau eilt zu mir und wringt über meinem Kopf ein nasses Tuch aus. Die Hitze soll mir nicht schaden.

Das Wasser rinnt mir den Rücken herunter, ich fröstele. Ist er erlöst? Sehnt er sich schon nach uns? In der Holzkiste liegt sein Leib. Wird es heute Nacht in unserem Haus spuken? Wird er mir im Traum erscheinen? Ich fürchte mich davor, ich wünsche, dass er mich in Ruhe lässt. Seine Mutter hat ihn ein letztes Mal gekämmt, die Totenwäsche nimmt der Hodscha vor. Was geschieht mit seinen Kleidern? Bayka Hanim wird sie nicht verschenken. Es würde ihr bestimmt das Herz brechen, wenn sie sein Hemd an einem anderen Kind sähe.

Meine Freunde haben sich dem Zug angeschlossen. Burak hat verweinte rote Augen. Dschenk und Nuyan klopfen mir ungelenk auf den Rücken, sie erstarren plötzlich. Auf der gegenüberliegenden Seite der Pilgergasse stehen die Feinde: Kubilay und die anderen Kinder. Der Kopfabreißer fehlt. Sie kommen heran, schütteln mir, einer nach dem anderen, die Hand.

Kubilay sagt: Er war mutig.

Sie wenden sich ab, wir sehen ihnen nach.

Wolf, flüstert Abdullah Bey.

Ja.

Ich möchte, dass du jetzt gehst. Wir werden vor der Moschee das Totengebet verrichten.

Wieso darf ich nicht dabei sein?, sage ich.

Mein kleiner Christ, es ist besser so. Kehr nicht nach Hause zurück. Spiel mit deinen Freunden.

Ich spiele nicht, rufe ich.

Dann trauert, sagt er und eilt zum Sarg.

Wir gehen zum hohlen Baum auf der Brache innerhalb der Mauern, ich lasse mich auf die trockene Erde fallen. Die Freunde sitzen mir gegenüber. Keiner wirft mit Steinen, keiner schaut sich um.

Fünf weniger eins sind vier, sagt Nuyan, man hat uns einen Arm ausgerissen.

Ihn beweint jede Frau im Viertel, sagt Dschenk.

Die Seele, sage ich leise, was ist das?

Das gibt's doch auch bei euch, sagt Burak.

Mein Vater hat mich nichts gelehrt.

Sie ist mit bloßen Augen nicht zu sehen.

Hat überhaupt jemand, der noch lebt, eine Seele gesehen?

Den Seelen fällt es nicht leicht, Abschied zu nehmen. Sie sind woanders, von einer Minute zur nächsten. Gerade haben sie geatmet, dann schweben sie über ihrem eigenen Körper. Sie müssen alles neu lernen: das Gehen, das Sprechen. All die wildfremden Menschen, einige kennen sie, die meisten sind ihnen aber unbekannt. Na, ich weiß nicht, sagt Dschenk, Fleisch verwest, Blut verfließt. Den Tod wird keiner entmachten. Ein wilder Hund schnappt nach einer Wespe in der Luft und zerbeißt sie. Kopf und Leibchen fallen ihm aus dem Maul. Die Freunde, sie rätseln darüber, wann Baturs Kinderseele in den Himmel auffährt und wann die Posaune erschallt und wir von den Toten auferweckt werden.

Dann kommt das Gespräch auf meinen Vater, den Verschollenen. Denjenigen, der verschwand und ein Loch hinterließ wie ein Toter. Könnte ich sicher sein, dass nicht ein Fremder den Brief an mich verfasst hat?

Wieso seid ihr ausgewandert?, sagt Burak.

Hitlers Schnurrbart, sage ich.

Verdeckt die Mulde der Oberlippe.

Ja. Mein Vater hat sich in der Schule darüber lustig gemacht. Nicht nur einmal.

Der Krämer Yanni hat einen Backenbart, sagt Nuyan, und er hat einen Kragenknopf verschluckt.

Was?

Großer Adamsapfel. Hüpft beim Schlucken und Singen. Yanni Bey klopft darauf, trommelt auf die Rippen, und summt traurige griechische Lieder. Ich sah ihn im Trauerzug.

Wir hören einen unterdrückten Schrei, und ohne ein Wort schleichen wir uns in die Richtung, aus der er kam. Auf dem Schindanger, dem Platz, auf dem den Opfertieren das Fell abgezogen wird, an der Torruine, bewegen sich die hohen Büsche. Fünf weniger eins sind vier. Burak an meiner Seite, Dschenk und Nuyan bilden die Flanken, wir nehmen sie in die Zange. Ich sehe nackte kleine Füße unter den Zweigen, die Ballen schmutzig, eine Ferse aufgerissen, winzige Schrammen. Ein Junge kniet über einem Mädchen auf dem Rücken, er stopft ihm Erde in die Unterhose. Zwei Jungs schauen zu, ich kenne sie alle nicht, Zigeunertataren von außerhalb.

Was macht ihr da?, sage ich.

Der kniende Junge fährt jäh hoch, seine rechte Hand verschwindet in den Tiefen seiner Joppe, und dann zerschneidet er die Luft mit einem Taschenmesser. Die anderen Jungs ballen die Fäuste, das Mädchen liegt ruhig da und atmet durch den offenen Mund. Ihre Nase sieht aus wie ein Daumen im Gesicht.

Sie ist unten auf, sagt der Anführer mit dem Messer, wir stopfen sie.

Bastarde, sagt Dschenk.

Wer hat dich an der Wange geküsst? War's einer von unserem Stamm?

Du Schmutzfleisch, sage ich.

Du taugst nur als Zahnstocher, sagt er, mit dir reinige ich mir die Zähne.

Ihr Zigeuner fresst tote Fliegen, sagt Nuyan.

Es heißt über euch im Viertel, dass ihr den blanken Hintern streckt, sobald ihr die Lampe löscht. Dann kommen eure Väter und Onkel und stopfen euch.

Feiges Pack, sage ich, ihr zwingt das Mädchen zu einem abartigen Spiel.

Der Luftzerschneider dreht sich zu ihm um und fordert es auf, zu sprechen. Es schweigt und schließt die Augen. Nach einem Tritt an das Bein setzt es sich auf und greift zum Rock, der an einem Zweig hängt. Ein Zigeunerjunge zerrt daran und wirft ihn mir vor die Füße.

Ihr seid Mädchen, sagt das Mädchen.

Habt ihr das gehört? Sie will es. Ihr habt sie um das Vergnügen gebracht.

Der Stein in Dschenks Faust kracht ihm ins Gesicht, er geht sofort zu Boden und jammert. Ich schlage einem Zigeunerjungen auf den Hals und an die Schläfe, Nuyan kümmert sich um den anderen, Burak wankt unter den Ohrfeigen des Mädchens, das ihn schreiend angesprungen hat. Aus dem Daumen im Gesicht tropft Schleim, es wischt ihn weg und schmiert ihn in Buraks Haar. Sie fliehen, wir tun so, als würden wir ihnen nachsetzen.

Sie verdrecken die Welt, sagt Nuyan.

Die Zigeuner?, sage ich.

Nein, die Abartigen.

An diesem Tag wollten wir nicht kämpfen, wir wollten Batur ehren. Jeder schämt sich. Jeder ist stolz. Wir loben Dschenk, der mit einem Hieb einen Bastard fällte. Er dreht uns den Rücken zu, geht schweigend davon.

Ich starre auf den Rock am Boden und werfe ihn über die Mauer. Das Mädchen wird ihn bestimmt wiederhaben wollen, er taugt nicht als Beute. Ich stolpere über das Feld, setze einen Fuß vor den anderen, denke an nichts, trete durch das offene Gartentor und die offene Tür ins Haus.

Derya feilt sich die Nägel rund, reibt das Nagelbett mit feuchter Walnussschale dunkel. Sie erzählt. Sie war eingeschlafen und hat geträumt.

Meine Haare brannten, sagt sie, Funken stoben auf, ich klopfte halbherzig auf meinen Kopf. Funken wirbelten um mich herum. Ich freute mich darüber, ich hatte keine Schmerzen. Ich dachte im Traum: Ich will nie wieder im Dunkeln stehen, ohne die kleinen, schnell verknisternden Blutblüten …

Blutblüten?

Die Funken, sagt Bayka Hanim leise.

Ist dir Batur erschienen?

Er weht noch über den Dächern, nah an den fliegenden Vögeln.

Mutter und Tochter weinen, ich fülle ihre Gläser mit Wasser, sie trinken. Bayka Hanim bekommt einen Schluckauf.

Ich muss warten, bis sie sich wieder beruhigt haben.

Derya erzählt: Von einem heftigen Windstoß wurde sie umgeworfen. Dann veränderte sich das Bild, sagt sie, ich legte dein Schafsfell auf die Schultern, spazierte durch ein Villenviertel, grüßte Frauen.

Keine Männer, sagt Bayka Hanim.

Ja. Verjüngte alte Frauen. Großmütter ohne Falten und Runzeln, die Haut ganz glatt, sie trugen Hüte, seltsame Hüte mit breiter Krempe. Ich grüßte sie, sie grüßten höflich zurück. Ich kannte sie nicht, sie kannten mich.

Dann ein anderes Bild, sagt ihre Mutter.

Ich säugte … eine Ratte.

Oh, nein!

Sie hatte kleine Kinderzähne. Sie war gekleidet wie ein erwachsener Mensch.

Das alles hast du geträumt und nicht vergessen?, sage ich.

Sie rügt mich, weil ich ihr unterstelle, dass sie alles erfunden hat. Ich weiß, was sie in diesem Augenblick denkt: Der Arier ist uns fremd, er wird es nie verstehen, was wir lieben und was wir verachten. Mein Vater sagte oft, dass an diesem Rand der Erde die Häuser einsinken und mit ihnen die Menschen. Deshalb würden sie komisch werden: Die Frauen deuten Träume und Tintenschlieren im Wasser. Die Männer beschauen die durchschnittene Kehle des Opfertiers nach Zeichen. Ihre seherische Gabe, eine Einbildung. Sie leiden an Überhitzung. Meines fernen Vaters Worte: Jenem Volk entstammst du, in diesem Volk bestehst du.

Es erglühen mir seine Worte im Mund, ich schleiche durch das Geisterhaus, achte auf ein verräterisches Flackern oder ein schwaches Glimmen im Dunkeln. Haben sie Batur schon in die Grabhöhle gelegt, haben sie ihn mit Erde bedeckt?

Fromme Frauen beschenken Bayka Hanim mit Gaben, sie kauern sich für eine kurze Weile hin, beten zu dem, der niemals stirbt. Die Frauen, sie schauen mich an, sie ziehen die Armstulpen oder die Ärmel hoch und starren, ich weiche den Blicken aus. Die Frau des Zahnarztes Sawen, Minna Hanim, bringt Brot und Honig, Derya bittet sie, Platz zu nehmen, sie legt den Schleier aus schwarzer Spitze ab, trinkt kalte Limonade, spricht von der neuen Zeit, von der sie sich verhöhnt fühle. Sie hat wohl ihren Oberlippenflaum frisch gezupft, die Lippe ist gerötet. Sie stockt mitten im Satz und sagt, dass Hitlersohn nicht verbleichen dürfe. Bayka Hanim trüge schwer an ihrem Kummer, man habe ihr das Herz herausgerissen, bei einem solchen Verlust verdorre jede Frau.

Du musst ihm die zweite Mutter werden, sagt sie.

Wir trauern um Batur, sagt Derya mit kalter Stimme.

Er ist früh vollendet. Der Herr in der Höh' nehme sich seiner an.

Amen, sagt Bayka Hanim.

Versteht mich nicht falsch. Der Kleine ist Halbwaise. Mutter tot,

Vater abwesend. Es wird ihm geschehen, dass er alle Farbe verliert.
Wenn man nichts unternimmt.

Was meinst du damit?, sagt Derya.

Ich sehe, du bist aufgebracht.

Du verhältst dich unangemessen.

Ich war vier, als man mir meine Eltern wegnahm, sagt Minna
Hanim, ich muss darüber schweigen, weil man mich sonst ins
Zuchthaus steckt.

Großes Unrecht, sagt Bayka Hanim leise.

Liebe Schwester Derya, die Männer, sie sind … so, wie sie sind. Wir
Frauen müssen uns um das Wichtige kümmern. Glaubst du nicht
auch, Hitlersohn?

Was glaube ich?

Dass man eine nasse Hose zum Trocknen aufhängt. Dass ein Apfel
mit einem toten Wurm im Kern ungenießbar ist. Dass zwischen ein
Ja und ein Nein eine Nadel passen muss.

Dem Jungen ist ganz schwindlig von deinen Fragen, sagt Derya.

Wieso? Ich rede in einfachen Worten.

Darf ich eintreten? Ich habe geklopft.

Kubilay steht im Türrahmen. Minna Hanim ist vor Schreck der
schwarze Schleier zu Boden geglitten, ich bin sofort auf den Beinen
und spähe aus dem offenen Fenster. Wo steckt sein großer Bruder?
Er muss auf Drängen von Bayka Hanim ein Glas Limonade trinken,
dann werden wir entlassen.

Ich folge ihm stumm, er führt mich durch das verunkrautete Feld,
dann gehen wir entlang des Ackers, der mit Stallmist gedüngt wird,
wir weichen Fliegenschwärmen aus, und als er sich duckt, mache
ich es ihm nach. Er drückt mich in eine tiefe Ackerfurche, kriecht
neben mir vor, ich stemme Ellbogen und Füße in die Erde, starre
auf das Loch in seinem rechten Schuh, scharre mich frei, krieche
auf seiner Spur hinter ihm her. An der Hinterseite des Stalls schiebt
er eine lose Holzlatte zur Seite, wir schlüpfen hinein, verstecken uns
hinter Tragekörben. Drei Kurden zerren einen Stier am Strick in
den Verschlag, das Tier ist kaum zu bändigen. Ein Stiel ragt zwischen seinen Hinterläufen hervor. Als eine Kuh hereingebracht

wird, reißt sich der Stier fast los, die Männer schlagen mit Ziemern auf seine Flanken. Dann bäumt er sich auf, seine Vorderläufe liegen auf dem Rücken der Kuh, der Stiel verschwindet, die Muskeln an den Hinterbacken des Stiers zittern beim Rucken. Der Stier springt in der nächsten Stunde sechs Kühe an. Schweiß auf seiner schwarzen Haut. Die Kurden zerren ihn fluchend aus dem Verschlag.

Wir warten, wir atmen flach und warten. Kubilay nickt mir zu, auf demselben Wege kriechen wir zurück, und dann stehen wir auf, klopfen die Erdbrocken von Hemd und Hose und laufen los. Am Brunnen waschen wir Gesicht und Hände, die Frauen schimpfen nur mit Kubilay wegen des Dunggeruchs, der uns anhaftet. Ich werde verschont.

Wir sitzen auf der Bordsteinkante, die Frauen sind weitergezogen.

Sahst du es zum ersten Mal?, sagt er.

Ja.

Sein Fleischspieß ist schon mächtig.

Darüber spricht man nicht, sage ich.

Wieso? Fällst du gleich in Ohnmacht?

Jeder schweigt darüber.

Es ist wie Kacken, sagt Kubilay, dein Bauch grimmt, du eilst zum Plumpsklo, schließt die Tür, damit keiner dir dabei zuschaut.

Kann sein, sage ich.

Du gehst danach nicht zu den Leuten und berichtest. Oder doch?

Blödsinn.

Siehst du?! Wir können jetzt schon kacken. Für das andere sind wir noch nicht so weit.

Hast du ein Mädchen nackt gesehen?, sage ich.

Hab' ich.

Und?

Nur ein kurzer Blick auf die sonst versteckte Stelle.

Du hast gespannt?

Bist ein anständiger Junge. Das verkraftest du nicht, sagt er.

Und du machst einen großen Qualm um alles, sage ich.

Also gut. Es geschah ohne Absicht. Sie hockte hinter einem Busch, ich lief mit meiner Mutter zufällig daran vorbei. Sie ist hochgeschnellt, und da, für ein paar Sekunden, sah ich es.

Und … wie sah es aus?

Kannst du lesen?

Kann ich.

Wie der Buchstabe V, mit einem geraden Strich in der Mitte.

Das deutsche W, sage ich leise.

Weiß ich nicht. Ich habe jedenfalls später in meinem Zimmer daran gedacht. Behältst du es für dich?

Ja, Ehrenwort.

Arierwort?

Meinetwegen, sage ich.

Kaum hatte ich das Bild in meinem Kopf, kitzelte es mich. Es war aber kein gutes Gefühl. Ich habe mich angestrengt, es zu vergessen. Es gibt Wichtigeres zu tun.

Dein Bruder …

Er ist ein fressender Schatten, sagt er.

Wieso?

Er vermindert das Licht.

Er winkt einen Straßenverkäufer herbei, der kleine, scharf gewürzte Fleischstücke anbietet, und bezahlt mit einem Büffelauge: eine Fünfundzwanzig-Kurusch-Münze. Viel Geld für ein Kind. Er fragt, wie mir die gerösteten Hahnenkämme schmeckten. Ich will ausspucken, er lacht. Dann zählt er auf, was man alles in das Hack hineingeknetet habe: Knorpel vom Schafsschwanz. Fleisch vom kleinen Getier, das in Erdlöchern haust. Die mutigsten Kerle fangen es mit der bloßen Hand. Falsche Bratleber, Hauptspeise der Armen, gemahlene Knochen und Mehl.

Ich esse weiter, der Händler ist kopfschüttelnd weitergezogen. Batur kann keinen Bissen mehr kauen, denke ich, zugeschüttet hat man ihn, und er hat sein kurzes Leben mit Schmerzen beendet. Bestimmt hat er sich keine Totenstille ersehnt.

Kubilay will mich zu einem Platz mitnehmen, auf dem schöne Mädchen in Röcken stehen, manchmal würde der Wind die Röcke hochwehen. Wir schlagen den Weg zum benachbarten Viertel Imrachor ein. Ich sehe die Verrückten der Straße, ich höre seufzende Hunde in Hinterhöfen. Ein verrotzter Junge leckt am Apfelbutzen.

Er bemerkt, dass ich ihn anstarre, und ruft böse: Juckt dich der Buckel?

Messingfarbene Häuser, die Köpfe der Droschkengäule von Bremsen umschwärmt, alte Männer mit Blutblasen an den Händen, sie haben ihr Glück aufgebraucht. Kleine Büschel ausgekämmten Frauenhaars haben sich an Zaunpfahlspitzen verfangen. Der Mann des Hauses raucht unter einem Wäscheseil, an dem lange Unterhosen hängen. Hier leben die Düsteren, deren Gesicht vor Scham und Zorn funkelt. Sie haben viele Narben und viele Stellen, an denen der Schorf von der Wunde noch nicht abgefallen ist. Man sagt, sie legen sich im Sommer zwischen den Gräbern schlafen. Sie sind lebender Schmuck der Toten. Krumm abstehende Nagelköpfe an einem Holzpfahl mitten im Weg.

Kubilay erzählt: Die großen Brüder, von Anisschnaps aufgepeitscht, schlagen mit dem Messerknauf die Nägel in das Holz, und es geschieht oft, dass sie sich in der Hitze einen halben Finger abhacken. Besprenkelt von Licht, das durch die Baumkronen scheint. Zappelnde Lichtfische an den Kleidern der alten und jungen Frauen, die um eine Zypresse versammelt sind. Von einem hohen abstehenden Ast hängt eine schwere Kette herab.

Ein düsterer Mann, der Gebetsketten verkauft, erzählt: Der Prophet Elias höchstpersönlich hat die Kette hochgeworfen. Die Frauen bewegten viele Fragen. Sie wollten wissen: Ist mein Verlobter reinen Herzens? Sind meine Gedanken von Gott oder vom verfluchten Teufel? Wird mein zweites Kind ein Junge? Soll ich meine Tante im Dorf besuchen, obwohl sie jedem unverheirateten Mann erzählt, dass ich nichts tauge?

Wie finden die Frauen eine Antwort auf diese Fragen? Sie treten an den Baum heran. Wenn sie, auf Zehenspitzen stehend, das untere Ende der Kette berühren können, lautet die Antwort Ja. Wenn nicht, nein. Er habe viele arme Seelen heulend davonhuschen gesehen, obwohl sie Schuhe mit hohen Absätzen getragen hatten.

Ich sehe Mädchen mit kleinen Stecken unsichtbare Worte auf bunte Stoffstreifen zeichnen. Sie binden die Fetzen an die Zweige, sprechen flüsternd ein Gebet, machen anderen Wundersüchtigen Platz. Knoten in allen Farben, die Zypresse eine geschmückte Braut.

Die Frauen starren immer wieder zur kahlen Eiche auf der gegenüberliegenden Straßenseite. Der Baum der kreischenden Seelen. Kein Blitz spaltete den Stamm, die Quelle versiegte nicht, die Eiche ausgetrocknet haben die Seelen, die nah bei uns Lebenden sein wollen. Klagende Scheuchen, herabgetropftes Gift des Himmels.

Unter diesem Baum darf ich nicht sitzen, der Schatten der Eiche darf mich nicht streifen. Tete hat davor gewarnt, ich werde ihr meinen Besuch auf dem Platz der Wünsche verschweigen. Die Mütter mustern uns argwöhnisch. Der Alte rasselt mit den Perlenketten, als wollte er uns verscheuchen.

Wir müssen weichen, ich folge Kubilay in eine Gasse mit windschiefen alten Häusern. Er klopft an einer Tür, beim fünften Klopfen wird die Tür aufgerissen.

Ich starre auf die Hände der Frau, dünne Goldringe, die sich tief ins Fleisch eingeschnitten haben. Sie kehrt uns den Rücken zu, nimmt im Vorhof auf einem Stuhl mit hoher Lehne Platz. Wir müssen stehen.

Herrin, sagt Kubilay, danke, dass du uns empfängst.

Erzähl', sagt sie, halte dich kurz.

Ich möchte, dass du für mich eine Frau verhext.

Du bist ein Kind.

Nicht das, was du denkst. Es geht um meine Mutter.

Ich wirke keine böse Hexerei, sagt sie ungehalten.

Sie sitzt still am Fenster und nagt an einem Sesamkringel. Wenn ich sie anspreche, macht sie sich klein. Sie kocht, sie wäscht, sie bügelt. Die Frauen in der Nachbarschaft meiden sie, weil sie ihre Grüße nicht mehr erwidert.

Deine Mutter ist seltsam geworden, sagt die Herrin.

Vor vier Monaten fing es an. Ich habe einen älteren Bruder ...

Weiter.

Er ist wild.

Herzlos, sage ich leise.

Still! Er spricht. Also?

Mutter isst und schläft wenig, sagt Kubilay.

Gut, sagt sie, dagegen kann ich was tun. Geh zum Brunnen, schau hinein.

Kubilay gehorcht, ich sehe seinen gebeugten Rücken, seinen schweißnassen Nacken. Die Herrin beachtet mich nicht. Träume, Zeichen, aufgerissene Wolken, fremdes Volk. Er kommt zurück, wischt die pechschwarzen Haare aus der Stirn.

Was hast du gesehen?

Schatten, sagt er.

Ruhen sie?

Sie kräuseln sich. Wandernde Schmierflecken.

Hauchen sie? Wispern sie einen Laut?

Nein, Herrin.

Nichts und niemand kann deine Mutter einschüchtern, sagt sie, kein Unrat in ihr, aber Unrat um sie herum. Gelobter Gott, hilf ihr!

Meinst du auch mich damit?

Ich muss jetzt Öl in meine wehen Beine reiben. Die Zeit ist um.

Aber du hast mir nicht geholfen, ruft Kubilay, Geld gegen Zauber, das ist dein Geschäft. Du entlässt mich ohne Trost.

Ihr wart bestimmt am Baumschrein, sagt sie und steht auf, und ihr habt voller Angst herübergeblickt zur kahlen Eiche. Letztes Jahr sah ich Folgendes mit eigenen Augen: Ein Vogel baute an seinem Nest auf hohem Ast. Da fuhr etwas herunter und schnappte ihn. Die Frauen an der Zypresse sahen zum verwaisten Nest, und dann zu mir. Seitdem lassen sie mich in Ruhe. Hast du mich verstanden, kleines Kind?

Ja, Herrin.

Das Geld. Du weißt, wie viel du mir schuldig bist.

Wir streifen lustlos durch das Viertel. Kubilay ist besiegt worden von einer Hexe, die Holz verhärten und Seelen als niedere Diener binden kann. Frauen vom Lande, in die Stadt geflohen, flehen um den Beistand der Heiligen, der Platz wimmelt von ihnen. Mütter beschauen die Töchter anderer Mütter. Gott liebt Einfachheit und die einfachen Leute, der Heiratsmarkt an der Zypresse wird ihm aber nicht gefallen.

Plötzlich bleibt Kubilay stehen, dreht sich zu mir um und sagt: Du bist kalt wie ein Grabstein im Regen. Ich solle endlich zugeben, dass es eine Eigenheit der Deutschen sei.

Wir trauern allein, wenn keiner zusieht, sage ich, die Frauen hier reißen sich die Kleider in Fetzen, sie wetteifern miteinander. Sie schminken dicke schwarze Ränder um die Augen. Wenn sie weinen, zerläuft der Lidstrich zu dicken Rinnsalen auf den Wangen. Von ihren Wehklagen bekommt man Kopfschmerzen, alle Eulen in der Umgebung fliegen auf und davon. Meine Mutter war deutsch, mein Vater und ich sind deutsch. Was hast du dagegen? Ihr erinnert mich immer daran, an meine Deutschheit, ich aber denke gar nicht daran. Wieso beschäftigt es euch? Arier da, Arier dort, den ganzen Tag geht es so ...

Ist gut, sagt er.

Du bist doch selber kein richtiger Türke.

Willst du mich reizen?

Über euch Tschetschenen heißt es: Viehmelker, keine gute Gesinnung.

Wir sind Krieger, ruft er, wir haben gegen die Russen gekämpft, da wurde dein Urgroßvater noch von der Amme gesäugt.

Lange her, sage ich.

Du hast ein Loch im Kopf. Da ist alles aus dem Schädel herausgeflossen.

Er starrt mich an wie ein hechelnder Wolf im Schlammloch. Dann kämpft er mit glühenden Worten. Die neue Zeit, sie sei neu, weil es eine neue Herrschaft gebe. Die Herren verordneten: Das Alte war barbarisch. Wer ihm anhängt, ist verkrüppelt. Er spuckt wütend aus, er spuckt die Worte aus, die er bestimmt von seinem Vater gehört hat. Wir sind keine Brüder, er rühmt seinen Stamm. Dann sollte er sich an Kinder gleichen Blutes halten. Ich bleibe bei meinen Freunden.

6. Der Wahrer der Sicherheit

Abdullah Bey schlingt das lange hellbraune Tuch elf Mal um den Leib, er zerrt und zieht und steckt das lose Ende hinter die Bauchbinde. Das kurze Tuch legt er in der Mitte seines Körpers an und beginnt, sich langsam zu drehen. Nach dem achten Mal ist ihm schwindlig, er muss sich hinsetzen.

Er hat es mir erklärt: Die Bauchbinde ist nicht bloßer Zierrat. Sie sorgt dafür, dass man im Sitzen wie im Stehen einen geraden Rücken hat. Männer dürfen die Schultern nicht hängen lassen, sonst verdächtigt man sie weibischer Neigungen.

Er knöpft die Weste zu, schlüpft im Eingang in die frisch gewichsten Schuhe, tritt mit dem rechten Fuß über die Schwelle. Er hat vor Tagen beim Abendessen plötzlich verkündet, Hitlersohn Wolf müsste ihn ab sofort bei seinem Gang durch das Viertel begleiten, wir müssten uns aneinander gewöhnen. Bayka Hanim und Derya machten wissende Gesichter.

Also folge ich ihm auch heute, ich schweige und schaue nicht auf, wenn er mich heimlich mustert. Zwischen zwei gegenüberliegenden Häusern ist ein Spruchband gespannt, ich lese: Das Herz des Volkes ist die Kaserne des Soldaten.

Auf Höhe des Dampfbads lächelt Abdullah Bey, er erzählt wie jeden Tag eine Geschichte aus seiner späten Kindheit. Der Milchmann war Vater von drei Töchtern, die Älteste liebte Katzen, und wann immer sie eine Katze sah, lockte sie sie mit sehr seltsamen Lauten an. Es hörte sich an, als würde ein großer Vogel aus der Höhe kleine Klumpen plumpsen lassen. Das Mädchen lispelte nämlich. Sie sang auf offener Straße Lieder von Herzen, die in Regennächten in Stücke zerspringen. Und weil sie lispelte, klangen die Lieder nach mongolischen Volksweisen. Er, Abdullah Bey, habe immer Husten vorgetäuscht, um nicht schreiend zu lachen. Eines Nachmittags kam ihm das Mädchen entgegen, es blieb stehen und fragte artig, wie es ihm gehe, und da habe er nicht mehr an sich halten können und gelacht wie ein entlaufener Irrer. Nach diesem Vorfall sah das Mädchen in ihm einen gemeingefährlichen Jungen, noch Jahre später zuckte es bei seinem Anblick zusammen.

Er reißt beim Gehen ein Zündholz an, hält es an die platt gedrückte Zigarette, die Schachtel steckt er in die hintere Hosentasche. Er nimmt einen tiefen Zug, atmet aus, grüßt bekannte Männer. An der Moschee hastet er gebückt vorbei, der Krämer Yanni winkt aus seinem Laden. Wir sind im Stadtteil der Moses- und Jesusgläubigen, sie haben ihre Ruhe- und Feiertage, Abdullah Bey kennt sie alle. Er sagt: Das bleibt unter uns, und ohne eine Antwort abzuwarten, betritt er Hristos Trinklokal. An einem großen runden Tisch sitzen sechs Männer, sie erwidern den Gruß. Nackte Wände, Rauch, Steinboden. Hristo fegt mit einem Rutenbündel hereingewehten Schmutz an unseren Füßen vorbei über die Schwelle. Er stellt keine Fragen, schiebt für mich einen Schemel an den Tisch. Ekrem Bey verdreht die Augen, ich bin ihm nicht willkommen. Vor ihm steht ein trübes Wasser im hohen Glas, er greift zum Teller mit Mandeln und Walnüssen, kaut und schluckt.

Du verdirbst ihn, sagt er, was hat der Arier hier zu suchen?

Stör' dich nicht an ihm, sagt Hristo.

Ein vaterloser Junge, der Gnade eines Mannes ausgeliefert, der vor Kurzem seinen Sohn begrub.

Franz hat in der Hauptstadt Arbeit gefunden, sagt Abdullah Bey, Wein und Likör den Frauen, Anisschnaps uns Männern!

Hristo stellt ihm ein Glas auf den Tisch und fährt fort, die Winkel der Schenke auszufegen. Die Männer trinken und kauen. Der Thunfischverkäufer Teologos Bey reibt sich die Müdigkeit aus den Augen. Der Schweiß rinnt mir den Rücken herunter. Ein Mann krempelt die Ärmel hoch, ich sehe einen Ahnensäbel aus verblasster Tinte auf dem Oberarm.

Ich fühle mich unwohl in der Gegenwart des Kindes, sagt Ekrem Bey, wie kann ich sicher sein, dass er nicht petzt?

Er weiß, was sich gehört, sagt Abdullah Bey.

Wirklich? Dabei könnte ich schwören, dass er alles seinen Spielkameraden erzählt. Und dann weiß es auch bald mein zänkisches Weib.

Wirst du Ekrem Bey verraten?

Nein, sage ich leise.

Er wird sein Wort brechen, sagt Ekrem Bey, ich sehe es ihm an seiner Nase an.

Da sind nur Sommersprossen, sagt Abdullah Bey.

Als hätte der Teufel durch das Sieb gebrunzt.

Lass gut sein, sagt Hristo.

Was redest du mir hinein, Wirt! Ich mache, was mir passt.

Schau mich an, Schnapsschwamm, ruft Abdullah Bey, es gibt jetzt nur noch zwei Möglichkeiten. Entweder du entschuldigst dich bei meinem Jungen. Oder wir tragen den Händel vor der Schenke aus.

Der Tag wird immer schöner, sagt er, steht auf, schwankt, hält sich an der Tischkante kurz fest, fällt hintüber, bleibt liegen. Die Männer kauen und trinken.

Ist er tot?, flüstere ich.

Teologos Bey schüttelt den Kopf. Walnüsse und Mandeln bedecken den reglosen Leib von Ekrem Bey. Wundersamerweise ist kein Glas zerbrochen.

Eine ganze Flasche hat er schon geleert, sagt Hristo, heute Morgen kam er hereingestürmt, befahl mir, den Laden vor der Zeit aufzumachen. Ich wollte keinen Ärger. Seht auf den Mann. Das Hemd voller Flecken, ein Hosenbein bis zum Knie aufgerissen. Ich fragte nach, er tönte wie eine leere Tonne. Schimpfte, schmähte. Hat sich gebalgt mit Schecho, dem Kurden. Prahlte mit seiner Kraft. Was war geschehen? Ich gebe seine Fassung wieder. Er hat den Kurden bei der Notzucht eines Schafes erwischt … ich erspare euch die Einzelheiten.

Verleumdung, sagt der Mann mit dem in die Haut geritzten Säbel, darauf stehen mindestens fünf krachende Maulschellen.

Bitte, sagt Teologos, bestrafe ihn doch jetzt.

Ich schlage keinen halb toten Mann.

Wahrscheinlich hat Schecho das verirrte Tier einfangen wollen. Packte es am Fettschwanz, und für Schnapsschwamm sah es aus, als würde er das Schaf … bedrängen.

Was soll mich schmerzen der Zahn in anderer Leute Backe, sagt ein anderer Mann. Ekrem dünstet seine schlechte Laune aus. Und

wenn er aufwacht, wird er so tun, als hätte er sein Gedächtnis verloren.

Hristo, Teologos, sagt Abdullah Bey, ich brauche euren Rat. Der
kleine Christ, ich habe ihn heute nicht ohne Grund mitgenommen.
Das Kind verwahrlost. Es muss in seinem Glauben unterwiesen
werden. Es nimmt sonst unsere Sitten an.

Die Griechen sind ratlos. Der Wirt verweist auf ein Streitgespräch
mit dem Priester. Er habe auf Männer und Frauen mit krummen
Nasen und krummen Beinen gezeigt. Dann habe er gesagt, dass
es ihm schwerfalle, diese Menschen als Gottes Ebenbild zu sehen.
Seither würde der Priester ihn auf der Straße nicht grüßen.

Also wirst du mir helfen, Teologos, sagt Abdullah Bey.

Hast du deine Kinder vom Hodscha unterrichten lassen?

Nein, das ist aber etwas anderes.

Wieso?, sagt Teologos, er soll lieber lernen, wie man die Mädchen verrückt macht. Ich erzähle mal eine Geschichte von unserem Priester. Er sieht, wie ein Fink auf die Glocke kackt. Am nächsten Tag zur gleichen Zeit erwischt er ihn wieder beim Kacken. Das
geht einige Tage so weiter. Der Priester denkt: Ich muss diesen
Vogel einfangen. Er stellt eine Schale hin, in der Brotbrocken im
Wein schwimmen. Der Fink fliegt auf die Glocke, kackt, pickt das
weingetränkte Brot, pickt alle Brocken auf. Es gelingt dem Priester,
den beschwipsten Vogel einzufangen. Er hält ihn in der Faust und
spricht: Wärst du ein frommer Christ, würdest du die Glocke nicht
verdrecken. Wärst du ein frommer Moslem, würdest du den Wein
nicht trinken. Was bist du dann?

Hast du das vom Priester?, sagt Hristo.

Von ihm höchstpersönlich.

Die fette Ratte frisst die Unterhose desjenigen, der tagsüber Märchen erzählt.

Alle Männer lachen. Nach dem Aberglauben darf man nur abends
Märchen erzählen. Sie lachen, aber sie fürchten sich vor der größten Ratte des Viertels: Sie beißt tiefe Wunden, sie ist flink und entwischt. Metallgitter zerbeißt sie, die Holzwände der Fallen raspelt
sie zu Spänen. Man nennt sie auch die Herrin der Säuberung.

Der schnarchende Ekrem Bey, der sonst gern angibt, hat seinem

71

Schwager verraten, dass er ihr ein Mal begegnet sei. Im Schatten an der Mauer, an einem eiskalten Wintertag. Er sei, in Angst und Schrecken versetzt von ihrem Blick, schreiend geflohen.

Woran denkst du?, sagt Abdullah Bey.

An die fette Herrin, sage ich.

Lock sie mir bloß nicht in die Schenke, sagt Hristo ernst.

Lebt sie wirklich, oder lebt sie nur in den Köpfen?

Sie ist jedenfalls wirklicher als der Fink in der Hand unseres Priesters, sagt Teologos.

Abdullah Bey bezahlt für Schnaps und zwei Handvoll Mandeln. Beim Hinausgehen fällt mir ein, woher ich den Mann mit dem geritzten Oberarm kenne: ein Nachtwächter, der aufgab, weil ihn die Nacht schreckt.

Derya empfängt uns zu Hause mit den Worten, dass ihre Mutter sehr verärgert sei. Bayka Hanim rauscht in die Eingangsdiele und schaut auf ihren Mann, der die Schuhe kniend aufschnürt. Du hast getrunken.

Ein Glas.

Das ist nicht wahr.

Gut, zwei Gläser, sagt er keuchend.

Der Junge riecht nach Rauch. Er sah dir beim Trinken zu.

Ich bat die Griechen um Glaubensunterweisung für ihn.

Mein lieber Herr, sagt sie mit kalter Stimme, du mischst dich unter die Säufer. Wir sind in den heiligen Monaten, bald ist Fastenzeit.

Erst im Oktober.

Gott hat es verboten. Bist du klüger als er?

Lass mich in Frieden, bitte, Frau.

Doch sie weicht nicht von der Stelle. Derya hält sich klugerweise heraus. Man schickt mich nicht weg, also stehe ich halb abgewandt im Flur und lausche. Sie spricht von der Schande, die ihr widerfährt, weil ihr Mann bald wie die Ungewaschenen mit geteertem Kragen herumlaufen werde. Er solle sich bitte nicht in ein verderbliches Spiel mischen. Abdullah Bey umarmt sie plötzlich, und bald schluchzt sie in seinen Armen. Zu viel, alles zu viel, ich gehe in den Hintergarten, zu viel Hitze, zu viele Worte. Luft, ich atme sie ein und aus. Derya gesellt sich zu mir, und ich denke: Könnt ihr mich nicht allein lassen, für zehn Atemzüge?

Es kam ein Brief von deinem Vater, soll mein Vater ihn dir vorlesen?

Was schreibt er?, sage ich.

Er nimmt gegen die Darmträgheit Pillen, er ist gesund und arbeitet als Übersetzer.

Er spricht schlecht Türkisch.

Er übersetzt aus dem Englischen ins Deutsche, sagt sie, er erwähnt einen argen Streit mit einem Gesandten des Deutschen Reichs. Er hat deinen Vater wohl als ... Volksschädling beschimpft. Und dafür eine schallende Ohrfeige bekommen.

Nein!

Wir beide wissen, dass es nicht ganz der Wahrheit entspricht. Aber es reicht, dass er diese Rachefantasien hegte.

Sie schenkt mir ein selbst gemachtes Bubenspielzeug, eine Flinte: Ein Gummiband ist zwischen dem einen Ende der Holzleiste und der angenagelten Wäscheklammer gespannt. Eine geladene Waffe. Ich darf sie der Mutter des Hauses nicht zeigen, sie nimmt sie mir weg. Ich könnte schießen mit Dornen, mit Murmeln, mit rostigen Nägeln auf Kubilays großen Bruder, der das Licht frisst.

Abdullah Bey ruft, dass ihm vom Geschrei die Ohren gellten, er stapft davon. Bayka Hanim legt mit Gewürznelken gespickte Zitronenschnitze aus, um den Schnapsgeruch zu vertreiben. Vergebens haben sie alle auf den Traumspuk gewartet. Batur hat sie verlassen, sie geben nicht auf.

Ich steige auf den zweithöchsten Ast des Maulbeerbaums im Garten. Seilspringende kleine Mädchen in weißen, geriffelten Strumpfhosen. Pelin mit ihrer besten Freundin, sie rollen mit dem Bleistift einen Klumpen Teig aus, der Teig ist kohlegeschwärzt. Helles Licht, ihre Umrisse zerfressen. Ich pflücke trockene Maulbeeren, spanne die Flinte, ziele, schieße und treffe Pelin am Rücken. Sie dreht sich sofort um, entdeckt mich, obwohl ich hinter den Blättern gut verborgen bin. Ihre Freundin will sie zurückhalten, doch sie läuft zum Gartenzaun, der Teigklumpen trifft mich hart am Kopf, sie hat wohl einen Kieselstein hineingeknetet. Ich falle, winde mich am Boden, und als ein Schatten auf mich fällt, öffne ich die Augen.

Abdullah Bey sagt: Wie oft war ich mit dir beim Knocheneinrenker? Habe ich dir nicht verboten, auf Bäume zu klettern? Er hilft mir auf die Beine, schlägt mir in den Nacken. Diesmal muss ich ohne seine Hilfe aufstehen. Er erzählt aus seiner Kindheit: Er spielte mit einem dreijährigen Jungen im Haus, der Junge riss plötzlich die Hose herunter und machte sein großes Geschäft auf den Boden. Die Mutter eilte herbei, drosch wild auf ihn ein. Wenig später verschwand das Kind. Er wusste nicht, was sterben bedeutet. War das Kind Zigeunern verkauft worden? Hatte die Mutter es im Keller eingeschlossen? Er rief den Namen des Jungen laut aus, auf dem Bittfetzenplatz der Frauen, am hohlen Baum, er suchte nach ihm auf den Gemüsefeldern und befragte sogar die Wachmänner. Nichts geschah, und er gab die Suche auf.

Ich werde dich nie wieder schlagen, sagt Abdullah Bey, wenn du nicht vernünftig bist, schicke ich dich aber zu deinem Vater.

Ja, Herr.

Er hat dir geschrieben.

Ich weiß. Mein Vater wurde verhöhnt.

Ein weiser Mann, der Franz, sagt er, er verträgt sich nicht mit dem Pack.

Ratschläge, Richtsprüche, Regeln. Ihre Geschichten, geronnene Harztropfen.

Er verschwindet im Haus, ich trete den Teigklumpen platt. Der Teig klebt mir an der Sohle, ich streife ihn ab, Pelin will den Klumpen zurückhaben. Sie steht mit der Freundin am Tor, ich trete auf die Straße, am Saum ihres Kleides hängen Erdbrocken. Wutgetrübtes Gesicht, die rechte Hand zur Faust geballt, ihr Hieb würde mir wehtun.

Das andere Mädchen lächelt und sagt: Meine Sohlen, zum Schlecken schön, ich habe sie mit Traubensirup bestrichen. Leck die Füße.

Du wirst mal bucklig, sage ich, und am Kinn wachsen dir dann Ziegenhaare.

Wirst du mich dann küssen?

Bestimmt nicht.

Du wirst nach mir schmachten. Drehst du Locken in dein Haar?

Nein.

Du wirst nach mir schmachten, sagt das Mädchen wieder, mir wird egal sein, dass du blond bist, denn du siehst aus wie ein Nachttopf.

Pelin weist die Freundin zurecht und nennt mich Luft im Glas. Mädchenseelen. Ich schweige, weil ich mich schäme, ich habe sie beschossen, als wäre sie ein Feind. Sie werden petzen.

Habt ihr schon von ihm geträumt?, sagt Pelin.

Gott erhört bald Bayka Hanims Gebete, sage ich.

Er ist mir erschienen, letzte Nacht.

Komm, sage ich, bitte, tröste sie.

Bald sitzen die Mädchen im Wohnzimmer, und Baturs Mutter, Vater und Schwester bitten Pelin, nichts auszulassen, kein Wort zu verschweigen, keine Farbe zu übersehen. Sie nickt, bricht eine Kante vom Rosinenplätzchen, überlegt es sich anders, lässt sie auf dem Teller liegen.

Es war kurz vor dem Aufwachen, sagt sie, denn ich konnte mich an alles erinnern. Beim Einschlafen hatte ich an ihn gedacht. Herzenskalt, Brust vereist. Er aber glühte im Traum. Wenn ich lüge, soll mich die fette Ratte anfallen ...

Wir glauben dir, sagt Bayka Hanim, weiter.

Es gab keine Wunder, es geschah nichts Wundersames. Er sprach von einer geborstenen Zwille, die noch auf einem Feld liegt.

Was?, rufe ich aus.

Dann verschwand er, sagt Pelin, wie Rauch aus dem Schornstein. Ich habe ihm dabei zugesehen. Die Finger verschwanden zuletzt.

Jetzt isst sie das Plätzchen auf, die Rosinen beißt sie einzeln heraus.

Es ist Sitte, dass man den Überbringer einer frohen Botschaft beschenkt. Pelin bekommt zwei weitere Plätzchen und eine glänzende Haarspange. Das andere Mädchen, ihre Kusine, wird in einigen Tagen abreisen. Es möchte einen Teller Maulbeeren, die ich ihr vom Baum pflücken soll. Ein allerletztes Mal darf ich klettern, ich bin vorsichtig, sie schürzt den Rock, und ich lasse die Beeren herunterfallen. Sie drückt mir einen Kuss auf den Mund.

Das ist ekelhaft, sage ich und wische mir den Speichel von den Lippen.

Die Buben in meinem Viertel betteln darum, sagt sie.

Eine Lüge.

Ich habe sogar den Sohn des Hodschas geküsst. Seitdem glaubt er, ich bin seine Liebste.

Du bist eingebildet. Es macht auch keinen guten Eindruck, wenn ein Mädchen viele Buben küsst.

Ein einziger Junge ist langweilig, sagt sie, meine Mutter hat in ihrem Leben nur meinen Vater geküsst. Deshalb hat sie viele Falten.

Wirst du nach mir schmachten?

Bestimmt nicht.

Und wenn ich dir mein Höschen zeige? Oder viel besser, du zeigst mir deine Unterhose.

Geh weg, du bist völlig verrückt.

Ich zeig' dir mein Unterhemd.

Das tust du nicht, sagt Pelin und zieht sie am Zopf. Ich erröte ohne Grund. Die Mädchen tuscheln, das verrückte Mädchen geht wortlos davon.

Ich war in ihn verliebt, sagt Pelin, du warst mir gleichgültig. Doch jetzt sehe ich dich gern, weil ich mich dann an ihn erinnere. Das wird auch so bleiben. Übrigens, über dich heißt es, du wärest noch unbeschnitten. Stimmt das?

Ihr denkt nur an Fell und Fleisch, sage ich.

Sie wird lernen, mich zu hassen, sie wird genug Anlässe haben.

Im Siedlerweg treffe ich auf den Feldpächter Haydar, er wedelt mit dem Schuldschein. Die Gläubiger erklären unsere Trauerzeit für beendet. Das tote Kind ist im Paradies, die Männer müssen leben. Ich soll dem Vater des Hauses bestellen, dass allein Gott Gnade gewähre. Am besten schweigen, denke ich, nicke und eile zum Feld des nasenlosen Süleyman. Er sticht mit der Mistforke in einen Bottich, schwingt den Rindermist in die Jauchegrube, schwingt zurück und sticht wieder Dung heraus. Dann steigt er aus den Schuhen, streift die Strümpfe ab, krempelt die Hosenbeine hoch, steigt in die Grube und fängt an zu stampfen.

Ich trete heran, grüße ihn, er jagt mich nicht fort, antwortet aber auch nicht. Das Wasser verfärbt sich dunkel. Am Gitter aus Holzstecken bleibt das unverdaute Gras hängen. Der Nasenlose schaut keinem Menschen ins Gesicht und erwartet von jedem Mann, dass er ihn nicht anstarrt. Als er ins Viertel einzog, ist er in Resuls Kaffeehaus erschienen und hat stehend erklärt, dass er seine Nase hergab, um die Bluträcher der verfeindeten Sippe milde zu stimmen. Jeder, der sein Feld betritt, soll sich ihm zeigen, er entscheidet, wer bleiben darf.

Ich verabschiede mich, gehe zum Brunnen, an dem ein Pferd im Kreis trabt. Aus Kübeln am Schöpfrad ergießt sich das Wasser über einer Rinne. Meine Freunde und Kubilay schauen auf den Pferdeschweif, der zum langen Zopf geflochten ist. Der Schweif peitscht immer wieder auf die Hinterbacken, um die Bremsen zu verscheuchen.

Ich musste für den da bürgen, sagt Dschenk, sonst hätte der Albaner ihn in der Grube ertränkt.

Stimmt nicht, sagt Kubilay.

Er muss dich doch kennen, sage ich.

Mein Vater hat ihn mal auf die fehlende Nase angesprochen.

Ein Fehler.

Wir können den Tschetschenen kaltmachen, sagt Nuyan.

Oder wir binden ihn wie einen Hafersack um den Hals des Gauls, sagt Burak.

Was hast du uns herbestellt?

Erklär es ihnen, sage ich.

Mein großer Bruder, sagt Kubilay, an ihn hängen sich die Jungen meiner Straße.

Ein großer Bruder, der mit Kindern spielt?, sagt Dschenk.

Er beachtet sie gar nicht. Sie aber wetteifern miteinander, um ihm zu gefallen.

Und du?

Wir haben denselben Vater, ich werde ihn nicht schlechtreden.

Du bist also kein Lump, stellt Nuyan fest.

Ich will bei euch sein.

Was haben wir davon?

Ich bin kein werdender Krieger. Ich ziele schlecht mit der Zwille. Und ich verliere fast immer den Zweikampf. Kaytun schützt mich. So heißt der Krähenbeißer, sage ich.

Er hat dein Maul mit Federn gestopft, sagt Dschenk, und mich hat der Hunde... hat er angeschlitzt. Jetzt kommt der Kleinste seiner Sippe hierher und bettelt.

Ich bin kein Bettler. Ihr seid in der Übermacht. Trotzdem verzweifele ich nicht.

Wieso sollten wir ihn aufnehmen, Arier?, sagt Nuyan.

Vier und eins sind fünf, sage ich.

Schämen solltest du dich, sagt er, würden wir Batur ausgraben, wäre er fast unversehrt.

Es widersträubt dir?, sage ich und beiße mir auf die Zunge. Jetzt lachen sie alle, ich habe mich als Fremder verraten. Sie wiederholen das falsche Wort, sie rufen es laut aus, bis sich der Nasenlose räuspert. Eine Verwarnung, beim nächsten Verstoß wird er uns mit der Mistforke bedeuten, sein Feld zu verlassen.

Batur werde ich nie vergessen, sage ich kalt, und dem, der das Gegenteil behauptet, höhle ich die Augen aus. Der Tschetschene gibt selber zu, dass er kein guter Kämpfer ist. Trotzdem steht er hier. Er weiß, dass er sich uns ausliefert. Was beweist das?

Mut?, sagt Burak.

Die Männer seines Volkes, die Russen schlachten sie ab, höhnt Dschenk.

Auf allen offenen Feldschlachten haben wir sie besiegt, sagt Kubilay.

Schluss damit, sage ich, Nuyan hat recht, wieso sollen wir glauben, dass wir dich brauchen?

Er zählt seine Vorzüge auf: Er sei gut im Pläneschmieden. Er kenne die richtigen Leute, auch in den benachbarten Vierteln wie Samatya und Imrahor. Wir könnten ihn vor einem Gefecht zum Spähen vorschicken, er würde die Schwäche der Feinde herausfinden. Er schleiche unbemerkt durch Feld und Grundstück, an dem Albaner jedoch würde er scheitern. Meine Freunde lauschen ihm, und zeigen keine Regung.

Wir werden abstimmen, sage ich, als Erstes gebe ich bekannt, dass ich nicht mehr führen will. Ich bin ab sofort ein einfacher Soldat.

Das nenne ich Bestechung, ruft Dschenk, du bestichst mich.

Ich lass' mich nicht von dir führen, sagt Nuyan.

Wem gibst du deine Stimme, Burak?

Dir.

Und du, Arier?

Niemandem.

Eine Enthaltung. Eine Stimme für, eine gegen mich. Ein Patt. Der alte Führer ist der neue. Oder wir lösen uns auf. Oder wir nehmen erst den da auf und stimmen dann ab. Ich garantiere dir, Arier, er wird dich wählen.

Wirst du das?

Nein, sagt Kubilay, der Stärkste gewinnt. Also gewinnt Dschenk.

Diesen Tag werde ich nicht vergessen. Zwei Mal hat man versucht, mich zu bestechen. Das ist mir alles zu dumm. Wo stehen wir jetzt? Ich dringe auf Nuyan ein, bitte ihn, sich zu enthalten. Dschenk muss ihm zusichern, dass es keine nutzlosen Gemetzel geben wird. Er beteuert: Wir zünden keine Scheunen an. Hinterhalte bei einem einzigen Feind, bei Mädchen und Nichtgleichaltrigen sind ausgeschlossen. Dachtraufen und Regenrohre werden nicht durchlöchert. Von einer Rache an Kaytun sieht er ab. Er versichert: Nuyan wird er niemals als Nachhutplänkler einsetzen. Kubilay, dem neuen Bruder, ist alles verziehen.

Was muss ich tun?

Wie meinst du das?, sagt Dschenk.

Der Neue vergießt doch immer Blut, sagt Kubilay.

Bei uns nicht. Mach das meinetwegen zu Hause mit dem Küchenmesser. Du bist einer von fünf. Schwör auf das Leben deiner Mutter.

Ich schwöre.

Dschenk schneidet ihm mit dem Messer eine Locke ab, vergräbt sie in der Erde, stellt sich auf den Fleck und erklärt, dass der Schwur den Tschetschenen binde. Bricht er sein Wort, wird ihn das Haar ins Grab rufen.

Wir zerstreuen uns. Ein Bauer im Dienste des Albaners harkt kleine Sperren auf, die verdünnte Jauche fließt in einer Rinne zu anderen Beeten. Der Nasenlose hat genug von lästigen Fremden, er weist mich durch Handzeichen an, sein Feld zu verlassen.

Zwei Löcher, durch die er atmet, denke ich. Kein Knorpel und kein Knochen. Ihn meiden die Schönen des Viertels, sie kaufen bei Haydar ein. Süleyman Bey verarmt.

7. Der Beschützer und Bewacher

Schecho beteuert seine Unschuld. Er zappelt im Würgegriff von Hamit, der ihn anschreit. Griechen und Juden sind aus ihrem Stadtteil herbeigelaufen. Die Armenier sperren sich bei den ersten Anzeichen von Aufruhr ein, sie fehlen. Der bucklige Zigeuner hält den Esel an der Trense, er füttert das Tier mit Rosinen. Der Schreiner steht neben dem Wirt Hristo, sie sind umgeben von Männern, die fluchen und ausspucken. Mutter und Vater des geschändeten Kindes wollen Schecho die Augen auskratzen, der Krämer Yanni und der Thunfischverkäufer Teologos hindern sie daran.

Grottenkurden, sie hausen in den Höhlen der verfallenen Mauer. Sie bestellten das Feld von Vasil, ihre kleine Tochter strich allein durch die Gassen. Man fand sie in der Nähe von Schechos Mauerhöhle, ihre Beine zerkratzt und geprellt, ihr Rüschenkleidchen zerrissen. Sie sagte, Schecho hätte mit ihr einen Granatapfel geteilt.

Die Männer stürmten zum Milchhof, schlugen auf Schecho ein, das Gerücht von der Kinderschändung verbreitete sich schnell, jeder wollte das Mädchen rächen, bevor die Wachmänner und die Polizisten eingriffen. Jetzt haben sie sich vor dem Gotteshaus versammelt, der Hodscha bittet Hamit, den Mann kurz freizugeben. Schecho küsst ihm die Hand und führt sie an die Stirn, dann sprechen sie Kurdisch.

Schecho gilt als Taubstummer, weil er nur das türkische Wort für Granatapfel kennt. Er bringt Unglück, sagen die Leute, er riecht wie feuchtes Holz, er ist der kleine Bruder der Düsternis, was hat dieser Schlammfresser bei uns zu leben? In seinem Pelzgesicht nistet kleines Ungeziefer. Der Kerl ist dem Teufel vom Schubkarren gehüpft. Aus seinem Steiß wächst ein Tierschwanz, von dem schwarze Schuppen fallen, wann immer dem Kurden ein böser Gedanke kommt. Der Priester, Hüter des heiligen Wortes, muss ihn prüfen. Dann schlagen wir ihn tot.

Vier und eins sind fünf, wir schauen zu, das baldige Strafgericht erregt die Männer. Unrat wird verbrannt, Schänder werden vernichtet. Kubilay rückt seine schwarze Lammfellmütze nach hinten, sein Vater hat ihm eigenhändig den tschetschenischen Trachtenkalpak aufgesetzt. Meine Freunde mustern ihn, es ist ihnen nicht geheuer, dass ein Feind überlief. Burak starrt auf den Hodscha, der Schecho eine Ohrfeige versetzt. Der Kurde weint und fällt auf die Knie.

Er will es nicht gewesen sein, ruft der Hodscha.

Der Kerl lügt!, sagt Hamit, er hat sie mit der Frucht gelockt. Dem Gottlosen geh' ich an die Kehle. Schecho erklärt, er habe die ganze Zeit auf dem Milchhof gearbeitet. Den Lastwagen entladen. Den Kuhdung in den Eisenfässern in die Gruben geworfen. Ihn bewohnt ein Dschinn. Wir räuchern ihn aus.

Warte, sagt der Hodscha, laut Schecho ist das Mädchen zu ihm gekommen, in einer Pause. Er brach den Granatapfel entzwei, schenkte ihm eine Hälfte. Das alles sei nicht heimlich passiert. Zwei Bauern hätten bei ihm gesessen.

Dann ist er eben später über das Kind hergefallen, ruft der Schreiner.

Ein Mann strebt nach vorne, und als er beim Priester anlangt, nimmt er die Mütze ab. Er hilft erst Schecho auf, klopft ihm den Staub von den Schultern, wendet sich zum Vater des Kindes und bezeugt vor Gott und den Männern, dass der Kurde keinen Augenblick alleine gewesen wäre. Der Vorarbeiter schinde sie, sie durften bis zum Abend den Hof nicht verlassen. Ein Arbeiter wäre erst letzte Woche entlassen worden, weil er in der Mittagspause gegangen sei.

Meiner Tochter hat man die Seele aus dem Leib gerissen.

Ja. Die Hundsgeburt, die ihr das antat, muss büßen, sagt der Mann, aber Schecho hat damit nichts zu tun.

Vielleicht steckt ihr beide unter einer Decke, schreit Hamit.

Schau mich an. Schau ihn an. Traust du uns das wirklich zu?

Was weiß ich, wer ein Hurenbock ist und wer nicht.

Mäßige dich, sagt der Hodscha.

Rupfen muss man dem Schänder die Lenden, sagt die Mutter des Kindes.

Wir werden ihn fassen. Schecho ist einfältig. Ihr wisst, was man über ihn behauptet. Wenn alles stimmte, müsste er nicht als Tagelöhner arbeiten. Frau, hast du ihn je in der Nähe deiner Tochter gesehen?

Ich kenne ihn kaum. Obwohl er wie wir Kurde ist.

Er schläft mal auf einem Acker, mal in seiner Höhle, sagt ihr Mann.

Für einen Granatapfel überlässt er Kindern den Pferdekarren, sagt Hamit, der Arier und die anderen, die bei ihm stehen, sind mit der Deichsel durch die Tür seines Hauses eingebrochen.

Nichts bleibt verborgen. Dafür musste ich eine ganze Woche fast alle Botengänge übernehmen. Bayka Hanim strich mir den Nachtisch, und mehrmals am Tag klopfte sie mir auf den Handrücken. Meine Freunde wurden von ihren Müttern verprügelt. Wir haben dafür gebüßt. Was aber geschieht mit dem Schänder, wenn man ihn findet?

Wo ist euer Kind?, sagt der Hodscha.

Sie schläft, sagt die Mutter, eine Nachbarin wacht über sie.

Lassen wir den Kurden laufen?, sagt Hamit.

Du und ich, und Schecho, und der Zeuge, wir gehen zum Revier. Erklären uns den Polizisten. Ihr müsst auch mitkommen.

Sie sperren uns ein, sagt der Vater, wir gehören in ihren Augen zum Gesindel.

Ich sorge dafür, dass man euch nicht misshandelt. Sie achten das Wort des Priesters.

Hodscha, ruft die Mutter, Schecho ist es nicht gewesen. Wer dann?

Einer, den wir kennen, sagt Levi, der Händler, einer, der sich vor uns verbirgt. Deine Tochter, lieber Herr, muss erst schlafen. Dann werden die Polizisten sie befragen. Ich bin mir sicher, der Hund kommt nicht davon. Ich begleite dich.

Wolf, wo ist Abdullah Bey?

In der Werkstatt, Herr Priester.

Lauf zu ihm, bring' ihn zum Revier. Er versteht sich gut mit dem Kommissar. Das wird helfen. Bestell' schöne Grüße von mir, und richte ihm aus, dass es nicht anders geht.

Ein Notfall, sage ich.

Und deine verlausten Freunde nimmst du auch mit, sagt Hamit, du, Dschenk, hast mir gestern Gurken vom Feld geklaut. Versuch' es noch einmal, und ich steche dir mit der Ahle ein Loch ins Ohr. Wir trauen es ihm zu. Einem Mann, aus Samatya, der Tomaten vom Strauch pflückte, riss er zwei Büschel Haare aus. Im geduckten Lauf eilen wir die Pilgergasse entlang bis zum Fremde-Türken-Viertel, grüßen den griechischen Apotheker, den auch der Jüngste Tag nicht aus seinem Laden locken würde, wir stürmen an der Johanneskirche vorbei und rennen am Bahnhof Abdullah Bey fast um.

Er steht mit anderen Eisenbahnern auf dem Steig und zeigt auf gebrochene Schwellen auf dem Gleisbett. Ich bin außer Atem, ich erzähle ihm stockend von Schecho, von der Schandtat, die man ihm zur Last legt, und von der Bitte des Priesters. In seinem Gesicht glüht Hass auf. Er zieht seine Bauchbinde stramm und geht los, wir folgen ihm in einigem Abstand.

Vor dem Polizeirevier hat sich das halbe Viertel versammelt, in der Menschenmenge sehe ich auch Frauen und große Brüder. Zwei Polizisten mit der Hand am Waffenholster bewachen die Eingangstür, sie machen Abdullah Bey Platz. Nuyan streift scheinbar ziellos herum, und kurze Zeit später kehrt er zurück und erzählt uns die Neuigkeiten: Man sei von Schechos Schuld überzeugt, der geschwänzte Kurde müsse am nächsten Baum aufgeknüpft werden, ein großer Bruder habe sich erboten, das Hanfseil um Schechos Hals zu knoten und den Schemel unter seinen Füßen wegzutreten. Ich entdecke Levi Bey, er streitet mit einem düsteren jungen Mann, der ihm Knochenbrüche androht. Ein Wachmann tritt an den Schläger heran, flüstert ihm Worte ins Ohr, der Junge verspannt sich und verlässt fluchend den Platz.

Wir warten eine Stunde in der Hitze, für die Wasserverkäufer ist es ein Tag der guten Geschäfte. Ich muss mich dringend erleichtern, ich gehe um das Gebäude herum, der Polizist an der Hintertür des Reviers greift schnell zum Holster, er befiehlt mir, auf der Stelle zu verschwinden. Ich laufe hinter die Büsche, mache mich klein, keiner sieht mich, und ich sehe aber Hassan Bey, der in der Rechnungsabteilung des Milchhofs arbeitet. Er ist in Begleitung seiner hochmütigen Frau, sie werden hineingelassen. Ich kehre zurück. Nach einer weiteren Stunde kommt der Kommissar heraus, hinter ihm stehen Abdullah Bey und der Hodscha.

Der Fall ist gelöst und der Schuldige gefunden, ruft der Kommissar, ich erkläre Schecho für rechtschaffen. Den Namen des Schänders werdet ihr nicht von mir, und auch von keinem, der unter mir arbeitet, erfahren. Ich rechne mit ihm ab. Der Vater und die Mutter des Kindes sind zufrieden.

Ihr geht nach Hause. In fünf Minuten ist der Platz geräumt. Jeden Aufrührer stecke ich eigenhändig in die Zelle. Hart strafe ich den, der Schecho auch nur ein Haar krümmt. Ich sorge dafür, dass man ihn in der Gemeinschaftszelle der Mörder und Irren unterbringt. Trinkt heute Abend auf mich und meine Männer, denn wir schützen euch am Tage und in der Nacht …

Sie werden sich an seine Worte erinnern, die Trinker und die Säufer. Der Hodscha zieht kopfschüttelnd davon, weinberauschte Sünder sind ihm ein Gräuel. Sie sprühen und erlöschen, sie singen und schreien und missachten Gottes Gebot und stören die Nachtruhe. Hamit gibt vor unseren Augen Schecho die Hand, er schlägt ein. Wenn nicht er, wer dann? Abdullah Bey winkt mir zu, wir gehen schweigend heim. Er ist nicht in der Stimmung, zu sprechen und zu scherzen. Nach dem Essen werde ich aufgefordert, in meinem Zimmer lesen zu üben. Ich lege mich auf den Boden neben das Spähloch zwischen den Dielenbrettern.

Lieber erfahren wir es von dir als von einem Fremden, sagt Derya.

Nicht so laut, zischt ihr Vater.

Sie hat recht, sagt Bayka Hanim, wer hat das arme Grottenmädchen missbraucht?

Hassan Bey …

Dieser Zwerg?, faucht Derya.

Nein, er nicht. Aber sein Sohn.

Enthoden sollte man ihn!

Ich höre ein Klatschgeräusch. Raschelnde Kleider. Hat die Mutter sie geschlagen? Nein, nur ein Klaps auf die Hand. Sie ermahnt die Tochter. Sie solle sich nicht erkühnen, schmutzige Worte in den Mund zu nehmen. Sonst würde sie Deryas abgeschnittenen Zopf als Rattenfalle benutzen.

Seltsame Drohung, sie wirkt, Derya entschuldigt sich. Was geschieht mit ihm?, sagt sie.

Er verschwindet von hier, sagt Abdullah Bey.

Dieser ... Mistmensch kommt straflos davon?

Seine Eltern und die Eltern des Mädchens haben sich geeinigt.

Blutgeld, ruft Derya.

Letzte Warnung, sagt ihr Vater, sei leise.

Kuhhandel, flüstert Derya.

Sie räumen die Grotte, sie ziehen in ein anderes Viertel.

Ich fasse zusammen: Ein Junge vergewaltigt ein kleines Mädchen. Zur Strafe wird das Mädchen mit seinen Eltern verjagt.

Eine herzlose Entscheidung, sagt Bayka Hanim, wofür hast du dich ausgesprochen?

Für den Tod des Schänders, sagt Abdullah Bey.

Was?, faucht Derya.

Ich schlug dem Kommissar vor, dass man ihn den ärgsten Schlägern überlässt. Und darüber kein Wort verliert. Er hat einen dürren Hals, es geht einfach, ihm das Genick zu brechen.

Mein Gott, Vater!

Ich gehe nach der alten Sitte. Ihr Kinder der Republik, ihr lebt in lichter Zeit. Aber ihr verdummt. Das eine wie das andere ist euch nicht recht. Ihr müsst euch entscheiden. Die Gottlosen, man muss sie würgen, bis sie fallen.

Du redest wie der Priester, sagt Bayka Hanim, ich hörte, er war bei dieser ... Verhandlung dabei.

Der Hodscha wollte kein Blutvergießen.

Das überrascht mich.

Er bat aber die Mutter des Kindes, das Angebot auszuschlagen. Der Junge müsste ins Straflager.

Wer hat entschieden?, sagt Derya.

Sie, nicht der Vater.

Sie sind bettelarm, sagt Bayka Hanim, natürlich nahm sie das Blutgeld an. Das Mädchen – diese Wunde verheilt nie.

Herren und Knechte, es hat sich nichts geändert.

Was hättest du getan, Tochter?, ruft Abdullah Bey, den Schänder lebenslänglich ins Zuchthaus gesteckt? Und die Opfer weiter in der Grotte verschimmeln lassen? Du liest Liebesromane und Kampfschriften von Bolschewisten. Willst du dem Mädchen am Bett daraus lesen? Lindert es seine Pein?

Nein, flüstert Derya.

Uns allen ist nicht wohl in unserer Haut. Der Kommissar, er hat den Leuten in seiner kleinen Rede etwas vorgemacht. Er missachtet bewusst das Gesetz. Das nenne ich mutig.

Sein Trinkbruder, Taylan Bey, oberster Wächter im Viertel, betrachtet im Abenddämmer den Himmel, zeigt auf Sternbilder, deutet das Dunkel und den hellen Schein. Alle Zeichen scheinen ihn darin zu bestätigen: Der Verfall hat begonnen. Schnapsschwamm Ekrem und Hamit, auch sie glauben an ein böses Ende. Aber vor dem Kommissar sehen sie sich vor, denn er steckt harte Männer mit Seelenkummer an. Einmal hörte ich ihn zu einem Gauner sagen: Dein Leben ist mit der Gabel in die Pfütze geschrieben. Er verschwand von einem Tag auf den anderen. Wird es dem Schänder genauso ergehen? Wir atmen, und das Böse keimt.

Derya bricht zu einem Spaziergang auf. Abdullah Bey will nicht warten, bis sie heimkehrt, auch er verlässt das Haus. Es wird ihn zu Hristos Kneipe ziehen. Bayka Hanim ruft mich nach unten. Ein Tag ohne grobe Streiche, sie belohnt mich mit einem süßen Teigkringel. Die Kummerkette ist um ihr Handgelenk geschlungen. Die Strähnen an Scheitel und Schläfen wickelt sie um den Zeigefinger, betupft sie mit Zuckerwasser, zieht den Finger vorsichtig aus der Locke. Sie macht sich schön für den Besuch bei der Freundin.

Ein Toter im Rinnstein, sagt sie leise in den Handspiegel, er wird weggeschleift, im Schutt vergraben. Blut und Rost. Rot auf Felsgrau, daraus besteht dies Land. Verstehst du das, Wolf? Sie erwartet keine Antwort, und also schweige ich. Oft sah ich Frauen und Männer in den Wind oder zum toten Stein sprechen, sie starrten auf die Seife, auf den Nagel, auf die Stopfgarnrolle, und das, was nur sie entdeckten, löste ihre Zunge. Auch Katzen kauern nah an der Wand und starren.

Sie schlüpft in den dunklen Ausgehüberwurf und wartet vor der Tür. Sie hat gespürt, dass ihre Tochter heimkommt. Derya muss ihr versprechen, auf mich achtzugeben. Ich bin durch das Fenster in den Hintergarten herausgeklettert, sie hat mich dabei erwischt. Derya zeigt auf meine verstaubten Hosensäume und auf die abstehenden Fäden neben dem Hemdkragen. Der oberste Knopf ist abgerissen. Sie näht einen bunten Knopf an, der nicht durch das Loch passt.

Jemand klopft an die Haustür, Metall auf Holz. Derya steht sofort auf, ich folge ihr in den Flur. Die Mutter des geschändeten Kindes streift den kupfernen Ehering über den Finger, die Frauen nicken einander zu, Derya bittet sie herein.

Yeter Hanim lehnt Tee und Gebäck ab, sie zupft an den Zipfeln ihrer Haarhülle. Sie sprechen über Zackenlitzenbänder, Fransen und gerafften Stoff mit Rosenmuster. Der starke kurdische Akzent der Frau scheint Derya nichts auszumachen. Dann verstummt Yeter Hanim mitten im Satz, und Wasser sammelt sich in ihren Augen.

Mein Kind fiebert, und ich rede über Mode.

Bestimmt wird sie bald aufstehen. War Herr Paskalidis bei euch?

Ein guter Mensch, sagt Yeter Hanim, er nahm kein Geld an. Er schickte die Nachbarin hinaus, ich durfte bleiben. Er hat die Daumen in die Ohren gesteckt und mit den Fingern gefächelt, da hat Fatma gelächelt. Und dann tat er etwas Unanständiges.

Was denn?

Soll ich es vor dem Kind sagen?

Wolf hat blaue Augen wie ein Engel. Aber er brütet immer kleine Teufeleien aus.

Also, der Herr Doktor hat sich in der Mitte gefaltet, seine Brust ruhte auf den Knien, dann watschelte er durch die Grotte und machte bei jedem Schritt sehr laute Blähgeräusche mit dem Mund. Die Nachbarin draußen glaubte mir später nicht, dass es nur ein Spiel war.

Und Fatma?

Sie wollte sofort mitwatscheln. Sie konnte nicht, wegen der Schmerzen. Sie hat gegluckst.

Wann zieht ihr aus?, sagt Derya.

Wir haben eine Frist von sieben Tagen. Der Vater des Schänders … er war bei uns.

Was?

Ein sehr kleiner Mann. Sein Gesicht war zerschnitten.

Hat man ihn angegriffen?

Nein, sagt Yeter Hanim, er hat sich mit der Rasierklinge die Wunden selber zugefügt. Er legte die Klinge meinem Mann vor die Füße und forderte ihn auf, ihm ein Stück Fleisch abzutrennen.

Barbaren, ruft Derya, wir sind umgeben von Wilden!

Der Herr trägt eine Krawatte und glänzende Schuhe, und er verhält sich vornehm.

Nun gut. Hat dein Mann …

Ihn geschnitten?, sagt Yeter Hanim, nein. Dafür hat er den Herrn beschimpft. Bei uns im Dorf würde man warten, bis Junge und Mädchen im richtigen Alter sind. Dann würden sie heiraten.

Keine Liebesheirat, stellt Derya fest, das ist nicht richtig. Der Vergewaltiger als Ehemann … entschuldige bitte.

Du redest offen. Ich will es auch tun. Welcher Mann nimmt eine Beschädigte zur Frau?

Dein Kind ist doch kein Gerät.

Für dich nicht. Für mich nicht. Die Männer denken anders. Wenn wir hier bleiben, wird sie als alte Jungfer sterben.

Derya ist außer sich vor Wut, am liebsten würde sie mit dem abgehängten Ahnensäbel durch die Gassen stürmen. Sie reißt das Fenster auf, holt tief Luft, dann bittet sie Yeter Hanim, sich kurz zu gedulden. Ich soll ihr helfen. Sie hat heimlich Baturs Kleider in einen Hanfsack gesteckt, sein Spielzeug habe ich geerbt. Wir schleifen den Sack über die Stufen nach unten. Yeter Hanim sitzt reglos auf dem Diwan.

Bubenhemden und Hosen, sagt Derya, du musst sie umnähen.

Danke. Gott segne dich.

Es reicht, dass es Fatma gefällt.

Du nimmst Gottes Segen nicht an?

Sei nicht bestürzt, sagt Derya, es sind die Falschen, die behaupten, sie seien gesalbt und gesegnet.

Siehst du im Spiegel dein Ebenbild, oder das einer anderen?, sagt Yeter Hanim.

Derya will sich auf das Gespräch über Gottes Macht und Kraft nicht einlassen. Trotzdem muss sie auf Drängen der kurdischen Dame beteuern, dass sie an den Schöpfer glaubt. Die Bauern halten sich an strenge Gebote, von Gottlosen nehmen sie keine Gaben an. Die Juden und die Christen sind Schriftbesitzer, sie haben ihre heiligen Bücher, und also behandelt man sie mit großer Achtung.

Mein Vater wurde hart ermahnt, als er den Herrn einen Greis mit Bart nannte.

Fatma darf die Kleider bitte erst im anderen Viertel tragen, sagt Derya.

Wegen deiner Mutter?

Wegen ihr, ja. Bleibt ihr in Istanbul?

Im Dorf verhungern wir, sagt Yeter Hanim, wir ziehen hinüber. Die Reichen brauchen Mägde und Knechte. Wir finden schon einen Unterschlupf. Mein Mann hat die Kraft von zwei Ochsen.

Und du kannst zupacken.

Sie verabschiedet sich, wir sollen sie nie wiedersehen. Der Puppenmacher hat ihr Tierknochenspielzeug geschenkt, und sie hat es auf Vasils Feld begraben. Wenn die wilden Hunde die Puppen freischarren, soll Derya dem Pächter davon erzählen. Wir sitzen am Fenster und schauen ihr nach: Ihr langer Rock schleift über das Pflaster, es kümmert sie nicht.

Ein leichter Wind kommt auf, ein betrunkener Mann ruft seine Mutter an, verflucht die Tage, in denen er gezwungen sei, ohne sie zu leben. Derya sieht aus, als hätte sie eine Maske vors Gesicht gebunden. Sie schickt mich aus dem Zimmer, ich soll in der Fibel lesen.

Ich blättere vor und zurück, das Mädchen und der Junge haben einen Seitenscheitel, sie sind blond und blauäugig. Die Mutter lächelt sie an, sie lächeln die Lehrerin an, sie lächelt die Büste des Vaters aller Türken an. Im Schulhof weht die Fahne an der hohen Stange.

Auf der letzten Seite steht: Freut euch, Kinder, denn euch lacht das Glück. Buchstaben, die ich lesen kann, also müsste ich mich freuen, wie die Kinder in der Fibel, die vor Heiligkeit strahlen.

Bayka Hanim bittet mich nach unten, es gibt Neuigkeiten. Nein, nein, Vater habe sich nicht verlobt, ich solle ihr zuhören. Sie sprach mit Kubilays Mutter, der sie auf dem Weg zu ihrer Freundin begegnet ist. Eine Tschetschenin, die Augen mit Lidfalte, der mongolische Einschlag nicht zu verkennen, sehr damenhaft, ein stilles Wesen, deren Gegenwart sie bedrückte.

Sie hat gelobt, den Prophetentisch zu decken. Geht ihr Wunsch in Erfüllung, macht sie ihr Versprechen wahr.

Was ist das?, sage ich.

Es müssen einundvierzig Schalen mit verschiedenen Speisen auf dem Tisch stehen, sagt sie, Oliven, Käse, Brot, Datteln, Maulbeeren, Tomaten, Gurken.

Teigtaschen, sagt Derya.

Auberginen, sagt ihre Mutter, püriert, gebraten, in Öl eingelegt, gewürfelt oder in Scheiben.

Walnüsse, Erdnüsse, sage ich, Mandeln, Sonnenblumen- und Kürbiskerne, Fleisch.

Teuer. Nicht möglich.

Dann Kringel in Sirup, sage ich, süße Kichererbsenpaste.

Sie kommt aus dem Kaukasus, sagt Bayka Hanim, dort kennt man noch viele andere Gerichte. Wahrscheinlich wird sie sich beschränken müssen.

Was ersehnt sie sich wohl?, sagt Derya.

Sie ist eine entmutigte Frau. Über ihren ältesten Sohn gibt es böse Gerüchte. Ihr Mann verkehrt nicht mit unseresgleichen.

Wieso denn?

Seine Heimat ist in Russenhand. Er wartet.

Wie mein Vater, sage ich leise.

Das ist doch etwas ganz anderes. Herr Franz ist ein Deutscher, sein Land Deutschland ist von Deutschen besetzt.

Mutter, sagt Derya, du bist manchmal klüger als ein Universitätslehrer.

Merk dir diesen Tag, Wolf, meine Tochter hat mich gelobt.

Wäre es falsch, wenn Kubilay mein bester Freund wird?

Es ist schlagartig still im Zimmer. Ich habe ihnen mit meiner Frage die Laune verdorben. Spinnen weben ihr Netz, ich höre sie. Beide Frauen denken an Baturs Seele, die längst entschwebt ist: Sie gehört Gott, sie ist uns endgültig genommen worden. Bin ich ruchlos, weil ich den, der mir nicht erscheint, ersetzen will?

Wieso nicht Dschenk oder Nuyan, wieso der kleine Tschetschene?, sagt Bayka Hanim.

Weil er und ich aus demselben Teig gemacht sind.

Mein Mann hat recht. Du nimmst unsere Sitten an, du sprichst wie wir.

Dieser Junge, er könnte dich verderben, sagt Derya, so wie sein Bruder ihn vielleicht verdorben hat.

Wir schützen uns vor bösen Einflüssen, sagt ihre Mutter, wir wappnen uns mit dem heiligen Wort.

Ich ging vor einigen Tagen am Wasser spazieren, sagt Derya. Drei Halbwüchsige, sie haben wohl Schlachtabfall gestohlen. Sie werfen Fettklumpen an Schnüren hoch, die Möwen stürzen sich gierig darauf, schnappen und schlucken. Angeln im Himmel. Die Jungen ziehen an der Schnur, die Möwe gibt den Bissen nicht frei, stürzt zu Boden. Ich wusste, was gleich geschehen würde. Sie würden ihr die Flügel brechen und sie tottreten.

Gesindel ohne Gott, ruft Bayka Hanim, du bist dazwischengegangen.

Ich schrie sie an. Ich schimpfte und fluchte.

Das habe ich nicht zu tadeln.

Merk dir auch das, Wolf, streich' den Tag im Kalender an. Also: Ich schreie, diese Kerle glotzen, die Möwe fliegt auf, lange Schnur am Schnabel. Sie ist nicht daran erstickt, sie wird sie in der Luft erbrechen. Daran denke ich und bin froh. Da spricht der eine von den dreien, dass ich ihnen eine tote Möwe schulde. Dass er mir seine Finger in den Mund stecken will, um mir die Mandeln abzutasten … Ich weiß, Mutter, das ist ungehörig, aber hör zu: Es kam nicht dazu, er wollte nur vor den anderen sein Gesicht wahren. Die Beute ist entwischt, und er unterlag einer Frau.

Ich bin mir sicher, es war Kubilays Bruder.

Kaytun, flüstere ich, was ein Scheitan.

Haben sie dich gejagt?

Nein. Ich habe die Nadel aus dem Haar gezogen, bin einen Schritt auf sie zugegangen. Dann habe ich vom Kommissar gesprochen, von dem es heißt, dass sogar die fette Herrin ihn meidet. Das zeigte Wirkung.

Wer ging, du oder er?

Ich blieb, sagt Derya, dieser … Kaytun schritt seelenruhig ins Wasser, es reichte ihm bis zum Hals, er kam zurück, die Kleider tropfnass, er wischte sich kurz über die Augen und sagte: Es gibt keine fette Herrin, aber einen dünnen Herrn, und das bin ich.

Der Junge muss zu Doktor Paskalidis, ruft Bayka Hanim, ich vermute eine Gemütskrankheit.

Große Worte, Mutter, ich war nicht im Mindesten beeindruckt. Er hält sich für eine Ratte, meinetwegen. Die selbst gewählten Ehrennamen der Männer lauten sonst Löwe und Widder.

Du hast die Geschichte nicht zu Ende erzählt.

Jetzt kommt eine Geschichte in der Geschichte. Er sprach: In der Stunde, da die Zweige knacken und die Rinde abplatzt, in der Stunde, da der zähe Sirup aus dem Krug schwappt und die Hunde im Dunkeln Napfschnecken lecken und die Schnecken deshalb schäumen … genau dann würde er reglos mitten auf der Straße stehen, wie ein Mann ohne Augen. Der Wächter, der keiner mehr ist, weil er in Hristos Kneipe seine Angst niedertrinkt, ihn habe er in dieser Stunde laut angelacht, er wäre ohnmächtig zu Boden gesunken. Ich hörte zu, schwieg, und er lief mit seinen Freunden davon.

Kubilay ist gefährdet, sagt Bayka Hanim und schaut mich an.

Später, am Spülstein, ihre Schultern beben, sie klammert sich am zerschrammten Topf im Seifenwasser fest. Batur, der Zweitling, das halbe Kind, vor der Schwester gestorben. Die Frauen werden vor dem Schlafengehen die kleinen Nester aus dem Haar kämmen. Sie werden denken: Wieso stirbt unser Sohn, und wieso lebt noch der blonde halbe Mensch?

8. Der Erhabene

Der Schrotthändler sitzt auf dem Schemel im Schatten der Zypresse, die Zügel hat er um seinen Oberschenkel geschlungen. Er schaut an sich herunter, der Frisierumhang ist bunt gemustert, rote Punkte auf hellrosa Grund, es gefällt ihm nicht. Einem fliegenden Barbier vertraut er selten, doch der Barbier Achmed im Fremde-Türken-Viertel hat ihn als Mann der besonderen Dienste empfohlen. Der Zigeuner leidet seit Langem daran, dass ihm der Bart nicht sprießt, wie er will. Er mustert Machmud und die Schere in seiner linken Hand, er sagt: Du bist dir sicher, dass es nicht nach dem ersten oder zweiten Waschen abfällt? Machmud zuckt mit den Schultern. Er klebt Schnittstoppeln vom Kinn unter die Stoppeln der Oberlippe, er nennt es das Schnurrbartkissen. Mittendrin bittet er den verehrten Kunden, ihn nicht anzuglotzen, wenn sich bei der Arbeit fast ihre Gesichter berühren. Hayri Bey weist ihn zurecht: Er würde ihn am liebsten mit dem verdrillten Umhang erdrosseln, er stieße heiße Atemluft durch die Nase, und trotzdem röche er Bratfett, Zwiebeln und Eier.

Die Männer schweigen, Nuyan feixt, ich schleiche mich leise hinter den Stuhl.

Noch ein Schritt, Arier, und ich lass' dich die Hufe meines Esels lecken.

Ich wollte nur sehen, ob dein Nacken ausrasiert ist, lieber Herr.

Barbier, kannst du Wimpern aus Rosshaar machen?

Kann ich.

Dann ist der Junge dein nächster Kunde.

Erst muss ich die Erlaubnis seines Vaters einholen.

Sein leiblicher Vater ist in Ankara. Du musst seinen Ziehvater fragen. Soll er das, Junge?

Gerne, sage ich.

Hah, frech ist er auch noch.

Du musst still sitzen. Sonst beklebe ich noch deine Zähne, sagt der Barbier.

Das würde mir gefallen, sagt Kubilay.

Ach, wirklich?

Du würdest zum Schwarm aller jungen Frauen werden. Welcher Mann hat denn schon an und hinter der Lippe einen Bart?

Hayri Bey brütet. Man kennt ihn als guten Tänzer, und wenn er im Tanz den auf die Beute niederstürzenden Falken nachahmt, die Arme am Rumpf und die Beine angewinkelt, wenn er die Finger spreizt und die Luft zerteilt, legen die Mütter ihren heiratsfähigen Töchtern die Hand vor die Augen. Sie fürchten eine bleibende Verwirrung.

Verkasperst du mich, Strolch?

Nein, Herr, sagt Kubilay grinsend.

Barbier, eine Frage zu deinen Augenbrauen, die mich kitzeln. Ich vermute, du hast von Natur eine Pelzleiste. Gott segnete dich damit. Staub und Mücken verfangen sich darin. Bei sonnigem Wetter spendet sie Schatten. Sie hält den Schweiß davon ab, in die Augen zu rinnen. Wilde Hunde fallen dich nicht an, sie rennen winselnd um ihr Leben, weil sie dich für eine Bestie halten …

Still, Herr.

Du hast also nur Vorteile, fährt Hayri Bey ungerührt fort, da frage ich mich: Weshalb tat er das?

Weshalb tat ich was?, sagt der Barbier.

Wieso hast du dir die Stelle über der Nasenwurzel blank geschabt? Die Leiste ist dort unterbrochen. Lass mich raten. Du hältst dich an den Rat deiner Frau?

Noch ungefähr zehn Stoppeln, dann bist du erlöst, Herr.

Du weißt, ich bin unbeweibt. Bin ich deshalb ein schlechter Mensch? Wenn man den Herren und Damen des Viertels Glauben schenkt, dann ja. Sie reden über mich: Hüte dich, Mädchen, vor dem Zigeuner! Er ist mit allen Salben geschmiert. Er war Knecht daheim und ist frei in der Fremde. Er zieht von einem Haus zum anderen, niemandes Freund, niemandes Helfer in der Not. Ich will dir und den lauernden Knirpsen meine Wahrheit verraten, sie lautet: Das Herz im Wein, die Gestalt im Spiegel. Verstehst du das?

Nein, sagt der Barbier, ich bin beschäftigt.

Und ihr?

Du bist ein Säufer?, sagt Dschenk.

Jetzt weiß ich, woher das Pfeifen kommt. Es zieht in deinem Kopf, Junge.

Ja, Herr.

Ich verstehe es auch nicht, sage ich.

Weil du immer noch hinter mir lauerst. Zurück! ... So, ich erkläre es euch Halbgebildeten: Spiegel und Wein lügen nicht. Achtet darauf, wie die Männer sich verhalten, wenn sie leicht oder schwer betrunken sind.

Das gebe ich an den Hodscha weiter, sagt der Barbier.

Tu das. Dann wird er es nicht bei einer einzigen Ermahnung in der Woche belassen.

Schnapsschwamm fängt an, böse zu stieren, sage ich, allerdings erst nach dem dritten Glas.

Ekrem Bey, ruft der Zigeuner, er kann nicht tanzen, aber gut torkeln.

Er verleumdet jeden, der des Weges kommt. Der arme Schecho. Man hätte ihm nicht derart hart zugesetzt, wenn Schnaps ... wenn der besagte Ekrem ihn nicht verleumdet hätte. Mich wundert, dass er mich schont. Ich trinke am liebsten allein, der Esel am Baum angebunden, und ich auf dem Rücken. Keiner, mit dem ich anstoßen muss. Keiner, dessen sauren Nasenatem ich atme.

Fertig, sagt der Barbier und reicht ihm einen Handspiegel.

Hayri Bey starrt hinein, führt den Spiegel um sein Gesicht, betrachtet die Seitenansicht. Nuyan läuft rot an. Burak scharrt mit der Fußspitze im Boden. Ich schaue weg. Er legt den Spiegel auf die Erde, reißt mit einem Ruck den Umhang herunter.

Achmed Bey war voll des Lobes für dich.

Ich werde mich bei ihm bedanken, Herr.

Seine Worte waren: Du willst einen üppigen Oberlippenbart? Da kenne ich einen Meister. Ein anderer Meister ist der Puppenmacher. Du kennst ihn.

Er bettelt beim Metzger um Knochen.

Genau. Ich werde zu ihm hingehen. Er wird mein neues Bärtchen sehen. Er gilt als Maler grauenhafter Fratzen. Er wird bei meinem Anblick tot umfallen.

Herr, deine Oberlippe ist vollständig bedeckt. Das war dein Wunsch.

Tote schwarze Maden, sagt Hayri Bey, ich lege mich in den Regen, damit neue herausquellen und im Licht verenden. Der Barbier vergleicht ihn mit einem Filmstar, der Zigeuner wischt über den Mund, die Stoppeln kleben an Wange und Schläfe. Er tritt vor Wut den Schemel um. Wir halten es für das Beste, auf Scherze zu verzichten.

Im Krummer Weg treffen wir den einäugigen Krämer, er spricht mit zwei feinen Herren vom Westufer der Stadt, sie erzählen: Nachrichten aus dem Landesinneren, aus der Ferne. Die Rückschrittlichen wagen kleine Aufstände, sie werden niedergeschlagen, keine Zeit wie die unsrige, hoch lebe die junge Republik, Schluss mit der Wahrsagerei.

Der Krämer: Ein schwarzhäutiger Türke, der sich in unsere Sippe einheiratete, Enkel schwarzer Osmanen. Großreich zerfiel, Ahnen starben, er aber blieb im Kernland. Von ihm kommt die Kunde, dass die Bürokraten, glühende Idealisten, Land und Leute missverstehen.

Die Herren sind bestürzt, sie sehen im Einäugigen einen Wilden aus dem Ödland an der Grenze. Sie brechen auf, sie haben nicht verstanden, dass wir im Siebentürmeviertel auf fester Erde stehen. Dass wir aber schaudern, oft und jeden Tag, weil Glück und Elend vererbt werden. Nur der Metzger isst Fleisch von Schaf und Hammel, wir riechen uns am Geruch von Braten satt. Abdullah Bey verdient bei der Eisenbahn im Monat siebzig Piaster. Die Miete beträgt achtunddreißig Piaster, mit dem Rest müssen wir auskommen. Vier zähe Wochen lang. Über unseren Köpfen morsches Holz und lose Dachpfannen, in Rissen und Ritzen sammelt sich Regenwasser und riecht übel.

Kubilay zieht an meinem Ärmel und nickt in Richtung von Dschenk, der mit dem Stecken in die Büsche prügelt. Er will kein Wild verscheuchen, er ist zornig, weil nichts geschieht: Die Pächter wachen über die Felder, die Frauen über die frisch ausgehängte Wäsche an den Leinen, die Tiere über den erbeuteten Fraß. Wir klauben die Münzen aus den Taschen, sie reichen für drei Kekse, die wir brechen und unter uns verteilen.

Vor Resuls Kaffeehaus sitzen die alten Männer vor leeren Teegläsern. Wir kehren um, gehen die lange Pilgergasse entlang, die Frauen am Brunnen tuscheln leise miteinander. Ein neues Gerücht. Ich schnappe ein Wort auf: Ehrenrose. Die Frau des armenischen Zahnarztes Sawen, Minna Hanim, beißt sich auf die Unterlippe, kehrt einer Frau mit grimmigem Gesicht den Rücken zu, und als sie mich erblickt, blitzen ihre Augen. Ich soll nach Hause laufen und meine Ziehmutter fragen, ob ihr ein Besuch gestattet sei.

Eine Viertelstunde später liege ich neben dem Loch im Boden des Zimmers meines Vaters.

Die Ärmste, hebt Minna Hanim an, sie ist erledigt.

Diese Schandmäuler, ruft Derya, das geht niemanden etwas an.

Jetzt bleibt ihr nur der Tod.

Das glaubst du?

Das Gesetz, nicht meins, schreibt es vor, sagt Minna Hanim.

Wer hat geplaudert?, sagt Bayka Hanim.

Natürlich die Schwiegermutter. Sie verriet es der Frau, die mit dem Bündel Webwaren hausieren geht. Sie wiederum wird vornehmlich von Klatschweibern hereingebeten. Übrigens, deine Freundin Nuriye Hanim hat der Hausiererin die Tür vor der Nase zugeschlagen.

Sie hat ein tränendes Auge. Und ein tränendes Herz.

Ein Herz, das weint?, sagt Derya, ein seltsames Bild. Was macht Elif?

Nun ja, sagt Minna Hanim, es fiel ein Makel auf ihre Frauenehre.

Die Frauen am Brunnen sind erbost. Wen erkor sie zum Geliebten, wer nahm ihr die Jungfräulichkeit? War es ein Jüngling, oder war es ein Ehemann?

Elif musste tatsächlich das Laken nach der Hochzeitsnacht aushängen?, sagt Derya.

Ich habe verlässliche Quellen. Es hat sich Folgendes zugetragen: Die Schwiegermutter lauert an der Tür, sie hört ihren Sohn laut schimpfen, sie ruft ihn heraus. Er soll ihr den Beweis ihrer Unschuld vorzeigen. Der Sohn gehorcht. Kein Blutfleck. Großes Geschrei.

Sie wird verstoßen, sagt Bayka Hanim.

Die Morgengabe muss sie zurückgeben. Der Vater fehlt im Kaffeehaus, die Mutter hat sich eingeschlossen. Die Dame Elif musste noch in derselben Nacht das Haus der Schwiegereltern verlassen. Und der Jungvermählte, so heißt es, lässt sich als Zeichen seiner Bestürzung einen Bart wachsen. Er hat geschworen, ihn erst dann zu rasieren, wenn ihn das richtige Mädchen küsst.

Dummer Kerl, ruft Derya, soll ihm der Bart bis zu den Fußknöcheln reichen.

Es klopft an der Tür. Nuriye Hanim stürmt an Derya vorbei ins Zimmer, sie verkündet mit brechender Stimme: Elif hat sich ertränkt, ihre Leiche wurde angeschwemmt, die Frau des Kommissars habe es ihr hinterbracht. Die Frauen weinen still, ich höre sie schniefen.

Der Makel ist getilgt. Ihre Mutter wird am Brunnen getröstet werden. Ihre Seele ohne Fehl und Flecken. Hat sie die Tochter aufgenommen oder ihre Bittrufe um Einlass überhört?

Bayka Hanim möchte für Elifs Seele beten, sie bittet erst Minna Hanim, dass sie ein christliches Gebet anstimmt. Armenische Worte, sie klingen wie Schneefall. Dann die Eröffnungssure des heiligen Buches, drei Frauen sprechen sie laut vor, Derya stimmt seltsamerweise ein.

Sie wurde gerade mal siebzehn, sagt Derya, sie hat aber länger gelebt als mein Bruder.

Eine Selbstmörderin, stellt Nuriye Hanim fest.

Zum Freitod getrieben.

Welch ein modisches Wort! Sie hat sich doch selbst getötet.

Wenn sie Christin wäre, würde man sie nicht in gesegneter Erde begraben, sagt Minna Hanim.

Man strafe sie in diesem wie im anderen Leben, sagt Bayka Hanim, das wäre nicht gerecht.

Kommt sie in die Hölle?, sagt Derya mit kalter Stimme.

War sie leichtfertig, als sie ihrem Leben ein Ende setzte? Nein. Für die Schwiegermutter ist es klar: Ein schamloses Mädchen muss büßen. Sie feiert wohl jetzt ihren großen Sieg. Und fragt sich nicht, worüber sie gesiegt hat.

Der Jüngling, mit dem sie für eine Nacht das Kissen teilte, sagt Nuriye Hanim, ich kenne ihn. Er spitzt seinen Oberlippenflaum an beiden Enden. Es sieht aus, als falle der Schatten seiner Augenbrauen ihm auf den Mund. Er gelobte ...

Das wissen wir schon, ruft Derya, eine kleine Kurdin wird missbraucht, sie muss verschwinden. Elif blutet keine Ehrenrose auf das Laken, sie muss sterben. Wir sterben, die Männer leben.

Elifs Freundinnen, sie sprachen beim Hodscha vor.

Er will sie nicht segnen?

Doch, will er. Und er hat es abgelehnt, das Dankopfer anzunehmen, das ihm Elifs Vater schenken wollte. Er verzichtet in diesen Zeiten auf Fleisch, sagt Bayka Hanim, hörst du, Tochter?!

Nicht alle Priester sind schlechte Menschen. Aber viele schlechte Menschen sind Priester.

Schäm dich!

Sie hat doch nicht unrecht, sagt Minna Hanim, aber unser Geistlicher sollte bei eurem Hodscha in die Lehre gehen. Er spricht in seinen Predigten viel zu oft von großen schwarzen heiß glühenden Kesseln. Er glaubt, dass die Hölle größtenteils von Armeniern bevölkert ist.

Wieso?, sagt Derya.

Weil wir ihm widersprechen, sagt Minna Hanim kichernd.

Die Ankunft des Hausherrn vertreibt sie, sie lehnt das Angebot ab, zum Abendessen zu bleiben. Abdullah Bey ruft mich zur Verlesung des Briefes, den mein Vater mir und uns geschickt hat. Er zerrt und zupft an der Bauchbinde, steht auf, bedeutet mir, mich ihm gegenüberzustellen. Ich muss erstarren, ein feierlicher Anlass. Seine Frau und seine Tochter sitzen auf dem Diwan, sie wollen den fremden Worten lauschen.

Lieber Sohn,

deine Mutter selig hielt sich in unserer kurzen Ehe an den Rat ihrer Mutter: Schenke dem Gatten schöne Krawatten. Wir wurden zwar vertrieben, aber man nahm uns nicht alles. Ich trage jeden Tag eine andere Krawatte. Die Männer, mit denen ich von Berufs wegen verkehre, staunen mich an. Sie glauben, an einen tadellosen Deutschen geraten zu sein. Über meine Gesinnung waren sie sich im Unklaren, bis ich mich über den Reizzustand des Führers ausliebr. Seither gelte ich als Geck, der gegen den Backofen gähnt. Ich halte die Türken für unwissend in dieser Angelegenheit. Ein Einschub für Abdullah: Lieber Freund, ich weiß, dass du von der Willenskraft des deutschen Mannes beeindruckt bist. Ein Großreich aus den Trümmern zu stampfen, das können die wenigsten – deine Worte. Mich rügtest du ob meiner Schwarzseherei. Nur: Ich hoffe, ich bete nicht, ich hoffe. Einschub Ende. Wolf, von einer schnellen Heimkehr müssen wir absehen. Es betrübt dich nicht. Es ist dir einerlei, ob du Auberginenpüree isst oder gute rote Grütze aus Moosbeeren. Doch zurück zu meinem Leben in der neuen Hauptstadt. Die Beamten, sie meinen es gut, aber sie verfehlen das Ziel. Weshalb? Sie denken, eine Idee zur Erweckung des Volkes sei nicht Loch noch Leere, sie sei sofort wahr und gültig, weil sie in der Welt ist. Ich verstehe wohl: Es müssen die Großmachtfantasten zerschlagen werden. Die junge Republik braucht Lehranstalten, sie braucht rauchende Schlote, feste Brücken, sie braucht Beton und Asphalt, Maschinen mit großer Kraft. Die Bürokraten schwenken ihre Stifte wie Zauberstäbe, es soll alles über Nacht entstehen. Ich erkläre: Ich war Soldat im Krieg, die Generäle schickten uns in die grausame Kälte. Wir zerfielen. Ich erzähle ihnen keine Heldentaten, ich erzähle ihnen vom Schnee. Es füllte meinen Mund der Schnee. Eisschlund. Eisrachen. Eisgaumen. Eiszunge. Zähne Eisstumpen. Wimpern kleine Eisspeere. Jedes Auge eine zugefrorene Pfütze. Pupillen vereiste Windröschen. Toter Mann liegt auf dem Feld, Männer mit Gewehren ziehen vorbei, der Tote kommt auf die Schubkarre, Schuhe und Mantel nimmt man ihm. Steif frieren, das ist der Fluch. Die gebildeten Türken, sie fragen: Was haben unsere Pläne mit Ihren Kriegserlebnissen zu tun? Auch wir kämpften und froren, viele von uns bluteten sich tot. Ich versuche, mich verständlich zu machen. Man muss nicht immer das Volk zur Abstimmung treiben, man darf es aber nicht übergehen. Nun ja, sie erschaffen eine neue Welt, sie haben wie ein Soldat vor der Schlacht Kanonenfieber. Sie wissen, was die Stunde geschlagen hat: Dunkle Tage kündigen sich an, Fehler werden nicht verziehen.

Ich bin gesund und kann wieder gut durchschlafen. Es wühlt mich auf, wenn ich in Hitlers Propagandablättern lese. Zu drei Jahren

Zuchthaus wurde ein Gastwirt verdonnert, für das Abhören ausländischer Sender. Er verstieß gegen den Geist der Volksgemeinschaft. Sogenannte Volksschädlinge werden zum Tode und zu dauerndem Ehrverlust verurteilt. Schwere Strafen erwarten jene, von denen es heißt, sie würden die Manneszucht untergraben. Mann, Frau und Kind sollen die Pflicht der Heldenverehrung erfüllen. Die Helden, ihre Mörderfratzen, sind in der Zeitung abgebildet, ich sehe und denke: Sie sind von säuischem Charakter, das ist die neue Tugend. Ich stolpere über einen Aufruf ...

Ist der Brief bald zu Ende?, sage ich.

Gedulde dich, sagt Abdullah Bey, stell dir vor, ich bin nicht der Vorleser, ich bin dein Vater, der zu dir spricht.

Er spricht mit sich selbst, flüstere ich.

Das habe ich überhört, sagt er streng, es braucht einiger Mühen, seine Gedanken zu sammeln. Franz ist bestimmt ein hart arbeitender Mann. Er verzichtet auf das ...

Amüsement, sagt Bayka Hanim.

Das Amüsement, ja. Zu den Pflichtvergessenen schlage ich ihn nicht zu. Er denkt an seinen Sohn, taucht die Feder in die Tinte ...

Er besitzt einen Füllfederhalter, sagt Derya.

Ihr seid jetzt alle still! Ich lese weiter. Der Aufruf: Volksgenossen! Stellt eure Lautsprecher der Allgemeinheit zur Verfügung und lasst Nachbarn, die kein eigenes Radiogerät besitzen, am Geschehen dieser Tage teilnehmen ... Man besudelt die Menschen, man verdreht ihnen den Sinn. Die Niederen gaben sich zu allen Zeiten für den Irrsinn her. Was aber ist mit den Edlen und Gutgesinnten los? Sie brüllen dem Hund ein Heil zu, das Mo...nokel – was ist das?

Eine Brille aus einem Glas, das man vors Auge klemmt, sagt Derya.

... das Monokel fällt ihnen auf die Brust, weil sie außer sich vor Freude sind. Die Gebildeten und Gelehrten, ich hüte mich vor ihnen. Die Gesandtschaft des Reichs hier in Ankara besteht fast nur aus ihnen, sie suchen mich auf. Ungebetene Gäste. Ein Kerl hat bei einem Empfang gesagt: Da hilft kein Maulspitzen, es muss gepfiffen werden. Sprach vom Opfer für den Führer, für Volk und Vaterland. Ich brach nicht in Jubel aus. Da sagte er: Der Sack ist noch nicht zugebunden, wir stecken noch viele Lumpen hinein.

Lieber Sohn, ich harre aus. Ich bin gerüstet, wanke nicht, noch weiche ich. Du fürchtest, dass ich mir eine Damenbekanntschaft zulege. Bislang ist es nicht geschehen. Ich bin dafür unempfänglich. Es herzt dich dein Vater.

Wofür ist er unempfänglich?

Hitlersohn, setzt Abdullah Bey an.

Nicht dieses Wort in diesem Haus, ruft Bayka Hanim und schaut sich nach einem Löffel zum Klopfen um.

Junge, ein Mann erkennt, ob sich eine Dame für ihn begeistert. Und dann entscheidet er, ob sein Herz ihr zufliegt, oder eben nicht.

Sein Herz ist fest verschnürt?

Liebe bleibt nicht folgenlos. Eine bloße Tändelei schwebt meinem Freund Franz nicht vor.

Männer und Worte …

Wie war das, Tochter?

Iss, was rar ist, trink, was klar ist, sagt Derya, daran hältst du dich, Vater. Eine schöne einfache Regel. Der Vorsatz des Herrn Franz wird am Leben zerschellen.

Was meinst du damit?

Er trifft schon die Richtige, sagt Bayka Hanim.

Das verstehe ich gut, sagt Abdullah Bey, als ich dich sah, dachte ich: Sie oder keine.

Bayka Hanim ist geschmeichelt, sie scheucht ihn verlegen aus dem Zimmer.

Ich wünschte, mein Vater würde mir nicht mehr schreiben. Zum Namenlosen ist er geworden, weil er das Viertel verließ. Er hasst Männer, die sich ans Herz fassen. Eine leere Höhle in der Brust ist ihm lieber.

Abdullah Bey zeigt mir erst die in der Sonne getrocknete Makrele, reißt ihr dann den Kopf ab und zieht die Gräte am Stück heraus. Er massiert sie so lange, bis sie weich wird, greift zum nächsten Dörrfisch. Vier Makrelenköpfe im Spülbecken, er schlägt sie in Zeitungspapier ein. In die Beilagenschüssel träufelt er Olivenöl und Zitronensaft, streut Dill und streckt mir eine Gabelspitze zum Probieren hin.

Ich darf ihn zum einäugigen Krämer begleiten, seine lauten Abschiedsworte verhallen im Flur, die Frauen des Hauses schweigen. Die Straßen sind verlassen, es ist die Stunde, da sich die großen Brüder für die Händel der Nacht stärken. Wir laufen an den Feldern der Griechen vorbei, an der Kreuzung stehen zwei Männer, die sich sofort abwenden und in Richtung des Belgradtors eilen.

Der Krämer hat uns kommen hören, er nickt zum Gruße, geht zurück in den Hintergarten. Die Hose hat er unterhalb der Brust gegurtet, die scharfe Bügelfalte bricht an den Kniekehlen. Am Tisch sitzt Schecho und isst Granatapfelkerne. Er zeigt sich nicht überrascht, dass Abdullah Bey mich mitgenommen hat. Er dankt für die Makrelenköpfe, ein Schmaus für seine Katzen. Ich kann es nicht glauben, er spricht fließend Türkisch.

Sie unterhalten sich über die Streuner, die wir vertrieben haben: Freunde des Zwielichts, kleine Leute, kleine Geschäfte, der Schwarzhandel blüht, das große Geld machen aber die Händler jenseits der Brücke. Sie gehen sündig ins Bett und begehen am nächsten Tag größere Sünden. Schecho schnäuzt laut in einen geflickten Fetzen, knüllt ihn und steckt ihn hinter das Hemd an der Brust.

Die Wachmänner, gute Menschen, sagt er, ich schließe mich ihnen an, in den Nächten, da ich auf den Ellenbogen liege. Viele Männer schleichen heimlich. Die einen, weil ihnen der Kummer in die Augen blutet. Die anderen, Feuer bannende böse Kerle. Fallensteller.

Verrückte, sagt der Krämer heiser.

Scharen von Knechten. Sie und die Krähen holen das alte Fleisch.

Schecho, du sprichst in Rätseln, sagt Abdullah Bey.

Schwarzer Wind.

Er meint die Endsommertage. Der Wind verschattet und verschwärzt.

Das Kind wird schlecht träumen, sagt Schecho, ist es stark?

Ich sehe ihn zum kräftigen Jüngling reifen, sagt Abdullah Bey, was wispert dir die Nacht zu?

Süleyman Bey, der Albaner. Keine Nase, aber Augen. Fester Blick, er sagt mir: Hab' die Knirpse bei mir am Wasserbecken erlebt, sie sprachen wie Männer, ernst und gut.

Das waren ich und meine Freunde, sage ich, wir haben Kubilay aufgenommen.

Die Tschetschenen spalten Steine mit einem Hieb, sagt Schecho, der Bruder deines neuen Freundes, Klingen und Knüppel lobpreist er. Ein Knecht.

Er spielt mit den Knoten in den Fransen seines Halstuchs.

Ich schaudere, ich darf meine Angst nicht zeigen.

Sie sprechen über die Befleckten und ihre Spottgebärden. Gott wird sie erstarren lassen, und sie werden für den Rest des Lebens ein gelähmtes Hohngesicht haben. Schecho trinkt nur Wasser und isst krachend Fruchtkerne.

Die Griechen, die Juden, die Armenier, sagt Abdullah Bey, sie lassen dich durch ihre Gassen ziehen.

Sie schenken mir Granatäpfel, sagt Schecho, ich bin friedlich.

So kennen wir dich. Treibt diese unsere Nachbarn etwas um?

Schwarzer Wind.

Und das heißt?

Die Halunken streichen auch bei ihnen um die Häuser, sagt der Krämer.

Wurde in ein Haus eingebrochen?

Nein, sagt Schecho, Eindringlinge sind nur Ratten. Vor der Kirche hat man heimlich Bittfetzen ausgelegt. Keine frommen Wünsche.

Flüche?, sagt Abdullah Bey.

Todesdrohungen. Da stand geschrieben: Gott, lass' den Bewohner dieses Hauses Blut spucken. Lass' ihn an sich verzweifeln.

Widerlich, ruft der Krämer.

Der Doktor Paskalidis, er wacht vor dem Morgengrauen auf. Wurde geweckt vom sirrenden Holz. Er schaut aus dem Fenster: Jemand schwingt Schwirrholz im Kreis überm Haupt. Lauter, immer lauter. Holz an der Schnur am Stab. Kein Wort, nur Schwirren.

Um die Zeit kann es kein Kind gewesen sein, stellt Abdullah Bey fest.

Ich wurde ermahnt, sagt Schecho. Ich schwor: Ich bin es nicht gewesen. Sie glauben mir.

Willst du wirklich nicht trinken?

Nein.

Die Wachmänner streifen auch in den Gassen der fremden Türken, sagt Abdullah Bey, wir hätten davon erfahren, wenn sie einen Entratenen ergriffen hätten.

Sie haben keine Augen im Hinterkopf, sagt der Krämer, sie bekommen einen Hungerlohn, sie schlafen nur wenige Stunden. Und manchmal beißt sie ein wilder Hund.

Der umwallte Platz, sagt Schecho.

Zu Füßen der Hügel.

Dort sah ich Feuerschein, ich trat aus dem Dunkel, die Männer erschraken. Ich beruhigte sie. Keine böse Absicht, ich zeigte meine Hände vor. Sie brieten Fleisch am Spieß. Fremd, noch nie gesehen.

Deinesgleichen?, sagt Abdullah Bey.

Keine Kurden. Zerlumpte. Arm und reich.

Was heißt das nun schon wieder?

Sie haben sich verkleidet, kräht der Krämer, sie tragen Armeleutekleider, sie sind aber keine Habenichtse.

Einer fragt mich: Gibt es Aufrührer bei euch? Ein anderer fragt: Hat jemand die Büste unseres großen Führers bespuckt? Kennst du Frömmler, die böse brüten, wenn die Landeshymne gesungen wird? Spitzel?

Unwahrscheinlich, sagt der Krämer.

Von alldem bekomme ich Kopfschmerzen, sagt Abdullah Bey, Politik verdrießt mich, Streuner sind mir verhasst.

Gebildete, die Fremden. Sie wollten mich aushorchen. Aber was weiß ich schon?

Über seine Worte müssen die Männer lachen, der Krämer verschluckt sich, Schecho springt auf und klopft ihm auf den Rücken.

Abdullah Bey erklärt: Hitlersohn ist ab dem heutigen Tage sein Sohn, Fleisch von seinem Fleische, Mitglied seiner Familie. Wer ihn schlägt, schlägt ihn. Derya würde ihn wegen seines feierlichen Gesichts necken.

Arier dürfen wir ihn noch nennen?, sagt der Krämer.

Dürft ihr.

Junge mit drei Vätern, sagt Schecho, Franz, Hitler, Abdullah.

Sie reden über den Führer. Er ist für das deutsche Volk gut, weil es sich leicht an ihn gewöhnt hat. Er verspricht baldige Auferstehung,

den Tod der blinden Heiden. Blutregen. Werde oder sterbe, seine
Weisung. Die Sonne schwärzte sich, wenn nicht der beste Krieger
König wird. Man hätte uns alle in einen Eunuchenstall gesteckt, was
eine Schande. Der Krämer unterstellt ihm Seelenschwellung.
Sie werden es müde, über einen Fremden zu sprechen, den man wie
einen Götzen anbetet. Mein dritter Vater, in Gedanken versunken,
anderthalb Gläser hat er geleert, er geht im Garten auf und ab, er
bleibt am weiß angemalten kleinen Fels stehen, an dem die Möwen
ihre Schnäbel wetzen. Die Zerlumpten, sagt er, sie gehen mir nicht
aus dem Kopf. Waren es junge Kerle?
Ja, Herr, sagt Schecho.
Wie rochen sie?
Nach herb duftendem Haarfett … Du bist klug.
Wir machen einen Spaziergang zu den Hügeln.
Der Krämer schließt die Türen ab, Vater Abdullah füllt die Gläser,
reicht ihm ein Glas, sie trinken im Gehen. Schecho führt uns an,
sein Halstuch hat er um Mund und Hals geschlungen, er sieht aus
wie ein Bandit. Wir treten durch das Belgradtor auf das große Feld
außerhalb der Mauern, Streuner flüstern und wispern in den Ruinen und weichen hinter die bemoosten Steine. Sie sind über den
Rand eines Traums gefallen in unsere Welt. Ihre Gesichter sind aus
Nachtschwärze gemacht, die Hände sind aus verblasstem Blau. Für
ihre Verrücktheit werden sie teuer bezahlen. Kubilay sagte diese
Worte seiner totenblassen Mutter auf, und ich kann sie nicht vergessen, ich habe sie mir gemerkt. Ich stolpere in Schechos Rücken, der
Krämer greift nach meinem Arm und hält mich fest. Leise, zischt
er. Der umwallte Platz, Felsen im Halbkreis, der Mond bescheint
sie. Die Katapulte der Osmanen schleuderten sie in die Stadt, brennende Brocken, die auf die Byzantiner fielen.
Derya hält es für eine Lüge, Dschenk glaubt fest daran. Schecho
weist in Richtung des kleinsten Hügels, der Krämer und Vater Abdullah legen die Gläser leise auf dem Boden ab, und plötzlich haben sie einen Stein in der Hand, sie nehmen mich in ihre Mitte, wir
schleichen vorwärts.
Sie sitzen auf Frauenkleidern, lachen, lassen die Anisschnapsflasche
herumgehen. Wir tauchen aus dem Dunkel auf, der Kopf desjeni-

gen, der gerade sprach, ruckt zur Seite, er erblickt den halb verhüllten Schecho und erbleicht. Sie speisen das Lagerfeuer mit grünen Scheiten, denke ich, das Feuer wärmt nicht, das Holz knackt,
schwarzer Qualm steigt auf. Drei gegen drei, ich zähle nicht. Jung
sind sie, älter als die großen Brüder des Viertels, jünger als die Männer, die mich schützen.

Wer Feuer macht, lockt Räuber an, sagt Vater Abdullah, hier sind
wir. Und jetzt stellt ihr euch vor.

Haut ab, sagt der Junge im weißen Hemd.

Wohin? Wir sind hier zu Hause.

Ihr nicht, sagt Schecho.

Dich kenn' ich doch, ruft der Junge mit blondem Schnurrbart.

Händler kommen her, sagt Vater Abdullah, ich nenne einen jeden
bei seinem Namen. Die Hausierer sind mir auch bekannt. Wer aber
seid ihr?

Kümmer dich nicht um uns, sagt Weißhemd, sonst tut es dir noch
leid.

Blusen, Röcke. Ihr habt sie auf dem Boden ausgebreitet. Wollt ihr
euch umkleiden?

Ich breche dir dein Schandmaul, sagt der glatt rasierte Junge.

Ich beleidige dich? Was soll ich denken? Drei Jünglinge in Lumpen. Sie sprechen Hochtürkisch. Offensichtlich sind sie in sehr guter Stimmung. Liegt es daran, dass sie bekommen haben, was sie
wollten?

Abartige, die Wäsche unserer Frauen klauen, sagt der Krämer.

Verzieh' dich in deine verlauste Baracke, ruft der Glattrasierte.

Wir können uns sofort einigen, sagt Vater Abdullah, du lässt dir
einen Finger deiner Wahl brechen, ich werde es übernehmen. Ihr
gebt uns das Diebesgut zurück. Ihr versprecht, nicht länger uns zu
plündern. Und jeder von euch entschuldigt sich bei meinen beiden
Freunden.

Noch einmal, sagt Weißhemd, kriecht zurück in eure Löcher.

Schecho tritt ihm in die Brust, schlägt ihn zwischen die Augen.
Der Glattrasierte steht auf, ein mächtiger Fausthieb fällt ihn. Dem
schnurrbärtigen Jüngling hat es die Sprache verschlagen, er starrt
schweigend ins Feuer.

Sprich, sagt Vater Abdullah.

Ich will keinen Ärger, sagt er.

Zu spät. Seid ihr von drüben?

Ja.

Die Straßenbahn fährt nicht um diese Stunde. Kehrt ihr zu Fuß zurück?

Nein, mit Fahrrädern.

Gut. Wie heißt du?

Timur.

Du hilfst uns, Timur. Steh auf, sammle die Kleider ein, falte sie ordentlich. Lege sie zu einem Stapel übereinander. Eine Zofe geht deiner Mutter zur Hand?

Ja.

Dann weißt du ja, wie man das macht. Wenn du fliehst, fange ich dich und breche dir mindestens die großen Zehen. Verstanden? ... Los!

Ohne ein Wort packt Vater Abdullah die rechte Hand des Glattrasierten, dreht ihm den Zeigefinger um, es knackt fürchterlich, der Junge schreit auf und weint laut.

Wolf?

Ja, Herr?

Hast du die Augen geschlossen?

Nein, Herr.

Dann bist du ein Jahr älter geworden, sagt er, merk es dir: Früher wurde dem Dieb die Hand abgehackt. Heute ist man gnädiger. Schecho? Schlag ihm auf die Brust, er ist nur ohnmächtig. Weck' ihn mit Ohrfeigen.

Der Lump brüllt das Viertel wach, sagt der Krämer.

Schlimme Schmerzen, nicht wahr?, sagt Vater Abdullah zum Glattrasierten, ich habe es nicht gern getan. Still! ... So ist es gut. Also: Bestätige mir, dass es euer letzter Besuch bei uns war ... Schön. Denn wenn wir euch hier noch einmal sehen, verschone ich deine Freunde und nehme dich mir richtig vor. Die Kleider sind verdreckt. Was tun?

Sie bezahlen, sagt Schecho.

Alles Geld in euren Taschen ist unser Besitz, sagt Vater Abdullah, wir geben es nicht selber aus. Es ist für die geschädigten Frauen. Timur, du stützt die beiden Lumpen.

Ich entschuldige mich, Herr, sagt er.

Angenommen, weg mit euch.

Sie haben uns den schönen Schnapsabend verdorben, knurrt der Krämer, wir sollten ihnen auch die Fahrräder abnehmen. Vater Abdullah erklärt: Wir sind keine Kinder, die Kürbisse auf dem Feld zerschlagen. Wir leben nicht in einer Verbrecherhochburg. Wir stillen unseren Männerdurst in Ruhe an einem anderen Tag. Der führende Lümmel wird nie wieder den Zeigefinger ins Loch stecken und Schmalz befördern. Schecho stößt Gurrlaute der Zustimmung aus. Dann greift er zum obersten Kleidungsstück auf dem Stapel, hält es hoch und sagt, dass man mit zwei Kleidern dieser Größe und einem langen Holzstock ein Zelt errichten könne. Die Männer lachen und ermahnen ihn, sie wollen nicht ins Gerede kommen.

9. Der Kräftige

Derya findet es beschämend, dass sich unser Vater an die Spitze einer Räuberrotte gestellt hat. Er solle ihretwegen krumme Nägel gerade hämmern oder lose Dachbalken festklopfen. Die Abartigen, was wäre, wenn sie zurückkehrten, bewaffnet und verpanzert? Männer wirkten, und Frauen würden dazu angehalten, Wunderwerke anzustaunen.

Mutter Bayka sagt, dass Recht nicht vom Himmel regnet. Die Damen des Viertels legen heimlich Duftölfläschchen vor der Haustür ab. Sie rühmen den Vater, sie beschenken aber aus Anstandsgründen die Mutter. Sie flüstern, er habe die Hornissen- und die Fliegenplage gebannt. Sie sterben wegen der Kälte, die Nachbarinnen kümmert es nicht, Abdullah Bey hat eine Heldentat vollbracht, wer wollte sie kleinreden?

Derya hat im Zorn mir verboten, sie Schwester zu nennen. Immer wieder spricht sie von Volkserziehung, die man den Schülern im letzten Schuljahr lehrt. Sie möchte sich zur Lehrerin ausbilden lassen, sie vergleicht die Kinder mit verschlierten Schaufenstern, die sie blank reiben würde.

Mutter Bayka sagt: Eher wird dein Zopf am Nagel bis zum Boden wachsen, als dass du die Menschennatur änderst.

Ich fliehe vor dem Streit, Kubilay lockt mich mit süßer Kichererbsenpaste, die wir tschetschenisch teilen: zwei Teile für mich, einen Teil für ihn. Meine Freunde bleiben vorsichtig, sie meiden ihn, wann immer sie können. Dschenk, unser neuer Anführer, schickt ihn als Späher zu den Feldern außerhalb der Mauern: Wir fürchten einen Gegenschlag der Zigeuner. Sitte macht fremde Menschen, die fremden Türken sind Juden und Christen, sie leben und bluten wie wir. Die Kurden, sie hausen in Mauergrotten. Nur die Zigeuner zeigen uns, dass wir die Fremdartigen sind, sie haben nicht Haus und Hof und bewegen sich in den Gassen, als würden wir in ihren Häusern wohnen.

Kubilay nennt sie die Ungeliebten, es wäre unwahr, dass sie Hundefett fressen in der Not. Sie kommen von der Aschesteppe, in Haufen drängen sie vor und dringen sie ein, keine Krieger, kein Pack des Teufels, ärmer als wir, dunkler als die meisten von uns.

Dies ist die Straße der Rabenlinde, sagt er, wenn der Blitz einschlägt in die Linde und die Raben auf den Ästen eines anderen Baums nisten, wie würde diese Straße wohl heißen?

Straße der verdorrten Linde?, sage ich.

Nein. Straße der verscheuchten Schwärze.

Es geht ein Weg ab von Haydars Feld, dort, wo sich die Pilgergasse gabelt. Es ist der Weg des ersten Wutanfalls.

Wer wurde denn wütend?, sage ich.

Eine Magd, die zum Ziegenmelken ging, sagt Kubilay, mit kleinen Steinen zerschlug sie den Krug. Sie galt als friedfertig. Was bis dahin allen verborgen blieb: sie litt an Gliederreißen. Die Schmerzen machten sie wahnsinnig.

Sie wurde irre?

Auf dem Feldweg schrie sie sich die Seele aus dem Leib. Man brachte sie in die Anstalt.

Ich kenne die Straße der starken Schwerkraft, sage ich.

Das ist eher ein Pfad, die Kälber des reich gewordenen Bauern haben die Erde festgetrampelt.

Es stürzen dort nur Männer.

Torkelnde Männer, sagt Kubilay, dann gibt es noch die Straße, in der man nicht aufschauen darf.

Das hast du jetzt erfunden.

Dort wohnt der Opiumraucher.

Was?

Ein großer Bruder. Ihre Mutter war auch bei der Herrin des Brunnens. Ich hatte mich versteckt und habe sie gesehen. Bestimmt wollte sie die Huld der Herrin erkaufen. Sie hat sie ihr verweigert.

Woher willst du das wissen?

Sie blieb nur kurz, sagt Kubilay, sie verpachtet keinen Platz im Jenseits aller Jenseite.

Wo soll das sein?

Eigentlich im anderen Leben. Seelen schweben dort in der Nähe der Gesandten. Und wenn man sie anruft, erbittet man sich oder für einen anderen Glück.

Der Opiumraucher, sage ich.

Sein Vater schließt ihn ein, er darf das Haus nicht verlassen. Und die klugen Männer und Frauen heften den Blick auf den Boden. Wenn sie aufschauen, sehen sie den großen Bruder am Fenster stehen und sie kriegen eine Gänsehaut. Sie tun das nicht, weil sie sich nur langsam davon erholen.

Ich will dorthin, sage ich.

Du fällst tot um, ruft Kubilay, und dann muss man in eurem Haus wieder Klagelieder singen.

Nur wir beide, flüstere ich, es bleibt unser Geheimnis.

Kubilay gibt sofort nach, und wir gehen durch die Straßen wie kleine Krieger, die sich vor einem Hinterhalt vorsehen. Nuriye Hanim, unsere Nachbarin, steht fast reglos am Rande des Feldes und schaut Haydar beim Tomatenputzen zu. Ihre halb verrückte Tochter springt uns aus dem Gebüsch an, Kubilay bekommt vor Schreck

111

einen Schluckauf. Er hebt einen Stein und spuckt darunter. Aberglaube.

Den ganzen Weg zur Straße, in der man nicht aufschauen darf, flucht er über das Mädchen, immer wieder wird ein Fluch zerschnitten, weil er aufstoßen muss. Wir biegen von der Pilgergasse ab, er erstarrt am vierten Haus.

Verdammt, ich habe ihn gesehen, zischt er.

Ich sehe ihn auch, sage ich, er trägt kein Hemd.

Das reicht. Zurück.

Warte. Er will mit uns sprechen.

Wir werden verfaulen, Arier.

Er will nicht als furchtsam gelten, also bleibt er und zeigt mir die Gänsehaut an seinen Oberarmen. Der Opiumraucher verlässt seinen Platz am Fenster, kehrt aber sofort zurück, er hat sich ein Hemd übergezogen.

Er sagt: Engel sind Gottes Gelenke. Er spricht von der Purpurfäulnis, von verwesender Schönheit. Von stinkenden Herrscherkaftanen in Vitrinen. Von den bezauberten Gästen im Palast, die golddurchwirkte Gewänder und hohe weiße Turbane bestaunen. Ein Mann, der am offenen Fenster steht und die Zuhörer durch seltsame Worte betört. Ein Schmeichler, eine Schlange im Gras. Ist das Schorf an seinen Fingerknöcheln?

Du bist das deutsche Kind?, ruft er.

Bin ich, sage ich.

Hast du so einen wie mich schon gesehen? Man müsste mich ausstellen, ich gehöre in eine Schausammlung ... Ich kenne deinen Vater.

Er ging oft spazieren.

Richtig, sagt er, und eines Abends unterbrach er seinen Spaziergang, schaute zu mir hoch, obwohl man euch einschärft, durch diese Gasse zu hasten. Wir haben uns unterhalten.

Glaub ich nicht.

Glaub', was du willst, Knirps. Franz, genau, das ist sein Vorname.

Franz stellte mir Fragen.

Welche?, sage ich.

Komm jetzt, sagt Kubilay.

112

Dein Vater fragte mich nach den Frauen aus. Ist das nicht verrückt? Er hält meine Mutter in Ehren. Weiß ich, weiß ich, sagt er, ihr Kinder plappert nach, was die Männer reden. Ihr sprecht: Demut in Armut, Würde unter Beschuss. Ihr sprecht: Geld zerfällt, Glück zerrinnt. Ihr sprecht: Ehre ist alles. Ihr verdummt.

Jetzt reicht's, ruft Kubilay, er beleidigt uns.

Tu ich das? Franz ist schon ein kluger Arier. Er hat uns alle durchschaut.

Er ist weggelaufen, sage ich. Ich beiße mir auf die Zunge, bis ich Blut schmecke. Ein Sohn darf den Vater nicht schlechtmachen. Kubilay rückt von mir ab, er spuckt aus und schaut in eine andere Richtung. Ich habe mich besudelt, ich werde mir heute Nacht im Bett blaue Flecken in die Arme zwicken.

Wir haben das nicht gehört, sagt der Opiumraucher, in dieser meiner verfluchten Gasse treffen sich die Liebenden heimlich. Ein Jüngling im Winter, er zieht ein Taschentuch aus dem Stiefelschaft, reicht es der jungen Frau, die er lange geküsst hat. Sie betupft ihren Mund, richtet ihre Haare. Sie vergessen, dass ich vom Fensterplatz aus alles sehe. Keine zwei Monate später: Sie wird die Frau eines anderen Mannes. Der Jüngling, ein großer Tölpel, versucht, sich das Leben zu nehmen. Genau dort, wo ihr steht.

Wir haben nichts davon gehört, sagt Kubilay.

Natürlich nicht, Tschetschene, in diesem Viertel nimmt man nur die Toten ernst, die Verletzten zählen nicht. Der Junge, ein banges Tier, das bellte. Ich brachte ihn durch gutes Zureden von seinem Vorhaben ab. Er wickelte das Tuch um einen Stein, warf ihn mir hoch, ich fing den Stein.

Wer ist die Frau?, sagt Kubilay.

Bin ich ruchlos? Von mir erfährst du ihren Namen nicht.

Wieso schließt man dich ein?, sage ich.

Ich bin zwei, sagt er, ich bin zwei Beine in einer Hose.

Verstehe ich nicht.

Bin zur Einsiedelei verdammt. Aus zwei Gründen: Nimmst du zwei Melonen unter den Arm, fällt eine Melone herunter. Versuchst du mit einer Melone auf jeder Schulter zu gehen, hast du zwei Köpfe.

Er macht sich über uns lustig, sagt Kubilay.

Wartet, ruft der Opiumraucher, keine Scherze mehr, versprochen.

Franz, er war verliebt.

Was?, sage ich.

Das überrascht dich. Eine junge Dame, schön und züchtig, sie trägt auch an sehr heißen Tagen einen knöchellangen Rock.

Derya?

Ist sie züchtig?

Nein, sage ich.

Fliegen setzen sich auf alles, was atmet und riecht, was blüht und welkt.

Der Opiumraucher beginnt zu flüstern, seine Worte trägt der Wind fort. Doch inzwischen ist auch Kubilay unwillig, einfach wegzugehen. Wahrscheinlich hat er sich bislang nicht in diese Gasse getraut. Die Schnitte im Gesicht des Mannes am Fenster: Setzt er die Rasierklinge falsch an, weil er keinen Spiegel benutzt?

Wir starren hoch, er blickt blind herunter, er wird immer leiser, und dann ruft er: Wie schafft es ein Mann, der Erste zu sein, in den sich eine Frau verliebt? Der Erste, in der Liebe, ein großer Traum.

Mein Vater, sage ich.

Äußerst begabt, sagt er, äußerst tüchtig.

Diese Dame, wusste sie davon?

Vielleicht. Ich aber wusste mehr. Nein, sie hat sich mit keinem anderen getroffen. Sie seufzte nicht wegen einer verbotenen Liebe. Ein anständiges, allzu farbloses Mädchen. Manchmal geschieht die Verwandlung über Nacht. Darin setzte Franz all seine Hoffnung. Ich gab ihm, auf seinen Wunsch hin, den Rat, andere Blüten zu besummen.

Willst mir ihren Namen nicht verraten?, sage ich.

Der Tschetschene.

Ich warte in der Pilgergasse, sagt Kubilay, vertrödele hier deine Zeit nicht.

Wenn du zwei Häuser weiter lauerst und lauschst, werde ich es bemerken, ruft der Opiumraucher ihm hinterher.

Er ist weg, sage ich.

Sie trägt einen Seidenschal, um die Kragen ihres Kleides zu schonen.

Ja.

Sie kämmt die ihr zulaufenden Katzen, sie mag Tiere mit glänzendem Fell.

Ist sie ... sonderbar?

Nicht so seltsam wie ich, sagt er.

Ihr Name.

Eines Abends, ihre Eltern sind aushäusig, öffnet sie die Mitgifttruhe ihrer Mutter. Und was entdeckt die Ärmste? Kleider voller Mottenlöcher, ihr Erbe.

Bitte, sage ich.

Der Anfangsbuchstabe ihres Namens lautet A.

Der zweite Buchstabe.

Ohne Lohn keine Enthüllung, ruft er, schließt Fenster und Holzläden.

Kubilay ist aufgebracht, weil ich es geduldet habe, dass der Verrückte uns entzweit. Ein Hexer in Opiumdämpfen. Er stößt Hasslaute aus, zu ihm gehen die Bauernbuben. Er bringt ihnen nichts bei, er verwirrt sie. Und also sei auch ich ihm ins Netz gegangen, er webte in seiner Klause, webte Netze, um zu üben für den Tag, da man ihn freilässt. Die Hasenscharte des Hexers würden die Mädchen als Gottes Gunst deuten.

Ich lasse ihn schimpfen. Wir laufen lustlos die Siebentürmeallee entlang, auf Höhe der Apotheke des Griechen Ilya sehe ich Pelin und ihre Freundin seilspringen. Das unanständige Mädchen hat uns entdeckt, es wäre jetzt feige, zu fliehen.

Sie ruft: Soll ich euch das Höschen zeigen?

Kubilay erstarrt. Er nennt sie eine schöne Feldmaus, sie läuft rot an, betrachtet ihn schweigend.

Wo kommt ihr her, und wo wollt ihr hin?, sagt Pelin.

Er sprach mit dem Opiumhexer, sagt Kubilay.

Der Benebelte, sagt sie, er schmückt sich mit einem Dichtertitel.

Mir hat er ein Gedicht vorgetragen, sagt das Mädchen.

Herzen, die brechen?, sagt Kubilay.

Langweilig. Nein. Es ging um einen Seidenschal.

Blödes Gedicht.

Man schlingt sich den Schal um den Hals. Ist er ein Kragenschoner oder ein modisches Zubehör?

Ein was?

Etwas, was man nicht wirklich braucht wie einen Knopf an der richtigen Stelle.

Versteh' das einer, sagt Kubilay.

Du bist also blöd, sagt Pelin, stell dir vor, deine Mutter näht dir einen knallgelben Knopf ans Hemd, an die Brusttasche.

Das würde sie nicht tun.

Knallgelb. Du gehst durch das Viertel, und alle schauen dahin.

Was hätte ich davon?

Die Blicke der Mädchen, sie gelten dir.

Nein, dem Knopf.

Der Knopf schwebt nicht in der Luft.

Seid ihr Modepuppen?, sagt Kubilay.

Schuster Tarik schminkt seinen Puppen Täubchengesichter an, sagt das Mädchen, das Täubchengesicht, seine Frau, war auch beim benebelten großen Bruder.

Der weise Irre am Fenster, sagt Kubilay grinsend.

Du spottest, weil du blöd bist, ruft Pelin, wir himmeln ihn an.

Ihr schwärmt für einen, der sich kaputt macht, sage ich, man hält ihn nicht umsonst gefangen.

Sein Vater hat es verfügt. Er schlägt gerne zu.

Der Vater?

Nein, sagt das Mädchen, der, den wir anhimmeln. Er schlug aber immer den Richtigen. Und da hat der Kommissar mit seinem Vater gesprochen. Der Sohn durfte nur unter einer Bedingung bleiben: Man sperrt ihn ein.

Was ein Glück für ihn, höhnt Kubilay, er wird vom Schläger zum Schwarm. Legt ihr ihm auch Feldblumen vor die Tür?

Ja, sagt das Mädchen, seine Mutter sieht das aber nicht gerne. Trotzdem, ich tue es einmal in der Woche. Ich habe ihm auch meine Verliebtheit bekannt.

Du sprichst wie die Großen, sagt Pelin.

Sie streiten über die richtigen Worte: Herzensbindung, reine Gefühle, glühende Brust, verklärter Blick. Worte ohne Sinn und Klang,

Getön, das Einmaleins der Verkümmerten. Plötzlich verstummen sie, es weht der Wind durch die Pappeln, klirrende fauchende Blätter, klingende sirrende Blätter.

Höfliche Bäume, sagt das Mädchen, es fehlt, dass sie sich leicht verbeugen.

Sie lispeln, sagt Pelin.

Deshalb seufzt der Apotheker so oft und lächelt dabei.

Wollen wir hochklettern?, sagt Kubilay.

Ich darf nicht, sage ich.

Feiger Arier.

Lass ihn, sagt das Mädchen, sonst zeige ich dir mein Höschen.

Was hat der Weise am Fenster zum Täubchengesicht gesagt?, rufe ich.

Alles Gerüchte, sagt das Mädchen, die Frau wurde gesehen von dem Nasenlosen, der es einem Feldbauern erzählte. Süleyman Bey lügt nicht, also können wir es glauben. Der, den wir anhimmeln, hat sie wohl erst aufgezogen. Er neckt die Bittsteller, er prüft, ob sie wirklich verzweifelt sind.

Und sie war verzweifelt?

Ja. Ihr Mann: erloschen. Sie: brennt. Verkohltes Holz und Feuer.

Sein Rat?

Erlöschen oder heller brennen, sie hat die Wahl.

Sie ging mit leeren Händen, sagt Kubilay.

Was hättest du ihr denn geraten?

Bleib' bei deinem Mann.

Ein Verletzter soll ausbluten, sagt Pelin, jetzt habe ich keine Zweifel: Du bist kein gescheiter Junge. Sie hat sich jedenfalls richtig entschieden. Oder nicht, Arier?

Der Puppenmacher trauert. Das ist auch nicht richtig.

Vorbei und nicht vergessen. Ein Liebeskranker mehr im Viertel, er fällt wenigstens nicht auf.

Er hätte auch für ihn das Fenster geöffnet, sagt das Mädchen, er hätte ihn geneckt, der Puppenmacher wäre wütend geworden und hätte ihn mit Steinen und Puppen beworfen ...

Deine Mutter ist tot, stellt Pelin fest.

Ja, sage ich leise.

War sie hübsch?

117

Mein Vater sagt, ich komme nach ihr.

Sie war bestimmt hübscher, sonst hätte er sie nicht geheiratet. War sie blond?

Lange blonde Haare.

Stupsnase?

Ja. Sie starb bei meiner Geburt.

Jeder stirbt, sagt das Mädchen, Pelin hat Baturs Tod verwunden. Vorbei und nicht vergessen, sagt Pelin, ist das bei dir auch so?

Bayka Hanim ist meine Mutter.

Wir schwätzen wie Waschweiber, sagt Kubilay, ich lasse mich beleidigen. Und du gibst brav Auskunft. Sie wissen alles über uns, wir wissen nichts über sie.

Es klappert die Mühle am rauschenden Bach, sage ich auf Deutsch, bei Tag und bei Nacht ist der Müller stets wach, und ich rufe: klipp klapp, klipp klapp, ich drehe mich um, und auf dem ganzen Heimweg singe ich leise das Lied, der Müller, der füllt uns den schweren Sack, der Bäcker das Brot und den Kuchen uns backt.

10. Der Vornehme

Vater Abdullah ist mit seiner Truppe zum Unfallort nach Thrakien gefahren: Ein Zug ist entgleist, die Lokomotive und die Wagen sind Metallschrott. Mutter Bayka scheuert die Bodendielen und lächelt: Ihr Mann wird zusätzlich zu seinem Lohn einen Aufschlag von zwanzig Piaster bekommen. Sie hat gestern Abend Derya ermahnt: Wenn du dich nicht abschminkst, brechen dir im Schlaf die Wimpern ab. Sie schmollt. Sie hatte verkündet, dass eine Frau sich nicht für einen Mann schön machen dürfe. Die Mutter hat die Tochter als Predigerin überführt, es rührt an Deryas Stolz. Ein Abartiger hat eine tote Taube vor der Haustür abgelegt, der Bauch von Krähen aufgepickt, ich fand sie vor den anderen, trug sie auf der Kehrschaufel bis zur Mauer, begrub die Taube in einem tiefen Loch, damit die Tiere nicht ihre Schnauzen in das Aas bohren.

Die Wanderhändlerin mit dem dicken Bündel Webwaren auf dem Rücken, sie meidet unser Viertel. Elifs Selbstmord wird ihr angelastet, sie hat geklatscht und bereut es nicht. Die großen Brüder haben sie umringt und ihr die scharfen Messer gezeigt, mit denen sie Fleisch zum Bluten bringen. Die Frau ist mit einem Bann belegt, ein ganzes Jahr lang darf sie nur in den Vierteln jenseits der Brücke streifen. Tote Taube, das unanständige Klatschweib, sind das Zeichen? Für Dschenk, Nuyan, Burak und Kubilay gibt es keinen Zweifel. Schau dich um, blinder Arier, sagen sie, und erkenne: Die Männer, sie lassen Münzen aus der Faust erblühen. Sie üben sich in Zauberstücken. Auf ihre eigenen Schatten spucken sie, sie sind angewidert von der Jahreszeit, sie ahnen Herbst und Winter voraus. Ein Fürst müsste nur laut genug zum Krieg trommeln, sogar die Alten würden ihm hinterherhumpeln.

Ich schließe mich im Bad ein, mache mein kleines Geschäft in eine Flasche, pfropfe sie zu, stehle mich heimlich aus dem Haus, laufe durch die Gassen. Ich hämmere gegen die schwere Holztür, ich höre ihre Schritte, und dann endlich werden zwei Riegel zurückgeschoben, ich husche durch den Spalt hinein.

Man könnte glauben, dass wir alle Verbrecher sind, sagt Tete und zupft an den blonden Flaumhaaren am Kinn. Sie reißt sie ruckartig ab, betrachtet kurz die Haare zwischen Daumen und Zeigefinger, lässt sie einfach auf den Boden fallen. Heute trägt sie ein verwaschenes ungebügeltes Kleid, die Naht am Saum ist an einigen Stellen aufgerissen. Es kümmert sie nicht, dass man sie nur wegen ihrer Tugend lobt. Sie wurde aus Kreta vertrieben, ihr Mann starb früh, und sie hat alleine drei Kinder aufgezogen. Man dichtet ihr einen großen Reichtum an, und ich halte es für eine schöne List, dass sie die Männer und Frauen darin bestärkt. Sie darf sogar beim mürrischen Metzger anschreiben lassen: Er erinnert sie alle zwei Monate an den Schuldschein, und dann aber tilgt Tete die Schulden auf einen Streich.

Hayriye Hanim hat auf dem dicksten Polster im Wohnzimmer Platz genommen, sie strahlt mich an und streckt die Hand nach der Flasche.

Das ist mir alles sehr peinlich, sage ich.

Hat dich deine Mutter dabei ertappt?, sagt Tete.

Nein.

Sei auf der Hut! Sie ist äußerst klug und wird unterschätzt. Ich bringe den Zinnbecher.

Hayriye Hanim füllt den Becher mit meinem Harn, trinkt in großen Schlucken. Ich kann den Blick nicht abwenden, mir wird übel. Die selbst gemachte Limonade habe ich nicht angerührt. Tete legt mir das Bilderbuch auf den Schoß, ich blättere darin, ohne zu lesen. Tiger zerfleischen eine erlegte Antilope. Ein Löwe verbeißt sich in den Hals eines Zebras. Vater Abdullah hat den Hals von Mutter Bayka geküsst und leicht gebissen, ich sah es durch das Loch im Dielenboden. Ich halte mich an Tetes Regeln, ich befeuchte die Fingerkuppe beim Blättern und schlage den Band nicht ganz auf, damit der Buchrücken nicht durchbricht.

Fertig?, sagt Tete.

Möge der Körpersaft des Kleinen wirken, sagt Hayriye Hanim.

Vier Tage in Folge. Wolf, es bleiben noch weitere sechs Tage. Hältst du das durch?

Ja, Großmutter.

Es liegt natürlich in Gottes Hand. Aber wir dürfen nachhelfen.

Wird er nicht zornig?, sage ich.

Gott?

Nein, der Mann der Dame.

Er weiß Bescheid, sagt Hayriye Hanim, er duldet es.

Weiß er, von wem … es stammt?

Er sagte: Arierharn im Magen meiner Frau, das ist sehr seltsam.

Der Herr Schreiner ist mir nicht böse?

Hab keine Angst, sagt Tete, du hilfst ihm, ein Kind zu zeugen.

Und du behältst das für dich, sagt Hayriye Hanim, ich möchte nicht, dass es später über meine Tochter heißt: Sie schwamm im harnvollen Mutterleib.

Ich hasse Petzer, sage ich.

120

Woher weißt du, dass du ein Mädchen zur Welt bringst?, sagt Tete.
Es geht über Kreuz. Bubenharn lässt ein Mädchen keimen.
Dein Mann ist damit einverstanden, stellt Tete fest.
Töchter lieben ihre Väter, er stellt sich schon darauf ein.
Er geht mit vorgereckter Brust durch die Werkstatt, beschaut die Werkzeuge, murmelt unverständliche Worte. Ich frage nach, und er erzählt, dass er zum keimenden Kind spricht. Er erklärt ihm seine Welt und all das, womit es bald umgeben sein wird. Ich will aber insgesamt vier Kinder haben.
Oh Gott, rufe ich.
Die Frauen lachen auf. Sie sind belustigt, dass ich glaube, die nächste Zeit als Flaschenpostbote zwischen den Häusern zu schleichen.
Ich schlage das Bilderbuch vorsichtig zu, Tete nimmt es mir wie ein Kleinod ab und schiebt es ins Regal.
Sie erkundigt sich nach Derya, der sie grollt, weil ihr letzter Besuch ungehörig lange zurückliegt. Tete hat ihr nicht verziehen, dass sie den langen Zopf abgeschnitten hat. Ich habe ihr versprochen, Derya jede Woche ein Kompliment zu machen, weil sie die Haare wachsen lässt.
Tete serviert Kichererbsenpaste, sie legt mir zwei Stücke auf den Teller.
Beim Essen Mund zu, sagt sie, es schmeckt dir?
Danke, ja, Großmutter.
Iss mir ja nicht zu viel Süßes, sagt Hayriye Hanim, sonst wird meine Tochter Süßigkeiten schlingen und dick werden. Allzu dicke Mädchen kommen nicht unter die Haube.
Ich bekomme Untermieter, sagt Tete, eine kinderlose Familie zieht ins obere Geschoss ein.
Harte Zeiten. Mein Mann musste den Gesellen entlassen.
Es ist nicht des Geldes wegen. Das Alleinsein erträgt nur der Herr.
Wolf, sieh dich vor Frauen in roten Mänteln vor!
Ja, werde ich.
Du fragst nicht, wieso, sagt Tete und starrt auf die leere Flasche zu Füßen von Hayriye Hanim. Was sieht sie, was bleibt uns verborgen?
Sie drückt den Handschmeichler gegen die Wange, von den zerfa-

serten Ärmelschonern hängen Fäden ab. Dann fällt ihr Blick auf das Limonadenglas, sie greift hinein, ihre Finger stoßen wie ein hackender Vogelschnabel in die Limonade, und im nächsten Augenblick kaut sie gedankenverloren am Zitronenschnitz.

Eine Frau, die einen roten Mantel trägt, ist verrückt, fährt sie fort, erinnere dich an die Worte deiner Tete. Später, wenn Mädchen dich jagen.

Jagen nicht die Männer?, sage ich.

Das glauben sie, ruft Hayriye Hanim, und wir lassen sie in dem Glauben.

Ein guter Jäger wartet, bis das Wild ihm die Wange leckt, sagt Tete.

Das verstehe ich nicht.

Schönes, arisches Kind, willst du das wirklich wissen? ... Gut. Ich habe erfahren, dass du auf dem Bittfetzenplatz warst. Nein, ich will dich nicht rügen. Du hast diese jungen Frauen gesehen. Was ist dir an ihnen aufgefallen?

Sie haben gebetet.

Sie haben die Lippen bewegt, sagt sie verächtlich.

Alle in glänzenden Gewändern.

Na also, du bist nicht dumm.

Ein Brautbasar.

Das wissen sie, und das wissen wir, sagt Hayriye Hanim, gib ihm einen Hinweis.

Bittfetzen, sagt Tete.

Die Frauen knoten sie um die Äste und Zweige.

Keine Darreichungen für Gott.

Das verstehe ich nicht, sage ich ein zweites Mal.

Gelb, rot, grün, blau, weiß, schwarz, das sind die Farben. Sprechende Farben. Ein gelber Fetzen: Ich vergilbe, du eile, verliere keine Zeit. Roter Fetzen: Ich werde streng bewacht, du halte dich fern von meinem Haus.

Oder aber: Ein zweiter hartnäckiger Verehrer ist aufgetaucht, sagt Hayriye Hanim, kümmere dich mehr um mich, ich leide an Vernachlässigung.

Das eine ist das Gegenteil vom anderen, sage ich, und wer soll sich fernhalten oder nähern?

Natürlich ein Mann. Ist der Stoffstreifen leicht angerissen, heißt das: Wir sind entzweit, nur für eine kurze Zeit.

Ferne, flüstere ich, kein Riss: Nähe.

Grün: Ich bin unantastbar, sagt Tete, du halte mich für unüberwindlich. Blau: Verlangst du Reinheit von mir, du, komme mit reinem Herzen ...

Hüte dich vor blauen Fetzen, ruft Hayriye Hanim dazwischen, meist sind es Mädchen mit Lust am Mäusefangen. Du wirst unglücklich werden.

Und weiß?

Jetzt wird es schwierig, Wolf, sagt Tete, denn: Luft ist weiß, Wolke ist weiß, Wände sind weiß getüncht. Die Männer missdeuten deshalb oft das Zeichen. Sie glauben, an ein scheues Rehchen geraten zu sein. Sie denken: Leise, ganz leise. Das Mädchen erkennt aber darin nur Schwäche. Dabei verlangt es ihr nach Ungestüm ... Du schaust mich an wie ein gähnender Frosch auf der Gießkanne.

Gähnen Frösche?, sagt Hayriye Hanim.

Nein, ich will es dir, Wolf, erklären. Weiß spiegelt sich im Silber. Es sieht sich als das, was es ist, als weiße Farbe. Es möchte sich in Silber verwandeln. Dann kann es der Spiegel für alle Farben sein. Ein unmöglicher Wunsch. Das Mädchen lehnt also den balzenden Jungen ab. Es sagt ihm: Wird Weiß zu Silber? Werde ich jemals deine Frau?

Nein und nein, sage ich leise.

Trink einen Schluck Limonade.

Ich trinke, obwohl sie ihre Finger darin gebadet hat. Was könnte Schwarz bedeuten? Was ist schwarz? Mundhöhle, Schnurrbartborsten des Schrotthökers. Kubilays Fellmütze, Kohle, Nacht, Bindfaden. Fliege ohne Flügel. Krähe ohne Schnabel. Klackende Gebetskettenperlen in den Händen der betenden Frauen. Knauf des Ahnensäbels. Schrift im Buch und in der Zeitung. Handschrift auf dem Blatt ...

Schreibe mir, rufe ich spuckend.

Sehr gut, sagt Tete, hier, wisch dir damit den Mund. Schwarz ist die Schrift. Der Mann geht in der Nacht zum Bittfetzenbaum, begutachtet den schwarzen Streifen ...

Und wird von der Herrin der kahlen Eiche heimlich beobachtet, sagt Hayriye Hanim.

Zu ihr später. Also: Wie dick ist der Knoten? Ist es ein einfacher oder ein doppelter Knoten? Einfach: Du belasse es bei einem Brief. Zweifach geknüpft: Du werbe mehr um mich, gegen ein Minnegeschenk habe ich nichts einzuwenden. Er liest und handelt. Und nun zu der sogenannten Herrin.

Eine böse Frau?

Nein, Wolf, nicht böse, aber geschäftstüchtig. Sie lauert, sie liest die Zeichen, sie merkt sich, welches Mädchen welchem Mann schöne Augen macht. Sie macht ihr Wissen zu Geld.

Petzt sie?

Dann würde man sie an der kahlen Eiche aufhängen.

Was ein großer Verlust, höhnt Hayriye Hanim.

Wenn du so weitermachst, meine Freundin, kommt deine Tochter mit zwei Bockshörnern auf der Stirn zur Welt ... Sie verrät keine Geheimnisse. Sie geht zu dem Jüngling, erzählt eine Geschichte voller Umschweife, verwirrt ihn. Gerade dann, wenn er sich anschickt, wegzugehen, haucht sie ein oder zwei Wörter: Eine Farbe, oder eine knappe Deutung.

Der Jüngling bleibt, sage ich.

Sie hat seine Aufmerksamkeit. Sie äußert einen Wunsch. Ein Stück Lendenfleisch vom Widder. Ein Geldschein. Eine Flasche Anisschnaps ...

Sie trinkt?

Sie wird gemieden. Was soll sie in den Nächten tun?

Beten um Besserung, sagt Hayriye Hanim mit gepresster Stimme.

Oft bietet sie dem Mann ihre Dienste an. Hexenzauber, Botengänge, die Überzeugung einer Widerständigen. Und bekommt dafür auch ihren Lohn.

Der Weise am Fenster, sage ich, die Webwarenhökerin.

Sie sind vom gleichen Schlag.

Tete erzählt: Schmerz erzieht, der Dorn lässt das Fleisch eitern, Schmerz dehnt die Haut. Sie schweift ab, sie spürt den kommenden Regen und es drückt ihr aufs Gemüt.

Ich verspreche, dass ich die nächsten Tage nicht versäumen werde, eine Flasche zu füllen.

In den Schatten auf dem Feld hinter der Tankstelle warten meine Freunde. Sie glänzen, sie sind aufgeregt, sie schmähen mich, weil ich mich verspätet habe. Dschenk fasst mir ins Haar, er will mich niederringen, ich scheue den Zweikampf. Burak ist im Festtagshemd erschienen, er ruft: Sie oder wir! Nuyan und Kubilay peitschen die Büsche.

Wir wissen: Jeder von uns wird getadelt oder geschlagen werden, weil wir ohne Erlaubnis aus dem Haus geschlichen sind.

Dschenk drückt mir die Kreide in die Hand, er fragt, ob mich Zweifel plagen.

Ich bin sein Fußsoldat, ich will nicht als mindermännlich gelten, ich marschiere los. Sonst stellt sich der Anführer an die Spitze, aber heute folgt er mir, dem kleinen Christen.

Auf Höhe der Apotheke des Griechen Ilya treten wir auf die Straße, laufen in die Stichstraße, ich knie mich hin, setze den Kreidestift auf, beginne mit dem Umriss des Längsbalkens. Ich verziehe, der Balken wird fassförmig.

Mach weiter, ruft Dschenk. Zwei lange und zwei kurze Striche, der Querbalken hängt schief. Ich richte mich auf, wir starren auf das hohle Kreuz in Weiß. Doktor Sawen kommt heraus, im Eingang der Kirche stehen seine Frau Minna und der Priester, sie starren auf das Kreuz auf dem Pflaster, es strömen immer mehr Gläubige aus dem Gotteshaus, sie schauen und erstarren.

Die Griechen sind aufgebracht: Sie dürfen nicht auf das Bild des Galgengerüsts treten, an dem der Heiland starb. Sie fluchen, sie bitten den Priester um Rat. Vier große Brüder setzen sich in Bewegung, Dschenk schreit uns an, wir fliehen, wir rennen die Hauptstraße entlang, ich bekomme einen Schlag von hinten auf den Kopf, nicht stürzen, vorwärtsstürmen. Jeder von uns läuft in eine andere Richtung, eine Viertelstunde später treffen wir uns im verdorrten Land.

Kubilay streitet mit Dschenk, er hat sich bei der Länge des Gottesdienstes verschätzt, sie haben uns als Frevler enttarnt, sie werden hart zurückschlagen. Was sollen wir tun? Die großen Brüder durchkämmen bestimmt das ganze Viertel in der Hoffnung, uns aufzuscheuchen. Ihnen sind wir nicht gewachsen.

Wir hocken auf der Erde, warten schweigend auf die Strafe. Es geht ein leichter Regen nieder, und als hätte jeder darauf gehofft, recken wir unsere Hälse, das Wasser wäscht uns rein. Dschenk bestimmt, dass wir erst übermorgen wieder zusammenkommen. Der Regen wird stärker, ich trete den Heimweg an.

Derya öffnet die Tür, erwidert nicht meinen Gruß, sie wartet, bis ich aus den Straßenschuhen schlüpfe. Ich höre fremde Stimmen aus dem Wohnzimmer. Auf dem obersten Regalbrett sehe ich drei Paar Schuhe: eine Frau, zwei Männer. Ich folge Derya ins Zimmer, es wäre falsch, ihr jetzt ein Kompliment wegen ihrer Haare zu machen. Frau Minna, der Hodscha, ein griechischer großer Bruder, sie blicken auf, ich senke den Blick.

Bekennst du dein Vergehen?, sagt Mutter Bayka.

Ja, sage ich.

Hodscha Bey, du hast das Wort.

Du bist Christ ...

Ich weiß nicht, was das ist, sage ich leise.

Halte mich nicht für dumm, ruft er, sonst ist mein Zorn kaum zu bändigen. Minna Hanim, vielleicht ist es besser, dass Sie übernehmen.

Der Heiland, sagt sie und räuspert sich, Jesus ist für uns ein großer Mann.

Du erzählst es nicht richtig, sagt der junge Grieche.

Und du, Yorgo, musst noch lernen, dass man einer Dame nicht ins Wort fällt. Also gut: Er starb für uns, er nahm von uns die Sünden. Wir glauben nun einmal daran.

Wir halten in der Kirche einen Gottesdienst, ruft Yorgo, und du Knirps malst das Kreuz draußen in den Dreck. Die anderen, das sind Moslems, dass sie höhnen, wundert mich nicht.

Schön langsam, sagt der Hodscha, keiner in meiner Gemeinde beleidigt mir einen Propheten. Nicht umsonst sitze ich hier.

Wolf, du hörst es, sagt Minna Hanim, auch er missbilligt das, was du tatst.

Es war nur ein Streich, sage ich.

Dein Vater hätte nicht lange gefackelt, schreit Mutter Bayka.

Welcher?

Mein Mann hätte dir die wohlverdiente Ohrfeige versetzt.

Das kann ich ja übernehmen, sagt Yorgo.

Dann schlage ich dir die Augen blau, ruft Derya.

Ruhe, sagt Mutter Bayka, mein lieber Junge Yorgo, missachte uns Frauen nicht.

Ich bitte um Entschuldigung.

Wie soll mein Sohn sühnen, was meinst du?

Sühnen?

Ein bloßer Tadel reicht nicht aus. Mein Mann wird mich nach seiner Rückkehr streng ansehen, wenn wir es dabei belassen. Minna Hanim?

Er muss die Kreidezeichnung auswaschen.

Das ist ein guter Anfang. Hodscha?

Wolf wird sich bei jedem Einzelnen, der beim Gottesdienst war, entschuldigen.

Richtig, sagt Mutter Bayka, Yorgo?

Mir fällt nichts ein, sagt er, entscheide du für mich.

Mein Sohn wird für eine ganze Woche die Botengänge des Herrn Priesters übernehmen, sagt sie, du, Yorgo, erstattest mir Bericht. Bei bewusster Nachlässigkeit wird die Strafe um eine weitere Woche verlängert. Sind wir alle damit einverstanden?

Sie stimmen zu, ich fühle mich wie ein Tomatendieb. Ich starre auf meine Pantoffelspitzen. Es ärgert mich, dass sie wegen einer Kleinigkeit so viel Aufhebens machen. Reue fühle ich nicht im Herzen. Was würde den Hodscha erzürnen? Ein angeleinter Hund im Moscheeeingang, Hunde gelten nach seinem Glauben als unreine Tiere. Ein Ferkel in der Aula ...

Nenn mir die Namen deiner Freunde, sagt Yorgo.

Nein, sage ich.

Das ist nämlich eine Bedingung, dass wir dich freisprechen. Die Namen.

Nein.

Du lechzt nach Strafe. Ich frage kein weiteres Mal.

Du kannst fragen, bis dir die Zähne abfallen. Verräter büßen in der Hölle.

Er ist einer von uns, sagt Yorgo grinsend, kein Lump, er gefällt mir. Minna Hanim, lass' bitte Yorgo noch heute von deinem Mann untersuchen, sagt Derya. Es sickert Hirn aus seinen Ohren. Mein Gott, ist das lustig, sagt Yorgo.

Auf ein Zeichen von Derya verlasse ich das Zimmer. Sie drückt mir einen kalten Metalllöffel auf die Beule am Hinterkopf, sie wird am nächsten Morgen abgeschwollen sein. Ich darf Brot und Käse mit nach oben nehmen. Ich esse im Schneidersitz am Fenster. Sie sind alle verärgert, ich aber fühle mich nicht schlecht. Es ist mir nicht danach, den Hodscha und die Griechen am Loch im Boden zu belauschen. Derya setzt sich neben mich, sie spricht zu niemand Bestimmten vom Lebensekel der Männer, und vom Taubenekel junger Damen aus gutem Hause. Dann zieht sie den Korken aus dem Pfefferminzölfläschchen, hält es sich unter die Nase.

Du bist verschwiegen, sagt sie.

Ja.

Yorgo.

Er hat dich verärgert, sage ich.

Blöder Grieche.

Die großen Brüder, Türken, haben ihn aufgenommen. Sie sagen: Er geht in den Kampf wie ein Dreschflegel.

Nicht das schon wieder, sagt sie laut.

Du magst ihn, sage ich.

Nein. Doch.

Dein Herz hüpft wie ein Lämmerschwänzchen im Frühlingsregen.

Was? Woher hast du das?

Von Hayri Bey, dem Schrotthändler.

Beklebt er seine Oberlippe mit toten Mücken?, sagt Derya, oder sind es lebende kleine Fliegen, die sich an seinem Schweiß laben? Die Frauen lachen über ihn.

Großer Bruder Yorgo, sage ich.

Du meinst, ich lenke ab? Na ja, eine Schwärmerei. Bald habe ich ihn aus meinem Kopf gebannt.

Er liest keine Bücher. Und keine Zeitung.

Dumm ist er zur Welt gekommen, dumm wird er sterben. Wolf, vielleicht werde ich dich um einen Gefallen bitten müssen.

Welchen?

Erfährst du zur rechten Zeit. Dann musst du ehrlich sein und mir sagen, wenn du es nicht tun willst.

Gut, sage ich.

Bekümmert es dich, dass dein Vater … Herr Franz dir nicht mehr schreibt?

Ich habe ihn vergessen, flüstere ich.

Red' keinen Unsinn, faucht sie.

Sie drückt den Korken in das Fläschchen, steht auf, schließt die Tür hinter sich.

Noch eine Kante Brot, ich esse sie auf, ich bleibe hungrig. Eine Weile spähe ich durch das Loch, ich habe einen freien Blick auf Yorgo, der heimlich Derya mustert. War er beim Opiumraucher und hat ihn um Rat gefragt?

Ich gehe auf Zehenspitzen ins Bad, am Klappdeckel sind neue Nagespuren, die fette Herrin hätte sich durchgebissen, es muss eine andere schwächere Ratte sein.

Im Bett lege ich mir immer wieder die Hand leicht aufs Gesicht, es ist jedes Mal eine andere Maske. Die Maske des Herrn über die fette Herrin, des Rattenbändigers, des Tierbanners. Die Maske des arischen Wunderwirkers, des blonden Jungen, der durch sein gelbes Heilwasser Frauen Fruchtbarkeit schenkt. Die Maske des Kurden, zu Füßen des Erlösers, der ihm nach der Kreuzabnahme Granatapfelsaft träufelt auf die Lippen. Die Maske des Weisen am Fenster, der nachts durch die Gassen zieht, und Kubilays Bruder, Kaytun, den Scheitan stellt. Ich lege beide Hände auf mein Gesicht, was bin ich? Taylan Bey, der Wächter des Viertels.

11. Der Schöpfer

Verboten ist es ihnen, zu essen, zu trinken, zu rauchen, eng umschlungen beieinanderzuliegen. Sie fasten von Sonnenaufgang bis zum Sonnenuntergang. Ich muss trotz Bitten essen, weil man mir den Glauben nicht verderben will. Vater Abdullah besprach sich nach der Heimkehr mit dem Priester der Griechen, der meine siebentägige Buße bestätigte. Ein seltsamer Mann, der Saum seines schwarzen Gewandes schleift wie eine Schleppe über Schmutz und Dreck. Er warnte mich vor der Selbstanbetung. Ich küsste seine Hand, ich küsste das Holzkreuz, das er mir hinhielt, ich fegte den Platz vor der Kirche. Er fragte, ob ich in die Gemeinde aufgenommen werden wolle, ich schüttelte den Kopf. In seinen Augen bin ich ein ungeratener kleiner Christ, und weil ihn die Glaubensschwäche auch der Griechen ärgert, beließ er es bei Warnungen vor weiteren Untaten. Von Vater Abdullah bekam ich keine Rüge und keinen Klaps. Er blieb unerbittlich: keine Erlaubnis zum Fasten. Meine Freunde sind Moslems, sie sind aber zu klein, und müssen auch essen. Derya hält sich nicht an das Gebot, sie isst im Stehen, in der Küche, sie schlingt Brot, Oliven und Käse, und manchmal essen wir zusammen, ich sitze auf dem Schemel, den Teller auf dem Schoß. Wir Kinder stellen uns abends vor die Moschee, und wenn der Lichterkranz am Minarett aufleuchtet, schreien wir: Die Lichter sind angegangen. Wir hören die Kanonenschüsse als Zeichen zum Fastenbrechen, laufen schnell nach Hause. Vater und Mutter essen eine Dattel, verrichten das Abendgebet, dann setzen wir uns an den gedeckten Tisch. Zum Nachtisch gibt es die Süßspeise Güllatsch. Mutter Bayka mischt Stärke, Wasser und Mehl zusammen, gießt das trübe Wasser durch ein dichtes Sieb, die Löcher so klein wie Stecknadelköpfe. Sie gießt es auf das Blech auf dem Feuer. Zwischen die Schichten des Blätterteigs streut sie Walnusssplitter und legt den Teig in gesüßte Milch. Obwohl ich nicht faste, fällt mir als Einzigem ein zweites Stück zu. Manchmal löffeln wir Kaltschale aus Dörrobst.

Nuriye Hanim ist mitten am Tag in Ohnmacht gefallen. Sie ist entkräftet, der Hodscha hat sie mit einem Fastenverbot belegt. Die Männer sind gereizt, weil sie nicht rauchen dürfen. Aus Achtung vor den moslemischen Nachbarn verzichtet Hristo auf seinen tagtäglichen Spaziergang: Er will sie nicht versuchen. Schnapsschwamm Ekrem Bey hat er abgewiesen, er hob vor Zorn einen großen Stein vom Boden, machte einen Ausfallschritt, hielt inne, umarmte Hristo, schluchzte laut an seinem Ohr. Der Wirt klagte danach über Ertaubung.

Die großen Brüder lassen die Gebetskettenperlen klacken, sie bitten Gott um Beistand, damit sie einander nicht zerfleischen. Die Blinden im Viertel gehen sinnend durch die Straßen, weil die Stille sie beunruhigt.

Der Händler Herr Levi hat Schecho ins Herz geschlossen, er lässt ihn zum Fastenbrechen an seinem Tisch sitzen, montags und freitags in der Woche, seine schöne Tochter Esther kichert oft: Wenn sie spricht, schaut Schecho auf, und verschluckt sich am eigenen Speichel. Schecho sagt: Ich darf nicht lesen, in ihren Augen darf ich nicht lesen, nichts finden, bloß nichts finden. Ein Händler wie Herr Levi empfängt einen Niederen wie Schecho, das ist seltsam. Der Kurde hat verlautbart, dass er jedem die Nasenflügel schlitzt, der dem Herrn und seiner Familie zu nahe kommt. Die Liebestreffen sind ausgesetzt, die Herrin des kahlen Baums fastet und weist alle Bittsteller ab. Der Opiumraucher darf in Begleitung seiner Mutter für eine kurze Zeit nach dem Sonnenuntergang das Haus verlassen. Die Webwarenhökerin bat um die Aufhebung des Banns, die großen Brüder haben sie abgewiesen: Elifs Seele schwebt über ihren Köpfen, unterhalb der Wolken, unterhalb der fliegenden Krähen und Möwen. Der nasenlose Süleyman Bey hungert sorgfältig, er bleibt empfindsam, er prüft das weiße Hemd am Leib auf Flecken und Spritzer, nach der Arbeit auf dem Feld zieht er sich um. Ich frage ihn, wieso die Moslems die Qualen im Ramadan erleiden, und er sagt: Wir verschwinden. Wir verzichten auf das wenige Brot, das wir haben. Dann greift er zur Sichel, die er dem Zigeuner für wenige Münzen abgenommen hat, fährt mit dem Daumen über die stumpfe Schneide, nickt mich fort.

Vater Abdullah nimmt mich mit zum Friedhof. Beim Eintritt flüstert er: Friede sei mit dir, Volk der Gräber.

Schiefe Stelen aus der osmanischen Zeit, arabische Schrift. Neue Grabsteine, ich kann die Inschriften lesen: Ich brauche keinen Architekten/Meine Wohnstatt bei Gott ist erbaut.

Vor einem Grabstein zwischen zwei Zypressen bleibe ich stehen: Hier ruht Mustafa Bey, auf den der Schatten des Todesengels fiel. Er brach die Knochen der Männer, die ihn erzürnten. Er brach die Herzen einiger weniger rosenmündiger Frauen. Über fünfzig Jahre hat er geatmet, bis ein Messer seine Lunge zerschnitt. Der Knecht überlebt nicht den Meister ...

Die großen Brüder haben eine Nacht zusammengesessen, ihre Feindschaften begraben, eine Flasche nach der anderen geleert und über die Grabinschrift gebrütet. Mustafa Bey war einer der ihren. Sie schworen Rache an dem unbekannten Mörder. Vater ruft mich zum kleinen Grab von Batur, er öffnet die Hände zum Gebet, ich falte sie und bete das Vaterunser: Der du bist im Himmel, liebe die Seele meines besten Freundes. Vater wendet sich plötzlich ab, er wischt über die Augen, das Jackett spannt an seinem Rücken.

Er ging zu früh, sagt er leise.

Ja, Vater.

Was spielte er am liebsten?

Krieg.

Du warst sein General.

Wir haben uns nur mit anderen geschlagen, sage ich.

Bei einer richtigen Schlacht hätte Batur die erste Kugel eingefangen.

Wieso sagst du das?

Weil es wahr ist. Er konnte gut singen, wollte später Sänger werden.

Davon hat er mir nichts erzählt.

Weil er sich dafür schämte, sagt er, ich versuchte, ihn davon abzubringen. Dabei war er doch noch ein Kind. Da hat man meist falsche Wünsche.

Derya glaubt, Kinder sind rein und verderben unter dem Einfluss der Großen.

Die zweite Kugel in der Schlacht hätte meine Tochter erwischt.

Die dritte mich, sage ich.

Du lässt dich nicht so leicht erschießen. Übrigens, Hayriye Hanim ist schwanger.

Das ist schön.

Nicht wahr? Deine Mutter und Tete haben sich gestritten. Hat Tete dich sanft erpresst?

Ich wollte nur helfen, sage ich.

Die werdende Mutter befürchtet, ihre Tochter werde alles, was gelb ist, essen und trinken wollen. Also muss ihr Mann, der arme Schreiner, auf Mais verzichten.

Er liebt Mais?

Was für uns die geröstete Kichererbse, ist für ihn das Maiskorn. Er schafft fünf Kolben am Tag, und wenn man ihn ...

Schechos verhaltener Ruf lässt uns herumfahren, er steht zwischen den Gräbern und winkt. Er würde nicht die Totenruhe und die Andacht der Lebenden stören, wenn es nicht dringend notwendig wäre.

Er stürmt aus dem Friedhof, wir laufen ihm hinterher. Am Brunnen in der Pilgergasse haben sich Männer versammelt, der Kommissar bellt die großen Brüder an, die Knüppel wegzupacken, sie sind für eine Treibjagd gerüstet. Doktor Paskalidis kauert über einer zerfleischten Katze, deren Kopf nur ein Hautlappen mit dem Rumpf verbindet.

Die fette Herrin, sage ich.

Schickt das Kind fort, ruft der Arzt.

Er bleibt hier, sagt Vater, das hat kein Raubtier angerichtet.

Nein, sagt der oberste Wächter Taylan Bey, wir suchen nach einem Abartigen.

Der Katze fehlt der linke Hinterlauf, sagt Doktor Paskalidis, im Ganzen abgehackt.

Ich war es nicht, sagt der Metzger, die Rüpel wollten mir an den Kragen.

Wen nennst du Rüpel?, sagt ein großer Bruder und zeigt ihm den Knüppel.

Tu mir den Gefallen und schlag zu, ruft der Kommissar, ich wäre der Zeuge und der Ermittler gleichzeitig. Ein leichter Fall.

Teile von Ober- und Unterschenkel haben wir neben dem Stein dort gefunden, sagt der Arzt.

Was genau fehlt also?

Unteres Ende des Oberschenkels, der Knochenkopf. Oberer Anteil des Kniegelenks, der Rollhügel.

Er zeichnet mit dem Finger in den Sand, wir starren auf die Zeichnung. Der Metzger kratzt sich am Bart, schaut weg und wieder hin, schüttelt sich frei von einem dunklen Gedanken. Noch sind die großen Brüder nicht besänftigt, sie werden sich aber vor dem Kommissar hüten, ihn in den Staub zu stoßen.

Katzenknochen, sagt er, das war ein Mann.

So weit bin ich auch, sagt Taylan Bey.

Amulett, flüstert Schecho.

Verstehe ich nicht.

Klappern die richtigen Knochen im kleinen Beutel, ist man mächtig.

Wovon redet er?

Vom Aberglauben, sagt Vater, Tete kennt sich darin gut aus, ich werde sie heute fragen. Ich erinnere mich: Mein Vater selig hat blank genagte Rabenknochen in der Erde vor der Hausschwelle begraben. Der böse Geist frisst sich daran satt, tritt nicht ein, verschwindet.

Linker kleiner Finger des Gehenkten, sagt Schecho, steck ihn in die Erde nach dem Regen. Die Kuppe muss herausschauen. Der Nagel wächst. Schneide den Nagel ab, zerstoße ihn zu Pulver, mische es in dein Essen. Du wirst unverwundbar.

Bring ihn mir her, den Mann, der das glaubt, sagt der Kommissar, ich zeige ihm, wie sehr er sich irrt. Läuft ein Irrer durch die Gassen, mit einem Amulettbeutel in der Hemdtasche?

Wir stöbern ihn auf, ruft ein großer Bruder.

Du trägst eine Schutzgebetsmedaille an der Kette. Soll ich dich deshalb verdächtigen?

Das ist was anderes.

Ihr überlasst es mir.

Der Älteste der großen Brüder betrachtet die Spiralen, die in die Haut seiner Fingerkuppen gestochen sind. Man nennt ihn das

Wrack, er stellt sich mit diesem Namen vor. Er blickt kurz auf die tote Katze und verkündet, er wolle den Schmutz des Tages im Dampfbad abreiben. Seine Freunde raunen ihm Segenswünsche in den Rücken. Sie wissen, dass sie ihn alleine ziehen lassen müssen, er wird mit Männern gleichen Alters darüber beratschlagen, was zu tun sei.

Doktor Paskalidis stellt fest: Das Brunnenwasser wurde nicht verseucht, dem Tier ist kein weiteres Glied abgeschnitten und in den Brunnen geworfen worden.

Schecho reicht ihm Hut, Mantel und Tasche, der Doktor wünscht uns gottgefällige Fastenzeit und verschwindet in der Dämmerung.

Wie geht es Herrn Levi?, sagt Taylan Bey.

Er staunt über seinen kleinen Bauch, sagt Schecho, er glaubt, der Bauch wird bald zu ihm sprechen.

Stehst du in seinen Diensten?

Geld will er mir geben, dafür, dass ich wache. Ich lehne ab.

Wache auch für mich. Halte Ausschau nach dem Katzenmörder.

Ja, Herr, sagt Schecho.

Die Brut keimt, und wir hungern. Ergibt das einen Sinn?

Vater legt mir die Hand auf die Schulter, wir biegen in die Lianengasse. Tete steht am Fenster im ersten Stock ihres Hauses, sie winkt uns zu, wir winken zurück. Vater bedeutet ihr, an die Tür zu kommen. Er erzählt, er fragt, sie ist bestürzt. Sie schabt morgens einen dunklen Belag von der Zunge: das Schlechte schlägt sich nieder, überall.

Das geschlachtete Tier, Wolf ertrug den Anblick, sagt Vater, mit deinen Worten aber machst du ihm Angst.

Die Welt zerbricht, sagt Tete.

Wir sind gesund. Wir bleiben dir erhalten.

Braucht Derya eine Perücke?

Was?

Es wird noch dauern, bis sie sich einen Zopf flechten kann. Ich könnte ihr eine Perücke leihen.

Danke, nein, sagt Vater, wer begeistert sich für dieses kranke Spiel?

Ihr habt keine Spur?

Die Schläger, fährt Vater fort, sie schinden andere Schläger. Der

Schänder des Mädchens, er wurde aus unserem Körper herausgeschnitten. Dieser Katzenmetzger aber ist ein verborgenes Geschöpf. Er wird sich zeigen, sagt Tete, ich werde ihn sehen … Wolf braucht eine Mütze und eine gefütterte Jacke, sonst vereist ihm die Brust. Baturs Kleider, Derya hat sie weggegeben. Ich fülle einen Sack voll mit Jacken und Hosen meines Mannes selig. Derya soll ihn morgen abholen. Bayka hat dann genug Stoff zum Schneidern.

Vater erlaubt mir eine halbe Stunde im Freien, ich darf mich aber nicht weit vom Haus entfernen. Am Feld des Griechen Vasil sprechen die großen Brüder über den Tiermörder. Ein Junge mit zerteilter Augenbraue ruft: Lobt die Macht des Künstlers, der grausam richtet! Ein Feind der Tiere, die Müll fressen. Vielleicht hat er der Katze das Fell gekrault und wurde von ihr ins Gesicht gebissen. Er vergilt Pein mit Peinigung …

Die meisten Jungen stimmen ihm zu, ich werde nicht beachtet, ich gelte als Zeuge ihrer Herrlichkeit. Die Nachtwächter wurden ermahnt, der Kommissar peitschte sie mit Worten, sie sollen den Zigeunerfürsten aufsuchen und ihn um Hilfe bitten. Rüge und Ermahnung prallen an den Großen ab, es ist ihre Stunde, ihr Handwerk haben sie in vielen Händeln erlernt, und sie wollen sich nicht ducken. Der Junge, der das große Wort führt, vergleicht die Männer des Viertels mit Fischdärmen, mit gebrühtem Darm, mit Lammkutteln. Er schreit: Die Memmen, sie sollen die Weiberordnung hochrufen. Ich halte es mit der Kunst des Mörders, der den Spuk der Nacht vertreibt. Ich bin an seiner Seite, wenn sie ihn ergreifen! … Die anderen Brüder verstummen, er ist zu weit gegangen. In zwei Tagen endet der heilige Monat, Gottes Frist für die Sünder verstreicht erst am Jüngsten Tag. Die Mann gewordenen Jungen wissen, dass man sich Gott zum Feind macht, wenn man kleine Geschöpfe mordet. Sie weichen zurück, sie drehen dem Frevler den Rücken zu. Er spuckt aus, wird den Himmel alleine bekämpfen müssen.

Derya hat diesen Tag gefastet, Vater und Mutter strahlen sie am Tisch an. Sie isst zwei Teller Reis leer, eilt auf den Hinterhof, um heimlich zu rauchen. Dann sitzt sie wie eine musterhafte Tochter wieder am Tisch, wir riechen an ihr den Tabakgeruch. Sie spricht von der Schule: Läuse seien die Perlen der Armen, und den Mädchen aller Klassen gereichten die Perlenketten zur Zierde.

Vater missversteht sie, er glaubt, sie würde die Armeleutetöchter verhöhnen.

Mutter muss oft auf Handrücken klopfen. Sie erzählt, dass es große Unruhe gäbe unter den Ruinenkurden, sie würden bald einander an die Kehle gehen.

Was treibt sie diesmal um?, sagt Vater.

Eine junge Frau und ein Jüngling, sagt Mutter, sie sind verlobt, sie sollten heiraten. Die Tante des Mädchens nimmt die lange Reise vom Dorf bis hierher auf sich, um Unfrieden zu stiften. Sie will die Hochzeit verhindern …

Bestimmt wegen einer alten Sitte, sagt Derya.

Warte, bevor du urteilst. Das Mädchen und der Junge wurden von derselben Amme gesäugt. Ihren Müttern versiegte die Milch, und also gab eine junge Mutter beiden Kindern die Brust. Die besagte Tante spricht von Unzucht. Die Muttermilch sei dicker als Blut.

Zwei Männer werden von einer Schlange gebissen. Sie saugen einander das Gift aus der Bisswunde. Sind sie danach Brüder?

Tochter, du bist heute streitlustig, sagt Vater.

Sieh doch, worauf das alles wieder hinausläuft! Er wird sie fallen lassen. Er wird zum Dorf fahren, eine zwölfjährige Jungfrau freien. Was geschieht mit dem Mädchen, das ihm versprochen wurde?

Auch ich empfinde ein Unbehagen, sagt Mutter.

Liebt er sie?, sage ich.

Gute Frage.

Er soll sie vor allen Augen küssen. Dann gehört sie ihm, und er gehört ihr.

Deutscher Verstand, sagt Vater und lächelt.

Werden sie nicht gesteinigt? Wird man die Leichen nicht auf dem Feld der Gebeine finden? Dort, wo dir, Wolf, der Mund gestopft wurde mit Krähenfedern.

Hast du deinen Bruder soeben beleidigt?

Er ist nicht mein Bruder. Mein Bruder ist tot!, ruft Derya.

Sie steht auf, der Stuhl kippt zur Seite, sie stürmt aus dem Zimmer. Ich starre auf die Stuhlbeine, auf den unten zerschlissenen Polstersitz. Vater Abdullah schabt mit der Gabel über den Teller, Mutter Bayka räuspert sich, sie möchte mich trösten, nach einem Blick ihres Mannes verstummt sie. Sie füttern den kleinen Arier, denke ich, sie kleiden ihn, sie dulden ihn unter ihrem Dach, er soll schnell wachsen und das Haus verlassen. Ich steige hinauf, vor der Schwelle meines Zimmers liegt eine Zündholzschachtel, darin entdecke ich zwei Kupfermünzen, mit denen ich zehn Kekse beim einäugigen Krämer kaufen könnte. Die Schachtel lege ich vor Deryas Tür: Köder für die fette Herrin.

12. Der Schaffende

Vater Abdullah hat sich entschieden, mich zum nächtlichen Fastengebet in der Moschee mitzunehmen. Ich muss ihm versprechen, die in Reihen stehenden Gläubigen nicht nachzuahmen, wenn sie sich vor Gott niederwerfen und den Boden mit der Stirn berühren. Im Vorhof des Gotteshauses stehen die Männer eng beieinander, sie tragen weiße Hemden, bei den meisten ist der Kragen durchgescheuert. Der Zigeuner Hayri Bey erscheint mit pechschwarzem falschen Schnurrbart, er wirft einen finsteren Blick auf den Barbier Achmed und eilt weiter. Der Kommissar, die Brüder Hamit und Haydar, sie fechten einen Wettkampf aus, sie erfinden Namen für den Bart des Schrotthändlers: Kleine Perücke, zerfranster Teppichstreifen, Marderschweif, die Kerbe des Teufels, Leimrute für Käfer und Ameisen.

Der Barbier braucht lange, um den Satz zu sagen: Ich bin kein Bartauffüller. Als er immer schlimmer stottert, übernimmt ein Wächter, der sich zufällig im Frisiersalon aufhielt. Er erzählt: Hayri ist hineingestürmt wie ein Eselsfüllen im Galopp. Er zeigte auf seine angeschwollene Oberlippe, auf die roten Flecken. Er schrie, die Kröte

138

mit den gescheitelten Augenbrauen habe ihm das angetan. Und ehe wir uns versahen …

Ich habe nicht geschrien, sagt Hayri Bey und erschreckt den Wächter zu Tode, der Leim des Pfuschers hat meine Haut zerfressen wie Säure.

Schlimm, sagt der Barbier.

Schlimmer als schlimm. Die ganze Nacht kratzte ich mich blutig.

Vielleicht hat er den Seim eines giftigen Wildkrauts hineingerührt, sagt Hamit.

Wahrscheinlich war es seine eigene Spucke. Ich verlangte vom Barbier eine Wiedergutmachung. Ist das zu viel verlangt? Ich weiß, du brauchst etwas Zeit für einen vollständigen Satz.

Nimm das zu…rück, ruft Achmed Bey.

Vergib mir. Wächter, erzähl weiter.

Du hast mich absichtlich erschrocken, sagt der Wächter, das zahl ich dir heim.

Gut. Also, ich setzte mich auf den Stuhl, band mir den Umhang selber um den Hals, und bat um eine fachgerechte Behandlung. Achmed schnitt stur am Haar eines anderen Kunden. Natürlich, ich musste warten, ich war geduldig, ich schwieg. Oder nicht, Wächter?

Ja.

Da kommt Hristo herein, und anstatt sich mir zu widmen, rasiert er den Griechen. Spätestens dann habe ich verstanden: Er fühlt sich nicht verantwortlich.

Ich bin kei… kein … Ba… Bart…au…

Kein Bartauffüller, sagt der Wächter.

Danke, sagt Achmed Bey.

Ihr habt euch gegen mich verbündet. Kommissar Bey, was rätst du mir?

Dir ist nicht über Nacht der Bart gesprossen, stellt der Kommissar fest.

Der Zigeunerfürst hat ihn mir geliehen. Natürlich gegen eine stattliche Gebühr.

Ohne Schnurrbart siehst du aus wie ein achtbarer Mann.

Und mit Bart?

139

Wie ein Kerl, der sich in fremde Ställe einschleicht, um Hühner zu würgen.

Hayri Bey denkt kurz nach, rupft den Bart von der Lippe, steckt ihn in die Tasche.

Der Hodscha ruft zum Gebet. Ich kauere an der Wand neben dem Eingang, schaue hoch zur kleinen Kuppel, blicke zu den Männern in weißen Hemden. In dieser Hütte der Lobpreiser wird der Teufel zum Nebel, zur Grabesluft. Die leisen Worte verwehen sie. Ich bin das einzige Kind im Gotteshaus. Die Männer gehen zu Boden, sie richten sich auf, sie verschränken die Hände auf dem Bauch. Würde der Herr Priester der Griechen mich schelten, weil ich nicht in seinem Haus des Kreuzes den Gebeten lausche?

Die Väter meiner Freunde sind hergekommen, sie sitzen Schulter an Schulter auf Bastmatten. Kubilays Vater in der vierten Reihe, die Fellmütze bedeckt die Haare an Stirn und Schläfen, er dreht sich nach mir um, mustert mich mit dunklen Augen. Er zieht an der Gebetskette, jede Perle steht für einen Namen Gottes. Neunundneunzig Perlen, neunundneunzig Namen. Kubilay verriet, dass sein Vater die Namen der Brüder, der Cousins, der Vettern, der Freunde aufgelistet hat, die die Russen umgebracht haben. Es gäbe Nächte, in denen er die Gebetskette weglegte, um die Liste der Gemeuchelten durchzugehen. Unentwirrbare Fäden, tausend Knoten.

Jetzt starrt er auf die Männer, die den Priester mit schmeichlerischen Worten füttern, der Priester faucht sie an: Er will sie nicht mit einer erbaulichen Geschichte unterhalten. Haydar fragt: Ich habe im Gewürzbasar jenseits der Brücke Ameisenöl gekauft, eine Kundin hat es bestellt. Der Verkäufer sprach von der flaummindernden Wirkung des Öls. Ich wurde zornig. Ich hatte es der Dame versprochen, ich kam mir vor wie ein Geck. War meine Handlung unanständig?

Der Hodscha verweist auf Haydars guten Willen, er habe nichts zu beanstanden. Der Schläger Wrack schnalzt mit der Zunge, Hodschas Urteil hat ihn missgestimmt.

Es schlägt mir in dieser Zeit zu viel auf die eine Seite aus, sagt er.

Sprich weiter, sagt der Hodscha.

Die Krieger sind alt geworden. Weil Rost das Rüstzeug zerfraß. Sie waren in unsere Welt ragende Speere des Himmels und der Hölle und des Zwielichts.

Keine Höllenflamme leckte das Angesicht eines Kriegers, ruft Haydar.

Du bist der Botenjunge einer Frau, die ihre Beine enthaart. Ist darin Ehre?

Zeig' uns deine Fingerkuppen, sagt Hamit grollend, Tinte in der Haut, ist es ein Zeichen eines wahren Mannes?

Du schützt deinen Bruder. Also will ich dir das Gesicht heil lassen.

Wrack, sagt Vater Abdullah, was kann dich besänftigen?

Er schmiert sein scharfes Messer mit Honig ein. Er hackt aus Übermut Kerben in den Baum.

Wer?

Du weißt, auf wen ich anspiele, sagt Wrack.

Der katzenhackende Krieger?

Du höhnst. Auch dir ist alles Blut in die Füße gesackt.

Ratten muss man töten, sagt der Hodscha, Katzen muss man kosen.

Spricht so ein Mann?

Der gesalbte Prophet, fährt der Hodscha fort, er saß auf dem Wüstensand und beriet sich mit den Getreuen. Eine Katze schlief auf dem Saum seines Gewandes. Er weckte sie nicht. Er schnitt mit dem Schwert das Stück Stoff, auf dem die Katze schlief. Dann stand er auf und ging fort.

Ehre dem Gesalbten, sagt Wrack, doch ihr hört mir nicht zu. Euch beschäftigen Verstöße gegen den Anstand. Was soll aber mich kümmern Moral und Tischsitte? Will ich Jungfrauen gefallen? Will ich, dass sie bei meinem Anblick erröten?

Sie erbleichen, wenn sie dich sehen, sagt Hamit.

Hodscha, sag' dem Bruder des Botenjungen: Wrack lässt sich kein drittes Mal reizen. Schlangenöl ist haarwuchsfördernd, man kann es auch im Gewürzbasar kaufen. Jeder tut, was er tun muss. Mir brennen die Hände, mir brennen die Knie, mir brennt der Kopf. Seltsam. Dabei bringt die neue Zeit nur Geisterfrost.

Schönes Wort, ruft der Zigeuner.

Auch du bist zum Geist entraten, sagt Wrack, du trugst eine Lippenperücke.

Willst du jeden auszanken?, sagt der Hodscha.

Schmeichler sind ein Gräuel. Schwarzes kriegst du, wenn du Kohle zerreibst. Rotes kriegst du, wenn du Haut aufreißt. Ich sprach mit meinen wahren Brüdern. Sie loben nie den Falschen. Ich bin ihr Wortführer, für diesen Tag. Der eine oder andere ist hier anwesend. Sie werden es vor denen, die fehlen, bezeugen, dass ich sagte, was man mir auftrug: Sie und ich, wir verdammen nicht den messerschwingenden Nachtwandler. Mustafa haben wir einen Grabstein errichtet, ihr alle kennt die Inschrift. Wenn man den Katzenhasser fasst, wenn man ihn totprügelt, werden wir auch für seinen Grabstein zusammenlegen.

Und ich zerhaue ihn eigenhändig zu kleinen Brocken, sagt der Kommissar, Krähen tranken aus der Blutlache, in der Mustafa lag. Ich verscheuchte sie nicht. Ich hoffte, dass sie ihm die Augen aushacken. Den Gefallen haben sie mir nicht getan.

Ich habe keine Familie, die ich hüten muss, sagt Wrack.

Er geht mit langsamen Schritten auf den Eingang zu, wirft mir vor dem Verlassen des Gotteshauses eine Handvoll zernagter Kürbiskernschalen vor die Füße. Eine weitere Beleidigung. Seine Brüder folgen ihm lächelnd ins Freie. Der Zigeuner Hayri Bey stößt laut die Luft aus. Hamit rügt Haydar, weil er sich eine Blöße gab.

Kinder!, ruft Hodscha,

Keine Kinder, sagt der Kommissar, reifende Verbrecher.

Die werden den Abartigen nachahmen, sagt Vater leise.

Damit rechne ich auch.

Hat er dir gedroht?

Hat er.

Eine reife Frucht, sagt Vater.

Zum Pflücken schön, sagt der Kommissar lächelnd.

Rote Schale.

Saft im Fleisch.

Ein Biss, und der Saft spritzt aus dem Mund.

Ist Wrack ein Apfel am Zweig?, sage ich.

Umwimmelt von Hornissen, welch ein Wunder in diesem Monat Oktober … Hayri Bey?!

Ja, Herr.

Der Zigeunerfürst, der dir den Bart verlieh, was ist das für ein Mensch? Um mit dem Kommissar zu sprechen: achtbar. Kannst du mich zu ihm führen?, sagt Vater, es muss jetzt sein. Vielleicht reißen wir ihn aus seinem wohlverdienten Schlaf. Vielleicht ist er aber daran gewöhnt, zur Unzeit Besucher zu empfangen.

Ich muss Vater versprechen, auf schnellstem Wege nach Hause zu eilen, er duldet keine Widerrede. Die Gläubigen zerstreuen sich, sie beten um Schutz vor den Geistern, die in Hinterhalten lauern, bereit zum Sprung, bereit zum Kehlenbiss. Ich sehe den Weisen vom Fenster, ein Windstoß zerzaust seine Haare, er saugt an seinen wunden Fingerknöcheln, und als seine Mutter ihn vor einem Irrsinnsanfall auf der Straße warnt, lacht er laut auf. Der Widerhall vertreibt mich, ich laufe durch Hamits Feld, ich höre ihn lachen, ich bilde es mir ein. Ein flackerndes Licht: Es ist die Stunde der tiefsten Empfindung von Schükran Hanim. Wenn es zu eng wird in ihrer Brust, legt sie das Geschmeide an, schminkt ihre Wangen rot, zündet eine Kerze an, schaut blind in die Flamme, und versucht, nicht zu blinzeln. Allen Damen im Viertel hat sie mitgeteilt, dass ihre Liebe zu Alpay Bey nicht verglimme. Der Docht werde nass, die Flamme erlösche, das weiche Wachs erkalte. Sie aber habe genug Geld für tausend Kerzen.

Derya schließt mir auf, ich zwänge mich an ihr vorbei, schlüpfe schnell aus den Schuhen, stelle sie auf das Regalbrett, schlüpfe in die Pantoffeln, laufe ins Bad.

Nach zehn Minuten klopft sie mich hinaus. Sie spricht von Yorgo, dem jungen Griechen, dessen Augen leuchten wie bunte Glassplitter. Sie spricht von ihrer Verachtung für die Frömmler, die so falsch sind wie Galgenholz. Sie spricht von Tete, der alten neugierigen Dame, sie wetteifert mit der Herrin des kahlen Baums um die Gunst der Bittsteller. Bei jedem Besuch erklärt sie Derya, welche Schurken die Schlachtabfälle im Viehhof plünderten. Es schlägt ihr auf den Magen, sie hat sich schon oft beschwert, Tete jedoch kümmerte der Ekel anderer Leute nicht ...

Was geht mich das alles an, sage ich.

Wolf.

Ja.

Ich will mich bei dir entschuldigen.

Ihr überragt mich, weil ich klein bin, sage ich.

Arier werden groß, sagt sie.

Dein Bruder war mein Bruder.

Ich weiß.

Du kannst dich meinetwegen mit Yorgo verschwistern.

Auf keinen Fall, ruft sie.

Hast du keine beste Freundin?

Nur dumme Gänse in meiner Klasse. Sie träumen von Eheglück. Von einem Mann, dem sie dienen. Dem sie die Füße waschen, wenn er von der Arbeit heimkehrt. Der sie bei einem Widerwort mit harten Blicken zum Schweigen bringt.

Wieso bist du immer unzufrieden?

Bin ich das?, sagt sie, ich will mich mit dir versöhnen, also verrate ich dir ein Geheimnis: Ich werde vergiftet …

Was?

Hör zu. Schmerz und Schande, das ist das Siebentürmeviertel. Die Menschen: Kopf in der uralten Welt, Leib in Ketten. Ich halte es nicht mehr lange aus.

Dschenks Mutter, sage ich, sie redet schlecht über dich. Sie behauptet, du würdest dir goldene Knöpfe an den Kragen nähen, wenn es die Mode erlaubte.

Dafür fehlt mir das Geld, sagt sie, na, dann will ich auch klatschen. Vor drei Jahren, da warst du noch nicht hier, hat der Vorgänger des Hodschas gepredigt, Frauengelächter sei der Keuchhusten des Teufels. Er war so dumm, dass sogar die Gläubigen sagten: Er flötet auf dem Besen …

Wurde er strafversetzt?

Warte. Schükran Hanim lacht oft und gern, sie hört von der Brandrede des Priesters, und sie denkt, wir wollen doch mal dem Herrn zeigen, was Weibertücke ist. Sie befragt Ayla Hanim, die darüber derart zornig ist, dass sie ihren Sohn Dschenk erst einmal ohrfeigt. Zwei Tage später findet die Frau des Priesters im Vorgarten ein besticktes Ziertuch mit aufgemaltem Kussmund. Vier Tage später legt sie vier Ziertücher auf den Tisch, an dem der Priester gerade arbeitet. Er beteuert, es gäbe keine Nebenbuhlerin. Sie fordert ihn auf, mit der Hand auf dem heiligen Buch zu schwören. Der Priester lehnt ab: Er ist streng gläubig, er darf den Namen des Herrn nicht missbrauchen. Für seine Frau ist damit seine Schuld bewiesen. Das Gerücht verbreitet sich schnell, der Priester ist unhaltbar. Ein paar Rüpel, die du große Brüder nennst, legen ihm eine zügige Abreise nahe. Er verschwindet über Nacht.

Man hat ihn verleumdet, sage ich.

Erst hat er uns Frauen verleumdet, sagt Derya.

Es geschah ihm also recht?

Er predigt vor Männern, er lästert über Abwesende. Zwei Frauen hecken eine List aus, sie zahlen es ihm heim. Oder soll ich nicht mehr lachen?

Du lachst sowieso fast nie.

Blonder Knirps, sagt sie lächelnd, das hätte auch von mir kommen können … Die Streichholzschachtel, stammt sie von dir? Sind das Glücksmünzen?

Ich habe sie dir nur zurückgegeben.

Mutter Bayka kehrt von ihrem Besuch bei Tete zurück. Sie legt sich das Schafsfell über die Knie, bittet um ein Glas Tee, erlaubt mir einen weiteren Aufschub meiner Bettruhe. Sie bemüht sich um Hochtürkisch, als spräche sie immer noch zu Großmutter. Tete leitet die Frauen ihrer großen Sippe an, der allgemeinen Verlumpung mit Geist und Grazie zu begegnen. Gibt es Neuigkeiten? Ein Brief von Yeter, der Mutter des geschändeten Kindes. Ihr Mann hat als Geselle eines Hauswarts eine Anstellung bekommen. Ihrer Tochter geht es besser, sie muss sie aber wie einen Säugling in den Schlaf wiegen. Der Feldpächter Haydar erwidert die Blicke von Nuriye Hanim. Die Liebe ist gereift, sollen die Früchte als Fallobst enden?

Wrack, denke ich, du hast mächtige Feinde.

Mutter, hast du mir heimlich eine Streichholzschachtel vor die Tür gelegt?

Was? Nein, sagt sie.

Hier, sagt Derya, Wolf glaubte, ich sei es gewesen.

Ich würde es zugeben, sagt Mutter.

Dann bleibt nur noch Vater, sage ich.

Wofür brauchst du Zündhölzer?

In der Schachtel sind zwei Münzen.

Das ist aber gar nicht Abdullahs Art.

Jemand ist ins Haus geschlichen, sagt Derya.

Unsinn, ruft Mutter aus, Tete besteht auf deinem Besuch. Ich soll dir ausrichten, dass sie langsam glaubt, du würdest eine große Abneigung gegen sie hegen. Was hat sie falsch gemacht?

Schlachtabfälle, murmelt Derya.

Gehören die Münzen mir?, sage ich.

Kauf dir eine Pastete und teile sie mit Kubilay ... Tochter, du besuchst Tete gleich morgen. Ich bestehe darauf. Eine kinderlose Familie ist bei ihr eingezogen. Die Frau, mit ihr stimmt irgendetwas nicht. Verwickle sie in eine Unterhaltung, horche sie aus.

Was missfällt dir an ihr?, sagt Derya.

Wogender Busen, tiefer Ausschnitt. Immer dann, wenn ein Jüngling vorbeiläuft, löst sich zufällig die Haarschleife, fällt zu Boden. Sie bückt sich, verweilt, gewährt dem jungen Mann einen Blick auf ihre Schätze. Er wankt mit glühendem Kopf weiter.

Das ist ... nicht nett.

Ihrem Mann sind die Schläfen schon ergraut. Sie lockt die Fliegen.

Wir helfen Tete, bevor sie vom Gesumm verrückt wird.

13. Der Formende

Das Trichtergelände erstreckt sich hinter dem Feld des nasenlosen Süleyman, es ist von Krüppelbäumen umstanden. Der Schutt und die Trümmer des Krieges wurden abgetragen, die Armen bauten Häuser aus Holz und Stein, legten kleine Gärten an, traten die Erde zu Pfaden fest. Wer hier lebt, fürchtet das Gesetz: Das Grundstück gehört dem Staat.

146

Jedes Mal, wenn ich und meine Freunde hier herumstreifen, werden wir vertrieben. Zu dieser Morgenstunde sind die Männer auf den Feldern, die Frauen putzen und kochen hinter den verriegelten Türen.

Kubilay flüstert: Es beginnt.

Ich drücke das Kinn in das welke Gras, biege die Halme herunter. Zwei Zigeunerinnen streiten laut miteinander. Die junge Frau ist biestgesichtig. Sie trägt einen bunten Rock mit verschmutzter weißer Schürze, die sie immer wieder über den dicken Bauch zieht. Die Ältere will nachgeben, wird aber von den giftigen Worten der Buntberockten zur Widerrede angestachelt. Jetzt erkenne ich sie wieder, es ist die Webwarenhökerin.

Ich will nicht mit dir streiten, sagt sie, du bist schwanger.

Bei dir schwellen die Hinterbacken an, sagt die junge Frau, du bist schwanger am Hintern.

Das Kind, das du bald austrägst, sei gesegnet. Dich aber verfluche ich.

Dein Fluch falle auf dich zurück, schreit die Schwangere.

Zieht weiter, Pack, ruft Wrack, der auf dem Schemel vor seinem Haus sitzt und sich Wasser aus einem Krug über den Kopf gießt. Er sieht übernächtigt aus, wahrscheinlich plagen ihn Schmerzen von einem Besäufnis.

Sind deine Beine verliebt?, sagt die Jüngere.

Was?

Deine Knie küssen sich.

Der Kerl kann mit seinen Knien Feuer schlagen, sagt die Ältere.

Sieh ihn dir an!

Hat Backenschmand aufgetragen.

So glänzt kein Mann.

Wie war das?, sagt Wrack und steht auf, du nennst mich weibisch?

Hast du das gehört?, schreit die junge Zigeunerin, er hat mich ein Lustmädchen geschimpft.

Hilfe, ruft die Ältere, er schlägt eine Schwangere!

Seid ihr verrückt?, sagt Wrack, geht mir aus den Augen.

Er macht einen Ausfallschritt in Richtung der Zigeunerinnen, erstarrt mitten in der Bewegung. Ein Mann springt ihn von hinten an, stößt zwei Mal das Messer in seine Flanke. Wrack fällt der Länge nach hin, seine Füße trommeln auf die Erde.

Ich sehe das erste Mal einen Mann sterben: eine Puppe im blutgetränkten Hemd, eine Puppe aus Fleisch ohne Seele, die Puppe atmet rasselnd und liegt still.

Die Zigeuner sind verschwunden. Wir kriechen durch das Gras bis zum einzigen großen Schutthaufen, den man nicht abtrug, weil man sich an den Krieg erinnern wollte. Kinder in der Nähe ahmen Möwenschreie nach.

Bald wird man ihn finden, sage ich.

Sein Mund klappte auf und zu wie ein Fischmaul, sagt Kubilay.

Wo hat der Mörder ihn gestochen?

In die Niere.

Viel Blut.

Den gibt's jetzt nicht mehr, sagt er.

Hat sich mit dem Katzenmetzger verbündet. Hielt Reden, wiegelte die großen Brüder auf.

Ist grausam. Gerade fängt für dich der Tag an: Fünf Minuten später bist du tot.

Trauerst du um ihn?, sage ich.

Wer hat das geplant? Woher wusstest du das?

In der Moschee ... Wrack brachte die falschen Männer gegen sich auf.

Wen?, sagt er.

Ich würde eher in Wracks Blut baden, als Vater zu verraten. Keiner darf es wissen. Ich wende mich ab, kalter Morgenwind, wispernde Zypressen, wir bitten den Nasenlosen um Erlaubnis, sein Feld zu betreten, er nickt, er schweigt, er starrt in die Richtung, aus der wir gekommen sind. Wittert er das Blut? Am Brunnen in der Pilgergasse treffen wir die Freunde.

Kommandeur Dschenk, sagt Kubilay lächelnd.

Sie balgen miteinander, der Tschetschene hebt die rechte Hand als Zeichen, dass er aufgibt. Schreiende Frauen. Männer, die zum Polizeirevier laufen. Kein Vater, kein Schecho. Die Eingeweihten, sie verrichten ihr Tagwerk, es wird sie niemand verdächtigen. Bald wissen es alle Frauen in der Warteschlange, der Tod eines der ärgs-

ten Aufrührer im Viertel bekümmert sie wenig. Die wenigen großen Brüder, die sich um Wrack scharen, werden sie Rache schwö-
ren? Der Totengräber wird eine Grube neben Mustafas Grabloch
ausschaufeln. Zwei Männer, Lunge und Niere zerstochen, aus-
geblutet, verscharrt, vergessen. Wem droht als Nächstem dieses
Ende? Kubilays Bruder Kaytun? Dem Katzenmörder, den Tete auf-
spüren will?
Wie alt ist er geworden?, sagt Nuyan.
Neunzehn, sage ich.
Der Hodscha steckt dahinter, sagt Dschenk, es heißt, Wrack hat ihn
beleidigt.
Wen hat er nicht verwünscht?, sagt Burak.
Es könnte jeder sein, sage ich, Schmutz getilgt.
Was?, sagt Dschenk.
Sieh dich um. Gibt es einen Einzigen, der Tränen vergießt?
Für dich war er Schmutz?
Er verschmutzte alles durch ein bloßes Wort.
Arier, ein Mann fällt, und du freust dich. Das nenn' ich lumpig.
Dann weine um ihn, rufe ich, weine um deinen Helden, der auf-
platzte wie eine Feige. Und auf den sich die Fliegen setzen.
Im nächsten Augenblick klatscht mir seine flache Hand ins Gesicht,
ich schlage sofort zurück. Damit hat er nicht gerechnet, er stutzt,
ich ohrfeige ihn wieder. Er reibt sich die brennenden Wangen, er
holt mit dem Zweig zu einem Hieb aus, ich weiche nicht. Dann lä-
chelt er und flüstert: Deine Schwester ist ein Griechenliebchen. Sie
wird von Yorgo benascht, von einem Christen wie du es bist. Ich
halte es für eine große Schande.
Du reizt ihn, sagt Nuyan.
Wenn sie ihn sieht, bekommt sie untertellergroße Augen.
Halt den Mund, sage ich auf Deutsch.
Der Arier bekommt einen Unbeschnittenen zum Schwager.
Schwein.
Kauderwelsch, höhnt er.
Der Grieche ist ein Mann des Viertels, sagt Burak.
Ist das so?
Großer Bruder unter großen Brüdern.

Meinetwegen. Hat er deshalb das Recht, einer Jungfrau nachzusteigen?

Du sprichst schlecht über meine Schwester, sage ich.

Sie hat ihn geküsst.

Wann?

Im Dunkeln. In der Straße, in der man nicht aufschaut.

Du kannst es bezeugen?

Ich nicht. Aber ein Mann, der nicht lügt, sagt er und peitscht in die Luft.

Wer?

Nur so viel: Er wohnt im Fremde-Türken-Viertel.

Ein Klatschweib, rufe ich, er könnte sie und ihn verleumdet haben.

Du aber verteidigst nicht die Ehre meiner Schwester. Du schützt nicht sie, noch mich. Die Locke, die ich dir abschnitt und in der Erde vergrub, ruft dich, Dschenk.

Mir ist das Haar nachgewachsen, sagt er lächelnd.

Ihr hört es. Der kleine Kommandeur verhämt mich.

Nur ein Spiel mit Worten, sagt Burak.

Nein.

Was jetzt?

Nimmst du das zurück, Dschenk?

Zahn um Zahn. Du tanzt auf der Leiche eines Bruders. Ich zahle es dir mit gleicher Münze zurück. Ihr hört es: keine Reue.

Bitte nicht, ruft Nuyan.

Wärst du an meiner Stelle, was würdest du tun?

Ihm den Kopf abreißen.

Oder ihn verlassen.

Morgen wird er sich entschuldigen, sagt Burak.

Der Arier kann lange darauf warten, sagt Dschenk.

Du bist verdorben, mich verdirbst du nicht. Eine unserer Regeln lautet: Man beleidigt weder die Mutter noch die Schwester des Freundes. Ich gehe also aus gutem Grund. Und ich werde nicht wiederkommen. Ich kündige dir die Freundschaft. Grüßen werde ich dich nicht, wenn wir uns begegnen. Nuyan, Burak, Kubilay bleiben meine Freunde.

Große Worte, sie verfehlen ihre Wirkung nicht. Die Frauen in der Nähe schauen mich an, als wäre ich ein richtiger türkischer Junge. Sind sie mir fremd? Begreife ich es, wenn sie ergriffen sind? Wenn sie sagen: Der Kummer ist meine Würze? Sie essen scharf, sie essen süß, sie trinken braunschwarzen Tee und Kaffee, sie schneiden sich und andere auf. Sie sprechen: Der Himmel will Blut trinken. Mein Vater Franz: entsetzt, fröstelnd, er verdammt alle Jahreszeiten, die er außerhalb unseres angestammten Landes verbringt …

Du da, hierher!

Ich stolpere vor Schreck, drehe mich um: Kaytun auf dem verdorrten Land, das ist sein Gebiet, auf diesem Feld der Gebeine stopfte er mir den Mund mit Krähenfedern. Wie bin ich hergekommen? Keine Freunde, ich ging fort, ohne darauf zu achten, wohin ich lief. Der Teufel, er ahnt, dass ich fliehen will, er springt auf mich zu, reißt mir den Arm hinter den Rücken, er tritt in meine rechte Wade, und ich mache den ersten Schritt.

Du wählst, sagt er, lernst du durch Schmerzen, oder durch Klugheit? Ein Ruck nach oben, und dein Arm ist ausgekugelt. Willst du das?

Nein.

Ich werde dich führen. Siehst du dort den Baum?

Ja.

Etwas über dreißig Kinderschritte. Sie erwarten uns.

Er muss nicht wieder treten, ich gehorche. An der Linde stehen zwei große Brüder, der eine kratzt sich an der Stirnnarbe, der andere starrt mich mit dunklen Augen an. Zwischen ihnen, zu Füßen des Baums, liegt der Wächter, der kein Wächter mehr ist. Auf Kaytuns Zeichen hin zerrt der Finstere der beiden ihn hoch, nimmt ihn in den Schwitzkasten. Der Bruder Narbe ergreift sein rechtes Ohr, hält einen Zimmermannsnagel daran, und schlägt ihn mit einem Hammerschlag in den Stamm. Der Wächter brüllt, er winselt, er brüllt. Kaytun übergibt mich dem Finsteren, zeigt dem angenagelten Mann das Messer vor.

Ertrage es, ruft er, wenn du weiter schreist, schneide ich dir das Ohr ab … Gut. Arier, der Kerl schnaubt höher, als ihm die Nase gewachsen. Meine Freunde wollten ihm deshalb die Nasenflügel schlitzen. Ich hatte eine bessere Idee ... Ich warne dich, Kerl, schweig!

Sein anderes Ohr ist noch heil, sagt der Finstere.

Bitte nicht, ruft der Angenagelte.

Ich denke darüber nach, sagt Kaytun, du kennst ihn, Arier?

Ja.

Ein ängstlicher Mann. Trotzdem: Licht und Liebe in seinem Leben, kein Mangel. Seine Tage sind hell. Er aber schreit auf im Schlaf, ich bin mir sicher. Er versiegt. Was fehlt ihm? Vergönnt man ihm sein Glück nicht? Er hurt. Was ist Hurerei? Das ist: Die Freude der Feinde teilen. Die Feinde aufhetzen. Du kanntest Wrack?

Ja.

Tot. Wer mordete ihn?

Ich weiß nicht, sage ich leise.

Dieser Mann mit dem Ohr am Stamm!, schreit Kaytun.

Ich bin kein Mörder, ruft der Mann.

Du hast ihn nicht erstochen, das stimmt, sagt Kaytun, hast du dich ihm angeschlossen? Antworte!

Er verkehrte mit seinesgleichen.

Was heißt das? Sind das Niedere?

Nein. Jüngere.

Du bist alt, ruft Kaytun, du hast ein schlaffes Kinn. Mit deinesgleichen hätte er sich nicht abgegeben.

Zieht den Nagel heraus, sage ich.

Ich nagel den Knirps neben die Memme, sagt der Finstere lachend.

Großer Bruder Kaytun, Kubilay und ich sind Freunde.

Ich hörte davon.

Wir sprachen nie schlecht von dir.

Der Arier fleht, sagt Narbe.

Er hat ein Loch im Ohr, sage ich, ihr habt ihn bestraft.

Zieh' den Nagel heraus, sagt Kaytun zum Mann, ich erlaube es dir ... Es gelingt dir nicht. Keine Kraft.

Tu du das, sage ich, ich bitte dich darum.

Er schaut mich hasserfüllt an, dann klaubt er eine Zange aus der Tasche, geht zur Linde, verdeckt mit seinem Körper den Mann. Im nächsten Augenblick entfährt dem ehemaligen Wärter ein Schrei, er sinkt zu Boden. Ein Tritt, und er hört auf, laut zu weinen.

Du kommst aus einem Land, in dem jeder Junge berufen ist, ein Soldat zu werden, sagt Kaytun, du hast den Blick nicht abgewendet, du hast nicht gezittert. Mich beeindruckt das nicht. Wrack. Ein sonderbarer Bruder. Es fällt mir schwer, ihn zu rächen. Mochtest du ihn?

Er suchte immer Streit, sage ich.

Ob du ihn mochtest!

Nein.

Ich kenne keinen, der ihn geliebt hat. Will ich geliebt werden? Nein. Wrack und ich hatten also etwas gemeinsam. War er dir unheimlich?

Ich ging ihm aus dem Weg.

Vor Beginn des Fastenmonats lud er mich nach Hause ein, sagt Kaytun, ich lehnte ab. Denn ich roch an ihm einen ganz besonderen Duft. Findest du Mädchen schön?

Ja, die meisten.

Sie werden zu Frauen reifen, und ich werde ihnen hinterherschauen. Wrack aber war anders.

Kaytun, sagt der Finstere.

Ich soll schweigen? Ich rede weiter. Oder willst du mich daran hindern?

Wie es dir gefällt, Bruder, sagt der Finstere.

Wrack träumte von Lippen der Männer ...

Pfui, sage ich auf Deutsch, ... das ist abartig.

Fuy? Du bist erschrocken. Jeder geht seiner Neigung nach, ich finde das nicht verwerflich. Meine beiden Freunde hier mieden Wracks Nähe. Sie haben recht strenge Ansichten. Ich aber lehnte Wracks Einladung aus einem anderen Grunde ab. Er hätte meinen Besuch nicht überlebt ... Wie stehst du zu Abdullah Bey?

Er ist mir Vater.

Warne ihn. Erzähle ihm vom Loch im Ohr des Memmen ... Was wirst du mit den Münzen kaufen?

Ich pralle zurück, ich fliehe vor ihm, seine Freunde lachen wegen meiner Feigheit laut auf. Kaytun ist ein Geist, der durch die Wände geht. Den man nicht aussperren kann. Wie oft stand er unbemerkt in einem tiefschwarzen Schatten und betrachtete die Bewohner des Hauses? In wie vielen Häusern war er der unbemerkte heimliche Gast? Männern von großer Gelehrsamkeit ist er überlegen, Gottesleugner schauen zu ihm auf. Wir sind in seinen Augen das geringe Volk, wir sind gehäutete Kinder und Männer, wir säen ins Ungewisse. Er aber schnitzt seinen Tag aus dem Holz, das er hat.

Vater kommt von der Arbeit, ich mache mit Zeichen auf mich aufmerksam, er stutzt, reibt die Hände an der Hose, grüßt Hristo und den stotternden Barbier, die beim Brettspiel hocken. Ich erzähle ihm raunend vom Angenagelten und von Kaytuns Warnung. Er sagt: Einer stürzt, ein anderer tritt an seine Stelle. Ich soll vor den Frauen über Tod und Verdorbenheit schweigen, ich verspreche es ihm. Auf dem Heimweg begegnen wir Händlern, Krämern, Pächtern: Vater begleicht die meisten Schulden, den Metzger muss er auf die kommende Woche vertrösten.

Mutter empfängt uns mit einem Lächeln, Derya hat Tete besucht, sie hat Hackfleisch mitgegeben. Bald sitzen wir am Tisch, starren auf die Buletten auf unseren Tellern. Derya sagt: Ich möchte annehmen, dass wir wirklich Lamm essen. Mutter klopft ihr auf den Handrücken. Wir essen langsam, wir kauen an jedem kleinen Bissen. Die Hungernden werden belohnt, es ist der letzte Tag des Fastenmonats. Derya klagt über die Mordlust der verborgenen bösen Meister. Über die Meuchler und Schlitzer, die ihresgleichen anfielen. Vater trinkt seelenruhig den Verdauungsmokka, lockert die Bauchbinde und fragt die Tochter nach ihrer Zukunft. Bald wird das letzte Schuljahr zu Ende gehen.

Du hast, wie ich vermute, nicht den Wunsch, danach Mutter zu werden.

Nein, Vater.

Unser Geschlecht stirbt aus.

Ich müsste den Namen des Mannes annehmen, den ich heirate, sagt sie.

Mich kümmert nur das Enkelkind, sagt er, mich kümmert nicht, ob der Mann Yorgo oder Hayri heißt.

Sie errötet, knetet die Hände, bringt dann vor Verlegenheit die schmutzigen Teller in die Küche. Mutter dreht für sich und ihren Mann eine Zigarette, sie zieht es vor, sich nicht einzumischen. Sie warten rauchend, ein schöner Rauch hüllt sie ein. Derya kehrt auf ihren Platz zurück.

Muss ich von einer Unziemlichkeit ausgehen?, sagt Vater.

Ich würde euch nicht beschämen, sagt Derya.

Das ist gut. Dieser Yorgo ... ein Kalb, das an Löwenzahnstängeln saugt, diesen Eindruck macht er auf mich.

Er scherzt gerne.

Dir gefallen unernste Männer?

Schlecht sieht er nicht aus, sagt Mutter, er hat sich einen falschen Bart angeklebt und ist neben Hayri Bey auf dem Esel geschritten ... Meine Tochter kichert, mein Sohn muss das Lachen unterdrücken. Der Schrotthändler fand es nicht lustig. Er wollte Yorgo über den Haufen reiten. Er lief vorneweg, Hayri Bey hinterher.

Konnte er entkommen?, sage ich.

Der Esel blieb ruckartig stehen, fast wäre Hayri Bey abgeworfen worden. Das Tier fraß den Schnurrbart, den Yorgo im Laufen verlor.

Ein Kalb, wiederholt Vater.

Er ist doch ein großer Bruder?, sage ich.

Das will nichts heißen ... Was schwebt dir also vor? Hast du Yorgo auserwählt?

Die Leute, sie zerreißen sich das Maul über mich?

Das tun sie.

Schande, sagt sie.

Genau darüber reden sie, sagt Vater, sie erzählen: Der Deutsche Franz ist ausgezogen, und schon macht sie einem Griechen schöne Augen. Sie ist etwas Besseres, sie gibt sich mit Türken nicht ab.

Unsinn!, ruft Derya.

Das muss aufhören, sagt Vater.

Er bricht zum Schnapslokal auf, diesmal will er mich nicht mitnehmen. Mutter ahnt, dass sie ihn nicht mit bloßen Worten besänftigen kann, sie lässt ihn ziehen. Ich bleibe sitzen, die Frauen bleiben sitzen, Mutter dreht an der zweiten Zigarette des Tages. Sie nimmt einen tiefen Zug, bläst den Rauch durch die Nasenlöcher aus.

Hast du ihn verstanden?

Ich habe ihn gehört, ja, sagt Derya kalt.

Also hast du nichts verstanden.

Wieso?

Das Unziemliche wird nicht geschehen, da sind wir uns einig?

Ja, sagt sie.

Ist es mehr als eine mädchenhafte Schwärmerei?

Vielleicht.

Ja oder nein?

Ja, mehr.

Du und er, ihr seid Liebende?

Es ist mir ernster als gedacht.

Freu dich, sagt Mutter, meine Freude aber ist getrübt. Denn ich hätte dich für klüger gehalten.

Soll ich denn erkalten?, ruft Derya, soll ich mich ihm entfremden?

Hier im Viertel wirst du genau das tun.

Ich … oh.

Mein Sohn Wolf ist ein guter Junge, sagt Mutter, er übernimmt fast alle wichtigen Botengänge. Tete hat manchmal recht ausgefallene Wünsche. Sie liebt beispielsweise frisch geröstete Haselnüsse von einem ganz bestimmten Laden jenseits der Brücke. Du müsstest zwei Mal in der Woche zur Peraallee. Tust du ihr den Gefallen?

Sehr gerne, Mutter, sagt Derya lächelnd.

Ihre Söhne müssen sich um ihre Familien kümmern, da bleibt ihnen wenig Zeit. Tete übernimmt übrigens die Kosten für die Fahrten mit der Straßenbahn … Eine Bitte: Rede nicht vor deinem Vater über die Toten, es betrübt ihn.

Das Viertel kippt, sage ich leise.

Wessen Worte plapperst du jetzt nach?

Der einäugige Krämer denkt über die Aufgabe seines Geschäfts nach.

Er macht sich wichtig, sagt Mutter, er könnte in keinem anderen Viertel überleben. Jemand müsste sich ermannen, im Zuber das Böse aus Fleisch und Knochen zu kochen.

Sie schaut auf den freien Stuhl am Tisch, sie hat den Tod ihres Sohnes nicht verwunden. In manchen Nächten höre ich sie schluchzen, und ich höre Vaters beruhigende Worte. Batur fehlt uns allen. Mächtige Welt, hat er ausgerufen, wenn ihm der Schreck in die Glieder fuhr. Ich bin der Ersatz, ich bin nicht der Nachfolger.

Derya taucht aus ihren Gedanken auf, sie zieht die Spaziergangshaube über den Kopf, die Frauen des Viertels nennen es eine französische Mütze. Zum Hang der verblühten Krokusse wird es sie ziehen, zu einem letzten heimlichen Treffen mit Yorgo, dem Kalb.

Ich gehe ins Bett, verberge den Daumen in der Handhöhle, um nicht schlecht zu träumen. Tete hat es mich gelehrt.

Vom Licht der Petroleumlampe werde ich wach. Mein Gesicht ist nicht mein Gesicht, es ist belegt, es bewegt sich. Mutter schreit auf, reißt mich hoch, stolpert mit mir die Treppen herunter, sie gießt im Bad Wasser über meinen Kopf, schwarze kleine wimmelnde Brocken fallen ab, sie lösen sich im Wasserstrudel zu winzigen schwarzen Punkten. Mutter übergießt mich mit vier Eimern Wasser, ich entdecke rote Schlieren, in denen die Ameisen schwimmen. Derya und Vater im Schlafanzug, sie reiben mich trocken, ich bin nackt, es macht den Frauen nichts aus, ich bedecke meine Scham. Dann tötet Vater die Schädlinge in meinem Zimmer, er kehrt nach einer Viertelstunde zurück, macht sich im Hintergarten zu schaffen, setzt sich neben mich. Ich bin in eine Decke eingehüllt und trinke heißen hellen Tee.

Ich habe überall dicke Kreidestriche gezeichnet, sagt er, an der Wand, am Boden, auf das Fensterbrett. Sie werden nicht wiederkommen.

Ameisen wollten mich auffressen, sage ich leise.

Sie wurden angelockt.

Wodurch?

Du hast aus der Nase geblutet, sagt Mutter, hast du es öfter?

Nein.

Tief schlafen, während das Blut fließt, sagt Derya, das ist seltsam.

Sie haben mich angefallen.

Alle bestraft und vernichtet, sagt Vater, du wirst deine Bande von Strolchen mit einer Heldengeschichte unterhalten.

Ich gehöre nicht mehr dazu.

Dieses Viertel wimmelt von Knirpsen, sagt Derya, steh' nur lang genug auf einem Tomatenfeld, und du hast fünf neue Freunde.

Du wirst heute Nacht hier auf dem Sofa schlafen, sagt Mutter, Abdullah, streiche überall Kreidemarken auf. Morgen mache ich mich auf die Jagd.

Darf ich einen Spiegel haben?, sage ich.

In Deryas Handspiegel mustere ich mein Gesicht: gerötete Nasenflügel, ein Blutspfropfen klebt in der Lippenmulde, ich wische ihn weg. Alles heil. Ich habe Ameisen ausgeschnaubt, sie krochen auch zwischen meinen Haaren.

Ein Mann schreit draußen in der Nacht, er verstummt jäh.

Der nächste Tote, flüstert Derya.

Ein Säufer, sagt Vater, der Knüppel des Wächters hat ihn ernüchtert. Wir sind sicher, vor Ameisen und Nachtwandlern.

Lange liege ich wach, immer wieder öffne ich die Augen: kein Kaytun, der am Bettende steht und lächelt. Keine lebende Maske auf meinem Gesicht. Vater wacht über mich.

Das Fest findet im Garten des reichen Juden Hakko statt: Er ist ein feiner Herr im Maßanzug, er spricht das Hochtürkisch eines Adligen. Jedes Kind bekommt von ihm eigenhändig Pfefferminzbonbons im weißen Taschentuch.

Ich zurre den kleinen Beutel auf, starre auf die verklebten Stücke. Armeleutezucker in den Mündern der Knirpse, sie zerbeißen es und malmen wie Lastpferde. Die Väter und Mütter sitzen an den Tischen, sie trinken Tee und essen Gebäck. Immer wieder klopft eine Dame Krümel vom Schoß, Schükriye Hanim fächelt sich mit der Hand Luft zu, sie klatscht und ihre Wangen sind vor Aufregung gerötet. Die Jungvermählten Firuse Hanim und Alpay Bey feiern mit uns. Die Frauen werfen ihr heimliche Blicke zu: Wird sie einen Jungen gebären? Wird sie mit dem Erstgeborenen ihren Mann beglücken und ihn an sich binden? Sie streicht im Sitzen über ihren geschwollenen Bauch und lauscht Tetes Worten. Großmutter spricht über das angemessene, das sittsame Betragen einer jungen Dame in anderen Umständen. Sie müsse ein blütenweißes Ziertuch in den Ärmel stecken, ihr, Tete, lief komischerweise immer die Nase, und das Nasenwasser tropfte auf den dicken Bauch und nässte das Umstandskleid.

Im hinteren Teil des Gartens stehen der oberste Wächter, Vater, Schecho und der einäugige Krämer zusammen. Man merkt ihnen die Freude an, rauchen zu dürfen, sie haben es sich einen ganzen Monat tagsüber versagen müssen. Reden sie über ihre letzte Großtat, da sie Schmutz getilgt haben? Werden Wracks Jünger eine Grabstele mit Heldenstrophen beschriften? Mutter und die hochschwangere Hayriye Hanim versuchen Schuster Tarik davon zu überzeugen, seinen Puppen ansprechendere Gesichter aufzumalen. Er schüttelt immerzu den Kopf: In den letzten Nächten ist ihm die davongelaufene geliebte Frau im Traum erschienen. Ein Zeichen, das er nicht verkennen darf. Er weiß es richtig zu deuten. Vielleicht kehrt sie zurück, er würde auch ein fremdes Kind annehmen.

Es wird nicht geschehen, der Puppenmacher wärmt sich am Nebel der Träume und friert in der Sonne. Derya spuckt Kürbiskernschalen auf das Gras, sie wird bald Yorgo sehen, sie lächelt in Vorfreude. Dschenk ist mit seinen Eltern erschienen, seine Mutter Ayla Hanim mustert die Damen auf Flecken und Fehler. Es scheint ihr nichts auszumachen, dass die Stühle zu ihren beiden Seiten unbesetzt sind. Ihr Mann geht im Garten herum, zupft am großen Krawattenknoten, es plagt ihn die Langeweile: Hakko Bey hat den Ausschank von Schnaps und Wein verboten. Für den Fall, dass sich ein Mann Freiheiten herausnimmt, steht ein kräftiger Diener bereit.

Nuyan und Burak sitzen bei ihren Müttern, Kubilay sitzt neben seinem mürrischen Vater. Ihre Mützen, pockige schwarze Kindergrabmale. Der Vater winkt mich herbei, und als ich an seinem Stuhl stehe, sagt er: Der Deutsche hat für alles ein Instrument.

Ja, Herr, sage ich.

Das war ein Lob.

Danke.

Ist etwas an meiner Mütze seltsam?

Sie fallen damit auf, Herr.

Ich werde sichtbar, für Freund und Feind. Was aber trägt ein Arier? Einen Hut?

Ich meine einen jungen Mann in Uniform.

Einen Helm, sage ich.

Einen Soldatenhelm, sagt er, euer Kampf ist heilig. Man nennt dich Hitlersohn. Das ist sehr schmeichelhaft. Dein leibhaftiger Vater, so hörte ich, murrt über euren Führer.

Wir sind vor ihm geflohen, Herr.

Habt ihr seine Strenge nicht ertragen?

Ich weiß nicht.

Du weißt wenig, sagt er kalt, man hängt seine Waffe nicht wie eine Balalaika nach dem Spiel an die Wand.

Was ist eine Ba…

Die Langhalslaute der Russen … Soll ich dich Hitlersohn nennen?

Nein, Herr. Wolf, das ist mir lieber.

Geh mit den Mädchen spielen, ruft er und scheucht mich fort.

Ich bewege mich nicht von der Stelle, er hat das Gesicht abgewandt, ich warte so lange, bis er sich mir wieder zuwendet.

Ich ehre Sie, Herr, als Vater meines Freundes Kubilay. Reden Sie nie wieder schlecht über meine Familie. Meine Mutter selig hat mir meinen Namen gegeben. Wenn Sie mich nicht bei meinem Namen nennen, beleidigen Sie ihre Seele.

Das war nicht meine Absicht, sagt er.

Sie hat immer gekämpft, sie war nie unterlegen.

Kubilay, sagt er, du wirst deinen Kameraden zum Abendessen mitbringen. Du bittest Bayka Hanim um die Erlaubnis. Ich spreche mit Abdullah Bey.

Ja, Herr Vater, sagt Kubilay.

Gesegnet sei deine Familie, Wolf. Möge Gott uns nicht von Seiner Sitte abgehen lassen.

Derya spuckt Schalen und beobachtet uns. Sie hat beim Hochzeitsfest Schükriye Hanim an der Nase gefasst. Sie wittert die Gefahr, sie hätte auch Kubilays Vater die Finger in die Nasenlöcher gesteckt.

Er starrt zu ihr hinüber, lächelt sie an, sie lächelt nicht zurück. Jetzt weiß er, dass ich beschützt werde.

Ich schreite den Garten aus, er ist fünf Mal größer als unser Garten. Am Zaun stoße ich auf Nuyan und Burak, sie verstellen mir den Weg.

Versöhnen wir uns, sagt Nuyan.

Wir sind ja nicht zerstritten, sage ich.

Heute versöhnen sich alle, sagt Burak, das ist Brauch. Wir haben Dschenk ins Gewissen geredet. Er würde den Streit vergessen.

Wenn ich was tue?

Wem du alles zurücknimmst.

Nein.

Auf einen Schlag hast du deine Freunde verloren, sagt Nuyan.

Ihr bleibt meine Freunde, ich knicke vor ihm nicht ein.

Er führt uns, sagt Nuyan, das haben wir dir zu verdanken.

Er wollte es von Anfang an, das weißt du. Nur du bist stärker als er, er hätte mich früher oder später niedergerungen.

Wartest du, dass wir uns auflösen?

Was? Du spinnst.

Kubilay wartet auf die erstbeste Gelegenheit, um auszutreten. Nur seine Locke in der Erde hindert ihn daran.

Ich spiele jetzt mit Krähen und Mädchen, sage ich und verlasse sie.

14. Der Verzeiher

Hakko Bey hat darauf bestanden, die Kurden aus den Ruinengrotten einzulassen. Sie gleichen verletzten Helden ohne Speer und Schwert: harte Gesichter, pumpende Hände, Festtagslächeln. Ein Diener führt sie zu den Tischen, sie rufen den Gottesgruß aus, nehmen Platz, staunen die Standbilder aus weißem Stein an. Sind das Götzen? Sind es Schwestern, Tanten und Kusinen des Gastgebers? Und wenn es zutrifft, wieso tragen sie luftige Gewänder, die mehr enthüllen als verdecken?

Eine junge Kurdin befragt den Diener, er spricht von Frauen fremder Sagen, die der Hausherr erst gezeichnet und mit Kleidern seiner Fantasie bekleidet habe. Die Papiere seien einem Bildhauer gegeben worden, der die sagenhaften Damen in Stein gehauen hat.

Schükriye Hanim sagt: Sie haben sich für eine Lustbarkeit angezogen, und weil weder der Himmel noch die Erde ihre Sünden aufsaugen konnten, erstarrten sie zu Säulen.

Die Frau des Dampfbadbetreibers lobt sie für ihre Worte. Die Kurdin aber ist mit dieser Erklärung unzufrieden, sie steht auf, tritt an eine Steingestalt heran, berührt sie an der Brustknospe, die sich durch den Stoff abzeichnet. Die Damen am Tisch zischen böse, Derya kichert so lange, bis Mutter ihr einen Klaps auf den Handrücken versetzt. Ein Kurde bellt die junge Frau an, sie setzt sich wieder auf ihren Platz, knackt fröhlich mit den Schneidezähnen Kürbiskerne.

Kein Leben darin, sagt sie.

Teure Vogelscheuchen, sagt Schükriye Hanim, was das alles wohl gekostet hat?

Hakko Bey kauft Kunst auf, sagt Derya, bestimmt hängen Bilder an den Wänden seines Hauses. Ölbild statt Krummsäbel, die neue Zeit.

Mit dieser Brust kann man kein Kind säugen, sagt die Kurdin leise.

Du bist trotzdem beeindruckt.

Ich wollte sehen, ob Milch sickert, wenn ich drücke.

Das ist keine Schwangere. Der Stoff bauscht sich nur am Bauch.

Wir können vergleichen, ruft Schükriye Hanim, wir haben schließlich zwei Damen, die bald gebären werden. Die Frau in Stein hat einen lieblichen Körper. Im Gegensatz zu Firuse Hanim.

Fang' nicht wieder damit an, sagt Mutter, diesmal würde es dich härter treffen!

Deiner Tochter habe ich die Untat nicht verziehen … Aber gut. Schwellende Brüste im tiefen Ausschnitt. Ein dünnes Leibchen, das nur die Hinterbacken verhüllt. Eine Einladung an jeden lüsternen Mann.

Ich verliebe mich nicht in Stein, schreit der zornige Kurde.

Ruhig, sagt Derya, sie hat Folgendes gemeint: Wieso stellt ein wohlhabender Mann halb nackte Frauen in seinen Garten? Er liebt wohl die Sagen der alten Griechen.

Er ist doch Jude. Wieso begeistert er sich nicht für die Märchen seines eigenen Volkes?

Herr Hakko ist ein Türke, sagt Mutter.

Nein. Ich bin Kurde, er ist Jude, und Ihre Eltern, hohe Dame, flohen aus Kreta, oder nicht?

Ja, das stimmt.

Also sind Sie mindestens eine halbe Griechin.

Herr, dich hat das Verhalten deiner … Schwester erzürnt.

Man wird uns wieder als Wilde verleumden.

Sie gefällt mir, sagt Derya, sie ist freisinnig.

Da, ich wusste es, ruft der Kurde, man nennt sie jetzt schon eine Schamlose.

Die Frauen versuchen, ihn über das Missverständnis aufzuklären. Es ist der Kurdin unangenehm, dass man über sie streitet. Es heißt, die Grottenkurden schlügen die Frauen wegen Vergehen gegen die Ehre. Wird man sie verletzen oder gar ausstoßen? Ihrem Bruder missfällt der schmeichelnde Ton der Frauen, er unterstellt ihnen, dass sie ihn einfangen wollen wie einen wilden Hund. Schecho legt ihm die Hände auf die Schultern, beugt sich, flüstert ihm eine Warnung ins Ohr. Der Kurde will schon aufspringen, da packt Schecho fester zu, der Mann blinzelt vor Schmerzen. Er verspricht, die Damen nicht länger zu verstören. Der kräftige Diener starrt Schecho an, er ist überrascht: Gerade noch sah er ihn mit dem Kommissar zusammen stehen, dann war er aber schon bei dem Aufwiegler. Die Frauen rühren mit dem Löffel im Teeglas und schweigen. Der Kurde tut es ihnen gleich, obwohl er den Zucker längst verrührt hat.

Ich treffe das hinkende Mädchen, die Tochter eines anderen Ruinenkurden. Kratzspur an der Schläfe, Stirn und Wangen berußt, Gesicht dem Himmel zugewandt, es kaut an einem Grashalm. Nackte Füße in Sandalen, schrundige Fersen.

Du musst nur noch den Mund aufsperren, sage ich, dann fällt eine Maulbeere hinein.

Wer bist du?, sagt sie.

Der Sohn von Bayka Hanim.

Das deutsche Kind.

Ja. Ich kenne dich.

Woher?

Du hast einmal mit Pelin und ihrer verrückten Freundin gespielt.

Sie ist nicht verrückt. Sie ist lustig.

Na ja.

Die Maulbeere, sagt sie, trägt sie der Wind her? Oder lässt sie ein Spatz aus dem Schnabel fallen?

Wind fegt Spatz Beere aus dem Schnabel, sage ich.

Berna hatte recht.

Wer ist das?

Die Lustige. Du wolltest keinen Kuss von ihr. Das machen nur Knaben mit Delle im Kopf.

Ich habe keine Delle.

Doch, du bist vom Baum gefallen.

Sie ist verrückt und ein Klatschweib, sage ich, wieso bluten deine Fersen?

Ich gehe gern durch Felder. Ich trete auf spitze Steine.

Du hast blaue Augen wie ich.

Hab' aber keine blonden Haare, sagt sie.

Pechschwarz.

Deine Freunde beobachten uns.

Kennst du sie?

Nur den Tschetschenen mit der Fellmütze, sagt sie, seine Mutter war bei meiner Mutter.

Wirklich?

Ich habe es nicht geträumt. Ihr geht es schlecht.

Wollte sie Hilfe?

Meine Mutter gab ihr Kräuter gegen das Gemütsseufzen.

Wogegen?

Aus einer traurigen Frau seufzt das Gemüt.

Die Seele, sage ich.

Sie erhitzt jeden Tag die Räucherpfanne und atmet Rauch und Dämpfe.

Ist das nicht abergläubisch?

Sie schaut mich an, als würden mir Hörner aus der Stirn sprießen. Sofort verliert sie die Lust auf jedes weitere Wort, hüpft zu den Mädchen, die einander ihre Strumpfhosen vorzeigen.

In der Nähe lauert der Wärter, dessen Ohr gelöchert wurde. Er erklärte: Ich habe mich an einem spitzen Holzpflock aufgespießt, ich büße für mein Ungeschick, ich war nicht trunken, als ich stolperte …

Er wird heimgesucht von niederen Geschöpfen, vielleicht nagt die fette Herrin in seinem Bad an der Platte auf dem dunklen Loch. Der Hodscha ist eingeweiht und redet jetzt auf ihn ein: Die Sündenlast, die uns niederreißt, es wird keinem stolzen Sünder vergeben. Er ermahnt mich, dass der Zorn Gottes auch die kleinen Lauscher trifft, keine Rasse sei ausgenommen.

Ich küsse die Hand des Priesters, er lächelt, er sagt: Wundert euch im Jenseits nicht, wenn mich ein Höllendämon am Stirnhaar packt und in die tiefste Feuergrube wirft. Der Festtag macht die Männer sanft, und die Frauen nutzen die Gelegenheit, um sich mit ihnen zu messen. Die werdenden Väter Alpay Bey und der Schreiner sprechen über mögliche Namen, die sie ihrem Kind geben wollen. Der Schrotthändler Hayri Bey lehnt die Bitte der jungen Frauen ab, für sie zu tanzen.

Kein Zupfbrett, keine Geige, keine Handtrommel, sagt er, ohne Musik kein Tanz.

Wir klatschen im Takt, sagt Firuse Hanim.

Du bist Zigeuner, sagt Schnapsschwamm Ekrem Bey, du hast es im Blut.

Ich mache mich zum Gespött der harten Kerle.

Wen meinst du damit?

Jene, die nicht anwesend sind. Die aber alles erfahren.

Hast du Angst vor den … wie nennt man sie? … vor den großen Brüdern?, sagt Ekrem Bey. Kinder mit Flaum an den Wangen. Halbe Männer mit weibischen Gebärden.

Sie wären nicht erfreut über deine Häme, sagt der zornige Kurde.

Ich habe es satt! Man lehrt uns die Angst, und die Freude ist dahin.

Tanz für uns, bitte, sagt Derya.

Der Zigeuner steht auf, legt die Mütze ab, knöpft das zerschlissene Jackett auf, fängt an, zu schnipsen, schließt die Augen. Zum harten trockenen Takt, den Daumen und Finger vorgeben, lässt er die Schultern zittern, und dann fächert er die Arme zu Schwingen auf, die Füße fest verankert und die Hüfte steif, seine Brust ist die Brust des Falken, der die Beute erspäht hat, er wirbelt im Kreis, er zieht das gebeugte rechte Bein hoch, die Sohle des linken Schuhs scheuert über kleine spitze Steine, Strenge und Erregung.

Die Hökerin singt ihn an, ein fremdes Lied, fremde Worte, Hayri Bey stößt ein letztes Mal vor und öffnet die Augen. Hunger und Verlangen in den Augen der Frauen, er lacht, er flucht, er zerstört diesen unheimlichen Zauber. Die Frauen greifen zu den Gläsern, löschen die Hitze mit Limonade.

Wessen Ziertuch hat er wohl angenommen, um sich den Schweiß abzuwischen?, sagt Tete.

Du hast es gesehen?, sagt Derya.

Natürlich. Das gibt böses Blut.

Wieso?

Herr Levis Tochter Esther, sagt Tete, schöne Jungfrau, sie glänzt, und ihr Glanz bleibt nicht unbemerkt.

Schecho, der arme Tor, ist ihr verfallen, sagt Schükriye Hanim, was tut ein Rotkehlchen mit einer verliebten Mücke?

Schecho ist die Mücke?, sagt die Frau des Dampfbadbetreibers.

Ja. Den Vogel plagt das Gesumm, und die Mücke im Magen stillt den Hunger.

Was ein Vergleich, ruft Tete, und was ein Kerl, dieser Zigeuner! Die schöne Jüdin würde ihm am liebsten um den Hals fallen.

Esthers Ziertuch ist jetzt Hayri Beys Schweißtuch, sagt Derya lächelnd, jede Elster ist reicher als er. Mit welcher Morgengabe könnte er ihr wohl gefallen wollen?

Ich gäbe ihm einen Goldreif, sagt die Hökerin.

Die Frauen schweigen sie an, sie haben ihr nicht wirklich verziehen. Sie darf durch die Gassen ziehen und ihre Webwaren feilbieten. Die großen Brüder und die Männer des Viertels haben den Bann aus unbekannten Gründen aufgehoben. Kein Mann hat sein Eheweib um Rat gefragt. Kein Mann ist auf die Fragen seiner Ehefrau eingegangen. Die Damen öffnen ihr nicht die Tür, noch kaufen sie bei ihr ein. Sie stehen in der Warteschlange am Brunnen, und wenn die

Hökerin naht, raunen sie den Namen derjenigen, die allzu früh gegangen ist: Elif. Der Schreiner will seine Tochter nach ihr benennen. Die Hökerin wünscht frohe Festtage und verlässt den Garten.
Mutter erkundigt sich nach Tetes Untermieterin.
Sie leidet an rasenden Kopfschmerzen, sagt Tete, sonst wäre sie gekommen, und ihr hättet sie alle kennengelernt.
Ihren Mann kann ich hier nicht entdecken, sagt die Frau des Hodschas.
Die Geschäfte führten ihn in den Osten.
Er ist Händler, stellt Derya fest.
Dann kennt er sich in der Güte der Waren aus, sagt Schükriye Hanim leise.
Was meinst du damit?
Wehe, du drückst mir wieder deine Finger in die Nase!
Sprich frei, sagt Mutter, ich halte den Rachegeist zurück.
Kann es sein, dass sich einige Rüpel in der Lianengasse zusammenrotten?
Das ist mir auch aufgefallen, sagt Tete.
Man könnte glauben, sie hätten ihre Liebe zur Natur entdeckt. Zu beiden Seiten sind die Felder der Brüder Hamit und Haydar. Ich laufe also da entlang, und gerate zufällig in einen Streit. Der strenge Hamit fordert vier Rüpel auf, weiterzuziehen, ihre Schatten würden auf seine Tomaten fallen und sie verderben.
Das ist aber mutig, sagt Mutter.
Mut oder Irrsinn, ich weiß es nicht. Die Rüpel, sie fühlen sich gekränkt, sie wollen Hamit schon packen, da zieht er ein großes Messer aus der Tasche seines Hanfkittels und sagt: Es ist im Ramadan keine Sünde, verlauste Kerle zu schlitzen, die mit Blicken Unzucht begehen.
Oh, sehr mutig.
Mehr gibt es nicht zu erzählen, sagt Schükriye Hanim.
Irgendwann fällt dir ein Ast des kahlen Baums auf den Kopf, sagt Tete, dann wirst du wissen: Ich wurde soeben bestraft, weil ich andere Frauen verleumde.
Nicht doch, sagt Mutter, sie hat nur den Vorfall geschildert, dessen Zeugin sie wurde.

Sie ist verheiratet, sagt Tete kalt, ich bitte es zu beachten. Jede schöne Frau zieht lüsterne Blicke auf sich! Gerüchte beflecken sie, und sie beflecken mich …

Zwei große Brüder stürmen auf den Gastgeber, der gerade den Männern des Viertels die steingewordene Kunst erklärt. Schecho und der kräftige Diener ziehen das Messer. Die Brüder heben die Hände, als wollten sie sich ergeben. Kommt und seht, rufen sie, schaut auf das Werk des Peinigers.

Wir laufen hinaus, wir sehen und erstarren: Der Henker hat sein Seil geknotet und die Schlaufe um die Füße einer Strohpuppe festgezogen. Sie hängt am Ast einer Linde. Der Kopf ist ein Lumpenball, er schleift über den Boden. An den Seiten sind zwei Katzenohren mit schwarzem Garn angenäht.

Die Mädchen weichen weinend zurück. Der Kommissar schickt Schecho zum Revier, der Kurde beißt in die Faust, schreckt durch das Gebrüll des obersten Wächters auf, verfällt in Laufschritt. Nach einer Viertelstunde kehrt er mit drei Polizisten zurück. Sie befragen die großen Brüder: Sie beteuern ihre Unschuld. Das Fest im großen Garten hat sie angelockt, sie wollten nicht lärmen, noch rauben, sie hofften auf Einlass.

Ein Polizist löst auf Befehl den Knoten. Die Strohpuppe liegt wie ein Toter im Leichentuch zu Füßen der Linde. Zwischen dem Himmel und der Hölle ist eine Wüste ohne Kadaver und Knochen, ohne Tiere, die die Schnauzen hungrig in den Sand wühlen. Hier streifen die Seelen ohne Lust und Kummer, sie zerstoßen Wasser im Mörser, die Stößel fahren hinauf und fahren hinab, und es stoßen tausend mal tausend mal tausend Stößel gegen den Mörserboden, und dieser Trommelschlag erzürnt die Engel und erzürnt die Dämonen, es kümmert sie nicht, die Seelen, sie sind weder erlöst, noch unerlöst, ihre Kehlen verbrannt, und doch dürfen sie das wenige Wasser im Mörser nicht trinken, sie sind gehäutete Männer ohne Körper und Verstand, Rauch des verbrannten Krauts zieht in Schwaden über ihren Köpfen, gelbe Erde, auf der sie gehen, verschorfte Lider, die Augen in der Hitze zu Schlitzen verbacken, sie sehen Schmutzlicht, sie hören Grabgesänge, ihre Nägel schartige Münzen. Es hat sie verdorben, die gottlose Tat. Sie haben sich selbst dazu verdammt, in der Wüste zu wandeln und durstig Wasser zu zerstoßen im Mörser, der durch keinen Schlag und Stoß gespalten wird. Der Mann, der Katzen entbeint, der ihnen die Ohren abschneidet, wird die Meute der Wüstenwandler anführen. Verflucht sei seine Seele.

15. Der Allesbezwinger

Tete liegt auf dem Bauch, Schwester Gülfem steht auf ihrem Rücken. Sie macht einen kleinen Schritt, bohrt die Ferse ihres rechten nackten Fußes in die weiche Stelle zwischen den Schulterblättern. Tete sagt dumpf ins Kissen: Du willst mich morden, großes Mädchen! Schwester Gülfem steht jetzt zwischen Tetes Schultern, geht in die Knie, hockt schweigend wie ein brütender Vogel. Ihr Blick ruht auf dem Glas mit brühend heißem Tee. Es wäre falsch, ihr das Glas zu reichen, sie nimmt keine fremde Hilfe an. Von ihr sagen die Frauen des Viertels: Die Ärmste, sie ist in sieben Teile gerissen. Sie verlor bei dem schweren Erdbeben in Erzincan Mutter, Vater, vier Schwestern und ihren kleinen Bruder. Gülfem, eine Wilde, sie zuckt, wenn jemand anders als Tete sie berührt. Sie läuft davon, wenn die großen Brüder ihre Schönheit rühmen. Tete klopft auf den Boden, Schwester Gülfem steigt von ihrem Rücken, schlüpft in die rosenbestickten Pantinen, setzt sich auf das Polster, schlürft den Tee Schluck für Schluck laut aus. Tete hat sie aufgenommen, weil sie eine züchtige junge Dame ist, sie nennt sie die tugendhafte Hausgehilfin.
Ich sitze auf meinem Schaffell, ich starre sie an, sie blickt durch mich hindurch. Vielleicht löst sie sich in Luft auf. Oder aber sie schmilzt zu einer Kupferschlacke und sickert in die Dielenritzen. Schweißtropfen auf ihrer langen Nase, an ihrem Hals, mit dem Zipfel des Tuchs auf ihrem Hinterkopf wischt sie sie weg.
Gott segne deine Füße, sagt Tete, was tu ich nur, wenn du zunimmst?

Werde ich nicht, sagt Schwester Gülfem leise.

Wolf?

Ja?

Dir fallen gleich die Augen aus dem Kopf.

Entschuldige, Schwester.

Es macht mir nichts aus, sagt sie, wieso bestaunst du mich?

Wegen der Geschichten, sage ich.

Ich weiß, sagt Tete, man erzählt, Gülfem hätte sich im Jenseits umgesehen. Der große schwarze Flügel des Todesengels hätte sie gestreift. Sie wäre begnadigt worden.

Nichts davon ist wahr, sagt Schwester Gülfem, oben waren Steinbrocken, unten war geborstener Boden, Ich habe meine Nägel gegessen, Staub geleckt und geschluckt.

Erzähl' ihm die Wahrheit, sagt Tete, er behält es für sich.

Grollen in der Tiefe, sagt sie, und da fiel der Himmel auf meinen Kopf. Alles fiel herunter, alles fiel um, alles brach. Toll und taub bin ich geworden. Im finsteren Loch steckte ich ewige Stunden.

Zwei Tage lang, sagt Tete, und am dritten Tag geschah es.

Ja. Ich gebe auf, ich rufe nicht um Hilfe. Jemand scharrt an den Steinen über meinem Kopf. Es rieseln Mörtel und Splitter herunter. Ich denke: Die Ratten sind nah, sie kommen über mich. Es wird plötzlich hell, es brennt mir in den Augen, ich schließe sie, ein Mann lobt laut den Herren, spricht zu mir, ich schweige, er spricht zu mir, ich schweige ihn an.

Es war ein Mörder, ruft Tete.

Das erfuhr ich viel später. Das Gefängnis stürzte nicht ein. Krankenhäuser, Schulen, alle Häuser, Schutt und Trümmer. Die Mörder brachen aus, flohen aber nicht. Sie halfen. Sie gruben uns aus.

Er heißt Kaya, sagt Tete, der Mörder.

Kaya Bey, er hat zwei Männer erschlagen im Streit.

Ein großer Bruder, flüstere ich.

Älter, sagt Schwester Gülfem, grauer Bart, graue Schläfen. Er legte mir eine Decke auf die Schultern, reichte mir Brot. Ich aß und erbrach auf seine Beine.

Wurde er nicht zornig?

Er streute Erde und Staub auf die Hose.

Warst du nicht verletzt?

Sie wird geschützt, ruft Tete.

Nur Kratzer. Zwei Zehen gebrochen. Kleine Wunden an den Beinen. Alles verheilt.

Hat sich der Mörder in dich verliebt?, sage ich.

Das ist kein Märchen, sagt Tete.

Er blieb bei mir, einige Stunden. Die Gendarmen ließen ihn gewähren. Er war nach dem Ausbruch zu ihnen hingelaufen, sie streiften durch die Ruinen. Er sagte ihnen: Ich grabe mit, und dann stelle ich mich.

Sie haben es ihm einfach geglaubt?, sage ich.

Alles gebrochen, also retten die Mörder. Kaya Bey hat nicht gelogen.

Du könntest ihn heiraten.

Er verschwand, um weiterzugraben.

Tete besteht darauf, dass sie nichts auslassen solle, das Schweigen verhärte sie, und als ihre Worte nicht wirken, schlägt sie das Buch der Anleitung zum richtigen Empfinden auf. Sie liest die Überschriften: Geier auf dem Leib eines toten Propheten. Die unnütze Sonnenuhr im Schatten. Kälte der Liebe. Sie schlägt das Buch zu und erklärt: Die Hexen des Viertels verkaufen Mutpastillen, es sind bessere Kotkugeln, die weisen Frauen kneten in die Harzpaste kleine Späne vom Dattelkern, die Schale der wilden Zwiebel, Schneckenhaussplitter, getrockneten Dung des Hundes und des Vogels, und die dummen Bauernweiber bezahlen mit vollen Früchtekörben. Wie vertreibt man die Geier? Wann verschwindet der Schatten? Wann schaudert man nicht mehr in der Sonne? Will Gülfem sich einreihen in die Schar der Abergläubischen? Nein. Will sie bluten, weil die Späne und Splitter in Zunge und Wangenfleisch schneiden?

Man hat mir gewaltsam den Stein aus dem Mund herausgeholt, sagt Schwester Gülfem, ich hatte mich daran festgesaugt, zweieinhalb Tage lang.

War es der Mörder?, sage ich.

Nein, die Gendarmen. Meine Lippen waren zerschnitten, ich wollte nicht küssen.

Weiter, sagt Tete leise.

Mein Retter, er umarmte mich, nicht wie ein Vater, nicht ein Onkel oder Bruder. Es war ungehörig, ich war umschlungen von zwei dicken Schlangen. Die Frauen und Männer hoben an zur großen Wehklage. Sie schauten zu uns her, und sie sahen, was sie sehen wollten: Das Wunder ist geschehen, der Vater tröstet die Tochter. Er küsste mich, und sie sahen, was sie sehen wollten: Mann küsst seine Frau. Ich habe mich losgerissen. Er lief mir hinterher. Hielt mich wieder fest zwischen seinen Armen. Ich fror nicht mehr. Er drückte mir einen Kuss auf die wunden Lippen ...

Das genügt, ruft Tete.

Er tat mir nichts an. Der Knirps wird nicht verderben.

Ich bin bald sieben, sage ich.

Ich werde ihn nicht wiedersehen, sagt Schwester Gülfem und verfällt in Schweigen.

Meine arme Närrin, sagt Tete, du wurdest verschont, ein Verbrecher grub dich frei, und du warst derart verwirrt, dass du dich sofort verliebt hast. Eine schöne Erinnerung. Jetzt bist du bei mir, du kannst Tee trinken, du kannst nachts unter einer warmen Decke schlafen. Was zählt schon der Tod, dem du entkamst? Bald wirst du dir nicht mehr in die Wangen kneifen müssen, und keiner wird dich wegen deiner Leichenblässe aufziehen.

Ja, liebe Dame.

Plötzlich steht die neue Untermieterin im Zimmer. Weiße Bluse, schwarzer Faltenrock, kein Tuch, das ihre Haare verhüllt, eine Frau der neuen Zeit. Sie strahlt mich an, als freute sie sich maßlos über das Wiedersehen. Tete bedeutet ihr, Platz zu nehmen. Sie schlägt die Beine übereinander, ihre Waden glänzen, ich wende den Blick ab.

Bela Palan, sagt sie.

Wie bitte?

Ich stelle mich dir vor. Meine Mutter hat mich nach dem serbischen Dorf Bela Palan genannt.

Sie sind Serbin?

Nein. Meiner Mutter gefiel der Klang der Worte. Ich bin gemischt.

Mutter bosnisch, Vater albanisch, sagt Tete.

172

Du bist das arische Kind?

Wolf, sage ich.

Es klingt wie Hundegekläff, sagt sie lächelnd.

Noch einmal, sagt Tete kalt, auf meine alten Tage höre ich schlecht.

Ein … schöner deutscher Name.

Nicht wahr? Meinen Enkel werden später die Frauen jagen. Ich habe ihn schon gewarnt, dass er sich vorsehen soll.

Bela Hanim fragt mich höflich aus, ich erzähle von meiner baldigen Einschulung. Ich stecke in Baturs Schuhen und trage die auf meine Größe geschneiderten Kleider des toten Mannes von Tete. Weiß sie davon? Wie oft muss die Herrin des Hauses sie zurechtweisen? Trotzdem nimmt Tete sie vor den anderen in Schutz, lässt nichts auf ihre Ehre kommen.

Schwester Gülfem bewegt stumm die Lippen, flüstert sie ein Schutzgebet? Kauft sie heimlich Mutpastillen, um den Tag und den nächsten und übernächsten Tag zu überstehen? Der Himmel ist über ihrem Haupt eingestürzt, sie kroch aus dem Grab ihrer Eltern und Geschwister und küsste den Mörder. Bereut sie es?

Bela Hanim springt auf, wir zucken zusammen, sie springt zum Fenster, ruft uns herbei. Unten steht eine Maschine mit Sitzen, ein Mann umfasst ein Rad, starrt durch das vordere Fenster der Maschine, er greift herunter, drückt an einem schwarzen Knüppel, die Maschine bewegt sich bis zum Ende der Gasse und biegt an der Kreuzung ab. Der Rauch aus dem Rohr verfliegt. Bela Hanim fährt mir lachend durchs Haar. Ein Chausseeschakal, sagt sie, du siehst zum ersten Mal einen Wagen?

Ich bin einmal mit der Straßenbahn gefahren, sage ich.

Wenn du einen Wagen besitzt, musst du keine Fahrkarte kaufen.

Er kommt aus dem Land der Maschinen, sagt Tete, er ist nicht ahnungslos.

Das nehme ich an, sagt Bela Hanim, eins musst du dir merken, Wolf: Junge Frauen lassen sich gerne auf eine Spazierfahrt mitnehmen.

Sie würden in diese Maschine einsteigen?

Natürlich, was ist schon dabei?

Kennen Sie den Schaffner des Wagens?

Sie lacht auf, tätschelt mir die Wange, und obwohl die Herrin des Hauses sie wieder maßregelt, verschwindet die Freude nicht aus ihrem Gesicht. Der Mann am Steuer sei ihr unbekannt, sagt sie, man habe aber nicht das osmanische Joch abgestreift, um zu verknechten. Sie sei verheiratet, deshalb müsse sie vor anderen Männern nicht die Augen niederschlagen. Ihr Verhalten sorge für Unruhe, Tete habe es ihr hinterbracht, sie habe jedoch nicht eine Kerkerhaft angetreten, als sie in dieses Haus und in dieses Viertel einzog. Was würde ich davon halten?

Du fragst ein Kind?, sagt Tete.

Er hat einen unverdorbenen Blick auf das Leben, liebe Dame. Also Wolf, was meinst du? Wie mache ich mich als Beifahrerin?

Bestimmt gut, sage ich.

Eine höfliche Antwort. Nächste Frage: Wieso verachtet mich deine ... Schwester Derya?

Lass' ihn in Ruhe!, ruft Tete.

Bitte, es beschäftigt mich. Ich will mich mit ihr anfreunden. Sie weist mich ab. Warum?

Sie braucht keine Freundinnen, sage ich, sie ist sich selbst genug.

Ach, wirklich?

Derya liest Bücher, in denen Frauen ihr Glück finden.

Und wie gelingt es ihnen?

Sie tragen teure Strumpfhosen und reisen in ferne Länder, sage ich.

Sie kommen fort, sagt sie, ich verstehe das.

Tete ist erzürnt über diese Frau mit dem serbischen Namen, über eine Frau, die mit dem Kind spricht wie mit einem Mann. Sie zankt sie aus, und die Dame Bela Palan wird ernst, sie überlegt, ob sie ein Widerwort wagen soll.

Schwester Gülfem starrt ihr auf die glänzenden Waden.

Ich kann auch ausziehen, sagt Bela Hanim, ich habe es satt. Ich bin eine Städterin. Soll ich ein Kümmelkorn spalten und mit den Hälften haushalten? Ich bin jung. Soll ich einen Pflock vor die Schwelle stecken, und mich nicht mehr hinaustrauen? Will ich mich daran gewöhnen, dass man mich entwertet?

Es darf nicht geschehen, was du dir vorstellst, sagt Schwester Gülfem leise.

Was?

Junge Männer spannen die Kiefermuskeln an. Wegen deiner Beine. Wegen deiner Augen. Sie sind Stammeskrieger in Hemd und Hose. Sie denken nur noch an dich.

Ich weiß nicht, wovon du redest.

Sie spricht von der Entkräftung, sagt Tete, bis vor Kurzem lasen die Bengel die Schneckenspuren. Sie jagten Ratten, sie knackten Wanzen. Jetzt aber träumen sie von dir.

Das ist ihre Schande, nicht die meine, ruft Bela Hanim.

Tochter, denk' an deinen Mann. Es ist unverkennbar, dass er leidet.

Ich rolle mein Schaffell zusammen, verabschiede mich von den Frauen: Ein großer Streit kündigt sich an, und ich will nicht dabei sein. Der Platz am Brunnen ist menschenleer. Der nasenlose Süleyman Bey sitzt auf dem Schemel und isst Pistazien, ich grüße ihn, er nickt stumm und zeigt in Richtung Fremde-Türken-Viertel. Man sucht nach mir, also eile ich weiter. Auf dem Brachland hinter der Tankstelle stoße ich auf den großen Bruder Yorgo, der mir einen halben süßen Teigkringel reicht. Wir essen schweigend. Er wartet ab, bis ich den letzten Bissen geschluckt habe, dann räuspert er sich, setzt an, schaut weg, atmet tief ein.

Was soll ich für dich tun?, sage ich.

Kluger arischer Knirps, sagt er.

Derya.

Richtig.

Sie hat dich als griechischen Schwindler entlarvt.

Vorsicht, ruft er, Hellenenblut ist dicker als deutsches Blut.

Glaub ich nicht.

Du achtest mich wohl nicht?

Doch, sage ich, du bist mein großer Bruder. Derya ist blind. Eigentlich müsste sie jedes Mal aufschreien, wenn sie dich sieht.

Wo hat die Haut des Buckels ein Loch? Dort kannst du mich küssen.

Ja, sage ich.

Du behältst das für dich. Kann ich mich darauf verlassen?

Kannst du, Bruder.

Wir haben uns gestritten. Ich machte einen dummen Scherz. Seitdem grollt sie mir. Sie ist nicht zur vereinbarten Zeit erschienen. Ich frage mich, was soll ich tun? Ich kann ja schlecht vor eurem Haus Liebeslieder singen.

Der Herr Zigeuner könnte dabei tanzen.

Du lachst über mich?, sagt er.

Entschuldige, Bruder. Was überbringe ich ihr?

Er reicht mir einen Minnebeutel, den ich sofort in die Hosentasche stecke. Yorgo trägt mir auf, den kleinen Stoffbeutel Derya in die Hand zu drücken und ihr zu sagen, dass ...

Er denkt nach, winkt ab. Sie wird verstehen. Es bedarf keiner Botschaft.

Ich laufe nach Hause. Mutter hat die Kupfer- und Nickelringe abgestreift, sie betet für Wohlstand, für das täglich Brot, für die Wiederkehr ihres Mannes, der wegen eines Zugunglücks mit der Bergungsmannschaft in den Osten reisen musste. Der Spiegel zerspringt, die Wasserkaraffe fällt Derya vor Schreck aus der Hand. Viele Scherben. Ein böser Mann wünscht uns Unglück. Ein böses Weib bespricht schwarzes Garn, knüpft Knoten, dass die Flüche besiegelt seien. Geschrei, Gebell, draußen.

Lohn der Nacht, flüstert Mutter. Herbstwinde kündigen den baldigen Winter an. Die Männer, die keine Frau mit Kuss und Küssen an sich banden, sind verhärmt, sie müssen die Kälte alleine überstehen.

Ich verstaue das Schaffell unter meinem Bett, starre aus dem Fenster, steige herab, kippe im Bad die Holzplatte über dem Loch. Keine neuen Kratzspuren. Im Flur übergebe ich Derya den Minnebeutel, sie zieht einen silbernen Kettenanhänger heraus, betrachtet ihn, schüttelt den Kopf.

Was siehst du darauf?, sagt sie leise.

Eine Frau mit Heiligenschein ... Maria.

Mutter Maria. Yorgo schenkt mir, einer Moslemin, ein christliches Medaillon.

Möchte er, dass du Christin wirst?, flüstere ich.

Nein. Er glaubt, dass im Himmel nur Wolken ziehen.

Und darüber?

Kein Gott und kein Teufel.

Yorgo müsste Rinderfutter essen. So dumm, wie er ist.

Untersteh' dich, zischt sie, er ist klüger als die meisten Männer im Viertel. Das Medaillon, es ist ein Zeichen, er will mir etwas mitteilen.

Was denn?

Ich bin ihm heilig.

Wie Maria?

Heilig wie teuer, wie sehr wertvoll, sagt Derya, du wirst das hier an ihn zurückgeben.

Das macht ihn aber nicht froh, sage ich.

Wahrscheinlich griff er verbotenerweise in die Schmuckschatulle seiner Mutter. Früher oder später wird sie es bemerken. Sag ihm, dass ich mich bedanke. Sag ihm, dass ich mich unter einer Bedingung mit ihm versöhne: Er lädt mich zum Pudding mit eingerührten Hühnerbrustfasern ein.

Er weiß, wo?

Im Süßwarengeschäft des dicken Armeniers. Kannst du dir das merken?

Natürlich.

Ich werde dir und Mutter eine Portion mitbringen, sagt sie lächelnd, übrigens, die Knochenspielzeuge habe ich weggegeben. Du hast recht, sie riechen übel.

Mutter ruft uns ins Wohnzimmer. Sie fragt mich nach Frau Bela Palan aus: Ich soll nichts, was sie belastet, verraten. Also verschweige ich den Streit und erzähle von ihren schönen Kleidern, und der Automaschine, die an Tetes Haus vorbeifuhr. Derya verweigert ihr die Busenfreundschaft, sie würde nichts daran ändern, wenn ich von Bela Hanim schwärmte. In meinem Zimmer denke ich an ihre Beine, es ist verboten. Eine vom Wind frei gerüttelte Dachpfanne zerbirst auf dem Pflaster. Ihre Beine. Mein verbotener Wunsch.

16. Der Geber

Rustam Bey betet: Herr tilge die Reste des Tages und die Reste der Nacht. Scheuche die zerdrückten Männer, versetze ihnen den Schwung, nach dem sie sich sehnen. Wir machen Feuer, wir verbrennen Unrat, kräftige uns. Trenne dem Feind die Beine vom Leib. Köpfe die Hundsgeburt. Lass mich nicht im Hemd aus Brennnesseln vor Heimweh brennen. Es kommen bessere Tage. Amen ... Esst und dankt!

Ich starre auf das gute Fleisch im tiefen Teller, er mahnt: Es lebt nicht mehr, hab keine Angst.

Seine Frau kaut an einem Stück Brotrinde, sie heißt Nur, heiliges Licht. Er spricht sie liebevoll an: lastotschka maja, saytschik moj. Meine Schwalbe, mein Häschen, er hat die Worte übersetzt. Sein Erstgeborener, der Teufel Kaytun, schlingt und schneidet, er mustert mich. Er ist ein böser Geist im Tempel, ein in Menschenhaut eingenähter Fluch. Plötzlich sagt er zu mir: Die Krähe riss den Schnabel auf und spie Blutregen.

Wann?, sage ich.

Für manche vorgestern. Für andere ist es sehr lange her.

Vorgestern?

Als das Reich zerfiel. Es hinterließ hungrige Männer. Hungrige Frauen. Sie schauten hoch. Und da sahen sie es.

Die Krähe?

Den kranken Himmel.

On prosta chwastun, takoj, ruft Rustam Bey, er ist einfach nur ein Spinner. Macht er dir Angst?

Ich bin ein kleiner Gast, sage ich, ich stehe unter Ihrem Schutz, Herr. Er lacht auf, klopft mit der Messerspitze auf den Reisschüsselrand, fragt Nur Hanim, ob sie die arische Weisheit in meinen Worten entdeckt habe. Er fordert sie auf, ihm sofort zu antworten.

Sie schüttelt den Kopf, schaut auf die Wand, an der große lange Krummschwerter hängen.

Kubilay hat bislang geschwiegen. Ist es Sitte bei den Tschetschenen, dass sich der jüngste Sohn kleinmacht? Mein Vater Wolf nennt

Männer, die am Tisch das große Wort führen, Herbergsväter. Rustam Bey hat rote Flecken im Gesicht und Fett auf der Unterlippe. Mich plagt das schlechte Gewissen: Wann aßen Mutter, Vater und Derya das letzte Mal Fleisch? Der Metzger hat gedroht, den Schuldschein am Stamm der Linde am Brunnen anzuschlagen. Der Kommissar hat ihn besucht, seitdem grüßt er mich freundlich. Rustam Bey funkelt seine Frau böse an.

Entziehst du dich mir, um mich an deinen baldigen Tod zu gewöhnen?

Gott schenke ihr langes Leben, sagt Kubilay.

Mladschi moj, ermahnst du mich?

Nein, Herr Vater. Langes Leben auch dir.

Frau, dein Söhnchen fällt mich an. Und er windet sich. Ein schlechter Charakterzug. Du erziehst ihn zum roten Sippenfeind.

Liebe Dame, ich danke Ihnen für das Essen, sage ich, es schmeckt sehr gut.

Bitte schön, flüstert sie.

Traue keiner Frau mit offenem Haar, ruft Rustam Bey, ich sprach mit dem Puppenmacher, der seinen Hintern auf dem Schemel breitsitzt. Ein Narr, der einem leichten Mädchen nachweint. Es lief eine junge Frau vorbei, die ihn grüßte. Und er sagte: Sie ist die Tochter des Bruders der Schwiegertochter der älteren Schwester meiner Großtante. Der Mann vergreist vor der Zeit.

Es gibt zu viel von allem, sagt Kaytun leise.

Was heißt das?

Ich kann mich nicht daran begeistern.

Woran?

An all den Zerlumpten im Viertel.

Sie umgeben uns, sagt Rustam Bey, Arier, du weißt, wo wir herkamen?

Ja, Herr.

Heimat in Russenhand, Land zerfallen. Der uns das Land raubte, er heißt Stalin. Der Stählerne. Propaganda. Sein linker Arm ist vier Zentimeter kürzer als der rechte. Die zweite und dritte Zehe des linken Fußes sind zusammengewachsen. Ein grausamer Krüppel führt das Russenreich.

179

Jossif Wissarionowitsch Dschugaschwili, sagt Kaytun lächelnd.

Das sind sein Vor-, Zweit- und Nachname. Ein Georgier. Hat dein Vater … der Deutsche, dich über die Kommunisten aufgeklärt?

Er kümmert sich nicht um die anderen, sage ich.

Der Kommunist ist eine schwarze Seele mit goldener Zunge, ruft Rustam Bey, er geht zu den armen Männern und erklärt: Ihr schindet euch fürs Bettelbrot. Der Ausbeuter lebt im Palast. Ist das gerecht? … Nein, ist es nicht. Aber: Der Kommunist ist ein übler Ohrenbläser, ein gottloser Täuscher. Was erheitert dich?

Mein Vater Franz, sage ich, er hält den Kaiser hoch. Er hasst die Roten, weil sie nur zerstören.

Recht so! Das rote Pack verjagt die Herren, und zieht in die Paläste ein. Stalin, der neue Zar, führt viele Kaisertitel: Großer Meister der revolutionären Entscheidungen. Großer Freund der Taucher und Langstreckenläufer. Größte Schöpferkraft aller Zeiten und Völker. Dabei ist der Krüppel nur ein verlauster Bandit.

Ja, Herr.

Der Arier ist Hitlers Meisterwerk. Gut erfunden.

Ich weiß nicht.

Der Führer schreit, sagt Kaytun.

Ist das ein Einwand?, sagt Rustam Bey, Sohn und Söhnchen, zwei weiche Kinder. Ihr habt nichts verstanden. Was mag das Volk am liebsten tun? Schlafen. Hitler brüllt sie wach.

Lieben Sie ihn?, sage ich.

Liebe?

Würden Sie ihm folgen?

Heerscharen folgen ihm. Ich warte. Ich gedulde mich. Bis es geschieht.

Was?, sage ich.

Bis die Roten eingehen.

Dann speit die Krähe Blutregen herab auf ihre Häupter, sagt Kaytun.

Dann kehren wir heim, sagt Kubilay.

Pista malosolnaja Stalin, ruft Rustam Bey.

Nur Hanim schnellt hoch, flieht aus dem Zimmer. Kubilay betrachtet seine Fingerspitzen, er ist rot angelaufen. Kaytun sticht in eine

Tomate, schneidet den Strunk heraus, beißt hinein: Er schert sich nicht um die Spiele der anderen, er ist in sein eigenes Spiel vertieft. Keine Schramme, keine Narbe an seinen Händen. Spürte man ihn in der Nacht auf, würde man sehen, dass er die Messerklinge in die Erde steckt, um sie zu säubern.

Rustam Bey schimpft: Wer sich beim Auslöffeln der Suppe bekleckert, befleckt auch den Himmel mit Schlammspritzern. Die Meister der Zeit, sie sind verdorben. Rot glühst du, wenn der Kommunist dich küsst … Er entlässt mich und seine Söhne für eine kurze Weile, für die Zeit, die Nur Hanim braucht, um die tränennassen Augen abzutupfen. Ein irrsinniger Tschetschene, der seine Filzmütze nicht einmal dann abnimmt, wenn er sich am Kopf kratzt.

Im Garten erklärt mir Kubilay die Bedeutung des russischen Schimpfworts: gesalzene Scham der Frau. Stalins Schergen haben die Bauern aus den Häusern herausgetrieben, Nur Hanims Bruder vor ihren Augen erschossen. Sie erwache aus dem Traum, in stockdunkler Nacht, rufe laut nach ihm, nenne den toten Bruder den im Sturm Zerriebenen.

Kubilay stockt und lächelt, die Mutter trägt einen Teller mit süßen Teigkringeln zu uns, sie setzt sich auf die Steinstufe und schaut uns beim Essen zu.

Du hast über mich gesprochen?, sagt sie.

Ja, Frau Mutter.

Der Dorfpriester in unserer Heimat war auch blond und blauäugig.

Ja, liebe Dame, sage ich.

Er predigte, wir müssten gegen die Zähmung ankämpfen, zu der man uns verdammt. Die Russen wurden auf ihn und auf das Dorf aufmerksam. Alte Geschichten. Steine schreien auf, wenn wir auf sie treten, wir hören sie aber nicht.

Mutter, sagt Kubilay leise.

Ja?

Nimm es ab, bitte. Sonst hält man dich für verrückt.

Nur Hanim hat Efeuranken um den Kopf gewickelt. Eine Krone. Ein Verband. Ein Vogelnest. Ist sie erloschen? Sollte sie sich fernhalten von allem, was lebt? Ihre Lippenränder sind übermalt, kirschrot. Schön ist sie, mit schöner Stimme spricht sie, schön blickt sie.

Fürchtest du dich vor mir, Wolf?

Ich weiß nicht.

Das Gewächs auf meinem Haupt, sagt sie, mein Bruder selig krönte mich mit Efeu, ich war ein kleines Kind, er krönte und trug mich auf seinen Schultern, und ich lachte auf meinem Thron. Ich will nicht, dass dieses Bild verblasst. Deine Mutter …

Nein, rufe ich.

Gut, wir reden nicht über sie. Bald kommt ihr in die Schule. Freust du dich?

Weniger Zeit für Spiele.

Weniger Langeweile. Aufregend wird es für dich und Kubilay sein.

Die Lehrer schlagen uns mit Prügelstöcken, sage ich.

Wer behauptet das?

Die großen Brüder, sagt Kubilay, uns wird das Spitzkumt um den Hals gelegt. Der Direktor streift durch die Gänge und sticht jeden Schüler, der zu spät kommt, mit dem Hufkratzer.

Die Brüder ziehen euch auf, sagt sie, ihr werdet sie bald mit eurem Wissen überragen.

Ein Fausthieb ist stärker als das Alphabet, sage ich.

Wer daran glaubt, sattelt die fette Herrin. Willst du das?

Sie würde es nicht zulassen.

Sie würde ihn zerfleischen, sagt Kubilay.

Hier, sagt Nur Hanim und reicht mir die Efeukrone, ich schenke sie Derya. Erzähle ihr von meiner Krönung als kleines Mädchen.

Sie verschwindet im Haus, ich stauche die Ranken, stopfe sie unter die Jacke. Rustam Bey hat uns die ganze Zeit zugesehen, er sitzt auf der Holzbank zwischen zwei flüsternden Zypressen, er winkt, ich will ihm am liebsten den Rücken zukehren und weglaufen.

Die Dame des Hauses verschenkt Tand, sagt er, du hättest auch ablehnen können.

Es ist für meine Schwester, sage ich.

Dich bindet nicht das Blut. Eine deutsche Halbwaise nennt eine junge Türkin von einer griechischen Insel Schwester. Den eigenen Vater verleugnest du.

Nein.

Ich will es verstehen.

Sie haben eine fremde Frau geheiratet, Herr. Sie binden sich an sie, obwohl Nur Hanim nicht mit Ihnen verwandt ist.

Sie ist meine Kusine, sagt er.

Wie bitte?

Und trotzdem gleiche ich nicht den Grottenkurden, die Unzucht treiben. Oder doch?

Ich bin Ihr Gast, sage ich, quälen Sie mich nicht.

Er will wissen, wieso ich glaube, dass ein Schlag mit der Faust mehr gilt als das ganze Alphabet. Ich werde in Zukunft mich vor ihm in Acht nehmen, er hat gute Ohren. Da ich schweige, redet er von seinem ältesten Sohn, der viel wisse, ohne je ein Buch ganz gelesen zu haben. Die Männer im Viertel scheuten den Umgang mit Kaytun – weshalb? Sie fürchteten ihn, sie schlügen die Augen sofort nieder, wenn sein Blick sie streifte. Der Älteste trage keine Filzmütze, das missfalle ihm, dem Vater, der über die Einhaltung der Gebote wachte.

Kaytun wittert Heil und Unheil, das reicht. Mein Jüngster wird einmal ein gebildeter Mann sein. Er wird geschminkte Schnepfen bezaubern.

Vater …

Still! Ich vergleiche meine Söhne miteinander, Arier. Wem gebührt wohl in meinen Augen die höhere Stellung.

Ihrem Ältesten, sage ich leise.

Du hast es verstanden. Der Kommissar, die Wächter, die Greise im Kaffeehaus, sie sind alle machtlos. Sie schwätzen. Sie entscheiden für den Tag. Sie werden überrumpelt, immer. Wir wurden überrumpelt, als die Russen in das Dorf einfielen. Bunte Teppiche, volle Mitgifttruhen, Heldensagen, die zahnlose Männer am Lagerfeuer erzählen. Die Roten machten uns nieder. Kubilay!

Ja, Herr Vater.

Sage es auf.

Schlage, würge, zerquetsche, ruft Kubilay.

Das stammt von dem russischen General Ermolow. Schlächter der Kaukasier. Brennt längst in der Hölle. Er wollte uns ausrotten, fast hätte er es geschafft. Er begriff, dass man den Feind zermalmen muss. Er hat uns gelehrt, was wir mit den Russen machen werden, sei es auch am letzten Tag vor dem Jüngsten Gericht. Du wirst Kaytun nicht mehr gering schätzen, ist das klar?

Ich merke es mir, sage ich.

Er mahnt mich zur Vorsicht an, ich solle nicht bereitherzig anderer Frauen Krönchen annehmen, Ranke, Pflanze, Blatt und Gras würden verdorren.

Ich verfluche ihn: Wenn man ausweicht, schluckt man seine Zunge und es öffnet sich eine Spalte im Mundboden und im Gaumen. Ihm ist es geschehen, er floh vor den Russen und verlor die Worte. Seine Heimat ist die Erde, mit der er die Filzmütze füllt. Woher weiß er um Stalins Verkrüppelung? War er sein Diener, hat er seine Füße im goldenen Zuber gewaschen, hat er sie gesalbt?

Ich bin das Grab ihrer Gerüchte und Geheimnisse, der Männer und Frauen im Viertel. Sie nennen mich Kind, aber sie brennen und quälen mich. Ich darf keine Schande über mein Haus bringen, ich danke dem Tschetschenen, ich danke der Dame und dem Sohn, der Löcher in die Ohren schlägt.

Auf dem Heimweg holt mich Kubilay ein, erst schweigt er, dann beginnt er eine wirre Geschichte zu erzählen, nicht über Ahnen und furchtlose Krieger, nicht über zerspaltene Köpfe der Feinde, die man zu Haufen türmte.

Er sagt: Dschenk und Nuyan, sie sind einander näher, als ich dachte, ich hielt sie für Schlammtreter, für Abkömmlinge der Zigeuner, für Kuckuckskinder, die Hayri Bey gezeugt hat, er tanzt gut, er ist ein gut gelaunter Mann, Händler von Schrott, von besserem Unrat, ein Herumschweifender, der weiß, welche Dachpfannen der Hagel durchschlug und wessen Gesang betört, da ist eine Frau, die wohnt am Bittfetzenplatz, er schwört es bei seinem verbliebenen Backenzahn, wenn sie singt, leise, wirklich sehr leise, so leise, dass er glaubt, sie wolle die Mutter nicht wecken, die über die schöne Tochter wacht, Hayri Bey schwört, dass er sich die Kaldaunen aus dem Leib keucht, immer dann, wenn er auf dem Esel zwischen den Pappeln auf der anderen Straßenseite sitzt und lauscht, der Esel hört auf, zu grasen, der Zigeuner hört auf, die Oberlippe abzutasten, sie singt jeden Mann zugrunde, das ist aber nicht die Geschichte, er reitet weiter und trifft den strengen Feldpächter Hamit, er wird von Hamit gesehen, und jetzt sind wir bei ihm, dem Strengen, dem wir folgen, er streift durch die Gassen, weil er hofft, das Gesindel aufzustöbern und auszuräuchern, er folgt den Spuren, abgebrochene Schwefelköpfe auf dem Boden, ein abgerissener Knopf, ein zerbrochener Zweig, zerwühlte Erde, oder kleine Opfergaben der Gottlosen, die an Götzen glauben, er findet einen Holzgötzen mit gelb gelackten Zehennägeln, Hamit, der Strenge, hackt ihm den Kopf ab, wirft Kopf und Körper ins Schlämmbecken, er ist auf Spuren gestoßen, die Gottlose hinterließen, aber er sucht nach der fetten Herrin, nach dem Katzenmetzger, nach einem Verdammten, der Tierleichen hinterlässt, Hunde verbellen ihn, Bauern grüßen ihn, er fragt sie aus nach Feuer, Asche, nach fremden Bastarden, nach der Magd, die verrückt wurde auf der Straße, in der das Gelichter zu Hause ist, und da kommt ihm der Gedanke, sich genau dorthin zu begeben, und der Irre am Fenster empfängt ihn laut lachend, denn es ist eine unerhörte Begebenheit, dass der strenge Hamit den Opiumraucher besucht, das Gelächter des Irren erzürnt Hamit, doch bald sprechen sie wie zwei gesunde Männer, der Fensterirre überhört den Ruf der Mutter, er hat keinen Hunger auf gebratene Auberginenscheiben, er sagt zu Hamit: Zwei werdende Männer, sie brennen, der eine reibt seinen Schoß am unteren Buckel des anderen, zwei Knaben, verboten ist ihre Lust, ich sah ihnen heimlich zu, nein falsch, ich erhaschte nur einen kurzen Blick auf Dschenk und Nuyan, zwei rotgesichtige Welpen, was tun sie da, und ich lief weiter, das sprach der Irre zu Hamit, er verriet ihm ihre Namen, sonst spricht er in Rätseln, stell dir vor, Dschenk und Nuyan, jeder von ihnen stärker als wir beide zusammen, und sie kleben im Dunkeln aneinander, Sünde ist das, Verdammnis ist ihnen sicher, wenn mein Vater es erfährt, zieht er los und tötet sie beide, und ihre Leichen hängt er auf am kahlen Baum, es wird ihn nicht kümmern, dass man ihn ins Zuchthaus steckt, Sünde ist das, Verdammnis …

Kubilay, rufe ich, Ruhe!

Mit diesen Abartigen habe ich nichts mehr zu schaffen!

Hamit Bey hat es dir erzählt?

Natürlich nicht, sagt er, er gab es weiter an seinen Bruder, Haydar sprach mit dem nasenlosen Süleyman.

Und du hast es von ihm? Das glaube ich nicht.

Ich hatte mich versteckt.

Nein, der Nasenlose sieht alles und jeden.

Du darfst nicht böse sein. Haydar sprach mit Yorgo, und Yorgo, na ja …

… sprach mit Derya, sage ich.

Genau.

Sie sind Liebende, das ist nun einmal so.

Geht mich nichts an, sagt Kubilay, sie sind Mann und Frau. Wenn sie sich küssen, beschämt es höchstens die Engel. Aber die anderen beiden, unsere Freunde …

Mit Dschenk habe ich gebrochen.

Ja. Ich breche auch mit ihm. Und mit Nuyan.

Meine Schwester und der Grieche, wo hast du sie gesehen?

Nicht hier, sagt Kubilay.

Wo?

Am Galataturm.

Tore und zerfallene Türme haben wir hier auch, sage ich.

Drüben.

Sie haben dich nicht erkannt?

Ich versteckte mich.

Kubilay, sage ich, an dieser Geschichte stimmt etwas nicht. Entweder du lügst, oder du lässt etwas weg.

Sie saßen in einer Droschke. Der Fuhrknecht musste anhalten wegen eines umgestürzten Gemüsekarrens. Kaytun hatte mich mitgenommen. Er verschwand, ich musste auf ihn an der Kreuzung warten. Und da entdeckte ich die beiden. Die Droschke kam zum Stehen. Yorgo sprach, wie er immer spricht, er war sehr aufgeregt. Deine Schwester hat versucht, ihn zu beruhigen.

Was sucht dein Bruder drüben?

Ich weiß es nicht, sagt Kubilay leise.

Doch, sage ich.

Er trifft sich mit anderen großen Brüdern und den Älteren.

Verbrecher?

Lass mich, ruft Kubilay, was sollen wir jetzt tun?

Nichts.

Ich folge keinem Abartigen. Das Böse keimt und steckt mich an.

Hat er dich zur Unzucht eingeladen?

Ich lass' mich nicht zum Mädchen verkehren, sagt Kubilay und schlägt mir ins Gesicht. Ich schlage zurück, seine Filzmütze fällt in den Gossendreck. Wir balgen uns, bis wir von Kieselsteinen zerkratzt sind. Ein magerer Hund schnürt heran, wir scheuchen ihn mit bösen Flüchen.

Dann sitzen wir auf der hohen Bordsteinkante, starren auf Pelin, ihre verrückte Freundin Berna und das kurdische Mädchen mit den schrundigen Fersen. Sie zeichnen mit Kreide einem kegelförmigen Steinbrocken ein Mondgesicht und eine weiße Schlafmütze auf. Kubilay hat Derya und Yorgo am Galataturm gesehen, er wird nicht lügen. Kaytun macht Geschäfte mit Gaunern vom Westufer. Er verkauft Opium an den Weisen vom Fenster, der im Rausch Kaytun von dem schmutzigen Spiel der Kleinen erzählt. Und der Teufel verrät es seinem kleinen Bruder. Der Tschetschene schützt den Teufel.

Ein Schatten fällt auf mich, und als ich aufschaue, zeigt mir Berna eine Spinne auf ihrem Handrücken. Ich schrecke zurück, Kubilay wischt ihr blitzschnell die Spinne von der Hand.

Ihr habt Angst, sagt sie lachend.

Wer sich mit Spinnen anfreundet, leckt den Schmalz aus Eselsohren, sagt Kubilay.

Goldlocke, ich will dich etwas fragen, sagt die Kurdin.

Ja?

Der Herr Zigeuner, er hat einen Buckel. Trotzdem schmachten ihn die Frauen an. Weißt du, wieso?

Er tanzt, er ist nicht schüchtern.

Noch eine Frage. Ich habe zerschnittene Füße. Trotzdem hast du mich auf dem Fest angesprochen. Pelin behauptet, du bist in mich verliebt. Stimmt das?

Ich kenne dich gar nicht, sage ich.

Ich dich auch nicht.

Liebst du Batur immer noch?

Er ist verblasst, sagt Pelin, das ging viel zu schnell.

Ich werde dir meinen Namen erst gar nicht verraten, sagt die Kurdin, denn dann fängst du an, dich an mich zu gewöhnen. Das darfst du nicht. Ich bin einem Jungen versprochen. Noch sind wir klein, bald sind wir es nicht, und wenn die Zeit kommt, lege ich für ihn den Brautschleier an.

Das ist bei uns ähnlich, sagt Kubilay.

Wem bist du versprochen?

Niemandem.

Wieso nicht?, sagt Berna.

Wegen unserer Flucht. Die Kinder flohen mit den Eltern.

Keiner entscheidet für mich, sagt Pelin, meine Mutter hat sich auch nicht vom Erstbesten betören lassen.

Was bedeutet das Wort?, sage ich.

Dumm und blind machen.

Redet ihr über uns Jungen?, sagt Kubilay plötzlich.

Ihr seid nicht wichtig.

Sie lügt, sagt Berna, wir reden über die Farbe eurer Unterhemden. Und ihr?

Ich habe von dir geträumt, sagt Kubilay, du hast an deinen Wimpern gezogen, die Wimpern wurden länger und länger, sie reichten dir bis zum Kinn. Dann hast du sie mit einer kupfernen Schere abgeschnitten und sie dem Zigeuner geschenkt. Er war außer sich vor Freude.

Du ziehst mich auf.

Das kurdische Mädchen tritt einen Schritt näher, unsere Nasen berühren sich fast, und dann küsst es mich auf das rechte Auge, ich blinzele und rieche den Duft der Kurdin, Herbstgras, Rauch, verbranntes Haar, Schweiß der Schläfen. Alle sind überrascht von ihrem Kuss. Die Wilde und der Arier, Grottengeist und kleine Maschine, dies Gerücht wird sich verbreiten.

Danke, sage ich.

Du hast ein feuchtes Lid, sagt sie.

Du bist versprochen, sagt Pelin streng.

Willst du mich verraten?

Nein.

Ich bin geschützt, sagt sie und läuft davon.

Ihre rauen Lippen. Die Drosselgrube zwischen den Schlüsselbeinen, eine schöne Mulde. Die Mädchen sind verschwunden, Kubilay neckt mich, und da ich nicht darauf eingehe, spricht er von den Abartigen, ihr Hinternhuren hat ihn verekelt, er wird sie zur Rede stellen.

Burak läuft immer mit, vielleicht wird aber auch er seine Locke aus der Erde graben, die widernatürliche Liebe verdammen und neue Freunde suchen.

Morgen, sagt Kubilay, räche ich mich.

17. Der Versorger

Mutter brennt Steppenraute, Kümmel und Salz in der Pfanne, lässt das Räucherpfännchen über die Häupter von Derya und mir kreisen. Der Handspiegel ist ihr zersprungen, zwei fast gleich große Scherben, die vom runden Holzrahmen gehalten werden. Vater hat sie über einen heimkehrenden Istanbuler wissen lassen, dass er länger im Osten bleiben wird. Sie freut sich über das zusätzliche Geld, sie vermisst ihren Mann. Sie wünscht die Abende zurück, an denen sie unter Glühbirnengirlanden Tee trank und dem jungen Abdullah lauschte, der vom glänzenden Morgen sprach. Jeden Monat in der dritten Woche geht es von Neuem los: Die Krämer zeigen uns die lange Zahlenspalte auf dem Papier, sie tippen auf die Zahl, die unter dem Strich steht, und bekommen einen dünnen Mund. Mutters Worte zeigen keine Wirkung, die Männer blicken mit leeren Augen in die Ferne.

Sie legt über die Rückenlehne des Bodenpolsters den gestärkten weißen Rundkragen und den schwarzen Schulkittel. Ich zwinge mich, zu lächeln, und als Strafe für meine Freudlosigkeit muss ich in die Uniform schlüpfen.

Du siehst aus wie ein prächtiger Erstklässler.

Eher wie ein Straßenbandit, sagt Derya.

Wieso?

Seine Haare sind zu lang.

Stimmt, sagt Mutter, morgen bekommst du von Achmed Bey die passende Frisur.

Schlimm, sage ich leise.

Die Väter und Mütter anderer Kinder, sagt Mutter, sie überantworten das Kind dem Lehrer mit den Worten: Das Fleisch gehört dir, die Knochen gehören uns. Weißt du, was das heißt?

Schläge.

Genau. Ich werde es nicht erlauben. Wenn du allerdings den Unterricht störst, und der Lehrer …

… oder die Lehrerin, ruft Derya.

… und Lehrer Bey oder Hanim ohrfeigt dich, werde ich es hinnehmen.

Ja, Mutter.

Wie war's bei den irren Tschetschenen?, sagt Derya.

Rustam Bey ist ein harter Mann.

Bestimmt schlägt er seine Söhne. Und seine Frau.

Verleumde ihn nicht, sagt Mutter kalt, sein Jüngster ist Wolfs bester Freund. Wolf wird ihn danach fragen, und sie entzweien sich.

Werde ich nicht.

Gik, sagt Derya laut.

Wie bitte?

Seine Frau, Nur Hanim, saß am Fenster, und als ich vorbeilief, stieß sie diesen Laut aus: Gik.

Ein Vogellaut, sagt Mutter.

Ich dachte erst, sie grüßt mich auf Tschetschenisch. Also grüßte ich zurück. Da rief sie wieder: Gik. Zwei Mal. Ich drehte mich um, aber ich entdeckte keinen zahmen Vogel.

Sang sie?

Nein. Es hörte sich wie Schluckauf an. Es wäre unhöflich gewesen, ihr den Rücken zuzukehren. Also stieß ich auch diesen Laut aus.

190

Gik, sage ich.

Sie erwachte und starrte mich an, als wäre ich im Begriff, in ihrem Haus einzubrechen. Sie zog schnell den Vorhang zu.

Eine leidgeprüfte Frau, sagt Mutter, es ist unmöglich, mit ihr Freundschaft zu schließen. Ich habe sie mehrfach eingeladen. Sie erzählt dann immer, dass ihr Bruder im Grab friert, das dünne Leichentuch schütze ihn nicht vor den kalten Winden.

Oh, flüstert Derya, sie ist unheilbar gemütskrank.

Was ist das Gemüt?

Dein Vater … ich meine, Herr Franz, würde es dir erklären können.

Zier dich nicht, Tochter, ruft Mutter.

Schafe soll man scheren, ohne sie zu schinden. Ein Schaf, das man beim Scheren geschnitten hat, steht auf der Weide, es blökt nicht, es frisst nicht, es steht einfach da. Es glotzt.

Schafe haben ein Gemüt?

Das geschundene Schaf muss sich erholen. Es vergisst und rupft wieder an Gräsern.

Du verwirrst das Kind, sagt Mutter.

Nur Hanim ist eine Betäubte, die glotzt. Und wenn sie die Stille nicht ertragen kann, ruft sie Gik.

Lassen wir das. Wolf, ich habe mit Ayliye gesprochen, der Tochter des Metzgers, dem wir immer noch einen halben Monatslohn schulden. Sie ist damit einverstanden, dich zur Schule zu begleiten.

Sie ist unfreundlich.

Ayliye hasst es, früh aufzustehen.

Ich auch, sage ich.

Sie holt dich ab, und sie bringt dich zurück. Du widersprichst ihr nicht, ist das klar?

Ja, Mutter.

Wir werden uns abwechseln, sagt Derya, leider ist sie ein großes Mädchen, sonst könntest du versuchen, sie zu beeindrucken. Aber wie ich höre, hat sich eine hübsche Kurdin in dich verliebt.

Ein anständiges Mädchen, sagt Mutter, behandle es gut.

Wer hat geplaudert?

Sie klopfte an. Sie stellte sich vor. Sie sagte: Ist Wolf bereit, geküsst zu werden?

Derya knöpft mir kichernd den Schulkittel hinten auf.

Ich gehe ins Bett, träume nicht von Ochsenziemern in der Hand von Lehrern, noch von langen Wimpern, ich schlafe bis zum Morgen durch.

Ich darf stehend in der Küche Brot und Oliven essen. Derya nimmt mich bei der Hand, und wir laufen bis zur Siedlergasse vor, biegen in das Fremde-Türken-Viertel ab. Der Thunfischverkäufer Teologos klappt bei unserem Anblick den Mund zu, er schimpft im Scherz mit Derya, die ihm das Gähnen verdorben habe. Wir eilen weiter. Trotz der frühen Morgenstunde sitzen im Barbierladen zwei alte Männer, seltsamerweise hat ihnen der Lehrling den Frisierumhang umgebunden. Er stülpt auch mir das weiße Tuch mit einem Loch in der Mitte über. Achmed Bey schneidet dem Feldpächter Haydar die Koteletten gerade, er nickt Derya im Spiegel zu. Deryas Spiegelbild lächelt. Ich muss ihr versprechen, anschließend auf kürzestem Weg heimzukommen.

Die Alten fragen mich nach meinem deutschen Vater. Sie haben in der Zeitung gelesen, dass der Führer der Arier die Türken als Waffenbrüder gewinnen möchte. Haydar Bey nennt ihn geisteskrank, folge man dieser dünnen Ratte mit dem daumenbreiten Menschenbärtchen, verrecke man im Niemandsland. Ein zweiter Krieg würde das Land vernichten, wir wären dann nur noch des Russen Knechte. Die Alten widersprechen, jeder vaterländisch gesinnte Mann müsste sich für den Kommunistenhasser Hitler begeistern. Sie fragen mich wieder nach meinem Vater Franz.

Er schickt mir Briefe, sage ich, es geht ihm gut.

Deutschland ist in kurzer Zeit zum Reich aufgeblüht, sagt der schwarzhäutige Alte, er müsste darauf stolz sein.

Wir leben hier, sage ich leise.

Ich stelle mir vor, ich müsste ein Jahr in Amerika verbringen, sagt der Alte, der an Mandeln kaut, wäre ich in dieser Zeit etwas anderes als ein Türke im fremden Westen?

Ich bin der Sohn der Frau und des Mannes, die mich nähren und kämmen.

Seht, ihr verwirrten Herren, ruft Haydar Bey, er besiegt euch mit Worten. Lernt von diesem Kind.

Geschwätz, sagt der Schwarze, meine Ahnen dienten als Niedere am Osmanischen Hof. Sie waren Dunkelhäutige unter den Bleichen. Mein Vater wurde vom Offizier als Tellerlippe beschimpft. Dieser Offizier suchte am selben Tag meinen Vater auf und entschuldigte sich. Jahrhunderte haben mich gemacht. Ich bin türkischer als ihr alle zusammen.

Du kollerst wie ein Truthahn, sagt Achmed Bey, es könnte sein, dass ich mich bei dir verschneide. Dann fällt dein Ohrläppchen auf den Boden. Mein Lehrling, der gerade stehend döst, hält es für eine große Rosine und fegt es hinaus in die Gosse. Eine Krähe pickt es auf und schluckt …

Ist gut, sagt der Alte, Bolschewistenfreunde sind mir ein Gräuel.

Nimm das zurück, ruft Haydar Bey, oder die Krähe frisst zwei Ohrläppchen.

Bekomme ich dann von dir pralle Tomaten?

Die Männer lachen, der Lehrling fegt das Schnitthaar ins Kehrblech und verschwindet im Hinterzimmer. Wenig später kehrt er mit frisch zubereitetem Tee zurück, die Alten saugen am Würfelzucker und trinken einen Schluck. Sie lassen mir den Vortritt, der Barbier Achmed Bey legt eine Holzlatte auf die Armlehnen des Stuhls, ich klettere darauf und falle fast herunter. Der Barbier schneidet mir erst die Haare kurz, dann schabt er mir den Kopf blank.

Kleine Ohren, sagt er, das mögen die Mädchen.

Hässliche Glatze, sage ich leise.

Gefällt sie dir nicht?

Nein.

Ich habe in den letzten Tagen vielen Knirpsen das Haar geschoren, sagt er, du wirst also in der Schule nicht auffallen.

Der Arier ist sehr bekümmert, sagt der Mandelesser, er trauert seinen blonden Locken nach.

Beim Abflammen der Büschel, die dir aus den Ohren sprießen, werde ich dir wehtun. Ich versenge deine Schläfen.

Ich bin schon still, sagt der Alte.

Die Glatze glänzt, sage ich.

Bayka Hanim … deine Mutter wird dir eine Salbe aufstreichen, sagt Achmed Bey, sonst brennt die Sonne deine Kopfhaut rot.

Für einen kleinen Jungen hat er aber viele Narben, sagt der Schwarze.

Sie unterhalten sich über die Raufhändel in ihrer Jugend: Sie haben mit Holzschwertern aufeinandergeschlagen, bis die Haut aufplatzte. Ein Frevler, der Gott verfluchte, lag zerstückelt zwischen den Grabstelen. Ein Kerl, der einer jungen Frau nachstellte, wurde von Unbekannten enthauptet, seinen Kopf fand man auf dem höchsten Ast des Baumes, an dessen Stamm er lehnte. Die Ketzer fielen, die Ehrlosen fielen, das rotte Fleisch verscharrte man in der Erde des Schindangers. Und trotzdem konnten die Männer den Verfall nicht aufhalten, und sie starben an kleinen Entzündungen, an der Grippe, am Biss der Spinne, der Flöhe und Läuse. Wer das reife Mannesalter von vierzig Jahren erreichte, dankte dem Herrn auf Knien.

Ich brach mir den Fuß, sagt der Schwarze, der Wunderheiler besprach mich, es wurde nicht besser. Der Dorfheilige, ein in den Nächten vor Irrsinn aufbrüllender Kerl, rieb seine Spucke auf den Fuß. Ich litt große Schmerzen. Fast hätte ich mir das ganze Bein selber abgehackt. Meine Frau schiente Fuß und Bein. Nach zwei Monaten konnte ich wieder gehen. Kleine Schritte, keine Sprünge. Ich dankte ihr mit einer Glasperlenkette. Sie trug sie bis zu ihrem Tod.

Gott hab' sie selig, flüstern die Männer.

Die Kette riss immer wieder. Sie verlor keine einzige Perle.

Eine sorgfältige Dame, sagt Haydar Bey.

Ich schlug sie nicht. Ich wurde nie zornig, weil sie immerzu schwieg.

Wieso?, sage ich.

Sie war taubstumm. Diese meine Hände, ich ließ sie aufflattern wie Vogelflügel, wir verständigten uns über Zeichen.

Sie ruhe in Frieden, sagt der Mandelesser und zeigt auf das Schild an der Wand, wieso, lieber Barbier, nimmst du es nicht ab?

Was ist falsch an dem Sinnspruch?, sagt Achmed Bey.

Ich lese: Heute Bargeld, morgen Schuldschein. Käme ich morgen, würde ich also anschreiben können?

Der morgige Tag wird immer ein Heute sein, sagt Haydar Bey.

Wir reden an diesem heutigen Tag. Also gibt man mir heute ein Versprechen, das man morgen nicht wird einhalten wollen.

Du denkst zu viel, sagt der Barbier, und du denkst vor allem falsch.
Ich werde jeden Tag vertröstet. Das zeugt nicht von Ehrlichkeit.
Ach, wirklich?
Sieh mich an: Ich kam schwarz zur Welt und ich sterbe als schwarzer Mann. Ich löge, spräche ich zu einem Fremden: Kneif ein Auge zu, schiel' mit dem anderen, und du entdeckst, dass ich eigentlich ein Weißer bin.
Ein mürrischer Witwer, der seine Zeit damit verbringt, kleine Händel auszutragen. Der Mandelesser legt ihm die Hand auf die Schulter, er schüttelt sie ab. Er schreit: Ewige Ruhe ist mir im Grab versprochen. Wäre er kein geifernder Greis, würde Haydar ihn hinausbitten. Der ohrgelöcherte Wächter und Schnapsschwamm, sie halten noch zu ihm, weil sie auch grämlich sind. Der Barbier streicht mir mit einem Spatel eine parfümierte Salbe auf den kahlen Kopf, reibt sie langsam ein, und ermahnt mich, still zu sitzen. Es ist für einen Jungen unschicklich, wenn er sich mädchenhaft verhält. Ich rieche wie ein Mädchen ohne Haare.
Endlich darf ich von der Holzlatte herunterklettern, die Alten mustern mich, ich bekomme zum Abschied Mandeln, an denen Hosentaschenflusen kleben, ich werfe sie draußen weg.

Ich treffe auf die Frau des Dampfbadbetreibers, die sich bei Schükran Hanim eingehakt hat, sie blinzeln mich überrascht an, wünschen einen guten ersten Tag in der ersten Klasse und hasten lächelnd weiter. Ich umgehe den Brunnen in der Pilgergasse, ich trete in die Schatten, ich werde zum Schatten der fetten Herrin und laufe zwischen den Zypressen und Pappeln, zwischen den Feldern zum verdorrten Land. Die zerschmolzenen Scherben blinken im Herbstlicht. Dschenk, Nuyan, Burak, Kubilay – sie sind alle kahl geschoren, ihre kleinen Köpfe glänzen.
Du siehst aus wie ein Teichmolch, sagt Dschenk.
Und du wie eine lackierte Kanonenkugel auf einem Pfahl.
Wir sind bei den Mädchen erledigt, sagt Burak, ich habe mich im Spiegel angeschaut und sofort geschrien.
Du hast ein blödes Gesicht. Mit oder ohne Haar, das macht keinen Unterschied.

Sind das Regenwürmer auf deinem Schädel?

Narben, sage ich.

Ich würd' dir einen Strich auf die Glatze zeichnen, sagt Nuyan, dann hast du vier Arschbacken.

Der Barbier hat mir eine Geschichte erzählt, sage ich, er war bei euch zu Gast. Das Essen kam auf den Tisch. Da hast du dich über den Teller Kichererbsen gebeugt und tief eingeatmet. Du frisst mit den Nasenlöchern.

Wir sprachen gerade über dich und mich, sagt Dschenk.

Verleumdest du mich wieder?

Nein, das tut er nicht, sagt Kubilay.

Bruder Wolf, sagt Dschenk leise, ich achte deine Familie. Ich achte deine Schwester Derya, die ich beleidigt habe. Ich entschuldige mich. Ich kann mir keine Locke abschneiden und sie vergraben. Ich kann dir aber einige Tropfen meines Blutes anbieten.

Wir schauen uns an, dann umarmen wir uns, ich bin wieder unter Brüdern.

Hat Kubilay ihn erpresst? Nein. Hat er mit seinem Austritt gedroht? Hat er ihm bedeutet, dass er den Teufel Kaytun auf ihn ansetzen wird? Nein. Ich werde nicht fragen, ich bin bei meinen Brüdern. Der Krähenkopf ist verwest, der alte Streit ist vergessen.

Sie stecken uns alle in eine Klasse, sagt Nuyan.

Woher weißt du das?

Meine Mutter ist mit der Frau befreundet, die unsere Klassenlehrerin wird.

Ist sie schön?

Sehr. Und auch streng. Sie steckt sich zehn Haarnadeln ins Haar.

Deine Mutter hat sie gezählt?

Ja.

Beim Kratzen müssen wir aufpassen, sagt Burak, ich hab' mir eine Wunde in die Glatze gekratzt, weil ich dachte, ich hab' noch Haare.

Schneid' dir die Fingernägel, sage ich.

Wir müssen jeden Morgen die Finger vorzeigen, sagt Nuyan, die Lehrerin duldet keinen Dreck unter den Nägeln.

Der Kragen scheuert am Hals und saugt bestimmt den Schmutz auf. Auch darauf wird sie achten.

Wir werden zu Mädchen erzogen.

Die Kurdin ist auch in unserer Klasse. Freust du dich?

Geht dich nichts an.

Sie hat einen Arier eingefangen, sagt Kubilay, du bist ein Sieger-pokal.

Was ist mit der verrückten Berna?

Andere Klasse.

Wer begleitet dich zur Schule?

Schwester Ayliye, sage ich.

Die Tochter des Metzgers, ruft Dschenk, du Glücklicher.

Wieso?

Stell dich gut mit ihr. Und sie wird dich mit Hühnerkeulen be-lohnen.

Schecho arbeitet jetzt beim Metzger, sagt Nuyan, Levi Beys Tochter Esther hat ihm die geschwisterliche Liebe angeboten. Er röstet sein Herz in der Liebesglut, das sind seine Worte. Er starrt Schafs- und Rinderherzen in der Auslage an, er will verstehen.

Ich ärgere mich über ihn, sagt Dschenk, über den Kurden und alle verliebten Männer. Sie wimmern und jammern.

Sie betteln um einen gnädigen Blick, sage ich.

Sie werden zu alten Taschen.

Zum verrosteten Harnisch.

Sie zeigen ihre ungebissene Kehle vor, sagt Kubilay, sie rufen dem Mädchen zu: Hier, sieh meine Unschuld. Dein Biss, mein erster Biss, wird mich segnen.

Sie rufen: Kein Licht im Leben ohne dich.

Beglänze mich!

Beglücke mich!

Und die Mädchen und die Frauen, ruft Dschenk, sie haben keine Achtung vor diesen Jammerlappen. Esther sieht Schecho an und denkt: Verfault bist du in der Brust. Mein Vater las dich aus der Gosse auf, du spießt dir beim Essen mit der Gabel in die Stirn, und ich soll deine Liebe erwidern? Nie!

Nie zeig' ich der Kurdin mein Unterhemd, sage ich.

Nie lass' ich mir von Berna die Glatze küssen, ruft Kubilay.

Was ist besser als das?, ruft Dschenk.

Bruderschaft.

Hoch der Glanz unserer Glatzen, sagt Burak und lacht.

Du hast es verdorben, ruft Dschenk und setzt zu einem Schlag an. Doch dann überlegt er es sich anders: Er versprach für seine Verfehlung Tropfen seines Blutes, bei einem weiteren Fehler würden wir ihn zur Ader lassen. Uns ist bang vor dem kommenden Tag, wir glotzen blind auf die funkelnden Scherben. Kalter Wind, raunende Pappeln, ich reiße mich los.

Vor dem Eckhaus in der Lianengasse sitzt die Webwarenhökerin auf dem regennassen Pflaster und singt, sie bläst eine leere Wasserflasche an, und es dröhnt die Seele der ertrunkenen Jungfrau. Ihr Kummer ist größer als meine Angst.

18. Der Öffnende

Ich schreie: Ich bin Türke, ich bin aufrichtig, ich bin fleißig. Der Schuldirektor geht die Reihen der Schüler ab, bleibt stehen, achtet darauf, dass kein Junge und kein Mädchen stumm die Lippen bewegt. Mein Schädel glänzt, meine Schuhe glänzen. Mutter hat mir mit einem Waschlappen Hals und Ohren sauber gerieben. Ich bin ein kleiner Soldat, die Fahne ist gehisst, ich drücke die Hände an die Hosennaht. Ich habe die Schwursätze laut aufgesagt, jetzt singe ich die Hymne.

Der Direktor eilt die Reihen zurück, steigt auf das Podest, bewegt zornig die Hände, als wollte er Luft hochfächeln. Wir schmettern die Strophen, wir schreien uns heiser, die Fahne flattert im Wind. Dann hält der Direktor eine Rede. Er sagt, dass er in seiner Schule keine Flegel und Bummelanten dulden werde. Er sagt: Ihr seid nicht länger Vieh, das Gras zwischen den Kiefern mahlt. Wir werden euch zur Tüchtigkeit erziehen. Ihr seid Luftschnapper und Luftschlucker, ihr seid blasse Knirpse, wir stählen euch durch Kenntnis und Wissen. Die Sitte verdirbt, der Aberglaube verklärt. Das Alphabet ist das Licht, ihr werdet keine Dunkelheit mehr fürchten. Geht mir aus den Augen!

Wir folgen unserer Klassenlehrerin Ebru Hanim. Ihr Rock reicht bis unterhalb der Kniekehle, dunkle Striche ziehen sich bis zu den Fersen: aufgemalte Strumpfnähte. Nuyan hat recht, sie strahlt vor Schönheit. Sie kennt unsere Namen, sie hat mir die Schulbank am Fenster zugewiesen, ich sitze neben Burak. Erste Regel: Bei ihrem Eintritt ins Klassenzimmer haben sich alle Schüler zu erheben. Sie wird uns einen guten Morgen wünschen, wir werden ihren Gruß entgegnen. Wir werden Platz nehmen, wenn sie es erlaubt. Wir üben das Strammstehen zwei Male. Zweite Regel: Wer tuschelt oder flüstert oder dazwischenredet, fliegt hinaus. Der Herr Direktor streicht durch die Flure, und wehe dem Schüler, den er an der Klassenzimmertür antrifft. Er wird ihn am Kragen packen und in sein Zimmer schleifen. Dritte Regel: Benimmt sich ein Schüler schändlich, steht er für den Rest der Unterrichtsstunde in der Schandecke, er dreht der Klasse den Rücken zu und schweigt. Sie zählt weitere Regeln auf: Man zeigt mit dem gereckten Finger an, wenn man auf eine allgemeine Frage antworten will. Man achtet auf einen blütenweißen Kragen und einen Kittel ohne Schmutzflecken. Ein guter Schüler riecht gut, kleidet sich gut, und weiß viel. Sie fragt, wer lesen und schreiben könne. Es melden sich zehn Jungen und Mädchen. Sie ruft mich an die Tafel, ich schreibe meinen deutschen Namen auf, die Kreide stäubt in meiner Hand.

Stehen die Buchstaben in einer geraden Linie?

Nein, Frau Lehrerin.

Abwischen. Schönschreiben … Besser. Der erste Buchstabe kommt in unserem Alphabet nicht vor. Es wird wie das türkische v ausgesprochen. Hast du auf dem Schulhof die Hymne mitgesungen?

Jawohl, Frau Lehrerin.

Du bist kein Türke. Erkläre uns also, wieso du das getan hast.

Es gehört sich so, sage ich.

Hört ihr das? Wolf hat es begriffen: keine Ausnahmen. Wer ausschert, wird von mir hart bestraft. Wer glaubt, er sei von höherem Stand, wird von mir gestutzt. Hinsetzen.

Sie richtet den Zeigestock auf das Spruchband über der Tafel, ein

Mädchen soll die Worte aufsagen: Bürger Komma kauft einheimische Waren Ausrufezeichen. Die Frau Lehrerin ermahnt sie, sie dürfe die Satzzeichen nicht laut lesen. Sie erklärt: Die Türkei ist ein junger Staat, die Einfuhr von Erdöl und ausländischen Waren kostet viel Geld. Die türkische Republik nimmt am Krieg nicht teil, sie verfügt trotzdem über geringe Mittel …

Ich höre nicht mehr zu, Burak hat mich leise einen Musterarier genannt. Plötzlich wischt der Zeigestock über meinen Kopf, es schmerzt wie nach einem Peitschenhieb. Die Lehrerin verwarnt mich. Dschenk lacht, ich lache, wir müssen nebeneinander in der Ecke stehen. Er wippt auf den Fußsohlen vor und zurück, ich tue es ihm gleich, sie fährt mit dem Zeigestock zwischen unsere Köpfe und schlägt gegen unsere Wangen. Sie schreit: Ihr legt euch mit mir an?! Fordert ihr mich heraus? Wollt ihr leiden, ihr Hundsgeburten? Stellt euch an die Tafel, sofort! … Dschenk.

Anwesend, Frau Lehrerin.

Verrate uns doch bitte, was dich belustigt. Bin ich der Grund für deine Heiterkeit?

Nein.

Also?

Draußen auf dem Schulhof. Ein großer Bruder …

Weiter!

Man hat ihm wohl alle Zähne ausgeschlagen. Er trägt ein Greisengebiss. Ich schaute hin, er zog an den Zähnen, zeigte mir das nasse Gebiss.

Ich sehe niemanden, sagt Ebru Hanim.

Er ist verschwunden, sagt Dschenk.

Hoffst du auf Milde, weil dich das Gesindel unterhält?

Wird nicht wieder vorkommen.

Zur Strafe soll Dschenk in sein Schulheft folgenden Satz schreiben: Am ersten Tag des ersten Schuljahrs habe ich mich zum Esel gemacht.

Die Mädchen kichern, der Zeigestock wischt über ihre Scheitel. Die wilde Kurdin starrt mich finster an, sie hat mich auf das Auge geküsst, vielleicht bereut sie es wegen meiner Albernheit. Für den

Rest der Stunde bin ich aufmerksam, immer wieder streift mich der Blick der Frau Lehrerin. Sie spricht von der Gnade, gebildet zu sein. In früheren Zeiten mussten Armeleutekinder arm bleiben, weil die Herrscher ihnen das Lesen verbaten. Wer nicht las, wusste nichts von der Weite der Welt, er dankte dem Herrn, dass er ihn als Knecht und Untertan hielt. Der Führer verbat nicht das Alphabet, denke ich, trotzdem lieben sie ihn glühend. Mein Vater schrieb in seinem Brief von der Verbrennung der Bücher durch Studenten, von gebildeten Männern, die johlten, als Asche auf ihre Häupter fiel.

Wolf!

Ja, Frau Lehrerin.

Was träumst du?

Ich dachte an meinen Vater.

Der ein Lehrer ist, genauso wie ich. Wozu hat er dich erzogen? Antworte ehrlich!

Er sagt immer: Junge, du musst mehr als auf einer Saite geigen können. Oft sagt er auch über einen dummen Mann: Er hat nie eine andere Glocke als die seines Dorfes gehört.

Sinnsprüche, ruft die Lehrerin, Schutzgebete alter Männer. Worte wie Leichen!

Sie tadelt, sie schimpft, ich stehe stramm. Hinter ihr an der Tafel die krummen Buchstaben, aus denen mein Name besteht. Im hellsten Winkel des Zimmers, auf einer schlanken mannshohen Säule, der Steinkopf des größten Führers aller Türken.

Burak zieht an meinem Kittel, ich setze mich wieder hin, wische mit dem Ärmel den Schweiß von meiner Stirn. Keine Kraft kann sie aufhalten, Ebru Hanim ist unbesiegbar. Sie schreibt an die Tafel: Fleiß, Inbrunst, Charakterstärke. Nie wird der Zeigestock in ihrer Hand splittern. Nie wird es geschehen, dass die Striche an ihren Waden verschmieren. Sie schreibt: Es ist meine Pflicht, der Volksgemeinschaft zu dienen. Sie sagt: Das ist bis zum Lebensende euer Leitsatz.

Wir sprechen die Worte nach, bis sie zufrieden nickt.

Nie wird sie schrumpfen, diese Frau ist gesegnet. Die Meisterin der Unterweisung, zu allen Jahreszeiten schön und streng, sie sticht jedem wilden Hund mit dem Stock die Augen aus. Die Tür wird plötzlich aufgerissen, der Direktor tritt herein, stellt den Schemel neben den Lehrertisch, nimmt Platz, und überlässt es Ebru Hanim, ihn vorzustellen: Der Herr Schulleiter wird eine Weile den Unterricht verfolgen. Bemüht euch, enttäuscht ihn nicht!

Wir schreiben den ersten Buchstaben des Alphabets in unsere Schulhefte: spitzes Dach, Querbalken. Zweiter Buchstabe: Zwei Hufeisen am Pfahl. Dann kommt der gähnende zahnlose Mund. Es folgt der Greisenmund mit Sahneklecks in der Mitte des unteren Schenkels. D wie dicke Dame. E wie Mistforke ohne Stiel. F: Forke mit einer abgebrochenen Zinke. G: Kindermund, Spatel auf der Zunge. H: Leiter mit einer mittleren Sprosse. I wie dünner Mann, dem der Wind den Hut vom Kopf weht. Der türkische Buchstabe I ohne Punkt: lange Holzlatte. J: Latte und Kufe, aneinandergenagelt. K: Einarmiger, zweibeiniger Mann. L: Stuhl, dem man die Beine abgesägt hat. M wie umgedrehtes W, N: Pflocke zwei Pfähle in den Boden, verbinde mit einer straffen Leine das obere Ende des einen mit dem unteren Ende des anderen Pfahls. O: gedehnter, gequetschter Kreis. P: Auge, Nase. Kein Q im türkischen Alphabet. R: Ausschreitender Mann mit dickem Gesicht. S: Zertrümmere dem Kreis die Backen schräg rechts oben und schräg links unten, verbinde Scheitel und Sohle durch eine schöne Schleife. Es folgt der zertrümmerte Kreis mit Sahneklecks an der Sohle. T: halb fertiges Kreuz. U: Hufeisen. V: Eine Ziehharmonikafalz. Kein W und kein X im türkischen Alphabet. Y: Vase auf hoher Säule. Z:

Was machst du da?, sagt der Direktor hinter meinem Rücken. Ich klappe vor Schreck das Heft zu, ich muss es aufschlagen und die vollgeschriebene Seite vorzeigen. Er riecht stark nach einem Männerduft, nach Wildkräutern im Schatten der verfallenen Mauer.

Die Frau Lehrerin will einschreiten, sie macht einen Schritt in meine Richtung und verharrt nach einem Blick von ihm.

Er bittet sie, sich um die anderen Kinder zu kümmern.

Du kannst also schreiben, sagt er.

Ja, Herr Direktor.

Wer hat es dir beigebracht?

Mutter und Derya, sage ich.

Zwei Frauen.

Ja, Herr.

Haben sie dich zur Memme erzogen?

Ich verstehe nicht?, sage ich leise.

Haben sie die Mannesglut in dir erstickt?

Nein, Herr Direktor.

Das ist die Schönschrift eines Mädchens, sagt er, Kringel. Schnörkel, Bögen. Es fehlt nur noch, dass du dir die Wangen puderst. Hast du solche Neigungen?

Ich bin ein Junge, sage ich kalt.

Es darf kein Knabe zum Knäbchen geraten, ruft er, nicht in meiner Schule. Deine Lehrerin fordert euch auf, das A zu üben. Was machst du stattdessen? Du schreibst die Seite mit dem ganzen Alphabet voll. Was beweist es? Dass du gefallen möchtest. Dass dir der soldatische Ernst abgeht. Ich sehe einen Jungen, der sich aufspielt. Keckheit wird hier schlecht benotet ... Du lauschst?

Ich widme mich der Aufgabe, sagt Burak.

Das A verzeichnest du zum glotzenden Kuhauge. Streng dich an!

Ja, Herr Direktor.

Nun zu dir, Wolf. Du bist das einzige deutsche Kind. Bestimmt beten dich alle im Viertel an. Dein Führer macht von sich reden. Er hetzt die Blauäugigen auf andere Völker. Bist du damit einverstanden?

Wir sind vor ihm geflohen, sage ich.

Dein Vater floh und nahm dich mit. Es war seine Entscheidung, und dafür gebührt ihm meine Hochachtung. Du aber bist ein verzogenes Gör. Willst du mir widersprechen?

Ich bin nicht der, für den Sie mich halten, Herr.

Burak duckt sich wie in Erwartung eines harten Schlags.

Am liebsten würde ich aus dem Fenster klettern und dem großen Bruder folgen, der sein Greisengebiss vorzeigt. Sie werden uns in der Anstalt zu winselnden Welpen abrichten. Unsere geschorenen Köpfe, das ist erst der Anfang. Der Direktor verlangt von mir eine richtige Antwort, ich soll nicht ausweichen.

Sie beleidigen mich, sage ich.

Tu ich das?

Sie sprechen mir ab, ein Junge zu sein. Dafür wird man draußen im Dunkeln erstochen.

Ein Kind mit weichen Rumpfmuskeln droht mir, ruft er, das ist lustig. Ich kenne die Schläger, und die wirklich bösen Männer, sie werden sterben wie die Fliegen. Es kommt die Zeit, da man sie übertrumpft. Eiferst du ihnen nach?

Manche Brüder sind mutig.

Sie sind ungebildet. Sie schlagen sich, wofür? Für die Ehre. Sie ist ein bloßes schmutziges Wort, so sie es aussprechen. Ich habe nichts gegen dich. Du bist ordentlich angezogen, ich lobe deinen Eifer. Zur Mannwerdung bedarf es der Disziplin. Und des Gehorsams. Haben wir uns verstanden?

Ja, Herr Direktor.

Schlage die nächste Seite auf und schreibe zeilengerade. Schreibe nichts anderes als das A. Und du, Junge, leidest du etwa an der Handsteife? Bist du ein heimlicher Linkshänder?

Nein, sagt Burak.

Der Buchstabe sieht aus wie eine zertretene Wespe. Bemüht euch! Wir stecken die Köpfe zwischen die Heftseiten, schauen nicht auf, lecken die Bleistiftmine an und zeichnen immer wieder ein spitzes Dach und einen Querbalken. Der Direktor geht ans andere Ende des Klassenzimmers, ich höre seine Schritte. Ich verfluche ihn. Er hat mich vor allen Schülern bloßgestellt. Soll seine Zunge geröstet werden im Räucherpfännchen. Soll er in Kaytuns Arme laufen, der ihn an beiden Ohren an den Stamm des heiligen Baumes auf dem Bittfetzenplatz annageln wird.

Als die Pausenglocke schrillt, kreischen die Mädchen vor Freude und werden sofort ermahnt. Der Direktor ist unbemerkt verschwunden. Wir müssen uns ordentlich hintereinander aufstellen und ohne Hast hinausgehen. Im Eingang zur Kantine im Erdgeschoss schreit uns der Hausmeister an: Diebstahl wird sofort geahndet! Wer sich am schuleigenen Gut vergreift, ist die Spucke nicht wert, die sich in seinem Mund ansammelt, denn er würde den kleinen Dieb nicht bespeicheln, aber sofort den Gendarmen übergeben. Er zeigt auf die älteren Schüler am Tresen und weist uns an, sie höflich und leise anzusprechen.

Ich setze mich mit meinen Brüdern an einen zerkratzten Tisch, öffne die Dose: zwei Scheiben Brot, vier Oliven, eine dünne Scheibe Schafskäse. Wir legen unsere Münzen auf die Tischplatte, Burak flitzt zum Tresen und kommt mit einer Flasche Brause zurück. Jeder trinkt zwei Schlucke, dann ist die Flasche leer.

Harter Drill, sagt Nuyan.

Es wird schlimmer, sage ich.

Der Direktor hat sich in dich verliebt, sagt Dschenk.

Der Mann ist geistesgestört. Fragt, ob ich mich pudere.

Und was antwortet der Arier?, sagt Burak, passen Sie auf, dass man Sie nicht ersticht.

Mutig, ruft Dschenk.

Ich habe mich beherrscht, die ganze Zeit. Fast hätte ich mich im Schritt gekratzt.

Was?

Die Unterhose kratzt.

Meine auch, sagt Dschenk, wieso nähen unsere Mütter Unterhosen aus Nesseltuch?

Baumwolle ist teuer.

Der Junge an der Kasse hat eine Hasenscharte. Ich zeige ihm die Brauseflasche, warte, dass er den Preis nennt. Hat er gemacht, ich hab' ihn nicht verstanden, weil er nuschelt. Da nennt er mich seinen Feind. Er will mich nach der Schule abpassen und verprügeln.

Wer übernimmt es?, sagt Nuyan.

Ich, sagt Dschenk und springt auf.

Der Hausmeister ist abgelenkt, er schreit ein Mädchen an, das wohl einen Jungen am Haar gezogen hat. Dschenk drängelt sich vor, bedeutet Hasenscharte, sich vorzubeugen, er flüstert ihm ins Ohr, Hasenscharte erstarrt. Der Anführer hat die richtigen Worte gefunden. Wenig später lässt er sich auf seinen Stuhl fallen.

Fünf Hyänen zerbeißen einen Wolf, sage ich.

Danke, Kubilay, sagt Dschenk.

Wofür?

Ich habe der Memme erklärt, dass dein Bruder Kaytun uns keine Bitte ausschlägt. Dann habe ich ihn gefragt, ob er von den zerfleischten Katzen gehört hat.

Mein Bruder ist kein Tiermetzger, ruft Kubilay.

Die Memme hat es mir sofort geglaubt. Er wird mit seinen Freunden reden. Sie werden uns aus dem Weg gehen. Vielleicht reden wir auch mit dem Direktor.

Nein. Ich will keinen Ärger.

Er schüchtert uns ein. Wir zahlen es ihm zurück.

Er ist mit dem Kommissar befreundet, sagt Kubilay.

Pelin, Berna und die Kurdin mit den rissigen Sohlen betreten die Kantine, sie schauen sich um, entdecken uns, kommen an unseren Tisch. Pelins verrückte Freundin behauptet, dass sie in ihrer Brotdose eine kleine lebende Maus gefangen hält. Kubilay steht auf und bietet Berna seinen Platz an. Sie ist geschmeichelt, sie läuft rot an. Die Kurdin steckt ihr den Finger ins Ohr, Pelin muss eingreifen.

Du hast dich falsch verhalten, sagt die Kurdin, du kannst es nur nicht verwinden, dass eine Frau über dich gebietet.

Das stimmt nicht, sage ich, sie tut so, als wären wir dumm, weil wir Kinder sind. Du bist wohl von ihr sehr beeindruckt.

Sie spricht Hochsprache.

Parolen, ruft Kubilay.

Wenn sie spricht, klingt es wie Schneefall. Wie die leisen Schritte einer Tänzerin.

Wie der tanzende Schrotthändler, sagt Berna aufgeregt.

Unsere Lehrerin hat keinen Buckel, sagt die Kurdin.

Unser Klassenlehrer benutzt auch feine Worte. Er hat uns glänzende Jugend der Republik genannt.

Wir wurden beschimpft als Hundsgeburten, sagt Dschenk, von dem Schlag mit dem Zeigestock brannte mir die Wange noch lange. Zwei Schüler funkeln im Vorbeigehen Kubilay an. Brüder aus der Zeit, als er mit der Zwille Jagd auf Krähen machte. Sie würden ihn am liebsten anfallen, doch wir sind in der Überzahl.

Wir sind Echsen, denke ich, und Ebru Hanim ist unsere Sonne. Wir recken die Hälse, die weiße Krausen zuschnüren, und wenn wir zucken, kracht die Rute auf unsere Köpfe.

Der Hausmeister schreit das Ende der Pause an, kurz darauf ertönt die Glocke, ich schließe die Brotdose und lasse die Olivenkerne hin und her kullern.

Berna sagt: Du hast Glück, Yeter. In deiner Klasse gibt es viel mehr Jungen als bei uns … Jetzt kenne ich den Namen der Kurdin.

19. Der Allwissende

Mutter streut zwei Teelöffel Salz in das aufgekochte Brunnenwasser und legt eine dicke Brotscheibe neben meinen Teller. Sie nagt an einer dünnen Scheibe, flüstert ein Dankgebet, kaut dann lange an dem Bissen. Ich schmecke nichts. Es ist Monatsende, wir müssen mit dem auskommen, was wir haben. Der Krämer Yanni im Fremde-Türken-Viertel hat uns aus lauter Erbarmen Gewürze und eine Schachtel Kekse geschenkt.

Ich halte beim Essen die Hand unter den Keks, lecke alle Krümel ab. Ich bin nicht satt. Mutter und Derya geben vor, wenig Appetit zu haben.

Und was geschah dann?, sagt Derya.

Der Junge stand auf, sage ich, er sprach den ersten Schwursatz richtig. Dann verhaspelte er sich. Da hat die Frau Lehrerin ihm einen roten Fleck in den Hals gekniffen.

Mutter, ist das richtig?

Die Dame muss vor dem Schulleiter bestehen.

Er ist selber ein grasmahlendes Vieh, sage ich.

Nein, sagt Mutter und klopft mir auf den Handrücken, seine Frau hat sich von ihm scheiden lassen, das zehrt an ihm.

Soll er doch beim Puppenmacher Rat holen.

Er ist unter seinem Stand. Trotzdem, es war falsch von ihm, dich zu verhöhnen.

Keine Vergeltung?, sage ich.

Die junge Dame Ebru, sie gleicht Kubilays Mutter. Sie plagt eine

Schuld, von der sie glaubt, dass kein Regen sie auswäscht. Sie besucht gelegentlich die Herrin der Wünsche in der dunklen Gasse. Ich werde mit der Herrin sprechen. Den Schulleiter wirst du erdulden.

Ja, Mutter.

Hast du Hausaufgaben?, sagt Derya.

Nein, aber ich soll euch diesen Brief übergeben.

Sie liest laut vor:

Sehr geehrte Mutter und sehr geehrter Vater des Schülers Wolf, Ihr Sohn hat sich mir gegenüber sehr respektlos verhalten. Leiten Sie ihn bitte dazu an, seine zänkische Natur zu unterdrücken. Unter den Nägeln seiner Daumen entdeckte ich Schmutz, und auf seinen Schuhkappen Gossenstaub. Den tadellosen Sitz seines Kittels muss ich loben. Wolf hat den Unterricht gestört. Bestrafen Sie ihn bitte nicht zu hart. Ich empfehle, dass Sie ihm für eine ganze Woche den Nachtisch streichen. Das trifft die Kinder hart, und man erzieht sie auf diese Weise zu musterhaften kleinen Bürgern der Republik. Falls Wolf auf seinem falschen Eifer bestehen sollte, sähe ich mich gezwungen, ihn im Fach Betragen mit ungenügend zu benoten. Mit freundlichen Grüßen …

Sie spinnt.

Ich sehe schon, sagt Mutter, es wäre nicht recht, das Gespräch aufzuschieben.

Wir schlüpfen in unsere dicken gepolsterten Mäntel, eilen im Abenddämmer an der Mauer entlang, die Männer auf den Feldern verharren kurz und nicken flüchtig, wir folgen der Hauptstraße, nehmen die Abzweigung zum Fremde-Türken-Viertel, der Barbier, der Wirt, die Krämer und Händler, sie sitzen in ihren Geschäften und warten auf Kunden, hinter dem Haus von Doktor Paskalidis biegen wir in eine Allee, auf den Ästen der Linden hocken die Krähen und schreien den Mond an. Über Ebru Hanim gibt es keine bösen Gerüchte, obwohl sie eine alleinstehende unverheiratete Frau ist. Es heißt, dass sie sich der Leibes- und Geisteserziehung der Kinder widmet. Ich werde schweigen, Mutter hat es mir geboten.

Sie dreht an der Klingel, zwei gusseiserne Schmetterlingsflügel, der gelbgrüne Lack ist abgeplatzt. Die Frau Lehrerin lässt sich die Überraschung nicht anmerken, sie bittet uns herein. In der Wohnung riecht es nach frisch gekochten Okraschoten und Reis, ich bekomme sofort Hunger. An den Wänden hängen Fotografien des Republikgründers und anderer Helden des Nationalen Befreiungskampfes. Keine Sofalehnenschoner, keine Zierkissen, keine bunten Teppiche auf dem Holzboden.

Ich setze mich auf einen Schemel, nachdem die Frauen Platz genommen haben. Ebru Hanim lächelt.

Verzeihen Sie, dass wir unangemeldet erscheinen, sagt Mutter, Wolf hat mir Ihren Brief ausgehändigt, deshalb sind wir hier.

Sie hätten sich nicht herbemühen müssen, sagt Ebru Hanim, Wolf hätte ihn morgen zurückbringen können.

Ich werde nicht unterschreiben.

Wie bitte?

Für meine Nähkünste werde ich oft gelobt, sagt Mutter, es ist ein Talent, das ich von meiner Mutter geerbt habe. Gott hab sie selig. Nun sind Sie aber die erste Dame, die mir Nachlässigkeit in der Erziehung vorwirft.

Sie übertreiben.

Eine Mutter schützt ihr Kind. Vor dem kalten Wind. Vor bösen Geistern, die sich die Bäuerinnen einbilden. Vor den Rüpeln des Viertels, den Schlägern, den Abartigen. Und vor einer Frau, die den Zeigestock als Prügelkolben einsetzt.

Sie stellen mich mit dem Gesindel auf eine Stufe?

Wir sind fast gleichaltrig, sagt Derya, trotzdem sind Sie für mich eine Respektsperson. Halten Sie sich bitte an die Vernunft, und ich werde Sie weiterhin achten.

Verstehe ich das richtig, sagt Ebru Hanim kalt, Sie beleidigen mich in meinen Räumen. Sie bringen das Kind mit, damit er es seinen Mitschülern erzählen kann.

Es bleibt alles unter uns, sagt Mutter.

Kennte ich Sie nicht, hielte ich Sie für heimtückisch und ruchlos. Hast du das gehört, Wolf?

Ja, sage ich.

Und du, Tochter?

Laut und deutlich, sagt Derya.

Zwei Zeugen.

Ich werde es abstreiten. Ich werde es nicht zulassen, dass Sie mich anschwärzen.

Junge Dame, Sie sind neu bei uns. Sie haben Ihre Ausbildung beendet, bestimmt mit guten Noten, und fangen ein neues Lebenskapitel an. Wir freuen uns und sind sogar stolz. Jetzt bricht die Zeit der Frauen an, daran will ich jedenfalls glauben. Nun schlagen Sie die Ihnen anvertrauten Kinder, genauso wie es die Priester taten und noch tun. Man lehrt uns: Der Menschenverstand erhellt die Nacht. Man lehrt uns: Vorbei sind die Tage, da man Frau und Kind prügelte. Sie sollten diese schönen Ideen verkörpern. Auch sollten Sie als gute Gastgeberin fragen, ob Wolf der Hunger quält. Er reckt die Nase wie ein Jagdhund in die Luft.

Sie starrt Mutter an und errötet. Ohne ein Wort steht sie auf, läuft in die Küche, kehrt wenig später mit vier dampfenden Schüsseln auf dem Tablett zurück. Sie reicht Mutter, Derya und mir je eine dicke Scheibe Brot, wir essen schweigend, ich bedanke mich, ich bin glücklich, denn ich bin satt.

Was soll ich also tun?, sagt Ebru Hanim.

Ich bin auf dem besten Wege, ihre gute Freundin zu werden, sagt Mutter, also werde ich auch Ihnen Arbeit abnehmen. Ab morgen wird Wolf dem Unterricht folgen. Er wird sie vergöttern als seine schöne Lehrerin. Dafür aber müssen Sie den Zeigestock zerbrechen.

Wie bitte?

Natürlich nicht vor den Kindern. Der Stock verschwindet einfach. Sie erwähnen es nicht. Und nun zu dem Herrn Direktor. Er hat meinem Kind nahegelegt, sich wie ein Mädchen zu pudern. Finden Sie das angemessen?

Er neigt manchmal zu übertriebener Strenge.

Kinder kann man leicht verwirren, sagt Derya.

Die Väter des Viertels sind reizbar, fährt Mutter fort, wenn ihnen zu Ohren kommt, dass ein herrschsüchtiger Mann ihre Söhne verlächerlicht … nun ja, sie würden sich im Vorgarten des Hauses dieses Mannes versammeln. Der Kommissar eilte herbei und hörte ihre

Klagen an. Er würde seine Vorgesetzten davon unterrichten müssen. Und ehe wir uns versehen, gibt es einen Skandal. Könnte sich der Schulleiter halten? Oder würde man ihn wegen Ungebühr strafversetzen, in den unwirtlichen Osten? Dort verlassen im Winter die Wölfe den Wald, suchen die Bauern heim.

Ich verstehe, sagt Ebru Hanim.

Ihr entgeht nicht, dass ich am leeren Teller auf meinem Schoß rieche. Sie wäscht ihre Hände mit Lavendelseife, auch dieses Geheimnis werde ich für mich behalten.

Plötzlich fällt ein Tropfen Blut auf meinen Teller und verspritzt in kleine Kleckser. Sofort lege ich den Kopf in den Nacken, es rinnt mir über die Lippen, über die Mundwinkel, in den Hemdausschnitt. Die Frauen umringen mich. Hat die Frau Lehrerin den Verdacht, dass ich sie auf mich aufmerksam machen will?

Ich bin unschuldig, sage ich, Derya lacht auf, und Mutter gibt mir einen Klaps auf den Handrücken. Ich halte einen Waschlappen unter die Nase, den Ebru Hanim unter das kalte Wasser gehalten und ausgewrungen hat.

Mutter fragt sie nach den Krähen, wie kann sie schlafen, wenn die Vögel krächzen?

Sie sagt: Sie entziehen mir nicht ihre Gunst. Vielleicht ist es für sie die verkehrte Stunde, und vielleicht gibt die Frau Lehrerin deshalb seltsame Antworten.

Wir brechen auf. Ein Schwarm Vögel am Nachthimmel. Schnapsschwamm wankt aus Hristos Kneipe heraus, zieht sich bei unserem Anblick in das Dunkel zurück, wir hören ihn laut würgen. Krämer Yanni schenkt Mutter karamellisierte Apfelspalten, die er in Zeitungspapier eingeschlagen hat.

Später suche ich Boden und Wände meines Zimmers nach Ameisen ab, schlüpfe unter die schwere Decke, nage an einer Spalte. Lavendeldame, flüstere ich, fahles Gesicht. Wenn sie spricht, kommt Wind auf. Wortwind aus ihrem Mund.

20. Der die Gaben nach seinem Ermessen zurückhält

Man nennt mich das Lämmerschwänzchen von Ayliye, der Tochter des Metzgers. Sie stürmt voran, ich folge ihr in schnellen Schritten. Kinder sind ein Ausweis der Sauberkeit der Eltern. Ihre Mutter hat ihre Haare zu Zöpfen geflochten, sie wischen über ihren Rücken. Ich darf sie noch nicht ansprechen.

Am Laden des einäugigen Krämers biegen wir ab, eilen an Haydars Feld entlang, queren die Felder der Albaner und bleiben am Duchaniye-Steig stehen. Sie schaut auf ihre Armbanduhr und sagt: Fünf Minuten Atemholen, dann beginnen wir mit dem Aufstieg.

Große Schwester Ayliye, sage ich, erlaube mir eine Frage.

Ja?

Warst du schon mal auf dem Bittfetzenplatz?

Mein Wunsch ging nicht in Erfüllung, sagt sie, viele Bänder habe ich an die Zweige gebunden. Der Himmel ist taub.

Der Kommissar will den Baum fällen lassen.

Ich habe davon gehört. Es wird nicht geschehen. Das Polizeirevier wird fast belagert. Die Frauen schicken ihre Männer und Söhne hin, es hagelt Beschwerden.

Hast du am Baum Liebeszauber gesprochen?

Das geht dich nichts an, Knirps, ruft sie wütend aus und läuft den Steig hoch. Zur Strafe schweigt sie mich an, bis wir nach einer Viertelstunde durch das Schultor treten.

Ich sehe Kubilay mit blankem Haupt. Der Schulleiter hat ihm verboten, die Fellmütze zu tragen. Sein Vater Rustam Bey drohte mit einem harten Gegenschlag, seltsamerweise war er aber nach einem langen Gespräch mit der Frau Lehrerin besänftigt.

Zwei Monate und anderthalb Wochen sind vergangen, wir sind tüchtige Erstklässler, die sich über lobende Erwähnungen freuen. Alle Mädchen der Klasse, und fast alle Jungen, haben Lesen und Schreiben gelernt. Wir üben Schönschrift, Ebru Hanim lehrt uns auch Landeskunde, Naturkunde und schreibt manchmal Zahlen an die Tafel. Die Null verwirrt uns: Fügt man sie der Eins an, wird aus der Eins eine Zehn, aus der Zehn das Hundert. Das Nichts vermehrt das Etwas, das ist nicht richtig.

Der Direktor hat es bei einem seiner Besuche erklärt: Ihr seht nur das, was ihr wisst. Das Hundert ist keine Eins mit einem Geschwisterpaar aus zwei Nullen. Wir malen ein Bild, dieses Bild brennt sich ein, damit wir es wieder erkennen. Oder sollen wir hundert Mal die Eins zeichnen? Das wäre richtig, aber unvernünftig … Er schaute in unsere leeren Gesichter, wir wagten nicht, ihn durch dumme Fragen herauszufordern. Zufällig strich draußen der große Bruder mit dem abnehmbaren Gebiss über das angrenzende Brachland. Der Direktor riss das Fenster auf und verscheuchte ihn durch Flüche.

Es klingelt zur Pause, wir laufen hinunter zur Kantine, Dschenk zerrt mich am Kittel. Nuyan, Burak, Kubilay, Pelin und Yeter schauen mich an. Das verrückte Mädchen Berna fehlt, ihre Mutter hat sie krankgemeldet. Nuyan legt den Finger auf die Lippen, dann drehen sich alle um, schleichen gegen den Strom der Schüler zurück. Wir gehen den langen Flur bis zum großen Raum, in dem mit Heizöl gefüllte Kanister und Holzscheite gelagert werden. Pelin reißt die Tür des angrenzenden Zimmers auf. Ich sehe unter dem Tisch hölzerne Stelzenschuhe, auf dem Tisch steht ein voller Wasserkrug, am Haken hängt ein Handtuch. Sie schließt die Tür, wir eilen zurück, die Tische in der Kantine sind besetzt, wir gehen hinaus auf den Pausenhof.

Hast du es bemerkt?, sagt Pelin.

Die Holzpantinen, sage ich, sie sind feucht.

Auch das Tuch. Jemand hat sich daran die Hände getrocknet.

Mutter Eva?

Sie nimmt die Waschung vor und betet. Aber nicht in diesem Zimmer.

Wer dann?

Der Heilige, sagt Burak leise, kennst du nicht die Gerüchte?

Nein.

Dämlicher Arier, zischt Dschenk, die heilige Seele ist Mutter Eva erschienen.

213

Ich weiß nur, dass sie in der Schule übernachtet. Es ist verboten, alle wissen davon, aber reden nicht darüber.

Sie geht wie jede Nacht ins Bett. Hat die Böden gefeudelt, den Müll herausgetragen, die Tafeln sauber gewischt. Sie liegt unter der Decke, da erscheint ihr der Mann im Licht. Sie erschrickt sich zu Tode. Stellt in der nächsten Nacht Stühle und eine Schulbank an die Tür. Wenn jemand sich dagegenstemmt, wird sie davon wach werden. Sie wacht mitten in der Nacht auf und sieht wieder die heilige Seele lächelnd am Bettrand stehen.

Ich hätte mir die Kehle heiser geschrien, sage ich.

Sie schreit nicht, sagt Pelin, sie versteht: Er gibt ihr ein Zeichen. Also füllt sie seitdem jede Nacht den Krug mit Wasser.

Und der Direktor?

Ihm kommt alles zu Ohren, sagt Yeter, er kennt also die Geschichte.

Er unternimmt nichts?

Dafür ist er nicht zuständig. Wenn er Mutter Eva züchtigt, wird sich das Jenseits in seinem Haus öffnen.

Dann packen zwei warzige Feuergeister ihn an Armen und Füßen, bis er vor Angst wahnsinnig wird.

Glaubt ihr daran?

Ich zweifele, sagt Dschenk, die anderen nicht. Und du, Arier?

Ich mag Mutter Eva, sage ich, aber sie könnte den Heiligen erfunden haben.

Wieso?, sagt Pelin.

Damit man ihr nicht den Schlafplatz wegnimmt.

Sie wird von Gott beschützt. Es hat ihr nach der Begegnung mit der Seele die Sprache verschlagen. Sie hat nicht feierlich gelobt, zu schweigen. Aber sie wurde zum Stummen verwandelt. Mutter Eva galt immer als eine Frau, die die Verstecke der lauernden Tiere kannte. Sie stocherte in den Lücken nach Brauchbarem und Essbarem, sie rupfte wie Schwester Gülfem Kräuter mit Wurzel und Stiel, zerbiss die Strünke, leckte den herausquellenden Seim, zerkaute die Erdbröckchen an den Wurzelfäden. Ging etwas verloren, sagte sie: Der Teufel hat es an sich gerissen. Dann erkrankte sie, hustete nachts Blutschaum. Sie überlebte die schwere Krankheit, sie ging unberührt durch die Tage, und sie stieß Laute aus, die sogar die Herrin des kahlen Baums nicht verstand. Die Neider zischten: Seht doch, beim Trinken schwappt das Wasser im Glas und spritzt ihr in die Haare. Müd geworden ist sie, vertropft, einen kalten Kopf und einen kalten Bauch hat sie, eine Streunerin, ein weltabgewandtes Weib! Man hatte sie jenseits der Mauern gesehen, sie stand am vom Feuer verbackenen Markstein, Gesänge wehte der Wind herbei. Seitdem lässt man sie in Ruhe, man möchte nicht, dass sich das Jenseits auf ihren Wunsch hin öffnet.

Träumst du, Arier?, sagt Dschenk.

Ich habe über sie nachgedacht. Sie vollbringt Wunder.

Unheimlich, flüstert Burak.

Dunkler Himmel, stumpfes Licht, wir frieren und laufen in das Schulgebäude. In der nächsten Stunde schreiben wir kurze Worte ins Heft: Milch, Pferd, Auge, Licht.

Ein Teil und null Teile Sonstiges, denke ich, das ist doch immer noch ein Teil und keine zehn Teile. Die Frau Lehrerin huscht zwischen den Bänken, ermahnt unachtsame Schüler, lobt die fleißigen Mädchen, die den Bleistift spitzen, damit ihnen dünne Schnörkel gelingen. Sie hat sich beim Zeichnen der falschen Strumpfnaht vertan, an der linken Wade weicht die Linie von der Geraden.

Nach Schulschluss bittet sie mich zu bleiben, die Brüder lächeln mich schadenfroh an, ich werde den Weg nach Hause alleine gehen müssen. Sie sitzt am Lehrertisch, ich stehe an der Tafel und zähle still an den Fingern zehn Teile ab.

Wolf, du bist ein Kind, sagt sie.

Ja. Nein.

Genau. Du bist ein Junge. Ich bin sehr zufrieden, du hältst dich an unsere Abmachung.

Sie zähmen uns nicht mehr mit dem Zeigestock, Frau Lehrerin.

Der Direktor war verwundert. Aber er hielt es für ratsam, sich nicht einzumischen.

Wahrscheinlich hat man ihn gewarnt, sage ich.

Das muss dich nicht kümmern. Du hältst dich an die Regeln, an fast alle Regeln.

Habe ich Sie beleidigt?

Du … darfst mir nicht auf die Beine starren, Wolf. Das ist unziemlich.

Machen Sie das selber?

Was?

Malen Sie sich den Nahtstrich vor dem Spiegel?

Das ist dir aufgefallen?, sagt sie und schüttelt verlegen den Kopf.

Ich zeichne auf Deryas Haut, sage ich, von der Ferse bis unterhalb der Kniekehlen. Dann übernimmt sie. Sie lobt mich, weil ich nicht verziehe.

Plauderst du nicht ein Familiengeheimnis aus?

Wieso? Mädchen machen sich schön, ich helfe dabei. Ich muss mich nur kämmen und die Schlafpfropfen aus den Wimpern zupfen. Dabei brauche ich keine Hilfe.

Was benutzt Derya?

Schnell trocknende Tusche. Geben Sie mir ein Tintenfass, ich fülle es. Derya wird nichts dagegen haben.

Nein. Ich danke dir. Du darfst gehen. Flitz nicht auf dem Schulhof, die Pfützen sind vereist.

Am Feld der Albaner schaue ich hinab in den Graben. Ein nicht zugeschüttetes großes Loch, in das die Kinder Murmeln werfen, um zu schaudern. Ich öffne meine Brotdose, nehme den Rest Brotkante heraus, stecke ihn in den Mund. Ich schlucke, ich habe immer noch Hunger. Jemand stößt mich über den Grabenrand, hält mich fest, reißt mich zurück, dreht mich um. Ein großer Bruder blickt mich hart an, er lässt die Zunge über die Zähne wandern, seine Lippen beulen sich.

Sehr unachtsam, Arier, sagt er.

Du hast dich angeschlichen, sage ich, ich bin nicht deine Beute.

Solange die Muskeln spannen, solange ich im geraden Strahl spucken kam, solange mir kein leiser Ton entgeht, wird Gott mich führen.

Ja, Bruder.

Nenn mich nicht Bruder, das hast du dir noch nicht verdient. Du bist hergekommen in mein Viertel. Auch hier gilt der Brauch des Landes. Such keine andere Fahne, keinen fremden Stein. Im Schatten der Ruinen hausen Kerle und Weiber. Freundest du dich mit ih-

216

nen an, bist du bei uns nicht gern gesehen. Entschiedenheit: Präge dir dies Wort ein. Merke es dir: Unter uns kein einziger Lump. Die Mauern: Das ist der Rand unserer Welt.

Ich singe die Hymne immer mit, sage ich.

Gut.

Ich habe keinen verraten. Bruder Yorgo ist mein Zeuge.

Ein Krieger, sagt er, Gott schütze ihn. Stimmt es, was die Leute sich erzählen?

Was denn?

Dass du manchmal aus der Nase blutest.

Ja. Bin ich deshalb eine Memme in deinen Augen?

Wer blutet, zeichnet sich rot. Verstehst du das?

Ich verstehe, sage ich.

Nein. Aber du wirst begreifen. Deine Freunde. Der Tschetschene. Der leicht entzündliche Anführer. Nuyan, dessen Faustschlag immer sitzt. Der kluge Späher. Und du, der Arier.

Fünf Finger einer Hand.

Es ist so weit, sagt er, morgen nach der Schule. Morgen wird ein Anfang gemacht. Hier an der Grube.

Er nimmt sein Gebiss aus dem Mund, legt es auf die hohle Hand. Mit einem goldenen Stocher stößt er zwischen die Zähne, betrachtet das Gebiss, drückt es in den Mund.

Ich bin neugierig, ich halte mich aber zurück, ich darf ihn nicht durch Kinderfragen verärgern.

Ich habe mich auf einen Kampf eingelassen, sagt er, ich wusste, der andere ist stärker. Ich schwoll vor Stolz an, weil er mich herausforderte. Ein großer Fehler.

Gewann er durch Hinterlist?

Du hörst nicht zu. Er war mir überlegen. Er schlug mir fast alle Zähne aus. Die Backenzähne durfte ich behalten. Ich sah vom Boden hoch: Mein Zahn steckte in seinem Fingerknöchel. Das Mädchen, für das ich kämpfend warb, wandte sich um, die Dunkelheit verschluckte sie.

Fraß sie der Stärkere?

Leer zu Hause den Napf, ruft er. Hunger halten wir aus, du wirst begreifen.

Er stampft auf, als wolle er ein Huhn vom Hof in den Stall scheuchen. Ich schlinge den Strickschal fester um den Hals, trenne mich grußlos von dem Bruder, der einen Finger in den knirschenden Mund steckt.

Vater wuchtet einen Sack auf die Schulter und trägt ihn in den Laden des einäugigen Krämers. Ich küsse seine Hand, die Hand des Krämers und des nasenlosen Süleyman. Er schaut auf die getrockneten Schlammspritzer an seinen Hosenbeinen: Er wird erst nachts die Hose abbürsten, Männern in sauberen Tageskleidern traut er nicht. Nuriye Hanim tupft die Augen trocken, steckt die Kante Brot in die Tasche und zeigt auf die Preisschilder, sie prüft mich. Ich lese: Käse, grüne Oliven, schwarze Oliven, Wurst, Klammer auf, Schweinefleisch, Klammer zu.

Vater sagt, dass ich mich anhörte wie ein Zwergensoldat, der Kampfrufe bellt. Sie lachen, der Krämer reicht mir eine Dattel. Rustam Bey stürmt in das Geschäft, er strahlt vor Freude, er nimmt die Mütze ab, um sich den kahlen Kopf zu kratzen, setzt die Mütze wieder auf.

Die Krim in deutscher Hand, sagt er, das rote Pack ist vertrieben.

Ich habe es in der Zeitung gelesen, sagt der Krämer.

Die Brut vernichtet, die Heimat befreit. Wir packen schon die Koffer.

Du solltest warten, lieber Herr, sagt Vater.

Worauf?

Der Russe ist zäh.

Die Panzer rollen über sie hinweg. Kein Entkommen.

Jubel über den Endsieg in der ersten Etappe, sagt der Krämer. Als ich die Meldung las, habe ich mir eine Zigarette gedreht. Die Deutschen vergrößern ihr Reich. Nach allen Seiten. Viele Fronten, viele Feinde. Der Gegenschlag kommt gewiss.

Ihr teilt nicht meine Freude, sagt Rustam Bey kalt, das macht mich nachdenklich.

Sind wir also zu Bolschewisten gesunken?, sagt Vater. Es ist jetzt die Jahreszeit der Windstöße, die Schindeln fliegen von den Dächern, das morsche Holz im Dachgebälk bricht. Mit Sturm und Hagel müssen wir rechnen. Doch dann, am Morgen eines schönen Tages, ist alle Kraft verblasen.

Ein kurzes Märchen hast du mir erzählt. Ich aber rede von der neuen Zeit.

Du weißt, wir halten uns aus diesem Krieg heraus. Der letzte ist uns nicht gut bekommen.

Was soll ich von euch halten?, ruft Rustam Bey, unser Erzfeind kriecht ins Rattenloch, und ihr sorgt euch, dass er beißen könnte.

Den Deutschen traust du zu, was keinem Volk gelang, sagt der Krämer, die Herrschaft über die halbe Welt. Bald bricht das Wort in der Mitte entzwei: Heute Endsieg, übermorgen Ende.

Ich kam, um mit euch auf des Russen Niedergang anzustoßen. Ihr weist mich ab. Nie wieder, du Halbblinder, kaufe ich bei dir ein.

Er rauscht hinaus, stößt eine Kiste gedörrter Feigen um, die Früchte kullern über den Boden, ich fange an, sie zu zählen: eins … fünf … vierzehn … einundzwanzig …

Der Krämer reicht mir ein Tuch, er bittet mich, jede einzelne Feige sauber zu wischen und in die Kiste zu legen. In dieser Zeit der Not möchte er keinen Kunden verprellen.

Nuriye Hanim streckt uns die Zunge: Sie sieht aus, als sei sie mit Walnussmehl belegt. Sie beschwert sich über den Grippekummer, der sie seit Tagen plage. Schönes Wort, denke ich und nehme mir vor, es zu merken.

Kau am Minzblatt, sagt Vater, die Bitterkeit wird vergehen.

Ich hänge trüben Gedanken nach, sagt sie, wir tun es alle. Vielleicht haben wir deshalb den Tschetschenen in die Flucht geschlagen.

Ein gefährlicher Träumer.

Die Leuchte der Gottlosen erlischt, flüstert Nuriye Hanim, sie nickt den Männern beim Abschied zu, streichelt mir im Vorbeigehen den blinkenden Schädel.

Der Barbier hat mir wieder den Kopf geschoren, die Alten setzten mir mit blutigen Kriegsgeschichten zu. Ist der Führer ein heimlicher Wundertäter? Ist er das Endzeittier, das sich die Hörner herausriss, um unerkannt wider die Propheten zu wirken? Was geschieht, wenn er beschließt, das freie Land der Türken zu fressen? Sie stellten Fragen, ich wusste keine Antwort.

21. Der die Gaben großzügig gewährt

In der Schule bedrängt man mich: Ich solle endlich zugeben, dass mein Vater Franz ein arischer Agent sei. Warum verschwand er über Nacht? Ist er in der Hauptstadt einem Anschlag der roten Studenten zum Opfer gefallen? Die Schüler, die mich hassen, zischen leise in der Klasse und auf dem Pausenhof Verwünschungen, sie zischen: Die Schlinge um dich zieht sich zu! Sie zischen: Wo ist deine Kraft, Arier? Du kannst doch nur einen abgebrochenen Tassenhenkel hochheben. Du knetest doch nur die Luft in deinen Hosentaschen. Du bist keine Menschenmaschine, die Triumphe feiert! Plötzlich sagt der Krämer: Die Kniekehlen der Frau müssen bedeckt sein. Sie reizen den Mann auf.

Was?, ruft Vater.

Meine letzte Kundin, die Dame ... ich sah ohne Hintersinn flüchtig hin und wandte aber den Blick sofort ab.

Du hast dich in ihre Waden verschaut?

Na ja.

Wolf, das ist hier ein Männergespräch. Du darfst aber dableiben.

Ja, Herr Vater, ich verstehe und vergesse.

Sie hat zwei Bewerber: Teologos, ein ernst zu nehmender Gegner. Und der Irre vom Fenster. Er schickt ihr Minnebriefe.

Soll mich das bekümmern?, sagt der Krämer.

Sie zeigt sich unbeeindruckt, sagt Vater, er schreibt ihr im Rausch, benebelt von den Dämpfen: Herrliche, geweiht die Erde, auf der du gehst/Mein Zwerchfell prickelt auf/Ahne nicht Feigheit, da ich dir nicht erscheine/Ich bin unermüdlich wie eine in denselben Bahnen fliegende Mücke ...

Ist das ein Gedicht?

Das weiß er wahrscheinlich selber nicht genau. Nun zu Teologos.

Verkauft Thunfisch in Salzlake. Ein guter Grund, ihn ans Herz zu drücken.

Die Frauen atmen bei seinem Anblick nicht schneller.

Man führt ein ernstes Gespräch, sagt der Krämer, und da plötzlich pfeift er los. Ich habe ihn gefragt, wieso er das tut. Seine Antwort:

Weil die Männer sich umschauen, sie glauben, dass ein Vogel hereingeflogen ist.

Seltsam, sagt Vater, Nuriye Hanim schwärmt für keinen der beiden Bewerber.

Aber für Haydar. Gut aussehender Feldpächter. Die Frau des Zahnarztes, Minna Hanim, sprach einmal davon, dass ich durch meinen guten Charakter bestechen würde.

Ein vergiftetes Lob, ruft der nasenlose Süleyman, wir schrecken zusammen. Er hat die ganze Zeit hinter den aufgestapelten Obstkisten gestanden und geschwiegen. Der Herbst zerrüttet ihn. Die entlaubten Bäume, die nassen welken Blätter auf dem Pflaster, knurrende wilde Hunde in den Gassen, trudelnde Kreisel der Kinder, die der Wind davonfegt: In dieser Jahreszeit fiebert der Nasenlose. Kupferpfützen seine Augen, aus Bronze seine Schläfen, oft tritt er daneben, oft stößt er daneben und muss einen Stachel aus dem Fleisch reißen. Derya sagt: Unabwendbar ist sein Fall, ich fürchte, ihm wächst Fell am Rücken, bald steckt er im feuchten Balg mit Borsten. Er ist wie denkende Luft.

Du hast ein geschabtes Mannsgesicht, fährt er fort, mir fehlt die Nase, dir fehlt ein Auge. Du musst sie betören.

Womit? Mit Zwiebeln und zerkrümeltem Keks?

Die Hökerin, sagt Süleyman Bey, sie verkauft bestickte Taschentücher.

Wieso sollte ich … Nuriye Hanims Auge tränt.

Schenkst du ihr einen Keks, isst sie ihn auf. Der Magen hat ein schwaches Gedächtnis. Jedes Mal, wenn sie sich übers Auge fährt, wird sie an dich denken.

Manchmal denke ich, sagt Vater, der Teufel sitzt dir auf dem Kloben.

Der Teufel ist alt, sagt Süleyman Bey, Gott ist aber älter.

Wolf?

Ja, Vater?

Du wirst bei der Hökerin fünf weiße Taschentücher kaufen, mit Blumen bestickt. Keine Herzen, du achtest darauf. Sie fragt die Menschen gerne aus. Du verrätst nicht, dass du sie im Namen von Fewsi kaufst.

Nein, Vater.

Dann gehst du sofort zu Nuriye Hanim und übergibst ihr das Geschenk. Du sagst: Von einem heimlichen Verehrer, der dir sehr zugetan ist. Auch sie wird fragen. Sie muss unbedingt wissen, dass sie nicht von Haydar beschenkt wird.
Ihr seid geschickt, ich bin es nicht, sagt der Krämer.
Wir stehen dir bei. Gib jetzt dem Kind das Geld.

Ich springe über die Laubhaufen, ich stemme mich gegen den Wind, ich laufe durch die Gassen. Fünf Feigen habe ich für den Minnedienst bekommen. In der Pilgergasse stehen die Frauen am Brunnen an, sie reden über ihre Träume der letzten Nacht, über knappes Geld und knappes Essen. Die Hökerin treffe ich im Fremde-Türken-Viertel, sie hat sich die Brauen frisch gezupft, ihre Oberlider glänzen im fahlen Licht des Spätmittags. Schecho versteckt sich hinter den rostigen Tonnen auf dem Gelände der Benzinstation. Ich sehe aus dem Augenwinkel, wie er der Hökerin heimlich Zeichen macht und davonschleicht. Vater hat recht, sie fragt mich aus, ich bitte sie, mich nicht zu bedrängen. Man hat ihr die Untat noch nicht wirklich vergeben, sie muss vorsichtig sein.
Nuriye Hanim bittet mich hinein, ihre verrückte Tochter Ayfer hat sich Rußstriche auf die Stirn gemalt. Ich sitze auf dem Bodenpolster und trinke heißes Wasser, in das sie ein Viertel Zitrone gepresst hat. Sie legt die Taschentücher nebeneinander auf das Sofa, streicht über die roten und violetten Stickereien.
Wer ist es?
Liebe Dame, Sie werden mich nicht verraten?
Ich schwöre auf das Leben meiner Tochter.
Der Herr Krämer Fewsi.
Allmächtiger, ruft sie, ich habe einen Halbblinden als Verehrer!
Er trägt Hosen mit Bügelfalten, sage ich.
Fünf spuckende schwarze Mäuler …
Wie bitte?
Weshalb fünf Tücher?, sagt Nuriye Hanim, was steckt hinter der Zahl? Nach dem Aberglauben speien der sündigen Seele fünf Dschinn aufs Haupt.
Das kann der Herr Fewsi bestimmt nicht gemeint haben.

Du bist sein Bote, also nimmst du ihn in Schutz. Aber du hast recht, er wird mich sicher nicht erschrecken wollen.

Fünf Tage, sage ich.

Die Frist, die er mir setzt?

Das wäre einer Dame gegenüber unhöflich.

Sohn, richte bitte deiner Mutter meine Hochachtung aus. Bayka erzieht dich im Sinne der Frauen.

Danke. Werden Sie darüber nachdenken?

Ich weise die Geschenke nicht ab. Ich benutze sie nicht selbst, ich schenke sie meiner Tochter.

Und das bedeutet?

Lass ihn darüber rätseln, sagt sie lächelnd.

Ehe ich mich versehe, hat Ayfer mich mit rußgeschwärztem Mund auf die Wange geküsst. Sie will mir auch die Nase schwärzen, Nuriye Hanim kommt ihr zuvor, hebt sie hoch, trägt sie durch die Wohnung.

Ich verabschiede mich, laufe zum Krämer, lege das Restgeld auf die Münzschale, erzähle von meinem Botengang. Der Krämer runzelt die Stirn und bittet nach einiger Zeit die Männer um Rat. Der Nasenlose nippt am heißen Tee, verzieht den Mund: Fewsi soll sich das Herz ausreißen und es an den Metzger verkaufen. Vater löst die Bauchbinde, schlingt sie um den Leib, zieht und zerrt, bis er zufrieden ist.

Sie hat Wolf mit einem Lächeln entlassen, sagt er, sie behielt die Liebesgaben.

Ich bin kein Dschinn mit einem schwarzen Maul, sagt Fewsi Bey kalt.

Aber mit einem kleinen schwarzen Loch, sagt Süleyman Bey, dort, wo das Auge sitzt.

Du sprichst mir zu oft von meiner leeren Augenhöhle. Warum?

Eine Klappe musst du tragen.

Dann gelte ich als Aussätziger.

Nein, sagt Vater, Nuriye Hanim wird wissen, dass du die Klappe ihr zuliebe trägst.

Und dann? Wird sie sich in meine Klappe verlieben?

Wolf. Er soll es von dir hören.

Herr Krämer, sage ich, du musst für Gerüchte sorgen. Sie müssen ihr zugetragen werden.

Von dir? Du willst dir nur Kekse verdienen.

Nicht von mir. Das wäre … das wäre …

Zu einfach, du Esel, sagt Süleyman Bey, der Arier steht auf deiner Seite. Von ihm kommt nur Lob. Das weiß sie. Also muss es jemand anders tun.

Die Hökerin?, sagt der Krämer.

Schükran Hanim, sagt Vater, das nächste Mal, dass sie bei dir einkauft, verplapperst du dich. Eine Stunde später weiß es das ganze Viertel.

Wäre es der Dame recht?

Nur wenn du klingende Worte sprichst.

Sie ist mir teurer als das ausgestochene Auge?

Fast richtig, sagt Vater, du seufzt in Gegenwart von Schükran Hanim: Sie ist mir teurer als der mir gebliebene Augapfel.

Der Nasenlose erklärt: Von Augen und Organen muss man absehen, die empfindsame Dame würde sonst vor Schreck beide Augen abtupfen müssen. Man könne nicht von Kamelbuckeln sprechen, ohne dass das Gegenüber eine versteckte Beleidigung argwöhnt. Die Männer würden sich in seiner Gegenwart nicht ohne Grund an der Nase kratzen, bestimmte Männer, schäbige Kerle, die ihn an sein beschädigtes Gesicht erinnerten.

Der Krämer kann ihm nicht folgen, er winkt mürrisch ab.

Vater vermittelt: Kamel und Kamelbuckel, Fewsi Beys blindes Auge und Nuriye Hanims tränendes Auge, er verstehe und streiche den von ihm empfohlenen Liebesseufzer. Keine Worte, aber Geschenke, in fünf Tagen, keine Feigen und Kekse, aber Schafsnieren vom Metzger, in sechs Tagen, Überraschungen versetzten die Frauen in Liebeslaune.

Der Krämer weist auf die dämlichen Verse des Irren vom Fenster. Ein alt gewordener Jüngling sei er, den das Verlangen ausbrenne, der am Glas und an seiner verschorften Haut kratze, und oft rufe er im Wahn herunter zu den Schaulustigen: Wie einer gesinnt ist, so ist er auch geschnäbelt.

Ich bekomme Kopfschmerzen von den großen Worten der Männer, ich habe alle Feigen geputzt und denke plötzlich an Dschenk und Nuyan, an ihre unbrüderliche Verbindung, an das böse Gerücht. Verwandeln sie sich in dunklen Winkeln zu Mädchen, treibt sie die Hinterseitenlust zu abartigen Spielen? Ich zwinge mich, die Bilder aus dem Kopf zu bannen. Vater spricht ein deutsches Wort aus: Wunderwert.

Die Deutschen, sagt er, haben zwei Worte. Wertarbeit, das sind Arbeitsapparate in einwandfreiem Zustand. Wenn ein deutscher Mann verzückt ist, nein falsch, wenn ihm etwas sehr gefällt, ruft er ›Wunderbar‹ aus. Ich habe Wunder und Wert zusammengefügt. Du wirst auf deine alten Tage zum Philosophen, sagt der Krämer. Liebe hat einen Wunderwert, sagt Vater.

Ja, und?

Denke nicht an deine Verluste.

Ihm rinnt allein bei dem Gedanken der Schweiß die Afterkerbe herunter, kräht der Nasenlose. Zwei Verdrossene im Eifer, sie streiten sich. Vater bedeutet mir, zu gehen, Mutter wird sich schon Sorgen machen. Ich bin das Wunderkind mit Wunderwert, der arische Bote, der geliebt wird, wenn er dient. Mein Vater Franz schreibt keine Briefe mehr.

22. Der Erniedriger der Hochmütigen

Der große Bruder Hikmet zeigt uns beide Hände vor: Narben an allen Zwischenfingerfalten. Zeichen seines Mannestums. Er hat sich nicht nur mit einer einzigen Wunde begnügt. Bruder Knirschmund achtet darauf, die Hand nicht in den Mund zu stecken, es würde die Ehre des Vernarbten mindern. Hinter ihm, im Abstand von einem Sprung, Bruder Hasan, ein bebender Mann, der den Blick schweifen lässt. Er ist Hikmets erster Soldat, seine zerschneidende Maschine. Wir stehen am Rand der Grube, wir werden gehorchen.

Ihr glaubt, das ist eine Mutprobe, sagt Bruder Hikmet, ihr glaubt, dass es mich vergnügt, wenn euch kleinen Menschen Schmerzenslaute entfahren. Du da, wie heißt du?

Dschenk, Bruder.

Du bist der Stärkste von euch allen?

Ich will nicht protzen.

Gut. Du fängst an.

Dschenk verschränkt die Beine im Schneidersitz, legt die linke Hand auf die Holzplatte, nimmt von Knirschmund die Glasscherbe entgegen wie einen heiligen Gegenstand. Er spreizt die Finger, schaut auf, der Vernarbte gibt das Zeichen. Dschenk stößt mit der Scherbe zwischen die Finger, von rechts nach links, von links nach rechts, dann schneller, von links nach rechts, und als er sich ins Fleisch schneidet, blinzelt er und macht aber weiter. Auf einen Zuruf des großen Bruders hin wechselt er von rechts auf links, und hackt zwischen die Finger der rechten Hand.

Halt! Wie viele Schnitte?

Vier, Bruder, sagt Dschenk.

Hat er geschrien? Siehst du Tränen in seinen Augen?

Nein, sagt Hasan.

Ich lobe deinen Mut, sagt Bruder Hikmet, der nächste Junge, du!

Burak ist tapfer, er hackt sich auf, die Glasscherbe fällt ihm aus der schweißnassen Hand, er ergreift sie und stößt zwischen die Finger. Fünf Schnitte. Nuyan: zwei Schnitte. Kubilay schließt die Augen, die Scherbe sticht kein einziges Mal.

Hikmets erster Soldat grinst ihn an, er sagt, er trage die Fellmütze nicht, um die Glatze zu bedecken.

Ich lege die Hand auf die Platte, wische Blut und Schweiß von der Scherbe am Handrücken ab, stoße zwischen die Finger. Ein Schnitt, drei Schnitte, sechs Schnitte, die Scherbe hat gebissen.

Bestanden hast du, wenn du das Blut von den Fingern leckst und das Blut herunterschluckst.

Ja, Bruder.

Mutig bist auch du, Bluttrinker, sagt Hikmet.

Sind wir Brüder?, sagt Burak.

Noch bist du ein blutender Junge.

Müssen wir älter werden?

Hier vor mir habt ihr die Zähne zusammengebissen. Wie ist es aber vor den anderen, vor denen, die euch nicht fürchten?

Wir haben oft gekämpft, sagt Nuyan.

Gegen Krähen und Vogelscheuchen?

Gegen die Zigeuner. Gegen ihn, als er noch in der Bande seines Bruders war?

Wer führte euch damals?, sagt Hikmet.

Kaytun, sagt Kubilay.

Die großen Brüder starren ihn alle an, Bruder Hasan macht einen großen Ausfallschritt, der Vernarbte hält ihn zurück. Sein Gesicht ist eine Hassmaske, er drückt das Messer in seiner Rechten gegen das Bein. Er bewegt die Lippen, atmet ein, flucht leise.

Er ist mein Feind.

Hast du mich gerade verflucht?, sagt Kubilay.

Nicht dich, sagt Hasan, aber deines Vaters Erstgeborenen. Den, der mich hinterrücks anfiel und mir in die Schläfe biss. Einen Hautfetzen biss er mir ab. Ich lag am Boden und sah zu, wie er am verbotenen Bissen kaute. Er schluckte meine Haut herunter.

Die Narbe pocht, sagt Bruder Hikmet, er wird sich rächen. Findest du das falsch, Tschetschene?

Nein. Bin ich zufällig bei Kaytun, wenn du Vergeltung übst, werde ich ihm helfen.

Dann häute ich auch deine Schläfe, sagt Hasan.

Kubilay legt den Handrücken an den Mund, die blutigen Finger wie ein Fächer, der aufklappt, er fächelt mit den Fingern, von den Kuppen fallen Tropfen auf Hemd und Hose, es kümmert ihn nicht. Verhöhnt er den von Kaytun Angebissenen? Zeigt er ihm die Schwinge der Krähe, die kopfüber stürzt, herab auf das Haupt eines müden Memmen?

Er dreht sich um, er trennt sich von uns, er geht vier Schritte, der Vernarbte ruft ihn zurück, und dann spricht er zu uns, den Kindern mit zerschnittener Haut.

Der Teufel ist schwarze Spucke, spricht er, er ist Schorf und verrottende Fischkiemen in der Sonne, und Rinnendreck. Er ist hinabgeschleudert worden. Er fiel und fiel und schlug auf. Dort, wo er aufschlug, an der Stelle, gibt es einen Krater, an dessen Rand die Ruchlosen, die Henker, die bösen Seelen stehen. Menschenstelen, auf die der Seim des Teufels niedergeht. Zerschlagen müsste man sie. Hingehen, mit Beil und Hammer und Messer schlagen und hacken. Da gab es einen, ihr kennt ihn nicht, weil man seine Geschichte geheim hält, ein räuberischer Kerl, ein Geist aus der Pfütze, Spuk und Brut, er hat im Galopp gelebt, er fuhr im Trab zum Teufel. Er schoss sich in den Kopf. Man verscharrte ihn im Loch, der Sünder liegt im Grab auf dem Gesicht. Seine Seele, ich bin mir sicher, starrt in den Krater.

Verhüllst du dich mit deinen Worten?, flüstert Kubilay.

Ich rede nicht über Kaytun, sagt Bruder Hikmet, aber über einen Siebzehnjährigen, der sich mit der Pistole seines Vaters erschoss. Die Männer des Viertels, die nannten ihn einen Verworfenen vor Gott. Wir wussten es besser. Wir fragten uns: Wieso wohnt sein Onkel im selben Haus wie seine schöne Mutter?

Er beging Selbstmord aus Ehre?, sage ich.

Ehrlos war er, weil er sich selbst getötet hat. Trotzdem, wir rupfen das Gewächs an seinem Grab. Wir waschen seinen Grabstein.

Er gehörte nicht zu uns, sagt Hasan, er hielt sich von allen fern. Man vergaß ihn.

Wir erinnern jeden, der zum Bruder reifen will, an den sündigen Bruder, der auf dem Gesicht liegt.

Was sollen wir tun?, sagt Dschenk.

Bist du schon mal auf einem Esel geritten?

Nein.

Ich auch nicht, sagt Bruder Hikmet, manche Sachen tut man, manche verweigert man. Du, Arier, wirst dich am Friedhofstor einfinden, heute Abend, eine Stunde nach Einbruch der Dunkelheit. Ihr seid entlassen.

Wir hasten nach Hause, uns ist nicht nach Streichen zumute. Derya entdeckt sofort die Schnitte an meinen Händen, sie säubert die Wunden, ich halte still. Sie will wissen, ob man mich in einen Messerkampf verwickelt hat, und da ich ausweiche, räuspert sich Mutter und bedeutet ihr mit einem Blick, nicht weiter in mich zu dringen.

228

Ich löffele heißes gesalzenes Wasser, in dem sie Schafsknochen gekocht hat.

Sie nennt mich einen kleinen Mann.

Derya atmet wütend durch die Nase. Sie hat Yorgo verlassen, diesmal ist es unwiderruflich vorbei. Sie fand heraus, dass er sich heimlich mit einer Griechin aus einem anderen Viertel trifft. Einen anderen Mann wird sie finden, vielleicht nicht sofort, und sie wird es darauf anlegen, dass Yorgo davon erfährt.

Mutter lacht laut auf, sie traut ihm zu, sich mit weiteren Nebenbuhlerinnen zu vergnügen.

Du hältst mir meine Dummheit vor?

Wie hast du davon erfahren, Tochter?

Ein langes Frauenhaar hatte sich an seiner Halskette verfangen, sagt Derya.

Gestand er sofort?

Nein, er log mich an. Seine Mutter soll ihn umarmt und dabei ein Haar verloren haben.

Wolf, du bist ein sehr begabter Liebesbote.

Danke, sage ich.

Meine Freundin möchte dem, der sie umwirbt, Folgendes ausrichten: Es bedarf größerer Mühen. Wenn ihn aber diese Nachricht derart verstimmt, dass er anderen Sinnes wird, soll er es sie wissen lassen.

Ja, Mutter.

Und noch eins: Sie will nicht erobert werden wie Feindesland. Der, um den es geht, könnte Freunden und Helfern glauben, die ihn zum Feldzug ermuntern.

Nun weiß ich, weshalb sie seltsam redet, obwohl wir alle wissen, dass der einäugige Krämer Nuriye Hanim begehrt. Mutter tadelt Vater. Sie wird ihrer Freundin beistehen. Ihr Mann schreckt nicht davor zurück, alle Angelegenheiten des Viertels mit den Mitteln eines Militärs anzugehen.

Deryas Wut ist nicht verraucht, sie möchte, dass man über ihren Liebesschmerz spricht. Vielleicht wird Bruder Yorgo den Beistand eines anderen großen Bruders suchen. Vielleicht wird er aber auch mich um Hilfe bitten.

Dann wärest du sein Spion in diesem Haus, sagt Derya.

Ich schlage mich nicht auf seine Seite, sage ich.

Er könnte dich bestechen.

Womit?

Mit einer ... erleichterten Aufnahme in den Bund der kleinen Männer.

Das wäre beschämend, für ihn wie für mich. Man würde mich zu Recht für einen Betrüger halten.

Du verletzt dich, damit dich die älteren Jungen loben. Ist das nicht dumm?

Nein, sage ich.

Doch, sagt sie, Yorgos Hände sind voller Narben. Er hat mir von einer anderen barbarischen Mutprobe erzählt. Die Griechenkinder ließen sich einen Nagel in die Hand treiben.

Mein Gott, ruft Mutter.

Sie eiferten ihrem Vorbild Jesus nach. Die durchbohrte Schwurhand war ihr Zeichen.

Hier in unserem Viertel?

Ja. Ihr Priester hat mit Ächtung gedroht. Vergeblich.

Eine Hand-Kreuzigung, sage ich leise.

Der Feldpächter Vasil gehört zu den Gezeichneten, fährt Derya fort, seine Rechte gleicht einer Klaue. Der Nagel zerschrammte Knochen und zerschnitt eine Sehne.

Wieso scheut er andere Menschen?

Er ist Halbgrieche, sagt Mutter. Mutter Türkin, Vater Grieche. Sie leben jenseits der Brücke. Er glaubt ... weder an das eine noch an das andere.

Ein Gottloser.

Wenn das so weitergeht, wirst du ein Priester, sagt Derya, es genügt Vasil, sein Feld zu bestellen. Segen erhofft er sich nicht vom Himmel.

Ist das eine Schande?, denke ich, stolz auf ihrer Hände Arbeit sind Pächter, Höker und Händler. Sind große Brüder, Schläger, die Wirte, Barbiere, Schreiner und Metzger. Doch sie wissen um die Macht, die sie überragt. Sie wissen, ihr Tod ist beschlossen. Anders Derya, die Frau Lehrerin und der Direktor: Sie glänzen im Lichte der neuen Lehre, eine andere Heiligkeit kennen sie nicht. In der Schule müssen wir Parolen bellen, unsere Inbrunst wird belohnt, der mangelnde Eifer bestraft. Wir starren auf Köpfe aus Gips und Stein, und man zwingt uns, dabei zu lächeln.

Der Hodscha sprach in seiner Predigt vom Mond, der sich in manchen Nächten auf Baumkronen und die Wipfel der Zypressen vertropft. Von den zerfleischten Katzen, ihren fehlenden Knochen, von unserer aller Erschöpfung. Der Kommissar hat ihn gewarnt, die Männer nicht durch dunkles Geraune zu zermürben. Der Metzger widersprach: Er blicke in die gebrochenen Augen von toten Rindern, Schafen und Lämmern, er zerhacke Fleisch, dem die Seele entströmt sei. Das Wissen, dass alles vergeht, tröste ihn. Die Schafsnieren, die er in zwei Lagen Zeitungspapier einschlägt, werden Nuriye Hanim bestimmt schmecken.

Es wird langsam dunkel, ich warte in meinem Zimmer, bis Vater heimkehrt und nach kurzer Zeit das Haus verlässt. Er will sich mit Männern seiner Einsatztruppe bei Hristo treffen. Mutter strickt, Derya lernt für die Prüfung. Ich achte darauf, nicht auf die Mitte der Treppenstufen zu treten, weil sie dann knarren. Schnell schlüpfe ich in den Hintergarten, laufe durch die Gassen, meide Straßenlaternen und erleuchtete Fenster. Zwei wilde Hunde schauen witternd zu mir herüber, sie fallen mich nicht an, sie trotten hinter mir her, bis ein scharfer Zischlaut sie vertreibt.

Der Vernarbte wartet am schmiedeeisernen Tor des Friedhofs, er hat die Bauernmütze tief in die Stirn gezogen.

Ich hätte keine fünf Minuten länger gewartet.

Verzeih, Bruder.

Weiß jemand, dass du hier bist?

Nein, ich stahl mich heimlich weg.

Er übergibt mir einen rund geschliffenen kleinen Ziegelstein. Er erklärt: Den Hauptpfad verlassen, dem linken Kieselweg bis zu den schiefen Grabstelen folgen, dann wieder links, und gleich am ersten Grab rechts, geradeaus bis zu den letzten beiden Grabreihen am Hinterausgang, dort den unbeschrifteten Stein suchen und darauf das Ziegelstück legen. Ausharren. Wenn ein Pfiff ertönt, sofort zum

Eingang zurückstreben und hier bis zum zweiten Pfiff warten. Danach auf dem schnellsten Wege zurück nach Hause.

Er stößt mich hinein in den Friedhof, ich gehe los, ich achte darauf, nicht zu hasten, Bruder Hikmet darf mir meine Geisterfurcht nicht anmerken. Ich stecke die Hände in die Taschen, spiele mit den Murmeln, spiele mit dem Ziegelstein, Äste wiegen sich im Wind, ich wende den Blick ab, Steine knirschen unter meinen Sohlen, ich summe leise die letzten beiden Zeilen der letzten Strophe des Kinderlieds. Und schenkt uns der Himmel nur immerdar Brot, so sind wir geborgen und leiden nicht Not. Zehn Mal sage ich die Worte auf, und stehe endlich vor dem Grab ohne Inschrift.

Stein auf den Stein. Ein Rascheln lässt mich herumfahren, nichts. Ein Luftzug streift meine Wange, ich stolpere über den Erdbuckel, falle auf den Boden, stehe sofort wieder auf. Als sich eine Hand um meinen Fußknöchel schließt, falle ich wieder hin. Bruder Hasan starrt grinsend auf mich herab.

Du hast nicht geschrien, das ist gut.

Wieso erschreckst du mich?, sage ich leise.

Ein Puppenkind wäre ohnmächtig geworden, sagt er ungerührt.

Bruder Hikmet tritt zwischen zwei verwitterten Grabsteinen heraus, er hält eine große Tonschale in der Hand. Er gießt Wasser auf den Erdbuckel, zerschmeißt die Schale, öffnet die Hände zum Gebet. Ich tue es ihm gleich und bete aber still das Vaterunser. Für deine Seele, flüstert er, er schaut hoch zum dunklen Himmel und lauscht den wispernden Zypressen.

Der Todsünder, der sich erschoss, weil seine Mutter ein Verhältnis mit ihrem Schwager hatte. Man hat aus Erbarmen Gewürznelken auf die Erde gestreut. Damit ihm, der auf dem Gesicht liegt, ein feiner Duft in die Nase steigt.

Ist er erlöst?

Nein. Auf ewig verdammt. Es sei denn, der Allmächtige verzeiht ihm … Du bist Christ.

Bin ich, sage ich.

Die Totenacker der Christen liegen in einem anderen Viertel. Eine halbe Stunde Fußmarsch. Alt-syrische Christen, Griechen, Armenier. Sie düngen den Boden genauso wie wir. Warst du dort?

Nein, Bruder.

Ich gehe hin. Bete für die Seelen der Mädchen, die nicht da begraben sind, wo sie hingehören.

Hikmet, mahnt sein erster Soldat.

Arier, hör auf dein Blut. Und verleugne es nicht.

Ich werde auf dich hören.

Letzte Prüfung, sagt er, du kehrst heim. Wartest, bis alle deine ... Verwandten schlafen. Dann steigst du hinab in den Keller. Kein Licht. Dort stehst du und zählst bis hundert. Kennst du diese Zahl? Eine Eins und zwei Nullen.

Gut. Dann wirst du in den Vorgarten laufen. Zwei Mal bis hundert zählen. Wir vertrauen dir.

Auf dem Weg nach Hause drehe ich mich immer wieder nach den beiden Hunden um, die vor dem Friedhofstor auf mich gewartet haben. Sind es verdammte Seelen, zu streunenden Tieren verwandelte Sünder? Ein Kieselstein trifft die Flanke des schwarz-weiß gescheckten Hundes, er knurrt einen Schatten an, der Schatten bellt die Hunde an, sie verschwinden in einer Seitengasse. Schecho zerrt an seinem neuen Leibgurt, er stopft ein Tuchende umständlich in die Hose. Der Kommissar hat seinem Drängen nachgegeben und ihn als Wächter eingestellt.

Was machst du hier?

Ich habe eine Mutprobe bestanden, sage ich, es bleibt nur eine dritte, dann bin ich ein kleiner Mann.

Wer prüft dich?

Bruder Hikmet.

Mutiger Mann, sagt Schecho, Taubengesicht. Kein heiterer Begleiter.

Trauert er?

Wer tut es nicht, sagt Schecho, die Alten in Resuls Kaffeehaus verlachen mich. Sie erzählen: Der Kurde buhlte um Frauengunst, vergeblich. Eine neue Leidenschaft treibt ihn an. Er will den Katzenmetzger stellen. Will ich das, Arier?

Ich glaube schon, sage ich.

Das will ich. Was kommt dann? Heule ich am Bittfetzenbaum? Spreche ich Frauengebete? Die Alten erzählen: Schecho hat viele

Nasenhaare. Als hätte sich in jedem Nasenloch eine kleine Spinne zum Lauern zurückgezogen.

Das stimmt nicht.

Hikmet, dein Prüfer. Er hat so viel vergessen, wie ich an Wissen angehäuft habe. Klug. Aber er steckt die Männer mit seinem Kummer an. Schütze dich davor.

Werde ich, sage ich.

Jungfrauen lieben Nachttau. Sie streichen ihn aufs Gesicht, sie verreiben ihn in die Hände. Esther, du kennst sie?

Herr Levis Tochter.

Schön und eigenartig. Sie erklärte mir unsere Welt: Schecho, du bist dafür geeignet, ich bin es nicht. Eng ist's mir in diesem Viertel.

Derya erstickt auch fast.

Junge Frauen, sie verlassen uns. Kein gutes Zeichen. Die Besten ziehen weg, die Ratten bleiben bis zuletzt. Die fette Ratte wird herrschen, ich verrecke unter ihrem Joch. Wie viele Schnitte? Was … sechs? Mehr als die Finger einer Hand. Schlecht. Wir werden mit dem Messer üben. Wenn dein Vater es erlaubt. Geh und beende die Prüfung.

Was wird als Nächstes geschehen? Wird Schecho sich in die Frau Lehrerin verlieben, die fast jeden Mann in die Schranken weist?

Vater erwartet mich im Vorgarten, er hat von meinen Mutproben gehört, er wird auf mich warten, während ich im Keller bis hundert zähle. Eine Viertelstunde später stehe ich neben ihm und zähle zwei Mal bis hundert. Er bricht eine geschälte heiße Marone in der Mitte entzwei, reicht mir eine Hälfte, die Schale wirft er auf die Erde neben den Brunnen.

Wir sprechen über die Schule, über Mutter Eva, die die leichtgläubigen Frauen des Viertels als Heilige verehren. Die Webwarenhökerin hat versucht, sich mit ihr anzufreunden, doch Mutter Eva kennt nicht Freund noch Feind, und deshalb wird sie vom Gespuk heimgesucht.

Vater ist zerknirscht, sein Gehalt reicht nicht einmal mehr, um am Monatsanfang alle Schulden zu tilgen. Der Herr Krämer würde ihn jeden Tag mit Brot, Käse und Eiern beschenken, wenn er nicht wüsste, dass er Vater dadurch kränken würde. Oft rauscht Zorn auf in seinen Worten. Oft ballt er die Fäuste, als wollte er einen unsichtbaren Feind niederschlagen. Jetzt atmet er laut aus, hält mir eine halbe Marone auf dem Handteller hin. Er füttert mich nach bestandenen Mutproben.

Franz schrieb einen Brief, sagt er, diesmal an mich. Er versichert dich seiner Liebe.

Danke, sage ich.

Er hat dich nicht aufgegeben. Oder verlassen. Denk das nicht. Übrigens, er bittet mich, dir keine Glaubensunterweisung zukommen zu lassen. Er mag keine Priester. Von dem Führer hält er aber noch weniger. Er schreibt, das Volk werde sich nicht erheben. Sehnst du dich nach Deutschland?

Nein, Vater.

Wirklich nicht? Willst du nicht manchmal deutsch reden?

Ich vergesse die Sprache, sage ich.

Du vergisst die Worte, aber du verlernst die Sprache nicht … Schwarzbrot. War das richtig ausgesprochen?

Du darfst das r nicht rollen. Und das O musst du leicht dehnen.

Hänschen klein.

Ein Kinderlied.

Er wird von der Hexe aufgefressen, sagt er, und auch … wie hieß sie noch mal?

Gretel.

Richtig! Hier, noch eine halbe Marone. Es gibt nur einen einzigen Grund, wieso ich Hikmets Hals nicht breche: Er behandelt dich genauso wie die anderen Kinder. Ein zweites Mal wirst du dich nicht freiwillig schneiden.

Ja, Vater.

Schlaf jetzt, sagt er.

23. Der Erhöher der Demütigen

Vater Franz hat mir nicht geschrieben, Vater Abdullah schwindelt. Er fehlt mir nicht, ich bin mir selbst genug, ich brauche keine Aufmunterung. Unter dem Bett, auf der ausgelegten Decke, zeichne ich Kreise und Wirbel in den dünnen Staub. Ich höre knackende Maronenschalen, sausende Luft, ich höre Mutter ein Schutzgebet sprechen, die Weben reißen, die Geister kriechen in Erdlöcher, wehen über die Knochen. Ich höre Schecho, den stolzen Wächter, er unterbricht seinen Rundgang, die Männer unterhalten sich leise. Beschließen sie den Tod eines aufmüpfigen Bruders? Die Jungen vom Westufer ließen sich nie wieder in unserem Viertel blicken. Die Frauen hängen ihre Wäsche dennoch nicht in den Hintergärten auf: Es regnet fast immer in den frühen Morgenstunden. Die Krähen krallen sich fest an den Wäscheleinen, verschmutzen die Kleider. Ich wurde geprüft, ich habe bestanden, ich bin ein kleiner Mann.

Kubilay flüstert mir ins Ohr: Lehn dich nicht an die Wand, die Tünche färbt deinen Rücken kreideweiß. Mutter wird schimpfen, helle Pocken zieren den Schulkittel.

Dschenk und Nuyan zupfen einander an den Ohren, sie werden von einem Mann in der vorletzten Reihe ermahnt: Erzürnt den Herrn nicht mit Eseleien.

Burak schläft mit offenen Augen. Wir sind von der Schule zum Gotteshaus gelaufen, unterwegs haben wir in die dunkle Grube gespuckt. Burak, der letzte Prüfling, wurde letzte Nacht auf dem Friedhof mit Kieselsteinen beworfen. Bruder Hasan hat mit verstellter Stimme nah an seinem Ohr geraunt, Burak schrie auf, lief zwischen den Gräbern, störte die Totenruhe. Die Brüder konnten ihn einfangen und beruhigen.

Wir gelten als Gesellen: Die Schulkinder berühren unsere nicht verheilten Wunden, sie fallen uns nicht mehr an, weil sie die Rache der Schläger fürchten.

Nuyan stößt mir in die Flanke und nickt in Richtung des Hodschas.

Er war beim Barbier Achmed, Schläfen und Nacken sind ausrasiert, Haarpuder hat den Kragen seines Priestergewandes bestäubt. Er drückt den Turban aus der Stirn, er schaut auf die Gläubigen, die im Schneidersitz auf den dünnen Teppichen kauern.

Ihr wisst, hebt er an und räuspert sich, ihr wisst, was ein Amulett ist. Wir erflehen Gottes Schutz. Zauber ist uns verboten. Ein Gottesmann muss die Bitte des Gläubigen ablehnen, Räucherkraut zu verbrennen, oder mit löslicher Tinte einen Zauberspruch auf ein Stück Papier zu schreiben. Die Hexen und Hexer leiten dumme Männer und dumme Frauen an, das Papier eine Nacht ins Wasser zu legen, und am nächsten Morgen als Allererstes dies Wasser zu trinken und den ganzen Tag zu fasten. Die Zauberer sind verdammt, weil sie freveln. Nun begab es sich, dass der anwesende Bruder Nadir mit einer besonderen Bitte an mich herantrat. Sein Vater lag krank im Bett, die Ärzte hatten ihn aufgegeben, Nadir setzte auf ein Wunder. Ich schrieb eine kurze Koransure auf ein Blatt, faltete es mehrmals, steckte es in ein Ledertäschchen, fädelte ein Lederband durch die Löcher, hängte dem Vater das Amulett eigenhändig um den Hals. Ich sagte zu Bruder Nadir: Allein Gottes Beistand zählt, das Amulett ist nur eine Erinnerung daran. Habe ich mich bislang an die Wahrheit gehalten?

Ja, hast du, Gottesmann, ruft Nadir Bey aus der vierten Reihe.

Nun starb der Vater ausgerechnet am Abend des besagten Tages. Der Sohn weinte um ihn, das ehrt ihn. Sein Herz zersprang fast vor Kummer, und er ließ mich durch seine Tochter rufen. Ich saß am Tisch, ich sprang sofort auf, zog mir den Mantel über, schlang den letzten Bissen herunter, und lief los. Kaum trat ich in das Zimmer ein, riss Bruder Nadir das Lederband vom Hals des toten Vaters und warf es mir ins Gesicht. Er stürzte sich auf mich, der ich mittlerweile am Bettrand stand, ich wollte gerade das Gebet für die Seele des Verstorbenen anstimmen. Ich fiel auf den toten Mann, Bruder Nadir hatte die Hand in meinen Haaren verkrallt und riss mir ein Büschel aus. Die von seinem Geschrei angelockten Nachbarn trennten uns. Ich sagte zu Bruder Nadir: Du bist entschuldigt durch deinen großen Verlust, ich trage dir nichts nach. Vor fünf Zeugen versetzte er mir eine heftige Ohrfeige. Ich taumelte, ich kippte zur Seite und fiel wieder auf den Toten. Habe ich alles richtig wiedergegeben?

Du stellst mich vor den Gläubigen bloß, sagt Nadir Bey kalt.

Das alles wäre unter uns geblieben, hättest du nicht noch am selben Tag angefangen, Lügen über mich zu verbreiten. Vasil erzählte: Nadir behauptet, dass du, Priester, einen Schadenszauber wirktest. Ilya, der Apotheker, erzählte: Nadir verbreitet das Gerücht, dass du, Priester, das Zauberpapier heimlich mit Dschinnspucke bestrichen hast. Ähnliches berichteten mir Minna Hanim und Teologos, der Thunfischverkäufer.

Ich sprach mit ihnen, das stimmt, sagt Nadir Bey.

Alles nichtmoslemische Freunde. Du hast mich bei ihnen angeschwärzt.

Du erwirkst keine Wunder!

Habe ich das je behauptet?, fährt der Hodscha fort, ich lästerte wider den Herrn, wollte ich euch glauben machen, dass ich ein Heiliger bin.

Du hast meinen Vater im Stich gelassen!

Halt ein, ruft der Nasenlose, du gehst zu weit. Der Herr Hodscha versuchte zu helfen. Aber gegen Gottes Ratschluss sind wir machtlos.

Worte!, zischt Nadir Bey, ihr buckelt doch alle vor diesem Mann mit Turban. Er pocht an der Himmelstür, man lässt ihn hinein. Doch dann schreien die Engel bei seinem Anblick.

Es steht dir nicht zu, über Engel zu sprechen, sagt der Hodscha, setze deinen Fuß nicht über die Grenzmarke auf den Boden des Frevels.

Nennst du mich einen Abtrünnigen?, schreit Nadir Bey und steht auf. Im nächsten Augenblick trifft ein Filzpantoffel sein Gesicht, es ist der Schuh des Priesters, der sich durch die Reihen der sitzenden Männer eine Schneise pflügt. Er packt Nadir Bey am Kragen, schüttelt ihn, um ihn dann zu umarmen. Er hält ihn in der Umarmung fest, so lange, bis Nadir Bey erschlafft.

Ich sehe seinen bebenden Rücken. Die Männer stehen auf, bilden enge Kreise um diese seltsamen Gläubigen unter der kleinen Kuppel der Moschee.

Sind sie Freunde oder Feinde?, sagt Dschenk.

Wer weiß, sagt Burak, vielleicht schleicht sich Nadir Bey heut Nacht in das Haus des Hodschas ein und erwürgt ihn.

Das wird nicht geschehen. Habt ihr es gesehen?

Was?

Der Hodscha trägt spinatgrüne Grobstricksocken.

Die Hökerin strickt die Strümpfe, sagt Nuyan, die Frau des Hodschas gibt sie als ihre eigene Handarbeit aus.

Der Gottesmann schlüpft wieder in die Pantoffeln, kehrt zur Kanzel zurück, predigt über die strahlenden Diener des Herrn, die nicht, wie es die Abergläubigen schaudernd erzählen, ein hundertstöckiges Hochhaus überragten. Ihre Macht ist gewaltig: Schlüge ein Erzengel ein einziges Mal mit den Flügeln, würde die Erde zerplatzen wie eine Melone. Der Schrotthändler Hayri Bey fragt, was das Lichtgeschöpf davon abhielte, der Mensch sei ein Hurenbock und Höllengezücht das Menschengeschlecht. Schuster Tarik, der Puppenmacher, beklatscht seine Worte. Der Hodscha rügt sie, weil Flüche und Applaus eher in einem Vergnügungslokal angebracht seien. Zum Schluss bittet er um ein Gebet für die Seelen der gemeuchelten Tschetschenen.

Was ist mit den Armenierseelen?, ruft Bruder Hikmet.

Es ist schlagartig still im Gotteshaus. Rustam Bey schaut ihn hasserfüllt an, er würde am liebsten ein Messer nach ihm werfen. Hikmets erster Soldat flüstert ihm ins Ohr. Vater und Schecho sind aufgestanden, sie werden im Notfall eingreifen.

Tapfere Männer und Frauen, die Tschetschenen, sagt Bruder Hikmet, ich würdige ihren Kampf, ich bin auf ihrer Seite. Rustam Bey hätte allen Grund, mich zu hassen, verschwiege ich die Gräuel der Russen. Mein Ausruf wäre nur das Geheul eines Unseligen. Wir alle wissen um die Schande. Das fremde Volk in unserer Mitte beging Unrecht. Wir begingen ein größeres. Ich will für die Seelen aller Erschlagenen beten.

Wer bezahlt dich, dass du zum Parteigänger des Feindes wirst?, zischt Rustam Bey.

Beruhigt euch!, sagt der Hodscha.

Du hast mich beleidigt, sagt Bruder Hikmet, ich werde dir dafür nicht die Nase abschneiden. Auch nicht die großen Zehen abreißen, dass du lahmst wie ein Krüppel. Früher haben Kaukasier einem gefangenen Feindeskrieger das Haar geschoren. Sie haben ein Tier gehäutet und ein Stück dieser Haut über den Kopf des Feindes gestülpt. Sie folterten ihn nicht, sie warteten. Die Stoppeln konnten nicht in die Höhe wachsen, sie wuchsen in den Kopf hinein. Unerträgliche Schmerzen. Der Feind wurde wahnsinnig. Du hast einen Sohn, der unter meinem Schutz steht, ich sehe ab von Rache.

Du machst mir keine Angst!, schreit Rustam Bey.

Er stürmt aus der Moschee, Kubilay muss ihm folgen.

Die Männer sprechen das Gebet für die Seelen.

Unsere Väter erlauben es uns, mitzukommen in Resuls Kaffeehaus, wir sitzen bald am Kindertisch neben der Tür. Hristo tritt herein, stellt zwei Flaschen Anisschnaps auf den Tresen. Es ist bekannt, dass Resul Bey vor dem Schlafengehen allein im Hinterzimmer zwei Gläser trinkt und die verstaubte gelbe Gardine anstarrt. In Nächten, da sein Herz fast zerspringt, darf Vater ihm Gesellschaft leisten. Der hundertjährige Mann, so wird er genannt. Noch nie hat er einen Fausthieb herausgefordert, noch nie ist eine Frau vor Scham vergangen, weil er ein unanständiges Wort sprach. Es heißt über ihn: Wenn der Hundertjährige in eine Schlangengrube fällt, erstarren die Giftschlangen.

Er bringt die Gläser an die Tische, die Männer trinken den tiefschwarzen Tee, essen bei jedem Schluck eine Rosine. Fast keiner kann sich in diesen Kriegszeiten Zucker leisten.

Wir trinken ungesüßten Zitronentee. Ich ziehe an den kurzen Ärmeln meines Mantels, bald werde ich in die Hemden und Hosen von Tetes verstorbenem Mann passen. Ich wachse schneller als meine Brüder. Die Frauen am Brunnen gaben mir einen neuen Namen: kleiner arischer Soldat. Sie lachen, wenn ich das Gesicht verziehe. Sie fordern mich auf, vor dem Spiegel zu üben, um wie ein richtiger arischer Mannskerl finster zu blicken.

Fast jedes Mal gibt es Streit, sagt Burak, Rustam Bey gilt als Aufrührer.

Er muss aufpassen, sagt Dschenk leise.

Die falschen Männer werden auf ihn aufmerksam, sage ich.

Reden wir über die Mädchen, sagt Nuyan, wer mag wen?

Die Kurdin mag mich.

Kubilay macht Pelin und der verrückten Berna schöne Augen.

Das Mädchen mit dem Silberblick, sagt Burak, wehe, ihr plappert es aus: Ich finde es hübsch.

Aysche, so heißt sie. Ayliye, die Tochter des Metzgers, bringt mich immer noch zur Schule. Sie ist nicht mehr verschlossen. Sie hat erzählt: Silberblick glaubt, sie sei zu Höherem berufen.

Was möchte sie werden?

Direktorin im Museum.

Man findet tausend Scherben in der Erde, klebt sie zusammen, sagt Dschenk, man stellt den Tonkrug in der Glasvitrine aus. Ein lebloses Ding.

Sie will umgeben sein von Dingen, sage ich, sie sprechen nicht, sie lassen dich in Ruhe.

Aysche wird Untergebene haben, ruft Burak, sie hasst es bestimmt, zu gehorchen.

Also sehnst du dich danach, ihr zu dienen, sagt Dschenk, diene mir, und ich belohne dich gut.

Wir balgen uns im Sitzen, nach einem Blick von Resul Bey drücken wir unsere Rücken gegen die Stuhllehne, starren auf den alten Ofen, über dem Ofenschirm hängt eine langläufige Pistole an der Wand, um die der Hundertjährige eine Gebetskette gewickelt hat. Wir rätseln darüber: Ist die Waffe gesegnet? Gehörten Pistole und Kranz seinem Vater oder einem Ahnen, einem Banditen, den die Gendarmen erschossen? Hat ein Mann sie ihm überlassen, um seine Schulden zu begleichen?

Die Brüder Haydar und Hamit unterhalten sich mit Hikmet, der unbekümmert an seiner Zigarette zieht und den Rauch durch die Nase ausstößt. Sein erster Soldat steht bereit. Er hat Tee und Gebäck abgelehnt. Er trotzt der Kälte, im Freien wie hier im Kaffeehaus liegt der Mantel auf seinen Schultern auf. Er kommt an unseren Tisch und fragt, worüber wir sprechen.

Über die Liebe, sage ich.

Ihr verliebt euch, das ist etwas anderes.

Hast du schon einmal geliebt, Bruder?, sagt Dschenk.

Bis auf den ersten Mann, Adam, sagt er, sind alle Männer von einer Frau geboren. Kains Mutter, die Frau, die ihn und seinen Bruder Abel gebar. Die bei der Geburt der Zwillinge nicht schrie, aber das Gras besprengte mit dem Blut ihres Leibes. Wer stand ihr bei? Hat sie später ihr Kind, seines Bruders Mörder, verflucht? Weshalb stoße ich beim Blättern in den Legendensammlungen fast nur auf Ruchlose, auf ziegenmelkende Windbräute? Auf eine Magierbraut, die sich von den Händen mit der stumpfen Spitze des Steins den Sündentalg abstreicht? Auf schmutzige Frauen, auf Mütter, die wir schmutzig nennen. Eva, die Ungeborene, gebar, und alle Frauen nach ihr gebaren auch Jungen, die zu Männern heranreiften. Wir lieben sie. Und reiben unseren Schmutz an ihnen ab ...

Er flieht ins Freie, als könnte er unsere Gegenwart nicht länger ertragen. Bruder Hikmet folgt seinem ersten Soldaten. Ich sehe, dass der Hundertjährige zum Kassenbuch greift, er schreibt die Zahl der Gläser Tee auf, die Bruder Hikmet getrunken hat.

Was war das?, flüstert Burak.

Ein Anfall, sagt Dschenk, er war kurz davor, sich im Wutrausch aufzuschlitzen.

Wird er von einer Frau verschmäht?, sage ich.

Nein, er feindet nur die Männer an.

Er ist selbst ein Mann, denke ich, ein Schläger, der einen Kampf mit dem Teufel Kaytun nicht scheut. Die Brüder am Tisch schauen auf, ich drehe mich um: Schwester Gülfem im Blumenkleid aus dickem Stoff, in geflickter Strickjacke, steht in der Tür. Da sie keinen Schritt über die Schwelle setzt, eilt Vater zu ihr.

Tete hat einen kleinen Schwächeanfall und möchte ihren deutschen Lieblingsenkel sehen. Ich habe es beschrien, Gülfem schweigt bei meinen Worten, sie fasst mich bei der Hand, wir laufen durch Hamits Feld, die Frau des Dampfbadbetreibers schenkt mir eine Mandarine, die ich im Gehen schäle und esse.

Die Dame Palan schließt uns auf, sie duftet nach dem Meer des Morgens, nach meerwassergespülten Felsen. Sie legt die Hand auf meinen Kopf, streicht kurz über die Stoppeln und nennt mich einen Igel mit gelben Stacheln. Tete liegt auf den Bodenpolstern, die Gar-

dinen sind zugezogen, sie richtet sich auf und bittet Schwester Gülfem, mir eine kleine Schale mit Rosinen zu bringen.

Bald werden die Mädchen bunte Fetzen an deine Arme binden, sagt
sie, und sie werden dich kraulen und kitzeln. Hast du gute Noten
bekommen?

Ein Sehr gut in jedem Fach, sage ich, genauso wie die anderen
Schüler.

Eure Lehrerin ist großzügig.

Wieso geht es dir schlecht?

Schmerz röstet mich, sagt sie, es ist das Alter.

Wir haben uns gestritten, ruft die Dame Bela Palan, sie hat mir Un-
tüchtigkeit vorgeworfen.

Willst du das Kind gegen mich aufbringen?

Nein, liebe Dame. Aber du hast gelegentlich Wutanfälle. Fast hättest du die Vorratskammer abgefackelt. Gülfem fiel dir in den Arm.

Die Kammer ist fast leer. Ich höre die Mäuse in diesem Haus nicht
mehr trippeln. Ein schlechtes Zeichen.

Wolf, du wirst heute Nacht hier schlafen. Wir haben die Erlaubnis
deiner Mutter.

Ja, Tete.

Vor Jahren klopfte ein Mann an meine Tür. Eine Nachtbleibe suchte
er, er war vom Nebel nass geworden. Was ein Sturm, er hatte den
ganzen Tag gewütet. In den Angeln dröhnende Türen. Herbstwind
rüttelte Holz und Stein lose. Eisige Luft, die Decken wärmten nicht.
Es gab in den Gassen viel mehr wilde Hunde, der Fremde hatte sie
zurückgedrängt. Keiner, der durch den Reifen springt, den man
ihm hinhält. Damals war ich so dürr, ich konnte eine Geiß zwischen die Hörner küssen. Die Männer hielten mich für unheilbar
krank. Ich beließ sie in dem Glauben, denn sie empfahlen mich in
Gottes Obhut und warben nicht um mich.

Der Fremde, sagt Dame Bela Palan.

Ein Halbweltler ... Weißt du, was das heißt?

Ja, sage ich, ein Gauner.

Er starrte auf die Dreckklumpen an den Fenstern und lächelte. Erst
hielt ich ihn für einen frauenscheuen Kavalier. Und ich dachte: Was
ist in dich gefahren, Mädchen, dass du einen Gauner wie einen vor-

nehmen Gast behandelst? … Ich zähle mehr Sommersprossen in deinem Gesicht, Wolf. Seltsam, oder? Sonst bekommt man sie im Sommer.

Der Halbweltler, sagt die Dame und beschließt, Platz zu nehmen.

Ich fragte ihn: Ist Ihnen der Mund zugefroren? Ein äußerst schweigsamer Mann. Das Wichtigste habe ich ausgelassen: Ich hatte Untermieter, Jungverheiratete im Liebesglück. Sie wollten Geld sparen, um später eine eigene Wohnung zu beziehen. Der Mann bezahlte für zwei Nächte im Voraus, und er bezahlte auch für das Essen. Ich warf Scheite in den Ofen, es wurde warm, ich zündete die Petroleumlampe an, es wurde hell. Da verriet er mir, dass er nicht lesen und schreiben könne. Er bat um einen Gefallen. Ich sollte für ihn einen Brief aufsetzen. Einen Drohbrief. Den er beabsichtigte, an einen Jüngling zu schicken, der seine Schwester lüstern angeschaut hatte …

Ich wusste es, ruft die Dame Bela Palan zornig, sie erzählt dem Kind die Geschichte und meint aber mich.

Gedulde dich, sagt Tete, ich bin noch nicht fertig. Also. Ich lehnte natürlich ab. Da sprach er: Wenn Sie sich weigern, bin ich gezwungen, ihn zu töten, mit bloßen Händen.

Er übertrieb, sage ich.

Hättest du ihn gesehen, wärst du dir dessen nicht so sicher gewesen. Seine Augen, zwei schwarze Scherben. Ein Seelenfresser.

Was?

Einer, der dir eine solch große Angst einjagt, dass du lange Zeit nichts schmeckst und nichts fühlst.

Also hast du geschrieben.

Nein. Ich sagte zu ihm: Es entspricht nicht dem guten Ton. Er verstand und bat um Verzeihung.

Die Geschichte hat ein versöhnliches Ende. Ich frage mich nur, hat sich alles tatsächlich zugetragen?

Liebe Dame, du bist recht misstrauisch.

Er blieb zwei Tage und ging weg?

Er blieb eine Nacht, bestahl mich und verschwand, sagt Tete.

Was hat er gestohlen?

Mein Festtagskleid samt Bügel.

Oh, sagt die Dame.

Verstörend, nicht wahr? Sonst fehlte nichts. Ich hatte erst die Jung-vermählte im Verdacht. Ich stellte sie sogar zur Rede. Ich glaubte an ihre Unschuld. Tage später fand ich unter der Matratze, auf der er geschlafen hatte, einen Brief. Also hatte er mich belogen, er war kein Analphabet. In diesem Brief legte er mir seine Gründe für den Diebstahl auseinander: Er musste Frauen, für die er etwas empfand, ein Erinnerungsstück entwenden. Eine Knopfdose, Haarschleifen, Fotografien, Schuhe. In meinem Falle hat er sich für das Kleid ent-schieden.

Unheimlich, flüstert Dame Bela Palan.

Hättest du ihm denn dein Herz geschenkt?, sage ich.

Nun.

Also doch, sagt die Dame lächelnd.

Seine Augen haben mir gefallen. Ein ruppiger, gefährlicher Kerl. Merke dir, Wolf: Wir Frauen sind nicht zu verstehen. Wir verstehen sogar einander nicht. Bei meiner Untermieterin ahne ich, dass sie mir das Wesentliche vorenthält.

Mein Mann betreibt legale Geschäfte, sagt die Dame kalt.

Daran habe ich keine Zweifel. Aber was sinnst du? An manchen Abenden verschließe ich die Ohren vor den Brunftschreien der Jünglinge.

Wie oft soll ich es wiederholen?! Ich mache ihre Schande nicht zu der meinen. Schönes Kind, findest du, dass ich mich unzüchtig kleide?

Sie sehen aus wie eine Filmheldin, sage ich.

Sie strahlt mich an, ihr Blick erregt und verdirbt, ihr Blick behext Gebiss und Gaumen der kleinen und der großen Männer, ich habe Kinderspucke im Mund und zerbeiße die Rosinenkerne, ich knir-sche mit den Zähnen, ich fliehe ins Bad.

Gegenüber vom Kloloch hängt an der Wand ein kleiner Samtbeu-tel, darin bewahrt Tete die Kupfermünzen auf, die man auf die Au-gen ihres aufgebahrten Vaters gelegt hatte. Ist sie eine ehrfurchts-lose Tochter? Möchte sie sich jedes Mal, da sie das Bad aufsucht, an ihren Vater erinnern, den sie sonst vergessen würde?

Die Frauen streiten, ich höre Tete über den mädchenhaften Charakter der Dame Palan schimpfen, und als ich ins Wohnzimmer eintrete, wirft sie mir Verrat vor. Darf ich vor ihr nicht andere Frauen loben? Schwester Gülfem hat sich umgezogen, ich trage umgeschneiderte Totenkleider, sie trägt die abgelegten Blusen der Herrin, die sie liebt und der sie dient. Plötzlich ist Tete sehr besorgt. Was ist passiert?

Nichts, sagt Schwester Gülfem.

Du trägst einen neuen Kittel. Was hat dich erschreckt?

Ich habe mich darum gekümmert.

Worum?, ruft Tete.

Wir folgen Schwester Gülfem in den Hintergarten, sie zeigt auf einen kleinen Erdbuckel, dann auf eine Schaufel, sie ahmt eine Katze nach und maunzt, knickt den Kopf zur Seite, lässt die Zunge heraushängen.

Der Tiermörder, flüstert Tete.

Die Dame Bela Palan umgreift ihre Schultern, geleitet sie ins Wohnzimmer. Wir schweigen und lauschen.

Wo hast du sie gefunden?, sagt Tete leise.

Vor der Hausschwelle.

War sie ... zerschnitten?

Sie war nicht mehr ganz.

Wir werden ihn nie fassen, sage ich, Vater, Schecho, die Wächter, der Kommissar, der strenge Bruder Hamit. Sie suchen vergeblich nach einer Spur.

Solange er nur räudige Tiere anfällt, sind wir sicher, sagt die Dame Palan.

Tun dir die Katzen nicht leid?

Ich weine sogar um erfrorene Spatzen, liebe Tete.

Vielleicht habe ich diesen ... unheiligen Geist durch meine Geschichte heraufbeschworen. Ich sah den Dieb meines Festkleides nämlich wieder.

Wann?, sage ich.

Ein halbes Jahr nach seinem Verschwinden. Im Gewürzbasar, zwischen den Chilischotensäcken. Er unterhielt sich mit dem Händler. Als unsere Blicke sich kreuzten, kehrte er mir sofort den Rücken zu und floh. Ich griff nach der erstbesten Frucht, einem Granatapfel, warf und traf ihn am Hinterkopf.

Und dann?

Er strauchelte, lief aber weiter. Das war's.

Diese Geschichte hat mich ermüdet, sagt die Dame Bela Palan, ich werde mich zurückziehen.

24. Der Verleiher von Ehre

Ich lege die leere Schale auf den Tisch und folge Schwester Gülfem, die mich zu meinem Zimmer im ersten Stock führt. Sie besteht darauf, mich vor dem Schlafengehen zu kämmen. Ihr Gesicht nah an meinem Gesicht, ich achte darauf, die Warzen nicht anzustarren.

Sie bläst die Kerze aus, ich schließe die Augen. Höre das Wasser. Richte mich auf. Licht dringt durch die Dielenritzen. Rolle über den Matratzenrand auf den Boden. Nicht an den strafenden Gott denken. Lausche: Herzschlag, Töpfeklappern. Herzschlag. Schlucke den Kleinemannspeichel.

Blicke durch die Ritze: Seifenschaum an einer Brust. Die Dame ist entblößt. Nasser Schwamm in ihrer Hand. Herzschlag. Verboten. Sünde fällt ab von mir im Schlaf. Sünde trägt Wind morgen fort. Atme mich satt. Dame tritt zur Seite. Hebt den Arm. Seift die Achselhöhle ein. Nackte Knie. Nackte Füße. Wasser aus der Kupferschale fließt herab. Ihr Bauch. Augen zu. Ins Bett, nein, ins Bett, noch eine halbe Sünde. Ja. Dame wäscht ihre Brüste. Schaum auf den Kacheln. Ein Schritt zur Seite. Lausche: Gülfem spricht, Tete tadelt. Dame trocknet sich. Ihre Kehrseite, große halbe Früchte. Augen zu. Atme mich satt. Sünde in meinem Bauch, Sünde zwischen den Beinen. Die Dame verhüllt ihre Blöße, verhüllt ihre Brüste. Rock und Bluse. Sie kämmt die Haare. Langsam.

Ich stehe auf. Mache einen Schritt. Die Dielen knarren. Es ist still.

Dann: dunkle Ritzen. Unter die Decke, schnell. Augen zu. Herzschlag. Die Tür schwingt auf. Wer ist das? Schlucke Sündenspucke. Drücke die Lider fest zu. Jemand steht am Bettrand. Rühr mich nicht. Dann: Die Dielen knarren, jemand schließt die Tür hinter sich zu. Es riecht nach Seife im Zimmer. Versteckt sie sich und betrachtet mich? Ich schwitze. Es juckt. Nicht kratzen. Ist sie verschwunden oder ist sie geduldiger als ich? Schlucke die Sünde. Gebe auf, öffne die Augen. Starre in die Winkel. Nichts. Keine lauernde Dame. Dann: Licht in den Ritzen. Ich kratze an den Narben zwischen den Fingern, bis sie schmerzen. Dann: Ihre Brüste, Schaum auf den Kacheln, ich denke daran. Sündenbild im Kinderkopf. Bleibe wach, bis mein Schweiß trocknet.

Der Direktor steht auf der obersten Treppenstufe, er ruft: Mehr arischer Schwung! Mehr Türkenblut! Mehr Hunneneifer! Burak und ich fegen den Schulhof, zwei Herbstlaubhaufen haben wir schon zusammengekehrt. Am ersten Ferientag traten wir den Strafdienst an. Mutter Eva, die Heilige des Viertels, händigte uns zwei Besen aus und verschwand auf Anweisung des Schulleiters in ihrer Kammer. Der Besenstiel überragt Burak um zwei Haupteslängen, mich nur um die Länge eines Kopfes.
Wir fegen die welken Blätter zu den Haufen am Tor, ich fluche auf Deutsch, Burak reißt die Augen auf, ich drehe mich um.
Hast du mich gerade verwünscht?, sagt der Direktor.
Nein.
Übersetze es mir. Sofort.
Schweinescheiße, sage ich.
Ein schlimmes Wort. Der Unrat eines unreinen Tiers, ist das ein gängiger Fluch bei euch?
Oft sagt man nur das eine, oder das andere.
Sehnst du dich nach einer härteren Strafe?
Ich bitte um Entschuldigung, Herr Direktor.
Eigentlich ist das mein freier Tag, sagt er, ich eröffnete gestern meiner Frau, dass wir die Urlaubsreise verschieben müssen. Sie war nicht davon angetan. Sie hat mir vorgeschlagen, eure Lehrerin mit der Aufsicht zu betrauen. Ich lehnte ab. Weißt du, weshalb, Burak?

Weil wir Sie beleidigt haben.

Ihr habt mich beleidigt, weil ihr euch auf dem Pausenhof meiner Schule geprügelt habt. Ich fragte nach dem Grund.

Wir wurden angefallen, sagt Burak.

Eine wilde Horde, so habt ihr es dargestellt, eine Meute von Wilden stürmt auf den Hof und greift euch an. Keine Schüler. Kinder eines anderen Viertels.

Es gab Zeugen, sage ich.

Der Direktor ist verbittert, weil noch am selben Tage zum Schulschluss die großen Brüder auftauchten. Der Vernarbte, sein erster Soldat und Knirschmund standen auf dem Feld gegenüber vom Ausgang, sie fragten uns nach den fremden Kindern aus. Zigeuner, Grottenkurden, verkleidete Bürgersöhne? Wir wussten es nicht. Ein Rachefeldzug war ausgeschlossen. Knirschmund schlug vor, wahllos in die Büsche zu prügeln, es würde immer die Richtigen treffen. Der Vernarbte griff ihn an den Hals, drückte kurz zu, ließ ihn dann keuchen und husten. Wir sind keine Männer, die mit ihren Weichteilen protzen. Wir gehen nach der Vätersitte. Wir sind keine Hunde mit einem Stock im Maul, die gedämpft bellen. Seine Worte haben wir wiederholt, wir halten uns an dieses Bekenntnis.

Ich kenne die Nichtsnutze, die vorgeben, euch zu schützen, sagt der Direktor, sie machen mir keine Angst. Sie glauben, sie vollbringen Heldentaten. Sie glauben, jedem wird sein Gewicht deshalb in Gold bezahlt werden. Sie stacheln euch zum Hass an.

Bei allem Respekt, das tun sie nicht.

Dein Vater, deutsches Kind, ist er ein Ehrenmann?

Ohne Fehl und Flecken.

Du wirst noch einen Haufen Laub zusammenkehren. Danach wirst du deinen Vater aufsuchen. Ich bitte ihn um eine Unterredung unter vier Augen. Heute. Vor dem Abendessen. Burak, deinen Vater sehe ich nach dem Abendessen. Sie sollen zu mir kommen.

Wir nicken und greifen zu den Besen.

Er befiehlt Gesang, wir singen beim Fegen den Marsch der Soldaten, die dem Feind in Sichtweite trotzen.

Die Welt bleibt uns erhalten, es herrscht Krieg, und die Toten spielen auf der Knochenpfeife, Stab und Stütze ist uns das Volk, Stab und Stütze ist uns das Gebet, die alte Herrschaft hat verdorben, unser Stahlkuss bricht den Feind …

In meinem Kopf wirbeln die Worte, und sie verpaaren sich mit vielen Nullen, Wort und Zahl, Wort und Zahl, alles brennt, ein Ascheregen geht nieder, der Brand der Nullen, aus diesem Feuer geboren die Worte, ich fege und mein Kopf glüht.

Eine Stunde später entlässt uns der Direktor, wir geben die Besen bei der Heiligen ab. Burak fragt sie, ob ihr der bärtige Geist erschienen ist. Sie schweigt.

Ich will mich schon abwenden, da sagt sie leise: Ich bin geteilt. Bis zum Bauchnabel bin ich in diesem Leben. Den Rest hat das Jenseits gefressen.

Wir flüchten, ihre Heiligkeit erschreckt uns.

An der Grube warten Pelin, die verrückte Berna, die Kurdin und Aysche, das Mädchen mit dem Silberblick, sie nennen uns Putztruppe, ihr Hohn prallt an uns ab. Burak spuckt in die Grube, läuft rot an, schüttelt den Kopf, und ruft plötzlich: Ich glühe für dich, Aysche.

Ich habe es bemerkt, sagt sie.

Und du?

Gute Noten, das ist für mich das Wichtigste.

Wir wollen auch versetzt werden, sagt Pelin.

Meine Mutter bittet mich jeden Tag, sie nicht zu enttäuschen. Ich bin ihre Tochter, also höre ich auf sie. Ich werde Klassenbeste.

Klopft nicht dein Herz, wenn du den Besenjungen Burak siehst?, sagt Berna.

Nein. Er ist für mich Luft.

Luft?, sagt Burak leise.

Wie die Schrift auf der Tafel, die man wegwischt.

Er starrt sie an, als wolle er sie in die Grube werfen, er nickt, dreht sich um und läuft los. Trotz der Bitten der Mädchen, zu bleiben, folge ich ihm.

Für Trost und ermunternde Kampfrufe ist er nicht empfänglich.

Aysche hat ihm den Tag und die folgenden Tage verdorben Er wird darüber grübeln, ob es an seiner Schreibschwäche liegt, dass sie ihn ablehnt. Am Laden des Einäugigen verabschiede ich mich von ihm. Der Krämer reinigt seine Augenklappe, verknotet die Lederbänder am Hinterkopf. Um der Liebe wegen achtet er neuerdings auf sein Aussehen. An der Längswand hat er einen Garderobenspiegel angebracht, gelegentlich schweift sein Blick zur Seite, und er klopft Schuppen und Haare von den Schultern.

Bei meinem letzten Botengang habe ich Nuriye Hanim eine Packung mit Puderzucker bestreuter Geleestücke überbracht. Sie missverstand das Minnegeschenk als einen versteckten Hinweis auf das Fleisch an ihren Hüften. Ich versuchte, sie zu besänftigen, aber sie lehnte das Geschenk ab. Die kleinen wie die großen Männer, sie machen blöde Augen, wenn sie lieben, sie laufen sich Steine in den Schuh, sie werden von Insekten umwimmelt, und sie scheuchen sie nicht weg.

Jetzt sagt der Einäugige: Keine Nachricht von ihr.

Ja, Fewsi Bey.

Der Nasenlose. Irgendwann fälle ich ihn mit einem einzigen Fausthieb.

Hat er etwas an dir auszusetzen?

Die Arbeitsschwielen. Ich soll sie mit dem Bimsstein glätten. Was meinst du, Arier?

Lieber nicht, sage ich.

Ich bin mir nicht sicher. Egal, wie diese Sache ausgeht, ich werde der Dame bestimmt bald die Hand reichen. Dann spürt sie die Schwielen und denkt: Ein grober Kerl.

Lieber nicht, wiederhole ich.

Schecho geht plötzlich auch nach der Mode, sagt er, er schneidet sich die Nasenhaare. Und er lässt sich alle zwei Wochen die Haare an den Ohren vom Barbier abflämmen. Wann wird ein Kurde modebewusst?

Wegen einer Dame?

Er behauptet, er tue es für den Kommissar. Er sei ein Wächter und als solcher ein Gaunerjäger. Die Bürger sollen ihn nicht versehentlich den Gesetzlosen zuschlagen. Dabei sieht er aus, als würde er sein Gesicht jeden Morgen nach dem Aufstehen in Abdeckerlauge tauchen.

Das hört er nicht gerne.

Ha, und?!, ruft er aus, wenn es so weitergeht, werde ich mir Hühnerfedern ins Haar stecken. Vielleicht erbarmt sich dann die holde Dame meiner ... Kalimera Kalispera.

Ein kleines Griechenmädchen entgegnet scheu den Gruß. Der einäugige Krämer wünscht seinen griechischen Kunden zu jeder Tageszeit einen guten Morgen. Er kann die Worte akzentfrei aussprechen, darauf ist er stolz.

Das Mädchen sagt: Nikosipendi grammaria kukutschia. Fünfundzwanzig Gramm Bohnenkaffee.

Ich stoße die kleine Metallschaufel in die volle Lade, schütte frisch gemahlenen Kaffee in die Papiertüte, lege sie auf die Waage, schütte eine Spitze nach, falte die Öffnung der Tüte zu. Sie legt die Münzen auf die Schale und rennt aus dem Laden. Die Augenklappe des Krämers macht ihr Angst, er ist unbeeindruckt.

Deine Stirnwunde heilt gut, sagt er, deine Brüder suchen nach den wilden Kindern.

Sie kommen von außerhalb der Mauern, sage ich.

Neue Männer ziehen in die Grotten. Die Völker wandern.

Ein alter Armenier betritt in Begleitung seiner Söhne den Laden. Bald sprechen sie und der Krämer über Hitlers Krieg, den Maschinenfrühling. Mensch ist Material in den Schlachten, Mann ist kriegsverwendungsfähig. Welt zerfällt. Ausgerottet wird der Lebensschwache. Im Kernland des arischen Imperiums sind Geschöpfe mit Gesinnung: Ungeraten und feigherzig. Es wird befohlen, vor den Helden die Stirn zu senken. Die Geschöpfe beugen das Haupt, und sie brüllen: Siegen oder fallen!

Der Alte spricht fließend Deutsch, er liest deutsche Zeitungen, er erzählt: Mit Ausnahme der Speck-, Schmalz- und Käseration wird die Fettmenge in Form von Butter zugeteilt. Margarine wird nicht mehr hergestellt. Für vier Wochen stehen jedem Arier achthundertneunzig Gramm Butter zu, dem Arierkind tausendfünfzig Gramm. Auf die weiße Reichszuckerkarte gibt es neunhundert Gramm für den Vierwochenabschnitt, auf die lilafarbene Reichskarte für Marmelade sechshundert Gramm.

Der Einäugige lobt das Zahlengedächtnis des Armeniers.

Der Stahlhelm, sagt der jüngere Sohn, ich bin begeistert. Macht dich der Sturm deines Volkes nicht stolz?

Nein.

Dann bist du ein kleiner Verräter.

Der Führer verdirbt, sage ich,

Hältst du es mit den Juden?, sagt der ältere Sohn.

Wieso?

Sie fraßen euch auf. Sie befleckten euch. Sie schändeten eure Ehre.

Warst du dabei?, sagt der Krämer kalt, ich kenne dich. Du gehst im Viertel herum und wirbst für das Höllenreich des Rattenbärtigen. Es heißt, du machst dein kleines Geschäft im Garten von Levi Bey. Kleine Kreuze mit Haken ritzt du in Zaunpfähle. Der irre Tschetschene ist dein bester Freund.

Tadelst du meinen Sohn?, sagt der Alte.

Dein Jüngster nennt Wolf einen Verräter. Dein Ältester ist führergläubig. Wer hat sie angesteckt?

Das Herrliche wird von Hässlichen befehdet, sagt der Armenier, Hitler brach die Macht der Juden, sie rächen sich. Ich habe beschlossen, sie zu hassen.

Der Alte stützt sich auf seinen Stock, er steht gerade wie ein ergrauter Krieger. Vater im Türrahmen blickt ihn an, die Söhne des Armeniers warten auf ein Wort, um loszupreschen. Ich greife nach der großen Murmel in meiner Tasche.

Politik im Krämerladen, sagt Vater, lieber Herr Istefan, du weißt, dass ich dich ehre. Wir haben sogar bei Hristo zusammen ein recht schmutziges Lied gesungen.

Ich erinnere mich.

Mein Sohn hat niemanden verraten. Dein Sohn Igor darf Wolf nicht beleidigen. Sie sollen sich meinetwegen prügeln. Du und ich hätten nichts dagegen.

Nein, sagt der Armenier, Igor!

Ich bitte um Verzeihung.

Das reicht mir nicht, sagt Vater, erlaube es mir, Istefan Bey.

Er ist damit einverstanden.

Ich und Igor halten Vater die rechte Hand hin, er ritzt die Haut auf, wir drücken die blutenden Hände aneinander. Das Mischblut bindet uns und bindet die Väter.

Der ältere Sohn Agop nimmt uns mit hinaus. Er schaut heimlich einer jungen Frau hinterher, die ihn zu kennen scheint. Sie stolpert und lässt fast den vollen Wassereimer fallen.
Eins ist klar, sagt Agop, wir reden nicht über Politik.
Ja, Bruder, sage ich.
Wirst du beschützt?
Von dem Vernarbten.
Gut. Übrigens, ich ritze keine Hakenkreuze in Latten. Das ist ein böses Gerücht.
Dschenk ist euer Anführer, sagt Igor.
Wer sind deine Brüder?
Ich habe keine. Bis auf dich.
Willst du aufgenommen werden?
Der große Bruder Agop starrt auf die Narben an meinem Kopf und an meinen Händen. Er sagt: Deutsche Haut, türkischer Kopf, er wendet sich ab: Die junge Frau ist verschwunden, er darf ihr nicht folgen, er muss auf seinen Vater warten. Er erklärt, dass ihm die Darstellung arischer Krieger in amerikanischen Propagandafilmen nicht gefalle. Es habe sich bis zu ihm herumgesprochen, er wisse natürlich um die Flüchtlinge. Wer sein Land verlasse, tue das nicht aus nichtigen Gründen. Der Weltgeist versetze Völker in Bewegung, es gäbe kein Erbarmen …
Was ist der Weltgeist?, sage ich.
Eine deutsche Erfindung. Eine unsichtbare Maschine … Igor schützt dich, und du schützt ihn. Aber er braucht keine weiteren Freunde.
Er geht auf das Bitten und Flehen seines kleinen Bruders nicht ein. Nach einem Blick in den Laden des Krämers stürmt er in Richtung der Gasse, an dessen Ende die Frau abgebogen ist. Wir sollen Istefan Bey die Wahrheit sagen.
Jagt er Frauen?, sage ich.
Er singt ihnen sogar armenische Klagelieder vor, sagt Igor.
Halten sie ihn für gut aussehend?

Manchmal darf er heimlich ein Mädchen küssen. Sie verlieren schnell die Lust.

Unser Blut ist gemischt, aber ich kenne dich nicht.

Meine Mutter schickt mich oft zum Brunnen in der Pilgergasse, sagt er.

Wir sind uns nie begegnet … Hast du auch fast immer Hunger?

Immer, sagt er leise.

Ich arbeite jetzt in den Ferien beim Krämer, sage ich, Feigen, Walnüsse, Käse.

Wirst du stehlen?

Nein. Würdest du?

Mundraub. Ist das ein Verbrechen?

Trotzdem.

Eine Scheibe Schafskäse, sagt er, stell dir das vor. Der Geruch der Salzlake.

Der Herr Krämer beherrscht sich auch, sage ich, er könnte sich den Bauch vollschlagen, wenn er wollte. Er tut es nicht.

Wahrscheinlich tut er das, wenn er das Geschäft schließt. Keiner schaut zu. Und er muss den Käse auch nicht mit einem Hungerleider teilen.

Göring ist fett, rufe ich, der frisst und frisst.

Igor glaubt, dass der Dicke morgens die Schöpfkelle in einen Bottich Orangenmarmelade taucht und die Kelle über dem aufgesperrten Mund leert. Er glaubt auch, dass die Juden alle Vorräte gehortet haben und sie außer Landes bringen, zu den roten Schergen im Osten, zu den Mischrassigen im amerikanischen Westen.

Ich werde ihm nur kalten Herzens ein Bruder sein, er ist halb verrückt.

Er zeigt auf im Kreis trippelnde Tauben, sie fächern kurz vor Schreck die Schwingen auf, als sich Eiszapfen von der Traufe lösen und auf dem Pflaster zerschellen. Ich frage Igor nach den Christenmädchen, die im islamischen Friedhof ruhen. Er wird auf einen Schlag wütend.

Prüfst du mich?, ruft er, wirst du mich verleumden?

Unser Blut ist gemischt, sage ich.

Ich schweige darüber. Mein Vater, meine Mutter, mein Bruder, sie schweigen. Herr Sawen, der Zahnarzt, dessen Unterarme stark behaart sind. Seine Frau Minna Hanim, ihre Zugehfrau, sie schweigen. Drüben, am Westufer, die Männer in den Kneipen, in den Lokalen, in den Nachtbars. Sie sprechen nicht über die Mädchen. Ein Geheimnis.

Du bist kein Türkenjunge, sagt er.

Doch, das bin ich.

Das, was auf diesem Boden geschehen ist, soll dich nicht bekümmern.

Der Krämer ruft nach mir, ich halte Igor die Hand mit dem Hautriss hin, er schlägt nach kurzem Zögern ein. Dann bekreuzigt er sich. Bin ich der unsaubere Geist, den er abwehrt?

Auf dem Ladentresen steht ein voller Korb. Fewsi Bey schickt mich zum reichen Herrn, von dem es heißt, er könnte alle Häuser, alle Moscheen und Kirchen des Viertels aufkaufen. Ich setze die Wollmütze auf, schlinge den langen Schal um den Hals, und bevor ich mich auf den Weg zum Fremde-Türken-Viertel mache, erzähle ich Vater vom Wunsch des Direktors, ihn zu sehen. Er mustert mich: keine frischen Wunden, keine blauen Flecken. Er sagt: Will der Mann mir Töne entlocken wie einer verstimmten Kurzhalslaute?

Ich greife zum Korbhenkel, laufe hinaus. Der Einäugige hat mir diesmal die Lederbörse mit dem Rückgeld nicht gegeben. Der reiche Seyfettin Bey bezahlt immer im Voraus.

Ich treffe die Frau des Schreiners, sie hält ihr Kind in den Armen, sie flüstert mir ins Ohr: Die Frucht meines Leibes und deines Knabenharns. Sie lacht mich an und kneift in meine schamesrote Wange.

Die Wege sind vereist, ich setze vorsichtig einen Schritt vor den anderen, ich achte darauf, nicht unter den Dachtraufen zu laufen. Vor ein paar Tagen zerspellte ein Eiszapfen auf dem Kopf von Schükran Hanim, der Wirt Hristo brachte sie ins Krankenhaus, der Arzt entließ sie schon nach wenigen Minuten. Hristo erzählte: Sie schrie mich bis an den Rand der Zerrüttung. Ich musste sie am Rücken tragen, die Dame schnürte mir mit ihren Armen den Hals zu. Mir fährt immer noch beim Aufrichten ein Schmerz ins Kreuz. Ich habe dem Heiland geschworen, nie wieder einer schwergewichtigen Dame zu Hilfe zu eilen.

Endlich stehe ich vor dem Haus des reichen Herrn: ein zweistöckiger Palast mit zwei Brunnen im Vorgarten. Ich trete durch das Tor, starre auf strahlend weiße Kieselsteine, starre auf den nagelneuen Laubbesen, der neben der Regentonne am Geräteschuppen lehnt. Alles strahlt, alles ist rein und gepflegt. Ich drehe an der Klingel, stelle den Korb ab, klingele noch einmal, lausche auf einen Laut, es ist still im Haus. Wahrscheinlich werde ich heute ein zweites Mal herkommen müssen, es verdrießt mich. Ich schließe das Tor, ziehe die Mütze tiefer in die Stirn. Mit dem Mantelärmel wische ich das Blut vom Korbhenkel.

Der kleine Deutsche Wolf ... Oh, ich wollte dich nicht erschrecken.

Mir geht es gut, Herr, sage ich dumm, Fewsi Bey lässt ausrichten. dass der Rinderschinken erst morgen geliefert wird. Er hat rechtzeitig bestellt, es kommt aber zu Verzögerungen.

Schön, sagt Seyfettin Bey, wieso willst du mit dem Korb wieder zurück?

Ich habe mehrmals geklingelt. Es wurde mir nicht aufgemacht.

Seltsam. Es passt mir andererseits sehr, dass ich dich sehe. Ich habe warme Sachen für dich, mein Sohn ist herausgewachsen. Folge mir. Der Mantel reicht ihm bis an die Waden, er wird nicht frieren. Er holt einen Bund aus der Tasche, an dem viele Schlüssel hängen. Seine Nägel glänzen. Die Zigarette drückt er mit dem Absatz seines schwarzen Lederstiefels aus. Die Stiefel glänzen.

Er schließt auf, der Eingang ist so groß wie unser Wohnzimmer, eine Treppe führt zum ersten Stock, das untere Ende des Handlaufs besteht aus einem pausbäckigen Puttenkopf mit kleinen Metallflügeln. Er bittet mich herein. Ich soll mir die Schuhe nicht ausziehen, ich trete sie auf der Matte ab und steige auf seinen Wunsch hin hinter ihm die Treppen hoch. An der ersten verschlossenen Tür hält er plötzlich inne, ich höre eine Frauenstimme. Er drückt die Klinke herunter und drückt die Tür auf.

Ein nackter Mann und eine nackte Frau im Bett, sie liegen aufeinander, ich muss die Augen schließen, es ist verboten, doch ich schaue hin, ich schaue auf ihre Brüste, als sie sich jäh aufrichtet und schreit, ich schaue auf den Mann, der die Decke über seine Scham zieht, er beißt in die Faust und ruft japsend Gott an. Seyfettin Bey geht zur Kommode, holt eine Pistole heraus, richtet sie auf die Nackten.

Tu es nicht. Bitte nicht!, sagt sie, lass mich am Leben!

Wer ist der Erste, den ich in die Hölle schicke?, sagt Seyfettin Bey leise.

Nein, nicht!

Wer bist du?

Niemand, sagt der Mann.

Die erste Kugel für dich.

Lieber Herr, nein. Sie kennen mich nicht.

Aus welchem Loch bist du gekrochen?

Große Sünde, sagt der Mann und fängt an zu weinen.

Wer ist der Kerl?

Ein Sänger, sagt sie.

Hat er sich also in mein Ehebett gesungen. Erst in dein Herz, dann in mein Haus.

Es tut mir unendlich leid.

Hurenreue, sagt Seyfettin Bey, ich hörte dich lachen. Dein Buhler erheitert dich. Kerl, was hast du in ihr Ohr geraunt?

Nichts, Herr.

Wähle zwischen einer richtigen Antwort oder einem Loch im Kopf.

Ich machte ihr ein Kompliment.

Welches?

Sie bringen mich um, sagt er.

Los! Wie hast du ihr geschmeichelt?

Ich lobte ihre vollen Brüste.

Sie gefallen dir?

Bitte, sagt sie.

Still! Hast du die Brüste meiner Frau geküsst?

Ja, Herr.

Hast du sie berührt?

Ja.

Hast du meiner Ehefrau beigewohnt? … Wenn du schweigst, erschieße ich dich!

Ja.

Meine Liebe zu dir beginnt zu verwesen, Frau. Ich bin besiegt. Trösten wird dich der Sänger. In vier Tagen kehr' ich zurück in dieses Schandhaus. Du wirst dann verschwunden sein. Ich schicke Diener und Gepäckträger. Meine Geschenke an dich sind dein Besitz. Unser Sohn, den du verraten hast, bleibt bei mir. Von einer Dirne kann er nichts lernen.

Er steckt die Pistole in die Mantelinnentasche, packt mich an den Schultern, dreht mich herum, ich steige herunter und höre ihr Schluchzen, Hurenreue Mutterschmerz, große dunkle Warzenhöfe, verborgene kleine Höhle zwischen ihren Schenkeln, Scham der Frau, Angst des Buhlers, ich bohre die Fingerspitzen in die Bruderschaftswunde und öffne die Faust, ihre blasse Haut ihr Hals ihre Brüste, ich gehe neben ihm her, am Baumkronenpfad begegnen wir Teologos, der nach einem Schritt in unsere Richtung erstarrt, er sieht den bestürzten reichen Herrn, er nickt zum Gruße und weicht, ihre langen schwarzen Haare, in denen der Buhler wühlen durfte, Trugglück Hurentränen, wir stolpern über das Brachland hinter der Tankstelle, seine Stiefel schlammbespritzt, er zündet sich eine Zigarette an, bleibt stehen, schaut blind in die Ferne.

Muss ich dich bestechen, damit du schweigst?

Nein, Herr, sage ich.

Kein Wort zu niemandem.

Ich schwöre auf das Messer, das mich biss, sage ich und zeige ihm die Narben vor.

Das bedeutet nichts, sagt er lächelnd, was meinst du, habe ich mich richtig verhalten?

Es tut mir leid.

Ja. Antworte mir.

Die Männer kämpfen für die Ehre.

Also bin ich ehrlos?

Nein, Herr. Sie sind klug.

Ich hätte zwei Leben ausgelöscht. Deine Mutter ist tot, oder?

Mutter Bayka Hanim lebt, sage ich.

Natürlich, wie konnte ich das vergessen, sagt er, vorhin, mit der Waffe in der Hand, dachte ich: Die Mutter im Grab, der Vater in der Zelle, der Sohn verloren. Ich hätte auf einen Schlag drei Menschen getötet.

Was werden Sie tun, Herr?

Ich frage mich, was sie tun wird. Unser Sohn wird von der Schule nach Hause kommen, in ungefähr zwei Stunden. Wahrscheinlich ist der ... Schänder meiner Männerehre angezogen und flieht. Sie wird den Abdruck fremder Hände vom Leib waschen. Später bei einem Glas Tee nachdenken. Sie muss es ihm erzählen. Sie lässt es nicht zu, dass ich ihm vom Ehebruch seiner Mutter berichte. Er entscheidet. Sie oder ich.

Herr, nehmen Sie den Korb, der Krämer wartet auf mich.

In vier Tagen lasse ich dir die Kleider zukommen. Schweige darüber, schweige mit mir.

Fewsi Bey schilt mit mir, weil er mich verdächtigt, gebummelt zu haben. Im Hinterzimmer löffele ich einen Teller Erbsensuppe aus, anderthalb Scheiben Brot stehen mir zu, ich esse sie zuletzt. Bis kurz vor Anbruch der Dämmerung laufe ich mit vollem Einkaufskorb durch das Viertel, ich klingele an den Türen, feine Damen tätscheln mir die Wange oder streichen mit parfümierter Hand über meinen kahlen Schädel, manchmal schenken sie mir trockenes Gebäck, oft darf ich das Rückgeld behalten.

Der Einäugige entlässt mich endlich, ich soll am nächsten Tag erst spätvormittags erscheinen. Am Ende der Woche wird er meinen Lohn auszahlen. Fünf Piaster. Dafür kann ich eine Feige, zwei gesüßte Kichererbsenstücke und zwei Datteln kaufen.

Zu Hause wasche ich den Schmutz von den Händen, entdecke neue Nagespuren an der Abdeckplatte, lege den Finger darauf, starre in das dunkle Loch. Von dort unten wird sie kommen, die fette Herrin. Ihre Zähne werden leuchten in der Dunkelheit, das ist ihr Zauber. Den Finger reibe ich an der Hose ab, gehe ins Wohnzimmer, setze mich an den gedeckten Tisch. Mutter zerteilt die Aubergine auf ihrem Teller, sie hat sich in ihre Welt zurückgezogen. Der Tod ihres leiblichen Sohnes schmerzt sie immer noch. Sie stickt handtellergroße Untersetzer, die sie aber zusammennähen will. Die große Zierdecke will sie auf das Gästepolster legen. Derya stochert in ihrem Essen, schaut auf, mustert mich.

Was bedrückt dich?

Ich bin nur müde, sage ich.

Du hast ein schlechtes Gewissen. Vater spricht mit dem Schulleiter. Wir befürchten das Schlimmste.

Was denn?

Dass wir dich von der Schule nehmen müssen, sagt Mutter.

Immer bleibt es an mir hängen, sage ich, ich habe nichts verbrochen.

Du sprachst von Kindern, die du nicht kennst. Der Direktor glaubt, du lügst ihn an.

Er glaubte auch, dass ich abartig bin.

Sie will schon zu einer Schelte ansetzen, da hören wir, wie die Tür aufgeschlossen wird. Vater grüßt vom Flur, geht ins Bad, kommt an den Tisch, lockert vor dem Hinsetzen die Leibbinde, isst Brot und Aubergine, will mit der Gabel zwischen den Zähnen stochern, lässt aber davon ab, als Mutter ihm auf die Hand klopft.

Die Kinder sind Bauernsöhne. Ich habe vor meinem Gang zum Direktor mit ihren Vätern sprechen können. Du musst nicht mehr Laub fegen.

Danke, Vater.

Kaytun ist ein Hundesohn.

Unerhört, ruft Mutter aus.

Ehre seiner Mutter, sagt Vater, Hikmet liegt mit Knochenbrüchen im Krankenhaus. Sein Freund, der Junge mit dem Greisengebiss, hat es mir verraten: Kaytun und seine kleinen Teufel haben sie hinterrücks angefallen.

Memme, sage ich.

Du bist still, sagt Mutter, welche Knochen brach man Hikmet?

Gesicht und das linke Knie, sagt Vater, ein paar Zähne.

Kein Messerkampf, sage ich.

Er schlug mit einem Stein in der Faust auf Hikmet ein.

Weshalb?

Du kennst Hasans Geschichte.

Biss in die Schläfe, sage ich, er wollte sich dafür rächen.

Ihm stieß der Teufel nach der Blöße. Er lag am Boden. Kaum hatte er den Schrecken weggeblinzelt, sah er den, den er schützen soll, am eigenen Blut fast ersticken. Der Junge mit dem Greisengebiss war abwesend, er folgte einer anderen Spur.

Was heißt das?, sagt Derya.

Der Katzenmetzger läuft frei herum.

Kaytun?

Gern zimmere ich das Holz, an dem er hängen soll …

Vater traut ihm alles Üble zu, er wünscht ihn in den tiefsten Schlund der Hölle. Wird auch mir im Feuer das Menschenfett schmelzen, da ich die Bilder der nackten Frauen nicht aus dem Kopf bannen kann?

Ein Schatten am Fenster, ich zucke zusammen, ein Gesicht, das Gesicht einer Dame, sie klopft gegen die Fensterscheibe. Kubilays Mutter Nur Hanim. Derya eilt zur Tür, bittet die Gäste hinein, sie stehen im Flur: Die Tschetschenin ist in Begleitung von Nuriye Hanim und ihrer Tochter erschienen. Mutter bespricht sich leise mit ihnen, dann redet sie mit Vater im Flüsterton, er schüttelt ungläubig den Kopf, sie aber gibt nicht nach.

Die kleine Ayfer möchte einen Turm aus Schuhen bauen, Derya kniet sich neben sie und spielt mit. Vater zieht die Leibbinde fester, er wartet, bis wir in den Garten treten, dann löscht er die Lichter. Wächter Schecho steht stramm. Wächter Schecho, Knüppel in der Rechten, lässt mich und die Damen vorbeiziehen, er schützt uns vor Angriffen von hinten, Vater führt, Vater ist wachsam in der Nacht, kein wilder Hund, kein Geist aus Fleisch und Dunst wird uns straflos anfallen. Nuriye Hanim zupft ihr Tränentuch aus dem Ärmel, es leuchtet im Dunkeln. Derya hält die Kleine im Arm und singt ihr leise ein Kinderlied vor. Gebell in der Ferne. Ich bilde mit Daumen und Zeigefinger einen Kreis, spähe hindurch: Am Himmel der Mond, ein Gesicht voller Narben. Bald stehen wir in der Straße, in der man nicht aufschauen darf. Doch wir schauen hinauf zum Fenster, der Irre blickt uns schweigend an, er streckt den Arm, öffnet die Faust, Kürbiskernschalen fallen wie weiße Fliegen auf den Boden. Schecho droht ihm mit dem Knüppel, der irre bleiche große Bruder lacht ihn von der Höhe an.

Wir sind hier ..., sagt Nur Hanim.

Lauter!, ruft er.

Wir wollen deine Eltern nicht verschrecken.

Sie sind außer Haus. Wenn sie heimkehren, werden sie alle Zimmer durchgehen. Das letzte Mal, als sie mich allein ließen, habe ich alle Garnspulen an die Wohnzimmerdecke geleimt. Fäden in allen Farben hingen herunter ... Die Kleine am Busen der Schönen, ist sie deine Tochter?

Anstand!, ruft Vater.

Das Gift reinigt mich, Abdullah Bey. Vermute keine Geschlechtsgier, keine Hinterlist. Ich bin ein gefallenes Kind, das sich rasiert. Ich dörre Schnee im Ofen.

Trink einen anständigen Schnaps, und dir geht es gleich besser, sagt Schecho.

Säufer kotzen. Ein grimmiger Wächter bist du geworden. Weshalb machst du die Nacht zum Tage? Warum streichst du öfter als nötig am Haus des Herrn Levi vorbei? Du bläst die Backen auf und spuckst eine kleine Speichelfontäne. Ein Kerl, der mich aufsuchte, sprach über dich: Er galt als furchtlos, der Kurde, aber er brach, da die Grazie Esther ihn abwies. Seitdem hat er eine schiefe Fratze.

Wir fürchten uns vor Schechos Hundswut.

Ich spieß dich an diesem Knüppel auf!

Nicht, sagt Nur Hanim.

Was führt dich zu mir?, sagt der Irre am Fenster.

Mein Sohn.

Dein Ältester.

Ja.

Kein guter Junge, bei allem Respekt. Ich staune über ihn. Wenig fehlt, und man wird ihm einen Schrein errichten. Jene, die nicht träumen, weil sie verflucht sind, danken ihm mit Gaben der Bosheit. Ein Fetzen blutbefleckte Rüsche. Die Zähne der fetten Herrin. Die Schöpfschale eines bösen Weibs, das sich an heiligen Freitagen mit dem Harn des Ziegenbocks übergoss.

Ich bin traurig, sagt Nur Hanim.

Du hast ihn geboren. Du hast ihn gesäugt. Er verrät dein Blut. Dein Mann will ihn nicht bändigen. Hass gibt ihm Kraft. Du hast ihn nicht abgewiesen, als er dich mit Vieh und Gold freikaufte. Du warst eine gehorsame Tochter. Jetzt bist du gebrochen. Das Zauberweib kann dir nicht helfen.

Kannst du es?, ruft Vater.

Ich sprach mit Kaytun. Gestern.

Was?

Dort, wo deine Tochter steht, genau dort stand er. Hatte die Klinge seines Messers scharf geschliffen. Wollte mich schlitzen.

Hat er das gesagt?

Ich wusste es, weil er brannte.

Was hat ihn davon abgehalten?

Er hat die Macht, zu entscheiden, wer lebt und stirbt. Arier, wie geht es Seyfettin Bey?

Gut, sage ich.

Nicht gut, schreit der Irre, du bist ein schlechter Lügner. Seine Frau hat ihn mit dem Sänger betrogen, du warst auch im Schlafzimmer. Was du und der reichste Mann des Viertels nicht wusstet: Kaytun sah euch alle.

Wie kann das sein?, sage ich.

Sein Geheimnis.

Lieber Junge, sagt Nur Hanim, ich bitte um deine Hilfe.

Morgen weiß es das ganze Viertel, sagt er und streut Kürbiskernschalen auf unsere Köpfe.

Du willst nicht helfen?

Dein Sohn ließ mich am Leben. Weißt du, wieso? Bin ich harmlos? Nein. Bin ich, wie ihr glaubt, derart verrückt, dass die Hunde, so sie mich wittern, knurrend in die Schatten sprengen? Ja. Ich starb nicht durch seine Hand, weil er möchte, dass ich seine Wunderwerke rühmen soll.

Zerfleischt er die Katzen?, sagt Vater.

Sein Geheimnis. Er würde nicht antworten, wenn ich fragte.

Heile mich und heile ihn, ruft Nur Hanim.

Liebe Dame, er wird sterben, vor seiner Zeit.

Nein!

Sterben wird er. Du verfällst dem Irrsinn, weil du an ihm festhältst.
Ich trete die Tür ein und werf' ihn aus dem Fenster, ruft Schecho.
Warte, sagt Nur Hanim, was ist dein letztes Wort?
Du schmeckst nichts. Der Gaumendämon hat sich in deinem
Mund festgesetzt. Du musst ihn ausspucken. Soll ich euch erzählen
von meinem Fensterkummer? Oft schaue ich bei geschlossenem
Fenster hinaus, ich sehe stundenlang durch das Glas: Dies ist nicht
nur die Straße der dienstbaren Geister. Dein Sohn ist der König
der Geister, er ist der Gaumenzerfresser, er denkt: Wer mir ähnelt,
muss verschwinden. Ermannte sich ein Knecht, ein Familienvater,
ein glotzäugiges Kind, ihn zu fragen, was ihn befeuert, so sagte er:
Bei Stromausfall sitzt ihr im Dunkeln, und die jungen unverheirateten Frauen schützen ihren Schoß, als drohte Gefahr für die Jung-
fernschaft. Doch überall sind Augen. Ein Brotkastenträger brach
unter der Traglast ein, ich hörte seine Klagen, es stank ihm übel in
die Nase, dass er hungrig war, aber das Brot nicht essen durfte. Sattel einen wilden Hund, habe ich geschrien, reite durch die Gassen,
der Hund wird die Zähne fletschen, und du kannst mit dem Vieh-
stachel die Frauen am Brunnen bedrohen. Er schimpfte mich einen
Giftkrüppel, wir lachten und verbrüderten uns, ohne dass Blut floss.
Ich warf ihm Brot und Frucht in die hingehaltene Mütze, er aß sich
halb satt und fragte mich aus nach den Kriegsgewinnlern. Ich sollte
in Worten der genauen Wissenschaft sprechen. Keine Bilder, keine
Gleichnisse. Ich sagte: Hier bei uns leben sie, und sie schwellen an
vor Stolz, wenn man ihnen begegnet und zum Gruße den Hut lüpft.
Sie schwellen an vor Stolz im Gebet, da sie den Herrn anrufen, und
sie sind auch stolz, da sie über dem Loch hocken und sich erleichtern. Vom Puppenmacher haben sie einen Spruch übernommen:
Die gute Facharbeit ist meine beste Reklame. Ihr kanntet den Laden
für gefälschten Zierrat aus der imperialen Zeit. An der Mauer, hinter der Kirche. Auf dem Schild im Schaufenster war zu lesen: Alle
Preise sind verhandelbar. Der Höker hat sich verbessert, er handelt mit knappem Gut, mit Benzin und Delikatessen, mit Zigar-
ren, Pelzen und Wintermänteln, mit Strumpfhosen, italienischen
Schuhen und Goldschmuck. Er wohnt im kleinen Haus, weil er uns
täuschen will. Seine Frau parfümiert sich die Achselhöhlen. Seine

Tochter spricht nur noch französisch, sie leben im großen Haus am Westufer, sie blicken auf das Meer, auf die Fähren, auf das Menschengewimmel. Sie sind ungehalten über den Herrn des Hauses, der noch unter uns Verlausten lebt, anstatt seine Tarnung aufzugeben. Der Lastenträger verstand: Der Mann wird vergehen, sobald er das kleine Haus aufgibt. Dann hört er im Palast seine Frau sich ärgern über den rissigen Stöpsel im Abfluss. Über die Arbeitsschwielen an seinen Händen. Sieht in ihm einen Emporkömmling, nach Männerduft riechende Luft, Fleisch von gestern. Dies ist die Straße, in der man den Blick auf den Boden heftet. Tau vereist, Frost friert die Erde, der Boden hebt sich, und manch einer fällt hier bei einem unbedachten Schritt. Liebe Dame, Heimkehr ist für dich unmöglich. Dein Mann kann sich noch so oft vor Zorn an die Tschetschenenkappe fassen, eine Rückkehr wird es nicht geben. Aber: Ihn reut der Auszug aus seinem Land nicht wirklich. Er verdient immer besser, euch hungert es nicht. Ich wurde auf Rustam Bey aufmerksam. Eine Truhe Ahnentand nannte er gestern noch seinen Besitz. Man hinterbringt mir, dass er mit Männern seines Blutes lohnende Geschäfte macht. Er könnte, wenn er wollte, den Einäugigen mit Waren beliefern. Die Truhe füllt sich mit Geld und Gold. Sein Erstgeborener, der Teufel Kaytun, will nicht zurückstehen …

Wir frieren, ruft Schecho, und der Irre predigt.

Esther träumt von Kaytun, schreit der Weise vom Fenster, sie möchte in seiner Umarmung seufzen. Bald wird das geschehen. Bald raubt er ihr die Unschuld …

Der Knüppel fliegt in hohem Bogen, streift den Kopf des Irren, fliegt ins Zimmer, wir hören ein Gefäß zerbrechen. Der süchtige bleiche große Bruder knackt seelenruhig Kürbiskernschalen, während Schecho ihn anbrüllt. Nuriye Hanim übernimmt ihre Tochter, fasst Nur Hanim an der Schulter, die Frauen verschwinden im Dunkeln, begleitet vom grollenden Wächter Schecho.

Du hast einer Dame in Not deine Hilfe verweigert, sagt Derya, stattdessen hast du uns mit deinen Anekdoten gelangweilt. Bist du ehrlos?

Ehre, sagt er, was ist das?

Das, was das Gift in deinem Blut zersetzt.

Du willst dich mit mir messen?

Eine Memme im Harnisch ist kein Gegner.

Ich bin geringer als du, sagt der Irre, ich weiß. Deine Liebe wirst du mir nie schenken.

Anstand!, ruft Vater.

Ehre, Anstand. Bald sprecht ihr von der Sitte.

Hast du Angst vor Kaytun?, sagt Derya.

Und du?

Ja.

Nicht nur Säufer kotzen. Kaytun hat sich als Kind übergeben, und die Pfütze am Boden war seine Seele. Er könnte Vater und Mutter schaden, das jagt mir große Angst ein.

Schütze sie, ruft Derya.

Wie?

Wir gehen. Vater kommt nach.

Wolf bleibt, sagt Vater.

Er reicht Derya Messer und Pistole, ich reiße die Augen auf: schönes Metall. Sie werden zu Hause auf uns warten, hinter der verriegelten Tür, sie werden vergeblich hoffen, dass die Spinnen weben. Sie sind unbewacht in der Nacht.

Also, sagt Vater, du weißt, was zu tun ist.

Es bricht der Mutter das Herz, sagt der Irre.

Sie hat den jungen Sohn. Er sichert die Blutlinie.

Heilung unmöglich.

So ist das. Wann?

Morgen.

Wo?

Hier. Er liefert.

Kommt er allein?

Immer, sagt er, er braucht keine Beschützer.

Um wie viel Uhr?

Kurz vor Mitternacht. Vater und Mutter schlafen.

Du wirst sehr leiden, dir fehlt der Gifthöker.

Jeder ist ersetzlich.

Wenn es so weit ist, schließt du das Fenster, schließt du die Augen.

Schwör auf dein reines Herz.

Ich schwöre, Abdullah Bey.

Du und ich, wir tilgen den Makel. Das bindet dich und mich. Und Wolf.

Ihm glänzt der kahl geschorene Kopf ... Herr, meine Mutter darf nicht über den Teufel stolpern.

Natürlich. Ist er der Katzenmetzger?

Es gibt Schläger, die ihn nachahmen. Ich traue es eher einem kleinen Geist zu.

Wir tun es für die Macht, die uns überragt, sagt Vater.

25. Der Demütiger der Unterdrücker

Im langen Mantel, der Saum zerrissen, Lungenschaum am Kragen: Ein Arbeitsknecht fand den Leichnam zu Füßen des Hohen Hains. Fünfzehn Messerstiche an der Herzseite, an Bauch und Flanken, keine Wunde am Rücken. Ein herzzerstochener Rumpf.

Wenn man die Nase in den Wind hält, riecht man Rauch: Flammen verzehren kleine Gaben. Die Brüder entzünden Feuer der Freude, sie werfen Pfefferschoten, Salz und Brotkrumen auf die brennenden Scheite. Lob sei dem hohen Herrn, Er segne Kaytuns Mörder, unsere Wohltäter.

Derya sagt: Die fette Herrin tanzt auf den Hinterpfoten. Schükran Hanim, die Frau des Hodschas und die Frau des Dampfbadbetreibers erzählen: Sie verlor ihren besten Schüler. In schwarzen Schlick hat sie sich hineingewühlt, an ihrem Fell hängen Klumpen getrockneten Schlamms. Sie trauert. Es ist die Stunde des Rattenzorns. Wehe uns, denn sie wird viele Abdeckplatten zerbeißen.

Der Puppenmacher gab seinem Kummerschemel einen Tritt, legte Leim und nasse Papierstreifen beiseite, zog seinen Festtagsanzug an: Er schenkt uns Kindern und kleinen Männern rohe Äpfel am Holzspieß. Im Kaffeehaus des Hundertjährigen sitzen die Männer an den Tischen, sie trinken und sprechen: Kaytun glaubte nicht an

Gott, nicht an Menschen, noch an Krähen. Er fütterte Gott mit Gebeten, die Menschen mit Gerüchten, Krähen mit Stückchen Aas. Bedeckt seine Augen mit betauten Kaurismuscheln, mit Kupferschatten, mit Vogelkopf und trockenem Teig, mit Tang und Makrelenköpfen, mit dem Flicken einer beschmutzten Schürze!

Die Gefolgsbrüder des toten Teufels wagen keine Widerworte, sie streunen um Tetes Haus herum und warten. Manchmal zeigt sich die Dame Bela Palan gnädig, sie ordnet ihre Haare, bis eine Spange auf den Boden fällt. Dann hebt sie sie auf, für einige Wimpernschläge ist der Schmerz der jungen Männer gelindert, sie lächeln der Dame zu und die Dame lächelt zurück. Sie sind enthauptet worden.

Es sind die Tage, da sie Räucherwerk verbrennen, auf dem Brachland und auf den Feldern außerhalb der Mauern, der Rauch steigt auf von den Pfannen. Der Vernarbte und der Knirschmund, Yorgos und Agop, die Brüder Haydar und Hamit: Sie schritten feierlich zur geschmückten Zypresse, die Frauen hörten auf zu klagen und zu weinen und wichen vor den Männern, die Bänder mit Widderhörnern um die Äste schlangen.

Das Gebet, das der Vernarbte laut sprach, ist überliefert: Peinige seine Seele, Herr. Siede ihn im heißesten Kessel. Lass ihm verspielte Dämonen durch den Rachen in den Leib fahren. Schenke unseren Wohltätern Brot und Salz, Licht im Leben und Licht im Traum. Und töte die fette Herrin.

Dschenk, Nuyan, Burak: Sie schlagen mir auf die Schulter, sie reichen mir süße Teigkringel. Sie fragen nicht. Noch nie wurde ich von so vielen Frauen angelächelt. Wenn Vater durch eine Gasse zieht, hält ihn eine Frau an, er streckt die Hände unter die Tülle der Schnabelkanne und wäscht sie im Wasserstrahl. Alte Männer küssen ihn auf beide Wangen. Der Kommissar erklärte noch am Tage des Leichenfundes, dass ein Verbrecher durch die Hand von Verbrechern kaukasischer Herkunft umgekommen sei.

Rustam Bey, Nur Hanim und Kubilay sind verschwunden. Ich stand vor ihrem Haus, spähte durch das zerschlagene Fenster: kein Tisch, keine Teppiche, keine Sitzpolster, kein Ahnensäbel. Man hat Hundekot in den Vorgarten geworfen und eine kopflose Ratte an eine

Zaunlatte genagelt. Kubilay wird nicht wiederkommen, der Herr Direktor hat es im Gotteshaus und in Resuls Kaffeehaus verkündet. Wir kleinen Männer sind wieder nur noch vier Finger einer Hand. Der Vernarbte erklärt: Haltet nicht Ausschau nach einem fünften Bruder, er wird kommen oder eben nicht.

Der Irre am Fenster nennt Vater einen Feuerengel, der nicht schwitzt, er wird der Preisungen nicht müde. Seine Mutter zerrt ihn weg von der Männermenge, von den Menschen falschen Geschlechts, die ihren Sohn aufhetzten mit heidnischer Befeuerung. Wir verstehen sie nicht, sie müsste doch vor Freude auf die Knie fallen und jauchzen. Ihr Sohn hat sich wie versprochen abgewandt, in der Nacht des kurzen Messertanzes. Seyfettin Bey hat sich abgewandt, im Augenblick der Erregung seiner Frau bei einem Buhler. Schnapsschwamm und der Kommissar haben ihn auf offener Straße umarmt und beglückwünscht. Ich schwor ihm, dass ich sein Geheimnis nicht verraten habe. Er glaubt mir. Die Schläger verachten ihn: Wer die Ehebrecherin schont, bricht das Ahnengesetz. Sie sagen: Es sterben die Falschen, und es bleiben die Ehrlosen am Leben. Feige ist der reiche Herr, weil er seiner hurenden Frau Gnade gewährte …

Die Frau bat den Direktor um ein Treffen auf dem Schulhof, er sollte den Sohn auch einladen. Er aber hat vor den Augen des Direktors die Mutter verleugnet. All das kümmert Seyfettin Bey nicht, er lässt sich scheiden. Witwen und junge Damen gehen wie zufällig an seinem Haus vorbei, der stotternde Barbier Achmed und Hristo setzen ein kleines Wettgeld auf Esther, die dieser Tage laut kichert. Was versetzt sie in gute Laune?

Ein Liebhaber, was denn sonst?, sagt Derya.

Der Krämer ist griesgrämiger als sonst, er hat seine Augenklappe zertreten, und die Kunden achten wieder darauf, nicht auf die vernarbte Augenhöhle zu starren. Er schickt mich zu Botengängen in das benachbarte Viertel Samatya, und er wundert sich, dass ich unversehrt zurückkehre. Der Korb ist voll mit Käse, Wurst, Pasteten und Schnaps: Wäre er ein Gauner, würde er mir das Genick brechen und mit dem Korb verschwinden.

Du bist ein schlechter Mensch, sagt der nasenlose Süleyman Bey, es überrascht mich nicht, dass Nuriye Hanim dich hinhält.

Der Nasenlose sitzt auf einer leeren Seifenkiste, er hat die gefaltete Zeitung auf den kalten Steinboden im Eingang zum Hinterzimmer gelegt, er starrt herunter auf seine nackten Füße. Er wackelt mit den Zehen und verzieht das Gesicht.

Auf wie viele Hühneraugen bist du bei der letzten Zählung gekommen?, sagt der Krämer.

Auf fünf. Das sechste wächst gerade aus.

Ich weiß, wie du sie loswirst.

Wie denn?, sagt Süleyman Bey argwöhnisch.

Geröstetes Salz und Zigarrenasche, rühre sie mit Petroleum an. Trage die Paste auf, lass' sie eine Stunde einwirken, reib' die Hühneraugen mit Bimsstein ab. Wasch dir dann die Füße. Sie müssen im Schatten trocknen.

Du hältst mich für besonders dämlich.

Ja, sagt der Krämer.

Wärst du so gescheit, wie du vorgibst, würde dich die Dame angurren.

Es ist der Täuberich, der gurrt, nicht die Taube.

Stell' dich neben dem Irren ans Fenster, sagt der Nasenlose, ihr passt gut zusammen. Ihr könntet euch abwechseln. Nein, lieber nicht. Bei deinem Anblick laufen die Frauen schreiend davon. Dann hieße die Straße der Ziegenpfad des Entsetzens.

Du bist weiblos, stellt der Krämer fest.

Weil ich es so will.

Hast du je geliebt?

Bestimmt. Ich habe es vergessen.

Der Arier hechelt wie ein Hirtenhundwelpe, sagt der Krämer, immer dann, wenn ein hübsches Griechenmädchen den Laden betritt.

Na ja, sage ich.

Stell dir vor, er will deinen Rat einholen. Was bekommt er stattdessen? Eine Ermahnung: Mein Junge, als ich in deinem Alter war, schlief ich auf dem kalten Metall meines Messers. Ich hatte Füße ohne Hühneraugen. Liebe nicht, und du wirst hineinwachsen in diese Welt.

Womit hast du Nuriye Hanim zuletzt beschenkt?, sagt der Nasenlose.

Mit Strumpfhosen.

Und was solltest du, Arier, diesem liebestollen Mann ausrichten?

Ihre Worte waren: Ich wünsche dem Herrn mehr Schamgefühl. Außerdem hat er sich in meiner Größe verschätzt.

Aha!

Dabei hat sie aber gelächelt, sage ich.

Wieso?

Weil ich mich absichtlich für die Größe einer jungen Frau entschied, sagt der Krämer.

Und du nennst mich dämlich.

Arier, belehr dies blökende Rind.

Lieber Herr, Fewsi Bey tat dies, um ihr zu schmeicheln.

Was nützen ihr Strumpfhosen, die sie nicht tragen kann?, ruft der Nasenlose.

Fast alle Geschenke hat sie zurückgewiesen, sagt der Krämer, Abdullah hat mir erklärt, dass es einer Dame ziemlich ist, wie sie sich verhält. Ich lag im Bett und dachte nach.

Du klingst wie eine dieser Hyänen, die die Dame Bela Palan bekeckern.

Ich dachte also nach, fährt der Einäugige fort, was weiß ich über sie? Sie schmachtet den Feldpächter Haydar an. Damit muss ich leben. Eine Mädchenschwärmerei. Kurz schien es, als verfinge sich Haydar an ihrer Leimrute. Nun macht ihm Esther schöne Augen, sie spießt ihn an ihren langen Wimpern auf.

Ach, wirklich?, sage ich.

Weiter putzen!, sagt der Krämer.

Ich bin fertig.

Trotzdem putzen. Also, Haydar buhlt nicht um ihre Liebe.

Der hätte dich ausgestochen, sagt Süleyman Bey.

Danke. Zurück zu der Dame. Worauf kann ich setzen? Auf ihren wahnhaften Glauben.

Frömmelt sie neuerdings?

Sie leidet an ihrer eingebildeten Leibesfülle. Jedes Mal, wenn sie in Modemagazinen blättert, fängt sie an, zu schluchzen. Das habe ich aus sicherer Quelle.

Die Frauen von heute sind Krümchen, sagt der Nasenlose grollend, ich schau durch sie hindurch.

Und sie durch dich. Der Dame jedenfalls habe ich ein großes Kompliment gemacht.

Schön. In zehn Jahren erlaubt sie dir einen Kuss auf die Handknöchel. Du bekommst vor Aufregung keine Luft, schlägst der Länge nach hin und stirbst.

Wolf?!

Vater steht in der Tür, er nickt den Männern zu, er lächelt aber nicht. Der Nasenlose greift zu seinen Strümpfen, der Krämer geht um den Ladentisch herum und nimmt mir den Besen aus der Hand.

Ist ein Unglück geschehen?, sage ich.

Ganz und gar nicht. Ein freudiges Ereignis. Dein Vater Franz ist zu Besuch.

Ich rühre mich nicht von der Stelle. Fewsi Bey löst den Knoten meiner Lehrlingsschürze, hilft mir heraus. Er drückt mir Münzen in die Hand, die kommenden beiden Tage will er mich nicht sehen, ich bin von jeglicher Arbeit freigestellt. Auf dem Heimweg bittet mich Vater, ihm keine Schande zu machen: Begegne ihm mit der Liebe eines deutschen Sohnes, sagt er, er soll nicht denken, dass du dich ihm entfremdet hast. Ich schwöre bei meinen Narben und bei dem Stahlglanz des Messers.

Am Tisch im Wohnzimmer sitzen Mutter, Derya und mein deutscher Vater. Er steht auf, eilt mir entgegen, umarmt mich, ich drücke die Wange gegen seinen Bauch. Dann fasst er mich an den Schultern, blickt auf meinen kahlen Schädel, und flüstert, dass ich aussehen würde wie ein kleiner Zuchthäusler. Es ist nur für meine Ohren bestimmt, doch sie haben es gehört, sie halten sich zurück. Hellgrauer Anzug, weißes Hemd, dunkelblaue Krawatte, schwarze Schuhe. Die Haare hat er nach hinten gekämmt. Er könnte sich in der trüben Pfütze oder im angelaufenen Metall spiegeln, er gelte immer als schöner Mann. Mutter und Derya bereiten das Essen vor, es gibt Fleisch und Gemüse, sein Geschenk an das Haus. Vater will bei dem Hundertjährigen einkehren, er verspricht, in einer Stunde zurückzukommen. Wir steigen die Treppen hoch und betreten sein früheres Zimmer, er schaut sich um, nimmt auf dem einzigen Stuhl Platz. Das vom Lesezeichen gescheitelte Buch fällt vom Tischrand, er hebt es hoch.

Was ist das?

Mein Schulbuch, sage ich, Geschichte.

Dein Deutsch hat gelitten, sagt er, du sprichst mit Akzent. Schuld daran sind die Affengeiger.

Wen meinst du damit?

Die verrotzten Kinder, sagt er kalt.

Sie sind meine Brüder.

Wirklich?

Ja.

Hat sich viel geändert?

Die Bösen sind erloschen. Die Guten leuchten.

Er lacht: Laute aus wundem Hals. Er blättert im Buch, legt es weg, bedeutet mir, näher zu kommen. Dann umarmt er mich ein zweites Mal, im Sitzen, greift in die große Ledertasche, streckt mir ein paar nagelneue Halbstiefel hin. Sie passen, ich strahle ihn an. Ich gehe im Zimmer auf und ab.

Danke.

Lass sie dir nicht klauen.

Nein. Ich will dich was fragen, sage ich.

Frage gleich. Kündige es nicht an.

Hast du eine Frau?

Nichts von Dauer. Die Frauen geben sich nicht lange ab mit mir.

Ist es eine Türkin?

Musst du das wissen? Na gut, richtig, es ist eine türkische Dame. Mein Alter.

Kann sie Deutsch?

Ein bisschen. Es reicht aus.

Wie heißt sie?

Wird nicht verraten, sagt er, jetzt zu dir. Erwacht dein Unterleib?

Was?

Oder bist du ein Spätzünder?

Bin ich nicht, sage ich.

Also doch, sagt er, bist du in ein Mädchen verschossen?

Nein.

Sag die Wahrheit.

Eine Kurdin.

Nimm dich in Acht, ruft er, die Kurden, die sehen durch drei Bretter.
Verstehe ich nicht, sage ich.
Spreche ich Fremdländisch mit dir, Junge?! In der Hauptstadt machen die mir erst weis, Kurden gibt's nicht, das sind Bergtürken. Ich frage: Und ihr, was seid ihr, Taltürken? Kam gleich schlechte Stimmung auf. Hab Kurden kennengelernt. Robust, können was aushalten. Sind schlecht angesehen bei den feinen Herren. Ein Kerl von der Botschaft, auch Hitlers Knecht, sagt mir: Abschaum, niedere Klasse, Untermenschen. Hab ihm eine gewischt.
Stimmt das?
Der ging zu Boden ... Du bist fleißig in der Schule.
Bin ich, sage ich.
Die sollen mir bloß nicht behaupten, der kleine Deutsche, der hat dürre Beinchen und nix im Kopp. Dass sie dir den Schädel kahl scheren, gefällt mir nicht.
Ist Pflicht. Sonst straft mich der Direktor.
Morgen ist Heiligabend, sagt er, soll ich bleiben?
Wie du willst.
Meine ostpreußische Mutter, die hielt sich an den Brauch. Die stellte Heiligabend brennende Kerzen so auf, dass wir alle Schatten warfen. Einmal wurde sie wütend und blies die Flammen aus.
Das hast du mir mal erzählt.
Ja, und? Langweile ich dich?
Nein.
Hab mich in der Herberge einquartiert. Ich bleib nicht über Nacht.
Wegen Derya, sage ich.
Die denken hier alle, ich hab mich ausgesungen. Die denken, bald ist der Deutsche mausetot. Sie kriegen uns nicht kaputt, was?! Gehst du beim ersten Stoß zu Boden?
Kommt darauf an, sage ich.
Worauf denn?
Auf den, der mich schlägt.
Ich hörte von dem Jungen, den sie erstochen haben, sagt er, das war ein Taugenichts. Mit seinem kleinen Bruder hast du dich angefreundet. Die Familie ist wohl über Nacht geflohen. Das Haus steht leer.
Willst du es kaufen?, sage ich.

Womit denn, Junge? Irgendwann krepiert das Pack, dann geht's zurück, und wir fangen von Neuem an. Ich glaub dran, Arbeit macht uns gleich, hier wie dort. Bald ist's überstanden, bald leb' ich wieder in der Heimat.

Wie viele Briefe hast du mir geschickt?

Genügend viele, sagt er.

Und er spricht davon, dass er immer das Hetzjournal der Hitlertreuen liest: Jedes Brautpaar erhalte bei der amtlichen Trauung die Hassbibel des Führers. Man rufe die Menschen dazu auf, die Feldpostbriefe des Sohnes, des Vaters und des Bruders in der Zigarrenkiste aufzubewahren und ein Kriegsarchiv anzulegen.

Weiß er nicht mehr, dass er mir all das in seinem Brief geschrieben hat? Ich höre Flügelschläge von Vögeln auf den Ästen.

Mutter ruft zu Tisch. Wir essen das Fleisch, wir halten uns nicht zurück, die Messer schaben beim Schneiden über den Teller, er betrachtet uns, die ungehemmten Fresser, aber dann schneidet und beißt er, wir alle sind erlöst, weil wir uns endlich satt essen, Derya denkt nicht an Yorgo und seine Minnebeutel, Mutter bohrt sich nicht vor Trauer um den toten Sohn die Nägel in die Handballen, Vater denkt nicht an sein Messer, das die Brust des Teufels zerriss, wir essen schweigend, es kümmert uns nicht Gebell noch rauschender Eiswind, es ist lange her, dass wir an so vielen Bissen kauen konnten.

Ein Fest, sagt Vater und eilt in den Flur, um ungestört von Ordnungsrufen seiner Frau zwischen den Zähnen zu stochern.

Derya möchte wissen, in welcher Herberge er übernachtet.

Bei Tete.

Oh, sagt Mutter.

Sie war so freundlich, mich aufzunehmen.

Hast du, Herr, ihre Untermieterin kennengelernt?

Die Dame Bela Palan.

Und was hältst du von ihr?

Recht galant, sagt er.

Hat sie geliebelt?, sagt Derya.

Junge, übersetzt mir das Wort.

Mann mit Hintergedanken anlachen, sage ich.

Ich pflück doch keine Blumen für den Mädchenkranz!

Sei nicht beleidigt, sagt Vater im Stehen, sie wollen dich nur warnen.

Wovor denn?

Ich rede am besten auf Deutsch. Die besagte Dame bringt die Frauen des Viertels gegen sich auf. Ich kenne einige junge Männer, die ihr verfallen sind. Ihr Ehemann, bedeutend älter, lässt sich nicht blicken. Es heißt, er … sei ein Händler, der die meiste Zeit des Jahres reisen müsse. Sie trägt einen Goldring am Finger, schaut dich aber an, als würde sie jagen.

Das ist mir auch aufgefallen.

Franz?

Ja?

Wolf nennt mich Vater. Was hältst du davon?

Seltsam.

Du bist nicht damit einverstanden?

Er passt sich an, sagt er kalt.

Sprechen sie über dich?, sagt Derya.

Das tun sie, sage ich.

Hör mir zu, Junge, ruft er, du glaubst, du hast festen Fuß gefasst. Ich komm' den weiten Weg hierher und was seh' ich? Mein Sohn ist zum halben Mongolen geraten. Der glotzt mich an, als würd' mir ein Bonbon am Hemd kleben. Deine Mutter selig dreht sich im Grabe um. Die hast du bei der Geburt erledigt, mich schaffst du nicht. Ich hau ab, mir ist das alles zuwider.

Er stürmt in den Flur, steigt in die Schuhe, schlüpft in den Mantel und verschwindet grußlos.

Vater füllt eine Schale mit Walnüssen, stellt sie in die Mitte des Tisches, jeder von uns nimmt sich vier halbe Walnüsse und zerkaut sie langsam.

Nicht gut, sagt Derya leise.

Besuche ihn … in der Herberge, sagt Mutter.

Keine Lust, sage ich.

Er ist von der Dame sehr beeindruckt.

Sie würde ihm bestimmt nach Deutschland folgen, sagt Derya kichernd.

Mutter klopft ihr auf die Hand, sie muss aber ein Lächeln unterdrücken. Ich stelle sie mir mit einem Mädchenkranz auf den Haaren nackt im Bad vor. Sie schwindelt. Wurde sie verstoßen, weil sie keine Ehrenrose auf das Laken bluten konnte? Sie ist eine vornehme Frau, also vermutet man, dass sie aus Ankara oder Izmir stammt. Woher hat sie das Geld, um in dieser Zeit des Krieges und der Knappheit schöne Kleider zu kaufen?

Derya hat Tete auf die Vorräte in der Kammer angesprochen, Tete machte Andeutungen: Solange die freisinnige Dame sie mit Brot, Käse und Oliven versorge, würde sie von hartem Tadel absehen. Nur einmal habe sie missbilligend schnalzen müssen, als nämlich der ohrgelöcherte Wächter vor Freude über den Tod des Teufels Bela Palan auf den Mundwinkel geküsst hat. Eine Entgleisung, ein grober Bruch mit der Etikette. Die Dame war aber entsetzt und wusch sich das Gesicht.

Was ist mit den neuen Schuhen?, sage ich.

Du trägst sie, sagt Vater, Franz wird darüber glücklich sein.

Es klopft an der Tür, Vater eilt hinaus und kehrt mit ihm zurück ins Wohnzimmer. Tatsächlich, er wirft einen Blick auf meine Füße und lächelt. Die Stiefel drücken an der Ferse, ich werde das Leder weich laufen. Wir schauen ihn an, Regenwasser tropft ihm in die Stirn.

Ich möchte mich in aller Form bei euch entschuldigen, sagt er leise, ich bin überwältigt von den neuen Eindrücken. Das ist aber kein Grund, mich derart aufzuführen.

Nimm Platz, sagt Vater.

Ich bleib' nicht lange. Man erwartet mich zum Verdauungstee ... Junge, ich fürchte, morgen werde ich aufbrechen. Nimm es mir nicht übel.

Gut, sage ich.

Die Schuhe sind mein Weihnachtsgeschenk an dich.

Vielen Dank, sage ich.

Bayka Hanim, ich versichere dir, dass ich, was die Dame anbetrifft, keine festen Absichten habe.

Das kann man so oder so verstehen, sagt Mutter lächelnd.

Nun, sagt er und lacht.

Morgen ist ein heiliger Festtag, sagt Vater, worauf soll ich achten?

Was meinst du, Junge?

Ich bete das Vaterunser.

Zünde eine Kerze an, stell' sie ans Fenster. Achte auf die Flamme, dass sie nicht emporzüngelt.

Werde ich, sage ich.

Derya mustert sein düsteres Gesicht: Frauengunst in ihrem Blick.

Er trinkt in wenigen Schlucken ein Glas Wasser aus, wünscht uns gute Jahresendtage, streicht mir flüchtig über den kahlen Kopf und flieht.

Auf Mutters Wunsch schreite ich in den neuen quietschenden Schuhen durch das Zimmer. Der Sturmwind rüttelt an den Fensterläden und zieht durch den Kamin, Hagelkörner prasseln auf das Dach. Wir schieben die Riegel vor, stecken Haken in Ösen, stopfen verdrillte lange Stoffstreifen in die Türritzen. Wird er heute Nacht in den Armen der jagenden Dame liegen? Wird sie ihm weitere Nächte versprechen, in der Hoffnung, dass er bleibt?

Kaytuns Seele faucht, schwarzer Rauch wird Esthers Zimmer füllen, da sie schläft, und der Teufel wird über ihre Schläfen lecken und ein Rußmal auf ihre Stirn zeichnen, einen verschmierten Daumenabdruck, er wird ihr die Namen der Mörder ins Ohr flüstern, Abdullah, Schecho, Schecho, Abdullah. Die Räudigsten des Viertels kamen zu seinem Begräbnis: fünf Türken, ein Zigeuner, zwei Mischlinge. Sie wollten große Abschiedsworte sprechen, doch es fiel ihnen nichts ein, und also stritten sie sich, ein Mischling fluchte: Ihr habt zerschlissene Kragen und Kleie im Magen, die Türken prügelten ihn zu Boden. Der Zigeuner zog das Messer, und ritzte zwei Schlägern die Wange nass, er fluchte: Ihr könnt keine heiligen Eide leisten, ihr seid entseelt.

Der Hodscha, versteckt hinter dem Stamm einer Zypresse, hielt es besser, sich zurückzuziehen. Später erzählte er den Männern in Resuls Kaffeehaus: Die Hunde fletschten am Grab des Teufels die Zähne, sie bissen in Fleisch und Knorpel, sie geiferten, und der zähe Speichel tropfte von ihren Lefzen auf die Erde …

Draußen blasen die Nachtwächter kräftig in die Trillerpfeifen, der Kommissar hat dem liebesverrückten Schecho einen Mann zur

Seite gestellt: ein verstoßener Kurde, der seine Sippe in der Großstadt vergessen lernen will. Die Grottenwilden erzählen: Er weigerte sich, dem Grundbesitzer zu dienen. Man warnte ihn, man schlug ihn, man verwüstete seinen Kräutergarten. Am Ende musste er weichen, die Sippe half ihm nicht. Wird Schecho ihn einweihen in seine Kunst des Leidens? Liebe eine junge unerreichbare Frau und beiße dir die Knöchel wund.

26. Der Hörende

Im weißen Prinzregentenkostüm fühlt sich Dschenk unwohl. Er bricht eine falsche Perle von der aufgestellten Stirnklappe der Haube, das Schweißband besteht aus dickem Karton und ist aufgeweicht. Seine Mutter Ayla Hanim zieht ihm deshalb die Ohren lang. Die Droschkengäule scharren mit den Hufen und bocken, sein Vater klatscht auf die Flanke eines Gauls und wird vom Fuhrknecht zurechtgewiesen. Ich hebe die Perle vom Boden auf, reibe sie an der Hose, reiche sie der Mutter. Sie schlägt sie mir sachte aus der Hand. Vor ihr sehen wir uns vor: Bei dem nächsten Wutanfall wird sie Köpfe von den Rümpfen reißen.

Sie steigt mit Sohn und Mann in die vordere Droschke, wir steigen in die hinteren Wagen. Auch Nuyan und Burak sind als kleine Prinzen verkleidet, sie sind zornig, weil die Mütter ihnen mit nassem Tuch das Gesicht frei von Schmutz und Schwärze gerieben haben. Ich bleibe verschont, sie müssen leiden. Wir fahren durch die Gassen, wir halten aber immer wieder an, weil Frauen meine Brüder in die Wange kneifen. Die Männer halten sich zurück, Hristo streckt Zeige- und Mittelfinger, führt sie drei Mal wie die Blätter einer Schere zusammen und lacht.

Ayla Hanim wird von ihrem Mann auf den Sitz gedrückt, sie schimpft den Wirt einen Giftmischer und gottlosen Heiden. Wir fahren um die Moschee, die Prinzen steigen aus und küssen dem

Hodscha die Hand. Er schenkt uns vier Flaschen Brauselimonade, wir trinken schnell, uns tränen die Augen von der Kohlensäure. Dschenks Mutter treibt uns zur Eile an, wir steigen wieder auf, Burak erbleicht und überspielt seine Angst mit Scherzen. Bald stehen wir vor einem kleinen Haus in der Pilgergasse, Ayla Hanim scheucht uns hinein. Im Wohnzimmer steht ein großes Bett, auf Stühlen an den Wänden sitzen Frauen, die die Prinzen anlächeln. Dschenk wird ins Nebenzimmer geführt, er bittet die Mutter, dass ich mitkomme, sie gibt seltsamerweise nach.

Dschenk legt das Kostüm ab, dreht uns den Rücken zu, Ayla Hanim streift ihm ein weißes Leibgewand über.

Nuri Bey spricht zu ihm: Stolz musst du sein, denn heute wirst du verwandelt vom Kind in ein Nichtkind. Fürchte dich nicht.

Dschenk nimmt auf einem Holzstuhl Platz, rafft das Gewand, zur Rechten und zur Linken stehen seine Onkel, die Brüder des Vaters. Nuri Bey kniet sich hin, entrollt ein Tuch, auf das er Rasiermesser, Mullrolle und Wattebäusche legt. Die Puderdose und den reinen Alkohol in der Flasche stellt er neben ein Stuhlbein. Er sagt ein Gebet auf, die Onkel ergreifen Dschenks Arme, er schaut herunter. Der Beschneider sagt, er solle wegschauen, er blickt mich an, ich nicke und lächele, ich lächele, bis er zusammenzuckt. Dann wird er schon auf Ayla Hanims Schultern gehoben, und die Frauen rufen: Vorbei, vollbracht, gelobt sei Gott! Ein General soll er werden! Ich bleibe im Zimmer, als auch Nuyan und Burak beschnitten werden.

Sie liegen alle drei im Bett, die Prinzenhauben auf den Köpfen, die Männer und Frauen bilden eine Schlange. Sie schieben Umschläge unter das Kissen oder reichen den Brüdern Minzbonbons in Papierkegeln.

Ich warte ab, setze mich auf die Bettkante.

Schmerzt es?

Kneif dir mal dahin, sagt Dschenk, dann weißt du es.

Es pocht, sagt Burak, war nicht schlimm.

Ihr habt jetzt alle einen kleineren Zweig als ich, sage ich, bereut ihr es schon?

Bei deiner Bubennille bräuchte der Beschneider nur eine Pinzette, sagt Dschenk.

Ihr wurdet eingepudert wie Säuglinge. Fehlt nur noch, dass ihr gesäugt werdet.

Schau nicht hin, flüstert Nuyan, hast du Ayliye gesehen?

Ja.

Was ist dir an ihr aufgefallen?

Ich weiß nicht.

Doch, du hast es auch bemerkt.

Was denn?, sagt Burak.

Sie trägt keinen Büstenhalter … Glotz nicht, verdammt noch mal.

Als hätte sie sich zwei Olivenkerne unter das Kleid gesteckt.

Sie hat dich immer zur Schule begleitet, sagt Nuyan, war sie damals auch so einladend?

Sie lädt niemanden ein, sagt Dschenk, außerdem müssen wir an andere Sachen denken.

Wieso? … ach ja, stimmt.

Ist es bei euch auch so weit?, sagt Burak.

Ja, sage ich, die Frauen wissen es.

Es heißt, man darf … nicht an sich spielen.

Sünde.

Dann komme ich in die Hölle.

Ich auch.

Ich bin auch sündig, sagt Nuyan.

Hört auf, es brennt!, ruft Dschenk.

Sofort wird Ayla Hanim auf uns aufmerksam, sie starrt in unsere Richtung und wendet sich aber wieder ab. Die Geschichte, die Nuyans Mutter erzählt, fesselt sie:

Die Webwarenhökerin hat Schecho ein Liebeslied vorgesungen, im Brachland hinter der Tankstelle, ein Mann und eine Frau in der Finsternis, umwirbelt von Schneeflocken, bahnt sich eine Verbindung zweier Menschen niederer Gesittung an? Ihre Worte bringen Derya auf, die Frauen verstummen, sie fürchten den Zorn des eisernen Mädchens. Dschenks Vater zählt trübsinnig die Münzen in seiner Hand, sie reichen vielleicht für ein Glas Schnaps. Den Beschneider hat er mit dem geerbten Goldtaler ausbezahlt.

Drei Vorhäute, sage ich, ob man sie den wilden Hunden zum Fraß vorwirft?

Jetzt ist mir jede Lust vergangen, sagt Dschenk.

Was macht man denn mit den Hautlappen? Nimmt sie der Beschneider mit?

Nein. Sie werden vergraben.

Wo?

Im Friedhof, sagt Burak.

Das wäre Frevel, sagt Nuyan, dort warten ganze Körper auf die Auferstehung.

Wenn wir auferstehen, sage ich, dann mit Fleisch und Knochen.

Was man euch abgetrennt hat, wächst es wieder an?

Wir sind für immer und ewig beschnitten.

Die Vorhaut verwest?

Du schneidest dir die Nägel. Sie bleiben Abfall im Diesseits.

Dann also auch die Haare.

Der Talg und die Schuppen.

Die Zähne?

Die ersten Zähne sind Abfall, sagt Dschenk, die Zähne, die dir später ausfallen, sitzen dir am Tag des Gerichts fest im Fleisch.

Knirschmund wird es freuen.

Narbenschläfe Hasan hat alle Schmerzen vergessen, sagt Nuyan, ihn plagt nur ein einziger Schmerz: Es war ein anderer, der den Teufel erledigt hat.

Ja.

Wolf, ich muss dich das fragen, dein Vater war's, oder?

Wir kannten Kaytun. Er hätte mit einem Hieb Vater gefällt.

Das zweifele ich an, sagt Dschenk, Abdullah Bey ist sehr klug. Er verhüllt sich.

Vier Finger, flüstere ich.

Ein richtiger Bruder hätte sich verabschiedet. Der Tschetschene zeigt jetzt einem Mädchen die Narben vor.

Er hat sich als Einziger nicht geschnitten, sagt Burak.

Stimmt … Fünfter Finger abgehackt. Bruder Hikmet mahnt uns zur Geduld. Arier, hast du einen Vorschlag?

Igor.

Kenn' ihn nicht gut.

Bruder Agop verbietet es ihm.

Also?

Der Vernarbte spricht mit Agop. Versucht ihn, umzustimmen.

Erst Batur, dann Kubilay, der fünfte Finger hat kein Glück.

Der reiche Herr tritt ein. Eisregenwasser tropft ihm von der Hutkrempe, er wird seltsamerweise vom Schrotthändler mit der dicken Flosse am Rücken begleitet. Der Zigeuner singt zum Entzücken der Frauen ein Lied, widmet es den Manngewordenen.

Man bietet Seyfettin Bey einen Stuhl an, er möchte lieber stehen. Erst schiebt er drei Umschläge unter die Kissen, gibt den Brüdern den Rat, die nächsten Tage beim Gehen und Küssen vorsichtig zu sein. Auch er verhüllt sich. Seine Frau ist ausgezogen. Wer im Schatten der Mauern lebt, darf nicht hoffen, mit den Schatten zu verschmelzen.

Burak ruft nach seiner Mutter, sie hilft ihm auf, er zupft das Leibgewand unterhalb des Nabels, damit es nicht an der wunden Stelle scheuert.

Als er später zurückkehrt, steht ihm der Schweiß auf der Stirn: Im Augenblick, da es aus ihm floss, fühlte er sich zerspalten.

Der Beschneider hat mir erzählt, dass der Schorf so dick sein wird wie zwei Daumenkuppen.

Du lügst, Arier.

Nachts soll man aufpassen. Fliegen legen dort ihre Eier.

Er ist neidisch, sagt Dschenk zu Burak.

Worauf denn? Sobald ihr an ein Mädchen denkt, brennt die Nille.

Sieh dich vor, sagt Nuyan, der Vater deiner Kurdin will dich prügeln. Man hat ihm hinterbracht, dass du um sie wirbst.

Sie jagt mich, sage ich.

Dann hast du eben zwei Jäger, die auf dich anlegen.

Du siehst einen Kurden, sagt Dschenk, er pfeift, und schon bist du von zehn Kurden umzingelt. Danke deinem Vater, vor ihm haben sie Angst.

Ich will schon zu einer Verwünschung ansetzen, da fällt mein Blick auf die neuen Gäste: Der Vernarbte, Hasan mit Krücken und Knirschmund. Sie schütteln Dschenks Vater und Mutter die Hand, lehnen die Limonade in Gläsern ab, stellen sich am Bettrand nebeneinander auf. Sie sind vom Eisregen durchnässt, es fiele ihnen nicht ein, das Haupt zum Schutz gegen Schnee und Hagel zu bedecken.

Bruder, ruft Burak, wir haben von dir gesprochen. Mit Igor soll uns ein fünfter Finger wachsen. Rede bitte mit Agop.

Ist das euer aller Wunsch?

Ja.

Dann werde ich das tun.

Beißt es schlimmer als die Glasscherbe?, sagt Hasan.

Schmerz macht tauglich, sagt Dschenk.

Klingt wie aus dem Grundschulbuch.

Es brennt.

Gut. Ihr seht aus wie drei kleine Leichen.

Lass das!, zischt der Vernarbte.

Knirschmund nimmt die Hand aus dem Mund, er lächelt mich an. Er will von mir wissen, was ich von den Barbaren denke, die den Verlust des Zipfels öffentlich feiern. Die Christen, sie hätten in früheren Zeiten Abtrünnige verbrannt und entschieden, lieber Millionen abzuschlachten. Seine jüdischen Brüder im Viertel erzählten ihm Gräuelgeschichten. Erst hätte er sie als Märchenjuden beschimpft, dann aber sah er den Führer in den Vorspannnachrichten im Kino: Verrücktes Tier, schäumender Hund. Solle er seine offenen Worte bereuen, beleidigte er mich?

Ich bin nicht mit ihm verwandt, sage ich.

Hitlers Sohn, sagt Dschenk, brav ist er nicht gewesen. Musste fliehen.

Ich schmähe ihn, ich spreche deutsche Worte, ich verstumme. Er hätte mich gemaßregelt. Brach er das Herz der Dame Bela Palan? Die Zeit, da er Mutter ehrte, erklärte er für beendet. Gäbe es mich nicht, würde er Derya an heimlichen Orten küssen.

Ein Mann im Anzug steckt Zupfnägel auf die Finger auf und spielt auf dem Hackbrett. Glanz in den Augen der großen Brüder. Wasser in den Augen der Frauen. Meine Freunde bluten nicht mehr.

Die Prinzenkostüme hängen an Kleiderbügeln am straffen Seil im Zimmer der Beschneidung, die Zugluft beseelt sie, sie drehen sich vor und zurück. Der Zigeuner Hayri Bey ruft laut Gott an, er ist von den Klängen überwältigt. Ayliye, die Tochter des Metzgers, schaut ihn verliebt an. Sein Buckel stößt sie nicht ab. Sie hat meine heimlichen verbotenen Blicke bemerkt und die Arme auf den Brüsten verschränkt. Stünde ich im langen Leibkleid voller Blutflecken vor ihr, würde sie mich an sich drücken?

Dschenk mustert mich, dann sagt er: Du bist blass geworden, du bist ergriffen, du bist einer von uns.

Ich stürme hinaus, stelle mich unter den Erker, knöpfe mir den Mantel zu. Der Vernarbte und Knirschmund gesellen sich dazu, sie rauchen teure Filterzigaretten. Ich frage sie nach dem Bruder in Dämpfen.

Der süchtige Junge, sagt der Vernarbte leise.

Wie kommt er zurecht?

Man kümmert sich um ihn.

Ist es ein Gifthöker von außerhalb?

Die Mauer hat viele Tore, sagt Knirschmund und schiebt mit der Zunge sein Gebiss über die Lippen.

Wir lassen den Höker in Ruhe, sagt Bruder Hikmet.

Und die Zigeunerin?

Sie hat genug gebüßt. Das Mädchen, das sie verriet, ist im Himmel. Sie muss mit der Sünde leben.

Ja, Bruder.

Willst du noch bleiben?

Nein.

Wir nehmen dich mit. Der Sekretär Ömer hat nach dir gefragt.

Knirschmund geht kurz hinein, kehrt zurück und verkündet: Die Musik hat den Krüppel vergiftet, er lauscht wie ein Wundersüchtiger.

Wir laufen im Regen über die Felder, nehmen den Weg zwischen der Straßenbahnhaltestelle und der kleinen verfallenen Moschee, biegen am Gaswerk ab und eilen an der Mauer entlang bis zum fünften Haus. Ein Widder stößt mit gesenktem Kopf immer wieder gegen die Tür der Hütte, das rote Band am Horn ist zerrissen. Die Brüder ziehen davon, ich rufe laut nach dem Sekretär. Er tritt mit einem aufgespannten Regenschirm aus dem Haus, ich will ihm die Hand küssen, doch er richtet mich auf, zieht das Stofftuch aus der Brusttasche des Jacketts, trocknet mir schnell den nackten Schädel.

Er führt mich zur Scheune, spricht auf den Widder ein, streichelt ihm den Kopf.

Er liebt junge Maulbeerblätter, sagt er.

Hat er Hunger?

Ein gefräßiges Tier. Vor einer Stunde habe ich ihn gefüttert.

Wie oft füttern Sie ihn, Herr Sekretär?

Am ersten Tag, da ich ihn an den Pfahl band, drei Mal. Schon am dritten Tag füllte ich seinen Trog sechs Mal. Er gibt keine Ruhe.

Am Fell des Widders kleben Erdbrocken, er scharrt mit den Hufen, Schlamm spritzt auf. Als wir uns abwenden, rammt er mit dem Kopf die Tür. Ömer Bey wird die Holzlatten wieder festnageln müssen.

Im Eingang ziehe ich die Schuhe aus, schäme mich für meine geflickten Socken. Er führt mich zum Krankenzimmer, klopft an, schiebt mich hinein. Es riecht streng nach Talg und Tod, nach Limone und Putzmitteln.

Düriye Hanim liegt im Bett, sie hat die dunkelsten Augen im ganzen Viertel. Die bleichen Hände ruhen auf der Decke.

Schönes Kind, ruft sie, rück' den Hocker näher heran.

Ich grüße Sie, liebe Dame, sage ich.

Mein Mann hat mich frisiert.

Sie sehen schön aus.

Halt mir den Spiegel hin ... Ja, weiter links. Du bist mir ein Schmeichler.

Mutter kämmt manchmal Derya die Haare, sage ich, sie hatte sie sich aus Trotz kurz geschnitten.

Wieso denn?

Weil sie nicht wollte, dass die Männer sie anstarren.

Deine Schwester ist zu einer hübschen Frau gereift, sagt sie, sie darf sich deswegen nicht bestrafen.

Ich habe ihr einen Kamm geschenkt, aus echtem Knochen.

Leg den Spiegel wieder auf die Kommode. Danke. Hast du das Opfertier gesehen?

Ja, habe ich.

Blut wird aus seiner Kehle schießen. Davor wird man ihm die Hufe aneinanderbinden.

Denken Sie nicht daran, sage ich leise.

Ich träume von ihm. Jede Nacht. Es quält mich.

Wollen Sie sich nicht Watte in die Ohren stopfen?

Ich habe Ömer gebeten, ein Seil mit Schelle an den Hals des Widders zu binden. Damit ich ihn hören kann. Er glaubt, das würde mich an den Albtraum erinnern.

Er will Sie schützen.

Das Tier soll er schützen, ruft sie.

Hat er ihn dem Herrn versprochen?

Im Falle einer Beförderung. Aber er wurde wie üblich übergangen. Nun hofft er, Gott mit dem Widder zu bestechen.

Die Tür geht auf, der Herr Sekretär bringt auf einem Tablett frisch gepressten Orangensaft in hohen Gläsern. Er hält ein Tuch unter das Kinn seiner Frau, nach drei Schlucken stellt er das Glas neben den Spiegel und das Frauenmagazin auf die Nachtkommode. Ich trinke den Saft in wenigen Zügen aus, lehne ein zweites Glas aus Höflichkeit ab.

Denk an die Schelle, sagt sie.

Wir haben darüber gesprochen, sagt er.

Was macht er jetzt?

Er zertrümmert die Hütte.

Fütter ihn bitte.

Wir wachen auf von seinen Kopfstößen, sagt der Sekretär, noch vor dem Gebetsruf, vor dem Hahnenschrei. Sogar die Grottenkurden haben sich beschwert. Sie fragen mich, wann ich ihn endlich schlachte.

Kannibalen!, ruft sie.

Ömer Bey hebt die Haube der Glasschale und bietet mir verklebte Pfefferminzbonbons an. Sie schmecken nach der Krankheit der Dame im Bett. Er wischt ihr mit dem Brusttuch den Schweiß von der Stirn, schüttet die Kissen aus, richtet sie auf, stellt sich hinter sie. Er teilt ihr Haar in drei dicke Strähnen, flicht ihr einen Zopf.

Liebst du mich?, sagt sie.

Ja.

Schwör bei dem Kind, das bei uns sitzt, dass du den Widder verschonst.

Halt bitte still, sagt er.

Wolf, du sollst meinen Leichnam bald beweinen, wenn du den Mord an ihm nicht verhinderst.

Ich darf mich nicht einmischen, liebe Dame.

Schwör endlich!

Wir reden später darüber, sagt er.

Nein, jetzt!

Es gäbe die Möglichkeit, dass wir ihn verkaufen.

Der Käufer würde ihm noch am selben Tage das Messer an die Kehle setzen, sagt sie, es gibt Frauen, die wünschen sich von ihrem Mann Goldgeschmeide. Seide und Perlen. Das alles will ich nicht. Schenk mir Süleyman.

Heißt er so?, sage ich.

Er sieht dem Nasenlosen ähnlich, sagt der Sekretär, außerdem hat er gleich auf den Namen gehört. Ist das nicht seltsam?

Das ist es, sage ich.

Also gut, ich schenke ihn dir, meine Schöne. Hoch soll der Widder leben.

Düriye Hanim küsst ihn auf beide Wangen, er hält ihre Hand.

Dann aber räuspert er sich, stürmt aus dem Zimmer, er spricht zum Widder in der Hütte. Keine Kopfstöße. Bestimmt füttert er ihn mit Maulbeerblättern.

Letzte Woche kam Hayriye Hanim mit ihrem Kind mich besuchen, sagt sie, ich habe mich gefreut. Es ist schwer zu bändigen, ständig griff es nach Zipfeln und Haarspitzen.

Ein Junge?

Nein, ein Mädchen. Es schrie so laut, dass das Tier ganz wild wurde.

Sie hat es mir erzählt.

Was denn?, sage ich.

Sie trank deinen Arierharn und wurde schwanger.

Das möchte sie glauben.

Heute ist der Tag meiner Wünsche, sagt sie, fülle bitte auch für mich eine Flasche.

Bitte nicht!

Heimlich. Wenn Derya davon erfährt, sägt sie meinem Widder beide Hörner ab.

Das ist peinlich.

Du wirst uns glücklich machen. Nimmst du Geld an?

Dann straft mich Gott, rufe ich.

Ahmst du uns nach, oder reifst du zu einem Sittentreuen?

Am liebsten würde sie an mir kratzen und prüfen, ob die Farbe, die ich annahm, abgeht.

Sie verliert sich in Erinnerungen, da die Männer bei ihrem Anblick Streichhölzer anrissen, am Abend vor den Tavernen und Kaffeehäusern, ihre Gesichter erhellt, bis die Flamme im Wind erlosch. Es waren Kerle mit kleinen Verdiensten und großen Verlusten. Sie passten in diese Welt. Ihren jetzigen Mann, den Schwärmgeist im Anzug, habe sie immer übersehen. Der Sekretär eines hohen Beamten im Verteidigungsministerium, bleich wie ein Drüsenkranker, einer, der seinen Hut auf den Tisch legt und nachdenkt. Es geschah, bevor sie bettlägerig wurde, es geschah, dass er ein Streichholz anriss, die Flamme mit der hohlen Hand schützte, und ihr Gesicht erhellte.

Das ist Poesie, ruft sie, ich verliebte mich in ihn. Die Haarspitzen hat er mir versengt, ich schimpfte mit ihm, und war aber angetan …

Ich glaube, dein Vater hat einer Dame das Herz gebrochen.

Mein Vater … ach, Sie meinen Vater Franz.

Bela Hanim verlässt nicht mehr das Haus. Tete hat kein Mitleid mit ihr.

Sie war hier?, sage ich.

Anderer Menschen Liebelei langweilt sie.

Ich werde Sie jetzt verlassen, liebe Dame.

Eine Flasche jede Woche, und du machst mich glücklich.

Zündholzflamme, Harn und Widder. Sie sind wie die Null, die ich erst langsam verstanden habe. Ich habe keine Lust, zum Beschneidungsfest zurückzukehren. Mit leeren Händen stand ich vor meinen blutenden Brüdern, ich konnte sie nicht beschenken. Die Fenster der Häuser, an denen ich vorbeilaufe, sind mit schwarzen Tüchern verhängt. Man wartet auf die Hunnenwalze, auf den Einfall der deutschen Horde. Mein Volk kämpft gegen viele Völker. Langstreckenbomber über den Dardanellen, der Himmel wird in manchen Nächten erleuchtet wie das Gesicht der ans Bett gefesselten Dame. Der Nasenlose hat den Einäugigen berichtigt: Die türkische Flak schießt nicht auf die Bomber, das Land bleibt neutral. Der Krieg und die Schlachten kümmern keinen, wir hassen nur den Hunger. Ich werfe die Münzen aus meiner Tasche auf den Schnee, es gefällt mir, wie sie blinken. Dann sehe ich eine Hand, zwei Hände, sie greifen nach den Kupferkurusch.

Wer ist da?, rufe ich, das gehört mir!

Jetzt nicht mehr, sagt Berna, das verrückte Mädchen.

Hol sie dir zurück, sagt Pelin.

Ihr seid unbewacht. Das ist um diese Stunde gefährlich.

Wer sollte uns schon anfallen? Kaytun liegt im Erdloch. Den Hunden schlagen wir die Schnauzen blutig.

Ihr seid ausgerissen.

Knaben ohne Hautläppchen. Nicht spannend.

Sie bluten unten einmal, sagt Berna, wir werden jeden Monat bluten.

Behalte das Geld, sage ich, ich schenke es dir.

Wieso?

Weil du hübsch bist?

Oh … Das Kalb wächst. Es blökt zwar immer noch, aber in lieblichen Tönen.

Magst du sie?, sagt Pelin.

Sie ist ein Wirbelwind.

Es wird immer besser, ruft Berna und wirft die Münzen hoch. Sie prasseln auf den Schnee. Kohlenstücke, die kleine Löcher hineinbrennen. Sie hält mir die Hand hin, Samenkörner in der Kuhle.

Petersilie und Dill, sagt sie.

Grenze im Hintergarten mit spitzen Steinen ein Stück Boden ab. Lockere den Boden mit der Hacke. Streu die Samen aus, bedecke sie mit einer dünnen Schicht Erde, die du mit Brunnenwasser tränkst. Jeden Tag begießen. Nach einer Woche werden die Triebe sprießen.

Aber säe nicht im Winter, sagt Pelin.

Sie wird ernst, klaubt die Münzen aus dem Schnee, lässt sie in meine Manteltasche fallen. Ihre Freundin kniet sich hin, löst die Knoten, zieht die Bänder straff und schnürt die Halbstiefel aus rissigem Leder. Beide Mädchen tragen dicke Wollstrümpfe und umgenähte alte Mäntel. Sie sind meine bleichen Schwestern, sie bestehen aus Knochen und Vogellauten, aus Glasscherben und Menschenatem. Sie erzählen: Zur Unterhaltung der Beschnittenen und der Gäste hat man einen Tierbändiger kommen lassen. Er schrieb mit einem Stock das Wort *Jetzt* in die Luft, die magere Ziege sprang auf den Schemel. Er stellte ihr eine Aufgabe, drei plus zwei, die Ziege nickte fünf Mal. Die Gäste klatschten lachend, meinen Freunden war der Auftritt von Mann und Ziege peinlich.

Sie gaben vor, zu frieren, und flohen ins Haus.

Burak wollte bleiben, sagt Berna, Dschenk hat ihn reingezerrt.

Was machst du hier allein?, sagt Pelin.

Ich gehe heim.

Erst stirbt mir Batur weg, dann verschwindet Kubilay. Ich werde von Jungen verlassen.

Sie tun es ja nicht freiwillig, sage ich.

Und dich verlassen immer deine besten Freunde.

Du hast ihn nicht vergessen.

Keine Träume, sagt sie, und die Frauen deiner Familie?

Derya spricht nicht darüber. Mutter schläft wenig, weil Vater schnarcht. Ich höre ihn auch.

Als mein Vater einmal schnarchte, habe ich ihm meine Daumen in die Nase gesteckt. Er hat sich zu Tode erschrocken. Es gab ein Donnerwetter.

Bald sind die Ferien vorbei, sage ich.

Passt dir noch der Schulkittel?

Die Ärmel sind zu kurz.

Wir alle werden aussehen wie Kinder in den Kleidern ihrer kleinen Geschwister.

Mutter flickt mir Stoffreste an die Hosensäume, sage ich.

Uns Mädchen macht es etwas aus, wenn wir schlecht aussehen, sagt Pelin.

Ihr könnt anziehen, was ihr wollt. Ihr bleibt schön.

Schmeichler sind des Teufels Amen, ruft sie böse.

Ist gut, sage ich leise.

Vorne kosen, hinten kratzen. Hast du das auch mit der Kurdin gemacht?

Was?

Es ist ihr verboten, dich zu sehen. Sie muss sich daran halten. Und was tust du? Zuckst mit den Achseln und spielst weiter mit deinen Murmeln.

Und ihr Ruf kümmert dich nicht?

Dich doch auch nicht, sagt Pelin und stößt mich gegen die Schulter, eine tote Seele bist du.

Bin ich nicht.

Deine Mutter war bestimmt keine Sünderin. Wieso bist du entraten?

Sie wirft mir ein schwarzes Minnesäckchen ins Gesicht, es fällt in den Schnee und brennt ein Loch. Pelin schimpft: Ich habe versucht, Yeter davon abzubringen. Ich habe gesagt, der Arier ist es nicht wert. Sein geschrumpftes Herz kullert wie eine Saubohne in diesem Liebesbeutel …

Ihre wilde Freundin zerrt sie weg, sie droht mir, Wolfskrallenmale in den kahlen Schädel zu zeichnen.

Im Hintergarten unseres Hauses fülle ich eine leere Schnapsflasche mit meinem Harn: zwei weitere Tage und sie wird voll sein. Ich verstecke sie im Hühnerstall, in das, wie Vater versprochen hat, spätestens nach der Zeit des Krieges Hahn und Hühner einziehen werden. Die Samenkörner streue ich blind aus.

Mutter und Tete sitzen auf den Polstern im Wohnzimmer, sie rupfen Tabak aus dem Lederbeutel, legen ihn auf das Papier, drücken die Tabakfäden zusammen, lecken die Längsseite des Papiers, klopfen die Zigarette gegen die Fingerknöchel. Tete steckt sie in die bauchige Zigarettenspitze, die Ziegenzitze. Sie macht mir immer weis, dass sie aus dem Schenkelknochen eines Mörders geschnitzt sei. Sie rauchen und schauen mich an.

Tete sagt: Wenn uns die Barbaren überrollen, dann wissen wir: Grob waren wir zu unseren Kindern, zupften Zecken mit bloßer Hand vom Ohr des Sohnes und der Tochter, es gab keine Zeichen zu deuten, wir haben es nicht kommen sehen. Und doch, die Krieger werden über das Weiche herfallen.

Die Straßenlaternen brennen nicht, sage ich, aber die Flakscheinwerfer beleuchten den Himmel.

Du warst plötzlich weg, sagt Mutter,

Die Frau des Sekretärs wollte mich sehen.

Die Ärmste. Hast du Süleyman gestreichelt?

Nein. Er wird nicht geschächtet.

Schön. Hat sie also ihren Mann weich geredet ... Was hast du auf dem Herzen?

Ich lege die kleinen Stücke aus dem Beutel auf den Boden, sie beugen sich vor, wedeln den Rauch fort, bitten mich, das eine oder andere Stück näher zu schieben.

Derya kehrt vom Beschneidungsfest heim, nimmt auf dem Stuhl Platz, mustert die Liebesgaben.

Eine Blüte aus Krepppapier, sagt Tete leise, ein Lederdreieck, eine gelbe Quaste, geschliffenes rotes Glas, eine halbe Muschelschale, eine gebrochene Nadel, ein verrußter Knochensplitter, eine Ziermünze aus Blech, zwei, nein, drei Apfelkerne, und eine schlammverkrustete Strähne.

Die aus zehn hennagefärbten langen Haaren besteht, sagt Mutter.

Woher weißt du das? Du hast die Haare nicht gezählt, sage ich.

Die zehn Tage des Kummers. Henna, heilige Farbe.

Verrußt, verkrustet, gebrochen und geschliffen, fährt Tete fort, du machst dem Mädchen keine Freude.

Blüte und Münze, das spricht dagegen. Das Dreieck, Schutz und Abwehr.

Drei Kerne, flüstert Derya.

Nicht gut, sagt Mutter.

Ein anderer Junge?

Oder eine andere.

Große Gefahr, dass die Liebe zerbricht.

Vielleicht ist sie schon zerbrochen, sagt Tete, es gibt der dunklen Gaben allzu viele. Hast du das Mädchen abgewiesen?

Nein. Sie ist einem Jungen versprochen.

Das erklärt den Knochensplitter.

Das falsche Juwel, sagt Mutter.

Rotes Glas. Du hofierst ein anderes Mädchen.

Was heißt das Wort?, sage ich.

Werben. Dich zum Wild machen, dass es dich jagt.

Ich glaube nicht.

Also doch, ruft Derya, Yorgo wäre stolz auf dich. Wer ist es? Pelin oder Berna?

Muss es immer nur ein einziges Mädchen sein?

Derya steht auf, greift zur stumpfen Glasscherbe, öffnet das Fenster und wirft die Scherbe hinaus. Dann zertritt sie die Apfelkerne und die Muschelschale. Mutter bittet sie, sich zu beruhigen, doch Derya denkt nicht daran, sie schimpft mich einen Blinden mit bespucktem Rücken, einen Übermenschen, dessen Brusthöhle verdorrt sei. Sie bekommt vor Wut einen Schluckauf, stürmt in die Küche, wir hören sie fluchen und hicksen.

Sie hat dir die verdiente Antwort gegeben, sagt Mutter streng, das Mädchen, das dir diese Gaben schenkte, spricht zu dir in ähnlich klaren Worten: Ich werde dich vergessen, weil du mich zu einem lumpigen Handel zwingen willst.

Zu welchem?

Teile mich mit anderen Mädchen, sagt Tete, das bietest du ihr an.

Ihr Vater hätte mich in Streifen geschnitten, wenn ich weitergegangen wäre.

Ja, und?, ruft Derya aus der Küche, die Frauen hätten sich gern an dich erinnert.

Sagst du mir nicht immer, dass die Toten die Nachrufe nicht kümmern?

Das ist etwas anderes.

Ich werde sie auch vergessen.

Die Kurdin ist gereift, du aber wirst Jahre brauchen, um zu reifen, sagt Tete, hüte dich vor der Rache der Frauen, Wolf. Wir sind sanft, bis auf Derya, in deren Adern Männerblut fließt. Wir greifen nicht gleich zum Knüppel oder Messer, wenn wir zürnen. Verhöhnt man uns, brechen wir den Mann. Was also wirst du tun?

Keinen Minnebeutel schnüren.

Richtig.

Es wäre falsch, mit ihr sprechen zu wollen.

Sie würde dich abweisen, sagt Derya.

Von dir nehme ich keinen Rat an, sage ich, du hast drei ihrer Gaben vernichtet.

Entschuldige, sagt sie leise.

Ich werde Yeter loben.

Und wie weiter?, sagt Tete.

Ich werde erzählen, dass ich ihrer nicht würdig bin.

Wem erzählen?

Den Beschnittenen … ich meine, meinen Brüdern.

Falsch.

Den Mädchen?

Ja, und nur ihnen. Du erkaufst dir damit nicht ihre Gunst, ich glaube, das ist vorbei. Aber vielleicht wird … Pelin gnädiger gestimmt sein.

Woher weißt du das, Tete?

Sie schweigt wie ein Baum, den der Regen reingewaschen hat. Strenge Mutter aller Jungen im Viertel, sie tadelt Verstoß und Vergehen, sie will uns zur Sittsamkeit erziehen. Ein braver Knabe spiegelt sich nicht im Spülicht, und er sehnt sich auch nicht nach Beschönigung. Wüsste sie um meine Sünde, sähe sie in mir einen Schädling.

Die Dame Palan: Es macht die Männer und die Brüder stark, wenn sie sie rühmen. Wird sie das Viertel verlassen, weil sie umstellt ist von feindseligen Ehefrauen? Das Wasser, das ihren nackten Körper herunterfließt. Ihre Brüste, die Furche zwischen ihren Brüsten, ihr Bauch.

Tete entdeckt den Lustschmutz in meinen Augen, wendet sich ab, stößt Rauch durch die Nasenlöcher aus. Sie erzählt: Zwei Jungfern haben Freundschaft geschlossen, Gülfem und Mutter Eva sind unzertrennlich. Sie rupfen gemeinsam wilde Kräuter und stecken sie in den Hanfsack. Durch das Loch im Boden fallen viele Pflanzen herab, es kümmert sie nicht. Ihre Heiligkeit bleibt unbezweifelt, deshalb gibt es keine bösen Gerüchte. Nur der Hundertjährige, Resul mit den tausend Falten, ermahnt die Wundersüchtigen, sie im Vorbeigehen nicht mit Rosenwasser zu besprengen. Mutter Eva keine Kupferkurusch heimlich in ihre Manteltasche fallen zu lassen. Die Webwarenhökerin beschenkt sie mit Haarspangen. Resul Bey hat sie verwarnt, geisterhaft seien die Jungfern, die Hökerin müsse den Umgang mit Geistern meiden, sonst begehe sie wieder eine entsetzliche Tat.

Er hat Angst vor den beiden Kräuterhexen, sagt Derya.

Vor Schwester Gülfem habe ich auch Angst, sage ich.

Weshalb?

Ich sah sie auf dem verschneiten Feld vor dem Belgradtor. Sie schlug immer wieder mit einem Stecken auf den Felsen. Ich grüßte sie, und da flüsterte sie: Der Stein spaltet sich nicht, und gibt das Wasser nicht frei.

Propheten wirken Wunder, sagt Tete, über die Heiligen wird es behauptet. Sie soll mir nicht unter Mutter Evas Einfluss verderben.

Sie führte mich an einen anderen Felsen, hieb mit dem Stock, und war enttäuscht, dass kein Wasser aus einem Spalt sprudelte.

Sie war allein?

Mutter Eva streifte hinter den Felsen herum. Als ich sie entdeckte, bin ich vor Schreck fast umgefallen. Schlamm im Gesicht und an den Händen.

Zwei große Mädchen spielen im Freien, sagt Derya, was ist daran so seltsam?

Sind sie für Spiele nicht zu alt?

Das sind sie, sagt Tete, Gülfem entgleitet mir. Daran ist ausnahmsweise nicht die Dame Bela schuld.

Verhext sie dich?

Nein. Sie schreit im Schlaf. Sie lässt ohne Grund das Tablett fallen, steht stocksteif im Zimmer und ist nicht ansprechbar.

Der Herr Doktor Paskalidis sollte sie vielleicht untersuchen, sagt Mutter.

Sie hat keine Schmerzen, und es wächst ihr auch keine Eiterbeule.

Hat also Resul Bey recht?, sage ich.

Was der Herr nicht versteht, ist ihm sofort unheimlich. Auf seine Worte gebe ich nichts.

Also leidet sie an der Seelentrübnis, sagt Mutter leise.

Schwärze, kein Licht.

27. Der Sehende

Wir reden nicht mehr über die zerhackten Katzen, nicht mehr über Elif, deren Seele aufgenommen wurde in das Heer der kleinen Heiligen. Nicht mehr über den Hunger und das brauntrübe Brunnenwasser. Im Viertel herrscht kein Friede, sogar die Sanften sind aufgebracht, sie grollen über die Herrscher.

Schecho zeigte mir den Kopf eines Königs auf einer alten Münze, das Geschenk seines Großvaters. Seine Knochen, sagte er, und sein Fleisch haben Boden und Bäume genährt. Ihr Schüler lest im Geschichtsbuch, dass er über ein Reich herrschte. Im Schatten der Ruine seines Palastes, unter flachen Steinen, lauern Skorpione. Die Krone auf seinem Haupt hat der Sohn zu Münzen für das Halsgeschmeide der Lieblingsgespielin schmelzen lassen. Die fette Herrin nagt und nagt, sie wird auch die Augenhöhlen der Männer leer nagen, die uns heute knechten …

Der Kommissar warnt vor aufrührerischen Reden, er schickt Polizisten in die Moschee, in Resuls Kaffeehaus, zum Bittfetzenplatz. Er droht mit harten Maßnahmen, er spuckt donnernde Worte heraus: Der Staat ist unser aller mächtiger Vater! Ich prügele jedem roten Banditen die Seele aus dem Leib! Macht euren Ahnen keine Schande! Derya ahmt ihn nach, sie tut so, als würde sie an den Enden des Zwiebelbarts kneten, sie stampft mit dem rechten Fuß auf und stochert mit dem Finger in die Luft. Längst hat man in ihr eine Aufwieglerin entdeckt. Sie weiß nicht, ob man sie zur Lehrerausbildung zulassen wird. Vater bittet sie, sich in ein deutsches Präzisionsgerät zu verwandeln. Darüber muss sie kichern, sie lacht öfter als früher, sie lacht und ihre Wut verraucht.

Tete hat ihre zweite Zigarette fertig geraucht, sie steht auf, als Schwester Gülfem gegen das Fenster klopft. Sie möchte draußen warten, in fremder Menschen Häusern bekommt sie keine Luft. Ich stehle mich heimlich in den Hintergarten und fülle die Flasche. Dann schließe ich mich im Bad ein. Zwei Fingerbreit über dem Steinboden an der Wand lässt eine Spinne die eingesponnene Beutemücke fallen. Hat sie sie ausgesogen? Ich höre Tete im Flur sagen:

Genauso schnell, wie ein nasses dünnes Seihtuch braucht, um zu trocknen, versöhnen sich zänkische Männer. Von wem redet sie? Später frage ich Mutter, wen Tete meint. Agop und Vasil, sagt sie, der Armenier und der Feldpächter werben um dieselbe Frau, die Tochter des Metzgers Ayliye.

28. Der Richter

Der große Bruder Agop krempelt die Ärmel hoch, setzt die Messerklinge an die Innenseite des Unterarms, schaut ihr kurz in die Augen und schneidet sich. Das Blut tropft ihm von den Fingerkuppen, er wischt das Messer an seiner Stirn ab. Das Feuermal des Herzverrückten.

Ayliye ist entzückt, sie macht einen Schritt in seine Richtung, dann einen zweiten. Ihre Brüste, die gegen die Bluse drücken, der Saum des offenen Mantels, der bis zu ihren Kniekehlen reicht. Sie trägt keine Strumpfhosen, sie friert, sie zittert in der Kälte. Kurz huscht ihr Blick zu mir, den Bruder Agop mitgenommen hat, um seine Schneidung zu bezeugen.

Igor ist hinter mir erstarrt: Ist sein Unterleib erwacht, und weiß er, was seinem Bruder geschah?

Ayliye flüstert: Du blutest für mich.

Am liebsten würde ich ihnen den Rücken kehren. Ich staune über diesen kräftigen Mann, der sich für ein Mädchen aufschlitzt. Der sich mit seinem eigenen Blut zeichnet. Sie aber taumelt fast vor Freude, ihre Wangen sind gerötet, sie streicht eine lose Strähne hinter das Ohr, ohne den Blick von ihm abzuwenden.

Wir sind außerhalb der Mauern, im Niemandsland, um das die Grottenkurden und die Zigeuner kämpfen. Um diese Stunde schlafen sie, die Wächter sind weitergezogen, die wilden Hunde füttert der Abdecker am anderen Ende des Viertels. Morgen wird die Frau Lehrerin mich schelten, weil ich im Unterricht gähnen werde.

Ayliye sagt: Für mich.

Ich schmücke mich rot für dich, sagt Agop.

Das sind große Worte.

Du glaubst mir nicht?

Vielleicht lässt du nur das böse Blut herausfließen.

Nein, sagt er.

Vielleicht willst du die Knirpse beeindrucken.

Bin kein Knirps, sage ich.

Sie sind Zeugen, sagt Agop.

Fehlte dir der Mut, alleine zu kommen?

Was reden wir über mich, Schöne?

Was erhoffst du dir?, sagt sie ernst.

Ich verstecke mich nicht, sagt er, ich zeige mich.

Du zeigst mir deine selbst zugefügte Wunde. Deinesgleichen verletzt sich oft.

Ungläubiges Mädchen, zische ich.

Still!, ruft Agop, der Zeuge schweigt bei solchen Anlässen.

Ist das ein Duell?

Sei ruhig, verdammt noch mal!

Bruder, sie verhöhnt dich. Sie nimmt dein Geschenk nicht an.

Arier, noch ein Wort, und ich schicke dich weg.

Vielleicht hat er recht, sagt sie, Schläger bluten, feine Herren duften.

Glaubst du wirklich daran?

Du trägst grobe Knechtstiefel. Mantel und Pullunder sind aus grobem Zwirn. Einen Hemdzipfel hast du in die Hose gestopft, ein Zipfel hängt heraus. Wann warst du das letzte Mal beim Barbier?

Ich soll mir das Haar also scheren lassen, sagt er.

An den Knien ist deine Hose ausgebeult. Du siehst aus wie ein Anarchist.

Gut, sagt er, ich verstehe.

Was denn?, sagt sie.

Dass ich dir nicht gefalle.

Vielleicht.

Du beleidigst meinen Bruder, sage ich, man müsste dich an den Haaren ziehen.

Schick ihn weg, ruft sie.

Nein.

Er hat sich wieder eingemischt. Willst du dir das gefallen lassen?

Achte auf mich, sagt Agop kalt, sonst verliere ich die Geduld.

Du drohst mir?

Mädchen, sagt er, ich zeige mich, und du meckerst wie eine dieser Frauen vom Brunnen. Du himmelst Gecken aus dem Modejournal an.

Die Gecken, wie du sie nennst, sehen gut aus.

Polierte Fingernägel, ruft er, teurer Anzug, weibische Manieren.

Einen Rüpel küsse ich nicht, sagt sie.

Bin ich das in deinen Augen?

Ja.

Dann küsse Bilder von Eierlosen.

Was?! Du wagst es!

Sie versetzt Bruder Agop eine Ohrfeige, er nimmt sie hin, doch als sie die Hand zum zweiten Schlag erhebt, fasst er sie am Gelenk, zieht sie zu sich heran und drückt ihr einen Kuss auf die Lippen.

Sie schimpft ihn ein stinkendes Tier mit gespaltenen Hufen, eine fleischgewordene Abart, einen Teichmolch mit langen Haaren. Er hält sie in der Umklammerung.

Ich wende mich ab, Igor wendet sich ab, wir eilen geduckt in der Nacht nach Hause. Im alten Wachhaus, am scharlachroten Tor, brennt Licht, ich spähe durch das Fenster und sehe Schecho einen Faden durchs Öhr fädeln, Vater und die Hökerin sitzen bei ihm. Plötzlich wird die Tür aufgerissen, der Feldpächter Vasil packt Igor und mich an den Kragen und stößt uns hinein.

Es riecht nach dem Rauch eines wilden Krauts, nach Schweiß und Harz. Igor wird nach kurzer strenger Befragung entlassen, er muss gehen, Vasil verspricht ihm eine Tracht Prügel, falls er draußen heimlich lauschen sollte. Ich kauere mich neben Vater im Schneidersitz und esse die Handvoll Maulbeeren aus der Schale.

Schecho näht Flicken an die Ärmel seiner Soldatenjacke, die Hökerin schaut ihm lächelnd zu. Dann legt er Garn und Nadel beiseite, er wird später weitermachen.

Also, sagt er, was tun wir?

Ich nehme ihn mir vor, sagt Vasil, er ist einer von den Unseren.

Die Verrückten auf unserer Seite wirst du damit nicht besänftigen, sagt Vater.

Muss er verschwinden?

Er ist noch kein Mann.

Was ist geschehen?, sage ich.

Ein kleiner Christgrieche, Petros, der Neffe der Dame Minna, hat eine Seite aus dem heiligen Buch herausgerissen. Er hat ein Kreuz darauf gezeichnet.

Er war so dämlich, dass er seine Ketzermalerei herumgezeigt hat, ruft Vasil.

Es schlägt nicht immer ein, wenn es donnert, sagt die Hökerin leise.

Weiberweisheit!

Das Volk lief vor dem Haus seiner Eltern zusammen, fährt Vater fort, die Rotte wurde angeführt von Hamit, über den ich mich sehr wundern muss. Was ist ihm widerfahren, dass er die Nähe der harten Frömmler sucht? Früher machte er schmutzige Witze. Heute mahnt er jeden an, der die Schönheit einer Frau preist. Hamit stieß das Gartentor mit einem Tritt nieder, zertrampelte den Garten, köpfte eine Gipsstatue und brüllte sich die Seele aus dem Leib. Der Vater des Kindes ist ein mutiger Mann, er kam heraus. Er küsste das heilige Buch vor den Augen der wilden Janitscharen, bat im Namen seines Kindes um Entschuldigung. Ein großer Mann. Er ist Christ und küsst den Koran.

Man müsste ihm die Hand küssen, sagt Schecho.

Hamit tat es nicht. Er schrie ihn nieder. Da aber liefen Hikmet, Hasan und … Knirschmund herbei.

Meine Brüder, sage ich.

Sie gingen nicht besonders zimperlich vor. Fingen ohne Vorwarnung an, auf das Gelumpe einzuhauen, mit dicken Knüppeln.

Weißt du, Schecho, woher sie die haben?

Ich weiß von nichts.

Natürlich. Die Frömmler flohen. Nur der verfluchte Hamit stürzte sich in den Kampf. Doch er hat den Vernarbten unterschätzt, der brach ihm nämlich die Nase. Und als wäre das nicht genug, hat Hikmet ihm die Hinterbacken angestochen …

Was?

Damit der strenge Hamit gezwungen ist, auf dem Bauch zu liegen.

Ich verstehe nicht.

Arier, sagt die Hökerin, ich bin die Einzige in diesem Raum, die zwischen den Beinen anders ausgestattet ist. Hamit wird sich also nachts an die Matratze schmiegen, und nun ja, von Gefühlen übermannt werden.

Das war deutlich genug, ruft Vater, der Vernarbte neigt zu groben Scherzen. Man muss den Arsch des Feindes immer verschonen.

Wieso denn?

Ich will nicht darüber reden. Hamits Bruder Haydar müsste wegen der Bruderbande Gleiches mit Gleichem vergelten. Noch zögert er. Die Frömmler, allen voran der Hinterbackengelöcherte, spotten schon: Abgefallen von der Sitte und unanständig geworden sei der Feldpächter. Endlich kann man ihn anfeinden. Es gibt nicht wenige im Viertel, die ihn hassen, weil junge Frauen von ihm träumen.

Er bestellt sein Feld wie ich auch, sagt Vasil, ich habe ihn manchmal zum Teufel gewünscht. Die Frauen kaufen bei ihm ein. Ich fragte mich: Was hat er, was ich nicht habe?

Gutes Aussehen, Klugheit, ein reines Herz, gewaschene Strümpfe, sagt Schecho.

Ach ja?

Die Liste ist lang. Wir säßen noch Stunden zusammen, wenn ich all deine Mängel und Makel erwähnte.

Dein Gesicht gleicht einem ausgeleckten Napf …

Hört auf!, sagt Vater, zurück zu Petros. Die Frömmler nennen ihn den Teufelsrufer, den Geistschänder. Der Vater bezahlt zwei kräftige Kerle dafür, dass sie Petros zur Schule und zurück nach Hause begleiten. In der ersten Schulstunde dreht sich plötzlich ein Junge um und spuckt ihm ins Gesicht. Vier Jungen versuchen, ihn auf dem Pausenhof zu verprügeln.

Nicht hinnehmbar, sagt Schecho.

Nein.

Und der Hodscha?

Läuft sich Löcher in die Sohlen. Er gilt aber schon seit Langem als modern. Die Frömmler hetzen: Dieser Gottesmann taugt nichts.

Wenn ein Ketzer kurz davor ist, zu lästern, stopft der Hodscha sich schnell die Finger in die Ohren. Dann behauptet er, nichts von der Entheiligung des Herrn zu wissen ... Die Aufrührer geben keine Ruhe.

Die Hökerin gähnt hinter vorgehaltener Hand, sie wünscht uns allen eine gute Restnacht und Schecho eine ruhige Hand beim Nähen.

Kurz darauf verabschiedet sich Vasil.

Vater starrt auf den zerschlissenen Teppich, spielt gedankenverloren mit den Fransen.

Wirst du dich offenbaren?, sagt Schecho leise.

Was?

Wirst du zu den Aufrührern hingehen? Wirst du erzählen, wer alles in den Gräbern im hinteren Teil des Friedhofs liegt?

Sollte ich das tun?

Vom Tod sind wir geworben.

Die Hökerin ist fort. Doch ich höre trotzdem Weisheiten.

Tote Männer machen keinen Krieg, sagt Schecho leise, wir warnen sie.

Nicht mit Worten.

Schecho bläst die Kerzen aus. Draußen steht Vasil unter einer Linde, Schmelzwasser tropft ihm auf die Schiebermütze, er späht in Richtung der Felder. Ein erstarrter Mann, jede Wildheit gebannt, bleich. Unsere Abschiedsworte hört er nicht. Taub geworden, weil er sie sah, die Schöne, weil er an ihrer Seite den Buhler sah. Und sie lacht auf, uns sehen sie nicht. Großer Bruder Agop hat Vasils Seele gemordet.

29. Der Gerechte

Die Augen der Frau Lehrerin sind schwarz umrandet, die Brauen zu Sicheln gerupft. Sie trägt einen langen Faltenrock, weil wir sie heimlich anstarren. Weil ihr unsere Wandlung nicht verborgen geblieben ist: Mädchen sprießen, Jungen werfen unzüchtige Blicke auf sie. Yeter hat als einzige Kugelbrüste bekommen, sie verschränkt auch im Sitzen oft die Arme und wird aber nicht verwarnt. Der Direktor hielt vor Beginn der ersten Stunde eine seltsame Rede: Hühner und Hähne im Stall, Fuchs hinter dem Busch, die Mädchen sind die Hühner, die Buben die Hähne, und der Fuchs verhext uns alle, er ist unsichtbar, trotzdem sollten besonders wir Schüler jede Gegend absuchen. Die Frau Lehrerin sah sich im Anschluss gezwungen, seine Worte zu übersetzen. Eine Tierfabel, eine lehrreiche Geschichte über reifende Körper.

Ich hatte gelacht und war in die Schamecke verbannt worden. Yeter behandelt mich, als wäre ich ein geistesgestörtes Kind. Pelin und Berna raten ihr, mich zu verachten. Sie ruft mich Knäbchen oder einfach nur Herrenrasse. Sie streckt sich vor Dschenk und Nuyan, beim Anblick des über die Kugelbrüste gespannten Kittels bekommen meine Brüder einen roten Kopf. Burak, der ewig Verschmähte. Manchmal betrachtet ihn Aysche, das Mädchen mit dem Silberblick, heimlich von der Seite. Er hat sie nie wieder angesprochen. Das Fett schmilzt, er hat ein wölfisches Aussehen, er himmelt kein Mädchen an. Jetzt zeichnet er einen eisblauen Himmel, der Himmelsstrich ist tief gesetzt, das Land besteht aus zerbrochenen Felsbrocken.

Mein Bild: Krieger in Rüstung im Augenblick des Speerwurfs, roter Schweif am Helm, Pferd bäumt sich auf, grüne Wolken.

Was ist das?, sagt die Lehrerin hinter mir.

Ein Hunne, sage ich.

Er hat ein Tellergesicht. Wir sehen ihn von der Seite. Trotzdem hast du ihn mit Augen, ganzer Nase und ganzem Mund gemalt.

Ja.

Ist das eine spitzmäulige Schlange in seiner Hand?

Ein Speer, sage ich leise.

Das Pferd kann auf solchen dünnen Beinen nicht stehen, sagt sie, außerdem sind das keine Hufe, aber schwarze Pantoffeln. Wer ragt da mit dem Kopf in das Bild?

Der Feind, der tot umfallen wird.

Er hat einen doppelt so großen Kopf wie das Kriegsross.

Ich mach ihn kleiner.

Und das Loch in seiner Stirn?

Die tödliche Wunde.

Aber er lebt doch noch?

Gleich wird er fallen, sage ich stolz.

Wolf, denk nach!, ruft sie, erst bohrt sich die Lanze in seine Stirn, dann hat er ein Loch im Kopf. Oder aber er ist schon schwer verletzt, von einem anderen Hieb.

Herrenrasse kann nicht zeichnen, sagt Yeter, der Apfel, den er in der letzten Malstunde gemalt hat, sah aus wie ein Froschkopf mit Stielaugen.

Das waren Maden, sage ich.

Still! Yeter, zeig' mir deine Zeichnung.

Sie hält das Blatt hoch, alle Jungen starren auf ihren Kittel und beugen sich aber nach einem bösen Blick von Ebru Hanim über ihre Blätter. Eine Zofe im strengen langen schwarzen Gewand vor einem Palisadenzaun. Sie hält die Hände schützend vor die Scham. Die rechte Hand verkrüppelt, nein, aus Holz geschnitzt. Die Zofe wartet auf die Anweisung der unsichtbaren Herrin.

Schön, sagt die Lehrerin.

Ein Rätsel, sagt Pelin.

Wieso?

Man denkt erst an eine Kammerzofe. Es ist in Wirklichkeit aber kein dienstbarer Geist.

Sondern?

Ihr Bildnis.

Stimmt das, Yeter?

Ja, Frau Lehrerin.

Erkläre mir das Bild. Weshalb die Holzhand?

Die linke, böse Hand. Die Hand, die brennt, wenn man sie ins Feuer hält. Holz der Hölle.

Aberglaube, ruft Ebru Hanim.

Natürlich, sagt Yeter, aber das Bild ist dümmer als ich.

Ich beginne zu verstehen.

Ich nicht, sage ich.

Kein Wunder, zischt Yeter und fährt fort, Sie hüten uns wie ein Hirte die Herde. Sie schränken uns ein, Sie schränken sich ein. Kei-

306

ner liest Ihre Gedanken. Der Direktor kann Sie entlassen. Sie können jeden von uns ausmustern.

Ihr seid Kinder und keine Soldaten.

Ja, Frau Lehrerin.

Kann ich das Bild behalten?

Ich schenke es Ihnen.

Male ein Selbstbildnis, sagt die Lehrerin, für diese Zeichnung bekommst du von mir die beste Note. Wolf, weitermachen!

Der Kopf des noch nicht durchbohrten Feindes: kleiner. Die Pferdebeine: dicker. Der Himmel: Wolkenstreifen. Yeters Bild: Die Frau Lehrerin hat sie nicht gerügt, obwohl sie sie als Handkrüppel zeichnete. Wird die Kugelbrüstige begünstigt? Nein, denn sie ist begabt. Sie überragt mich, sie ist das Kind der Herrenrasse. Nur im Fach Leibesertüchtigung tue ich mich hervor, im Fach Türkisch bin ich zur Verblüffung meiner Brüder der Zweitbeste.

Burak zieht die Umrisse nach, Schweiß an seinen Schläfen, bevor der Tropfen auf das Blatt fällt, lehnt er sich zurück, steckt den Bleistift ordentlich in die Federmappe.

Sie schaut herüber, flüstere ich.

Ich bin Luft für sie. Sie ist Luft für mich.

Morgen, sage ich.

Keine Zwillen?

Stöcke, Zweige, kleine Steine.

Und Fäuste, sagt Burak, wir schaben ihnen den Makel aus.

Reines Silber, schmutziges Gold.

Was?

Sie trägt nur Silberschmuck. Halskette, Armreifen. Keine Ringe.

Wir werden ermahnt, wir greifen zum Stift.

Die Lehrerin hat keinen Mann. Die Frau des Dampfbadbetreibers will ihr dabei behilflich sein, sich mit einem Bessergestellten zu verheiraten. Ebru Hanim verdammt die Kuppelei als Sitte der Mistbauern. Frei sei die Frau in der Wahl ihres Gatten, alle Schleier seien zerrissen. Sie zeigt auf die Büste des Türkenführers: Ein Mann allein habe gewirkt, dass wir gehärtet und gestählt in die neue Zeit entlassen wurden. Die frommen Händler schelten sie heimlich als Büttel des Regimes. Der Puppenmacher erzählt: Welcher Helden gedenken? Jener, die mit glühendem Spieß im Leib brüllend verreckt sind? Der Helden, halb tot geschunden, verscharrt im heißen Sand? Derer, die mit Pfeilen im Hals fielen in den Darmschlamm der Krieger? Sollte ich sie nachahmen? Jungfern beweinten mich, räudige Männer lebten weiter. Der Gottesmann warnt uns: Vergötzt nicht den Menschen. Alles verdirbt, nur der Herr ist ewiglich. Wir müssen uns vorsehen vor den Spitzeln und Verrätern. Zwei Männer wurden abgeführt, weil sie an der neuen Lehre zweifelten: Sie tadelten die Lobeshymnen auf den Führer, den man wie einen Propheten besinge. Hat die Frau Lehrerin sie angeschwärzt? Das Gesinde befolge das Gesetz, sagt man uns, es wetteifere nicht mit den Herren.

In der Pause scharen wir uns um Dschenk. Mutter Eva füllt die Blecheimer mit welkem Laub. Vom Nachtgeist des Heiligen berührt, im Männermantel, vierzig Nadeln im Haar, die Augen verweint. Die Mädchen grüßen sie, sie aber wendet sich ab.
Der Direktor steht auf der obersten Treppenstufe im Schuleingang, und als ein Erstklässler die Hand auf die Schulter einer Schülerin legt, führt er die Trillerpfeife zum Mund, wir zucken zusammen, der Junge eilt zu ihm, legt die Hände an die Hosennaht, der Direktor schreit ihn an.
Ist der Direktor fromm?, sagt Pelin.
Man würde ihn sofort absetzen.
Ich rede mit Dschenk, Arier.
Ihr führt euch auf wie Gänse, sage ich, geht seilspringen.
Wir wollen mitkämpfen, sagt Yeter.
Nein, ruft Dschenk.
Wieso nicht?
Wegen der Wunden. Du willst bestimmt keine Narben im Gesicht.
Der Arier hat die meisten Narben. Er sieht trotzdem aus wie ein Porzellanpüppchen.
Noch einmal: Nein!
Noch einmal: Warum?
Mädchen sind Nichtsoldaten. Sie halten sich auf im Hinterland.
Was lehrt man uns in Geschichte? Dass die Frauen Kanonenkugeln zur Front getragen haben.

Geschossen haben aber die Männer, sagt Nuyan.

Unsere Großmütter haben die Bajonette gewetzt. Eure Großväter haben sie in die Bäuche der Feinde gestoßen.

Genau, sagt Burak, dabei soll es auch bleiben.

Uns haltet ihr nicht davon ab, sagt Berna, außerdem bin ich stärker als du. Du hast einen dünnen Hals, ich reiß dir schnell den Kopf ab.

Ich habe für dich ein Gedicht geschrieben. Einen Zweizeiler. Willst du es hören?

Ja!

Alles, was verkehrt ist, das treib' ich. Und wo man mich nicht gerne sieht, da bleib' ich.

Sehr witzig. Aysche schmachtet dich neuerdings an. Freust du dich?

Nein.

Werde ich ihr hinterbringen. Wegen ihres Silberblicks ist sie bei den Jungen sehr begehrt.

Wir wissen, wo und wann ihr kämpft, sagt Pelin, wir wissen, dass sie euch niederwalzen werden.

Dann lauf' über und feiere ihren Sieg, sagt Nuyan.

Wer ist auf unserer Seite?

Die Hälfte der Jungen in unserer Klasse, sage ich, Igor bringt Armenier mit. Der große Bruder Yorgos verstärkt uns mit Christgriechen. Wenn wir Glück haben, zählen wir zwanzig Kämpfer.

Gegen vierzig wilde Bauernsöhne.

Sollen wir aufgeben?, sagt Dschenk.

Wie wollt ihr sie bezwingen?

Durch Schläge ins Gesicht und Tritte zwischen die Beine.

Das geht schlecht aus.

Du untergräbst die Moral, sagt Nuyan, im Krieg wie im Faustkampf muss das Blut des Feindes spritzen. Mehr muss man nicht können.

Die Trottel mäht die erste Salve nieder, ruft Yeter.

Du nennst mich einen Trottel? Wärst du kein Mädchen, würde ich dir die Brauen einzeln rupfen.

Wir müssen sie überlisten, fährt Yeter fort, auf Trotteltaktik folgt Entmannung.

Ich zeig' mich ihnen im Unterhemd, schreit Berna.

Nicht schlecht.

Was?

Ihr Jungs haut zu oder werdet verhauen. Immer dasselbe. Wunde, Narbe, Wunde, Narbe. Genau damit rechnen die Wilden. Diesmal machen sie sich vor Angst ins Hemd …

Sie kommt nicht dazu, uns von der Mädchenlist zu erzählen. Plötzlich sind alle verstummt und zeigen auf die Rauchsäulen in der Ferne. Ich täusche Überraschung vor. Dies ist der Tag der Ascheflocken am Himmel, der Tag des Gegenschlags. In den Gärten der Frömmler brennen Lumpenpuppen. Kein Schneefall, kein Eisregen, der das Feuer schnell löschte. Die Männer, die gegen Petros hetzen, sollen wissen: Dies ist der Tag der letzten Mahnung. Sie werden ahnen, wer dahintersteckt, aber darüber schweigen. Wer zu weit geht, verschwindet.

Brennen Menschen oder Häuser?, sagt Burak.

Weiß ich nicht, sage ich leise.

Doch, sagt Yeter, was ist geschehen?

Vielleicht verbrennen sie das Laub.

Unfug!

Oder es steigt Rauch auf aus den Gräbern, sage ich.

Der Jüngste Tag, sagt sie leise und lächelt.

Findest du das lustig?

Arier, du bist eigentlich klüger als vier wilde Hunde zusammen.

Yeter, Pelin, Berna, drei magere Mädchen mit Erdklumpen am Zopf, was brüten sie aus, was lässt sie hoffen, dass wir in der Schlacht gegen die Bauernmeute siegen können? Ich und meine Brüder geben es vor ihnen nicht zu: Die Kraft der Wilden ist nicht zu brechen. Sie haben die Haine am Wasser verwüstet. Sie haben große Brüder in die Flucht geschlagen, bissige Hirtenhunde wurden im Steinhagel verrückt und feige. Wir werden untergehen.

Der Direktor pfeift das Ende der Pause an, wir strömen in den Klassenraum. Ebru Hanim lehrt uns Benimmregeln, sie erzählt: Ein junger Mann sitzt allein an einem Tisch in einem Lokal, in dem die feine Gesellschaft verkehrt. Am Nachbartisch wartet eine junge Frau auf ihre Freundinnen. Sie verspäten sich, es muss ihr aber nicht unangenehm sein, da sie an diesem Ort keine Belästigung

fürchten muss. Der Mann blinzelt ihr zu. Sie wendet den Blick ab, schaut flüchtig hin, kein Missverständnis, er flirtet mit ihr …
Das Wort ist mir unbekannt, sagt Nuyan.
Dazu später, sagt die Frau Lehrerin, hör zu.
… Die besagte junge Dame denkt: Am besten übergehe ich den schamlosen Versuch des Tölpels, mit mir anzubandeln. Endlich treffen ihre Freundinnen ein, und bald sitzen sie über Porzellantellern mit Süßteigspeisen gebeugt beisammen und lachen und lachen. Da sagt die Freundin zu der Frau: Der Mann am Nebentisch ist schamlos, er blinzelt mich an. Nun starren sie alle hinüber, er macht ein böses Gesicht, steht auf, kommt an den Tisch der jungen Damen und sagt: Wieso verhöhnen Sie mich? Die Frauen sind zunächst erbost, sie können es nicht fassen, dass er sie weiterhin anblinzelt. Der Herr ist gut angezogen, er spricht das Hochtürkisch der Gebildeten. Schließlich klärt sich das Missverständnis auf. Er leidet an einem nervösen Augenleiden … Wieso habe ich euch wohl diese Geschichte erzählt?
Langweilig, sagt Dschenk.
Als Strafe für diese Bemerkung wirst du einen zweiseitigen Aufsatz über Höflichkeit schreiben. Ich warte auf weitere Meldungen.
Der Mann gefällt mir nicht, ruft Kemal von der letzten Bank.
Er bekritzelt immer seine Fingernägel mit dem Bleistift. Erst vermutete Ebru Hanim eine Abart, sah jedoch von einer harten Rüge ab. Kemal ist dick und wird oft deswegen gehänselt.
Erkläre mir den Grund.
Ein artiges Äffchen! Er hätte sie verwarnen sollen, ohne sich vom Stuhl zu erheben.
Ein formvollendeter Mann, schreit Berna.
Leiser! Woher kennst du dieses Wort?
Aus dem Journal, sagt sie.
Anscheinend hast du die Bedeutung verstanden, sagt die Lehrerin, kläre also Kemal auf.
Der zivilisierte Herr benimmt sich angemessen, ruft Berna, er missversteht die Damen, sie missverstehen ihn …
Die Frauen haben angefangen, sagt Kemal, er hat ihnen ja nicht den nackten Arsch gezeigt.

In die Schamecke, sofort! ... Mit dem Rücken zur Klasse. So. Liebe Berna, du schreist, dass mir die Ohren gellen. Fahr fort, aber bitte in Zimmerlautstärke. Und du, Kemal, achtest auf jedes Wort.

Ja, Frau Lehrerin.

Der Herr muss ständig blinzeln, sagt Berna, Nuriye Hanim tränen auch die Augen, und sie betupft die Augenwinkel hundert Mal am Tag.

Nicht abweichen!

Gut. Es gibt Regeln, die der Herr beherzigt. Grobheit stößt die Frauen ab. Sie sind keine Melonen auf dem Markt, die man auf Reife und Saft abklopft. Feine Jungen sind ein Traum.

Danke, hinsetzen, sagt die Lehrerin.

Ich hätte diesem Herrn einen Knopf abgerissen, sagt Aysche.

Ach ja?

Weibische Gecken sind mir zuwider.

Du hältst ihn für verweiblicht? Ich bin überrascht.

Liebe Frau Lehrerin, würden Sie sich von ihm ausführen lassen?

Darauf antworte ich nicht.

Käme er zu mir, würde ich ihn abweisen, sagt Aysche, ein Kerl ohne jede Ruppigkeit ist wie ein Spielzeug des Puppenmachers.

Das aus dem Munde eines Mädchens, ruft Ebru Hanim.

Sie hat recht, sagt Kemal.

Dreh dich wieder um!

Darf ich trotzdem sprechen? ... Danke. Also: Ich würde nie ein Mädchen schlagen. Ich würde nie vor Mädchen lästerlich fluchen. Wenn ein Mädchen mich als dicken Popel beschimpft, spucke ich ihm nicht ins Gesicht. Ich spucke höchstens aus. Aber ich tanze nicht nach der Pfeife der Mädchen.

Wir tanzen nach der Pfeife des Direktors, ruft Berna.

Das Ende Ihrer Geschichte hat mich enttäuscht, sagt Aysche, ich fühle mich geschmeichelt, wenn ein Junge mir schöne Augen macht. Er darf nicht zu weit gehen. Der Herr war blind für die Dame, von der ich annehme, dass sie hübsch ist.

Kavalier oder Krieger, schreit Berna, Tag oder Nacht, rasiert oder bärtig.

Ruhe! Ich erzähle weiter. Diese Dame, von der die Rede ist, das bin ich. Tatsächlich traf ich mich mit jungen Kolleginnen im besagten Lokal. Der unbekannte Mann hat mich angeblinzelt. Als wir einander unsere Unschuld beteuerten, fiel mir auf, dass der Herr für wenige Augenblicke aus der Rolle fiel.

Nein!, schreit Berna.

Er bemerkte seinen Fehler, hörte auf, zu blinzeln. Fühlte sich ermutigt, an unserem Tisch Platz zu nehmen. Um Erlaubnis hat er nicht gefragt. Er wurde zudringlich. Ich schaute mich nach der Bedienung um. Da sprach der Mann: Trübt Sie die Tugend derart, dass Sie Lustigkeit anstößig finden? Ich übersetze es in einfache Worte. Er unterstellte mir, eine schlecht gelaunte Frau zu sein. Weshalb? Weil ich und meine Kolleginnen nicht belästigt werden wollen. Der Kellner bat ihn, an seinen Tisch zurückzugehen. Er blieb sitzen.

Haben Sie ihn verprügelt?, schreit Berna.

Leise! Nein, das tat ich nicht.

Der Kellner holte Hilfe?, sagt Pelin.

Richtig. Aber auf den … Rüpel machte es keinen Eindruck. Er starrte eine Kollegin unverschämt an.

Mit einer Maulschelle hätte ich ihm das Grinsen aus dem Gesicht gewischt, ruft Kemal.

Zurück an deinen Platz, sagt Ebru Hanim, ein Gast umgriff ihn von hinten am Hals, riss ihn hoch, stieß ihn hinaus, kehrte kurz darauf zurück. Dieser Gast war mir bekannt, er lebt in diesem Viertel.

Wer ist es gewesen?, sage ich.

Das bleibt mein Geheimnis.

Auf dem Heimweg fällt Nuyan ein, dass die Frau Lehrerin auf seine Frage keine Antwort gab. Er vermutet eine bewusste Täuschung, die Mädchen widersprechen: Sie darf die Schüler nicht in der verbotenen Kunst unterrichten. Gemischte Klassen sind den Hetzern ein Gräuel. Ebru Hanim versieht uns mit feinem Schliff. Und doch halten die stumpfschnäuzigen Kerle die Schule für einen heidnischen Platz.

Es kommen uns Hirten entgegen, sie tragen im Winter die Schaffellweste links, und sie halten die Ziemer wie Priesterstäbe. Sie suchen nach den Kindern, die die Schafe ihrer Herden mit Steinen bewerfen und verletzen. Wir sind unschuldig, sage ich, und sie lassen uns seltsamerweise ziehen. Sie wissen wohl, wer die Tiere quält.

Am Laden des Krämers biegen die Mädchen in die Gasse der verstreuten Münzen: Es liegen oft Kupferkurusch auf dem Pflaster. Dschenk, Burak und Nuyan wollen faustdicke Steine spitz schleifen. Ich werde eine armlange Kette auf die Feinde dreschen. Alles ist gesagt und entschieden.

Der Einäugige winkt mich heran, die Dame seiner Anbetung wartet im Hinterzimmer. Sie hat zwei Tische zusammengeschoben und mein Schaffell ausgerollt, sie wendet mir den Rücken zu, ich streife Mantel und Kittel ab, ziehe Pullover, Hemd und Unterhemd aus, lege mich auf den Bauch. Sie taucht den Wattebausch in Alkohol, zündet ihn an, hält den brennenden Bausch in das Schröpfglas und setzt es auf meine linke Schulter. Ich beiße mich im Fell fest. Sie erhitzt noch vier Schröpfköpfe, verteilt sie auf die unteren Stellen meines Rückens. Fünf Schmerzen, fünf Feuer, fünf saugende Münder.

Liegen bleiben, sagt sie leise, tut es weh?

Nein, sage ich.

Doch … Ayfer, stell die Schuhe wieder ordentlich hin!

Wann darf ich wieder aufstehen?

Hab' Geduld, schöner Arier. Der böse Saft wird ausgesaugt, das braucht seine Zeit.

Liebe Dame, es brennt ziemlich schlimm.

Gutes Zeichen, sagt sie.

Wohnt ein Geist in mir?

Kein Geist hielte es lange in dir aus.

Warum?

Man muss ihn einladen wollen, sagt Nuriye Hanim und löscht die Bauschflamme mit Spucke, er zieht ein durch den Bauchnabel, er strömt durch die Ohren oder kriecht durch einen Riss im Nagelbett. Bei den erwachsenen Tölpeln ist es viel einfacher. Sie gähnen und schon sitzt der Geist im Rachen. Du, Wolf, zappelst zu sehr. Bewohnte dich einmal tatsächlich ein Dschinn, würde er fliehen, um nicht verrückt zu werden.

Das freut mich, sage ich, was machen Sie da?

Ich pelle das hart gekochte Ei, sagt sie.

Hat es etwas mit meiner Behandlung zu tun?

Nein … Ayfer, lass' das.

Ihre wilde Tochter wirft die Galoschen und Pantoffeln des Krämers in die Luft, ein Schuh trifft mich an der Ferse, sie lacht wie ein aufgeregter Vogel. Dann will sie mir den Wattebausch ins Nasenloch stecken, ihre Mutter kommt ihr zuvor, geht mit ihr hinaus, kehrt schnell wieder zurück: Ayfer kaut an einer Feige.

Fewsi Bey hat für die Mittagsruhe das Geschäft geschlossen, er steht in der Tür, starrt mich an, und vergleicht mich mit einem erlegten Zwergeber.

Wenn der Krämer scherzt, bekommt jedes anständige Mädchen Kopfschmerzen, sagt Nuriye Hanim.

Nein, nicht Eber, sagt der Krämer, er sieht aus, als würden ihm lauter kleine Euter am Rücken wachsen.

Schluss! Musst du nicht Kisten schleppen?

Ich habe die Arbeit erledigt.

Gut, dann schau zu, sagt sie, das hier ist ein gepelltes hart gekochtes Ei.

Ich bin halb blind, aber nicht gänzlich blind.

Schön. Weißt du, was ich damit vorhabe?

Essen.

Sie legt das Ei vorsichtig vor ihren Füßen ab, stößt es sachte an, es rollt bis zur Wand. Nuriye Hanim muss erst Ayfer abwehren, die ein neues Spiel vermutet, und das Ei zertreten möchte. Endlich hält sie es in die Höhe, schnalzt mit der Zunge.

Was siehst du?

Ein Ei in deiner schönen Hand, sagt der Krämer.

Es geht nicht um meine Hand, auch nicht um das Ei, ruft sie lächelnd, es klebt Staub daran. Ich entdecke Stoffflusen, Körner, Haare und Fäden.

Ich verstehe.

Schmutz, sagt sie.

Fällt im Laden immer an. Ich bin kein Arzt, ich muss meine Räume nicht sauber halten.

Die Eierprobe, fährt Nuriye Hanim ungerührt fort, es wäre eine unverzeihliche Verschwendung, würdest du sie jeden Tag machen. Besonders in diesen Zeiten. Alle fünf Tage, das reicht.

Und das Ei wasche ich sauber und esse es.

Das ist barbarisch.

Liebe Dame, sage ich, wie lange noch?

Ist es denn unerträglich?

Fünf Zangen kneifen in meinen Rücken.

Er übertreibt, sagt der Krämer, hör nicht auf ihn.

Du bist der Nächste, sagt Nuriye Hanim, mir ist aufgefallen, dass du beim Aufrichten zuckst. Ich werde mich mit deinem Gliederziehen befassen.

Heute lieber nicht, sagt der Krämer und flieht aus dem Zimmer.

Meine gute Freundin Bayka Hanim hat eine Schnapsflasche im Hintergarten gefunden.

Oh nein, sage ich leise.

Ich spreche in ihrem Namen, sagt sie, deine Mutter ist recht befremdet. Du hast der Frau des Schreiners die Bitte nicht ausschlagen können. Sie trank dein ... gelbes Wasser und wurde schwanger. Düriye Hanim ist nun die Zweite, die dich um den Wundertrank bittet.

Sie nötigte mich dazu. Nein, ich will nicht lügen. Ich konnte nicht ablehnen, weil sie bettlägerig ist.

Genau deshalb will Bayka eine letzte Ausnahme machen.

Ich habe Mutters Erlaubnis?

Ja. Du füllst die Flasche mit deinem arischen Saft. Sie trinkt davon. Sie wird schon sehen, dass sie unfruchtbar bleibt. Die Ärmste.

Endlich nimmt sie mir die Schröpfgläser ab, ich darf mich ankleiden. Der raue Rücken schmerzt. Sie singt die Tochter im Hinterzimmer in den Schlaf, der Krämer und ich lauschen ihrem Gesang. Es kappt der Herr die Bergkuppen. Es bricht der Herr der Erde das Grat. Aber meine Liebe. Aber meine Liebe. Sie besteht.

30. Der Gütige

Trotz der Kälte stehen die Männer in den Gassen, trocken ist ihr Mund, sie spucken nicht, sie fluchen nicht, sie sprechen über die verbrannten Lumpenpuppen. Der Barbier Achmed stottert sprotzend seine Angst heraus: Keiner ist sicher, jeden trifft es. Der Schrotthändler tänzelt vor und zurück, und wird aber von den Umstehenden in die Flanke gekniffen, dass er Ruhe gebe.

Vater kommt mit verrußtem Gesicht von der Arbeit, wir folgen den Männern bis zu Resuls Kaffeehaus. Der Hundertjährige nickt uns allen stumm zu, bringt die vollen Teegläser an die Tische. Petros ist gerächt, keiner wagt es mehr, ihn offen einen Geistschänder zu nennen. Und trotzdem brütet der Hundertjährige, brüten die Feldpächter und brütet der Nasenlose. Schnapsschwamm Ekrem Bey nimmt an unserem Tisch Platz, die Brüder Haydar und Hamit wärmen die Hände am Ofen, und als sie Vater sehen, kommen sie herüber.

Man ging zu weit, sagt Hamit.

Du meinst den lodernden Zorn, sagt Vater.

Ich wurde in den letzten Stunden von meiner Arbeit abgehalten. Ist das gerecht?

Ich verstehe nicht.

Feuer, sagt Hamit, nicht genug, dass mir die Nase schmerzt. Nicht genug, dass mir ein ehrloser Kerl in die Kehrseite stach. Brüder im Glauben baten mich um Hilfe. Trotz meiner Pein musste ich helfen.

Das tut mir leid.

Der kleine Christ.

Petros?

Genau der. Darf er uns beleidigen?

Ein dummer Knirps, sagt Vater.

Darf er uns verspotten?

Mein Sohn Wolf hat auf das Pflaster vor ihrer Kirche ein Kreuz gezeichnet. Er bekam seine verdiente Strafe.

Was schlägst du also vor?, sagt Haydar.

Vasil, Yorgo, Hristo, Teologos, sie werden sich darum kümmern.

Nach dem Bubenstreich des Ariers brannten keine Lumpen in den Gärten der Christen, sagt Hamit, ich wiederhole: Man ging zu weit.

Dass dich der Vernarbte verletzte, halte ich für eine Schande, sagt Vater.

Meine Sache, sagt Hamit, Fleisch verheilt, Knochen wachsen zusammen.

Und dann?, sagt Schnapsschwamm.

Was kümmert's dich? Ich will nicht reden mit einem Mann, der säuft und sündigt.

Biester sticht man ab, ruft Ekrem Bey, dich ließ man am Leben.

Lasst uns all das vergessen, sagt Vater.

Zu spät, sagt Hamit, die Brüder im Glauben sind verängstigt. Sie wollen nur noch Ruhe.

Und du willst Vergeltung?

Nein. Ich räche mich nicht an diesem Petros.

Aber am Vernarbten?

Auch davon sehe ich ab, sagt Hamit, auf eine Versöhnung mit ihm wird man mich vergeblich drängen. Jener, der den brennenden Kienspan an die Lumpen hielt, soll wissen: Wir wachen. Wir trauen nicht länger dem Kommissar, noch den Wächtern. Wir erkennen nicht die Richtigkeit der Gesetze ...

Der strenge große Bruder Hamit zählt auf, was ihn und die Männer seines Sinnes anwidert: Dies ist das Viertel, in denen die Hunde aus kupfernen Schüsseln Wasser trinken. Unreine Tiere, unrein in der Stube, unrein in der Gasse. Zu Zeiten der osmanischen Pracht bekämpfte man sie. Die Jungtürken entthronten den letzten Sultan und verbannten die Hunde auf die Insel. Juden, Christen und die westgläubigen Türken erklärten Tierliebe zum Ideal, verfütterten in der heutigen Not Fleisch den Straßenkötern. Nicht hinnehmbar. Volk und Glaube zu trennen ist der Wahn der Götzendiener, sie sprechen von Blut und Boden, von der Reinheit einer Rasse oder einer Klasse. Nicht hinnehmbar. Luzifers Schande: der Sturz aus großer Höhe. Des Menschen Schande: Gottheit schnitzen, Gottheit aus Ton kneten und backen, Gottheiten aus Messing, Bronze oder Gold auf Sockel setzen. Hamit und die Seinen, zur Erbauungsbrigade gehörig, werden dem Herrn geben, was des Herrn ist.

Sein Bruder, der schöne Haydar, drängt zum Aufbruch. Kaum sind sie aus der Tür, flucht Schnapsschwamm auf die befleckten Seligen, die den Himmel bejaulten.

Resul Bey schreitet sofort ein: keine Politik, keine parteiischen Reden. Er fürchtet, dass man ihm die Genehmigung entzieht, er vermutet in jedem zweiten Mann des Viertels einen Spitzel.

31. Der Kundige

Das Schmutzwasser in der Jauchegrube im Hintergarten fließt nicht mehr ab. Die Nachbarn haben sich wegen des üblen Geruchs beschwert. Vater und ich ziehen uns um, treten hinaus, ich muss sofort würgen. Mutter kocht Wasser im Kessel. Hinter der Mauer lauern Hunde, der Gestank hat sie angelockt. Vater taucht den Kübel in die Grube, ich trage ihn zu dem Loch, das er in den letzten Tagen ausgehoben hat. Nach einer Stunde machen wir eine Pause, Vater sagt, dass auch die Reichen scheißen, und dass aber die Armen die Nachttöpfe mit der schwappenden Scheiße entsorgen müssen. Im Augenblick, da man stirbt, entweicht die Atemluft durch den Mund, und das Verdaute aus dem Afterloch, das ist die Wahrheit des Menschen. Die Frömmler sind blind für die Scheiße, die Gottesleugner blind für den letzten Hauch …

Wir schütten das alte Loch zu, es riecht nicht mehr streng. Ich ziehe mich dann im Flur bis auf die Unterhose aus. Mutter stopft die alten Kleider in den Hanfsack, im Bad setze ich mich auf den Schemel, gieße das heiße Wasser über Kopf und Schultern, reibe mir den Gestank von der Haut. Die nackte Dame, ihre Brüste, nicht daran denken, unmöglich, nicht daran denken, die Nackte, meine Hand, die Nackte, meine Hand, meine Hand, ihre Schenkel, die volle blasse Brust, meine Hand, es ist … nicht … möglich.

Sohn?

Ja. Mutter?

Bist du gefallen?, ruft sie.

Ich bin gleich fertig, sage ich laut.

Trockne dich gut ab.

Lass den Jungen in Ruhe, sagt Vater.

Er ist gestürzt, sagt sie.

Nein, rufe ich, ich bin nur auf dem Schaum ausgerutscht. Der Kessel ist noch zu einem Viertel voll.

Ist das Wasser noch heiß?

Ja, Vater.

Dann beeil dich.

Ich mache es weg, ich wische den Lustsaft vom Boden, hebe die zernagte Holzplatte, werfe den Fetzen in das dunkle Loch. Sie werden es mir ansehen, sie wissen bestimmt, dass ich gesündigt habe. Später sitzen wir am Tisch, Derya schaut mich an und kichert, sie kann nicht an sich halten und lacht, es nützt wenig, dass Mutter ihr auf die Hand klopft.

Was?, sage ich.

Deine Kurdin.

Sie ist nicht mir versprochen.

Yeter, sagt sie, weißt du, wie sie dich nennt? Das goldene Kälbchen.

Ich habe es satt. Die Mädchen halten uns Jungs für blöd. Dabei tun sie lauter blöde Sachen.

Nämlich?

Sie streuen Pulver in die Augen. Sie müssen davon blinzeln. Dann bekommen sie dunkle Lider.

Ich habe mir vorgestellt, dass tatsächlich ein Kalb mir gegenübersitzt. Ist das nicht lustig?

Nein.

Doch, sagt sie.

Seid bitte sehr wachsam, sagt Vater.

Wir verdunkeln immer, sagt Mutter.

Schiebt die Riegel vor, auch wenn ihr zu Hause seid. Achtet auf Keller- und Hintertür.

Es droht Gefahr, stellt Derya fest.

Vorsicht hat nie geschadet.

Was genau müssen wir fürchten? Die Deutschen haben sich in Stalingrad ergeben. Werden sie uns überrennen?

Der Hund bellt nicht mehr lange, sage ich leise.

Franz wird es freuen ... Die Frömmler, sie schmieden Pläne.

Hayriye Hanim stand am Brunnen in der Pilgergasse, sagt Mutter, da kam ein beflaumter Jüngling daher und schimpfte mit ihr, weil sie sich angeblich nicht ihrem Alter entsprechend kleidet. Ihr kennt sie, so leicht bringt sie nichts aus der Fassung. Der Jüngling sprach: Heute Blume, morgen Heu. Da warf sie ihm den Schuh an den Kopf, der Stöckel traf ihn hart, er wollte schon auf sie losgehen, doch dann besann er sich eines Besseren. Die Frauen in der Schlange schlüpften aus den Schuhen.

Das gefällt mir, ruft Derya und kichert.

Meine gute Freundin geht nie ungeschminkt aus dem Haus. Kann man ihr das vorwerfen? Sie trug wohl einen Rock, der ihre Knie unverhüllt ließ. Das hat den Jungen aufgebracht.

Er muss sie also lüstern angestarrt haben.

Plötzlich reden viele Männer davon, dass die Frau mit der Schürze Sünden aus dem Hause trägt. Tete entdeckt aus Trotz die Freisinnigkeit. Die Dame Palan wundert sich, sie wird nicht mehr getadelt. Wie ich hörte, hat man sie als ... leichtes Mädchen beschimpft.

Was heißt das?, sage ich.

Abdullah, erklär du es ihm.

Das sind Frauen, die, nun ja, ihren Rock zu jeder passenden Gelegenheit lüften. Hör auf zu kichern, Tochter. Also, es gibt Frauen, die ihre Liebe verkaufen. Ein Mann sucht sie auf, bezahlt sie für ihre Dienste.

Derya erzählt von der Bruderschaft der Seligen, einer neuen alten Bewegung von Männern, die sich auf eine strenge Auslegung des Glaubens eingeschworen haben. Sie hören auf einen Anatolier, den sie den Gesegneten nennen: Die Erziehung zum anständigen Bürger geht ihm über alles. Das Modische verdammt er, die Verschmückung verbietet er. Selten erkennt man die Seligen als glühende Feinde des Alphabets und der Frauenfreiheit. Sie lassen Schulen und Krankenhäuser bauen. Sie schlagen die Augen nieder, wenn sie Frauen begegnen, man könnte sie deshalb für Kavaliere halten. Hamit gehört dieser Sekte an, da ist sich Derya sicher. Was aber bewegt den Bruder, den schönen Haydar, der Witwen und reife Damen seufzen lässt? Wird er unter Hamits Einfluss zum grimmigen Tugendwächter geraten?

Er bleibt beständig, sagt Vater.

Das Blut bindet ihn.

Ist es so?, sagt Mutter, dann hätte Wolf mich nicht als Mutter angenommen. Blut ist rot und fließt. Herz und Kopf entscheiden.

Wie auch immer. Nehmt euch in Acht vor den Verhüllten ohne Bart. Gott soll schützen.

32. Der Nachsichtige

Die Bauernkinder, ein wilder Stamm, sie stellen sich nicht in Reihen auf. Ein wildes Volk, wir fürchten die Schläge und die Wunden, doch unsere Herzen brechen nicht. Sie schimpfen uns Lustknaben, Teufels parfümierte Bengel, Fleischspielzeug mit vier Hinterbacken. Sie bilden mit Daumen und Zeigefinger einen Kreis, stoßen die Nase hinein. Sie saugen am Finger, der in den Mund rein- und rausfährt. Sie zeigen uns ihre Kehrseiten. Die armenischen Brüder, die christgriechischen Brüder, sie sind alle bei uns. Sie brüllen: Unser Viertel heißt Siebentürme, für Bauerntrampel große Hürde.

Die Wilden lachen höhnisch, peitschen die Luft mit Knüppeln.

Dschenk und Nuyan schauen auf den Anführer, kein Knirps mehr und noch kein großer Bruder, er lässt seine Soldaten johlend spotten, er rührt sich nicht. Dann aber reißt er den Stock hoch, und fünfzig Bauernsöhne gehorchen und laufen los.

Ihrem Ansturm halten wir nicht stand, mein Herz bricht nicht. Da spuckt die Erde Leichen aus, sie richten sich auf in braunrot gefleckten Fetzentüchern, die Gesichter zerschnitten und zerfressen, sie stimmen ein grausiges Geheul an und schreiten der Horde entgegen. Unsere Feinde bleiben stehen, ihrem Führer fällt der Stock aus der Hand, er weicht zurück, die Leichen zerren mit Krallen am

Gesicht, ziehen die Haut übers Haupt, sie sind fast zerfallene Geister, der Himmel hat sie nicht aufgenommen, die Tore der Hölle sind verschlossen, geschnürte gefesselte Seelen, Verseuchte mit kaltem Leib, sie taumeln, sie stolpern, Vogelschädel, von Menschenhaut umspannt, vom Todesschlaf erwacht sind die Toten, und sie wollen sich festküssen an den Bauern, aufgewühlt die Gräber, darin sie nicht wieder allein liegen wollen, die Wilden aber lassen Knüppel und Zwillen fallen, sie fliehen.

Wir weichen nicht, wir stehen in einer Reihe, Dschenk lacht sich Tränen in die Augen, wir lachen alle, keinen Stein haben wir geworfen in dieser Schlacht, und die Feinde sind geschlagen. Die Leichen setzen nicht nach, sie warten. Dann wenden sie sich uns zu, und als sie unsere Reihen erreichen, ruft Burak: Heldenmädchen, wir schreien unsere Kehlen wund, die Leichen ziehen den Tierbalg vom Gesicht ab und strahlen uns an. Yeter, Pelin, Berna, Aysche, armenische Mädchen, alle blut- und fettverschmiert, sie frieren, weil sie unter einer dünnen Erdschicht ausharren mussten, wir reichen ihnen alte Mäntel und Decken.

Yeter sprach mit Agop. Agop sprach mit Ayliye. Sie sprach mit ihrem Vater. Der Metzger sprach mit dem Abdecker. Wir bekamen das Bauchfell frisch geschächteter Schafe, wir schnitten es in Stücke, die Heldenmädchen stülpten sie über Kopf und Gesicht. Die Bauernsöhne wissen: Wir sind Hexer, wir bitten die Toten um Hilfe, und sie erwachen und heben das Unglück auf. Sie rotten uns nicht aus, unsere Art vergeht nicht, dies Viertel gehört uns. Vor Freude sprechen wir große Worte, wir nennen die Mädchen große listige Krieger, sie brauchen keine Narben, die sie vorzeigen, sie haben das wilde Volk geschlagen, sie haben unsere Ehre verteidigt.
Pelin spuckt aus, sie sagt: Von der Ehre wird mir übel.
Jeder Bruder hat ein Scheit mitgebracht, wir häufen sie und setzen sie in Brand, bald wärmen wir uns alle am Feuer.
Burak ist überzeugt: Die Bauernsöhne werden in das benachbarte Viertel Samatya einfallen, wir bleiben verschont. Igor, Dschenk und Nuyan sammeln die Waffen der Feinde ein, die meisten Stöcke landen im Feuer, die Zwillen dürfen die Mädchen als Siegesgaben be-

halten. Yeter erlaubt es mir, Wasser auf ihre Hände zu gießen, sie wäscht sich die Erdklumpen von den Haarspitzen.

Arier, auf dich hatten sie es abgesehen.

Wieso?

Du bist das Schmuckstück. Armenier, Christgriechen, Juden kennen sie. Albaner, Bosnier, Tscherkessen, sie haben sich mit ihnen gemischt. Aber einer von der Herrenrasse ...

Du spottest, sage ich.

Ihr Anführer, er starrte dich an, als wär' er verliebt.

Blödsinn!

Seine Soldaten hätten Dschenk und Nuyan umzingelt, sagt sie, sie hätten dich vom Rest abgeschnitten. Und er wäre über dich gekommen. Dir vielleicht nicht nur das Ohr gelöchert, sondern abgeschnitten und es an den Gürtel gehängt.

Das alles ist nicht geschehen, sage ich, dank euch. Übrigens, du spielst eine Leiche sehr gut.

Was soll das heißen?

Die anderen Mädchen, sie waren nur verkleidet. Du aber warst wirklich eine Tote ... Was ist denn?

Du wirst dumm sterben, ruft sie.

Ich lobe dich. Und dafür beschimpfst du mich?

Du hast sie soeben beleidigt, sagt Burak.

Halt du dich da raus.

Nein. Mein Vater schenkte meiner Mutter zum Geburtstag einen Kochtopf. Er war verblüfft, als sie erst rot anlief, um sich dann im Schlafzimmer einzuschließen. Er musste lange an der Tür auf sie einreden. Schließlich kam sie heraus, stellte den Topf auf den Tisch und fragte Vater, was er denn sehe. Einen Topf. Sie verbesserte ihn: Das da ist der Topf, worin ich Essen für dich koche. Du hast dich selber beschenkt.

Sehr gutes Beispiel, sagt Pelin.

Und was hat dein Vater gemacht?, sage ich.

Er verstand, fährt Burak fort, er verstand und nannte sich einen Esel. Da küsste ihn meine Mutter. Wie kommt es, dass wir Jungen uns fast immer bei den Mädchen entschuldigen müssen?

Ihr seid halbe Körper und halbe Seelen, sagt Pelin.

Derya hätte dich jetzt umarmt.

Die eiserne Frau.

Ist das ein Lob?

Das Kriegsspiel hat sie ermüdet, sie zittert, obwohl sie in zwei Decken eingehüllt ist. Ich darf sie nicht umarmen, sie und die Kurdin halten zusammen. Von der Dame Palan heißt es, dass sie einem Mann die Seele aussaugt. Er lacht sie ein letztes Mal an, bevor er verdirbt. Schmutzschleier in meinen Träumen. Werde ich von der Verderbnis gereinigt, oder verschmutzt mich der Traum? Darüber würde ich mit ihr reden, mit diesem Mädchen, das sich einschnürt, um knabenhaft zu wirken. Sie schaut mich böse an, sie hasst es, wenn ich sie betrachte.

Stahl statt Haut und Fleisch, ruft Burak, deutsche Soldaten. Die Erde bebt vom Hall der tausend Stiefel! Er bittet mich, ihnen allen den deutschen Schritt zu zeigen. Ich lehne ab, sonst fache ich Pelins Hass an. Bin ich ein Lump, der sie zersetzt?

Auch Vater Franz hält man für einen Zersetzer der Kraft seines Volkes. Er sprach zu einem Deutschen auf der Durchreise: Männer kannte ich, die dachten, wir machten uns fein für einen Ausflug. Sind alle tot, im Osten gefallen. Der Mann warf ihm dem Führerwort hohnsprechendes Verhalten vor. Er brüllte: Russenland in unserer Hand! …

Dschenk rüttelt mich wach, ich schlief mit offenen Augen, ich war entrückt. Wir zerstreuen uns, ich laufe neben meinen Brüdern, Igor schließt sich mir an. Agop gab sein Einverständnis, Igor hat die Probe bestanden, die Glasscherbe biss ihn zwei Mal. Dschenk liebt ihn, Nuyan ist eifersüchtig. Wir schweigen darüber, ihre Hinterseitenliebe geht uns nichts an.

Schmutziger Schnee in den Gassen, die Frauen und Männer haben Tücher um Hals, Mund und Nase geschlungen, die großen Brüder trotzen der Kälte. Ihr Mannestum wäre gemindert, wenn sie sich warm anzögen. Wir bleiben jedes Mal stehen und beugen vor ihnen das Haupt, sie nicken knapp, zupfen am Mantel auf den Schultern, treten einen Stein aus dem Weg.

Aus der Droschke steigt Schükran Hanim, sie will wissen, was wir im Schilde führen.

Einbruch und Mord, sagt Igor, sie zwickt ihm zur Strafe ins Ohr. Sie erzählt: Grämliche Kerle, Damen mit Härte im Blick, sie habe es nicht mehr ausgehalten und den Fuhrknecht für eine Fahrt über die Brücke zum Westufer bezahlt. Dort gäbe es junge Frauen, die große Hüte mit breiter Krempe tragen, sie spazierten in der Peraallee, sie liefen auf und ab, auf und ab, sie wären aufsässig und unverschämt: Sie vergalten jedes Kompliment mit einem fluchbeladenen Wort. Die jungen Galane, wohlgeraten, wohlgenährt, glatt geschabte Backen, zur schwarzen Schnur gestutzter Bart, sie bettelten um Zuneigung, um eine Stunde in der armenischen Konditorei. Dort habe sie Damen und Herren an kleinen runden Tischen sitzen gesehen, die Frauen sprachen, die Männer lauschten, wir sollten zugeben, dass das doch sehr seltsam sei.

Endlich gibt sie uns frei, und wir laufen den langen Weg zur verfallenen Hütte am Müllberg. An der wilden Müllkippe schreien die Krähen und die Möwen. Dschenk hat eine Zwille behalten, und wir wollen sie im Loch unter dem Unrat hinter der Hütte verstecken. Ich schiebe mit dem Stiefel Scherben, zerlöcherte Dosenkappen, Papiermatsch zur Seite, hebe die Holzplatte und starre auf unsere Kriegsbeute: Stöcke, Stofffetzen, getränkt mit dem Nasenblut der Feinde, ein abgerissener Hemdkragen, zwei verrostete Messer. Ich lege die Zwille hinein, bedecke das Loch mit der Platte, verteile den Unrat darauf, und als ich mich aufrichte, sehe ich durch das Fenster zwei Füße in der Luft. Füße ohne Schuhe, ohne Strümpfe, Frauenfüße. Ich weiche zurück und pralle gegen Nuyan und Burak.

Eine Frau, rufe ich.

Was?, sagt Dschenk.

Dadrin ist eine Frau. Sie schwebt.

Ja klar, sagt Nuyan.

Ich schwöre bei meinen Narben.

Weg hier, schreit Burak, das ist ein Geist, der belauert uns.

Wir bleiben, sagt Dschenk, lass mich schauen … Oh Gott, der Arier hat recht.

Was siehst du?

Zwei nackte Füße.

Ein Dschinn. Der wird mit uns allen fertig. Kommt!

Und was erzählen wir den Heldenmädchen? Zwei Füße haben uns in die Flucht geschlagen! Sie würden uns auslachen.

Was jetzt?, sage ich.

Wir müssen rein.

Wer?

Keiner allein. Wir alle.

Wir stemmen die Tür auf. Burak fällt sofort auf seinen Hosenboden, steht auf und erbricht sich. Igor beißt in die Faust, rennt hinaus. Nuyan, Dschenk und ich sind erstarrt, wir schauen hoch zu unserer Frau Lehrerin, deren Zunge fast das Kinn berührt. Sie hängt am Strick, das Seil hat sich tief in ihren Hals gedrückt. Ihre Augen. Der Schemel ist umgefallen, getrockneter Schlamm an den Lackschuhen. Ihre Augen, rot bespritztes Weiß.

Als sich die Leiche in der Zugluft leicht um die Achse dreht, stürzen wir würgend hinaus, laufen bis zum Feldrain, bleiben stehen, drehen uns um, schauen auf die Hütte in der Ferne, schreiende Vögel über dem Dach.

Die schöne Ebru Hanim, sagt Burak keuchend, unsere wunderschöne Lehrerin.

Hat sich erhängt, sage ich.

Verdammt noch mal, ruft Nuyan, das bringt mich um den Schlaf.

Hat sich für den Tod geschminkt, sage ich.

Zu viel Lippenstift.

Das ist Blut, sagt Dschenk.

Sie hat sich im Schmerz in die Lippe gebissen.

Verdammt, verdammt, verdammt.

Sie war doch noch jung, sagt Burak, und sehr schön.

Frauen sollten nicht sterben, sage ich.

Erst Schwester Elif, dann Ebru Hanim.

Was meinst du damit?

Beide gingen freiwillig in den Tod.

Wegen der Schande, sagt Nuyan.

Vielleicht hat die Frau Lehrerin …

Was?

Vielleicht schenkte sie einem Mann ihre Unschuld.

Und er lief ihr davon?

Oder aber er hat sie erpresst, sagt Dschenk, er drohte mit der Enthüllung.

Dann wäre sie strafversetzt worden, sage ich, in ein Dorf an der Grenze zu Arabien.

So ein Land gibt es nicht.

Die Frauen vom Brunnen hätten ihr mit spitz gefeilten Fingernägeln das Gesicht zerkratzt.

Wir müssen es melden, sagt Nuyan.

Der Kommissar wird wissen wollen, was wir hier zu suchen hatten.

Wir bleiben bei der Wahrheit.

Zeigen wir ihm unser Versteck, nimmt er uns die Kriegsbeute ab, sagt Burak.

Und dann weint er leise, Dschenk weist ihn barsch zurecht, er räuspert sich und umarmt den Bruder.

Ihre Augen. Wieso ist sie verloschen? Ohne sie ist die Schule eine Ruine. Sie kannte keine Hexenrezepte, sie bekam keine Minnebeutel, und es gab keinen Mann, der ihren Durchhaltewillen würdigte.

Wir werden Klagelieder singen und Gebete sprechen.

Igor und ich wachen an der Hütte unserer Lehrerin am Strick, Dschenk, Nuyan und Burak laufen zur Polizeiwache. Ich stehe am Fenster, sehe auf ihre nackten Füße. Der Nagellack an der rechten Großzehe ist abgesplittert, der Nagel eingerissen. Geschah es, als sie den Schemel wegstieß? Bleiche aufgehängte Dame, unsere reine Frau, Hirte und Hüterin, streng und schön. Igor vertreibt die Krähen, er schreit sie an und wirft mit kleinen Steinen. Der Kommissar, vier Polizisten, Schecho und sein neuer kurdischer Kollege, der Direktor, Vater, die Gebrüder Hamit und Haydar, der nasenlose Süleyman Bey: Sie sind herbeigeeilt. Der oberste Wächter tritt in die Hütte, ruft die Polizisten herein, sie hängen die Frau Lehrerin ab.

Wir werden vernommen, wir zeigen das Versteck, der Kommissar klaubt mit spitzen Fingern die rostigen Messer aus dem Loch, betrachtet sie, wirft sie weg. Vater trauert um Ebru Hanim. Die Wächter holen den Hodscha, sie haben auch eine Trage und das Leichentuch besorgt. Sie hat sich die Schlaufe selbst um den Hals gelegt, stellt der Kommissar fest.

Große Betrübnis, sagt Schecho leise.

Habt ihr Kinder etwas bemerkt? War sie in letzter Zeit unaufmerksam, träumte sie sich weg?

Sie war so wie immer, sagt Burak, schön und herrlich.

Eine besondere Frau, sagt der Direktor, in ihr sah ich meine Nachfolgerin.

Verloschen, sage ich.

Wolf, du wirst es deiner Mutter und Derya hinterbringen.

Ja, Vater.

Rede nicht drum herum.

Hart und einfach.

Genau. Wie können wir helfen, Taylan Bey?

Ich stelle einen Polizisten ab, sagt der Kommissar, gehen Sie zu ihrer Wohnung. Vielleicht hat sie einen Abschiedsbrief hinterlassen.

Die Angehörigen, sagt der Hodscha.

Werden benachrichtigt. Es wird dauern, bis ihre Eltern eintreffen.

Sie leben in Malatya.

Weit weg. Bestatten wir sie hier?

Ich glaube nicht, dass ihre Eltern das wollen.

Sind sie strenggläubig?, sagt Vater.

Wahrscheinlich.

Ihre Tochter begeht Selbstmord. Wie nehmen sie es wohl auf?

Kenne einen Zigeuner, sagt Schecho, arbeitet im Wanderzirkus. Liebt Artistin im Reifrock. Will ihr gefallen, spannt zwischen zwei Masten ein Seil, tänzelt darauf, macht ein paar Schritte. Da verlässt ihn der Mut. Er schaut hoch: Himmel voller Wolken. Schaut herunter: Mädchen, von dem er sich wünscht, dass es sein Mädchen wird. Der Zigeuner taumelt, fällt, hält sich gerade noch am Seil fest. Man hat eine Leiter aufgestellt und ihn heruntergeholt.

Ist das ein Gleichnis?

Gott sei der Seele der Dame gnädig. Sie hängt am Seil. Errettung geschieht ihr nicht von unten, sie geschieht von oben.

Du solltest an ihrem Grab sprechen, sagt der Hodscha.

Burak wird nach Hause geschickt, Igor geht wortlos weg. Die Heldenmädchen werden um sie weinen. Sie hat mir immer und immer wieder die Null erklärt: die klügste Zahl, mal ist sie nichts, mal ist sie gewaltig. Allein ohne jede Zauberkraft, angehängt an eine andere Zahl groß und mächtig. Sie täuscht nicht, noch behauptet sie, schlank zu sein. Alle Zahlen von eins bis neun suchen ihre Gesellschaft. Sie macht sichtbar, was man nicht sehen kann. Zerbrich dir nicht den Kopf, Wolf, du kannst sie schwer begreifen ...

Ihre Augen, rot gesprenkelt, kleine Spritzer im Weiß.

Ich laufe heim, erzähle vom Tod meiner Lehrerin. Derya ballt beide Fäuste, ich höre sie im Bad schluchzen. Mutter raucht schweigend eine selbst gedrehte Zigarette. Wir sitzen im verdunkelten Wohnzimmer, die Petroleumlampe brennt, fahles Licht und dunkelgraue Schatten.

Sieben Türme, sieben Tote, sagt Derya.

Es sind mehr Menschen gestorben, sagt Mutter.

Ich weiß. Aus sieben werden siebzig ... Sie kam von außerhalb. Und wurde hier verdorben.

Harte Worte, Tochter.

Woanders hätte sie überlebt.

Sie war schon angeschlagen, als sie herkam. Wir haben sie besucht. Und wir haben später darüber gesprochen. Erinnerst du dich, was du gesagt hast?

Eine Besiegte. Eine, die beim Anblick von Mückenflügeln am Fliegengitter verrückt wird.

Sie wird durchsichtig, wenn sie ins Wasser taucht, sagt Mutter, das waren deine Worte.

Sie war furchtlos, rufe ich.

Eine alte Seele. Keine Furcht und keine Freude.

Mutter, ich muss das Viertel verlassen.

Das ist seit Langem dein Wunsch.

Ich bleibe in Istanbul, sagt Derya, ich mache die Ausbildung zur Lehrerin, und dann sehen wir weiter.

Hast du mit deinem Vater gesprochen?

Er hat keine Einwände.

Uns fehlt es fast an allem, sagt Mutter.

Ich bekomme Unterstützung, sagt Derya.

Von wem? Von den Bolschewisten?

330

Mutter!

Diese Radikalen, sie sind, wenn es um das Türkische geht, gegen jeden und alles. Man fragt sie, was sie errichten, wenn alles zerschlagen ist. Sie antworten nicht, aus gutem Grund. Das rote Imperium lenkt sie.

Ich bin kein Kommunist!

Aber etwas Ähnliches, sagt Mutter, nicht rot, aber rötlich ... Von wem bekommst du also Geld?

Von Akkan Bey, sagt Derya, erst öffnete ich mich Schwester Firuse. Sie erbat Hilfe von ihrem Bruder.

Ein alleinstehender Mann. Aber tugendhaft und ernst. Gott segne ihn. Er erwartet keine Gegenleistung?

Ich arbeite als Sekretärin. Drei Nachmittage in der Woche.

Was man hier verbietet, ist dort nicht verboten. Hüte deine Unschuld, Tochter ... Wir wollen die Frauen rufen, und der Seele der armen Sünderin Perlenkranzgebete widmen.

Es füllt sich bald das Haus mit trauernden Damen: Minna Hanim und Igors Mutter Armine Hanim treffen mit Hulda Hanim ein, der Ehefrau von Levi Bey. Sie werden in den Kreis der sitzenden Gottespreiserinnen aufgenommen. Frauen, das Haupt bedeckt, die Augen geschlossen, klackende Perlen im Schoß, sie beten: Herr, lass zu, dass sie sich durch einen kleinen Durchschlupf hineinzwängt in den Himmel, Dein Licht falle auf sie und tilge die Sünde, Du gibst Leben, Du nimmst Leben, wir dienen und schmücken uns mit Deinem Wort ...

Ihre Sünde klebt an mir, ich atme sie weg in der Kälte, laufe durch die Gassen, Tete kommt mir mit Gülfem entgegen, törichte Ebru, sagt Tete leise, keine Trauer darf den Tod locken, und sie schließt mich in ihre Arme, sie eilen zu unserem Haus, große Gebetsketten in der Hand. Hat sich ihre Seele an einem Zweig des kahlen Baums aufgespießt? Sollte ich zum Bittfetzenplatz laufen und auf die flatternden Bänder starren?

Schönes kahles Kind, ruft eine Frau vom Fenster. Die Dame Palan hat keine Schminke aufgetragen, sie zupft das bestickte Tuch aus dem Ärmel, wischt kurz über die Augen, komm hoch, sagt sie, allein bist du ungetröstet, und ich gehorche, weil ich nicht sprechen noch kämpfen will. Sie kniet sich an der Tür hin und bindet mir die Schuhe auf, ihre aufgerissenen Augen, ihre nackten Füße, das verdreckte dünne Kleid, Dame Palan nimmt mich bei der Hand, nimmt auf dem Sofa Platz, drückt mich herunter, ich sitze auf ihrem Schoß, und sie beginnt, mich zu küssen, auf die Schläfe, auf die Wange, auf den Hals. Ich lege die Hand auf ihren Ausschnitt, nein, sagt sie leise, ich stecke die Hand in den Büstenhalter, nein, Wolf, sagt sie leise, und ich umfasse ihre Brust, ihre Brustwarze, sie vergräbt das Gesicht in meiner Halsbeuge und atmet schwer, sie streichelt mir die Schenkel, sie öffnet langsam die Knöpfe meiner Hose, und dann umgreift sie mich und lässt wieder los, sie dreht mich um, drückt meinen Rücken gegen ihre Brüste, zieht mir die Hose herunter, streichelt mit beiden Händen die Innenseiten meiner Beine, nein, Wolf, flüstert sie, sie streicht ihren eigenen Speichel auf mich und macht mit mir das, was auch ich tue im Verborgenen, im Bad, im Bett, im Dunkeln, und dann aber ergieße ich mich in ihre Faust.

Sie führt mich langsam ins Bad, ich stolpere mit der Hose an den Fußknöcheln, sie wäscht ihre Hand, sie wäscht mein Bubenstück, sie knöpft mir die Hose zu, warte im Wohnzimmer, sagt sie leise. Ich warte im Stehen auf die schöne Dame, und sie bringt mir ein Glas Limonade, die ich neben ihr auf dem Sofa austrinke, sie schaut mir dabei zu, und als ich ihr danke, lächelt sie.

Schamlos und verderbt bist du, sagt sie.

Ja, liebe Dame.

Bin ich die Erste, die dich berührte? … Hat es dir gefallen?

Sehr, flüstere ich.

Was denkst du jetzt über mich?

Sie sind mein Glück.

So schnell verliebt, ruft sie lachend, teilen wir ein Geheimnis?

Ja, liebe Dame.

Du willst nicht damit protzen?

Gott sei davor!

Nimm seinen Namen nicht in den Mund, wenn du befleckt bist.

Oh, ich vermute, ihr Christen kennt keine große Reinwaschung?

Nein.

Wenn ein Junge … sich verströmt hat, muss er sich von Kopf bis Fuß waschen.

Sie haben mich sauber gemacht, sage ich.

Nur die Leisten. Versäume also nicht die Waschung. Wenn das herauskommt, muss ich für immer verschwinden.

Das will ich nicht.

Du kommst gelegentlich zu Besuch, sagt sie, du verhältst dich mir gegenüber so wie immer. Keine anzüglichen Blicke. Nicht verspannen.

Ich werde Sie anhimmeln.

Nicht mehr als sonst.

Darf ich …

Sei still!

Sie wendet sich mir zu, schlüpft bis zur Taille aus dem Kleid, löst ihren Büstenhalter, verschränkt die Hände an meinem Hinterkopf, drückt mein Gesicht auf ihre rechte Brust. Ich sauge an ihrer Warze, beiße hinein, sagt sie, sanfter, ja, ich nage, ich lecke, sie lehnt sich gegen das Kissen, ich nage und beiße und hole Luft, um nicht zu ersticken, ich drücke die Warze ihrer linken Brust, fester, sagt sie leise, beiß mich, beiß mich, fester, weiter, weiter, nicht aufhören, weiter, und da entfährt ihr ein kurzer Mädchenschrei, sie wirft mich ab und atmet schwer.

Ich darf sie nicht berühren, sie kleidet sich an, tupft mit dem Ziertuch mein Gesicht trocken, mustert mich prüfend, legt den Finger auf die Lippen. Unser Geheimnis, sagt sie und bittet mich, sie zu verlassen.

33. Der Erhabene

Am Belgradtor haben sich die Zigeuner versammelt, sie sind aufgebracht, weil man sie wieder einmal verdächtigt, ein Kind entführt
zu haben. Der Schrotthändler Hayri Bey spricht zu ihnen in einer
fremden Sprache, die mit türkischen Worten durchsetzt ist. Der
Nasenlose steht bei ihnen, ermahnt die kleinen Mädchen, nicht an
ihm zu zerren. Ich bin schwach, ich bin stark, ich habe Hunger, ich
bin satt.

Ein Zigeuner im karierten Anzug und einer roten Krawatte wechselt auf Türkisch, zeigt auf mich und sagt: Der da, blutsdeutsch,
blond, trotz der Glatze erkenn' ich ihn, hat ihn sein Vater, der ihn
nicht zeugte, entführt? Ist er die Geisel im Kerker, und darf er nur
mit Bewachung herumgehen? Was wirft man meiner Sippe vor?

Beruhige dich, sagt Hayri Bey.

Nein, nicht heute und nicht morgen. Ich habe es satt! Verläuft sich
ein Kind, reißt es aus, und wird nicht gleich gefunden, klopft man
an meine Tür. Nimmt mich mit aufs Revier. Die Polizisten, sie drohen mir mit Knochenbruch. Dann findet man das Kind. Ich darf
den ganzen langen Weg zurück zu unseren Baracken laufen. Ist das
gerecht?

Du brüllst, sagt der nasenlose Süleyman Bey, Ehrfurcht vor der
Toten.

Friede ihrer Seele, sagt der Mann, sie war eine gute Frau. Du warst
dabei, als man sie ... losband?

Ich sah den Leichnam nicht.

Kein Abschiedsbrief?

Das weißt du doch längst. Nein.

Hat sie gelitten? Dauerte ihr Todeskampf lange? Müßige Fragen.
Unbeseelt ist ihr Leib, ohne Körper ihre Seele. Ihr Leben bei uns,
für sie war das gestern. Ihre Ewigkeit hat heute begonnen. Wir wissen, dass wir ihr nachfolgen werden. Wir halten das Herz gepresst
in der Faust ...

Baron Tara, Zigeunerfürst, klagt oft über die späte Ertaubung, über
Schmerzen an Hüfte und Genick, er schreit bei jeder Gelegenheit

seinen Unmut heraus. In der eisernen Zeit der eisernen Mädchen und der messerschwingenden Schläger spricht er von Sippe und Stamm: Jeder, der sich entwurzelt, gleiche einer schwirrenden Mücke, Krötenfutter. Der Schrotthändler ist mit ihm weitläufig verwandt, und weil er aber selten bei den Seinen ist, gilt er in Baron Taras Augen als ein Überläufer.

Der Nasenlose hat genug gesehen und gehört, er fordert mich auf, ihn zu seinem Feld zu begleiten. Dann steht er am Brunnen, spritzt sich Wasser ins glühende Gesicht.

Arier, du riechst nach Frauenhaut.

Ich wurde umarmt, sage ich.

Diesmal sehr fest, sagt er, hat Abdullah mit dir über diese Sachen gesprochen?

Nein, lieber Herr.

Hier im Viertel krähen zu viele Hähne, es wird später hell.

Ja.

Ohne Glanz sind wir Männer. Sieh dir den Halbblinden an. Die Dame hat ihn erhört. Und jetzt glaubt er, ihm sind zwei Augen aus den Arschbacken gewachsen. Hast du es nicht bemerkt?

Der Herr Krämer ist befeuert.

Schüler sind Klugschwätzer, ruft er, aber gut. Dich hat eine Frau glücklich gemacht. Oder ein Mädchen?

Nein, Süleyman Bey.

Du und die anderen Bengel, ihr wart Knirpse. Noch habt ihr Kälberzähne. Aber der Bubenbügel ist erwacht. Ihr denkt an nichts anderes. Ihr fiebert, und doch seid ihr gesund. Ich weiß, dass ihr an euch spielt. Deshalb gebe ich auch keinem Kind in deinem Alter die Hand. Ich passe auf. Du musst auch aufpassen.

Meine Brüder sind sauber.

Es geht nicht um den Handschlag, ruft er, du und die Taugenichtse, ihr seid gefährlich. In Resuls Kaffeehaus lauschte ich Männern, sie sprachen über euch als Mongolen, die ihre Töchter verwüsten wollen. Die Väter sind auf der Hut. Gebt ihnen keinen Anlass, euch totzuprügeln.

Ja, Herr.

Der Krämer ist so dumm wie die Rinderwurst, die er verkauft. Er glaubt, ich habe ein Loch auf der Herzseite der Brust. Es gab Tage, da habe ich beim Anblick von schlanken Fesseln gehechelt. Arier, wehe du entartest! Wehe, du wirst ein Verderber der Unschuld. Dann nämlich liegst du neben Kaytun im kalten Grab.

Ich werde mich wohlverhalten, lieber Herr, sage ich kalt.

Die Mädchen sind vor euch gereift, sagt er, mächtig sind sie geworden. Wildert drüben, bei den sittenwilden Bürgerdamen … Du bist doch der Blutsbruder von Igor?

Sein Blut ist mein Blut.

Schön. Der Vater, Istefan Bey, der Juden- und Katzenhasser, wir hatten ihn lange im Verdacht. Er ist entlastet.

Der dunkle Metzger geht immer noch um.

Die Hökerin fand wieder ein zerfleischtes Tier, sagt er, innerhalb der Mauern, hinter der Straßenbahnhaltestelle. Was denkst du darüber?

Teufels Lump, sage ich.

Irgendwann schmilzt all das ganze Eis. Dann erst sehen wir das Aas. Gott mit dir.

34. Der immer wieder Verzeihende

Ich bin das unanständige Kind, der Unzüchtige in der Wunderwelt, ein halber Übermensch: Ich verwünsche meinen Zeuger, ich spucke aus. Der Nasenlose, der Krämer, der Direktor, die großen Brüder, ich habe es satt, dass sie mich belehren und fortschicken. Zwei Pferdekarren muss ich ausweichen, die Knechte peitschen die Gäule. Sie schauen misstrauisch über die Schulter, es könnte sein, dass ich hinten aufspringe und verwurmte Äpfel abgreife.

Kurz stehe ich vor unserem Haus, höre die Gottpreiserinnen Gebete raunen. Die schwebenden Füße der Frau Lehrerin. Der Geschmack der Brust der Dame Palan in meinem Mund. Früh am Tag leuchtet der Mond am Himmel.

Derya lässt mich hinein: Fahle Schwester, die nicht meine Schwester ist. Oben im Zimmer binde ich an jede Fingerkuppe mit Garn einen Bleistiftstummel, ich sehe aus wie ein Hackbrettspieler, der Fingerkrallen aufgesteckt hat. Ich zeichne: Schlangenlinien. Ich zeichne: Haare eines Mädchens. Ich zupfe die Stummel von den Fingern, zeichne ein leeres Gesicht, falte das Papier, stecke es in die Manteltasche.

Runter, schnell durch den Flur, schnell durch die Gassen, das Licht in ihrem Zimmer brennt. Ich werfe einen Kieselstein gegen die Scheibe, einen zweiten, sie öffnet das Fenster, ich bedeute ihr, herunterzukommen. Hinter den Zypressen, geschützt vor den Blicken ihrer Mutter, treffen wir uns, ich reiche ihr das Blatt.

Was ist das?, sagt sie.

Es liegt an dir, sage ich, hier ist der Stift. Du entscheidest, welche Augen, welche Nase und welchen Mund du hineinzeichnest.

Du bist ein verrückter Hund.

Am liebsten, du machst das Gesicht deinem ähnlich.

Wieso?

Dann kann ich das Bild betrachten und es küssen.

Ich werde es ihr erzählen, sagt sie.

Kannst du tun.

Was wird sie wohl fühlen?

Hass, sage ich leise.

Du bist ihrer Liebe nicht würdig.

Das waren meine Worte. Leider nur die halbe Wahrheit. Ich buhle nicht um ihre Gunst.

Sie glaubt es schon.

Pelin, sage ich, sie ist deine Freundin. Und du kennst mich. Ich frage dich: Habe ich mich in sie verschaut? Erröte ich, wenn ich sie sehe? Zittere ich? Stammele ich?

Kalter Arier, ruft sie.

Besser, als im Blutrausch zu zerfetzen.

Unsere Lehrerin … Du hast sie gefunden.

Ich und meine Brüder.

Schlimm?

Das Schlimmste, das ich sah, sage ich leise.

Weinst du um sie?

Nicht vor den anderen.

Kalt bist du, sagt sie, kalt wie Kaytun.

Heute höre ich seinen Namen oft. Ist es sein Todestag?

Was willst du von mir, Arier?

Batur, mein verstorbener Bruder, sage ich, bei deinem Anblick röteten sich seine Wangen.

Ich liebte ihn. Sehr.

Und mich?

Was soll ich schon an dir finden? Kahl, vernarbt und unbeschnitten, das bist du. Streuner. Fremdling. Kannst nicht malen, nicht singen. Kein einziges Mal sah ich dich tanzen. Stehst stramm und brüllst die Hymne, lauter als die anderen. Mustertürke. Arisch, wenn du die Keule schwingst. Einer von uns im Kampf. Die Frauen glauben, du wirkst Wunder. Hayriye Hanim trank deinen Harn und wurde schwanger …

Du weißt es?

Wir wissen es alle. Die bettlägerige Dame trank deinen Harn, und auch sie ist schwanger.

Was?

Wunderkind. Willst gekost und gehätschelt werden. Ich …

Bevor sie den Satz zu Ende sprechen kann, küsse ich sie auf den Mund, halte sie fest. Ein Stein trifft mich am Rücken, ein zweiter Stein am Nacken. Pelin flieht ins Haus. Ich werde umgerissen und über die gefrorenen Ackerfurchen geschleift, die Haut an Schläfe und Wange reißt auf. Nicht schreien. Ich greife nach dem Messer. Es wird mir aus der Hand geschlagen. Ein großer Bruder zieht mich grob hoch und versetzt mir zwei Ohrfeigen, die Lippen platzen auf. Vier Männer im Kreis, Flucht unmöglich. Ich trete dem Mann, der mich geschlagen hat, zwischen die Beine, er krümmt sich, ich erwische ihn voll mit dem Aufwärtshaken. Große Schmerzen, nicht schreien.

Halt!, ruft Hamit.

Vier gegen einen, sage ich, feiges Pack.

Der Mann tritt vor und ballt die Faust, Hamit hält ihn davon zurück, mich totzuprügeln. Düstere junge Kerle mit Bartschatten und ausrasierten Schläfen. Jünger des Anatoliers, die Seligen. Ich kenne sie alle.

Nicht vor mir und nicht vor den anderen, sagt Hamit, nicht verborgen und nicht enthüllt.

Was?

Du küsst eine Jungfrau. Ich frage dich: Bist du dem Mädchen versprochen?

Nein.

Auch dann wäre es verboten. Seid ihr in dem Alter, dass ihr gemeinsam in ein Haus einziehen könnt? Ein Mann bist du nicht, Mannestum ist dir fremd. Hast du kein Schamgefühl?

Was mischst du dich ein?, sage ich.

Du bist hinzugekommen. Du entstammst einem fremden Volk. Du bist christgläubig. Du machst unseren Frauen schöne Augen. Was glaubst, wie sollen wir das aufnehmen?

Ich bin in meinem Viertel, rufe ich.

Und achtest nicht die Sitte der Väter. Du mordest uns.

Bruder Hamit …

Ich bin nicht dein Bruder.

Doch, das bist du. Hier sind meine Narben. Ich achte die Alten und schütze die Kleinen. Wieso schaust du auf mich herab?

Das tu ich nicht.

Ich habe keinen verraten, sage ich, und ich verteidige mein Haus. Ich wechsele die Straßenseite, wenn eine Dame mir in der Abenddämmerung entgegenkommt. Und ich glaube an den Herrn.

Wirklich?, sagt der Mann.

Ja.

Dann verzeih mir die Schläge.

Wolf, sagt Hamit, ich weiß, du bist nicht entraten. Aber du musst die Ehre der Frauen achten.

Ich habe einen Fehler begangen, sage ich, vergebt mir.

Vergeben und vergessen, sagt der Mann und schlägt sich zwei Mal ins Gesicht, ich eile, wenn du in Not bist.

Und ich auch.

Ich werde es nicht vergessen, sagt er lachend, das war ein harter Tritt.

Bruder Hamit, ich habe eine Bitte. Verschont Petros und meinen Vater.

Wieso Petros?

Er bereut es. Sehr.

Späte Reue, ruft er.

Wenn er zu dir und den anderen großen frommen Brüdern käme, und sich entschuldigte ... Wenn du ihm zwei Ohrfeigen versetztest, weil er es verdient hat. Würdet ihr ihn wieder achten?

Nein.

Bruder, sagt der Mann leise, es heißt: Im Namen Gottes, des Allerbarmers, des Gnadenvollen.

Du hast recht. Keine Schläge, eine Entschuldigung reicht aus.

Danke.

Dein Vater ... wir haben uns gestritten, das ja. Ich erhebe aber nicht die Hand gegen ihn. In den Büchern der Belehrung las ich diese Nacht, in den Morgenstunden. Du bist und bleibst ein Christ. Trotzdem. Lese darin, es wird dich besänftigen.

Sie verschmelzen mit den Schatten, ich trete zwischen den Zypressen vor Pelins Haus. Sie steht am Fenster. Ernstes, eisernes Mädchen. Ich habe für sie geblutet, sie hat es gesehen. Es bedeutet ihr wahrscheinlich nichts. Es ist mir gleichgültig, ob sie mich belohnt. Keine hündische Hingabe. Ich werde nicht winseln noch hecheln. Ich wende den Blick ab, reibe im Gehen den Dreck von Hose und Mantel, und als hinter mir etwas auf den Boden fällt, drehe ich mich nicht um.

35. Der Dankbare

Nedschati Bey bockt das halbrunde Stammholz auf dem Gestell auf, legt die entfleischte Haut darauf, spannt sie glatt, und fährt mit dem Scherdegen beidhändig über das Fell. Es lag fünf Tage im Kalkbad, er hängte es über das Kantholz, es tropfte in die Wanne aus. Das Eisen schabt über die Haare und reißt sie aus. Der Puppenmacher schaut zu, schielt immer wieder zu den wilden Hunden in der Nähe. Sie knurren vor Hunger, schnüren heran, der Gerber zischt sie an, ohne bei seiner Arbeit innezuhalten, die Hunde trotten davon. Sie warten auf die Beute, der Geruch macht sie verrückt. Nedschati Beys Schürze ist fettverschmiert. Er nickt mir zu, ich greife zu Kübel und Kehreisen, gehe den Platz ab, sammle den Hundekot ein, kehre zurück. Der Puppenmacher grinst. Scheiße in Klumpen, sagt er, du bist bleich geworden.

Mir geht es gut, sage ich.

Bei dem Einäugigen bedienst du hübsche Griechinnen. Die sind parfümiert.

Ja, lieber Herr.

Man müsste die Köter mit Rosenöl bespritzen.

Halt dein Schandmaul, ruft der Gerber.

Was aber tun gegen den Kotgestank?, fährt der Puppenmacher ungerührt fort, Arier, weißt du überhaupt, wieso du die braunen Brocken aufliest?

Der Herr Lederer hat es gern sauber vor seiner Haustür, sage ich.

Bist für dein Alter recht dämlich ... Nedschati, erklär' du es ihm.

Kotbeizen, sagt der Gerber.

Der Herr taucht die Haut schön in die warme dunkle Brühe. Entkalkt und lockert die Haare ...

Die Männer streiten sich: Nedschati Bey wirft dem Puppenmacher vor, Ruhe und Ordnung zu stören, er habe zu arbeiten, er bezahle mich nicht dafür, dass ich den Geschichten eines irren Schusters lauschte, er bekomme schon das Rindsleder für die Schuhsohlen, am liebsten würde er mit der stumpfen Klinge des Enthaareisens ihm den Grind von der Haut pellen. Schuster Tarik erzählt: Das Fell der Mäuse tauge für die Kappe, die er selbst nähen und gelb färben wolle, um sie dem Gerber über den elenden Kalbskopf zu stülpen, der Gerber würde jammern wie ein Lavendelweibchen. Ich kippe den Kübel über einem Holzfass aus, laufe zwischen den knurrenden Hunden, sie schnuppern an meinen Hosenbeinen, ein Rüde will die Schnauze zwischen meine Schenkel stecken, ich gehe hastig weiter. Wenn ein Hund die Zähne bleckt, schlage ich mit dem Kehreisen gegen den Kübel und stoße kehlige Laute aus, dann schnappt der Hund nach kleinen Hunden in der Nähe. Ich überrage sie, genauso wie ich meine Brüder und die Schüler überrage. Vater Franz schreibt: Du kommst nach deiner Mutter, sie war eine große Frau. Schlackernder Riese, die Eiche, Pfahl, Lichtmast, polierte Stange, meine neuen Namen. Ich gelte als Mann mit Kinderaugen. Petros, der vor Monaten Geächtete, und Igor sind auch hochgewachsen. Der Vater des Armeniers, Istefan Bey, trauert um die Krim, die von den Bolschewisten zurückerobert wurde. Die Mädchen lächeln, wenn sie mich sehen, ich weiß nicht, ob sie meine Größe erheitert. Um Pelin wirbt ein wilder großer Bruder, sie ist geschmeichelt und nimmt seine Geschenke an. Haarspangen, ein Halstuch, Lippenstift. Er hat vor ihren Augen mit einem Kupferkurusch so lange am Arm gerieben, bis die Haut rot und wund wurde. Sie warf den Kopf in den Nacken und lachte. Mich würdigt sie keines Blickes, Burak sprach Trostworte: Damals, als die scheeläugige Aysche mich nicht küssen wollte, bin ich verloschen. Arier, halt durch! … Wir sind die einzigen Verglommenen, Dschenk und Nuyan zählen nicht, denn sie verlieben sich in die Hinterseiten der Männer. Sie rauchen heimlich. Es gibt tausend Arten, eine Zigarette auszudrücken, behaupten sie, und doch haben sie bislang nur zwei Dutzend verschiedene Arten vorgezeigt.

Sie ahmen die großen Brüder nach. Der Vernarbte und der strenge fromme Bruder Hamit, sie belauern einander. Wer strauchelt als Erster und kommt zu Fall? Ich setze auf den Strenggläubigen. Lehrling des Gerbers, schmier' dich bloß nicht ein! … Ich drehe mich um: Schecho mit Franzosenbärtchen, weißes Hemd, unter dem Adamsapfel zugeknöpft, er zeigt mit dem Knüppel auf einen Kothaufen.

Ich passe auf, sage ich und kehre den Haufen in den Kübel.

Lohnt sich diese Arbeit für dich?

Weniger als bei Fewsi Bey, sage ich.

Stimmt es, dass das wilde Mädchen ihm Olivenöl ins Ohr goss, als er schlief?

Kein Gerücht.

Das Mädchen tat dem Einäugigen einen Gefallen, sagt Schecho, das Öl weicht die Schmalzmurmeln auf.

Er war wütend. Hat das Kind durch den ganzen Laden gejagt. Bis Nuriye Hanim ihm ein Bein stellte. Da flog er auf den Dörrfeigensack. Er und seine Frau sprachen nicht mehr miteinander, am Abend des dritten Tages haben sie sich versöhnt.

Eheleben, ruft Schecho, eine Hölle.

Und ihr? Seid ihr noch zerstritten?

Er hat mich beleidigt!

Es war nur ein Scherz, lieber Schecho.

Ach, wirklich?

Was sich neckt, das mag sich.

Was ist das für eine Weisheit?

Habe es aus dem Deutschen übersetzt, sage ich.

Ihr Arier seid seltsam, sagt er grimmig, der Mann ist selber halb behindert, und spricht mich immer auf mein Gesicht an. Ob ich jeden Morgen prüfe, dass sich auch kein Spatz ein Netz in dem Nasengröttchen gebaut hat? Was ist das überhaupt für ein Wort, Gröttchen? Der Krämer verweiblicht! Wahrscheinlich trägt ihm die Dame vorm Schlafengehen eine Salbe auf.

Er hat mich nach dir gefragt.

Du lügst.

Nein. Er fragte: Weißt du, wie man das Bärtchen auf Schechos Oberlippe nennt?

Und? Weißt du es?

Clark-Gable-Bart.

Wer ist das?

Ein Filmschauspieler.

Ich war noch nie im Kino, sagt Schecho, bei uns im Osten lassen sich alle reifen Männer diesen Bart wachsen. Das Rind will mich wieder aufziehen. Hat er gelacht?

Nur gelächelt.

Die Stoppelleisten, erzähl' ihm, was ich glaube: Er hat dünne Teppichstreifen ins Gesicht geklebt. Ein richtiger Mann würde lieber sterben, als mit Flusen und Fransen an den Schläfen herumzulaufen … Vermisst du Derya?

Ja, sage ich.

Esther, sagt Schecho und läuft vor Kummer rot an.

Man fand die schöne Jüdin tot am Strick, bei den Felsen am Belgradtor. Der Vater, heißt es, hat das Seil abgeschnitten, er war nicht davon abzubringen. Es ist die Zeit der hängenden Grazien. Die Männer schnüren die Schuhe fester, fassen das Werkzeug härter an. In Hristos Kneipe brechen immer öfter, schon beim ersten Glas, Schlägereien aus. Unser Direktor hat einem Lehrer, der ihn auf der Straße nicht ehrfurchtsvoll grüßte, ins Gesicht geschlagen. Schecho aber irrt herum, nachts zwischen den Häusern, redet mit den Katzen und Hunden, nennt das räudige Getier seine Bruderschaft des Herzens.

Sie hat mich abgewiesen, sagt er, ich war zu hässlich.

Nein, sage ich.

Gleich leere ich den Eimer über deinem Haupt, ruft er, lüg nicht.

Frauen sind selber schön. Was brauchen sie einen Gepuderten an ihrer Seite?

Das stimmt, sagt er mit fester Stimme.

Schecho drückt sich gegen den Stamm der Zypresse, seine Rückenhaare jucken. Ein alter Wolf am Baum, grau geworden, der Himmel bebte, als Esther starb. Er gab den Hütern des Schreins und der Heiligengräber die Kupfermünzen, die er gespart hatte. Er bat die Jungfrauen, für ihre Seele zu beten, denn der Herr erhört ihre Gebete. Er schrie: In mein verdorrtes Herz stecke ich einen langen Spieß! Der Kurde wollte der Jüdin folgen, er wollte mit ihr in den Flammen des Fegefeuers brennen. Vater, der Kommissar, die großen Brüder: Sie umarmten ihn und versuchten vergeblich, ihn zu trösten. Dann lud ihn Herr Levi ein. Schecho erzählte: Der Tisch gedeckt, Porzellangeschirr, Silberbesteck, bestickte Servietten. Kalbsleber, Reis. Die Mutter der Toten sitzt mir gegenüber, Diener mit weißen Handschuhen stehen stramm an der Wand. Sie fragt mich nach meiner Liebe. Ich antworte: Ein Blick von ihr hat genügt. Levi Bey kommt hinzu, nimmt Platz. Herr des Hauses, er hat sein Kind überlebt, Furchen der Gram wie Wunden im Gesicht. Er fragt nach meiner Liebe zu seiner Tochter. Ich antworte: Ohne sie bin ich geviertelt. Wir weinen, ohne zu schluchzen …

Schecho, der glaubt, er würde mit den wilden Hunden dasselbe Schicksal teilen, zog ins Totenhaus ein, wacht über Herr und Dame.

Der Gerber ruft nach mir, ich laufe zurück, der Kübel schlägt gegen mein Bein, die Hunde fletschen die Zähne.

Der Kurde leidet, sagt der Puppenmacher, eigentlich ist er tot. Du könntest ihn häuten.

Erst nehm' ich mir dich vor, ruft Nedschati Bey.

Meine Haut taugt nur fürs Wagenverdeck.

Meister?

Was gibt's?

Kein Unrat übrig, sage ich.

Die Hunde haben ausgeschissen, stellt der Puppenmacher fest.

Dort auf dem Boden, sagt der Gerber und schabt weiter.

Ich klaube die Münzen auf und stecke sie in die Tasche. Nedschati Bey gilt als seltsamer Mann. Die Kunden dürfen ihm das Geld nie in die Hand drücken, oder auf die Münzschale legen. Er möchte die Scheine und die Kurusch wie zufällig auf seiner Schwelle, neben den Geräten, unter trocknenden Fellen oder auf den Dielen finden. Ihm hüpft dann das Herz vor Freude, es erinnert ihn an sein Kinderglück. Der Krämer hat sich geweigert, die zerbissenen Geldscheine anzunehmen, und einen großen Streit heraufbeschworen. Der Gerber weist den Puppenmacher zurecht: Wenn er nicht aufhört, zu jammern, wird er aus seinen Hörnern Schirmgriffe biegen.

Ich kehre heim und ziehe mich um. Tete und Mutter rauchen und lachen, bei meinem Anblick wird Tete ernst. Ahnt sie es? Hat sie das dritte Auge? Weiß sie um meine heimlichen Besuche, weiß sie, dass ich die Brüste der Dame Palan küsse und beiße? Schwester Gülfem erträgt die Gesellschaft der Dame nicht, und sie weigert sich, Tete bei ihren Besuchen zu begleiten. Unter Mutter Evas Einfluss wurde sie zur reinen Jungfer.

Du hast dich herausgeputzt, sagt Tete leise.

Ich muss zum Kerker, sage ich, ein Klassenausflug.

Der Kerker, in dem man dem jungen Sultan das Leben nahm?

Ja, Tete.

Gottlos, sagt Mutter.

Der Direktor führt uns. Unsere neue Lehrerin hat sich entschuldigt. Eine empfindsame Seele. Nicht dass … Nun ja, der Herr Franz wäre stolz, sähe er dich in diesem Aufputz. Bayka, ich lobe dein Ge-

345

schick. Du hast das Hemd meines Mannes selig meisterhaft umgenäht. Ist das Jackett neu?

Ein Geschenk des reichen Herrn, sagt Mutter.

Neulich traf ich seine gewesene Frau, hübsch und traurig. Der Sohn möchte sie weiterhin nicht sehen. Kannst du ihn milde stimmen, Wolf?

Nein, Tete. Er ist ein großer Bruder. Rat holt er sich von seinesgleichen.

Denke im Kerker daran, sagt Mutter, der Herr Schulleiter ist natürlich gebildeter als ich. Der arme Sultan starb, weil er die Schlangen nicht züngeln hörte.

Ich verspreche es ihr, sie wird später wissen wollen, welche Geschichte uns der Direktor erzählt hat. Unterwegs stoße ich auf meine Brüder, wir sind vier Finger einer Hand. Die Eltern von Igor haben ihn von der Schule genommen, es heißt, er besuche ein teures Internat. Nuyan streicht vorsichtig über die frische Wunde am Jochbein. Er hat sich mit einem Bauernsohn geprügelt, der die Mädchen des Viertels beleidigt hat. Dschenk hat einen vertrockneten Regenwurm übers Ohr gelegt, und schimpft uns eine Bande von Memmen, weil wir Abstand halten. An der verfallenen Mauer steht der Direktor und rügt uns, wir sind die letzten Ankömmlinge. Dschenk bekommt sofort einen Verweis, er bellt die Mädchen an, sofort mit dem Kreischen aufzuhören. Der Direktor schlägt sein schwarzes kleines Heft auf, schreibt hinein, liest es laut vor: Der Schüler Dschenk, ein Verweis und eine harte Ermahnung. Wirf den Wurm weg! Nur Barbaren schmücken sich mit toten Tieren! ... Dschenk gehorcht sofort: Drei Verweise sind eine harte Ermahnung, bei drei Ermahnungen fliegt man von der Schule. Pelin, die Hochnäsige, zwei rote Schleifen an ihren Zöpfen, Kleid und weiße Strumpfhosen, schwarze Lackschuhe, die Jungen glotzen sie an wie Kälber. Sie trägt nicht nur meinen Schädel am Gürtel. Der große Bruder, der sie lange anturtelte, und ein Schüler aus der Parallelklasse: Sie hat sie gelockt und gemeuchelt. Aysche ist das einzige Mädchen, das mehr Jungen auf dem Gewissen hat als Pelin. Sie wirft heimlich einen Blick auf Burak, der es nicht fassen kann, dass der Wurm auf der Erde sich plötzlich windet. Der Direktor führt uns in den Kerker, der Wärter übergibt ihm eine Petroleumlampe und stellt eine Lampe auf den Boden.

Der Junge Osman, sagt der Direktor, … Ruhe dahinten! Osman der Zweite, der sechzehnte Sultan, bestieg mit dreizehn Jahren am achtundzwanzigsten Februar sechzehnhundertachtzehn den Thron. Er entsprach dem Brauch und verteilte anderthalb Golddukaten an die Krieger, die Janitscharen. Nicht nur an sie, aber auch an die Haremswärter, die Eunuchen. Wisst ihr, was das Wort bedeutet?

Männer ohne Hoden, sagt der Wärter.

Lieber Mann, halte dich bitte zurück. Das ist hier eine Lehrstunde … Ruhe! Der Herr Wärter hat zwar ein recht unanständiges Wort benutzt, trotzdem gab er die richtige Antwort. Eunuchen sind Entmannte. Der Harem bestand aus Aberhunderten von eingesperrten Frauen. Sie mussten dem Sultan zu Gefallen sein, wann immer ihn die kranke Lust packte. Liebesdienerinnen, bewacht von starken schwarzen entmannten Männern. Der Sultan konnte sicher sein, dass sich diese nicht an den Haremsdamen vergriffen, sie kannten nämlich keinen Geschlechtstrieb. Es gibt da noch ein dunkles Geheimnis. Ich muss darüber reden, denn ich will, dass euch bewusst ist, was es heißt, in einer Republik zu leben. Also, die Sultane hielten sich auch einen Knabenharem. Junge unbehaarte Lustknaben …

Herr, sagt der Wärter, du verleumdest unsere Ahnen.

Wie bitte?

Die Sultane waren der Schatten Gottes, die Stellvertreter des Propheten. Du entehrst ihr Andenken. Diese Kinder sind durch deine Worte vergiftet. Hat man dich enthodet?

Raus hier, sofort, schreit der Direktor, ich werde beim Kommissar eine Beschwerde einlegen.

Ich spucke auf die Gelehrten unserer Tage, sagt der Wärter und stürmt hinaus.

Dschenk strahlt übers ganze Gesicht, und als der Leiter schon das Heft zückt, um den nächsten Tadel einzutragen, spricht er von dem Stolz, der ihn erfülle, weil der Herr Direktor einen Analphabeten in die Flucht geschlagen habe. Das Heft verschwindet in der Tasche.

Danke. Diese Rüpel glauben an Märchen. Ihr dagegen müsst euren Verstand gebrauchen.

Die Lustknaben, sagt Pelin, waren sie im Alter von Wolf und Burak?
Du Hexe, rufe ich.

Verweis, sagt der Direktor und macht einen Eintrag ins Heft, sie waren minderjährig, ja. Wenn sie für des Sultans Geschmack zu alt waren, schenkte er ihnen ein hohes Amt.

Abartige haben über das Reich geherrscht?, sagt Berna.

Schrei nicht, Kind! Der Sultan benutzte sie, und ließ die meisten von Leibgardisten erdrosseln. Viele Mädchen, derer er überdrüssig wurde, verschwanden. Der junge Osman sah: Der Palast stinkt wie eine verwesende Leiche. Die Janitscharen, entführte Christenkinder, zu Kriegern gedrillt, führten sich auf wie die wahren Herrscher des Imperiums. Er wollte die Regimenter auflösen. Er verkündete: Ich werde die Pilgerfahrt unternehmen. Da lehnten sich die Janitscharen auf ...

Wieso?, sagt Burak, er erfüllte damit ein Gebot des Glaubens.

Kein Sultan vor ihm, also keiner der fünfzehn Herrscher, war nach Mekka gepilgert. Seltsam, oder? Osman verkündete: Ich werde den Frauen- und Knabenharem schließen.

War er fromm?

Er wollte sich wegen des Gestanks nicht die Nase zuhalten müssen. Es kam aber alles anders. Seine Stiefmutter Anastasia, besser bekannt unter dem Namen Kösem Sultan, war die Spinne im Netz. Erst hetzte sie den Palast gegen die Getreuen des jungen Herrschers auf, sie wurden geköpft. Dann kam Osman an die Reihe. Die Janitscharen rissen ihm das Gewand vom Leib, setzten ihn nackt aufs Pferd, führten ihn durch die Gassen Istanbuls.

Der Engel fiel!, ruft Berna.

Ich bin nicht schwerhörig ... Man schloss ihn hier im Kerker ein. Dann fielen sie wie wilde Tiere über ihn her.

Er wurde geschändet?, sage ich.

Hundertfach, sagt der Direktor leise, dann wurde er ermordet.

Himmel!

Der Himmel rührte sich nicht. Das Volk kam ihm nicht zu Hilfe. Sein Blut trocknete schnell. Glaubt nicht, dass es in den Palästen im Abendland weniger blutrünstig zugegangen ist. Die Blaublütigen, sie sind Parasiten. Es sind Nachkommen von Räubern und Raubrittern. Der Adelstitel: Schwindel und Anmaßung. Deshalb hat man alle osmanischen Adligen aus dem Land gejagt. Sie dürfen unseren Boden nie wieder betreten.

Hart, sagt Nuyan leise.

Härter hätte man sie treffen müssen. Sie wegen Vaterlandsverrats aufhängen. Nicht erschießen, es wäre zu schade um die Kugel.

Der Direktor rast vor Zorn, wir wissen um seine vaterländische Gesinnung. Der Fahnenappell, jeden Montagmorgen und Freitagnachmittag, ist ihm heilig. In all den Jahren hat er nichts an seiner Strenge eingebüßt. Wer die Hymne nicht mit der gebotenen Inbrunst sang, wurde von ihm vor allen Schülern auf dem Pausenhof zu Boden geschlagen. Er putzt und poliert selber die größte Büste des Türkenführers. Diese Hingabe verblüfft mich. Vater Franz hasst Hund Hitler, und er sprach: Die Verehrung macht Holz, Gips und Metall nicht lebendig. Hüte hier aber deine Zunge, Sohn! Die Türken verstehen keinen Spaß, wenn es um ihren Übervater geht.

Wolf!

Ja, Herr Direktor?

Ich erzählte aus der dunklen Geschichte meines Volkes. Dies Imperium zerbarst. Was, glaubst du, geschieht mit dem Deutschen Reich?

Es fällt, sage ich, es ist kurz davor.

Macht es dich traurig?

Ich freue mich, sage ich.

Dein Volk wird leiden, und es stimmt dich froh?

Viele sind gestorben. Viele sind geflohen.

Wie dein Herr Vater, sagt der Direktor, freut er sich über den kommenden Fall des Reichs?

Er empfindet eine große Freude.

Ist das nicht … ehrlos?

Sie beleidigen mich, sage ich kalt.

Alle Mädchen und Jungen starren mich jetzt an: Arier im flackernden Licht, Arier im Kerker. Wer dem Schulleiter widerspricht, wird bestraft. Nun warten sie auf sein Urteil. Ein Patriot, ein glatt rasierter Knilch. Der Wärter hätte ihm den Hut vom Kopf wischen sollen. Ich habe nicht vergessen, dass er den Tod unserer Lehrerin überging, er verbot uns eine Trauerzeit und rief die weinenden Mädchen in der Klasse zur Ordnung. Wird er sein Heft aufschlagen? Wird er mich vor Pelin beschimpfen?

Du bist ein überempfindlicher Knabe, sagt er, antworte mir auf meine Frage.

Sie sind nicht der Erste, der Vater Franz Feigheit vorwirft.

Das tat ich nicht. Ich sprach vom mangelnden Ehrgefühl.

Dreck verriecht nicht, sage ich. Man hat den Osmanen die Krone entrissen und sie davongejagt. Die Männer, die das taten, waren das Verräter?

Ich will es von dir hören.

Mein Vater ist kein Judas.

Ein deutsches Wort, was bedeutet es?

Vater Franz sagt: Wer dem Henker entläuft, ist ein kluger Mann. Wer ihn, so die Zeit reif ist, ertränkt, ist klüger.

Eine Weisheit, die wir uns merken werden, ruft der Direktor, wir gehen jetzt geschlossen und ohne Hast zurück. Dschenk, du nimmst die zweite Lampe. Keine Scherze, ich beobachte dich. Berna, du schreibst einen Aufsatz, der Grundgedanke lautet: Zivilisation und Zimmerlautstärke. Wir haben diesen Ausflug nicht umsonst gemacht, ich werde euch nach dem Jungen Osman abfragen. Lernt und versteht!

Draußen übergibt der Direktor dem finster dreinblickenden Wärter den Schlüsselbund. Er ruft uns hinterher: Ewig währt die Heiligkeit der Sultane! Der Mann wird sich vor dem Kommissar verantworten müssen, der Leiter ist nachtragend. Ich schaue auf die Sprösslinge in der Furche, sie keimen. Der Schnee ist geschmolzen, die Frauen haben die Mäntel eingemottet, es weht aber abends ein kalter Wind, der den Hodscha im Haus am Friedhof verdrießt: Necken ihn die Geister der Aufrührer im Grab? Schickt der Herr ein Zeichen, weil seine Diener fremden Moden folgen? Ich verstehe den Kerkerwärter. Er ist vergrämt, der angesehenste Gelehrte des Viertels hat ihn vor den Kindern bloßgestellt. Man spottet ungestraft über die Armen. Man ruft ihnen zu: Ihr Alten klappert, wir Neuen klingen. Resul, der Hundertjährige, spricht von den weichen Schnäbeln der jungen Vögel. Derya nennt mich Kind mit alter Seele.

Pelin ist entzückt, der Junge Osman wäre ein romantischer Mann gewesen, gern hätte sie sich, nach Salbölen duftend, ihm hingegeben. Heute gäbe es nur kleine und große Knaben, die mit Zwillen auf Vögel und Eichhörnchen schießen.

Du bist dumm, sage ich.

Zerfrisst dich der Neid?, sagt sie lächelnd.

Auf den Sultan? Die Abartigen haben ihn zerstückelt.

Wenn du stirbst, wirst du vergessen. Wir Frauen erinnern uns immer noch an Osman.

Seit wann bist du eine Frau?

Was?

Mutter und Derya sind Frauen. Deine verehrte Mutter ist eine Frau. Du dagegen bist ein Mädchen mit albernen Schleifen im Haar.

Das genügt, sagt Berna.

Du stehst ihr bei, natürlich. Ich habe genug von ihrem Geschwätz. Sie schnattert wie eine Gans.

Weil sie dich abwies?

Habe die Abfuhr längst verschmerzt, sage ich, ich wollte sie, sie wollte mich nicht ... Habe ich dich danach belästigt?

Nein, sagt Pelin.

Braver Junge, ruft Berna.

Eins zwei drei, die Deutschen schlucken Blei. Vier fünf sechs, Amerika schickt uns Schecks. Sieben acht neun, die Türken könn' sich freu'n. Zehn elf zwölfe, es sterben alle Wölfe.

Was soll das?, sage ich.

Der Abzählreim gefällt mir, sagt Pelin, habe ich von meiner Cousine. Toll, oder?

Ekelhaft.

Wieso? Weil du Arier bist?

Ich bin deutsch.

Hitlersohn, sagt Berna.

Soll ich jauchzen, weil Deutsche sterben?

Dein Volk ist verdorben, sagt Pelin.

Ist es nicht.

Ihr bringt die Juden um. Herr Levi erzählt schlimme Geschichten.

Ich achte ihn, sage ich, und ich achte Schwester Esther, obwohl sie tot ist.

Vielleicht bist du tatsächlich feige.

Mädchen schlägt man nicht, ich öffne die Fäuste. Fast hätte ich mich vergessen. Ihre Freundinnen schauen mich an, Dschenk sieht aus, als würde er sie gleich anspringen. Alle Brüder sind näher gerückt, sie haben keine Angst vor dem Direktor, der zu den Schülern an der Mauer spricht.

Pelin, sage ich, ab diesem heutigen Tage bist du Luft für mich. Du hast mich gekränkt. Koste deinen Sieg, Heldenmädchen.

Es belustigt sie, dass es ihr gelungen ist, mich zu reizen, ich höre sie hinter meinem Rücken kichern. Sie wird mich nachäffen, um vor ihren Freundinnen zu glänzen. Ich werde lernen, ich werde einen dickeren Panzer schmieden. Die Brüder folgen mir. Wir stecken die Hosensäume in die Socken und stapfen über das Schlammfeld, bei jedem Schritt sinken wir bis zu den Schnürbändern ein. Burak hängt den eigenen Gedanken nach, Nuyan versucht, nach einem kleinen Stein zu treten, die Schuhspitze bohrt sich in den Schlick. Wir sind verstimmt: Bald bekommen wir Zeugnisse, und dann sind wir keine Grundschüler mehr. Vater Franz besteht darauf, er will mich von der Schule nehmen, ich soll ein ausländisches Gymnasium besuchen. Für die Brüder bin ich verloren. Drei Finger einer Hand. Eine verkrüppelte Hand.

Ich bin doch an den Wochenenden hier, rufe ich.

Mensch, hast du mich erschreckt, sagt Burak.

Es wird nicht so sein wie jetzt, sagt Dschenk, Arier, du verlässt deine Brüder.

Die Narben behalte ich.

Vergangene Pracht. Du freundest dich mit Reicheleutesöhnchen an.

Kein einziges Mal war ich drüben.

Und?

Mich umgeben nur Fremde.

Das gibt sich schnell, sagt Nuyan, vor allem wegen der Mädchen.

Die tragen aber die Nase hoch. Pelin ist ein Zuckerschnütchen dagegen.

Locken, um dann zu peitschen, sagt Burak.

Genau. Die werden trotzdem mit dem Arier spielen wollen wie mit einem Welpen. Blond, blauäugig, lang. Kopf und Hände voller Narben. Ein Siebentürmewilder.

Die Söhnchen, sagt Dschenk, sie fallen dich bestimmt an. Schlag sie zu Brei.

Bin bereit, sage ich.

Es sind Feinde. Schnäuzen sich nicht, betupfen nur mit dem Einstecktuch die Nasenspitze. Sprechen geziert wie Lustknaben. Verschlucken sich lieber am Rülpser, als aufzustoßen.

Feines Benehmen, sagt Burak.

Pissen im Sitzen.

Tu ich auch.

Bist auch ein Eselfüllen. Arier, nimm bloß nicht ihre Sitten an.

Eher häng' ich an Pelins Rockzipfel.

War richtig, wie du dich verhalten hast. Oder wirst du schon weich?

Keine Umkehr, sage ich.

Die fette Herrin haust im Kerker, sagt Burak, daran glaube ich fest.

Hast du sie rascheln gehört?

Das ist ihr Versteck. Wo sonst soll sie sich vor uns verbergen?

In einer der Grotten, sagt Dschenk, jetzt stehen sie leer. Die Kurden leben in Hütten. Der Kommissar hat die Höhlen vernageln lassen.

Die Zigeuner waren dort, sage ich.

Und wurden wieder vertrieben.

Baron Tara hat genug. Schecho fühlt den Aufruhr kommen. Frauen am Strick, tote Katzen ohne Bein, Schläger, die sich mit der Klinge schlitzen, Blutregen. Vom Widerhall giftiger Worte sind die Vorderseiten der Häuser geschwärzt. Krieg, brüllen die Männer in schwarzen Schaftstiefeln, der Körpermensch braucht Gewalt. Wir essen runde Laibe Brot, darin sind Gerste, Hafer, Roggen. Wir essen Pferdefutter. Vergesst die Tage der Gottergebenheit, wischt der Leiche die Schminke ab. Endschlacht, brüllen die Männer, angeführt von Istefan Bey, Igors Vater hetzt sie auf gegen die Juden, gegen die Zigeuner. Endschlacht wird enden mit Sieg! Schwarze zerlaufene Buchstaben auf der Mauer am Belgradtor, der Kommissar sprach von der Schandtat der Faschisten. Er hat verfügt: Wer ein

Armband mit dem Wappen fremder Mächte trägt, bricht das Gesetz. Der Hodscha schrie große Brüder an, die in den Gassen am Bittfetzenplatz Mädchen fremden Glaubens bedrängten: Schämt euch! Sie aber höhnten und rissen ihm die Ärmel von der Jacke. Die reine Rasse erwacht, daran glauben sie. Mich lassen sie in Frieden, sie gaben mir einen neuen Namen: missglückte arische Züchtung. Sie brüllen: Sei Maschine, sei Metall, sei Geist! Die Schlitzer sind entfesselt. Die meisten Männer und Frauen halten am Brauchtum fest, um nicht fortgerissen zu werden. An Festtagen beten sie in der Moschee, besuchen die Gräber der toten Verwandten, besuchen die Nachbarn. Trösten die Kranken. Säugen die Kinder, ohrfeigen die Knirpse wegen einer Ungehörigkeit. Feiern Verlobung, Hochzeit und Beschneidung. Bittet der Nachbar darum, seine Tochter, die junge Braut, in ein anderes Viertel zu begleiten, bilden die Brüder eine Schutzmannschaft. Die Tugendwächter, Jünglinge der Brigade zur Erbauung der Bürger, prügeln sich mit den Faschisten. Die Endschlacht führt der Messias an, schreien sie, verrecken soll Hitler, euer falscher Prophet. Der fromme Hamit brach vielen Aufschneidern die Knochen. Seltsam: Er hat Petros ins Herz geschlossen. Dem Vater versprach er, dass er den Christglauben des Kindes achten werde. Einmal besuchten wir gemeinsam Schwester Gülfem in der Heilanstalt. Bruder Hamit küsste sie auf die Stirn, sprach sie als eine Gefolterte der Zeit an, fasste sie an der Hand und betete mit ihr die Eröffnungssure des heiligen Buches. Sie erzählte von ihren Träumen: schwebende Feuerbälle, schmelzender Raureif, im Schmelzwasser badende nackte Jungfrauen. An dieser Stelle räusperte sich Hamit, verließ sie nach einem weiteren Kuss auf die Stirn. Schükran Hanim hat sich mit der Frau des Dampfbadbetreibers entzweit, es geht um Nylonstrumpfhosen, die ihr die Frau wegen einer verlorenen Wette schuldet. Worum hatten sie gewettet? Wird der halb blinde grimmige Krämer Nuriye Hanim heiraten? Er tat es, die Frau verlor. Noch schreckt Schükran Hanim davor zurück, sie am Brunnen in der Pilgergasse anzufallen.

Die Brüder ziehen mich auf: Es geschieht oft, dass ich plötzlich abtauche und Zurufe nicht höre. Burak will sich mit der scheeläugigen Aysche treffen, außerhalb der Mauern, am Ende der Woche. Ihre Liebe geht mich nichts an.

Ich klingele und klopfe an der Tür, ich höre Vater ächzen und fluchen, er öffnet mir erst nach langen Minuten. Sein Hemd ist bis fast zum Bauchnabel aufgeknöpft, an der Wange prangt der Abdruck des Teppichs, seine Augen sind geschwollen. Er geht ins Bad, er gurgelt, und kehrt mit nassem Gesicht wieder zurück. Mutter und Derya sind fort, Tete besteht in letzter Zeit auf den anschließenden Gegenbesuch.

Die Kopfschmerzen bringen mich um, sagt er leise.

Es riecht nach Anis, sage ich und öffne die Fenster.

Du warst im Kerker. Hat es dich gegraust?

Nein … Nur ein bisschen.

Schlimme Geschichte.

Ich starre auf den Stein, der auf seinem Bauch aufliegt, er hängt am dicken Garn. Schlaufe am Hals. Er zeigt mir die Steine an den Flanken unter der Leibbinde. Erst trinkt er in einem Zug ein Glas Wasser leer, schaut trüb hinaus, er bekommt von der Kälte eine Gänsehaut, schlurft durch das Zimmer und schließt die Fenster.

Ich folge dem Beispiel des Gesegneten Propheten … Ich begehe eine Sünde! Trünke sind des Teufels! Verdammter Hristo. Was stellt er mir immer wieder ein volles Glas auf den Tisch. Hätte mich auch weigern können.

Sie sehen aus wie Mühlsteine, sage ich.

Mit richtigen Mahlfurchen, sagt Vater, das Geschenk des Mannes, dessen Frau ich aus dem zerquetschten Zug barg.

Wieso trägst du sie? Sind es Heilsteine?

Nein. Ich will abnehmen. Sie drücken mir den Magen klein.

Möchte es Mutter, dass du schlanker wirst?

Sie hat so etwas angedeutet. Dabei esse ich nicht viel.

Kommt es vom Schnaps?, sage ich.

Ich habe einen Bauch wie eine Schwangere … Wolf?

Oh, sage ich, du wirst mich jetzt tadeln.

Es verletzt deine Mutter, dass du anderen Frauen dabei hilfst, schwanger zu werden, sagt er, weißt du, weshalb?

Wegen Batur?

Sie möchte nicht gezwungen sein, deinen Harn zu trinken.

Ja, Vater.

Ich muss mich besonders bemühen. Sonst ist es zu spät.

Ich lehne die Angebote ab, sage ich.

Schön. Du weißt, worin sich Mann und Frau in der Gestalt unterscheiden? … Ja, du kennst die Unterschiede. Der Schoß der Frau ist nicht ausgestülpt wie bei uns. Darüber spannt sich … nun ja, auch nicht die Haut wie über die Arschbacke.

Der Schoß ist gekerbt.

Keine Kerbe. Keine Rinne, ruft er und greift sich zum wehen Kopf, lass' dir nichts erzählen von den Rüpeln draußen. Die Frau nimmt uns dort auf. Verstehst du?

Ja, Vater.

Es ist ein Glück. Sie sind schön, die Frauen. Und wir?

Nicht so schön.

Hässlich! Krumme Beine, große Nasen. Wen erschuf der Herr zuerst, Adam oder Eva? Ich bin mir nicht sicher.

Du glaubst, Eva war der erste Mensch.

Gott ist schön, sagt er, die Frau ist schön. Was folgt daraus?

Der griechische Priester erklärte mir: Die gebogene und geschnitzte Rippe Adams ist Eva.

Pfaffen und Hunde verdienen ihr Brot mit dem Mund! Trau ihnen nicht. Worüber sprachen wir? Richtig, von dir.

Von mir?

Hat dir eine Frau ihre Gunst gewährt?

Nicht ganz.

Halb?, sagt er, ich verstehe.

Er spricht von den Liebeleien im Dampfbad: Streng wachen dicke Damen über die jungen Dienerinnen, denn oft fiel der Blick eines Mannes auf ein Mädchen, das er entehrte. Tief gekränkt und empört sind die Brunnenweiber, und doch träumen sie nachts im Ehebett von unverschämten Galanen. Es gibt die Schauseite und die Kehrseite, überall, in den Schatten wie im Licht, keimen in den Bewohnern des Viertels die Gelüste. Nicht allein Schecho ist ein Liebesnarr, die Katze nagt am liebsten am Hühnerhals, und die Priester in den Gotteshäusern lausten vor Langeweile die Mäuse. Ich verstehe nicht, ich frage nach. Die Lehrerin Ebru, die blitzgescheite Esther, sie begingen Selbstmord, weil sie empfindsam waren. Elif, das keine Schamrose geblutet hatte und ins Wasser sprang. Allen gemeinsam war der Wunsch, zu vergehen. Zu zerrinnen. Einmal ging er von der Arbeit spätabends nach Hause, er nahm einen anderen Weg, und er sah die junge Dame Ebru am offenen Fenster sitzen ...

Kein Wort zu jemand anderem!, sagt er streng.

Auf meine Narben, rufe ich.

... Sie lud mich auf ein Glas Tee ein, ich nahm die Einladung an, weil ... weil sie mich anzog. Das ist die Wahrheit, ich würde lügen, behauptete ich, dass es mir darum ging, mit ihr über ihren Schüler Wolf zu sprechen. Auf dem Tisch stand, auf einem doppelt gefalteten dünnen Tuch, eine Zwiebelknolle. Sie sagte: Ich habe sie auf kleiner Flamme gekocht, damit sie nicht auseinandergeht. Ich werde heute Nacht die Knolle in das Tuch einwickeln und sie in meinen Schoß einführen. Mutter Eva, das Krautweib, eure Heilige, gab mir diesen Rat, denn ich will schwanger werden ... Ich erstarrte, welches Geheimnis vertraute sie mir da an? Ein fremder Mann, der Vater ihres Schülers, der Mann, den sie immer zu hassen vorgab: Das war ich. Und sie schaute mich an. Rückte mit dem Stuhl näher, biss sich auf die Lippen, als würde sie ihren eigenen Mund verschlingen, und bat mich um den Liebesdienst.

Oh, sage ich leise, und du hast ihr den Gefallen getan?

Was glaubst du?

Ja.

Ich wollte ihr nicht widerstehen. Sie wollte sich mir schenken. Erst schloss sie ab, verriegelte Tür und Fenster. Sie löschte die Lichter. Hing die schwarzen Gardinen an die Haken, obwohl wir nicht mehr verdunkeln müssen. Schlüpfte aus ihren Pantinen. Floh scheu ins Bad, kam mit einem nassen Schwamm zurück, drückte ihn mir in die Hand, kehrte mir den Rücken zu. Zeigte auf die Nahtstriche an den Waden und Kniekehlen. Ich rieb sie weg. Ich bin in diesen Dingen ungelenk, ich tat es außerdem zum ersten Mal, deshalb dauerte es lange. Sie wurde nicht böse. Stattdessen zählte sie ihre Eigenarten auf: Ein Gast, der sich erhebt, ist mir am liebsten. Vom Ge-

ruch des Ingwers wird mir schlecht. Von Männern, die Hüte tragen, halte ich nichts. An heißen Tagen, wenn das Fallobst gärt, streiche ich mir Rosensalbe unter die Nase. Sie erzählte von ihrem Hass auf den Direktor. Sie stellte sich im Bett vor, wie sie ihm den Daumen aufs Auge setzte und zudrückte. Danach konnte sie sehr gut schlafen. Sie nannte ihn ein schmutziges Stück. Einen Kerl, der fest daran glaubte, dass er den Spiegel belügen könne. Sie sagte: Männer mit Brusthaar haben Geld. Ich kann mich an alles erinnern. Ich rieb und rieb, und lauschte ihr. Sie erzählte von ihrem Leid in diesem Viertel, in dem die Kerle vom Klang großer Worte verrückt wurden. Sippe und Stamm. Scham und Schande. Kampf und Krieger. Sie sagte: Auf Donner im Krieg ist Verlass. Auf Verwesung ist Verlass. Ich suche nicht in der Asche nach glimmender Kohle, noch im Pflasterdreck nach Goldmünzen. Die Schmähredner, die Aufwiegler, sie nennen mich Stadtflittchen, Mädchenliebchen. Kaum hatte ich einen Tag unterrichtet, saß ich im Zimmer des schmutzigen Stücks, und er glotzte auf meine Knie, und als ich nicht lächelte, wurde er ernst. Ich sollte achtgeben, dies sei nicht das Istanbul, das ich kennte. Dies sei Männerhort, Heim der Abergläubischen … Ich rieb und rieb, ich rieb mich hoch zu der Rückseite ihrer Schenkel, meine Hand verschwand unter ihrem Rock, sie aber erzählte ruhig weiter: Der fortschrittliche Bürokrat, er belehrte seine Untergebene, ich wollte einen guten Eindruck hinterlassen. Also wandte ich keinen Augenblick den Blick von ihm ab. Er las aus seinem Heft, das er immer mit sich führt. Man müsse die Frömmler vom Angesicht der Erde tilgen, das sei seine feste Überzeugung. Ich dachte an meine Mutter, die immer an der Gebetskette zieht, es ist ihre Kummerkette … Meine beiden Hände ruhten auf ihren Hinterbacken unter dem Rock, und sie bat mich, sie zu kneten.
Himmel, sage ich auf Deutsch.
Sie hielt sich in der Hölle auf, ich glaubte mich im Himmel. Ich knetete ihre Kehrseite. Ich beging Ehebruch. Ich war an jenem Abend, davor und danach, sündenstolz. Ich habe beim Abschiedskuss Herzklopfen gehabt wie ein verliebter Junge. Ich betrog deine Mutter.
Verdammt, rufe ich.

Es ist alles einfach, Wolf. Ich bereue es nicht.

Sie wollte ein Kind von dir, Vater.

Ja, das wollte sie.

Und, wurde sie schwanger?

Nein, sagt er leise.

Ist es ein Glück?

Diese junge Frau, ich wiederhole, hat sich mir geschenkt. Ihr Kind wäre auch mein Kind gewesen.

Mutter?, sage ich.

Sie hätte mich verprügelt und aus dem Haus gejagt. Mit oder ohne Kind. Verstehst du, was ich dir gerade erzähle?

Mehr als eine Liebelei.

Mehr als das, sagt er, ich … liebte sie.

Oh Gott.

Dann hing sie sich auf. Sie liebte mich nicht, das verriet sie mir, als wir ins Schlafzimmer wechselten. Sie sprach: Du bist ein Werkzeug.

Blieb es bei diesem einen Mal?

Ich hätte es wieder und wieder getan. Sie aber verschloss sich mir.

Eine einmalige Sünde, sage ich.

Sie schlug euch nicht mehr mit dem Stock. Ihr fehlte die Kraft.

Mutter darf es nie erfahren.

Kaum habe ich über sie gesprochen, hören wir sie vor der Haustür mit Derya schimpfen. Mutter ist außer sich vor Wut: Ihre Tochter sprang sie im Dunkeln an und schrie mit verstellter Stimme. Derya wischt sich die Lachtränen aus den Augen, umarmt Vater und mich, erzählt von ihren ersten Abenteuern in Westistanbul. Sie liebt den Mokka am Morgen, im kleinen Kaffeehaus des Tataren, die Männer hielten sie für eine Abgeordnete, die Orte der Zerstreuung aufsucht, um einen Bericht zu verfassen. Sie belässt sie in dem Glauben. In der Hochschule bildeten die höheren Töchter die Minderheit, sie werde von diesen Mädchen geschnitten, weil sie sie für eine dramatische Person hielten. Was heißt das? Derya lacht laut, und manchmal, in Gegenwart von höflichen jungen Männern, hält sie beim Gähnen nicht die Hand vor den Mund. Außerdem habe sie in einem Gespräch über Volkserziehung einen Geck scharf angegriffen, der von der sittlichen Hebung schwätzte.

Mutter schüttelt den Kopf, sie freut sich sehr über Deryas unangekündigten Besuch. Sie sieht verändert aus: Lidschatten, Lippenstift, eine Frau. Auch sie mustert mich ernst, zeigt auf die neuen Narben auf meinem Kopf. Sie hat erfahren, dass ich bald das Viertel verlassen und über die Brücke gehen werde. Ich solle mich in Acht nehmen vor den feinen durchtriebenen Töchtern, sie ließen wie zufällig den Rock hochflattern, und manchem Jüngling bliebe das Herz stehen. In der Mode sei der neueste Schrei eine schwarze Stoffkappe, die das Haar bedeckte, deshalb trügen sie auch fromme Frauen. Sie aber kümmerte sich nicht um Albernheiten. Überall gärte es, überall treffe man Spitzel des Regimes, die wie Frettwiesel von einem Vergnügungslokal zum anderen eilten. Sie belauschten die Gespräche berauschter Studenten. Oder aber sie standen hinter qualmenden Kohlenbecken und gaben sich als einfältige Maronenverkäufer aus. Vater unterbricht und belehrt sie: Man lebe in einem Staat, der seine Bürger vor den Mördern der Freiheit schütze. Mutter schüttelt ein zweites Mal den Kopf, öffnet das Fenster, um den Schnapsgeruch auszutreiben. Ich werde ins Bett geschickt. Ich lege mich nicht heimlich auf die Dielen und spähe durchs Loch. Ich hüte sein Geheimnis. Schmutz.

36. Der Höchste

Vater hat Frau und Tochter aufs Land geschickt. es wird ihr dort besser gehen. Sie bekommt manchmal keine Luft. Wir haben Angst, dass sie Blutschaum ins Ärmeltuch hustet. Eine Blutsverwandte von Tete nimmt sie für zwei Wochen auf, sie wird Mutter wie ein krankes Kälbchen mästen, dass sie zu Kräften kommt. Vater trinkt jeden Abend in Hristos Kneipe, nur ein einziges Mal durfte ich ihn begleiten. Natürlich suchte Ekrem Bey, der Schnapsschwamm, Streit, diesmal fiel er nicht vom Stuhl, er aß einen Teller Walnüsse leer, sprach krächzend von seiner großen Sorge: Zu viele junge Männer auf engem Raum, zu viele Kinder, die nun herangewachsen seien und Brunftschreie ausstießen. Wäre er eine Frau, würde er sich zu Hause einsperren. Fiele uns das nicht auf, lebten wir wie Vieh auf der Weide? Keiner wollte antworten, bis auf Teologos, den an diesem Tag Kopfschmerzen plagten. Als Vieh lasse er sich nicht beschimpfen, und Ekrem sei der Letzte, der das Recht habe, ungestraft über mangelnde Moral zu reden. Sie gingen aufeinander los, Hristo schüttete einen Eimer Schmutzwasser auf sie, und wurde von den beiden Männern angegriffen. Schnapsschwamm ging nach einer harten Maulschelle zu Boden. Teologos flog nach einem Tritt in den Hintern gegen die Wand und blieb ohnmächtig liegen.

Die Brüder gehen mir aus dem Weg: Bald sind sie drei Finger einer Hand. Wir stehen auf dem Pausenhof zusammen, wir ermahnen die Knirpse, wir sehen durch den Direktor hindurch. Er begafft unsere neue Lehrerin, sie läuft rot an und dreht ängstlich an ihrem Verlobungsring. Sie ist ihm ausgeliefert, er belauert sie, bald wird er versuchen, ihre Knie zu tätscheln. Der brünftige Patriot, so nennen wir ihn. Wir hassen ihn aus ganzem Herzen. Wir schmettern die Hymne, und wenn er danach um Ruhe brüllt, ahmen wir blähende Hunde nach. Ihn packt die Wut, vielleicht greift er sich an einem schönen Tag an die Brust und fällt tot um.

Von den Heldenmädchen haben wir uns abgewandt. Sie glänzen im Unterricht, bekommen Bestnoten, sie straffen sich in den gebügelten weißen Blusen, damit man ihre doppelte Pracht bewundern kann. Locken, um danach zu peitschen: Es gibt unbedarfte Knaben, die ihnen in die Falle gehen. Pelin ist für mich Luft, für Pelin bin ich ein Geist. Ich verlasse das Viertel, ich löse mich auf, was soll sie sich mit mir beschäftigen? Einmal hörte ich sie zu einem verliebten Jungen sagen: Ich wäre dir gern gefällig. Nur, ich habe einem Jungen, der viel besser aussieht als du, Treue geschworen … An ihrem Schrumpfkopfgürtel hängt auch sein Schädel.

Der Krämer lässt mich das Pflaster vor dem Laden fegen. Eine Christgriechin sieht mir eine Weile zu, dann holt sie den Einkaufszettel aus der Tasche und liest laut vor: Sechs Scheiben Salami ohne Pfefferschoten, zweihundert Gramm Ziegenkäse, Brot von gestern, in Klammern billig, zwei Äpfel, eine Birne, zwei Handvoll Datteln, vierhundert Gramm trockene Maulbeeren … Schöne Liste, oder?

Ja, sage ich, ohne innezuhalten.

Meine Mutter rät mir jeden Morgen: Elena, nimm dich vor dem deutschen Jungen in Acht! Er darf nicht in deine Nähe kommen.

Wieso denn?

Du hast einen Ruf, sagt sie.

Und welchen?

Du bist krank.

Bin ich nicht.

Weshalb lässt du dich schröpfen?

Weil mein Rücken juckt. Alles andere ist üble Nachrede.

Wir wissen Bescheid, wir kennen dich.

Ach, wirklich?

Du bist ein halber Moslem.

Behauptet das deine Mutter?, sage ich.

Sie und wir Mädchen. Du wächst bei ihnen auf, du bist von ihnen umgeben. All deine besten Freunde sind Moslems.

Und Igor?

Du schmückst dich nur mit ihm. Damit kein Verdacht auf dich fällt. Bestimmt bist du unten auch kürzer.

Mädchen, tändle nicht, sage ich kalt, sonst tadelt dich deine Mutter.

Ich mache das, worauf ich Lust habe, ruft sie.

Elena. Elena. Elena.

Was soll das?

Ein schöner Name, sage ich, er ist so schön wie du.

Du schwindelst, sagt sie misstrauisch.

Wenn du willst, küsse ich dich. Dann schmeckst du auch meine Lippen.

Ich, ruft sie und stürmt an mir vorbei in den Laden.

Der Einäugige begleitet wenig später das Mädchen hinaus, verbeugt sich, wünscht Gottes Segen dem Haus, in dem es von herrlichen Menschen gehegt werde. Elena hüpft von einem großen Pflasterstein zum nächsten, um nicht in die Pfützen zu treten. Fewsi Bey würde mir am liebsten die Ohren lang ziehen, doch ich bin kein Knirps mehr. Er ermahnt mich: Die jungen Berockten aus dem

Fremde-Türken-Viertel seien scheue Rehchen, die ich nicht verschrecken dürfe. Sie kämen den langen Weg zu ihm, weil ihre Mütter ihm vertrauten. Wenn sich herumspreche, dass der Arier wie ein balzender Truthahn um die Töchter tänzele, würden die Griechen und die Armenier ihn ans Kreuz nageln. Ich widerspreche: Das blöde Huhn hat mich als halben Moslem beschimpft. Das bist du doch auch, sagt er leise.

Schecho brüllt ihm von Weitem einen Gruß zu, und als der Krämer zurückbrüllt, er solle nicht schreien, lächeln Schecho und sein kurdischer Wächterfreund. Kein Wind, die Häuser vom Regen rein gewaschen, Zeit der webenden Spinnen, Erwachen. Die Toten sind an diesem Tag vergessen, keiner mahnt zur Vorsicht, weil die fette Herrin lauschen könnte. Keine Nagespuren an der Abdeckplatte des Abortlochs, ich schaute nach. Schlanke Zypressen, Himmel wolkenlos. Schecho erzählt von der Gesellin der Heiligen, er meint Schwester Gülfem, die ihn empfangen habe. Man hat sie in der Irrenanstalt eingeschlossen, und trotzdem gilt sie als gesalbte Jungfer, der es gegeben sei, Fürsprache bei den Erzengeln einzulegen.

Sie fiel vom Stuhl, sagt Schecho, auf die Seite, dort lag sie dann. Der Pfleger mochte sie nicht berühren, er hat Angst.

Wäscht sie sich nicht?, sagt der Einäugige.

Die Pfleger und die Krankenschwestern fürchten ihre Kraft. Eine Schwester hakte sich bei ihr unerlaubt unter, da bekam sie Brandblasen am Arm.

Unsinn!

Sie lässt dir bestimmt ein Auge in der schwarzen Höhle wachsen, sagt Schecho.

Viehmägde glauben an Wunder, ruft der Krämer, ich glaube an Zahlen.

Weswegen warst du bei ihr?, sage ich.

Ich bat sie, für Esthers Seele zu beten. Sie lag auf dem Boden, von mir aus gesehen links, von ihr aus gesehen rechts. Sie flüsterte. Es war zu leise, ich verstand nichts. Also ging ich näher heran. Kniete mich an ihrem Haupt. Der Pfleger in der Tür rief: Weg von der Gesellin!

Hast du dich auch hingelegt?, sagt der Krämer grinsend.

Du wirst dich noch verschlucken an deinen lästerlichen Worten …

Nein, ich beruhigte den Pfleger, keine Unanständigkeit. Sie flüsterte immer wieder einen Satz. Ich lauschte und verstand. Sie sprach: Der Teufel begatte alle Frauen deiner Sippe.

Was?!

Jeden anderen hätte ich auf der Stelle geköpft. Sie nicht.

Die Irre beleidigt dich, und du hockst selig neben ihr?

Entrückt ist sie, sagt Schecho, sie sieht nichts und niemanden. Außerdem möchte ich nicht, dass sie mir die Hölle öffnet.

Sie streiten über Schwester Gülfem: Heiliggewordene oder Verdorbene? Der Krämer: Diese Mutter Eva, mit ihr fing alles an, der Teufel male sich den Sterz erbsengrün an, um die Einfältigen zu blenden. Schecho: Lieber verdorre meine Zunge, als dass ich die Jungfer verleumde. Der kurdische Wärter starrt mich an, er will wissen, wie Deutsch klingt, ich tue ihm den Gefallen und sage deutsche Wörter auf: Tingeltangel, Schabernack, Schnickschnack. Schecho drückt dem Krämer ein paar Kupferstücke in die Hand, bekommt dafür einen Granatapfel, spaltet ihn, greift hinein, stopft die Kerne in den Mund. Plötzlich schaut er auf etwas hinter meinem Rücken, ich will mich umdrehen, da fällt ein Schuss, von den folgenden Schüssen wird der Kurde an seiner Seite herumgerissen, er stürzt auf die Feigensäcke, ein fremder Mann eilt hin, setzt die Waffe auf und schießt ihm ins Herz.

Die Waffe gleitet ihm aus der Hand. Der Krämer und ich haben uns auf den Boden geworfen, der gespaltene Granatapfel liegt neben meinem Kopf, ich schüttele die Kerne aus den Haaren. Der Mann sagt: Holt die Gendarmen. Teilt ihnen mit, dass sich der Bluträcher stellt. Ich warte hier. Schecho zieht ihm mit dem Knüppel hart übers Gesicht, hebt die Waffe auf, richtet sie auf den Mann. Umdrehen, ruft er, Hände aneinander! Nuriye Hanim und ihre Tochter Ayfer schreien im Laden, der Krämer stürmt hinein, fordert die Seinen auf, sich im Hinterzimmer einzuschließen, sofort, keine Widerrede, er stürmt hinaus und bindet dem Mörder am Rücken die Hände fest. Ich laufe zur Polizeiwache, brülle den Kommissar und die Polizisten heraus, Mord am Laden des Einäugigen, sage ich, Blutrache, Wärter von drei Schüssen niedergestreckt, wahrscheinlich tot. Wir laufen los.

364

Als wir ankommen, sehe ich den Mörder gerade ausspucken, Schecho versetzt ihm eine Ohrfeige. Der Krämer sagt: Der Wächter ist tot. Der Kerl war's, wir können es bezeugen.

Für die Ehre meiner Sippe, sagt der Mann.

Denk' an diese deine Worte, wenn der Henker die Schlaufe stramm zieht, sagt Taylan Bey, der Kommissar, wen hast du gerächt?

Meinen Bruder.

Wie heißt du?

Hasan Nuri.

Wohnhaft in?

Ich wohne nirgendwo, sagt der Mann, ich lebe in Diyarbakir.

Hat der Wärter, den du erschossen hast, deinen Bruder getötet?

Nein. Aber sein Cousin.

Du hast also einen Unschuldigen gemeuchelt.

Der erste Schuss traf ihn in den Rücken, sagt Schecho leise, dieser Hundesohn ist feige.

Hörst du?, sagt Taylan Bey.

Der Stadtkurde steht in deinen Diensten, sagt der Mann, er ist ein Wurm.

Schecho, ruft der Kommissar, her mit der Waffe!

Ich knall ihn ab, dann ist uns allen gedient.

Gib mir die Waffe! … Gut, so. Hol Doktor Paskalidis. Erzähl ihm: Kein zerfleischtes Tier, aber ein Mann, den man hinterrücks anfiel … Nun zu dir. Hängen wirst du. Hoffe auf keine Gnade, denn du hast einen Diener des Staates gemordet.

Ich bin nicht geflohen, sagt der Mann, ich wusste, was ich tat. Ich weiß, was mich erwartet.

Wer hat seinen Tod beschlossen? Doch nicht du allein.

Wir … Ich!

Lügner, ruft der Krämer.

Still! Ich stelle die Fragen. Kerl, ich glaube dir nicht. Hast du noch weitere Brüder?

Vier.

Ich sehe euch mit eurem Vater zusammensitzen. Der Ehrenrat. Ihr beschließt: Der Jüngste drückt den Abzug. Wie alt bist du?

So alt wie ein Mann, sagt er trotzig.

Hast du einen Busenfreund unter den Leuten, die in den Grotten hausten?

Frage, Antwort. Frage. Antwort. Taylan Bey ist kurz davor, ihm den Kopf abzureißen. Eine ordentliche Vernehmung oder eine peinliche Befragung wird nichts erbringen. Tugendtäter nennt man solche Mörder. Der reiche Herr wird immer noch verlacht, weil er sich weigerte, die Ehebrecherin und ihren Geliebten auf der Stelle zu töten. Es gibt im Viertel nicht wenige, die den bösen großen Bruder wegen seiner Treue zum Ahnengesetz bewundern werden. Die Wächter, sie sterben.

Dem Kommissar scheint jetzt einzufallen, dass er den Toten nicht beachtet hat. Er lässt den Ehrenrächer abführen. Herr Paskalidis eilt mit seiner Arzttasche herbei, füllt den amtlichen Totenschein aus. Der Krämer steht am Hinterausgang des Ladens, beruhigt Frau und Kind. Wird dieses Verbrechen ihm schaden? Schon eine halbe Stunde später verkauft er Limonade an die Schaulustigen, er erzählt die Geschichte, sie hängen ihm an den Lippen: Die erste Kugel pfiff knapp an meinem Kopf vorbei, ich warf mich nicht in den Staub. Ich bat um Gnade für den Wächter, fast hätte ich ihn überzeugt. Man sagt mir nicht umsonst nach, dass ich eine magische Stimme habe. Kann man einen Kerl aufhalten, dessen Hand der Teufel führt? … Die Frauen reißen sich um die blutgetränkten Feigen in den beiden Säcken, auf denen der Tote lag. Der Einäugige verspricht keine Wunderwirkung, er nimmt das Geld ein und zuckt mit den Schultern, er flüstert jeder Dame zu: Es geschieht, woran du glaubst. Der nasenlose Süleyman Bey hat recht, wenn er ihn der Ruhmsucht beschuldigt.

Vater umarmt mich lange: Er ist sofort losgelaufen, als man ihm die Nachricht hinterbrachte.

Der Vernarbte, sein erster Soldat Hasan und Knirschmund wollen von mir genau wissen, wie sich alles zugetragen hat. Während ich spreche, greift sich Knirschmund kein einziges Mal an die Zähne. Dann sagt er: Ein Querschläger, und man ist mausetot. Du lebst, Arier. Vielleicht bist du doch gesegnet. Sie lachen den prahlenden Krämer aus, er flieht in den Laden. Für den Rest des Tages gibt er mir frei.

Vater übergibt mir einen Brief von Vater Franz. Ich setze mich auf den großen vermoosten Stein im Schatten der Zypresse, schäle die blutgetränkte Feige, beiße hinein und lese:
Mein Junge,
kurz vor dem Fall der Feinde meines schönen deutschen Vaterlandes habe ich entschieden: Rückkehr ist mir unmöglich. Die Besten verheizt, das Beste verdampft, die Letzten harren in den Löchern. Das baldige Ende ist in Sicht. Doch was dann? Ich sehe es kommen: Die Heimkehrer werden im Verein mit dem verbliebenen Pack die Trümmer wegräumen. Ich hör sie jammern: Das haben wir nicht gewollt! Maulen werden sie, weil der Endsieg ausfiel.
Ich prüfe ihre Journale auf Zeichen. Die Heimat soll dem Soldaten die Waffen schmieden. Arbeitsuntreue wird hart bestraft. Volk ans Gewehr. Jeder Häuserblock, jedes Gehöft, jeder Busch wird verteidigt. Für den irren Führer soll man mit den Knochen geradestehen. Meldungen. Frau, Witwe, zündet die Petroleumlampe an, will von der Wohnstube in die Küche gehen, stolpert über die Türschwelle, fällt zu Boden. Feuer erfasst ihre Kleider. Sie schreit um Hilfe, die Menschen haben andere Sorgen, sie verbrennt … Ein Mann findet ein von Feindfliegern abgeworfenes bebildertes Flugblatt. Er liefert es nicht bei der nächsten Polizei- oder Parteidienststelle ab. Er zeigt es seinen Arbeitskameraden. Wird verpetzt und sofort zu zwei Jahren Zuchthaus verurteilt. In schweren Fällen kann auf Todesstrafe erkannt werden.
Ich lese: Im Luftschutzraum wird das Verbandmaterial stockig und nimmt einen muffigen Geruch an. Volksgenossen! Wickelt es in Pergamentpapier ein.
Nun gilt die Niederlage des Deutschen Reichs als ausgemacht, und die feisten Herren Bürokraten, die gestern noch um mich scharwenzelten, behaupten, sie hätten es immer gewusst. Sie setzten ihre Hoffnung auf Hitler, da er Juden und Bolschewisten in die Schranken wies. Was soll man davon halten? Ihre sauberen Töchter und Söhne sprechen, dank meiner bezahlten Hilfe, ein recht passables Deutsch. Die Väter fragen sich: Wozu habe ich all das viele Geld ausgegeben? Weshalb sollte ich einen Mann als Privatlehrer beschäftigen, der in der Schicksalsschlacht seines Volkes nicht mitkämpfte?

Der alles besser weiß, und uns über den Mund fährt, als wären wir, die Geschulten und Gebildeten, anatolische Lümmel? Die meisten Männer nehmen meine Dienste nicht mehr in Anspruch. Sie ließen mich vom Hauslakaien zum Arbeitszimmer bringen. Ein Umschlag lag auf dem Marmortisch, sie hatten mir sogar ein gutes Zeugnis ausgestellt. Sie dankten mir, ich durfte gehen.

Seit einem knappen Vierteljahr arbeite ich als Übersetzer im türkischen Außenministerium. Hier treffe ich seltsamerweise auf viele freigesinnte Männer und Frauen. Sie wollen mich weder trösten noch aufmuntern, es sind praktisch veranlagte Beamte, sie sind heute hier und morgen dort, es färbt nichts auf sie ab. Ich stelle nach Durchsicht deutscher Journale einen Pressespiegel zusammen. Mein Vorgesetzter ist ein dünner kleiner Mann, der mit mir über das Weltgeschehen parliert. Früher oder später kommt er auf die Damen in der Abteilung zu sprechen. Die eine hat für seinen Geschmack einen ausladenden Hintern. Die andere sollte sich nicht wie eine Lokalnelke schminken. Ich habe ihn im Verdacht, dass er sich zu Männern hingezogen fühlt. Du weißt doch, was damit gemeint ist, oder? Er war verheiratet, die Ehe wurde vorletztes Jahr geschieden, und also bringt man Verständnis auf für ihn, den Ehezermürbten. Wolf, hüte dich vor Jungen und Männern seines Sinnes und Schlages. Die Liebe zwischen dem Manne und dem Weibe währt ewiglich. Die Dame Bela Palan schickte mir Briefe, bis ich es ihr verbat. Ich bin über deine Frühreife unterrichtet. Als ich es erfuhr, wollte ich mich sofort auf den Weg machen, um dich diesem ihrem schändlichen Einfluss zu entziehen. Gott sei Dank, ich habe es mir dann anders überlegt. Eigentlich kannst du von Glück reden, dass sie sich deiner angenommen hat. Sie ist nicht nur ein hübsches Wesen, das dich für sie einnahm. Die Dame wird als infame Weibsperson verleumdet, ich kenne die Gerüchte über sie im Viertel. Schauen wir uns die ehrlichen, sauberen, fleißigen Mädchen an. Was fällt uns da auf? Sie sind in den meisten Fällen einfältig. Die wenigen wendigen Frauen unter ihnen kennen die Kniffe im Haushalt, ersticken aber im Pferch. Für Tete lege ich die Hand ins Feuer, sie gängelt die Dame aus ebendiesem Grunde: Wie kann sie es wagen, ohne männliche Aufsicht ihr Leben zu leben? Ich gebe dir einen väterlichen Rat: Hänge dein Herz nicht an jene, die dich weckte aus dem Knabenschlaf. Schaue zu ihr auf, sei meinetwegen verliebt, und verderbe ihr nicht die Laune durch Liebesschwüre. Diese Tändelei wird zu Ende sein, wenn ihr Spieltrieb nachlässt. Wenn sie sich anderweitig vergnügen möchte. Du bist ein frühweises Kind geworden durch die besonderen Umstände. Ich seh' zwar alte Leute auf Stecken reiten, du jedoch wirst ob deines Fürwitzes handeln, wie es sich für einen deutschen Knaben geziemt. Winsele nicht, wenn die Dame die Liebschaft abschließt.

Bald gehst du auf die österreichische Schule. Die Hitlerratten werden fliehen, und ich hoffe doch, dass die neuen Lehrer den neuen Geist atmen. Anstand ist rar wie Maurerschweiß. Enttäusche mich nicht, bleib emsig. Dein Vater.

Zwei unbekannte Wörter: infam, parlieren. Vater Franz spricht und schreibt wie die Männer der Welt, der er angehört. Ich schaue auf, im herbeigelaufenen Volk entdecke ich die Heldenmädchen, sie lästern über eine Frau in arabischer Hülle. Das schwarze Leibgewand bedeckt Haupt, Rumpf und Beine, beim Sprechen hält sie die flache Hand vor den Mund, damit man ihre Zähne nicht sieht. Maria auf den Heiligenbildern. Als die verrückte Berna sie hinter ihrem Rücken nachäfft, werfe ich die Feigenschalen in die Richtung, und treffe sie zufällig an der Schulter. Nun spottet sie über mich, marschiert wie ein deutscher Soldat auf und ab. Pelin, Pelin.

Für dich hätte ich mich geschnitten, ich hätte nicht auf die unter dichtem Efeugerank fiepende fette Herrin geachtet, ich wäre nicht vor den schnappenden Hunden des Gerbers gewichen. Du aber lachst. Du aber lässt dich beschenken von Gecken. Meine Liebe haut keine Axt entzwei. Du aber blickst auf mich herab, als wäre ich die Missgeburt der Familie, als müsste man mir ein Geschirr anlegen.

Würgeengel, sagt sie, Würger der Frau Lehrerin. Würger des Wächters.

Geh seilspringen, sage ich leise.

Wo du bist, wird gestorben.

Ich bringe Unheil?

Genau.

Dann halt dich fern von mir.

Tu ich ja, sagt sie, deine komische Zeichnung mit dem leeren Gesicht, die hab ich auch zerrissen. Bestimmt hast du das Papier behaucht und dabei geflucht.

Ihr alle, du, Berna, Yeter, sage ich, ihr seid entmutigt.

Was sind wir?

Habt ihr Angst?

Wovor denn, Arier?, sagt Yeter.

Vor dem Katzenzerfleischer. Vor der großen Ratte, die Deckplatten zernagt. Vor der Nachtschwärze. Vor den Nächten, in denen böse Frauen Knoten knüpfen. An jedem Knoten hängt die Seele eines Mädchens.

Lass' sie, sagt Vater.

Abdullah Bey, Ihr Sohn ist keine Zierde für Ihr Haus.

Was macht er falsch?

Er ist kein richtiger Türke, sagt Pelin.

Täusche ich mich, oder war deine Großmutter eine waschechte Griechin?

Das ist etwas anderes.

Liebes Mädchen, bist du etwa verliebt in meinen Sohn?

Sie läuft rot an, sie möchte antworten, doch dann stürmt sie davon. Berna und Yeter stehen mit offenem Mund nebeneinander, auch ihnen hat es die Sprache verschlagen. Vater befiel sie in Gottes Obhut, nickt mir zu, ich folge ihm, schaue über die Schulter: Die beiden Heldenmädchen schnattern wie zwei hungrige Gänse.

37. Der Große

In Resuls Kaffeehaus haben sich fast alle großen Brüder versammelt, die Alten sitzen auf Schemeln am Ofen und werfen gelegentlich dem faltigen Resul Bey heimliche Blicke zu. Der fromme Hamit und der vernarbte Hikmet in einem Raum, das kann nicht gut gehen. Der Hundertjährige ist auf der Hut. Der Geselle, den er vor Kurzem eingestellt hat, nimmt nur die Bestellungen der Männer auf, die an Tischen in der Nähe der Tür sitzen. Beim ersten Ärger wird er bestimmt zur Polizeiwache laufen. Der Nasenlose trinkt verdrossen braunschwarzen starken Tee, und als Vater und ich uns zu ihm gesellen, fängt er an, die Hände zu kneten, er sagt: Bald schickt man Soldaten hierher und verhängt eine nächtliche Ausgangssperre.

Das wird nicht geschehen, sagt Vater.

Die Steingebärerin …

Wer ist das?, sage ich.

Die Herrin des kahlen Baums am Bittfetzenplatz.

Wieso nennt man sie so?

Weil sie bei der ersten Geburt statt eines Kindes einen Klumpen gebar.

Totgeburt, sagt Vater.

Erzähle es den Frauen im Viertel. Wie auch immer, die Steingebärerin hat es kommen sehen. Sie weissagte, dass man die Toten stapeln wird auf den Straßen. Ich weiß schon, die Katzen, die jungen Frauen, die toten Aufrührer, der Wächter … hätte man sie zusammen begraben, hätten sie nicht ein kleines Massengrab füllen können. Trotzdem, wir zählen viele, die vor ihrer Zeit sterben.

Wie meinen Sohn Batur, sagt Vater leise.

Friede seiner Seele …

Alle Gespräche ersterben, als der Irre am Fenster in Begleitung seines Vaters eintritt. Er grinst übers ganze Gesicht, die vorderen Zähne sind ihm ausgefallen, er steckt die Zunge durch das Loch. Er grüßt die Männer, es hört sich an wie das Gestammel eines Greises. Die Hand des Vaters ruht zwischen seinen Schulterblättern, er führt ihn an unseren Tisch, ich springe auf und hole zwei Schemel. Resul Bey bringt zwei große Gläser Tee.

Ich bin der Büßer an den Felsen, sagt der Irre lachend.

Sein Vater erklärt: Der tägliche Abendspaziergang endet zunächst an den Felsen auf dem Feld jenseits des Belgradtors, dort verrichtet sein Sohn das Gebet, danach kehren sie wieder nach Hause. Der Nasenlose ist jetzt heiterer gestimmt, er fragt den irren großen Bruder, ob in seinen Träumen der Herr ein Ende oder einen Anfang verkünde.

Die Sündigen, ruft der Irre, wenn sie träumen, ist ihr Traum eine Entleerung.

Ich scheiße nicht im Schlaf, sagt der Nasenlose böse.

Lieber Herr, sagt der Vater des Irren, das meint er sicherlich nicht.

Doch! Braune Haufen in Menschengröße. Ich kacke, das Kacken nimmt kein Ende.

Sei still!

Wie soll man diese Träume deuten?, sagt der Nasenlose, Gott hat Schlick gewalkt und Seinen Atem hineingeblasen: So sind wir geworden, was wir sind. Du aber träumst, dass wir Götzen aus Dung und Mist gleichen.

Nach der langen Entleerung steige ich ins Wasser.

Im Traum?

Ja. Ich schwimme auf dem Rücken. Ich trinke das salzige Wasser. Mein Leib ist rein.

Der Bluträcher ..., setzt der Nasenlose an.

Mörder!, schreit der Irre, die Männer drehen sich nach uns um.

Ruhig, sagt Vater leise, er bekommt seine Strafe.

Bluträcher, Blutsäufer! Hängen soll er.

Zwei Schläger starren ihn mit finsterem Blick an, der eine sagt zu dem anderen: Das Herz zerfetzt. Die Kugeln trafen den Richtigen. Nur Säufer und Giftfresser beten für seine Seele ...

Der Vater muss den Irren vom Fenster festhalten. Die Schläger sprechen so laut, dass jeder Mann im Kaffeehaus sie hören kann, sie nennen den Mörder den Schundfeger, den Abortsäuberer. Der Vernarbte schaut kurz zu Hamit, dem Frommen, er nickt, und auf dieses Zeichen hin stürzen sie sich auf die Schläger. In wenigen Minuten ist es vollbracht: Die Kerle liegen bewusstlos am Boden, der Geselle schleift sie vor die Tür. Eine halbe Stunde später fliegen Pferdeäpfel gegen das Fenster, Resul Bey bringt ungerührt die vollen Teegläser an die Tische. Großer Bruder Hikmet bittet Vater um die Erlaubnis für einen Besuch im Friedhof. Verwirr' ihn nicht, sagt Vater und entlässt mich.

38. Der Bewahrer

Gewaltmarsch durch Gassen und über Felder, der Vernarbte hat die Ärmel des Mantels, der auf seinen Schultern aufliegt, am Hals geknotet, Knirschmund putzt mit einer Bürste im Gehen sein Gebiss, er versucht sich zahnlos an einem Liebeslied, bis er die Lust verliert, wir zischen die Hundemeuten an, wir knurren lauter als die Rüden, an einer Krüppellinde halten wir kurz an, weil Bruder Hikmet einen weiteren Strich in die Rinde schneidet, für jeden niedergeschlagenen Mann ein Strich, wir ziehen weiter und betreten das düstere Land, hartgesichtige Turkmenen lauern an Feldrainen, vor Holzbaracken, ihre Kinder in Lumpen schließen bei unserem Anblick sofort die Augen, jeder Fremde ist ein Hexer und die Hexer sind mächtig, sie verstecken sich hinter ihren Vätern und schneiden Grimassen, böse Geister vertreibt man mit bösen Fratzen, die Frauen schlagen frisch gewaschene Decken und Kleider auf den Felsen auf, sie beißen in die Zipfel ihres Schamtuchs, machen derbe Bemerkungen über mich, die Latte mit Beinen, den Kahlkopf, den blauäugigen kleinen Teufel, der wie ein Kind lacht, aber so groß ist wie ein Mann, die Armut hat sie nicht bekehrt, die Not in den Tagen des Krieges hat sie nicht ausgehöhlt, unbesiegte Turkmeninnen, junge Frauen zeigen auf die Stelle zwischen meinen Beinen, zeigen mir den kleinen Finger und spotten: Winziges Stück, das du da hast, wir sind nicht beeindruckt! Knirschmund faucht sie an, klappert mit den Zahnbögen des Gebisses, die Frauen verstummen und machen Zeichen der Abwehr des Bösen.

Wir gehen durch den islamischen Friedhof, der Vernarbte ruft: Friede euch, ihr Volk der Toten, im Friedhof der Christgriechen wünscht er Gottes Gnade den Gräbern, und als wir an den Gräbern der Armenier entlanglaufen, zeigt er auf die Grabsteine, Fotografien in eiförmigen schmiedeeisernen Rahmen, vergilbt und verwittert, großer Bruder Hikmet ruft: Ihr unschuldigen Seelen, der Herr segne euch und eure Knochen. Knirschmund flüstert ein Gebet, trauernde Witwen im schwarzen Kleid schauen zu uns herüber: Ein Moslem betet für Armenier, sie sind verwundert.

Hier ruhen sie, Arier, sagt der Vernarbte.

Christen wie ich, sage ich.

Nein, moslemische Mädchen.

Ich verstehe nicht.

Niemand darf es wissen, jeder weiß es, sagt Knirschmund leise.

Kinder, fährt Bruder Hikmet fort, ihre Väter und Mütter fortgegangen. Das erzählte man ihnen. Und versteckte sie in der Scheune. Die Männer stahlen sich nachts aus dem Haus, die Mädchen wachten plötzlich auf, weil sie geküsst wurden. Weil eine raue Männerhand zwischen ihre Beine griff. Weil sie geküsst wurden von Männern, die sie für ihre neuen Väter und Brüder hielten …

Kannst du ihm folgen?, sagt Knirschmund.

Nein, flüstere ich.

Man schickte die Armenier auf die lange Reise. Suchte sich die Mädchen aus. Behielt sie. Beschlief sie, immer und immer wieder. Kleine Armenierinnen auf dem Stroh. Geschändet.

Von Kerlen, die von Ehre schwätzen, ruft Bruder Hikmet, von Teufeln, die fünf Mal beten. Die im Gotteshaus sitzen.

Eher ihre Väter, sagt Knirschmund.

Weiß es Vater?, sage ich.

Abdullah Bey? Ja.

Das ist die Schande unseres Viertels?

Die aller Viertel dieser Stadt. Die aller Städte des Landes.

Brüder, seid ihr armenisch?

Wir sind Türken, sagt Knirschmund, immer schon gewesen. Den einen Gott preisen wir. Den gesalbten letzten Propheten Mohammad ehren wir. Was ändert das?

Man könnte euch für … Verräter halten, sage ich, seid mir nicht böse.

Das ist gut, sagt der Vernarbte lachend, wir sind Verräter an der Totenstille. Der große Bruder Agop, zwei seiner Onkel verschwanden, das hat man ihm erzählt. Wohin? In welches gelobte Land? Man verschwieg ihm lange, was geschah. Hier ruhen jene, die nicht verschwanden. Im Totenacker in unserem Viertel ruhen die Geschändeten, denen man islamische Namen gab. Die den neuen Glauben annahmen trotz der Schändung. Sie sind Heilige.

Der Hodscha kennt die Schande?

Natürlich.

Er tut nichts.

Doch. Er betet für sie, jeden Tag. Er geht oft ins Fremde-Türken-Viertel, spricht mit den alten Frauen. Fragt sie, wo sie bestattet werden wollen. Er setzt ihren letzten Willen durch. Einige der Geschändeten ruhen hier, weil er es erwirkt hat. Du kannst dem Gottesmann die Hand küssen, er hat ein reines Herz.

Seine Gespensterfurcht, sage ich.

Die Seelen rütteln an seiner Tür, flackern vor seinen Fenstern, sagt Knirschmund, der Herbst ist die Jahreszeit ihres Aufruhrs. Der Hodscha besänftigt sie mit Lobpreisungen des Herrn. Er spricht aber auch: Tut mir das nicht an! Ihr peinigt mich. Mein Gewand ist nachts von Raureif bedeckt, er schmilzt in der Herbstsonne, nass ist das Gewand, in das ich frühmorgens hineinschlüpfe. Wieso peinigt ihr mich?

Tun sie das wirklich?

Er wohnt zu nah am Friedhof, sagt der Vernarbte, sie lassen ihn nicht in Ruhe.

Und seine Frau?

Siehst du sie oft?

Nein.

Weil sie die meiste Zeit des Jahres bei ihrer alleinstehenden Schwester im Viertel Olivenhorn lebt. Das Geheul und das Wispern haben sie zermürbt.

Unheimlich, sage ich leise, die schwarzen Witwen starren.

Sie kennen mich. Und ihn. Aber dich kennen sie nicht. Weißt du, worauf sie achten?

Ob ich ein Sohn ihres Volkes bin?

Sehr gut. Sie sehen: Der Junge hat keine geschwungenen Augenbrauen, also ist er keiner von uns … Er hat recht, die schwarzen Witwen entfernen sich. Ihre Toten sind gesegnet, was können wir, die Fremden in ihrem Friedhof, schon tun? Der Vernarbte geht zwischen den Gräbern umher, er bewegt stumm die Lippen. Flüstert er ein Gebet oder liest er die Namen der Armenier auf den Grabsteinen? Tote Frauen in der Erde.

375

Hast du je das Meer gesehen?, ruft er.

Nur von Weitem, sage ich, ich fürchte mich vor dem Wasser.

Knirschmund, Hand aus dem Mund! … Du kennst nicht das Kinderspiel: Meer anstaunen?

Nein, Bruder.

Die meisten Männer, sie können nicht ruhig am Ufer stehen. Sie lassen flache Steine auf dem Wasser hüpfen. Sie springen mit Kleidern am Leib hinein. Sie brüllen die Möwen an. Dumm. Wir werden einfach nur erstarren. Augen schließen. Salz, Algen und Fischblut riechen. Knirschmund wird nicht knirschen. Du wirst nicht an ein Mädchen denken. Los, Abmarsch.

39. Der Ernährende

Hinter der Textilfabrik im Viertel Olivenhorn leben die Schlammblütigen: Männer und Frauen aus dem Hinterland in zusammengeflickten Fetzen. Die Kinder spucken hoch, treten schnell zur Seite, die Spucke trifft nur die Lahmen und Kranken. Der Zigeunerfürst Baron Tara hat den Seinen verboten, die Barackenfelder zu betreten. Hier wird der Engel in die Posaune stoßen, hier bricht nach dem ersten Schall die Erde auf, und versammelt sind dann Gottes Lieblinge, Gottes Gesindel. Yeters Onkel, dunkler Kurde, hat vor einem halben Jahr sein Dorf verlassen. Er haust allein in einer Baracke am Rand der Siedlung, er gilt als aussätzig, weil die Haut an Kinn und Hals brandvernarbt ist. Auch er wird unter den Ersten sein, die auferstehen, denn er weigert sich, in das Siebentürmeviertel umzuziehen. Vielleicht würde er in einer der Grotten im Schatten der Mauer leben wollen. Doch die Polizisten und die Wächter wachen streng darüber, dass dort nur die Ratten huschen. Der Onkel mustert mich und den Hanfsack in meiner Hand, ich lege ihn ab, löse den Knoten, zurre den Sack auf, er wirft einen Blick hinein. Hühnerköpfe, sagt er.

Ein Hahnenkopf ist auch darunter, sage ich.

Geschenk meiner Nichte?

Ja, Herr.

Willst du mich verhöhnen?

Wieso?

Du redest mich an, als wäre ich der Fürst eines Stammes gesalbter Männer.

Man hat mich so erzogen, sage ich.

Wieso ist sie nicht mitgekommen?

Ich bin der Bote.

Schämt sie sich meiner?, sagt er, glaubt sie, ich stecke sie an?

Ich bin ihr das schuldig, Herr.

Ein Arier dient einer Kurdin, ruft er, das ist das Ende der Zeiten. Grüß mir Abdullah Bey. Er kennt mich, wir haben im selben Regiment gedient. Kurde Memet.

Ich grüße Vater von Ihnen.

Der Hahnenkopf …

Sie bestand darauf.

Worauf?

Ich habe für sie eine Sünde begangen, sage ich, sie zeigte auf den Hahn, nannte mich eine Memme, die ihm nicht den Hals umdrehen könne. Ich habe den Hahn erst gejagt, dann den Kopf abgehackt.

Du wolltest ihr also gefallen?, sagt er kalt.

Nein, Herr. Damit habe ich eine alte Schuld beglichen.

Der Junge dort, was steht er abseits?

Burak schaut sich nach allen Seiten um, als fürchtete er, dass ihn die fette Herrin anspringt. Die Kinder beobachten ihn heimlich, wenn wir Kurde Memet Bey verstimmen, werden sie uns umzingeln. Ich winke ihn heran, er will die Hand des Mannes küssen, er zieht die Hand weg, Ehrerbietung ist ihm zuwider. Der Bruder stellt sich vor und zeigt seine Narben. Zwei Hühnerköpfe sind aus dem Hanfsack herausgefallen, er packt sie am Schnabel, wirft sie hinein. Ich erkläre: Noch wenige Tage verbleiben mir, in denen ich mich von den Menschen des Viertels verabschiede. Ich fege für sie den Bürgersteig vor dem Haus, hole Wasser vom Brunnen, verbrenne Labkrautblätter voller Läuse, überbringe Minnebeutel. Der Kurde zieht die Stirn kraus, er ist sittenstreng und verdammt Liebesboten. Frau und Kinder sind im Dorf geblieben, er verdingt sich als Knecht für die reichen Herren. Den Hahnenkamm werde ich rösten, sagt er, in die Schnäbel bohr' ich ein Loch, fädele sie am bunten Garn auf. Verkaufe sie an Bürgersöhne als Kriegeramulette.

Lustig, ruft Burak.

Du bist nicht besser. Prügelst dich mit anderen Knaben. Schneidest dich. Soll ich dich bewundern?

Sie sind kein Mädchen, sagt Burak.

Richtig, sagt Kurde Memet Bey lächelnd.

Was kann ich Yeter ausrichten?, sage ich.

Ich bedanke mich … Wie geht es Mutter Eva?

Ihre Nennschwester Gülfem erholt sich in der Anstalt. Das ist Mutter Eva nicht gut bekommen.

Sie wurde krank?

Nein, Herr. Man glaubt, dass ihr die heilige Seele nicht mehr nur nachts erscheint. Vielleicht deshalb traut sie sich nicht mehr auf die Straße. Sie feudelt die Böden, und dann eilt sie in ihr Zimmer. Der Direktor hat sie verwarnt. Wenn sie nicht bald gesundet, wird er eine andere Dame einstellen.

Ich werde mit ihm reden. Er wird die Bestie nicht entfesseln wollen.

Sind Sie die Bestie?, sagt Burak.

Ich bin Yeters Onkel. Der Schulleiter hat viele Männer vergrätzt. Der Kerkerwärter wurde wegen Ungebühr strafversetzt. Er brachte ihn um sein Brot. Ist das gerecht?

Fließt Blut?, ruft Burak laut.

Kurde Memet weist ihn zurecht, die Kinder spannen sich an. Nimmt er die Hühnerköpfe an oder leert er den Hanfsack über unseren Köpfen? Dann versperren sie uns den Weg. Dann sind wir ihre Beute.

Sie sehen und wir sehen: Er zurrt den Sack fest, schwingt ihn auf den Rücken. Pfeift ein Lied über das Elend von Soldaten mit zerbrochenen Bajonetten. Stampft auf. Er hat Lumpen um die Waden gewickelt, die Schuhe sind an der Ferse aufgerissen, die Schaffellweste ist verdreckt. Das alles ficht ihn nicht an: Wenn der Himmel

einstürzt, werden auch die Reichen in ihren Palästen begraben. Er gibt nach einem Blick auf die Kinder den Rat, auf dem Heimweg nicht zu tändeln. Dann wendet er sich ab. Die spitzen Schnäbel haben sich durch den Sack gebohrt. Bleiche Dornen. Die geschächteten Opferlämmer, die geköpften Hähne, werden sie auch auferstehen? Burak und ich, zwei Gassenjungen, mager, in den meisten Stunden des Tages hungrig, wir sprechen im Laufschritt über den Fall der Imperien, über die Könige Kaiser Sultane Präsidenten, sie schicken Männer in den Tod, sie schieben ihr Ende auf, wir kleinen Tiere aber, zornig ohne Macht, sind wir Fliegen auf der Leiche der Herrscher, wiegt unsere Seele weniger als eine Kartoffelschale, sind wir die wahren Schlammblütigen, die auf Himmelsgaben warten, nicht umdrehen, sage ich, die Kinder mit den geschwärzten Gesichtern keckern im Dämmer, weiterlaufen, weiterreden, ich brülle: Soll ich mich in den Brunnenschacht stürzen, in die tiefe Grube, sollst du, Bruder, weil deine Schöne ungeküsst bleibt, sollst du also deshalb die Scherbe ergreifen, soll die Scherbe dich zehn Mal beißen, ich Deutschblut, du Türkenstolz, sind wir die Brut, die das Pack jagt, was fliehen wir vor den Hyänen … wir bleiben stehen, wir zücken das Messer, wir drehen uns um. An der Spitze der Kinderschar entdecke ich den Bauernsohn, den Anführer der Rotte, und auch er erkennt uns wieder, er schaut sofort auf den Boden, rammt den Stock hinein, immer wieder, doch diesmal bricht die Erde nicht auf. Sie umzingeln uns, wir weichen vor dem Spuckeregen.
Ruhetag der Leichen, sagt er, heute vermodern sie in ihren Löchern.
Sei dir nicht so sicher, sage ich.
Lustknaben.
Schlammblütler.
Was sucht ihr im Feindesland?, sagt er.
Ein Besuch bei Kurde Memet Bey, sage ich, er ist arm, also teilen wir mit ihm.
Ihr habt zwei Messer. Eins gehört also uns.
Dann schenkt uns die Hälfte eurer Stöcke, sagt Burak.
Du hältst das Maul. Ich rede mit dem Arier.
Halt du doch das Maul, rufe ich.
Nur du und ich, sagt er, wir kämpfen. Ihr dürft danach abziehen.

Nur Fäuste, keine Waffen.

Die Kinder bilden einen Kreis aus Leibern. Ich gebe Burak Messer, Rasierklinge und Zimmermannsnagel. Vater unser, der du bist im Himmel. Ich lege Jackett, Hemd und Unterhemd ab. Die Kinder zeigen auf meine Brustwarzen und machen Sauggeräusche, er zischt sie an, sie verstummen. Seine Faust trifft mich am Schlüsselbein, ich stolpere zurück, er hält sich die schmerzende Hand, ich schlage ihn auf das Ohr, in den Bauch, auf den Scheitel, er trifft mich voll auf den Mund, die Lippen platzen auf. Vater unser, lass mich nicht niedergehen. Er erwischt mich mit der Schuhspitze am Schienbein, ich beuge mich vor und krache mit dem Gesicht auf sein Knie, ich blute stark aus der Nase, sieben Türme, brülle ich und springe ihn an, wir stürzen auf den Boden, wir kratzen, wir stoßen, wir beißen, sieben Türme, brüllt Burak, der Bauernsohn packt mich am Haarschopf, zieht meinen Kopf in den Nacken, er will sich in meiner ungeschützten Kehle verbeißen, ich biege ihm zwei Finger um, bis er loslässt, wir spucken, wir schreien, wir rasen, und dann verlässt uns die Kraft. Wir liegen nebeneinander und atmen schwer, kein Sieger, kein Opfer, zwei keuchende Schlammblütler, die Kinder schweigen, Burak starrt auf uns herunter. Weiterkämpfen. Keine Kraft. Wir stehen langsam auf, Rotz und Blut, zerkratzte aufgerissene Haut, Schlamm und schwarze Erde an der Hose. Er kleidet sich schweigend an, ich streife mir Unterhemd, Hemd und Jackett über, ich achte darauf, das Gesicht nicht zu verziehen, mir entfährt kein Schmerzenslaut. Ehrt die Kämpfer, ruft Burak und fängt an, zu klatschen, und als ich ihn finster anstarre, hört er sofort auf.

Keine Leichen, sagt der Bauernsohn, sie halfen dir diesmal nicht.

Sie erwachen, wenn man sie ruft, sage ich.

Ist das wahr?

Ja.

Ruf sie.

Nur zahme Hunde gehorchen, sage ich.

Solche wie ihr.

Ich hab' dich windelweich geprügelt.

Ich dich auch.

Unentschieden gibt's nicht, sagt er.

Wir kämpfen wieder. An einem anderen Tag.

Dein Land ist verreckt, ruft er.

Die Herrscher haben sich ergeben, das ist etwas anderes.

Deutschland tot.

Das Land lebt.

Ihr seid jetzt das Liebchen der Amerikaner, sagt er lächelnd, das Liebchen im Rüschenkleid, es muss sich schminken und parfümieren. Wie eine Hure.

Ich spucke ihm mitten ins Gesicht, er spuckt zurück, die Kinder brüllen: Hurendeutscher, ich brülle: Viehvolk, Eselarschküsser, Eunuchen, ich will mich wieder auf den Bauernsohn stürzen, doch Burak zerrt mich zurück, wir stolpern aus dem Kreis, Flüche, gellende Rufe, ich schreie mich heiser, und als sie anfangen, mit Steinen nach uns zu werfen, laufen wir los, Pack, Hundesöhne, Aas, wir rennen und brüllen, bis wir auf sicherem Gebiet sind, Friedhöfe, schwarze Witwen, Kummer unserer Gassen. Am Brunnen wasche ich mich von Schmutz und Blut rein, meine Haut glüht, die Kratzer brennen, ich falle Burak ins Wort, als er wieder anfängt, von Ehre zu sprechen.

Du bist nicht geflohen, sagt er.

Das hätte ich am liebsten getan, sage ich.

Wirklich?

Schau mich an, verdammt noch mal. Ich bin geschlagen.

Unentschieden, ruft er.

Blödsinn. Er hat sich zurückgehalten.

Hat er nicht.

Doch. Er hat einen Schlag wie ein Rammbock. Zwei richtige Schläge, und er hätte meinen Schädel gespalten.

Wieso sollte er dich schonen?

Die Leichen, sage ich, er hatte große Angst.

Wie auch immer, sagt Burak, Dschenk wird die Geschichte gefallen. Und Yeter bist du keinen Gefallen mehr schuldig.

Frauen mit scheppernden Eimern, wir weichen. Hunger und Furcht, es reicht mir. Lauerndes Pack, lauernde schnappende Hunde, ich habe genug. Sie sind gegangen: Ebru Hanim, Schwester Esther. Sie ist gegangen: Derya. Ich hasse sie, weil sie uns verlassen. Hurendeutscher. Mein Land wird sich schön machen, das Pack ist tot, wir leben. Ich flüstere mir die Worte vor, kein Trost. Burak erzählt mir von einem Gerücht: Dschenk und Nuyan, ihre Liebe tosender Wind, waren im Istanbuler Jenseits, sie gingen hinüber, fanden ein Nachtquartier bei einem Sittenlosen, der sie unter der Bedingung aufnahm, dass sie sich vor seinen Augen schminken. Im Flur stand der Hausmeister und spähte heimlich durch den Türspalt. Er sagte es diesem, der sagte es jenem, und jener sagte es einem vom Viertel. Man verleumdet die Brüder, rufe ich. Um nicht weibisch zu wirken, scheuert Dschenk jeden Morgen die Hand am Stein rau. Es wird ihm wenig nützen. Wenn die Schläger die Wahrheit erfahren, schneiden sie ihm die Hinterbacken ab und nähen sie ihm auf die Brust.

40. Der Berechnende

Die Webwarenhökerin spricht leise mit Schecho, sie kauern am grauen gespaltenen Felsen, der von einer großen Kraft umgestoßen wurde. Es heißt, eine Kugel aus einer osmanischen Kanone habe den Stein bersten lassen. Die Zigeunerin scheucht den Kurden, er aber tritt das pralle Bündel zu ihren Füßen. Sie verflucht ihn, er schreit: Der Fluch falle auf dich zurück, Weib! Dann wendet er sich von ihr ab, erblickt uns, die wir im Dunkeln stehen, und eilt grußlos davon. Muss er sich bald wie Schwester Gülfem in die Heilanstalt begeben? Die Zigeunerin fragt mich, ob ich, wie von ihr geheißen, die gehäkelten Untersetzer Schükran Hanim gebracht habe. Sie ist sehr zufrieden, sage ich, sie gefallen ihr, sie kann aber erst in der ersten Woche des nächsten Monats zahlen.
Bist du dir sicher?, sagt sie.
Was?
Steckt das Geld vielleicht doch in deiner Hosentasche?
Willst du mich beleidigen?, rufe ich.

Verzeih, Arier. Sie betrügen mich. Ich werde an ihre Tür klopfen. Bestimmt behauptet sie, dass sie nicht weiß, wovon ich rede.

Soll ich mitkommen?

Nein. Es wird schon gut gehen. Mit Gottes Hilfe … Der Krieg ist wohl vorbei. Für mich ändert sich nichts.

Was macht Schecho wütend?, sagt Burak.

Er bat mich, seine Frau zu werden.

Herzlichen Glückwunsch, sage ich dumm.

Ich habe nicht vor, in seinen Besitz überzugehen, sagt die Zigeunerin, ich beging den Fehler schon einmal, und büßte sechs Jahre. Dem Herrn sei Dank, der Kerl ließ sich eines Nachts abstechen. Ich weinte vor den Polizisten, denn die Witwe muss trauern. Kaum waren sie weg, zog ich die Gardinen zu und klatschte vor Freude in die Hände. Außerdem, Schecho wartet auf Esthers Auferstehung. Dann will er sie entführen, sie auf die Berge im Südosten verschleppen. Ich fürchte mich langsam vor ihm.

Freund der Hunde, sage ich leise.

Und Freund der Steingebärerin. Sie empfängt ihn oft, sie hat Hintergedanken. Die schwarzen Spinnen in seinen Nasenlöchern machen ihr wohl nichts aus.

Liebe Dame, setzt Burak an.

Gleich bittest du mich um einen Gefallen.

Weshalb haben sie sich aufgehängt?

Die Bettlägerige, ihr kennt sie, besonders du, Arier. Sie wird für den Rest ihres Lebens nicht aufstehen. Was tut sie? Sie trinkt Harn, wird schwanger, bekommt ein Kind. Ihr Mann muss den begnadigten Widder am Strick in ihr Zimmer führen. Sie streichelt ihn, er kackt in die Stube, der Herr Sekretär düngt mit den Häufchen sein Blumenbeet. Was ist das?

Seltsam, sage ich.

Falsch, ruft sie, das ist Glück.

Ich weiß, dass die hängenden Grazien unglücklich waren, sagt Burak, aber wieso?

Was erzählen sich die Leute im Viertel?

Ehrenschande. Irrsinn. Empfindsamkeit.

Und ihr glaubt daran?

Nein.

Ihr habt euch geschlagen.

Mit den Bauernsöhnen im Olivenhorn, sage ich, kein Sieg, keine Niederlage.

Stolze Söhne der Sieben Türme, sagt sie lachend.

Ebru Hanim, flüstere ich, Schwester Esther.

Die schöne Jüdin … Hier, fülle den Krug mit Wasser vom Brunnen. Ich habe Durst.

Ich laufe die Pilgergasse entlang, die Tagelöhner kehren von der Arbeit zurück. Sie schieben die Mütze in den Nacken, wischen mit dem Schweißtuch über Stirn und Hals, sie necken mich: Für welche Schöne füllst du den Krug, Hitlersohn? Vater der Deutschen, er hat sich in den Kopf geschossen, als Geisel der Amerikaner wollte er nicht enden. Sie hätten ihn vorgezeigt wie die Ziege, die mit dem Huf zählt. Das hätte dich traurig gestimmt, oder? Nein. Doch, Hitlersohn, du willst es nur nicht zugeben. Trauert dein Volk, was meinst du? Alles verblüht, alles welk. Du redest wie ein Gelehrter. Wir lassen dir den Vortritt, füll' den Krug, mach' der Schönen eine Freude. Ein Mann zählt laut meine Narben auf dem kahlen Schädel, er kommt auf vierzehn Narben. Kleiner Krieger, ruft er mir hinterher, keine Angst, im nächsten Krieg bist du ausgewachsen, du wirst viele Feinde töten. Ich drücke den Krug gegen die Brust, achte darauf, dass das Wasser nicht überschwappt. Die Hökerin trinkt und trinkt und trinkt, holt danach tief Luft, lächelt mich an.

Es sollen dir viele das Glas Wasser reichen, wenn du durstig bist.

Danke, liebe Dame, sage ich, Ebru Hanim, Schwester Esther.

Während du fort warst, hat dein Freund geschwiegen.

Mein Bruder, sage ich.

Er erstarrte. Ich sprach ihn an, vergeblich.

Ich habe auf Wolf gewartet, sagt Burak.

Das haben wir beide. Ich blieb im Diesseits. Du aber bist für kurze Zeit gestorben. So war das auch mit der Grazie Esther. Sie war unverdorben. Ich brachte ihr bei, wie man den Ziersaum an den Rock näht. Sie führte den Faden durch die Öse, und da geschah es: Sie tauchte ab, die dunkle Schwester stieg empor.

Wer ist das?, sage ich.

Die Hexe im Leib, sagt sie, der Abglanz der Seele, der finstere Widerschein. Kein Dämon. Reste des Schlicks, den der Herr behaucht hat mit Seinem Atem.

Sie verwandelte sich in eine böse Frau?

Natürlich nicht, ruft sie und trinkt einen großen Schluck aus dem Krug, für zehn oder zwanzig Wimpernschläge war sie für diese Welt verloren.

Und dann?, sagt Burak ängstlich.

Dir wird es nicht widerfahren. Bei Esther sank die dunkle Schwester wieder herab, die Trübung verschwand und ihre Augen glänzten wieder. Doch es wurde immer schlimmer, sie verlor den Kampf, sie verschlammte. Es war die dunkle Schwester in Esthers Leib, die ihr die Schlinge um den Hals legte.

Von keinem gesehen, von keinem belauscht, von keinem belehrt. Frauen im Grab, armenisch, moslemisch, tot. Schwebende Frauen, für uns in diesem Leben nicht mehr erreichbar. Die Hökerin, hat sie Schechos Antrag abgelehnt, weil er der schönen Jüdin verfallen war? Entehrt er Esthers Andenken, müsste er nicht für den Rest seiner Tage weiblos bleiben? Die Zigeunerin in der bunten gebauschten Hose starrt blind in die Ferne, sie träumt vielleicht ihre Kinderzeit herbei, da man ihr Brot und Wasserkrug reichte und ihr Lieder gegen die Bekümmerung vorsang. Wir verschwinden in der Gasse, wir stören nicht ihren Schlaf mit offenen Augen.

41. Der Majestätische

Vater hängt den Ahnensäbel ab, Mutter und Derya schauen schweigend zu. Der Hodscha sitzt mit verschränkten Beinen auf dem Polster, er reckt den Hals, als ich eintrete. Ich küsse seine Hand, er sagt leise: Friede dem Christen. Will Vater den Säbel versetzen? Oder hat er den Gottesmann gerufen, um einer seltsamen Feierlichkeit beizuwohnen? Mutter geht es nach dem zweiwöchigen Landaufenthalt viel besser, sie ist aber immer noch so bleich, als hätte sie sich mit Mehl gepudert. Sie zeigt auf den Anzug am Kleiderhaken, er hängt über der Stuhllehne. Marineblaues Jackett, dunkelgraue Hose. Zwei dunkelblaue Krawatten. Eine Gabe des reichen Herrn.

Ich ziehe mich im Bad um, kehre ins Wohnzimmer zurück, Derya bindet mir die Krawatte, löst den Knoten, sagt die einzelnen Schritte auf: Das breite Ende liegt über dem schmalen, das breite Ende unter dem schmalen nach rechts, zurück nach links, durch die Halsschlinge, nach unten durch die Schlaufe, Knoten fest ziehen, fertig.

Die englischen Kutscher haben den Schal auf diese Weise geknotet, sagt sie, deshalb heißt der Knoten Vierspänner.

Drückt wie Henkersschlinge, sage ich.

Ich will das nie wieder hören, sagt Mutter streng.

Entschuldigung.

Du siehst aus wie ein junger Sekretär, sagt Vater, du wirst dich daran gewöhnen.

Krawatte statt Kragen, sagt Derya, es ändert sich fast nichts. Sogar für Mädchen gibt es Krawattenzwang.

Was?

Das heißt: Wie bitte? Du musst dich in den neuen Umgangsformen üben.

Wirst du der Mutter eines Mitschülers vorgestellt, musst du ihr einen Handkuss geben, sagt Mutter, das ist ein gehauchter Kuss. Deine Lippen dürfen ihren Handrücken nicht berühren.

Betritt eine Dame den Raum und kommt an deinen Tisch, stehst du sofort auf, sagt Derya, du wartest, bis sie Platz nimmt, erst dann setzt du dich hin. Wir werden üben.

Burak hat mir erzählt, dass man einen Anstandsrest auf dem Teller übrig lässt.

Das stimmt.

Werde ich nicht tun. Das ist Sünde.

Ich spreche dir meine Achtung aus, ruft der Hodscha lächelnd.

Sie werden dich für einen ungehobelten Bengel halten.

Mutter, du hast es mich gelehrt: Iss den Teller blank. Streu die Krümel nicht auf den Boden. Ehre Brot und Salz.

Sitte in unserem Haus, sagt Vater, bei den Reichen geht die Sitte anders. Sie werden dich trotz des neuen Anzugs als den erkennen, der du bist: ein Siebentürmejunge mit vernarbtem Schädel. Ein kleiner Schläger ohne Kultur. Bestimmt laden dich die Eltern eines neuen Freundes ein. Sie werden wissen wollen, ob du etwas taugst.

Ich verstelle mich nicht, rufe ich.

Guter Krieger, schreit der Hodscha, stoß' sie zu Boden, wenn sie dich verspotten.

Lieber Hodscha, sagt Mutter und klopft sich selbst auf die Hand, du bist uns keine große Hilfe. Unser Sohn zieht nicht in den Krieg. Verzeihung.

Manche Männer glotzen hoch und warten, dass die Sterne vom Himmel fallen, sagt Vater, das werden wir nicht erleben.

Nur der Herr kennt die Stunde des Untergangs.

Ihm dienen wir … Die Sterne leuchten also weiter, und die Reichen herrschen weiter.

Na ja, flüstert Derya.

Du bist jetzt ruhig, Tochter. Wolf, du musst … drüben bestehen.

Ja, Vater.

Franz bezahlt das Schulgeld. Ihm bist du es schuldig.

Ja, Vater.

Du schuldest es uns, dass du nicht versagst. Übrigens, ich habe den Schulleiter um eine Unterredung gebeten. Er war so freundlich, mich zu empfangen. Ein stattlicher Mann, deutsch bis in die Schnurrbartspitzen …

Abdullah!, ruft Mutter.

Das meine ich als Kompliment. Spricht fast ohne Akzent Türkisch. Seine Vorzimmerdame brachte Mokka und eigenartiges Wasser mit Bläschen …

Mineralwasser, sagt Derya.

Genau. Wir tranken und lächelten einander zu. Ich tat so, als würde ich nicht merken, dass er mich mustert. Was sah er? Mich im geflickten Anzug. Was sah er nicht? Gossenschmutz am Hosensaum, Schuppen und Haare auf den Schulterpolstern, loser Schnürsenkel, fehlender Knopf und abstehende Fäden. Er befand mich also für würdig, seiner kleinen Ansprache lauschen zu dürfen. Er sprach:

Ich dulde keine Mätzchen! Ich dulde keinen Unernst, keine derben Späße. Ich dulde keine Abweichung von Regelwerk und Ordnung … Eine lange Liste.

Streng, sage ich leise.

Gehorsam und Eifer. Und Vaterlandsliebe.

Welches Vaterland soll ich lieben?

Das deutsche, sagt Vater, da du deutschen Blutes bist.

Singen wir eine Hymne?

Die türkische.

Komisch.

Nicht wahr? Aber so hat man es beschlossen, und so wird es gemacht. Ich habe dem Herrn Direktor versprochen, dass es dir nicht an Pflichtbewusstsein mangeln wird.

Hah, ruft Derya und kichert.

Er erzieht mich zum Äffchen, sage ich.

Vater spricht von der sonderbaren Begegnung. Ein deutscher Mann, Katholik, Patriot, setzte ihm, dem er nicht wirklich vertraute, auseinander, dass er die Luftikusse enttäuschen werde, die auf einen neuen Anfang hofften. Er hätte sich mit den alten großen Herren nicht gemeingemacht, und sie aber auch nicht gereizt mit widerständischer Politik. Über die Widerständler könne er übrigens kein gutes Wort verlieren. Wieso? Der Direktor blickte Vater in die Augen, ein strafender Blick, er war ungehalten über diese Frage, er erhob sich vom Thronsessel mit dem neuen Polsterbezug, keine Sitzmulde, kein Riss im Stoff, er ging vor Vater schnaufend auf und ab, blieb plötzlich stehen und sagte laut: Bolschewistenbrut kommt mir nicht in die Stube! Liberalität in Maßen, meinethalben. Sehen Sie sich vor! … Vater blieb ruhig, bohrte die Fingerspitzen heimlich in die Hand, lächelte den Mann an. Er sagte, dass der Herr Schulleiter nicht dem Irrtum verfallen dürfe, in ihm einen Bannerträger entdeckt zu haben. Sein Name Abdullah heiße ins Türkische übersetzt: Diener Gottes. Der Dienst am Herrn ginge den Männern und Frauen des Siebentürmeviertels über alles. Die Kinder würden in diesem Geiste erzogen werden. Und doch sei man und sei er nicht weltblind. Man glaube und er glaube: Große Herren kommen in den Himmel, wenn sie in der Wiege sterben … Da hat der

Herr Liebig, so lautet der Name des Direktors, den Arm herabsausen lassen wie ein Fallbeil, um ihn zum Schweigen zu bringen. Er zischte böse lächelnd: Wenn Sie, Erziehungsberechtigter des deutschen Knaben Wolf, bitte schön nicht unverschämt werden wollen! Wenn Sie bitte schön nicht ausgerechnet mich belehren wollen! … Er schrie ihn dann an, die Vorzimmerdame riss die Tür auf und bat den Besucher, zu gehen.

Sehr schlecht, sagt Mutter, du hast den armen Mann aufgebracht.

Arm? Der Kerl glaubt, er steht behelmt und gepanzert an der Mauerzinne. Glaubt, er wehrt allein die Mongolen ab.

Er wird sich Wolf vorknöpfen, sagt Derya, trotzdem bin ich stolz auf dich, Vater.

Darf ich mich einmischen?

Natürlich, Herr Hodscha.

Gottlos ist der Direktor nicht?

Nein, sagt Vater.

Er hasst die Kommunisten. Wir hassen diese räudige Rotte auch.

Ich hasse sie nicht, ruft Derya.

Ja. Der deutsche Herr ist in einer … Zwangslage. Sein Land ist besetzt. Er fragt sich: Werde ich ein Opfer der Säuberungen? Wird man mich verhaften, nach Deutschland verbringen? Mich zwingen, die Haufen ermordeter Juden zu besichtigen? Wird man mit mir kurzen Prozess machen?

Er kam mir vor wie ein nervenkranker Mann, flüstert Vater.

Da haben wir es! Er sorgt sich um seine eigene Zukunft. Was tut er, wenn man ihn absetzt? Dort in seinem Land hungern die Leute. Hier verdient er wahrscheinlich genauso viel wie ein türkischer Minister.

Du verteidigst ihn?

Wolf?

Ja, Herr Hodscha?

Hast du Angst vor diesem Herrn … Lippisch?

Liebig, ruft Vater.

Nein, sage ich.

Mein Rat an dich: Du wirst in dieser Schule auf … Freigeister, vornehmlich unter den Türken, treffen. Moslems ohne Islam.

Spreche vor ihnen nicht vom Glauben des Viertels. Behalte es für dich.

Derya bittet die Männer, mich nicht länger mit Ratschlägen zu zermürben. Der Hodscha schaut sie missmutig an, sie hat ihn in seiner Unterweisung unterbrochen. Ich bin ein Christ, der die große Körperwaschung vornimmt, die Taufe nach der Befleckung. Ich bin ein Christ, der den Aberglauben der kleinen Leute im Viertel angenommen hat: Vor dem Schlafengehen stecke ich Nadeln ins Schloss der Zimmertür, dass kein Geist mit dem Lufthauch eindringen kann. Ich bin ein Christ, der den Ahnensäbel als Leihgabe bekommt, Vater bittet mich, ihn an die Wand im Zimmer des neuen Hauses zu hängen. Der Säbel wird mich daran erinnern, wer ich bin und wohin ich gehöre. Große Worte, Derya läuft rot an, weil sie gegen einen Lachanfall ankämpft. Mutter träumt sich fort, sie ist genauso wie die Hökerin eine Fernträumerin. Morgen wird Derya ins Istanbuler Jenseits hinübergehen. Mir bleibt wenig Zeit, bald verlasse auch ich sie für fünf Tage in der Woche. Sie schaut auf, blickt mir ins zerschlagene Gesicht. Mutter, Vater, Derya: Sie haben sich angewöhnt, mich nicht auszufragen. Ich warte ab, bis sich der Gottesmann von uns verabschiedet. Dann erkläre ich: Bauernsöhne, Zweikampf, weder überlegen noch unterlegen. Kein Lob, keine Rüge. Sie geben mir eine Stunde frei, ich darf herumstreifen. Vater lächelt mich heimlich an, er ahnt es. Ich werde mich verspäten.

42. Der Großzügige

Vor ihrem Haus blicke ich hoch, ein Schatten am Fenster. Das Licht geht aus und wieder an. Wir haben dieses Zeichen verabredet, ich darf sie besuchen. Die Tür ist angelehnt, ich husche hinein, sie sitzt barbusig auf dem Polster, sie klopft mich auf ihren Schoß. Diesmal hält sie mich fest in der Umarmung, sie flüstert: Ein letztes Mal, schöner Arier, du folgst meinem Willen. Sie erklärt mir, was ich zu tun habe, und da ich erröte, lacht sie auf. Ihr Rock, ihr Unterrock, ihre Unterhose fallen auf den Boden, sie legt sich auf den Rücken, drückt meinen Kopf zwischen ihre Beine, ich rieche sie, ich schmecke sie, ich bekomme keine Luft, ich atme ein und aus, ein und aus, sie drückt mein Gesicht auf ihre Schoßrinne, und sie biegt ihren Rücken durch, meine Nase schabt an der Haut ihrer Scham, und sie leitet mich mit Lauten an, ich folge ihrem Willen, bis sie aufschreit und sich auf die Seite legt. Sie atmet ein und aus, ein und aus, ein und aus. Dann legt sie mich auf den Rücken und ich verschwinde in ihrem Mund …

Es ist alles gut, sagt sie wenig später, alles gut, Wolf.

Ja, flüstere ich.

Du wirst mich vergessen.

Ich bin an Wochenenden hier.

Das war mein Abschiedsgeschenk … bleib liegen.

Warum?

Damit ich dich streicheln kann, sagt sie.

Nein, warum Abschied?, sage ich.

Weil es einmal angefangen hat.

Aber Sie sind mein Glück.

Sei nicht albern, sagt sie, du wirst mit einem Mädchen in deinem Alter glücklich werden.

Will ich nicht.

Mein schöner Deutscher, es wird geschehen, du bist machtlos dagegen.

Sie wollen mich nicht mehr.

Sie zieht mir die Hose hoch, knöpft sie zu, reibt meine Wangen rot: Die Gesichtsblässe würde mich verraten. Dame Bela Palan, Licht fällt auf ihre Haare, die sie lose am Hinterkopf verknotet. Sie spricht: Vertu dich nicht in der Farbe der Strümpfe. Blaue Socken passen zum grauen oder sogar schwarzen Anzug. Hautfarbene Socken zu erdfarbenem Anzug. Dunkelgrau passt zu Kaffeebraun und Schwarz. Merkst du dir das bitte? Kleiner Mann wird größer, und er muss sich vorsehen. Wovor? Vor den schönen Töchterchen, die ihn zum Tischerücken einladen … Wieder ein Ratschlag, ich sitze neben ihr, der barbusigen Dame, und sie gibt mir noch einen Rat, beschränke die Liebe nicht auf die Deinen, sie zupft gedankenverloren an den Körben ihres Büstenhalters, der Hodscha schlägt mich nicht dem Haufen der Heiden zu, Mutter mahnt Anstand an, Vater leiht mir den Säbel seiner Ahnen, Derya darf ich nach all der Zeit nicht Schwester nennen, die Dame redet von der Hurerei, und dass hurende Männer ihr ein Gräuel sind, drehte ich alles um, und wären Tod und Not aufgehoben, küsste Schecho morgens die Hökerin und fütterte die schöne Jüdin mit Granatapfelkernen, der Puppenmacher würde keine Fratzenmasken malen, den Schemel, auf dem er vor seinem Laden sitzt, um die Heimgekehrte zu empfangen, verbrannte er, die wilden Hunde jaulten nicht Mond noch Nebel an, sie leckten nicht am Blut der geschichteten Opfertiere, ihr Fell glänzte und ihre Augen glänzten, die gehängten Grazien, in weißer Bluse und im Sommerrock gingen sie durch die Gassen und trafen auf den Schrotthändler, der Zigeuner hielte ihnen seinen Buckel hin, und sie küssten die fleischige Flosse, und er schnallte kleine Zimbeln an Daumen und Zeigefinger, er tanzte den Messertanz der Mörder im Morgengrauen, der Schweiß tropfte ihm auf die Lackschuhe, und Baron Tara, der Gebieter über seinen Stamm, tanzte mit ihm um die Wette, wer zuerst keucht, wer zuerst die Rasierklinge zückt, um sich zu schlitzen, um zu bluten für die Grazien, der verliert, Tod und Not aufgehoben, dann wäre Schükran Hanim die Sängerin am Haus des Irren vom Fenster, er hätte noch alle Zähne im Mund, er streute Buntpapierschnipsel, er streute Walnussbruch, er streute Worte des Irrsinns, und sie und er verständigten sich mit Kinderlauten, weil jedes Wort verseucht ist und verfälscht, die singende Dame würde in der Gasse der Verrücktwerdung, in der Gasse, da man seinen Blick auf den Boden heften muss, würde sie nach Schwester Gülfem rufen, die unter Trümmern Begrabene und Gerettete, die aus Wildkräutern bitteren Sud und schwarze Suppe brauende Frau schlüge den schwarzen Tüllschleier um und würfe die zernagten Pflanzenstängel in die Luft, kein Tod und keine Not, der Wärter striche die Wände des Kerkers weiß, und den Boden grün, er kittete die Fugen und Risse, es wäre ihm die Kunde gegeben worden, dass der Himmel nicht einstürzte, nicht morgen, nicht im nächsten Jahr, nicht in den Tagen seines Lebens, der Nasenlose säße im Schneidersitz bis zur Dämmerung still und reglos im Schatten des kahlen Baums, die Jungfrauen, angetan entzückt entrückt, banden Bittfetzen um seine Arme und Beine, und auf jedem Fetzen stünde der Satz: Herr, lass ihm eine stattliche Nase wachsen, der Schatten der neuen Nase fiele ihm im Hochsommer auf die Halsbeuge, der Barbier, ausgestattet mit zwei handtellergroßen runden Spiegeln, schnitte ihm die Nasenhaare ab, und er leimte sie auf die Oberlippe des Zigeuners, viele lange Stunden brauchte er für diese Arbeit, währenddessen der gute Mann sich in der Kunst übte, glitschige Melonenkerne festzuhalten, Tod und Not aufgehoben, Schnapsschwamm spuckte Schwälle von Gift und Galle, er rührte keinen Alkohol mehr an, da er nicht länger Anis ausschwitzen will, der Vernarbte, großer Bruder ersten Ranges, erhoben durch seinen Mut und nicht durch die Schnitte der beißenden Scherbe, er wäre erhoben, weil er mit den Schönen in den Gräbern spricht, und sie erzählten ihm von der Herrlichkeit der nicht blutenden Schoßwunde, sie beschrieben ihm die Gestalt ihrer Ehrenrose, die sie geblutet hatten auf die feuchte schwarze Erde, Armine sagte: Ich blutete ein Mal, das aussah wie vier Arschfalten, Entsanush sagte: Ich blutete eine kleine Null, die wundersamste Zahl, die der Herr erschaffen, Lori sagte: Zwischen meinen Beinen entspross eine Hand mit drei Fingern, halbe Finger, viertel Finger, Mari sagte: Ich blutete Wasser mit Säuglingszähnen und mit Säuglingsohren, ich erschrak, und da aber sah ich, es waren runde Glaswinzlinge, weiße Murmeln, und Shushan sagte: Ich blutete nicht, ich blutete doch, nach langem Liegen malte mein Blut das Mal der Frauen, eine Lilie, und da der Vernarbte ihnen lauschte, unter den Blicken strenger Witwen, lachte er und lachte, denn die Armenierinnen, die geschändeten Mädchen von einst, trösteten ihn, der einem Totenackerköter glich, kein Tod und keine Not, der ehemalige Wächter, der Ohrgelöcherte, drückte eine Kichererbse in das Loch, er arbeitete als Schnapsglastrockner in Hristos Kneipe, er ginge nie hungrig ins Bett, er bisse morgens in die Zwiebelknolle und verspritzte den Saft über den Tresen, er wischte mit dem Hemdsärmel über das Holz und zerrisse den Ärmel an einem abstehenden Splitter, und weil er darüber fluchte, lockte er die fette Herrin an, er starrte sie an, sie starrte ihn an und verschwände, und keiner einzigen Seele, nicht Hristo noch einer Grazie, würde er verraten, dass die Herrin ein abgebissenes linkes Ohr hatte, und nachts im Bett beschäftigte ihn allein eine einzige Frage: Wer wäre imstande, die größte Ratte des Viertels, mächtiger als die Rüden des Gerbers, unheimlicher als die Geister, die am Fenster des Hauses vom Hodscha flackern, wer wäre imstande, der Herrin ein halbes Ohr abzubeißen, wer hatte ihr sich im Kampf gestellt und war nicht geflohen, Tod aufgehoben, Not aufgehoben, Tag der Auferstehung nicht aufgeschoben, doch in den Tagen davor, in unserer Zeit, spuckten alle Bauernsöhne hoch, es regnete in den Himmel der Wolken, und auf dies Zeichen fiele Ebru Hanim durch das Dach und durch die Zimmerdecke, der Herr Direktor erstarrte mitten in der Bewegung, seine Hand ruhte wie ein totes Tier auf dem Knie seiner Frau, und die Frau Lehrerin spräche mit ihm auf Deutsch, sie sagte: Zum Teufel mit deiner Hausordnung, sie sagte: Larifari, und der Tisch und die Stühle, alle Sessel, alle Kommoden, das Schuhregal, alle Latten des Gartenzauns brächen in der Mitte entzwei, und der Direktor starrte auf den halben Zahnstocher neben seinem Teller … Sie rüttelt mich wach.

Du musst jetzt gehen, sagt sie.

Schöne Dame Palan.

Ja, sagt sie lächelnd.

Ich habe eine letzte Bitte. Lehnen Sie sie nicht ab.

Was denn?

Lassen Sie es heute erst das vorletzte Mal gewesen sein.

Du schiebst dann nur das Ende auf.

Es gäbe etwas, worauf ich mich freute, sage ich, dort drüben im Istanbuler Jenseits.

Nein … Unter einer Bedingung.

Alles, rufe ich.

Du bringst mir etwas mit, sagt sie.

Alles, was Sie wollen.

Zuckerwerk mit Pistazienfüllung. Vier Stück. Zwei für dich, zwei für mich.

So viele, wie Sie essen möchten, sage ich.

Kaufe sie von dem halslosen Konditor in der Peraallee. Jeder kennt

ihn. Lass' dir den Weg beschreiben. Es stehen im Laden Männer mit Hut und Frauen mit aufgespannten Sonnenschirmen Schlange. Du wirst auffallen. Achte nicht auf die verächtlichen Blicke …
Sie bringt mich zur Tür, keine Abschiedsworte, ich werde sie wiedersehen. Zwei Gassen weiter drücke ich mich an die Hauswand, Tete kehrt zurück, sie isst im Gehen geröstete Kichererbsen. Jeden zweiten Tag besucht sie Schwester Gülfem in der Heilanstalt, bringt ihr Kräuter vom Feld, an denen sie riechen kann. Beim Gerber hat sie einen Lederbeutel in Auftrag gegeben. Ihre verwirrte Zofe soll ihn an den Gürtel binden und hineingreifen, wann immer sie Heißhunger auf Mandeln und Kichererbsen hat. Oft habe ich in Tetes Tierbilderbuch geblättert. Mein Lieblingsbild ist ein Löwe mit halbem Mähnenkranz. Schmutzig gelbe Haarwollknäuel am Hals. Er liegt am Seeufer, nicht mehr durstig und nicht mehr hungrig, neben ihm die tote Antilope, deren Bauch er aufgebissen hat. Frauen jagen das Wild. Sie trinken, sie essen sich satt. Jägerin Dame Bela Palan. Sie wird nicht hungern nach mir, sie wird große Brüder wittern, die sich für einen langen Kuss von ihr das Ohr löchern ließen. Ich eile zum Brunnen, spritze mir kaltes Wasser ins Gesicht, immer wieder, immer wieder, bis ich glaube, dass man mir die Kleinejungenliebe nicht mehr ansieht.

Teil II

ISTANBUL 1949

43. Der Wachsame

Die Hofdamen trugen Perücken. Auf den Scheitel stellten sie den parfümierten Wachskegel. In der Hitze zerschmolz das Wachs, die ölige Paste floss über das Kunsthaar. Könnt ihr euch das vorstellen? Bestimmt. Im alten Ägypten roch nicht nur die Schwester des Gottkönigs gut. Die Perücke war für den einmaligen Gebrauch vorgesehen. Man weiß nicht, was damit geschah. Vielleicht wurde sie an die Dienerinnen verschenkt. Vielleicht galt sie als heilig. Dann durften die niederen Frauen sie nicht berühren. Es könnte aber auch sein, dass die Perücke im Tempel des Gottkönigs verbrannt wurde. Eine zeremonielle Handlung. Ihr könnt mir folgen? Bestimmt. Zweite Schulbank, rechte Wand, Wolf. Aufpassen! ... Ich weiß, dass du unruhig wirst, wenn ich nicht von blutigen Schlachten erzähle. Still! Kulturgeschichte wird vernachlässigt. Hört mir zu! Daten, Zahlen, Herrschaftszeiten: Das alles müsst ihr wissen. Wichtig ist aber auch: Alltag, Kochrezepte, Kleidung, Beschwörungen, Lieder, Zerstreuung, Haustiere ...
Kubilay leckt die Mulden zwischen den Fingerknöcheln, reibt sie trocken. Eine schlechte Angewohnheit. Ich tue so, als hätte ich es

nicht gesehen. Frau Schenay blüht auf, da sie über die Kleinigkeiten spricht, von denen sie schwärmt: Die Höflinge, sie machten kleine Schritte. Vor dem Gottkönig warfen sich die Niederen zu Boden, sie durften ihm nicht ins Gesicht blicken, darauf stand der sofortige Tod durch die Lanze des Henkers. Kubilay flüstert: Herr und Knecht, eines jeden Platz unverrückbar. Sofort wird Frau Schenay auf ihn aufmerksam, sie bittet ihn an die Tafel, er soll sein Wissen mit uns teilen, und da er mit hängendem Kopf schweigt, wird ihm verziehen. Keine Strafarbeit. Sie lässt ihn einige Minuten vorne stehen. Wir sind gleich groß, ich bin hell, er ist dunkel, er hat große Hände. Er trägt einen guten Anzug, der Sohn eines reichen Mannes, Glanz auf den Schuhspitzen, Glanz am Haar, das er streng nach hinten gekämmt hat. Im Schaukasten hinter ihm ist das zweiseitige Schriftstück des Direktors angeschlagen. Verfügungen gegen tadelnswertes und/oder unanständiges Verhalten auf dem Schulgelände. Jede Lehrkraft ist eine Respektsperson, die zulässige Anrede lautet: Meine Frau Lehrerin, mein Herr Lehrer. Häme im Blick und in der Gebärde wird mit mindestens zweitägigem Schulverweis bestraft. Jede Rede wider das Ehrgefühl, die sittliche Verfasstheit, das christliche Empfinden, und jeder Spott wider Staat, Land und Hoheiten ist strengstens untersagt. Der Zuwiderhandelnde hat sich im Vorzimmer des Direktors einzufinden, und so lange zu warten, bis er empfangen wird.

Der Schulleiter entscheidet im kurzen Zwiegespräch über das Strafausmaß. Es liegt in seinem Ermessen, ob er den Verstoß den amtlichen Behörden meldet … Mein Herr Direktor Doktor Liebig, kurz DDL, unterzeichnet oft und gern Hausmitteilungen. In der Pause steht er reglos am Fenster, blickt herunter auf den Hof, wir sind kluge Äffchen, wir rennen und schreien nicht, wir pfeifen keine Frauen an, die am übermannsgroßen Metallzaun entlanggehen, wir sind für viele Stunden des Tages gefangen, und grämen uns aber nicht offen darüber. Doktor Liebig, der lauernde Henker ohne Lanze, hält jeden von uns für einen Halunken. Der Hausmeister ist sein erster Diener, auch er belauert uns. Bislang gelang es ihnen nicht, uns zu überführen. Nach dem Fahnenappell an einem Montagmorgen hielt er eine kurze Rede über Charakterlumpen: An den

Rändern sind die Rauschhaften, in der Mitte sind die Löwenherzen! Geschichte, Mathematik, Sprachen, Religion, jedes Fach dient der Charakterbildung! Wer säumt und sich verspätetet, wer spaßt und dem Unernst verfällt, ist ein Lump! In dieser hohen Schule, die ich die Ehre habe zu leiten, lernt ihr soldatische Tugenden! In dieser Kaserne schleifen wir euch zu wahren jungen Männern! …

Wir nennen ihn Führer, er hat wie Hitler und Himmler angelaufene Mäusezähne. Den Backenbart hat er gestutzt, und ihn auf ministeriale Anordnung abrasiert. In seinem Dienstzimmer hängt neben dem Bild des Führers der Türken auch ein Bild von ihm. Beide Männer blicken ernst in die Ferne.

Igor hebt die Hand, er wird aufgerufen und fragt, ob es stimme, dass die alten Ägypter Hunde gegessen haben. Frau Schenay ist entsetzt, das Halbwissen ihrer Schüler empört sie. Sie hämmert mit der kleinen Faust gegen die Tafel und verschmiert die ersten beiden Buchstaben des Wortes Pharao. Kreide rieselt von ihrer Hand. Sie wütet, sie tobt, sie schimpft uns Analphabeten. Jäh hält sie inne, zeigt auf mich, ich erhebe mich vom Stuhl.

Du lebst in diesem … Viertel, sagt sie.

Sieben Türme, rufe ich.

Wenn mich nicht alles täuscht, streunen dort in den Gassen verwilderte Hunde.

Jawohl, meine Frau Lehrerin.

Katzen?

Nein … nicht so viele.

Dein Viertel gilt als Hort der Hundefreunde. Wieso eigentlich?

Wegen der Schei… wegen des großen Stuhls der Tiere. Die Gerber verrühren ihn mit Kalk.

Ekelhaft, sagt sie.

Jawohl, meine Frau Lehrerin.

Die Luft verpestet, alles verkeimt.

Verzeihen Sie, dass ich widerspreche. Die Hunde, sie sind immer hungrig, das liegt in ihrer Natur. Sie sind nicht krank, sie haben vielleicht Zecken im Fell.

Willst du mich etwa belehren?

Nein.

Gut, hinsetzen. Einst beschwerten sich die ausländischen Gesandten über Istanbuls Hunde. Der Sultan verfügte ihrer aller Deportation auf eine kleine einsame Insel. Anfangs brachte man Futter, sehr bald überließ man sie ihrem Schicksal. Sie zerfleischten einander. Sie verhungerten. Was lernen wir daraus? Die Bürger der Stadt wurden nicht angefallen und nicht gebissen. Dafür musste man einen geringen Preis entrichten …

Die Kameraden in den hinteren Reihen werden unruhig, sie beherrschen sich, Frau Schenay würde sie alle zum Direktor schicken. Hezro, blonder grünäugiger Jude, benannt nach einem Krieger des Propheten Davids, hebt trotzdem die Hand.

Was denn nun schon wieder?

Meine Frau Lehrerin, ich füttere einen Straßenhund. Jeden Tag.

Und?

Ein Rüde. Er leckt mir die Hand. Anfangs war er sehr scheu. Er dachte, ich verpasse ihm einen Tritt.

Seit wann denkt ein Hund?, sagt Frau Schenay kalt.

Er fühlt. Seine Liebe ist so schwer wie sein Körpergewicht.

Schüler Hezro, das ist falsches Türkisch!

Ja, meine Frau Lehrerin.

Die Menschen der niederen Klasse umgeben sich mit Tieren. Ziegen, Rinder, Hühner. Ein zivilisierter Herr führt seinen Schoßhund an der Leine … Wolf, in deinem Viertel leben viele Schwindsüchtige.

Nicht mehr als in anderen Vierteln, sage ich.

Das ist eine dumme Behauptung! Zivilisation ist der Sieg über die Seuchen. Die Niederen aber, unbedarft und unbekümmert, gleichen behinderten Kindern. Sie sind der Bürgerlichkeit abhandengekommen. Sie lauschen dem Darmgrollen des Schicksals …

Am liebsten würde ich meine Proviantbüchse nach ihr werfen. Sie verachtet mich, sie schlägt mich dem Haufen der Gesetzlosen zu. Sie sprach: Man muss nur ein bisschen an deiner deutschen Tünche kratzen, dann kommt die Volksfratze zum Vorschein. Sie sprach: Die Schafe auf der Wiese halten das Gras kurz. Bist du ein Schaf, Schüler Wolf? … Sie hat ihren Vortrag beendet, nun fordert sie uns auf, das Geschichtslehrbuch aufzuschlagen. Seite dreiundvierzig, drittes Kapitel. Herrschaft der Pharaonen. Ich schwitze mir beim stillen Lesen das Gesicht nass. Heute früh habe ich mir die Achselhöhlen gewaschen, ich rieche trotzdem streng, Kubilay rückt mit dem Stuhl weg. Frau Schenay klatscht in die Hände, sie bittet um eine knappe Wiedergabe des Kapitels. Igor meldet sich freiwillig. Er erzählt: Pracht des Königs, der fleischgewordenen Gottheit, gehuldigt, gesegnet, gesalbt. Elend der Sklaven, die Ziegel stachen aus dem Ton für die Paläste und Tempel. Frau Schenay fällt ihm nicht ins Wort, obwohl Igor vom Wortlaut abweicht. Unsere Frau Lehrerin hasst das Volk und liebt aber die Revolution: Der niedere Lump ist eine defekte Maschine, die Kräfte der Geschichte zertrümmern ihn, fegen die beharrenden Elemente beiseite. Alle Jungen in meiner Klasse bezeichnen sich als Sozialisten oder mindestens als Linksprogressive. Ich gelte als rechtsdeutscher Lump von den sieben Türmen.

Wolf?!

Ja, meine Frau Lehrerin.

Nicht träumen. Möchtest du Igor berichtigen?

Ein Reicheleutesohn schlägt sich auf die Seite der Armen. Das gefällt mir.

Wie weiter?

Die Väter meiner Mitschüler beschäftigen Diener und Zofen, sage ich, das belustigt mich.

Diese Leute sind nicht gebildet. Sollen sie auf der Straße betteln? Sie kochen, sie putzen, sie waschen, sie bügeln. Sie halten das Haus rein und warm.

Ehrenwerte Arbeit, ruft Kubilay.

Richtig. Ginge es nach euch, müssten sie im Haus Feuer legen.

Der Revolutionär ist kein gemeiner Mordbrenner, sagt Igor.

Außerdem, ruft Frau Schenay und macht eine Pause, außerdem darf eine Putzfrau oder ein Portier heute wählen gehen. Ein Ziegelstecher unter dem Joch des Pharao durfte es nicht.

Es scheint Ihnen aber wohl nicht zu reichen, sage ich.

Ein alphabetisierter Volkslümmel, ruft Frau Schenay streng, kann ich wollen, dass man ihn befreit? Was wird er, da man ihm die Freiheit schenkt, tun? Seines Nächsten Hab rauben. Anderer Menschen Besitz raffen. Den Mann töten, der ihn daran hindert … Wolf, du hast eine ungute Gesinnung.

Vater arbeitet bei der Eisenbahn, sage ich.

Ach?

Meine Frau Lehrerin, ich meine natürlich Abdullah Bey.

Schön, dass du uns aufklärst.

Ich ehre ihn, ich ehre Mutter, und ich ehre das Brot auf ihrem Tisch.

Ich ehre die Männer und Frauen meines Viertels. Ich ehre den Gott ihrer Anbetung, und ich ehre ihr Blut und ihre Sitte.

Rechtsdeutscher, zischt der dicke Mete.

Ich fäll' dich mit einem Schlag, rufe ich.

Raus, aber sofort!

Ich stecke das Geschichtsbuch in den Ranzen, klappe den Henkel der Proviantbüchse hoch, schlüpfe in den dünnen Mantel, stehe vor ihr stramm. Die Frau Lehrerin spricht ihr Urteil: Erstatte dem Direktor Bericht über deine Verfehlung, erzähle ihm alles haarklein, ich werde es nachprüfen. Im Vorzimmer muss ich eine halbe Stunde warten, er ruft mich hinein, lauscht meinen Worten, schimpft mich einen Rüpel allererster Güte. Er will mich nicht zum Schulschwänzen anstiften: Befreite er mich für den Rest des Tages vom Unterricht, belohnte er einen kleinen Schläger. Ich muss zur Strafe bis zum Schulschluss reglos neben der Fahnenstange ausharren. Ich darf auch in der Pause nicht sprechen. Werde ich angesprochen, habe ich zu schweigen.

Ich schwanke nicht, ich trete nicht von einem Fuß auf den anderen. Führer am Fenster, er starrt hinab, Gehilfe in der Pförtnerloge, er mustert mich heimlich. Ich wache an der Fahne, sie bewachen mich. Die Glocke schrillt, Schüler strömen in geordneten Zweierreihen aus den Klassen, steigen die Galerietreppe herunter, verteilen sich auf dem Hof. Sie stoßen einander an und feixen. Mete schnürt heran, er sagt: Ich bind' dir einen Lumpen um den Kopf. Wenn der Wind auffrischt, wehen zwei Fahnen ... Der Hausmeister legt ihm die Hand auf die Schulter, er flüstert: Ich breche dir die Beine, dann zeigt er hoch zum Fenster. Beim Anblick des grimmigen Direktors macht das große dicke Kind Mete einen Satz zur Seite. Leises Gelächter, leise Gespräche. Jenseits vom Metallzaun, auf der gegenüberliegenden Straßenseite, ordnet der scheinblinde Hausierer die Trillerpfeifen auf seinem Bauchladen. Schwarze Hornbrille, schwarze Brillengläser. Er legt den Kopf in den Nacken und lauscht. Er ist nur auf einem Auge blind, die Tapferkeitsmedaille an der Brust gehörte seinem Vater selig. Ein Geist aus den Seitengassen der Pera-allee. Am Abend werde ich ihn wiedersehen. Hat er mich gewittert? Der Hausmeister zupft an meinem Ärmel, er verkündet: Strafe verbüßt, Herr Doktor Liebig ist barmherzig! … Erst glaube ich, dass er scherzt, und rühre mich nicht von der Stelle. Ich blicke zum Fenster: Führer fährt mit der Handkante über die Kehle, sein Zeichen für Abbruch.

Er liebt dich, sagt Hezro und zwinkert mir zu.

Feiger Jude, sage ich kalt.

Faschistensau.

Irgendwann misch' ich Schwein in dein Essen.

Würd' ich riechen. Dann löffelt Mete den Fraß.

Nehme nichts an von Fremden, sagt Mete.

Feiger Klops, sage ich.

Jungfer Schenay hat dich ins Herz geschlossen. Sie träumt bestimmt davon, dass du ihr alle Muttermale anlutschst.

Wer hat die Bestnote in Geschichte?

Ich. Und wieso? Weil ich der Klügste von uns allen bin. Besser noch als der rot gelackte Armenier.

Halt's Maul, ruft Igor.

Sehe ich da Fleischpastete in deiner Büchse?

Dir geb' ich nix. Übrigens, zu deiner Kenntnisnahme, Wolf: Die Dienerschaft bekommt bei uns im Haus mehr als den üblichen Lohn. Sie versorgt die Sippe im Dorf.

Wie müssen sie dich anreden?, sage ich, junger Herr, Ihr Nachttopf ist gesäubert.

Lasst ihn, ruft Kubilay, er ist aus bloßer Sturheit rechts.

Dein Vater würde dich zerhacken, sage ich, wenn er wüsste, dass du mit den Bolschewisten paktierst. Wir greifen in unsere Büchsen, beißen in die Teigtaschen, Mete ist als Erster fertig, und schaut uns gierig beim Essen zu. Rustam Bey setzt alle Hoffnung in Kubilay: Kaukasus und Kaytun verloren. Ein Niemand, der Niemals raunt. Die Russen sind für ihn begabte Mörder, sie haben die Tschetsche-nen abgeschlachtet und aus ihm einen Namenlosen gemacht. Sein

Erstgeborener erstickte am eigenen Blut. Er schwor: Niemals werde ich dem Mörder vergeben, er kommt nicht davon … Leere Worte. Kaytun brennt in der Hölle. Vater hat den Schmutz gekehrt, neue böse Schläger streifen durch die Gassen des Viertels.

Die Glocke läutet uns zurück in den Klassenraum. Herr Tamer wartet mit der eingerollten Zeitung in der Faust, bis wir Platz nehmen. Jede Unverschämtheit ahndet er durch einen Schlag, der Papierknüppel trifft den Flegel voll auf der Stirn. Wir sehen uns vor, er ist leicht reizbar.

Das Biologielehrbuch liegt aufgeschlagen auf der Schulbank. Ich beuge das Haupt, lese das Kapitel durch, ich bleibe an einem Wort hängen: Evolutionsmechanismus. Die Natur erschuf uns. Wer ist das? Eine gebündelte Kraft, viele Richtungen. Sieg des Zufalls. Wir sind geworden unter leerem Himmel, geworden in erhitzter Pfütze, Haut hat sich gespannt über rohe Klumpen. Glaubenssätze.

Schüler Wolf!

Ja, mein Herr Lehrer.

Habe ich mich verhört, oder hast du laut nachgedacht?

Glaubenssätze, sage ich.

Oh nein, ruft Igor.

Ruhe! Du bist nicht einverstanden mit der Entwicklungslehre?

Ich versuche sie zu begreifen.

Nicht herumdrucksen. Raus mit der Sprache.

Es heißt bei uns im Glauben, Jesus sei übers Wasser gelaufen, sage ich.

Ich kenne die Legenden, sagt Herr Tamer.

Ein Wunder. Für die Gläubigen eine Gewissheit. Eine Zelle, viele Zellen, ein gegliederter geordneter Körper, Bewusstsein. Nach vielen Millionen Jahren entsteht der Mensch. Ein Wunder.

Wissenschaft, bellt Herr Tamer.

Gestern hieß es Vorsehung, heute heißt es Natur, sage ich.

Wir werden eben klüger, ruft Mete.

Waren alle Menschen vor uns dumm? Sind wir derart erleuchtet? Leben wir wirklich in einer glanzvollen Zeit?

Dumme Fragen, sagt Herr Tamer, mich wundert nicht, dass du es bist, der sie stellt.

Bist reif für den Knüppel, flüstert Kubilay.

Ruhe! Erleuchtung? Ein Wort der Alten. Schöpfer und Schöpfung? Gefasel der Frömmler. Du ragst in das Licht, Schüler Wolf, du weißt es tatsächlich besser. Der Mensch ist das beste Tier dieser Welt. Wenn er wollte, könnte er alle Raubtiere vom Antlitz der Erde tilgen. Wir sind besser als sie, und trotzdem bleiben wir ein Tier unter Tieren.

Mit Verlaub, mein Herr Lehrer, das ist Philosophie.

Ach, wirklich?

Eine Deutung, sage ich, Sie lehren uns Sachlichkeit, und doch weichen Sie von den Fakten ab …

Er setzt sich sofort in Bewegung, ich schließe die Augen, und im nächsten Moment trifft mich der Papierknüppel mit voller Wucht auf die Augenbrauen. Er hat schlecht gezielt. Die Schüler nesteln an den Krawatten, übergehen den Vorfall. Der Lehrer wartet auf einen weiteren Verstoß, um ein zweites Mal zuzuschlagen. Meine Hände ruhen auf den Seiten des aufgeschlagenen Buches. Verfluche ihn und beherrsche dich, kein Ton und keine Regung.

Er kehrt zur Tafel zurück, rollt die Zeitung auf, wirft sie auf den Lehrertisch. Ich muss das Kapitel laut vorlesen. Mete buckelt, er erklärt: Keine Methode ist besser als die wissenschaftliche.

Dummer dicker Schoßhund, Herr Tamer lächelt ihn an. Nächste Stunde. Das Biologiebuch kommt in den Ranzen, das deutsche Lesebuch auf die Bank. Herr Doktor Bernhardt, schlank, arisch, mit Kinnkerbe gesegnet, läuft zwischen den Reihen herum, er predigt: Pein und Kummer, Misshelligkeit, Unbehagen, schöne deutsche Worte mit Klang, Lieblinge der Dichter, die von der Nacht und vom Wachtraum schwärmen.

Die Schüler lauschen, ohne zu begreifen. Ist die Sprache das schlagende Herz des Seins? Oder ist sie das vorzüglichste Mittel zur Bemäntelung der Lüge? Wer lügt und was wird gelogen? Was wird verbogen, was wird versteckt und vergraben? Sinnbilder, Freunde, ruft er, versteht das alles richtig! Ein Dichter schmeichelt einer jungen Frau, er widmet ihr ein Poem, trägt es herzbewegt unter ihrem Balkon vor, ihr Busen bebt, er hat gelogen, aber gewonnen. Wir dürfen uns nicht schämen, dass wir lügen, wenn wir sprechen …

Remsi, Spitzname Ramses, türkischer Christ, hält es nicht auf seinem Platz aus, er widerspricht: Die Verkündigung des Erlösers, jedes Wort ist wahr!

Der Doktor, äußerst erheitert, mahnt ihn an: Glaubensstrenge und Dichtkunst, das sind zwei zänkische Brüder, sie streiten miteinander um die Vorrangstellung. Die Frage, die er uns allen stellt, lautet: Wer überbietet den anderen? ... Die meisten Schüler buckeln, sie lassen die Poeten hochleben. Ich halte mich zurück, zwei harte Rügen an einem Tag reichen mir. Vater hätte dem Doktor mit Volkes Weisheit geantwortet: Das Pferd lahmt, weil man krumm im Sattel sitzt.

Igor wird aufgefordert, ein langes Gedicht von Goethe vorzulesen. Krachender Akzent, rollendes R, schleppende Stimme, kein Schwung. Herr Doktor Bernhardt: Du hast die Verse gemordet! Lebe auf beim Vortrag, lass' dich von Winden tragen, beseele das Wort! ... Gefasel, Gerassel. Als hundsgemein und nachtragend gilt der Mann, den wir hinter seinem Rücken Bernhardiner nennen. Wer sich von seiner Begeisterung nicht anstecken lässt, kommt auf seine schwarze Liste. Er benotet mich gut, einen Muttersprachler will er belohnen. Er sagt laut: Unbrauchbarmachung! Denkt über dies schöne deutsche Wort nach, ich frage euch morgen ab ... Endlich läutet die Schulglocke, raus aus der Anstalt, Mete läuft mir keuchend hinterher. Der Hausierer ist verschwunden. Die schöne Griechin im Haus gegenüber der Schule beugt sich aus dem Fenster. Ihr Kleid hat einen kleinen Ausschnitt, wenn sie den Stoff strafft, sieht man den oberen Teil der Furche zwischen ihren Brüsten. Ich erröte, wende den Blick ab.

Komm näher, Schäfchen, sagt sie.

Ich habe es eilig, sage ich.

Ich auch, ruft Mete.

Du darfst dich von deinem deutschen Mitschüler verabschieden ...

Oh, er ist beleidigt.

Danke, sage ich.

Wofür, Schäfchen?

Der Dicke klebt an mir. Sie haben ihn in die Flucht geschlagen.

Nun ja. Noch näher, wir wollen ja nicht, dass die anderen uns belauschen ... So ist es gut. Ich bekam erst im Alter große Brüste.

Wie bitte?

Ich bin ja nicht wirklich alt, sagt sie lächelnd.

Nein, meine Dame.

Junge Männer in Anzügen, das gefällt mir. Sind eure Lehrer streng?

Streng wie Priester, sage ich.

Schön. Und der Doktor?

Der Direktor ist der Strengste.

Nein, nein, Schäfchen, ruft sie, ich meine den Jüngeren ... Wie heißt er noch einmal?

Doktor Bernhardt.

Schön. Willst du mir einen Gefallen tun? Willst du bestimmt. Du gibst mir gleich einen Handkuss. Dabei wirst du den gefalteten Zettel an dich nehmen. Und ihn ungelesen bei der nächstbesten Gelegenheit dem feinen Herrn überbringen.

Ich bin kein Liebesbote.

Deine Hinterbacken sind recht ansehnlich, sagt sie lächelnd, aber, was soll man machen? Der Doktor ist das Biest, das meinen Busen wogen lässt ... Hat er eine Frau?

Er trägt keinen Ehering, sage ich.

Sie streckt mir huldvoll die Hand entgegen, ich beuge mich und behauche ihren Handrücken. Minnebrief in meiner Faust, Faust in der Jackentasche. Ich laufe die Pflasterstraße hoch zum Galataturm. Frauen, Arm in Arm, hohe Töchter, sie tragen Reformmode, sie üben sich in forschem Gang und in freien Gebärden. Ich verblüffe sie: Ein Junge in Schuluniform, blond und blauäugig, Narben im Gesicht, Narben am Kopf. Ein schönes Mädchen schnalzt mich an, sie ist in Begleitung zweier Freundinnen, und muss also keine Missverständnisse fürchten. Bist du leicht entflammbar?, flüstert sie und kichert. Ich staune sie an, ich staune diese Christgriechinnen an, ein Mann würde bei ihrem Anblick vergessen, zu atmen. Das Mädchen wiederholt ihre Frage, sie hält beim Lachen die Hand vor den Mund, ich sage: Ich weiß es nicht. Sie eilen weiter, ich langweile sie. Oft geschieht es, dass junge Frauen sich von Männern einladen lassen, nach einem gesitteten Gespräch in der Konditorei flüchten sie. Auf dem kleinen Platz im Schatten des Turms sehe ich Bürger in leichten Mänteln, sie stürmen mit wehenden Rockschößen an den

Geschäften vorbei, sie werden von den Ladenbesitzern gegrüßt, sie nicken ihnen ernst zu, und laufen aber weiter: Beamte und Bürokraten. Es wäre ein Fehler, sie nicht zu beachten. Sogar der grämige Straßenhändler lüpft die Schiebermütze, die kleinen Herren rächen sich, wenn man versäumt, sie zu ehren. Ich kaufe bei ihm knusprig gebratenes, scharf gewürztes Gekröse im Brot.

Gestern fiel ein Vogel vom Himmel, sagt er.

Eine Krähe?

Möwe. Es klatschte. Ich schaute hin. Sie zitterte und starb.

Friede ihrer Seele, sage ich.

Wie war das?

Ihre Seele gottbefohlen.

Hast du was am Kopf?

Nein, Meister, sage ich.

Gehst zur Schule. Wirst was Besseres. Sprichst aber nicht so gescheit wie die anderen.

Bin nicht von hier.

Die Möwe, sagt er, es klatscht, alle auf dem Platz ducken sich. Dann fliehen sie.

Der Krieg, sage ich, daran erinnern sie sich.

Tupf dir das Kinn ab. Schmeckt es?

Ja, Meister.

Die Würzpaste rührt mein Weib an.

Meine Anerkennung, sage ich.

Was heißt das?, sagt er.

Ich lobe sie.

Lobe lieber eines anderen Mannes Weib, sagt er kalt, und jetzt geh. Er füllt das aufgeschnittene Fladenbrot mit klein gehackten, gebratenen Innereien, nimmt erst das Geld entgegen, reicht das Brot einem Straßenkehrer. Er beißt hinein, starrt mich beim Kauen unverwandt an. Ich gehe einige Schritte in Richtung Peraallee, falte den Zettel auseinander:

Herr Doktor,
Kommen Sie doch einmal, wenn Sie denn Zeit finden, zum Frühnachmittagstee zu mir. Ich bin die Frau im Erdgeschoss des Hau-

ses gegenüber der Schule. Der Überbringer dieser Nachricht ist ein guter Junge. Also verdient er auch gute Noten.
E.

Eine Weile später klopfe ich an die Tür der alten deutschen Dame, zweimal kurz, dreimal lang. Ich höre sie heranschlurfen, sie verharrt in der Diele, bittet die ihr unbekannte Person, sich laut auszuweisen. Ich nenne meinen Vornamen und den Grund meines Besuchs. Endlich klinkt sie die Tür mit einem Ruck auf:
Ich rieche Rauch an dir, sagt sie streng.
Ich stand am Bratrostwagen, sage ich.
Du kommst nicht mit leeren Händen?
Hier, sage ich und strecke ihr das gekrösegefüllte Brot entgegen.
Gewürzt?
Schärfer als üblich, sage ich, der Verkäufer warnte, es würde mir die Kehle zerreißen.
Sie winkt mich herein, schließt hinter mir ab. Ich muss vorgehen, sie argwöhnt, dass ich hinter ihrem Rücken ein Buch aus dem Regal ziehe und in den Ranzen stecke. Sie besitzt Hunderte von Büchern: die ehemals verbotene Bibliothek, entartete Literatur. Hitlers Schergen wollten die Bücher ins Meer kippen. Sie versprach ihnen die schnelle Entsorgung, mietete ein Dutzend Lastenträger an, und ließ den gesamten Buchbestand in ihr Haus verbringen. Der Schreiner zimmerte deckenhohe Regale und Leiter mit trittfesten Sprossen. Ihre Kolleginnen wunderten sich, da sie sie nicht mehr zum Abendessen einlud. Sie leidet an der Gicht, ihre Hände sind zu Krallen verkrümmt, sie blättert mit der Nasenspitze oder mit der Zunge. Jetzt schneide ich für sie das gefüllte Brot in Häppchen und füttere sie wie einen Vogel. Sie drückt beide Handballen an den Tellerrand, stellt den Teller auf den Tisch, schiebt ihn sachte mit dem Ellbogen von der Tischkante. Wie kleidet sie sich an, wie zieht sie sich aus? Wie verrichtet sie die morgendliche Toilette?
Ich wette, du wurdest auch heute geschlagen, sagt sie.
Mit dem Papierprügel, sage ich.
Warst du wieder unbotmäßig? Hast du widersprochen?
Soll ich alles schlucken, was sie lehren?

Natürlich. Um deiner Noten wegen.

Sie waren aber damals mutig, sage ich.

Scheißdreck, ruft sie und hämmert mit den Ellbogen auf die Tischplatte, der Teller springt zum Rand, fällt auf den Steinboden, zerschlagenes Porzellan, ich zähle fünf große Scherben, ich will kehren, lass' die Schweinerei liegen, mahnt sie, und: Dein Schädel umschließt Matsch und Mus. Ungnädige deutsche Dame, die mich nur manchmal mit einem ihrer Schulkameraden verwechselt, meist ist sie eingesunken in die Zeit, in der sie an der Tafel stand und die Wissenschaften lehrte, alte Frau in den Tagen ihrer Entrüstung, ich versorge sie mit Gekröse und Gerüchten, dafür darf ich im Salon sitzen und lesen.

Der Liebig, sagt sie, ein guter Soldat, hinter dem Ofen. Der verkehrt auf gleichem Fuß mit den neuen Herren. Kommen Sekretäre vom Ministerium zu ihm?

Immer wieder, sage ich.

Er geht mit jedem ins Bett … Bist du noch Jungfrau?

Na ja.

Bist du. Irgendein Mädchen?

Zwecklos.

Wieso?

Die Mädchen tragen die Nase hoch.

Darfst dich nicht an die dummen Gänse in der Mädchenschule halten, sagt sie, die spielen nur mit euch. Stecken sie die Rocksäume hoch?

Ja. Meneksche ist die Ärgste.

Wer ist das?

Stammt aus Izmir, sage ich, dunkelgrün gesprenkelte Augen, größer als ihre Freundinnen. Sie betet an der Pforte der kleinen Heiligenmoschee. Dann, nach ein paar Schritten zur Seite, schlägt sie den Rock um.

Gilt sie als Luder?

Nein, meine Dame.

Hör' auf mit dem Unsinn. Frau Zährer reicht vollkommen.

Nein, Frau Zährer.

Du bist verliebt?

Nur in ihre Beine … Entschuldigung.

Scheißdreck, ruft sie, was tust du, wenn sie die Lippen zum Kuss spitzt? Kniest du dich sofort hin und küsst ihre Kniescheibe?

Das wäre ihr bestimmt nicht recht, sage ich.

Ach? … Ihre Augen und Beine also. Lacht sie affektiert?

Ich kenne das Wort nicht, Frau Zährer.

Bist doch ein deutscher Junge, Himmelarsch. Lacht sie gekünstelt? Jedenfalls so laut, dass es in der Gasse hallt.

Aha! Wenn sie mit dir spricht … schaut sie sich um?

Immer, sage ich.

Die taugt nix, ruft sie, du glotzt sie mit dummen Augen an, stimmt's? Macht jeder.

Und sie weiß es und lacht euch aus. Meine Mutter selig riet mir: Lass die Henne erst auf die Eier kommen. Aber bei diesem Hühnchen wartest du vergeblich, Wolf.

Heute ist der Tag, da sie mir nicht erlaubt, in dem Bildwörterbuch zu blättern und zu lesen. Sie friert, ich helfe ihr erst in die Strickjacke, dann in den Mantel, ich lege die groben Bergarbeiterschuhe auf die Schwelle und drehe mich um. Es ärgert sie, wenn man auf ihre Kinderfüße starrt. Kein Regen, kein kalter Wind, und doch zittert sie. Alle zehn Schritte bleiben wir stehen, sie kommt zu Atem, drückt gegen meinen Arm, und wir gehen wieder zehn weitere Schritte. Die Frauen recken das Gesicht in die Sonne, sie träumen sich fort, Männer betrachten sie wie schöne Fundstücke am Ufer. In den dunklen Seitengassen rohe Kerle, Falschspieler und kleine Halunken, die den Kamm zücken und den Seitenscheitel nachziehen. Beim Anblick der alten deutschen Dame reißen sie den Mund zum offenmäuligen Lächeln auf, Frau Zährer beschimpft sie, die fremden Flüche prallen an ihnen ab. Gaunerpack. Höllenrotte. Schweine ohne Schwänzchen. Verbrechervolk ohne Heimat: Die Worte gehen ihr nicht aus. Wieso dulde ich es, dass sie sich bei mir einhakt und schwer an mir hängt? Endlich stehen wir vor der Schlachterei, halbe Tierleichen hängen an Gardinenstangen, das Schaufenster ist beleuchtet, Katzen vor dem Eingang strecken sich in die Höhe und wittern, sie spritzen auseinander, als eine Frau in einem langen Mantel mit Pelzbesatz an den Aufschlägen hinaustritt. Sie wirft einen hasserfüllten Blick auf Frau Zährer, schnalzt laut und eilt an unseren Rücken vorbei in Richtung des Viertels der Vornehmen.

Kennen Sie sie?, sage ich.

Eine vulgäre Person, sagt sie laut, ihre jüngere Schwester war bei mir in der Klasse. Ein dummes Mädchen. Ich ließ sie verdientermaßen durchfallen. Die Familie wollte mich erst bestechen. Als ich ablehnte, verlegte sie sich auf Erpressung.

Womit hat sie Sie erpresst?

Ich hatte eine Affäre mit einem türkischen Halbjuden, sagt sie lächelnd, das galt bis vor Kurzem als Rassenschande. Ich verließ ihn.

Weil diese Leute sie verpetzt haben?

Unfug! Weil er eine Sau war.

Wie bitte?

Er forderte gewisse Liebesdienste ein. Nicht mit mir! Soll er sich doch an die dunklen Weiber seines Stammes halten, die machen vielleicht so etwas.

Was denn?

Das betrifft nur ihn und mich, gib also Ruhe … Siehst du das? Natürlich, du bist ja nicht blind. Keulen und Köpfe. Zungen. Es gibt Barbaren, die stülpen die nassen Lippen um die Augenhöhle am gekochten Schafskopf, und schlürfen den Augapfel aus.

Widerlich, rufe ich.

Schweineblut, mit Gewürz und Bindemitteln verrührt, und in die Wurstpelle gestopft … findest du Blutwurst appetitlicher?

Vater Franz schwärmt davon.

Soll er fressen, bis er platzt … Nun gut, mir schmeckt das Zeug jedenfalls nicht. Du hältst mich für absonderlich, oder nicht?

Andere Leute gehen ans Wasser, sage ich, wir kommen hierher.

Das ist kein Schaufenster, sagt sie, aber ein Glassarkophag. Weißt du, was das Wort Reliquie bedeutet?

Nein, liebe Dame.

Ich pfeif' was auf Damen! Das sind heilige Gegenstände. Überreste von Heiligengebeinen. Oft stellt man sie in goldenen Behältern aus. Die Enthirnten laufen in Scharen herbei, küssen sie, beten sie an. Seltsam, stimmt's? Hier schauen wir auf Leichenteile. Das Tier ist zerlegt. Zungen, Keulen, Köpfe, den Kunden zur Ansicht aufgehängt. Das Grab dieser Tiere: viele Gräber, Mäuler und Schnauzen der Hunde und Katzen, ihre Mägen, ihre Austrittspforten. Gräber. Unsere Töpfe und Pfannen und Teller, dann unsere Mägen, nach dem Austritt die Kanalisation. Und schließlich wohl das Meer. Dort sickern sie, in andere Stoffe überführt, in den Grund, oder werden ans Ufer gespült.

Es gibt einen Metzger in meinem Viertel, sage ich, er ist reich geworden.

Sie wedelt meine Worte fort wie Viehbremsen, sie schüchtert mich ein, ich halte sie und gehe aber einen halben Schritt zur Seite. Vom verseuchten Meer spricht sie, die Verliebten und die heimlichen Verehrer von blassen Vorzimmerdamen schauten hinab auf das Meer, das kräuselnde Wasser, die sanften Wogen, ihre Blicke seien die Strahlen eines bösen Lichts, diese Kanaillen, diese ungeratenen Jünglinge, sie schaukelten vor und zurück in ihren Kammern und lauschten dem Wasser, das in verkalkten Rohren rauschte, diese jungen Kanaillen, sie setzten sich im Frühjahrsanfang, da junges Grün sie umgab, vors Kaffeehaus, die tauben Fingerspitzen am Trinkrand der Mokkatasse, sie schlürften den Bodensatz aus, diese schüchternen Kanaillen, die nicht einmal im Notfall schrien, denn sie hätten eine Zunge, die den großen rauen roten Rinderzungen im Schaufenster glich, denn sie hätten zwei Reihen bunter Murmeln statt Zähne im Maul, und also könnten sie nicht schreien wie Kerle schrien, wenn der Schmerz sie durchfuhr, Verse, Strophen und Lehrsätze kennten sie und sonst nichts, sie soffen sich in Sprechlaune, vom Volk verhasst verlegten sie sich in Volksverachtung, diese bestechlichen bestochenen Jünglinge, diese sich ins Wolkige zerdehnenden jungen Kerle, mutig im elektrischen Licht, feige in der Finsternis, sie, die sie beim Zeitungslesen nickten, sie, die das Besteck aus der Serviette wickelten und Löffel und Gabel sauber rieben, sie trieb es auf die Brücke und an die Ufer, sie glotzten dann wie hungrige Hunde, und spannten die Rumpfmuskeln an, und jeder Mann in der Nähe fürchtete den Sprung der stillen gut gekleideten Kanaille, doch nein, es blieb nur bei diesem Starren, all diese niederschlagenden Tierreste im Wasser, sie machten den

Jüngling nur schwermütig, er sähe nur das Bild der auf den Grund
sinkenden Flocken ...

Der Schlachtermeister steht auf der Schwelle seines Geschäfts, und
fuchtelt mit dem Ausbeinmesser, er fordert die Dame auf, in einer
anderen Gasse, vor einem anderen Schaufenster zu predigen. Frau
Zährer schimpft ihn einen Zungenabreißer, sie spricht Türkisch,
der Mann droht ihr mit einer Anzeige. Wir wenden uns von ihm
ab. Manche wünschen sich, dass die zornige alte Frau der baldige
Tod ereilt, die schreckhaften Kinder, die blasshäutigen Zofen, die
Schuhputzer machen das Zeichen zur Abwehr des Bösen, wenn sie
sie sehen. Auf dem Weg nach Hause zittert sie an meinem Arm. Ich
achte auf Gassenjungen, die sich am Entsetzen der Bürger ergötzen: Oft bewarf ein Junge die böse Dame mit Kieselsteinen. Heute
lässt man sie ziehen. Zehn Schritte, zwanzig, vierzig, vierundacht-
zig Schritte, ich schließe die Tür auf, helfe ihr aus dem Mantel, koche Kamillentee, stelle den Becher auf den Beistelltisch neben dem
Schaukelstuhl, auf dem sie sitzt und leise flucht. Die Gichtkrallen
ruhen auf ihrem Schoß.

Wirst du wiederkommen?, sagt sie leise.

Natürlich, sage ich.

Frau Kollack ...

Die Sekretärin.

Weißt du, dass ...

Ja?

Sie ist dem Liebig verfallen, sagt sie, halt' mir den Becher hin ...

Zu heiß ... Also die Kollack, ein ganz durchtriebenes Weib ist das.
Weiß, dass Liebig, nun ja, von Bettgeschichten nichts hält. Schwein-
igelei, so hat er das mal in meinem Beisein genannt. Mir war's recht,
ich wollte Ruhe vor den Herren. Kollack versucht es seit Jahren
trotzdem. Macht sie dir schöne Augen?

Wie bitte?

Lächelt sie dich an?

Nein, sage ich.

Hat sie dir mal die Krawatte gebunden?

Um Gottes willen!

Gut, sagt sie, sei froh. Wenn man ihr die Zunge abschneidet und an die Gardinenstange des Schlachters hängt, läuft sie binnen einer Stunde blau an.

Ich schiebe meinen Stuhl näher an sie heran, lege ein Tuch auf meine Oberschenkel und salbe ihre Hände. Es duftet im Zimmer sofort nach Kräutern. Sie schaut mir dabei schweigend zu. Sie hält mich für einen entlaufenen Bauernsohn, den sie vor dem Schlimmsten bewahren will. Vater Franz hat mir den Umgang mit ihr verbieten wollen. Der Hausmeister der Schule ist angewiesen, sofort einzuschreiten, wenn sie ihren Kopf zwischen die Stäbe des Metallzauns steckt und wettert. Die Polizisten haben sie mehrmals verwarnt, doch weil Frau Zährer sie an ihre Großmütter erinnert, weigern sie sich, die Dame abzuführen. Immer erscheint Führer am Fenster, blickt grimmig auf die fluchende Frau, tippt sich an den Kopf und tritt wieder zurück ins Dunkel.

Wirst du heute Nacht hier schlafen?, sagt sie.

Ich glaube nicht, sage ich.

Kannst ihr Bescheid geben. Dann macht sie sich keine Sorgen.

Zwei Nächte hintereinander … das beleidigt sie.

Eine Tante, die keine Tante ist.

Ja.

Also eine Angeheiratete.

Nein.

Aus der siebten Suppe ein Tünklein, sagt sie.

Was heißt das?

Weit entfernte Verwandtschaft.

Sie hat ein reines Herz, sage ich und drücke Salbe aus der Tube.

Aber? … Was gefällt dir an ihr nicht?

Sie redet im Schlaf.

Schnarcht sie?

Sehr laut, sage ich.

Und was redet sie?

Unanständige Sachen.

Jetzt bin ich aber neugierig. Was denn, Wolf? … Zier dich nicht, sonst werd' ich böse.

Und ich erzähle vom spätnächtlichen Geraune: Meine Tante, die mit dem Rücken zu mir auf der Seite liegt, tut so, als wäre sie ein

417

Mann. Sie schwärmt die Frau an, die sie ist. Sie antwortet ihm gurrend, schmutzige lästerliche Worte, ein Puppenspiel. Die im Lusttraum gefangene Puppe.

Die im Traum zum Mann verwandelte Puppe. Meine Tante möchte begehrt werden. Ich verheimliche der alten deutschen Dame, dass dies Schlaftheater mich erregt. Ihre gesalbten Hände auf dem Tuch. Sie folgt mir bis zum Bad, ich reibe mir im Wasserstrahl den Talg von den Fingern. Ich verspreche, sie am kommenden Tag zu besuchen, noch vor der Stunde, da die Krähen ihre Schnäbel an den Ästen wetzen.

44. Der Erhörer der Gebete

Der Preiser der Tarife steht vor der Tür des Vergnügungslokals. Er schnaubt über die wenigen Münzen, die ich ihm zustecke. Papiergeld macht ihn lustig. Er sagt: Deine Narben, alles alte Wunden, mich beeindruckst du nicht. Ich küsse ihm die Hand, er scheucht mich hinein. Junges Mädchen an der Kasse, es summt beim Lesen und bewegt die Schultern. Es schaut nicht auf, als ich den Geldschein auf die Münzschale lege. Ich teile den Samtvorhang, ich trete in den Saal, die Männer an den runden Tischen trinken Anisschnaps aus schmalen Gläsern in kleinen Schlucken. Glanz auf ihren Haaren, Glanz auf ihren Schuhen. Ein Mann auf der Bühne, er sitzt auf dem Schemel, älter als ein großer Bruder, er zupft an den Saiten und stimmt die Knickhalslaute. Der Chefkellner nickt einem Kellnerjungen zu, es ist unter seiner Würde, sich eines Jünglings anzunehmen. Ich werde zu einem hinteren Tisch geleitet, ich bestelle ein Glas Wein, und da er mich finster anstarrt, sage ich: Ich bin Christ. Seltsame Moslems. Sie rühren Wein nicht an, weil es Gott durch seinen Propheten verboten hat. Schnaps sei Mannestrunk, und also würden sie nicht wirklich sündigen. Der Kellner wischt mit dem Schürzenzipfel schnell über die Holzplatte, stellt das Glas hin, ich muss gleich bezahlen. Männer in Anzügen im Zwielicht: Sie staunen die Sängerin in der knöchellangen Robe an. Sie hat ihr schwarzes Haar zum strengen Knoten hochgesteckt, sie zupft das Ziertuch aus dem Ärmel, betupft die Stirn, ein dienstbarer Geist zeigt die ihr verehrten Rosensträuße vor, überreicht die Wunschkarten, die die Sängerin stumm liest. Sie lächelt, weil sie lächeln muss. Sie lächelt über die Heiratsangebote, und vielleicht ist sie belustigt, weil sie noch kein einziges Lied gesungen hat, um die Galane im Saal zu verzaubern. Der Angestellte legt die Rosensträuße auf die Bühnenkante, und als sie ein Liebeslied anstimmt, beklatschen sie die Männer voller Verlangen. Ich werde dich verlassen, singt sie, ein nächstes Mal gibt es immer, andere Liebhaber sind mein Unglück, ich bin die Geisel meiner Erinnerung … Sie fächelt sich mit einem Fächer Luft zu, von dem es heißt, er habe einer Haremsdame gehört. Es gibt ein anderes Gerücht: Der Fächer gehörte der Schwiegermutter des Jungen Osman, der im Turmkerker erdrosselt und geschändet wurde. Ein Mann schraubt den Füllfederhalter auf, schreibt auf die Stoffserviette, blickt den Chefkellner an. Kurz darauf wird die Serviette auf der Bühnenkante entfaltet, die Sängerin beugt sich und liest die Worte. Sie erstarrt, schaut hinüber zu dem Herrn, der aufgestanden ist und ihr zuprostet. Er schwankt leicht. Ein Stammkunde, man darf ihn nicht ermahnen. Was hat er sich gewünscht? Ein verbotenes Volkslied? Will er sich mit ihr nach ihrem Auftritt in einem anderen Lokal treffen? Sie geht zur Seite ab, und spätestens dann wissen wir alle, dass der Mann ihr ein unanständiges Angebot gemacht hat. Zwei Männer eilen zu ihm hin, schimpfen ihn einen Ehrbeflecker, eine Schande für dieses Haus. Der Chefkellner will den Streit schlichten, wird aber beiseitegestoßen. Der Einlasser legt seinen Arm um die Schultern des Mannes, spricht eindringlich auf ihn ein. Auch ich bin aufgesprungen, bewege mich in ihre Richtung, bleibe in ihrer Nähe. Der Einlasser spricht: Wenn du eine Nackte siehst, so denke, es ist ein Loch in deinem Strumpfe – sind wir nicht so erzogen worden, Herr? Die Chansonette, eine empfindsame Dame, wenn sie ins Dunkel kommt, wird sie blind. Ihre Worte, Herr, haben sie schwer getroffen. Noch kein einziges Mal habe ich es erlebt, dass sie die Bühne verließ, und heute ist es geschehen. Sie wollten sie nicht verletzen. Gehen wir beide doch an die frische Luft, zünden wir eine Zigarette an, teilen wir sie brüderlich … Der Rosenausleger bedeutet mir, zurück zu meinem Tisch zu gehen, ich wende mich ab und stoße mit Kubilay zusammen. Er folgt mir, bestellt Anisschnaps und Rosenwasser, wir sitzen schweigend nebeneinander. Der betrunkene Mann wird hinausgeführt. Es will die Sitte, dass man bei Standespersonen Nachsicht übt; er wird wiederkommen dürfen, und er wird sich mit einem größeren Blumenstrauß bei der Sängerin entschuldigen.

Der Einlasser nennt sie eine Chansonette, sage ich.

Sie singt, sagt Kubilay.

Der Kerl hat ihr wohl Geld angeboten.

Miete für Bettwärme.

Kennst du ihn?

Ein lausiger Glücksspieler. Man kann ihn ausnehmen. Verliert er, wird er wütend. Das möchte man um jeden Preis verhindern.

Er ist also ein Großverbrecher, sage ich und zucke von dem heftigen Schlag auf meinen Arm zusammen. Ich schlage sofort zurück.

Du hast das Zeug zum Spitzel, sagt Kubilay laut, früher bist du auch dem Kommissar sehr dienlich gewesen.

Was soll das heißen?

Nichts.

Du schonst einen Mann, der eine Dame belästigt?, sage ich.

Hat er das?

Hat er.

Hier versammeln sich Männer, sie hoffen auf Beschwingung.

Was ein Wort!

Trotzdem ist es wahr, sagt Kubilay, sie bezahlen Eintritt, um eine Frau anzustarren.

Sie ist eine Sängerin, sage ich, und kein Freudenmädchen.

Warst du mal bei einem?

Nein.

Möchtest du es? Doch, natürlich willst du es. Ich bin mir sicher, dass die … Chansonette gern die Kleider ablegte, es müsste nur der Richtige die richtigen Worte finden. Der Kerl ist ein Anatolier, sein Vater hütet Ziegen. Die Türken unserer Tage, sie tragen keine kleinen Filzkübel auf dem Kopf. Sie binden sich eine Krawatte um. Sie bleiben Bauern. Fast alles, was sie sehen, verwirrt sie: Radio, Fernseher, Frauen in Kleidern ohne Ärmel.

Und du?, sage ich.

Ich bin Tschetschene.

In deinem Land grasen keine Ziegen?

Die Russen haben sie geschlachtet, sagt er und rückt seinen Stuhl in Richtung der Bühne. Die Sängerin hat sich erholt, sie betritt die Bühne, die Männer huldigen ihr mit Hochrufen. Sogar aus der letzten Reihe fallen mir ihre Jochbögen auf. Kommt sie auch aus dem Kaukasus? Sie streckt die Arme in einer Bewegung, als wolle sie uns andeuten, dass sie uns einen Herzenswunsch erfüllt. Sie singt von den Soldaten, die in Jemen für den Sultan kämpften. Alle Galane greifen zum Glas, verziehen nach einem großen Schluck das Gesicht. Dies ist die Stunde ihrer Trauer über die auf fremdem Boden Gefallenen. Krieger ohne Grab, ihr unbeweinter Tod, von Wüstentieren benagte Knochen, zerfetzte Banner des Reiches am Boden. Kubilay bestellt ein zweites Glas. Weshalb ist es ihm, dem wilden Moslem, erlaubt? Ehrt man in diesem Haus Scheitan Kaytun, dass man dem kleinen Bruder die Sünde verzeiht? Im Lustlokal gelten das Gerücht und die Legende als Goldmünzen, mit denen jeder Mann sich freikaufen kann. Hat sie uns ins Auge gefasst? Sie blickt immer wieder zu uns herüber. Nach fünf Liedern bedeutet sie dem Lautenspieler, ohne ihre Begleitung auszuklingen. Beifall der Galane, sie legt beim Verbeugen die flache Hand auf den Ausschnitt. Mir dreht sich der Kopf, ich würde mich für sie opfern, so sie es denn verlangte. Der Chefkellner sagt: Die verehrte Sängerin möchte sich zu euch setzen. Benehmt euch ... Nach einer Viertelstunde sehen wir sie im fahlen Licht der Lampen heranschnüren, sie hat sich nicht umgezogen, die kurze Schleppe ihrer Auftrittsrobe schleift über die Dielen. Wir erheben uns, stehen so lange stramm wie Gardesoldaten, bis sie Platz genommen hat. Sie drückt den Mastixklumpen mit Bissspur auf den Tellerrand, betrachtet uns, die wir sie mit großen Augen ansehen. Ich senke den Blick. Unerreichbar, unnahbar.

Diese Männer wollen mich beschlafen, sagt sie lächelnd, ihr beschützt mich wie Kavaliere. Denn ihr seid meine kleinen Brüder.

Das ist uns nicht recht, sagt Kubilay.

Seid ihr ihnen nicht gewachsen?

Ich bin nicht Ihr Bruder. Sonst müsste ich mich meiner Gedanken sehr schämen.

Du bist unverschämt, sagt sie.

Wollen Sie denn belogen werden?

Dein Freund läuft rot an ... Bist du von der Schwarzmeerküste?

Ich bin deutsch, sage ich.

Sie hält mir die Hand hin: eine kleine Schnittwunde. Sie bittet mich, mit speichelbefeuchteter Fingerkuppe darüberzustreichen. Deutsche Spucke hilft, sagt sie. Ich erfülle ihr den Wunsch, ich berühre sie.

Bist du betrunken?

Ich trinke mich aus, sage ich und schäme mich sofort.

Der Kerl ist weggegangen, ich freue mich darüber.

Womit hat er Sie beleidigt?, sagt Kubilay.

Auf der Serviette stand: Ich ... begatte das blutige Brot desjenigen, der dich begehrt.

Ein furchtbarer Fluch.

Der auf ihn zurückfällt, sagt sie und fächelt sich Luft zu, du bist mir aufgefallen, Deutscher.

Ja, Frau Sängerin.

Liebst du meine Stimme?

Sehr, sage ich leise.

Klingen unsere Lieder nicht fremd in deinen Ohren?

Sie gehen mir ins Blut.

Mir gefallen begeisterte Jünglinge, sagt sie, dein Name?

Wolf ... und er heißt Kubilay.

Jetzt habt ihr euch mir vorgestellt. Wie schade, dass ich mich verabschieden muss.

Bleiben Sie doch noch eine Weile.

Alles Ehemänner, sagt sie leise, sie starren mich offen an und begehen Ehebruch mit den Augen. Sie verbringen Stunden in diesem lausigen Tingeltangel. Ihren Frauen zwingen sie ein sittsames Leben auf. Ich verabscheue sie. Ahmt sie nicht nach. Sonst müsste ich auch euch verabscheuen.

Es hört nicht auf, denke ich, es muss an mir liegen, dass mich jeder ermahnt. Sie rauscht davon, zurück in die Künstlergarderobe, an deren Tür vielleicht ihr Liebhaber wartet. Kubilay drängt zum Aufbruch, er steckt dem Chefkellner einen Geldschein zu, und auch den Einlasser bringt er zum Lächeln.

45. Der alles Umfassende

Ein Regenschauer hat das Pflaster rein gewaschen. Der scheinblinde Hausierer sitzt auf der Bürgersteigkante, er erklärt: Wofür, junge Herren, braucht man eine Trillerpfeife? Mache ich mich lächerlich, weil ich sie anbiete? Setze ich auf ein Verlustgeschäft? Früher schrien die Menschen bei Gefahr um Hilfe, sie wurden heiser. Wer in die Trillerpfeife bläst, schont seine Stimmbänder. Der Ton ist lauter als ein Schrei. Man muss eine Pfeife bei sich tragen, am besten zwei Pfeifen. Man muss sie auch im eigenen Haus verteilen, am besten, man deponiert eine Pfeife griffbereit in jedem Zimmer. Jeden Einbrecher schlägt man in die Flucht, weil er glaubt, dass ihn gleich ein Polizist schnappt. Schöne Damen sind beeindruckt, denn sie wissen: Ein Mann mit einer Trillerpfeife ist ein Mann mit einem modernen Werkzeug. Es empfiehlt sich trotzdem nicht, in ihrer Gegenwart die Pfeife zu benutzen. Sie soll abschrecken, für die Liebesanbahnung ist sie ungeeignet. Ihr besucht das Lyzeum, ihr lernt, damit ihr später höhere Wissenschaft studieren könnt. Natürlich muss man manchmal als junger Mann über die Stränge schlagen. Ihr steht dann wie Aussätzige auf dem Pausenhof. Eine harte Strafe. Blast nach Schulschluss außerhalb des Käfigs nach Herzenslust in die Trillerpfeife. Es wird euch auflockern. Ihr liebt Verbote, dies ist ein fast verbotenes Spiel. Weckt die Langschläfer, vertreibt die verdorbenen Geister, die durch Fugen und Ritzen hineinströmen. Erschreckt die Tiere mit langen Schnauzen, auf dass sie in ihre engen Stollen huschen. Ermahnt mit schrillen Trillern die schmutzäugigen Gesellen, die sitzen bleiben, wenn die Hymne unserer Heimat erklingt …

Kubilay hat sich heimlich davongemacht. Ich kaufe zwei Pfeifen, versteife mich, als der Mann mich festhält. Betrüge nie einen Blinden, ruft er und lässt los. Schatten der Äste auf dem Pflaster. Im Schaufenster des Damen- und Herrenfriseurs Frauenbüsten, Perücken auf einem Samttuch, und ein schwarzer Pinscher aus Porzellan. Kleine Hehler, Fälscher und Diebe in den Seitengassen, sie ziehen sich in die Hauseingänge zurück. Späte Stunden der hechelnden Hunde, die sich am faulen Gemüse verbeißen. Auch sie halten inne, als ich an ihnen vorbeilaufe. Die Mülltonne vor dem Haus meiner Tante ist umgestoßen, ziegelrote Abdrücke an den Wattebäuschen, schimmeliges Brot, Fetzen und Flocken. Ich klopfe an, sie reißt die Tür sofort auf, packt mich am Kragen, zerrt mich hinein, stößt mich ins Wohnzimmer, ich lasse die Schultasche fallen. Verdammt sollst du sein, ruft sie, wo bist du gewesen? Willst du mich töten?

Nein, Tante, sage ich leise.

Hat man dich entführt? Hat man dich vergewaltigt?

Tante, nein!

Schlimme Zeiten, alles ist erlaubt, alles kann geschehen. Wo hast du gesteckt?

Ich schlief bei der alten Dame.

Schenkt sie dir Schnaps ein? Macht sie dich betrunken, um über dich herzufallen? …

Es wäre sinnlos, auf jede ihrer Fragen einzugehen, ich lege die Krawatte ab, entdecke Weinflecken an Schlaufe und Kragenspitzen, will sie mit Spucke blass reiben, und erinnere mich an die Worte der Sängerin. Heilspeichel. Tante Rena reißt mir die Krawatte aus der Hand, ich ziehe das Hemd aus, sie weicht es sofort in kaltem Wasser ein. Sie besteht darauf, dass ich mich für den Schlaf stärke. Es gibt Reis und Bohnen. Sie schaut mir beim Essen zu, kichert mädchenhaft, zeigt auf die Decke: Wir hören den Nachbarn auf und ab gehen. Alleinstehender Mann, ergrauende Schläfen, seine Augenbrauen zwei Sichelmonde, die Frauen der Gasse wollen wissen, dass er mit der Pinzette vor dem Badezimmerspiegel steht und vorsichtig zupft. Von seinem Schmerzensschrei sei die Gattin des Militärs im zweiten Stock wach geworden. Ich zähle die Bohnen im Löffel, Tante nimmt im Sessel am Fenster Platz, streicht den Wirtschaftskittel glatt, und erzählt eine, wie sie sagt, wundersame und unglaubliche Geschichte: Der Herr nimmt die Dienste eines Hexers in Anspruch … Nick' mir nicht ein, Wolf … Vor zwei Tagen weniger als zwei Wochen wird ihm ein Brief zugestellt. Es schreibt ihm der Vorsteher des Dorfes, in dem ihm Häuser und ein großer Ackergrund gehören. Der Herr hat ihn mir in seiner Not vorgelesen. Eine Bäuerin lief im Morgengrauen, nein vor dem Dämmer, schreiend aus dem Haus, riss sich das Kleid in Fetzen, und als man sie einfing, sprach sie vom Übel der Geister, halb Mensch, halb schwarze Seele, die sich auf sie, ihren Mann, ihre Kinder wie Büffel wälzten. Man beruhigte sie mit leichten Ohrfeigen. Doch häuften sich in den nächsten Tagen die Fälle, da Männer und Frauen aus ihren Lehmhütten flohen, sie wollten ums Verrecken nicht zurück, der Vorsteher drohte mit der Viehgerte, sie aber nahmen blutige Striemen am Rücken gern in Kauf. Da begab er sich zum Hexer, einem verstoßenen wilden Taubstummen, dem Einsamkeitsfreund, und bat ihn um Hilfe. Was bot er ihm als Lohn an? Körner, Beeren und einen lahmen Esel. Der Hexer begleitete ihn zum Dorf, vertrieb die Kinder, die ihn am Bart zupfen wollten, mit Fußtritten, streichelte die Hinterbacken des Esels, der ihm versprochen war. Essig und Asche mischte er zusammen, malte Gesichter auf die Holztafel, ging zum Friedhof, er führte den Umzug an. Die Bauern und ihre Weiber schauten aus einigem Abstand zu …

Tante, sage ich, wenn der Hexer taubstumm ist, wie kann er den Dorfvorsteher verstehen? Lippenlesen, sagt sie, iss zu Ende und gib Ruhe … Wir sind also im Friedhof, der Hexer dreht und wendet die bemalte Tafel, die Tafel zeigt auf das Grab eines kürzlich verstorbenen Mannes, den der Hexer als Unruhe stiftende, Frauen ängstigende schmutzige Seele ausmacht. Die Bauern graben die Leiche aus, das Herz wird ihm aus der Brust entnommen und im heißen Wasser gekocht … Wie bitte?, sage ich laut.

Die Sünden werden herausgekocht, sie schwimmen wie tote große Käfer an der Wasseroberfläche, der Dorfvorsteher bezeugt es und schwört auf sein Seelenheil. Die Bauern begraben die Leiche, beschweren zur Sicherheit das Grab mit schweren Steinen. Endlich können sie ruhig schlafen, der Hexer reitet auf seinem Esel grinsend davon. Doch dann, nach fünf Tagen weniger als zwei Wochen, stürmt Bäuerin Kewser aus der Hütte, heult den nachtschwarzen Himmel an. Sie sagt: Ich hielt mir beim Kämmen die Spiegelscherbe vors Gesicht, und nach dem letzten Strich sah ich darin einen verkohlten Kopf, ein Viertel des Kopfes, ein Auge, verpockte Stirn, filzige Haare, an den Spitzen hingen Erdkrumen. Der Vorsteher hörte sich das alles an, ließ den jungen Schreiber kommen, und sagte zum Nachschreiben seine Worte an.

Ich lege den Löffel auf den leeren Teller, der Nachbar schleicht. Morgen werde ich Meneksche ansprechen. Morgen werde ich mich im Unterricht gut betragen, damit ich nicht bestraft werde. Morgen werde ich die beiden Trillerpfeifen, die ich dem Hausierer abkaufte, tief im Ranzen verstauen. Morgen werde ich sie nicht einfach anstaunen.

Der Hexer muss wieder zur Hilfe eilen, sage ich.

Bevor der Vorsteher den Brief abschickte, ist er zum Hexer gegangen. Was muss er feststellen? Der Esel ist geschlachtet, mehr als die Hälfte aufgegessen. Das hat ihn betrübt. Aber er lässt sich nicht von seinen Gefühlen leiten. Sonst hätte er an Ort und Stelle den miesen Kerl geschlachtet. Die beiden kamen zu einer Übereinkunft: Der Eselhinterbackenfresser reinigt das Dorf von schmutzigen Seelen, und dafür beschenkt man ihn diesmal nicht mit Schlachtvieh, das nie wieder. Körner, Nüsse, eingelegte Auberginen. Der Hexer lehnt ab. Zwei Pluderhosen, die Tapferkeitsmedaille des Vaters eines jungen Bauern. Der Hexer willigt ein. Der Brief erreicht den Herrn, der Herr kann seither nicht einschlafen.

Weshalb?

Weil er fortschrittlich gesinnt ist, sagt Tante Rena, wessen macht er sich schuldig? Der Anstiftung zum Aberglauben. Böse Wiedergänger, das gibt es nur in Märchenbüchern und in der Fantasie von Bauern.

Aber der Zauber hat erst einmal gewirkt.

Weil die Bauern mit eigenen Augen gesehen haben, dass ein Wundertäter wirkte. Hinter diesem ganzen Zauber, der kein Zauber ist, steckt etwas anderes.

Darüber zerbricht er sich oben den Kopf?, sage ich.

Ja, sagt sie, ist es eine Verschwörung, um ihn zu vergraulen? Soll man ihn dazu bringen, seinen Besitz unterm Wert zu verkaufen? Oder ist das ein übler Scherz? Er war drauf und dran, die beschwerliche Reise anzutreten. Da besprach er sich mit mir.

Du hast ihm davon abgeraten.

Natürlich, ruft sie, er will den Helden spielen. Will er dem Hexer nacheifern? Will er mit seinem Gehstock auf ein Grab weisen? Will er die Weiber dazu anleiten, vier Kessel Wasser zu kochen? Dort, im Hinterland, herrschen andere Gesetze. Wer Leichen Herzen herausreißt, ist zu Schlimmerem fähig.

Tante Rena?

Nein, sagt sie.

Du weißt doch gar nicht, worum ich dich bitten möchte.

Trotzdem nein.

Ich habe der alten deutschen Dame versprochen, morgen bei ihr zu übernachten.

Und wieso?

Ich salbe ihre Hände, sage ich, ich lese ihr aus einem Buch vor.

Ihre Hände werden schon nicht vertrocknen.

Du hinderst mich an einer guten Tat?

Nach Schulschluss kommst du erst einmal her, sagt sie, ich brate für dich Hühnerschenkel in der Pfanne. Dazu gibt es wieder Reis.

Gut, Tante.

Sie schließt sich im Badezimmer ein, sie wird sich abschminken, sie wird viel Watte benutzen, um das Rouge von ihren Wangen zu reiben. Mein Schlafanzug liegt wie die Hülle eines gehäuteten Mannes auf dem Bett. Ich beeile mich, krieche unter die schwere Decke, meine Hände ruhen sichtbar auf der Decke, sie achtet darauf. Tante Rena rauscht ins Zimmer, macht das Fenster einen Spaltbreit auf. Kalte Luft weht hinein, es riecht nach verbrannter Holzkohle. Ich schließe die Augen, denn ich weiß, dass sie mich beobachtet. Es ist mir verboten, ihr eine gute Nacht zu wünschen, sie möchte nicht an das Ende des Tages erinnert werden. Endlich legt sie sich hin, ich atme flach, um sie zu täuschen, bald ist sie eingeschlafen. Ich warte fiebernd, ich gedulde mich.

Sie wälzt sich auf die andere Seite, sie dreht mir den Rücken zu. Ich höre sie leise wimmern, das ist der Augenblick, dass sie zum Traummann wird, der die Traumfrau begehrt. Sie ist hinabgetaucht, im Schlaf staucht sie die Decke und umschlingt sie mit ihren Armen und Beinen. Ich starre auf ihre Hinterbacken, über die sich das fast durchsichtige Nachtgewand spannt. Sie ist mit mir nicht blutsverwandt, sie ist verwitwet, sie ist keine verbotene Frau. Denke nicht an die Sünde, die du begehst. Wende dich ab, es ist schändlich. Nein. Sie flüstert: Endlich Rena ... Sträubst du dich? ... Achte nicht auf die anderen ... Du bleibst tugendhaft ... Jetzt ein Kuss ... Ein richtiger Kuss ... Nagst du gern an meiner Lippe, Rena? ... Ich küss' dich noch einmal ... Es gefällt dir ... Es gefällt mir ... Berühre meine rechte Brust ... Ich bleibe unberührt ... Nimm sie in den Mund ... Meine Brustspitze ... Schmeckt sie salzig? ... Nicht so stürmisch ... Ja, Rena ...

Ist es für dich schön? ... Erregt es dich? ... Oh ... Ihr Nachtgewand rutscht hoch, ich sehe ihren entblößten Hintern, sie ist im Wunschtraum gefangen, und ich wünsche mir Meneksche herbei, das ist ihr Hinterteil, auf das ich starre, atme flach, atme flach, sonst weckst du sie, und dann musst du dich verstellen, du musst ruhig liegen, lange Zeit, während sie dich betrachtet, und wenn sie ganz sicher ist, dass du tief schläfst, beugt sie sich über dich, sie hält ihre Haare fest in der Hand, dass sie dir nicht ins Gesicht fallen, und küsst dich sanft auf den Mund, zwei Küsse, dann schämt sie sich und eilt ins Bad, um sich zu sammeln, dort kann sie laut atmen, jetzt aber darf ich ihr verbotenes Fleisch begehren, Meneksche in ihrem Bett an der Wand gegenüber, ich in meinem Bett, in dem ich mich vorsichtig bewege, Meneksche, die du verschlagen lächelst, da dich hungerkranke Jungen belauern, Meneksche, die du mir gesagt hast: Später heirate ich einen Mann mit Brusthaar, denn behaarte Männer haben Geld, mein Hemd ist dünn gebügelt und ich bin nicht reich, der Bauch eines Mannes muss beim Lachen wackeln, sagt Tete. Meneksche, du willst aber schlanke Jungen, die in deiner Gegenwart schrumpfen und verwinzen, entzündet ein Licht, ruft Lehrer

Bernhardt, der dir heimlich nachgeschaut hat, deine Beine, deine glänzenden Waden, listiges Mädchen, das auflacht ob der Schar der Jungen und der Alten, die es anhimmeln, Tante Renas Liebhaber zerfällt im Licht, sie spricht: Ich will es nicht tun … Ich tröste dich … Berühre mich … Was schlägst du mir die Hand weg?! … Kuss auf den Hals … Kuss auf die Brust … Kuss auf den Nabel … Nein, das reicht … Es sieht uns niemand … Die Nachbarn lauschen … Es dringt kein Laut durch diese dicken Wände … Schöne Rena … Kuss auf die Scham … Kubilay ist nicht erhitzt, wenn du in seiner Nähe bist, er sagte mir: Ich habe mich von ihr befreit, ich empfinde nichts, hüte dich vor dem listigen Mädchen, es liebt böse Spiele, wenn die Böcke lärmen, wird sie dir verfallen, warte nicht vergeblich, Meneksche, die dir Brüste gewachsen sind, größer als bei den anderen Mädchen, du liegst im Bett gegenüber, und du hast deinen Hintern entblößt, … Es ist unanständig … Ich ziehe mich wieder an … Geh noch nicht Rena … Ich sündige, ich habe es ihm versprochen … Wem? … Meinem Mann selig … Diese Ehe ist aufgehoben … Läster nicht …
Ich krümme mich, ziehe die Bettdecke über den Kopf, werde taub und blind. Meine Tante. Scham.

46. Der Weise

Kein Verweis, keine Ermahnung. Frau Schenay argwöhnt bis zum Ende der Doppelstunde besondere Tücke. Ich verhalte mich mustergültig, und da sie mich plötzlich im Unterricht fragt, ob es mir gut gehe, spreche ich vom leichten Druck an den Schläfen. Das Wetter, ruft sie und ist zufrieden. Meine Narben jucken, der ablandige Wind macht die Menschen tatsächlich verrückt.
Er saugt Hitze und Erregung aus dem Leib. Die Männer trotten lustlos durch die Gassen, ziehen den Hut oder die Mütze tiefer in die Stirn, die Gläubigen flüstern im Gehen Gebete, die Mo-

dernen fluchen und spucken, wenn sie bei einem Fehltritt stolpern. Tante Rena hat wie jeden Morgen Rouge aufgetragen. Von ihrem Kuss bin ich mitten in der Nacht wach geworden, ich beherrschte mich. Kubilay fragt mich aus: Bist du von der Chansonette sehr beeindruckt? Verletzt es dich, wenn ich mich um sie bemühe? Ich schweige, starre geradeaus, er wird an die Tafel gerufen. Ramses Remsi verhöhnt ihn, weil er sich bei der Herrschaft der Pharaonen um Jahrhunderte verschätzt. Ramses muss zur Strafe nachsitzen. Doktor Bernhardt hat Pausenaufsicht, Führer am Fenster, ich öffne die Proviantbüchse, esse eine kalte Frikadelle, Führer steht nicht mehr am Fenster, ich eile schnell zum Lehrer, reiche ihm den Minnebrief, ich sage: Von der Dame Elena für Sie. Er liest die Zeilen, steckt den Zettel in die Hosentasche.

Ich nehme an, Du kennst den Inhalt, sagt er.

Nein, Herr Lehrer.

Lüg mich nicht an!

Trotz der Anweisung der Dame habe ich den Brief gelesen.

Das ist niederträchtig.

Bei meiner Seele, es bleibt unter uns, sage ich.

Du bist also mein Komplize? Habe ich das richtig verstanden?

In meinem Viertel bat man mich oft um Botengänge.

Ach, wirklich?

Sie verspotten mich. Aber es entspricht der Wahrheit, Herr Lehrer.

Wenn das so ist … wie soll ich mich deiner Meinung nach verhalten?

Sie sind ledig.

Stimmt, sagt er.

Sind Sie gebunden?

Nein.

Sie kennen die Dame Elena, Herr Lehrer. Eine schöne Frau.

Nehmen wir einmal an, Sie wäre mir nicht unbekannt.

Lassen Sie sich von ihr jagen.

Was?

Sie lädt Sie zum Frühnachmittagstee ein. Sie ist eine Jägerin.

Und ich bin das Wild?, sagt er lächelnd.

Eine für die Dame lohnende Beute, sage ich und lächele zurück.

Ich muss darüber nachdenken.

Das wäre ein Fehler.

Zurück ins Glied, ruft er, und ich weiche, was geht es mich an, dass er zaudert, was will ich ihn mit der griechischen Dame verkuppeln. Der dicke Mete wittert ein böses Geheimnis, auch von ihm wende ich mich ab. Es wimmelt überall von Spitzeln, die groß gewordenen Buben zupfen Scheine aus silbernen Geldklammern, die gereiften Mädchen beherrschen den Hofknicks, und doch würden sie fast alles tun, um auf die Schulliste der Besten und Edelsten zu kommen. Jeder buhlt um Führers Gunst. Turnlehrer Memet Bey winkt mich herbei, er sagt: Junge, du hast einen stämmigen Oberkörper, aber kurze Beine. Willst du wachsen? Häng' dich an einen dicken Ast, schaukele hin und her. So oft und so lange, wie du willst. Streck' dich, dehn' dich! ... Ich verspreche es ihm. Er sorgt sich nicht wirklich um den Leib des Ariers, um meinen Leib. Er weist nur gerne auf Mängel hin. Die Glocke läutet, ich dämpfe meinen Hass, ich sitze neben dem Tschetschenen, ich fahre ihn an, weil er mir Liebeslitaneien zuflüstert, er übt für den Abend, da er die Sängerin angurren wird. Hezro, Streberjude. Igor, Streberarmenier. Sie werden aufgerufen, sie dürfen vortragen, sie glänzen. Freund Dschenk, Kämpfer, zum großen Bruder aufgestiegen, was gab er mir für einen Rat? Ehre unser Viertel, schlag' beim kleinsten Spott zu. Feinde, bekämpfe sie. Ich halte es aus, ich lehne mich nicht auf. Die Lehrer sind verblüfft: Ruhiger rechter Deutscher, wahnhaft sein Wille, auszubrechen, am heutigen Tage still und anständig. Keine Strafe, der Hausierer wird mich vermissen. Nach Schulschluss entferne ich mich von den Freunden, die keine Freunde sind, laufe durch kleine Gassen, es stellen sich mir Katzen, Hunde, Kinder in den Weg, ich schwenke die Tasche und scheuche sie, und als ich am Mädchengymnasium ankomme, sehe ich sie, ist es Zufall, es ist kein Zufall. Sie streitet sich mit einem anderen Mädchen, das ob der harten Worte der Schönsten und Glänzendsten weinend davonläuft. Da erblickt sie mich, verzieht das Gesicht, tuschelt mit der Freundin, die keine Freundin ist, und sie nennt mich einen missratenen Germanen, eine Schande für die weiße Rasse, ich aber muss auflachen über ihre Dummheit: Jetzt glüht sie vor Hass, jetzt ist der Augenblick.

Schick die Henne weg, sage ich.

Du befiehlst mir?, sagt Meneksche.

Du hast Angst vor mir.

Vor einem zurückgebliebenen Bub?

Viola, sage ich.

Was?

Dein Name. So lautet er, wenn man ihn übersetzt.

Ins Deutsche?

Ins Christliche. Auf Deutsch heißt du Veilchen.

Er hat mich beleidigt, sagt die Freundin.

Ich entschuldige mich, sage ich, darf ich dich bitten, uns alleine zu lassen?

Nein, sagt Meneksche.

Erlaube es mir.

Was willst du?

Lass uns hinübergehen, sage ich.

Sie verabschiedet sich von ihrer Freundin. Schweinsgesichtiger Kreuzküsser, zischt sie und spuckt mich an. Ich lecke mir den Speichel von der Lippe, sie stürmt angewidert davon. Meneksche rückt von mir ab, wir gehen Seite an Seite, man könnte uns für zerstrittene Geschwister halten. Angler auf der Galatabrücke. Neben den Köderkübeln lauernde kleine Tiere. Magere Katzen betteln. Man wirft ihnen einen Fischkopf und Fischinnereien zu. Die Katzen balgen miteinander. Schwarzer Rauch steigt aus den Schloten der Dampfer hinauf in den Himmel. Auf der anderen Seite, in Eminönu, kaufe ich fangfrischen Fisch im Brot, und in Essig eingelegte Gurken und Lauch. Jeder Kuss wird nach Zwiebel schmecken. Sie hat Hunger, sie isst alles auf, ich kaue langsam, versuche, nicht zu schlingen. Wir sitzen auf alten Seifenkisten und schweigen. Die Fischer stehen in Kuttern, schreien sich heiser, der Wind weht die Schreie fort.

Ich habe einen Freund, sagt Meneksche.

Hast du nicht, sage ich.

Er träumt von mir. Er sieht gut aus.

Wahrscheinlich streicht er Abdecksalbe seiner Mutter auf die Pickel.

Er hat eine glatte Haut, im Gegensatz zu dir.

Willst du meine Narben küssen?, sage ich.

Dann müsste ich mich übergeben.

Dieser Junge, er ist dein Spielzeug.

Was geht es dich an?, sagt sie.

Nichts.

Spare Geld und leiste dir bitte bessere Kleider. Du siehst sehr armselig aus.

Du bist schön, ich bin es nicht, sage ich, was soll ich mich also aufhübschen?

Über meine Schönheit reden sie alle. Es langweilt mich zu Tode.

Gut.

Gut?

Ich verstehe das.

Menschenkenner, ruft sie hämisch.

Du bist schlecht in Biologie, sage ich.

Willst du mir Nachhilfe geben?

Ich mag das Fach nicht.

Wieso?

Darwin ist ein blöder Hund.

Und du bist gescheiter als er?, sagt sie.

Ich zwinge keinem meine Lehrsätze auf.

Du plapperst.

Willst du meine Kussfreundin werden?, sage ich.

Eher küsse ich meine Handknöchel, ruft sie.

Dein letztes Wort?

Du bedeutest mir nichts, Deutscher. Ich war hungrig, du hast mich zum Fischbrot eingeladen. Dafür durftest du mich heimlich anstarren. Ich habe dir viel mehr geschenkt, als du mir. Alles vergolten. Nichts bin ich dir schuldig. Die nächsten Tage werde ich damit zu tun haben, die Gerüchte über meine neue Liebe zu zerstreuen. Das ist mir egal. Soll jeder denken, was er will. Bilde du dir nur nicht ein, dass es zwischen uns funken wird. Ich schau dich an und sehe nur Luft. Wenn du mich unsittlich berührst, werde ich die Fischer zusammenschreien. Sie schlagen dich halb tot.

Gut, sage ich.

Ein Kind, das Papier zerreißt: Ich lese große Lust in Meneksches

Augen, die Lust, den schwärmenden Jungen zu schaden. Ich bin nur einer von vielen, und ich werde auch einer von vielen bleiben. In mir sieht sie einen Lumpen, ärger als ein Abdecker, stumpfschnäuziger als des Metzgers Hund. An der Außenmauer des Speichers sehe ich Einschusslöcher aus dem Krieg – was würde mein Vater tun? Er würde zu seinem Spiegelbild sprechen: Dieser Fall ist beendet, ich finde mich damit ab. Zu meiner Überraschung bleibt sie sitzen. Erwartet sie, dass ich mich besiegt zurückziehe? An der Bushaltestelle stehen unter dem verbeulten roten Metalldach Frauen des Volkes, gewesene Bäuerinnen, Töchter einfacher Händler, das Tuch auf dem Haupt bedeckt nicht die Haare an Stirn und Schläfen. Ich könnte in den Bus einsteigen, und eine halbe Stunde später wäre ich in meinem Viertel, Mutter würde mich vor Freude küssen. Nein. Ich muss die Hände der alten Dame salben.

Noch eine Sache, sagt sie, wehe, du erzählst deinen Freunden irgendwelche Lügengeschichten.

Ich lüge nur in der Not, sage ich.

Das ist aber sehr anständig, ruft sie und lacht laut.

Soll ich dich über die Brücke zurückbegleiten?

Lass mich allein, sagt sie, auf Nimmerwiedersehen.

Und du hast sie nicht ins Wasser geworfen?, sagt Nuyan und spuckt in die hohle Hand, die er am Hosenbein abwischt. Resul Bey würde ihn mit Fußtritten aus dem Kaffeehaus jagen, wenn er auf den Boden spuckte. Der Hundertjährige trocknet Gläser mit einem strahlend weißen Geschirrtuch. Er hat einen jungen lammfrommen Bosnier eingestellt: Der Junge fegt, spült, kocht und wischt, er erlernt bei Resul Bey die Kunst, sich um nichts und niemanden zu scheren. Ich tauche das Rosinenplätzchen in den Tee und beiße ab. Der Arier ist kultiviert, sagt Dschenk, wer fast jeden Tag eine Krawatte trägt, verweichlicht. Lutsch mir die Großzehen, sage ich.

Das war's?, ruft Burak, du bist weggeschlurft wie ein Greis?

Was hättest du an meiner Stelle getan?

Eine Qualle in ihrem Gesicht zerquetscht.

Ich gelte schon als Siebentürmerüpel, sage ich, danach hätte man mich eingesperrt.

Du hast kein Glück mit den Mädchen, sagt Nuyan, vielleicht liegt es daran, dass du so hässlich bist wie der Arsch eines dicken Pfaffen.

Wie geht's ihm?

Wem? … Ach so, der Priester ist genesen. Er läuft wieder griesgrämig in seinem schwarzen Kaftan herum. Und wenn ein Grieche ihm nicht die Hand küsst, schimpft er ihn gleich einen Ketzer.

Ich verstehe das nicht, sage ich.

Schwere Sünde ist ihm in der Kehle stecken geblieben, sagt Burak. Er bekommt Schluckauf, muss mit kleinen Pausen zwischendurch ständig hicksen. Und wenn er sich zur Nachtruhe bettet, hört er auf zu hicksen und schläft ruhig.

Hast du soeben Nachtruhe gesagt?, ruft Dschenk.

Ja. Und?

Bist ein feiner Knabe.

Antworte mir lieber. Glaubt ihr die Geschichte?

Es schüttelte ihn am ganzen Leib. Ich hab es gesehen. Meine Mutter hat ihn sogar geohrfeigt.

Was?

Sie bat ihn natürlich erst um Erlaubnis. Zwei saftige Maulschellen. Den Pfaffen hat's aufs Pflaster geworfen. Half nicht. Kaum erhob er sich, ging es wieder los.

Was denken die Frauen am Brunnen?

Schükran Hanim und ihre Hofdamen machen einen Bogen um ihn, sagt Burak, sie schwätzen von einem jugendlichen hochgewachsenen Dschinn, der wenig Platz im Leib des Priesters hat. Immer wenn der Geist mit dem Kopf gegen den Schädel kracht, hickst der Mann.

Und die anderen Frauen?

Sie tuscheln.

Verbotene Lust?, sage ich.

Nein.

Was bleibt übrig?

Sünde in der Kehle. Oder …

Er befummelt sich, sagt Nuyan, Schluss damit. Beschreibe sie uns.

Ich erzähle: Lange schwarze Haare, je nach Tageshelle blaue oder grüne Augen. Vollschlank. Hämisch. Die Brüder schimpfen mich einen verblendeten Knecht, da meine Angaben nicht einmal für einen Steckbrief ausreichen. Der Hundertjährige schickt den Bosnier vor, er fordert uns auf, im gedämpften Ton zu sprechen. Wir nicken und ducken uns über dem Tisch. Ein Schläger hat in das Holz gekreuzte Knochen geritzt. Ein Kieselstein fliegt gegen das Fenster, und ehe Resul Bey eingreifen kann, stürme ich hinaus. Nuriye Hanims nicht mehr so kleine Tochter Ayfer starrt auf ihre Handfläche, und als ich sie hochhebe, um sie auf beide Wangen zu küssen, packt sie mich an der Nase, und versucht, sie mir umzudrehen. Nur mit Mühe kann ich mich frei kämpfen.

Ich setze sie ab, sie starrt wieder ernst auf ihre Hand.

Ich soll dir bestellen, dass du kommen sollst, sagt sie.

Wann, du Maus?

Selber Maus, sagt sie.

Also, Ayfer, wann soll ich vorbeischauen?

Wo?

Na, bei euch.

Wo sind wir?

Da, wo deine Mutter und der Herr Krämer leben, sage ich.

Sie sind nicht da, sagt sie.

Was solltest du mir ausrichten?

Komm.

Ich komme. Aber ich muss wissen, wann es euch recht ist.

Nicht immer, schreit sie plötzlich.

Ist gut, Ayfer. Ich frage bei deinem Vater im Laden nach.

Was hast du im Mund?

Nichts, sage ich.

Ich hab was, sagt sie und streckt mir die knallrote Zunge heraus. Der Bonbon fällt auf die Erde, sie hebt ihn schnell auf, steckt ihn in den Mund, spuckt aus.

Die fette Herrin.

Es gibt sie nicht, sage ich.

Die Katzen fliehen. Sie steckt ihre Rattenschnauze in die Schüssel. Milch an ihren Barthaaren. Vogelköpfe spuckt sie aus, wenn sie kotzt.

Wer hat dir das erzählt, Ayfer?

Keinerniemandniemals, schreit sie und läuft davon.

47. Der Liebevolle

Die Brüder sprechen von den rauschenden Zypressen im kühlen Sommerwind der Abende. Von den lackierten Fingernägeln verwitweter schöner Damen, die jungen Männern verfallen. Von Ehrenduellen, Raufhändeln, parfümierten Minnebriefen. Sie lesen Hintertreppenromane. Buraks Gesicht ist von Pickeln und Pusteln fast entstellt. Er betupft leicht die kleine Beule am Hals mit einem gefalteten weißen Ziertuch. Er hat es von einer Jungfrau bekommen, die sich seiner erbarmt hat. Nach dem Mutterglauben muss eine Jungfrau das Tuch sieben Tage bei sich tragen. Der Junge, dem das Gesicht aufblüht, wischt damit sanft über die vereiterte Haut, und es wird ihm geschehen, dass die Haut verheilt. Burak ist ein eifriger Leser der Groschenhefte. Dschenk zieht ihn auf, nennt ihn ein Geschöpf der Gräber, einen kleinen Buben mit großer Angst. Ich bin bei meinen Brüdern, es geht mir gut, und da ich leise pfeife und mit den Fingern auf dem Tisch trommele, verstummt Dschenk und schaut mich an.

Agop, sagt er.

Ja?

Ihn sah ich beim nächtlichen Streifzug unter dem Fenster des Irren am Fenster stehen.

Du hast gelauscht.

Natürlich. Der Armenier erwähnte seinen kleinen Bruder Igor …

Wie geht es ihm?

Bald wird man ihn auszeichnen als den Besten der Besten.

Agop sorgt sich sehr um Igor, sagt Dschenk, er stellt wohl einer Hure nach.

Das sieht ihm nicht ähnlich, sage ich.

Du sprichst wie ein Reicheleutesohn. Nicht ähnlich! Hör lieber zu. Igor hat sich von der Hure entjungfern lassen. Sie heißt Rosa, wahrscheinlich auch armenisch. Er bleibt also bei seinem Stamm. Geht mich nichts an. Er findet Geschmack an ihr, besucht sie regelmäßig. Sie erhöht den Preis für ihre Liebesdienste. Igor hat kein Geld, möchte aber in ihren Armen stöhnen. Was tut er? Er beklaut seine

Mutter. Schmuck, Haushaltsgeld. Natürlich bemerkt sie es, stellt ihn zur Rede, er streitet alles ab. Agop übernimmt. Ein Schlag, und der kleine Igor flennt sich die Seele aus dem Leib. Redet wie ein Wasserfall. Die Ermahnung des großen Bruders schlägt er in den Wind. Er ist die Beute einer Hure.

Agop fragte den Irren um Rat?

Das tat er. Er nannte die Leidenschaft des kleinen Igor eine kranke Inbrunst.

Und was sagte der Irre?

Alle Zähne ausgefallen, er murmelt. Man muss genau hinhören, um ihn zu verstehen. Ich verstand ihn. Erst hat er gesprotzt und geflucht, und sich die Knöpfe von der Pyjamajacke gerissen. Agop stand geduldig auf dem Fleck, wartete ab. Ich kauerte im Dunkeln hinter dem Busch und geduldete mich. Wir wurden belohnt. Er will mit dem Richtigen sprechen.

Wer soll das sein?, sage ich.

Der Mann, den du Vater nennst, sagt Dschenk lächelnd.

Vater wird es richten, denke ich und schweige aber. Wird er über die Brücke gehen, in Gesellschaft von Männern wie Schecho und Hamit, und dem Wirtschafter des Freudenhauses einen Besuch abstatten? Es hat sich viel verändert im Viertel. Vater und sein Einsatztrupp werden öfter angefordert, er bleibt wochenlang weg, an manchen Wochenenden sitzt er allein mit hängenden Schultern im Hintergarten, fast aller Kraft beraubt, die Krempe der Eisenbahnermütze beschattet seine Augen, er hängt dunklen Gedanken nach. Die jungen Männer führen sich auf wie große Brüder, sie pfeifen auf die Mutproben, sie schneiden sich nicht ins eigene Fleisch. Narben bedeuten ihnen nichts. Ein räudiger Kerl hat auf ihn geschossen, er floh unerkannt. Von Freitagabend bis Sonntagabend halte ich mich in meinem Viertel auf, die Brüder erzählen mir nur das Wenigste, Mutter will mich schonen. Es wird Zeit. Ich bezahle beim Bosnier, küsse zum Abschied Resul Beys Hand, verabschiede mich von den Brüdern. In wenigen Stunden werden wir uns wiedersehen.

Derya schließt mir auf. Schwester, die mir nicht Schwester sein mag. Ausgebildete Lehrerin. Und doch zögert sie, eine Stelle anzunehmen. Der reiche Akkan Bey am Westufer würde sie gerne beschäftigen, er stellt eine einzige Bedingung: Sie muss einen Kurs im Wirtschaftsenglisch belegen. Sie zaudert und zweifelt. Großer Bruder Yorgo machte ihr viele Heiratsanträge, sie lehnte jedes Mal ab, er gibt nicht auf. Ich stehle mich schnell ins Bad, blicke kurz zur Abdeckplatte, prüfe nicht, wasche mir nur die Hände. Der Tisch ist gedeckt, ich komme zur rechten Zeit. Kein Fleisch. Gebratenes Gemüse, Reis, Kompott.

Du bist gewachsen, sagt Mutter, mindestens zwei Fingerbreit.

Er überragt dich und mich, sagt Derya, in einem halben Jahr ist er auch größer als du, Vater.

Ja, sagt er und kaut.

Ärgert dich die Frau Lehrerin Schenay?, sagt Mutter.

Ihr gefällt meine Gesinnung nicht, sage ich.

Hast du denn eine?

Tochter, lass das.

Ich glaube nicht, dass die Studenten im Recht sind.

Soll alles beim Alten bleiben?

Nein.

Bist du auf der Seite der Parasiten, die sich bereichern?

Wir sind nicht reich, sage ich, wie kann ich die Reichen lieben?

Weil du von ihren Söhnen umgeben bist, sagt Derya, das färbt ab.

Mein Sohn nimmt die Farbe eines Mannes an, sagt Vater, es wird noch ein bisschen dauern, bis ihm die Haut spannt.

Der Junggesellenabschied heute Abend, sagt Mutter, du willst nicht fehlen.

Ich achte auf mich, versprochen.

Sie werden dumme Lieder singen, ruft Derya, und sie werden viel trinken. Sie bleiben unter sich, Frauen stören nur.

Die künftige Braut feiert mit ihren Freundinnen. Getrennte Welten, was ist falsch daran?

Nichts, sagt Vater, trinke du nur ein Glas.

Ja … Vielleicht zwei?

Das zweite Glas leerst du nur zur Hälfte.

Ich verspreche es, Vater.

Die Hexerin hat versucht, sich am kahlen Baum aufzuhängen, die Frauen des Viertels sind bedrückt. Die Jungfrauen vom Bittfetzenplatz liefen herbei, und in ihrer Aufregung haben sie sie fast getötet: Sie zogen an den Füßen und Beinen der Frau, die Schlaufe zog sich zusammen. Ein Mädchen kletterte schnell hinauf, hackte auf das mehrfach geschlungene Seil. Es war auf dem Weg zum Schleifer gewesen, um das Beil des Vaters schärfen zu lassen. Heldenmädchen. Es wird beschenkt mit Früchten und Nüssen, mit Haarspangen und Kämmen. Die Hexerin ist verstummt. Die Bäuerinnen sprechen von Gottes Strafe: Wer Zauber wirkt, wird von Schatten bewohnt. Wer von Schatten behaust ist, mordet die eigene Seele. Vater scheucht die züngelnden tuschelnden Weiber fort, sie sind ihm ein Gräuel. Ein Arbeiter seines Trupps ist beim Einsatz umgekommen, er hat es satt, sich die Namen der vielen Toten und Verdorbenen merken zu müssen. Jetzt rührt er in der Kompottschüssel, und da ihm Mutter die Hand auf seine Hand legt, schaut er auf.

Was beschäftigt dich. Abdullah?

Mir fehlt nichts.

Wenn du grübelst, siehst du besonders gut aus, sagt sie, beugt sich über den Tisch und küsst ihn heftig auf den Mund. Wir erstarren. Meine sittsame Mutter verkrallt ihre Hände in Vaters Haaren, küsst ihn so lange, bis sie nach Luft schnappt. Er errötet, starrt sie an, lächelt.

Was sollen die Kinder denken, Bayka?

Sie denken, dass ich übergeschnappt bin … Heute Abend bleibst du zu Hause.

Ich muss Tete besuchen, sagt Derya hastig.

Wolf, sagt Vater, was ist mit Franz?

Vor fünf Wochen habe ich ihn das letzte Mal gesehen.

Wie sah er aus?

Bleich und schlank, sage ich.

Er lässt sich von Frauen verschlingen, sagt Mutter, er ist langsam zu alt für diese Abenteuer.

Willst du ihm nicht erzählen, dass er dir fehlt?, sagt Vater.

Dann müsste ich lügen, sage ich.

Natürlich widersprechen sie und reden mir ins Gewissen: Der leibliche Vater ist zu ehren und zu lieben. Der Sohn hat sich nicht zu versündigen, indem er treulos wird. Sitte des Viertels. Nichts bindet mich an ihn, denke ich, und nicke aber. Bald darf ich aufstehen, ich ziehe ein frisches weißes Hemd an, lege das Schuljackett ab, schnüre die groben Lederschuhe, mache mich auf den Weg. Der Vernarbte, heiratet er aus Verzweiflung? Hat er sich leer gelebt und will er sich wieder füllen? Seine Braut, eine Albanerin aus dem Nachbarviertel, eine strenge junge Frau, die ihn erwählt hat. Fest der großen Brüder. Unterwegs treffe ich auf Nuyan. Er trägt auch weißes Hemd und eine schwarze enge Hose, er spricht von den Lehrern und dem Direktor, der härter durchgreift. Nuyan musste oft den Schulhof fegen, und manchmal wurde er sogar mit der Sackkarre losgeschickt, um Holzkohle zu holen. Mir fällt plötzlich ein, dass ich es versäumt habe, beim einäugigen Krämer vorbeizuschauen. Er wird mich schelten. Seine Frau Nuriye Hanim knotet bunte Stofffetzen an die Zweige der Bäume im Garten, der Krämer entfernt sie und stopft die Fetzen in die Mülltonne. Ihr Auge tränt, und sie sucht ihr Heil in der Beschwörung. Nuyan zupft mich am Ärmel, zeigt auf die Feldpächter Haydar und Hamit, der eine redet lebhaft auf den anderen ein. Der strenge Hamit macht den Eindruck, als wolle er um keinen Preis über die Schwelle des Hauses treten. Hitlersohn, ruft jemand hinter meinem Rücken, ich drehe mich um: Knirschmund, die Finger am Gebiss.

Vaterlos bist du seit Jahren, sagt er, es muss schmerzen.

Irgendwann hältst du es nicht aus, und beißt dir die Fingerkuppen ab, sage ich.

Der verbrannte Hitler, fährt er ungerührt fort, das Foto habe ich aus der Zeitung ausgeschnitten. Es hängt an der Wand über dem Kopfende des Bettes. Ich sitze fast jede Nacht im Schneidersitz auf dem Boden und studiere die Leiche. Weißt du wieso, Arier?

Weil du verrückt bist?

Alle Bastarde verderben. Er verdarb, Scheitan Kaytun verdarb. Du lebst, ich lebe.

Und Bruder Hikmet heiratet, sagt Nuyan.

Jüngling, flüstert Knirschmund.

Was?

Knabe, hör zu: Du und Dschenk, wir wissen um euch. Um das, was ihr tut.

Lass mich in Ruhe, sagt Nuyan mit hochrotem Kopf.

Dies ist die erste Warnung. Entarte weiter, und ich verbrenne dich.

Bruder, sage ich.

Du bist mein Zeuge, sagt Knirschmund, ich habe ihn gewarnt. Und jetzt hau ab. Dich dulden wir nicht in unseren Reihen. Gebe es weiter an den anderen Knaben. Ich verbrenne auch ihn, wenn er darauf beharrt. Ein Mann liebt eine Frau. Kein Tier, keine Pflanze, kein Püppchen und keinen anderen Mann.

Du gehst zu weit, rufe ich.

Halte ich einen Spiegel vor deinen Mund, verwandeln sich die Worte vom Verkehrten ins Verständliche.

Nuyan verschwindet in der dunklen Seitengasse. Folge ich ihm oder bleibe? Knirschmund befühlt das Gebiss, schiebt es hin und her, und wendet sich grinsend dem strengen Hamit zu. Der Fromme winkt mich heran, ich grüße die Gebrüder, zeige auf Wunsch zwei neue Narben vor. Kampf mit den Zigeunerjungen in meinem Alter, ich blutete und brachte sie zum Bluten. Haydar gefällt die Geschichte, er lässt mir den Vortritt. Der Vernarbte im Nadelstreifenanzug, umgeben von Schlägern, die den Schmutz vom Gesicht gewaschen haben, er versteift sich beim Anblick des Frommen, sie blicken einander an, wer wird als Erster den anderen verfluchen. Doch dann sagt Hamit: Gott segne den Bund, den du eingehst. Hikmet geht auf ihn zu, beugt das Haupt und küsst ihm die Hand, führt sie an die Stirn. Du bist mir überlegen, sagt er, ich erkenne es an. Da er weiß, dass der Fromme keinen Alkohol trinkt, bietet er die frisch gepresste Limonade seiner Mutter an. Der Reihe nach küssen Knirschmund und Hasan, der erste Soldat des Vernarbten, Hamit die Hand. Yorgo löst sich aus seiner Ecke, kneift mir in die Wange und nennt mich das verlorene Kalb, das heimgefunden hat.

Hast du heute Derya gesehen?

Ich aß mit ihr zu Abend, sage ich.

Was fehlt mir, was sie sich wünscht?, sagt er.

Hirn und Hoden eines Ariers.

Und was noch?

Wann hast du ihr das letzte Mal einen Antrag gemacht?

Vorletzte Woche. Sie bekam einen Lachanfall.

Wieso?

Weil ich mich dabei verschluckt habe, sagt er, ich habe gekeucht und wäre fast erstickt. Sie klopfte mir auf den Rücken … Derya nimmt mich nicht ernst.

Lausche ihrem Herzschlag, sage ich.

Und dann?

Du wirst nicht nur ihr Herz schlagen hören.

Sondern?, sagt er misstrauisch.

Du hörst auch das Brausen in deinem hohlen Griechenkopf.

Am Tage, da du mein Schwager wirst, kerb ich dein Maul. Verdammter Arier.

Der erste Soldat des Vernarbten ruft uns an die Tafel. Auf großen Tellern, zu kleinen Pyramiden gestapelt, liegen mit Käse und Hackfleisch gefüllte Teigtaschen. Schüsseln mit Oliven, in Olivenöl eingelegte Knoblauchzehen, schwarze Olivenpaste. Auberginenbrei. Schafskäse in Scheiben. Sesamkringel und Fladenbrot. Anisschnaps und Wasser. Der fromme Hamit hasst Trinkgelage, er hat sich heimlich davongestohlen. Sein Bruder stellt sich hinter den zugewiesenen Stuhl. Unbekannte große Brüder aus dem Nachbarviertel Samatya sind auch der Einladung gefolgt, sie mustern mich und meine Narben. Hasan, der Soldat, füllt die Gläser, dann hebt er sein volles Glas und bringt den ersten Trinkspruch aus:

Mein Bruder freit eine Albanerin. Das ist vom Herrn gut beschlossen. Er wird glücklich werden. Ich wünsche dir, Hikmet, einen Erstgeborenen und eine Zweitgeborene. Auf den Bund!

Alle großen Brüder trinken das erste Glas in einem Zug leer. Ich muss mich mit Wasser begnügen. Knirschmund hebt sein Glas, lässt den Blick schweifen, er wird verlegen, er lutscht an seinem Gebiss, und spricht:

Bruder, der du uns seit Jahren führst. Bruder, der du mir geworden bist. Bruder, der du mich tadelst, weil ich kein Benehmen habe. Oft blitzte unser Eisen im Mondlicht. Oft setzte ich das Messer an den Hals eines Kerls und schnitt aber nicht. Weil du mir befahlst, Fleisch unverletzt zu lassen. Manchmal musstest du mich mit Gewalt vom Feind wegdrängen. Du führst, Bruder, und ich zweifelte nie. Ich verlor meine Zähne in den Kämpfen. Kämpfer bin ich geworden durch dich … Ich weiß nicht mehr weiter. Lebe gesund und zeuge zehn Kinder.

Wir lachen und trinken, der Vernarbte küsst Knirschmund auf beide Wangen. Ein großer Bruder aus Samatya hebt das Glas und wartet, bis die Männer verstummen. Er spricht: Bruder Hikmet. Wir haben uns gemessen, im vorletzten Jahr. Ich sah den Schlag nicht kommen, auch den zweiten und dritten nicht. Ich wankte. Der vierte Schlag unseres Kampfes war mein Schlag, und auch der fünfte. Danach haben wir uns nur halbherzig geprügelt, uns verging die Lust. Was war der Grund? Ich erkannte: Mir steht der Freund gegenüber. Du erkanntest: Die Kerle aus Samatya wanken, aber fallen nicht. Ich und die Meinen setzten den Fuß selten in dies Viertel. Kaytun, möge er als Höllenholz brennen, tat uns viel Leid an. Der Leib des menschgewesenen Schweins ist verrottet. Es gibt Brüder bei uns, die mich hassen, weil ich dich nicht hasse. Sie sagen: Samatya und Siebentürme sind einander ewig feind. Heute bin ich Gast bei einem Mann, der sich den Sklavenring durch die Nase treiben lässt. Es heißt, deine künftige Frau sei stark und stolz.

Also gebe ich es gerne zu: Wir beneiden dich um dein Glück. Lang lebe Hikmet.

Agop möchte als Nächster einen Trinkspruch ausbringen, alle Brüder starren ihn schweigend an. Er hat sich in all den Jahren geweigert, sein Leben als Einzelkämpfer aufzugeben. Der Armenier wird geduldet, man fällt ihn nicht an, weil er nichts und niemanden fürchtet. Er spricht: Hikmet, vernarbt bist du, und wir kennen dich unter diesem Namen: Der Vernarbte. Der Arier, der auf die Schule der Bürgersöhne geht, ist ein Klassenkamerad meines kleinen Bruders. Igor macht sich gut in der Schule, er bringt gute Noten nach Hause. Doch das bedeutet mir nicht viel. Er hat einige wenige Male gekämpft, und der Arier hat ihn gerettet. Die Zigeunerjungen, zäh und wendig und schnell, lauerten im Hinterhalt. Zum Glück stellte sich dein enger Bruder Wolf vor Igor, teilte Hiebe aus, brüllte, blutete. Ein Verrückter, die Zigeuner mussten weichen. Ich lobe ihn. Ich lobe dich, seinen Meister. Du wirst heiraten. Du wirst aber dadurch deine Kraft nicht einbüßen, ich bin mir sicher. Auf dich, Vernarbter! Hoch die Gläser.

Knirschmund schenkt aus, es macht ihm Freude, um den Tisch zu laufen und jeden anzuknurren, der eine Trinkpause einlegen möchte. Feldpächter Vasil hebt die Hand, Bruder Hikmet nickt ihm zu, er spricht mit leiser Stimme:

Wir haben gehört, wie sehr man dich wertschätzt. Ich habe gehört, dass man dich ehrt. Du und ich, wir hatten in den vergangenen Tagen nicht viel miteinander zu tun. Du schicktest deinen Mann, er kaufte bei mir frisch geerntetes Gemüse ein. Auf meiner Schuldnerliste steht dein Name nicht. Stärke dich mit Kraftpaste und mit scharf gewürztem Fleisch. Dann wirst du dich morgen Nacht zum Fahnenträger wandeln. Auf dich!

Der Vernarbte schaut ihn kalt an, stellt das volle Glas auf dem Tisch ab. Knirschmund und Hasan tun es ihm gleich. Yorgo ballt die Faust, die Brüder aus Samatya lassen die Gläser auf den Boden fallen. Burak ist zur rechten Zeit erschienen, er steht an der Tür und schüttelt den Kopf.

Was ist?, sagt Vasil, wollen wir nicht auf unseren Helden anstoßen?

Wasch dein Maul aus, zischt Yorgo.

Du hast mich mit deinen Worten vergiftet, flüstert Hikmet.

Warum, Vernarbter?, sagt Vasil.

Ich liebe die Fahne. Es küssen ihn oft Hunde. Sie vertreibe ich mit einem Tritt.

In deinen Augen bin ich ein Köter?

Du bist gesunken, sagt Hikmet.

Noch einmal, warum?

Was schert dich mein Unterleib?, ruft Hikmet.

Willst du mich missverstehen?

Was schert dich das Bett, in dem ich morgen liegen werde?, schreit Hikmet.

Eitel bist du, sagt Vasil, du stellst mich vor den anderen bloß. Du schimpfst mich einen Hund. Mich, der ich dir Gottes Segen wünschte.

Das hast du nicht, flüstert Yorgo, Schande über dich.

Verkaufter Grieche.

Wie war das?

Verkaufst deinen Stamm für einen Schläger, der von Anstand faselt ...

Mit einem Sprung ist Yorgo bei Vasil, er schlägt mehrmals zu, Vasil liegt am Boden und rührt sich nicht. Knirschmund zückt sein Messer, schneidet dem Ohnmächtigen eine Locke, zwirbelt sie, spuckt die Locke an und wirft sie Vasil ins Gesicht. Er hat damit den Beleidiger seines Anführers verwünscht. Der Halbgrieche gilt ab dem heutigen Tage als ein Mann, von dem man sich sofort abwenden muss, wenn man ihm begegnet. Er schleift ihn hinaus.

Genug der Trinksprüche, sagt der Vernarbte, wir werden jetzt das essen, was meine künftige Braut zubereitet hat.

Grieche schlägt Halbgriechen bewusstlos, sagt Burak leise, darüber werden die Frauen am Brunnen noch tagelang reden. Und vielleicht wendet sich die rote Derya endgültig von ihm ab.

Es beleidigte den Vernarbten, wenn wir die Pasteten nicht anrührten: Wir sitzen, wir beißen ab, wir kauen. Die großen Brüder aus Samatya schieben mit dem Schuhrand die Glasscherben hin und her. Vasil ist ein zerquetschter kleiner Teufel. Wird er sich zusammentun mit anderen Männern des Viertels, die man ausstieß und außerhalb der Mauern drängte? Mancher geht gebeugt und verbogen. Manchem ist am Rücken nah am Nacken ein Wulst gewachsen. Kleine Brüder des Buckels des Zigeuners. Schecho ist unauffindbar. Ihn will ich fragen, wer auf wessen Seite steht. Die Alten mit den Stöcken aus krummem knorrigen Holz sagen: Der Schlaf ist ein nachgeahmter Tod. Wenn wir aufwachen aus dem Sommerschlaf, wissen wir, es wird aus alldem nichts Gutes erwachsen. Burak begleitet mich, als ich mich für einen kurzen Spaziergang verabschiede, ich verspreche, spätestens nach einer Stunde wiederzukommen. Wasser in den Schlammkuhlen der Wege, die Dächer glänzen, es liegt kein Unrat vor den Häusern. Hunde mit schmutzigen Lefzen und kleinen Bisswunden im Fell streunen in den dunklen Schatten. Wir treten hinaus durch das Belgradtor, zerfurchtes Land, Felsen ragen auf wie die spitzen Knie von Riesen, ich sehe zwei verwesende schöne Tiere, zwei tote Pfauen, doch sie bewegen sich, springen hoch, weil sie einen Angriff von Fremden vermuten, ich rufe ihnen einen Gruß zu, sie rühren sich nicht, sie warten. Dschenk und Nuyan in weißen Hemden. Ich sage: Es wird Zeit, dass wir darüber reden.

Worüber?, sagt Dschenk und stößt mich gegen die Schulter, worüber, Arier? Über deine Feigheit? Dem Bruder bist du nicht beigestanden, als Knirschmund ihn beleidigte.

Es ging alles sehr schnell, sage ich.

Ein Wort hätte genügt.

Er will euch verbrennen.

Soll er es versuchen, ruft Nuyan, ich schlag ihm das Pferdegebiss aus dem Maul.

Brüder, sage ich leise.

Bist du ihr Bote? Womit hat man dich bestochen?

Brüder, sage ich wieder, hört zu. Stimmen die Gerüchte? Trügt mich mein Gefühl?

Ich scheiße auf deine Gefühle, sagt Dschenk laut.

Liebt ihr Männer?

Du wagst es?!, ruft Dschenk und versetzt mir einen harten Stoß gegen die Schulter.

Was schlägst du mich? Ich beleidige dich nicht. Wir sind vier einer Hand.

Nicht fünf?

Igor ist verloren …

Weil er eine Hure liebt? Wie hast du dich doch verändert, Arier! Lauf über. Bettle den Frömmler Hamit an. Dass er dich adelt. Dass du als Soldat der Erbauungsbrigade über die Tugend wachst.

Du weichst aus, sagt Burak.

Tu ich das?

Wolf hat Knirschmund gesagt, dass er zu weit geht. Er hätte feiern können. Stattdessen ist er hergekommen. Das nennst du schändlich?

Dschenk will zu einer scharfen Erwiderung ansetzen, er beherrscht sich. Dann, nach ein paar Atemzügen, umarmt er mich steif und bittet um Entschuldigung. Vier Finger einer Hand. Igor taugt nicht zum Bruder, weil seine Kampfeslust versiegt ist. Er gehört zum Westufer.

Ich weiß, sagt Dschenk leise.

Was empfindest du beim Anblick eines schönen Mädchens?, sage ich.

Nichts.

447

Möchtest du es nicht küssen? Nicht die nackten Knie berühren?

Nein.

Ich auch nicht, sagt Nuyan.

Seid ihr ineinander verliebt?

Das ist ein großes Wort für das, was wir tun.

Und ihr tut es schon seit Langem, sagt Burak.

Das weißt du doch.

Ich ekele mich davor, seid mir nicht böse.

Habe ich dich je belästigt? Dir einen lüsternen Blick zugeworfen?

Trotzdem.

Auch ich muss mich überwinden, sage ich.

Wozu?

Dir nicht die Zähne auszuschlagen.

Wir trennen uns also?

Blödsinn. Es geht jetzt um Knirschmunds Drohung.

Dschenk und Nuyan sind stur, sie wollen nicht wahrhaben, dass die Männer des Vernarbten nicht zögern werden: Die Männer und Frauen des Viertels wüssten sie an ihrer Seite. Dschenk droht mit einem Gegenschlag, er könnte der Albanerin hart in den Schoß treten und sie unfruchtbar machen. Wäre er dazu imstande? Er nickt, Nuyan schüttelt angewidert den Kopf, spricht von Schande. Ich bitte die Brüder, mir bis zum Festhaus zu folgen, sie sträuben sich erst dagegen, dann geben sie nach. Knirschmund und Hasan wachen vor der Schwelle, ich spreche mit ihnen, sie winken mich hinein und starren Dschenk und Nuyan voller Hass an. Ich trete neben den sitzenden Vernarbten, ich flüstere ihm ins Ohr, er wischt sich den Mund mit dem Handrücken, denkt nach, steht auf. Meneksche, du bist eine Rassel, denke ich, du treibst mich aus deinem Leib aus wie einen unsauberen Geist. Meine Brüder sind nicht verschwunden, sie sind mutig.

Ich grüße euch nicht und nehme auch keine Segenswünsche an, sagt der Vernarbte.

Bevor du sie richtest, schau sie dir genau an, bitte, sage ich.

Ich sehe zwei Abartige.

Kein Aussatz im Gesicht. Nur Narben … Du bist das Fleisch meiner Seele, sage ich.

Und du meins.

Sie sind das Fleisch deiner Seele.

Nein.

Dschenk ist mein Anführer, sage ich, ich blute für ihn, wenn er es will.

Du warst schon als Kind ein Großmaul, Arier, ruft Knirschmund.

Still!, sagt der Vernarbte, wieso stehe ich hier mit zwei Hinterbackenlüstlingen? Ich werde mich nach vielen Jahren noch daran erinnern. Willst du mir den Abend verderben, Deutscher?

Ich habe den Friedhof nicht vergessen, sage ich, nicht die Gräber der geschändeten armenischen Mädchen. Ich versprach es dir, und ich habe Wort gehalten. Ich ging sogar einige Male hin und legte Wiesenblumen auf die Grabsteine ...

Er packt mich am Kragen, schleudert mich zur Seite, ich falle vor die Füße seines ersten Soldaten, er zerrt mich hoch, drückt mir eine Rasierklinge gegen den Kehlkopf, und als ich schlucke, reißt es mir am Hals die Haut auf. Du hältst mich für rührselig, sagt er leise, ein großer Fehler. Für vier Wochen verbann ich dich aus dem Viertel. Treib dich dort herum, wo Jünglinge sich parfümieren ... Er wendet sich ab. An diesem Tag sind mir die kommenden dreißig Tage verdorben. Ihre Ehre unter meinen Füßen. Vasil jagt er fort, über mich verhängt er den Bann, zwei harte Jungen will er verbrennen. Nicht länger führst du mich, rufe ich, und meine Freunde folgen mir, ich bete für deinen baldigen Fall, zwei Fäuste Luft sollst du atmen, bevor deine Lungen bersten, ein Loch in der Hölle sollst du sein, ein Loch ohne Rand, noch heute sollst du dich veratmen, oder lieber morgen, im Bett der Braut, soll sie doch leichenkalte Lippen küssen, deine Hundeseele schwebt an der Zimmerdecke, nicht für würdig befunden, aufzufahren, uns stumpfen die Zähne vom Brotrindenkauen, und du wirst reich und reicher, der Irre vom Fenster frisst deinen Heroin, legen deine Hennen Eier mit zwei Dottern, zerrissene Spinnwebe im Wind, das bist du, das ist deine Seele, das sind deine Worte, Gott verdorre mich, ich erhebe mich über die Kleinheit, wir verrotten nicht in deiner Nähe, Hundeseele Hund, du brauchst vier Schuhe, auf allen vieren musst du laufen, Gottloser, Heroinherr, schreie ich und laufe sprotzend spuckend durch die Gassen, meine

Freunde folgen mir, stopft der Kerl doch die Serviette hinter die Hemdkragen, wer ist der Bürgerbub, lieber Arier als solch ein verkeimter verdorbener Knilch, Gottloser, ich spei auf deine Narben, rufe ich und unter meinen Sohlen knirscht der Muschelsplitt, Vater richtet, du aber nicht, du hast dich eingeschmutzt, ich rieche die Scheiße an dir, heut Nacht heb ich die angenagte Deckplatte hoch, und kotze ins Loch die Pastete der Albanerin, eidbrüchig bist du geworden, dein Haus soll brennen, deine Braut soll brennen, du verdreckte Menschenhaut, schrei ich in der Nacht und die Hundsgeburten fliehen und meine Freunde folgen mir, keuch dir die Kaldaunen aus dem Leib, verstockter sündiger Heide, hörst du nicht das Geflüster in den Hintergärten, Heroinhexer nennen sie dich, sie warnen: Wenn du mit ihm Kirschen isst, wirft er danach mit Kernen nach dir, Bruderliebe ist ein verwestes Wort, nicht Bruder noch Freund bist du uns, ein Schädling, lautes Getön, Geheul, Pestatem: deine Reden, Herrschern huldigen wir nicht, voller Mäuselöcher ist dies Viertel, du herrschst und wir verkommen, eher folge ich Mücken als dir, Siebentürme ein Tierpark, Siebentürme ein Schandfleck, wegen dir und deinen Geschäften, Gifthöker Gifthöker …

Jemand umgreift mich von hinten, hält mich fest, er sagt: Du kommst mit, und ihr verstreut euch, dann werde ich in die Seitengasse gezogen, der Ärmel reißt auf an der Naht, ich stolpere ihm hinterher, am Brunnen in der Pilgergasse machen wir halt, und er spritzt mir Wasser ins Gesicht, wir laufen aufs Feld, er strauchelt und flucht, noch einige Schritte und er lässt mich los.

Hier ist er, sagt der nasenlose Süleyman.

Blut am Kragen, sagt Vater, er schnitt dich.

Er drohte nur, sage ich, verdammte Hundeseele.

Rupfen muss man ihn, sagt Vasil, und Stumpf und Stiel zertreten.

Schecho, rufe ich.

Arier. Hör nicht auf, zu wachsen. Dein Kürbiskopf ruht noch auf schmalen Schultern.

Keine Scherze jetzt, zischt der Kommissar Taylan Bey.

Ich grüße Sie, Herr.

Früher hast du Liebesbriefe überbracht. Ich muss es dich fragen: Bist du sein Bote?

Ich verstehe nicht.

Du verstehst, sagt er, jenseits der Brücke leben reiche Leute. Ihre Kinder sind entartet. Sie verschwenden ihr Taschengeld. Der Vernarbte mag dich.

Ich verkaufe kein Heroin an meine Klassenkameraden, sage ich.

Wirklich?

Auf mein Haus. Auf meine Liebe zu Vater und Mutter.

Du hörst es, sagt Vater, bist du jetzt überzeugt?

Ja, sagt der Kommissar.

Hinter ihm stehen Polizisten und Wachmänner. Am Feldbrunnen steht der Zigeuner: bebender Buckel im Tanz, er summt leise ein Lied, bis der Kommissar ihn zur Ordnung ruft, der Schrotthändler zückt das Messer, prüft die Schneide, steckt das Messer wieder ein.

Das ist gut, sage ich lächelnd.

Was?, sagt der Nasenlose.

Die Albanerin wird keine Witwe. Morgen ist die Hochzeit. Die Albaner schicken keine Bluträcher. Der Kerl taugt nicht zum Ehemann.

Die Kerle aus Samatya, sagt Vater.

Sie saßen bis vor einer halben Stunde an seinem Tisch, sage ich.

Lassen wir sie ziehen, sind sie gewarnt.

Sie kehren heim, sagt der Kommissar und lacht auf, man wird sie empfangen.

Vater winkt mir zu, wir laufen zum Brunnen, drehen den Polizisten den Rücken zu. Der Zigeuner, Vasil, der Nasenlose. Hristo, der fromme Hamit. Kurde Memet, Yeters Onkel, Anführer der Schlammblütler im Olivenhorn. Was treibt ihn hierher? Er überreicht mir ein Klappmesser, er sagt: Ein Geschenk für diese Nacht. Und für alle Nächte, in denen du allein herumstreifst.

Ich danke dir, Herr.

Dank deinem Vater, der es mir erlaubte.

Er wird fallen.

Wer ihm beisteht, fällt auch, sagt Vasil.

Yorgo?

Einst ein guter Mann gewesen, sagt Hristo.

Und Bruder Haydar?

451

Er ist eingeweiht, sagt der Fromme, möge Gott ihn schützen.

Wir halten uns bereit, sagt Vater, wir warten den ersten Angriff ab. Dann stoßen wir vor, bleiben aber im Dunkeln. Wolf, du stehst bei Vasil und Hayri.

Wir jagen mit kalten Herzen.

Keine Jagd. Wir weichen nicht vom Fleck, und lassen keinen durch.

Ja, Vater.

Der Kommissar und seine Männer setzen sich in Bewegung, sie halten Waffen in der Hand. Vater folgt mit Kurde Memet, Hamit, Hristo, Schecho und dem Nasenlosen. Der Zigeuner und Vasil nehmen mich in die Mitte, wir schleichen hinterher. Es regnet stärker, ich werde nass, ich drücke das Messer flach gegen die Außenseite meines Oberschenkels, ein falscher Schritt und ich spießte mich selber auf, also klappe ich das Messer im Gehen zu, höre Vasil schwer atmen, höre Hayri Bey leise summen, es rauschen die Zypressen, es wispern Vogelseelen, Mädchenseelen, die sich an den Zweigen verfangen haben, und ich sehe, dass der Halbgrieche Vasil eine Axt mit stumpfer Schneide schwingt, wir rücken vor und der Schlick schmatzt auf bei jedem Schritt, brenne Vernarbter, brenne, verschanzter Feind, unüberwindlich bist du nicht, Vater, Kurde Memet, Hamit, Hristo und Schecho, sie stehen in einer Reihe, und dann fallen die ersten Schüsse, berstendes Holz, berstendes Glas, Gebrüll der großen Brüder, einem Polizisten fliegt die Mütze vom Kopf, er geht auf die Knie, Schecho stößt vor, umgreift ihn von hinten und schleift ihn zurück, nur ein Streifschuss, flüstert der Polizist und wird ohnmächtig, er blutet aus einer Wunde am Kopf, Vater schneidet einen langen Stoffstreifen von seiner Bauchbinde, schlingt ihn mehrmals um den wunden Schädel des Polizisten, zwei Wachmänner feuern auf die Fenster, hat man sie für den nächtlichen Anschlag bewaffnet, es brüllen die Kerle im Kampf, zu Ratten sind sie geworden, zu Brüdern der fetten Herrin, ein Kerl läuft auf uns zu, schneidet mit dem Messer in die Luft, und da springt ihn Vater von der Seite an, versenkt das Eisen tief in seinem Bauch und zieht hoch, schmatzender Schlamm, ich aber bleibe nicht stecken, und ich sehe Knirschmund am Boden liegen, nicht verbrennen wirst du Bruder Dschenk und Bruder Nuyan, es sammelt sich Blut in seiner Nase, er erlischt. Es erlischt auch ein Kerl aus Samatya durch Vaters Hand, warum blieb er beim Heroinhexer, Kurde Memet sticht immer wieder in den Leib von Hasan, dem ersten Soldaten des Vernarbten, bis er erlischt, wo ist eure Kraft; wo ist eure Macht, was bedeuten eure klingenden Worte, nun da ihr mit offenem Maul und offenen Augen in Schlammkuhlen liegt, ich spucke auf die Leichen, und ich sehe die Männer des Kommissars, sie zerren die Toten heraus, Leichen nebeneinander, das Gesicht des Vernarbten von einer Kugel zerschossen, ich spucke auf die Leiche, der Zigeuner tänzelt um die Toten und singt ein Heldenlied aus alter Zeit, Feinde starben, sie waren nicht unverwundbar, wir aber sind erhöht, weil wir sie bezwangen, Vasils Knecht fährt vor, die Leichen werden auf den Karren gehievt, ich weiche nicht und schließe nicht die Augen, Schecho und der Knecht fassen Yorgo an den Handgelenken und Fußknöcheln, sie schwingen ihn hin und her, lassen los, er fällt auf den toten Heroinhexer, offene Augen, offenes Maul, wer wird es Derya sagen, dass der Mann, den sie abwies, nicht länger sie bestürmen wird, Vasil zieht ihm die Strümpfe hoch, schnürt die Schuhe, dann gibt er ein Zeichen, der Fuhrknecht steigt auf und fährt los. Wir schauen dem Leichenwagen hinterher.

Nicht mehr singen, sagt Vater leise, und der Zigeuner verstummt.

Wir waschen Axt und Messer im schlammigen Regenwasser, mein weißes Hemd zerrissen und verdreckt, Blutspritzer im Gesicht meines Vaters, ich sage nur: Gesicht, und er versteht, Kurde Memet sagt: Ihren Müttern haben wir das Leben verdorben, Hristo stößt einen Klagelaut aus und beherrscht sich gerade noch, um nicht zu schluchzen, er kennt Yorgos Mutter, und er wird bei der Totenmesse nicht fehlen, er wird ihr sein Beileid ausdrücken.

Wir haben heute Nacht bei Hristo gesessen, sagt Vater und schaut mich an.

Ja, Vater.

Hier, sagt er und reicht mir eine Flasche Anisschnaps, trink nur einen Schluck.

Von dem Geschmack wird mir sofort übel, der Nasenlose reißt mir die Flasche aus der Hand, trinkt und gibt die Flasche weiter. Der

Kommissar trinkt, die Polizisten trinken, mir brennen Hals und Magen.

Viel Geld in ihren Börsen, sagt der Kommissar.

Was machst du damit?

Ich beschlagnahme es.

Kannst du darüber frei verfügen?

Was schlägst du vor?

Die Kerle, sagt Vater, sie werden im hinteren Teil des Friedhofs begraben. Du könntest die Begräbniskosten übernehmen.

Niemals, sagt der Kommissar.

Gut. Die Kinder der Höhlenkurden brauchen neue Kleider.

Schon besser ... Gute Nacht.

Die Nacht verschluckt ihn und seine Männer. Es brennt kein Licht in den Häusern. Die Männer und Frauen des Viertels sind wach, sie kauern neben ihren Betten auf dem Boden, sie werden bis zum Morgengrauen aufbleiben, ihre Türen sind doppelt verriegelt.

Der Einäugige, sagt der Nasenlose, er fehlt schon wieder.

Er hat Frau und Tochter, sagt Schecho, er kümmert sich um die Seinen.

Nur ein fauler Grund, um ins warme Bett zu kriechen.

Du meidest ihn, er meidet dich, seit Jahren. Levi Bey hat versucht, euch miteinander zu versöhnen. Ihr habt abgelehnt.

Der sture Kerl hat nicht nur mich verraten.

Wir stehen im Regen, und der Nasenlose bebt vor Zorn über den Mann, den man zu seinen besten Freunden zählte. Der Krämer kennt nur Gewicht und Maße, er füllt, er leert, er schneidet Scheiben vom Ganzen, er stückelt, er wiegt. Die Münzschale ist blank poliert. Zur späten Abendstunde schließt er seinen Laden, begibt sich in die hinteren Räume: seine Frau, sein angenommenes Kind. Das genügt ihm, er will es dabei belassen. Süleyman Bey verlacht seine Feigheit, es will ihm scheinen, als habe sich der Einäugige in einer Welt aus dünnen Wänden und Sperrholzplatten eingesperrt. Es will ihm scheinen ... Dschenk hat recht, ich rede und denke immer mehr wie ein Bürgerbub.

Wir genügen alle dem Brauch und stecken die Messer bis zum Schaft in die Erde: Entmutigt sind die Geister der Toten, uns anzufallen, und entmutigt sind ihre lebenden Freunde, uns in einen Hinterhalt zu locken.

Arier, sagt Kurde Memet.

Ja, Herr.

Yeter ist seit Kurzem die Frau eines Mannes.

Ich habe davon gehört.

Zum Hochzeitsfest bist du nicht erschienen.

Nein, Herr.

Sprich in langen Sätzen, sagt er laut.

Ich wollte und wollte nicht. Ich zermarterte mir den Kopf.

Was heißt das: Kopfzermartern?

Wir waren Kinder, und ich habe sie enttäuscht, sage ich.

Verstehst du deinen Sohn?, sagt er zu Vater.

Liebst du sie, oder hast du sie geliebt?

Nein, Vater.

Ich verstehe ihn nicht, sagt Vater zu Kurde Memet.

Hast du nicht länger Umgang mit … unseresgleichen?

Ich verspreche, mich zu bessern, sage ich.

Er betrachtet mich misstrauisch, als wäre ich ein Fremder, der ihm gerade vorgestellt worden ist. Die Schlammblütler stehen in dem Ruf, alles bis zum Ende auszufechten. Habe ich seine Nichte beleidigt?, er denkt kurz darüber nach, nennt mich dann eine Krähe mit einem lahmen Flügel. Agop ist nicht unter den Toten. Ist sein Fleisch aufgerissen von einer Kugel? Stahl er sich davon? Wird er dem Priester sein Wundmal zeigen? Wird er lügen, dass ihm der ob einer Sünde aufstoßende Gottesmann beisteht? Vater schaut sich um, steckt sein Messer hinter die Leibbinde, wir machen uns auf den Heimweg. Das Böse ist gebannt, der Teufel hat Seelen geerntet. In Tetes Haus brennt in einem Zimmer Licht. Bela Palan.

48. Der Glorreiche

Der Metzger hat auf zwei hohe Äste der Eiche in seinem Garten dicke Bretter genagelt. Das Freiluftkino grenzt an sein Haus an. Manchmal steigt er hinauf, und schaut sich für eine Weile den Film an, der Kinovorführer dreht die Lautstärke auf, die Gäste sind eingelullt. Heute Abend hat der Metzger uns die Bauplätze überlassen. Auf dem höheren Brett sitzen Burak und ich, auf dem anderen Brett Metzgertochter Ayliye und Derya. Sie tragen Röcke, und also hat sich Ayliye für die schickliche Lösung entschieden. Ihr Vater stürmt gelegentlich heraus, von Argwohn getrieben, und in der Hoffnung, mich bei der unsittlichen Berührung seiner Tochter zu erwischen. Er schwingt einen Knüppel, mit dem er die Hunde vertreibt, und am liebsten würde er hochklettern und mir den vernarbten Schädel einschlagen. Jetzt steht er zwischen den Büschen, die speckige Lederschürze spannt sich um seinen Bauch, er hält die flache Hand über die Augenbrauen, blickt hoch und blinzelt. Er brüllt: Anstand, und stürmt zurück ins Haus. Die Leuchtreklame des Filmpalasts erhellt die Nacht. Cinema Tuna. Burak erkennt unter den Gästen in der vierzehnten Reihe rechts außen den Schuldirektor. Er erzählt: Der Mann habe den Reformherrenhut gegen einen breitrandigen Zimmermannshut eingetauscht, er wolle nämlich einer neu versetzten Lehrerin den Hof machen. Tatsächlich liegt auf seinem Schoß ein Hut, den er zu kneten scheint. Burak will weiterreden, doch Ayliye bittet zischend um Ruhe. Schon nach zehn Minuten trocknen sich die verheirateten Frauen die Augen, sie fahren mit weißen Ziertüchern über die Lider. Der Filmheld, der Sohn eines Altpapiersammlers, hat der Filmheldin, der Tochter eines hartherzigen Kriegsgewinnlers, gesagt: Diese Welt soll zugrunde gehen. Du aber sollst bestehen. Er kniet vor ihr, sie wendet sich ab, im Hintergrund die Villa ihres Vaters. Pause. Die Lichter gehen an, die Filmrollen werden gewechselt. Ayliye spuckt Kürbiskernschalen in hohem Bogen aus, der junge Mann findet in ihren Augen keine Gnade. Ein Krüppel ist er, ruft sie, an dieser Eiche würde ich ihn aufhängen. Weshalb?

Bist du etwa gerührt, Arier?

Er muss sie überzeugen.

Wovon? Dass er hohle Worte plappert? Sie ist sehr höflich. Ich hätte mir den Schuh ausgezogen, und ihm den spitzen Absatz zwischen die Augen gedonnert.

Hab Erbarmen mit dem Jungen, sagt Derya kichernd.

Du magst ihn?

Er ist wie ein Kind. Er ist wie Yorgos.

Wir schweigen. Derya hat den Tod ihres heimlichen Geliebten nicht gut aufgenommen. Sie sprach, wie mir Mutter erzählte, da sie die Eltern besuchte, nicht mit Vater, ging ihm aus dem Weg, saß mit ihm für viele Tage nicht zum Abendessen gemeinsam am Tisch. Sie fürchtet seine Härte und Seelenkälte, er fürchtet ihren Zorn. Der Augenblick verstreicht, Ayliye schüttelt auf Deryas hingehaltene Hand Kürbiskerne. Sie knacken sie auf wie Papageien.

Die Geschichte ist vorhersehbar, sagt Ayliye, der miese Geschäftsmann wird ihn von seinen Schergen zusammenschlagen lassen. Er ringt im Krankenhaus mit dem Tod. Genest wie durch ein Wunder. Er singt in seiner Baracke ein Klagelied. Ein Impresario besucht die Stätten seiner Jugend, geht zufällig an der Baracke vorbei. Hört ihn trällern. Klopft an die Tür, sagt dem Jungen: Ich mache dich reich und berühmt. Und spätestens dann bin ich im Tiefschlaf …

Was bedeutet das Wort?, sagt Burak, Im… prasjo.

Impresario! Konzertunternehmer.

Früher gab es Boten und Bittbriefe, heute lacht die Frau den Mann aus, der sich ans Herz fasst.

Es verwirrt dich?, sagt Derya.

Ja, sagt Burak, wie soll ein verliebter Junge sich verhalten?

Ich habe versucht, zu jagen, sage ich, alles vergeblich.

Erzähl, ruft Ayliye.

Dafür reicht die Pause nicht.

Die Kurzfassung. Los!

Das Mädchen will nicht, wie ich will.

Das war zu kurz. Mehr!

Es ist verwöhnt. Reicher Vater. Viele schmachtende Jungen.

Sie ist von dir nicht beeindruckt.

Sie entließ mich, wie man den Kammerjäger nach getaner Arbeit entlässt.

Es wird ihr leidtun, sagt Ayliye.

Du weißt, dass das nicht stimmt, sage ich, sie ...

Metzger Musa stürmt knüppelschwingend in den Garten, er brüllt: Ich hab dich, und da er aber sieht, dass ich brav neben Burak sitze, klettert er den Baum hoch, hoch und höher bis zu unserem Sitzbrett, er fordert mich auf, beide Hände vorzuzeigen, er riecht an meinen Fingern. Dann hüpft er von Ast zu Ast, springt vom letzten dicken Ast herunter auf den Boden, verschwindet im Haus.

Er hat an deinen Händen geschnüffelt, sagt Burak ungläubig.

Ich wasch mich mit Veilchenseife, ruft Ayliye von unten, hättest du danach gerochen, würdest du jetzt mit gebrochenen Knochen zu Füßen der Eiche liegen.

Und der Herr Metzger läge neben Wolf, sagt Derya.

Das Mädchen mit dem Silberblick, flüstert Burak, erinnerst du dich?

Du mochtest sie, sage ich leise.

Ich bekam Fieber, wenn ich sie sah. Sie geht auf eine andere Schule, ihre Eltern haben sich verbessert.

Was heißt das?

Geld schafft Glück, sagt er.

Ruhe da oben, ruft Ayliye, jetzt wird's dramatisch.

Die Bühnenlichter erlöschen, die Kinobesucher hören fast schlagartig auf, zu husten. Der Filmheld hält sich nicht an Ayliyes Drehbuch: Er ändert seine Garderobe und seine Frisur. Ein Straßenbarbier schneidet ihm die verfransten Strähnen ab. Auf dem Markt kauft er einfache weiße Hemden und Kunstlederschuhe. Er wird Handwerker, schleift Holzbalken gerade, verlegt Fliesen, freundet sich mit dem Eisenhändler an, der ihm Metallröhren und Nägel und Schrauben schenkt. Dafür muss er abends bei ihm anpacken. Schnitt. Der spielsüchtige Vater der Heldin verliert allen Besitz im Hinterzimmer eines bösen Bosses. Der Boss sagt: Deinen Grund und Boden setz ich gegen deine Frau und Tochter. Vielleicht hat dich das Glück nicht verlassen ... Der Mann kann nicht widerstehen, er verliert auch in dieser letzten Partie. Unterschreibt den Schuldschein. Erschießt sich nachts in der Fabrikhalle. Mutter und

Tochter fliehen zum guten Jungen mit dem guten Haarschnitt und den guten weißen Hemden. Der Boss lässt seine Schergen ausschwärmen, sie folgen der Spur, sie führt zur Baracke, in dessen Vorgarten die Filmheldin singend Wäsche aufhängt.

Sie wird verschleppt. Der Filmheld hält vor der Moschee eine Rede an die Männer. An dieser Stelle gibt es Beifall und Hochrufe vom Publikum. Der gute Junge führt die Männer zum Haus des Bosses, das er zu einer Festung umgebaut hat. Minutenlanger Schusswechsel. Die Bösen sterben wie die Fliegen. Der Held wird am Arm getroffen, läuft die Kellertreppen herunter, und kommt gerade rechtzeitig: Der Boss will die entführte Heldin schänden. Entsetzensschreie der Frauen.

Er schießt ihm in den Hals. Hochrufe der Männer. Minutenlanger Beifall. Die Lichter gehen an, die Kinogäste erheben sich von den Sitzen.

Ich bin unzufrieden, sagt Burak, die Männer fallen vor dem Schuss. Der Held feuert ein Mal, zwei Kerle werden getroffen. Wie ist das möglich?

Querschläger, sage ich, die Kugel prallt im Schädel des Kerls am Knochen ab, tritt durch die Schläfe aus, tritt durch die Schläfe des zweiten Kerls ein.

Die beiden standen nicht Wange an Wange.

Er nimmt dich auf den Arm, ruft Ayliye.

Wer von uns hat einen solchen großen Garten wie der Barackenjunge?, sagt Derya.

Der Film ist ein Lob auf das einfache Leben, das müsste dir doch gefallen.

Die Frauen sprechen über das moderne Leben. Ayliye liest Hintertreppenromane und alte Volksschriften, sie ist von den Geschichten beseelt. Derya glaubt, dass man sein Unglück verdoppelt, wenn man sich zur Sklavin großer Gefühle macht. Sie schlenkern mit den Beinen. Der Metzger reißt das Fenster auf, sagt laut: Das Kino wird geschlossen. Ich bitte, die Baumsitze freizugeben.

Dann eilt er zur Eiche, dreht sich um, da die Frauen herunterklettern. Ein versehentlicher Blick unter den Rock seiner Tochter würde ihn erschüttern. Er warnt mich: keine Luftsprünge, keine Turnübungen an den Ästen seines Baums. Burak und ich bedanken uns, verlassen seinen Garten, Derya und Ayliye ziehen kerneknackend weiter, ich gehe allein durch die Gassen. Am Ziegelscherbenschutt sehe ich den reichsten Mann des Viertels, Seyfettin Bey. Er unterhält sich mit Schuster Tarik, dem Puppenmacher. Auf der Schulter trägt der Schuster den Welpen, Wurf der Hündin, die ihn biss. Der kleine Hund scheuert die nasse Schnauze an der unrasierten Wange. Ich darf ihn streicheln, die Männer mustern mich, ich trete einen Schritt zurück.

Hätte ich ihn nicht kraulen dürfen?

Er leckt jedem Schmeichler die Hand, sagt der Puppenmacher streng.

Der Welpe mag ihn, sagt Seyfettin Bey, er täuscht sich nicht.

Ich werde ihn waschen müssen.

Was ist los?, sage ich.

Hasan war ein guter Mann, ruft der Puppenmacher, er brachte mir bunte Fetzen und Leim. Er brachte mir auch leere Vogelnester. Ich pickte mit der Pinzette vorsichtig die Eierschalen zwischen den Zweigen. Ich klebte sie zu einem halben hohlen Ei zusammen.

Ja, lieber Herr.

Lieber Herr? Du schmeichelst vergeblich.

Was wirfst du mir vor?

Nicht, sagt Seyfettin Bey.

Doch, der Arier soll es wissen. Yorgo kaufte aus Erbarmen meine Puppen. Ging über die Brücke, warf sie ins Meer. Guter Junge. Fehlt er dir?

Nein.

Und weshalb nicht? Weil du eine teure Schule am Westufer besuchst? Weil du über uns allen stehst?

Yorgo war mir ein großer Bruder. Er wurde zum Soldaten eines Heroinhändlers. Er sank herab.

Die Meuchler leben, schreit er, fast fällt ihm der Welpe von der Schulter. Er schimpft mich Hitlersohn, Brut und Mörder. Er ruft: Du hast in unsere Frauen gepisst, Türkenkinder schwammen nicht im Fruchtwasser, sie schwammen in deinem Arierharn. Dir verkauft mein Hund nicht seine Seele! … Nach Hause strömende Männer und Frauen bleiben stehen, sie starren mich finster an, Seyfettin Bey legt den Arm um meine Schultern, führt mich weg vom Puppenmacher und den fluchenden Männern, Handlanger der Restauration, zischt er böse, versumpftes Pack, Bauern im Zwirn. Eine Viertelstunde später stehen wir vor seinem Zaun, den er grasgrün hat anstreichen lassen, von einem fremden Garten zu einem anderen, denke ich, und nehme auf dem Stuhl Platz, den er mir zuweist. Er geht ins Haus, kehrt mit einem vollem Tablett zurück. Quittensaft, Biskuits. Ich lege zwei Kekse aneinander, tauche sie in den Saft. Er hält nichts davon, nur heimische Waren zu kaufen, er kann es sich leisten.

Du und ich, wir wissen es, sagt er.

Ja, Herr.

Der Schuster weiß es auch, und er ist unglücklich darüber. Abdullah Bey … die Leute achten ihn.

Weil Vater sie schützt.

Die Stimmung schlägt um, sagt er, früher hielt man ihn auf offener Straße an, schüttete kaltes Brunnenwasser über seine Hände.

Und heute?

Sie tuscheln hinter seinem Rücken.

Was reden sie, Herr?

Dass er die Wettbewerber … aus dem Weg räumt. Dass er keinesfalls so selbstlos sei, wie er gerne behauptet. Man sieht in ihm den ärgsten Banditen des Viertels.

Glauben Sie daran?

Nein. Sonst würde ich nicht mit dir an diesem Tisch sitzen. Schmeckt es dir?

Kekse mit eingelassenen Kandisfrüchten, sage ich.

Ingwerstücke. Aus England importiert.

Haben Sie eine Botschaft an meinen Vater, Herr?

Ich ziehe es vor, keine Mittler einzuschalten, sagt er, wirst du versetzt werden?

Versetzt … ach so, ja, doch.

Du bist nicht überragend, stellt er fest.

Juden, Armenier, Türken, Kurden, die Jungen sind alle hier geboren und aufgewachsen. Und doch kommt es mir so vor, als wären sie erst vor Kurzem eingewandert.

Und woran liegt es?

461

Ich will sie nicht beleidigen, Herr, sage ich.

Sprich frei, sagt er lächelnd.

Es sind alles Reicheleutesöhne.

Ich habe auch einen Sohn. Er will studieren.

Er erzählt: An der Grenze zwischen den Vierteln Siebentürme und Samatya stehen Häuser mit Lehmböden. An den Türsturz haben die Frauen verholzte Mohnkapseln genagelt. Schutz gegen Eindringlinge. Im Haus in der ersten Reihe hat man Mutter Eva untergebracht. Aus dem Sanatorium wurde sie mit der Auflage entlassen, dass sich eine Pflegerin um sie kümmert. Schwester Gülfem, die sonderbare Jungfer, dient zwei alten Damen: Tete und der ehemaligen Putzfrau der Schule. Tetes Untermieterin, die Dame Palan, unterhalte eine Liebschaft zu seinem Sohn ... Bei diesen Worten glüht mir das Gesicht. Seyfettin Bey verschwindet kurz, kommt mit einem vollen Krug Quittensaft heraus, füllt mein Glas. Der Saft hilft nicht gegen den Brand. Was soll ich verzweifeln, was soll ich mich schneiden mit dem Klappmesser, wenn ich für sie erloschen bin? Der Sohn des reichsten Mannes des Viertels wird ihr Ringe und Konfekt schenken. Seidentücher, Schuhe für ihre kleinen Füße. Broschen und Spangen. Strumpfhosen.

Ich weiß es, du weißt es, sagt er.

Ja, Herr, sage ich, ich beneide ihn.

Ein eifersüchtiger Junge. Er fordert sie auf, ihm zu gestehen, dass sie dich immer noch liebt. Sie nennt dich den Fortgegangenen. Er ist in diesen Tagen nicht ansprechbar. Letzte Woche tauchte er im Grenzhaus von Mutter Eva auf. Schwester Gülfem stürzte sich auf ihn, riss ihm mit ihren Nägeln die Haut auf. Er floh.

Was wollte er dort?

Die verrückten Damen über Bela Palan ausfragen.

Das ist Tollheit, sage ich leise, ich möchte mit Ihrer Erlaubnis aufbrechen.

Nur noch eins, sagt er, ich will, dass du für mich arbeitest.

Ich bin Ihnen nicht nützlich, Herr.

Hast du deine Muttersprache vergessen?

Ich spreche besser Türkisch als Deutsch.

Türkischer Arier, sagt er lächelnd, ich habe deutsche Geschäftspartner. Du würdest für mich Briefe verfassen. Und mit den Herren telefonieren. Dafür entlohne ich dich mit gutem Geld.

Auf dem Nachhauseweg denke ich über den feinen Seyfettin Bey nach: Er will mich geschickt lenken. Er weiß es und ich weiß es. Ich werde, da ich ausgetauscht worden bin, nichts verlangen, was mir nicht zusteht. Ich gehe durch die Felder, klettere über die mannshohe Mauer, krieche in den Hühnerstall in unserem Hintergarten ein, sammele die Spielzeuge zusammen, die mir Derya geschenkt hat. Knochen vom Schaf, mit Garn und Draht gebunden. Das meiste gab sie her, ich mochte nicht mit Knochen von Opfertieren spielen. Die Tür wird aufgerissen, Derya ruft Flüche in das Dunkel, ich krieche heraus.
Was tust du da?, sagt sie wütend.
Deine Geschenke, sage ich und zeige sie vor.
Du wirst immer verrückter, Wolf.
Ich habe mich nur wieder daran erinnert, und wollte nachsehen.
Komm rein, sagt sie streng, Mutter wartet auf deine Heimkehr.
Im Bad wasche ich mir die Hände, fahre mir mit nasser Hand über den Kopf. Am blinden Spiegel erkenne ich nur Umrisse, schwarzes Gesicht, Schattenschädel. Gott, bewahre mich vor dem Biss der fetten Herrin. Vor dem bösen Wort der Herrin über den kahlen Baum. Vor den wispernden Geistern im Geäst der Zypressen. Gott, lösche mein Verlangen.
Endlich, sagt Mutter und klopft auf das Sitzpolster neben ihrem Polster, keine frischen Wunden, keine zerschrammte Stirn. Du wirst langsam erwachsen.
Wolf bleibt ein Kind, sagt Derya.
Wie hat dir der Film gefallen?, sagt Mutter.
Gefühle. Grundlose Aufregung.
Und die Frauen haben geweint.
Ja, Mutter.
Tante Rena hat mir einen herzzerreißenden Brief geschrieben. Darin klagt sie über deine nächtlichen Streifzüge. Sie sieht dich selten am Tisch sitzen und Hausaufgaben machen.
Ich passe auf im Unterricht, sage ich.

Das wird nicht reichen, sagt Derya.

Es ist nicht mehr so wie früher. Ich passe mich an. Sonst hättet ihr Post vom Direktor bekommen.

Jeden Monat frage ich dich: Sohn, was wirst du werden? Und du zuckst mit den Schultern.

Ja, Mutter.

Für die meisten deiner Klassenkameraden ist das Leben vorgezeichnet. Sie werden im Betrieb des Vaters arbeiten. Eigentlich brauchen sie kein Reifezeugnis. Du bist auf dich alleine gestellt, Wolf. Dein Vater könnte sich bei der Eisenbahnleitung für dich verwenden. Willst du das?

Nein.

Viele junge Männer mit Macht in unserem Viertel sind gestorben. Du hast die Kämpfe überlebt. Doch wofür? Damit du die Narben vorzeigen kannst? Also, versprich es mir.

Ich gebe dir mein Wort, Mutter.

Was wirst du ab sofort machen?

Lernen für bessere Noten, sage ich.

Deine Tante Rena ist reinen Herzens, sagt Mutter, sie hat dich aufgenommen. Sie achtet nicht auf die Gerüchte. Sie behandelt dich gut. Mehr kannst du nicht verlangen.

Ich werde mich bei ihr entschuldigen.

Schön. Hast du Hunger? Natürlich hast du Hunger.

Sie steht auf, eilt in die Küche. Mutter schmerzen die Beine und die Hüfte, sie lässt sich nichts anmerken. Doktor Paskalidis hat ihr längere Spaziergänge empfohlen. Sie reicht mir den Teller.

Ein halber Sesamkringel, zwei Scheiben Schafskäse. Ich breche ein kleines Stück vom Kringel ab, esse eine halbe Scheibe Käse. Erst wenn Derya und ich im Bett liegen, wird sie den Rest essen.

Ich erzähle von Seyfettin Beys Angebot, Mutters Augen leuchten.

Entscheide dich für das Richtige, sagt sie.

Er sieht gut aus, sagt Derya kichernd.

Ein stattlicher Mann, das stimmt.

Ein Einsiedler.

Ich beiße die Zähne zusammen, unterdrücke ein Gähnen. Zerfranste Hemdsärmel. Armutsfetzen am Leib. Geh schlafen, sagt

Mutter, und ich steige hoch zu meinem Kinderzimmer, lege die Kleider ab, die nach der Tülltasche einer alten Jungfer riechen, krieche in mein Kinderbett, ziehe die Decke über den Kopf. Was macht mir Angst? Ich fürchte mich, dass Mutter Eva am Regenrohr hochklettert, und ihr fahles Gesicht gegen die Fensterscheibe drückt. Ich fürchte Knirschmunds Gebiss, denn es hat eine Seele. Der Irre vom Fenster, dem alle Zähne ausgefallen sind, hat es geerbt. Er schiebt es immer wieder in den Mund, es klappert und schabt an seinem Gaumen, und eines Nachts, als er vergaß, das Gebiss herauszunehmen, verbiss es sich in seiner Zunge. Die bösen Brüder, die Racheworte in die Rinde der Zypressen ritzen, achten den Irren. Ich fürchte, dass Vater fällt, durch eine Kugel, durch die Hand eines Meuchlers, der ihm das Messer in den ungeschützten Nacken rammt. Und Vater Franz? Kurze Briefe, Klebestreifen an der Verschlusskappe des Umschlags, Tante Renas Adresse in Schönschrift. Er wurde befördert, er bekommt ein höheres Gehalt. Den beigelegten Geldschein gebe ich an die Tante, zerreiße den Briefbogen in kleine Fetzen und stopfe sie in den Mülleimer, unter die Wattebäusche. Was fürchtet er? Den schrecklichen Traum: Die Frau, die mich gebar und dabei starb, hält mich an seinem Grab an der Hand. Sie lässt das Grab öffnen, ich lege mich zu Vater. Erdbrocken prasseln auf den Sarg.

49. Der Erwecker

Er spricht im Gehen, er bleibt stehen, ich hasse es, ich eile weiter, er läuft hinter mir her, er schließt auf, er erzählt: Hör zu, hör zu, das ist die Geschichte des Eunuchen. Ein enteiter Mann, den Wunschträume plagen. Er will nicht mehr nur ein Lustwärter sein, er will zur ersten Frau des Sultans aufsteigen. Eine Ungeheuerlichkeit, eine große Sünde. In einer verschatteten Nische, immer zu der Stunde, da die Erwählte von Dienerinnen gebadet wird, zur Stunde, da er dem Gesang des jungen ausgereiften Mädchens lauscht, würgt er sich. Hat ein Mann, mit oder ohne Hoden, je sich selbst erdrosselt? Würde er nicht, wäre es ihm ernst, doch kurz vor der Ohnmacht aufgeben?

In die Haut des Muskels zwischen Daumen und Zeigefinger sticht er Striche. Wie ein Häftling, der die Tage in Haft in die Wand der Knastzelle kratzt. Der Eunuch aber sticht krumme Linien, jede Linie steht für den Versuch der Selbsterdrosselung. Das singende Mädchen, eine Jungfrau, Tscherkessin, sie hat große Füße, sie sind größer als die Füße des Eunuchen. Manchmal stellen sie sich auf ihren Wunsch nebeneinander hin, die leicht gepuderte Seraildame und der Hodenlose, ihr rechter Fuß an seinem linken Fuß, und da ruft sie jedes Mal: Ich darf mich nicht entschleiern! Unser Herr, der Sultan, wird bei meinem Anblick fliehen! Der Eunuch spricht besänftigend auf sie ein: Schöne, zierlich seid Ihr, mit Euren Füßen wird unser Herr sich nicht beschäftigen.

Der Eunuch bewacht den Harem, das steht in den Büchern, das lernen wir. Er ist aber auch der Hüter der Talismane: mit dem Speichel der Weisen und Gottgefälligen bestrichene und beschriebene Papierstreifen, gefaltet oder gerollt, in streichholzgroße Fässchen gesteckt. Frauenhaargeflecht. Eichhörnchenschädel. Bärenbackenzähne, Duftkapseln. Geweihte Schlüssel. Der Hodenlose verkauft sie an die feinen Huren des Harems, diese duftenden Weiber in Schleiern. Seine schrille Stimme schreckt sie nicht, er lullt sie ein, er besticht sie mit magischen Handschmeichlern. Eines Nachts denkt er: Was will ich mich selbst erdrosseln? Diese meine Hand führt Gott! Und er erhebt sich von seinem feucht geschwitzten Bodenbett, schleicht gebückt durch die Flure, erstarrt beim kleinsten Laut, eilt weiter. Er weiß: Die Lispelnde trifft die Ungnade des Sultans. Er ist ihrer überdrüssig geworden, und hat deshalb befohlen, sie besonders zu bewachen. Welcher Untat hat sie sich schuldig gemacht? Es heißt, sie habe den Sultan nach dem Liebesakt an der Wade gestreichelt und dabei gekichert. Die gehässigen duftenden Weiber nennen sie die Wadenstreichlerin. Der Eunuch sucht sie in ihrer Kammer auf, schenkt ihr den Daumennagel eines Gehenkten, legt von hinten seine großen Hände an ihren Hals und erwürgt sie. Am nächsten Tag wird ihm vom Koch der Palastgarde eine Münze geschenkt. Er sagt: Unser Herr, Gott schenke seinem Unterleib Kraft, kennt alle und weiß alles. Sei froh, dass seine Ohren deinen Namen vernahmen. Der Hodenlose ist bestürzt, denn er mordete ohne Lust. Einer der Meuchler des Sultans streichelt ihm die Narbe zwischen den Beinen, und der Eunuch knetet ihm dabei den Rücken. Dann bricht er ihm das Genick, schleift die Leiche durch den Flur, klopft an die Tür eines Palastgardisten, zeigt auf den Toten, er sagt: Dieser Ehrlose wollte mich bestechen, dass ich ihn hineinlasse in die Schlafkammer der Georgierin. Ich drehte ihm den Hals um. Er bekommt eine Belobigung und eine weitere Münze. Beim Tod der Georgierin führt man ihn einem niederen Rechtsgelehrten vor, er befragt den Lustwärter, schreibt Fragen und Antworten peinlich genau auf, versiegelt die Papiere, lässt sie dem höheren Gelehrten zukommen. Dieser bricht das Siegel auf, liest die Zeilen … du weißt, damals schrieb man von rechts nach links, und also folgen die Augen des Gelehrten der Zeile von rechts nach links, und dann springt er in einer steilen Überecklinie an den rechten Anfang der nächsten Zeile. Er liest und was er liest, stimmt ihn milde: Der Mord an der Georgierin ist ein Akt der Ergebenheit. Er denkt: Schade, dass es ein enteiter Mann ist. Er hat die Größe eines Kriegers.

Das singende Mädchen zeigt dem Eunuchen nicht mehr seine Füße. Es wirft alle Talismane weg, die er der Tscherkessin schenkte oder verkaufte. Die Haremsweiber glauben nämlich, dass der hodenlose Hüne seinen Verstand verliert. Sie haben recht, es nützt ihnen nichts. Knapp zwanzig Frauen tötet der Eunuch, bevor man ihn überwältigen kann. Er wird schwer verletzt und in den Kerker geworfen. Wer besucht ihn? Nicht der höhere Rechtsgelehrte, denn der Henker des vor Zorn schreienden Sultans hat ihn geköpft. Der Foltermeister steht mit glühender Zange bereit, er will dem Eunuchen beide Arschbacken abkneifen. Da erscheint, schwer bewacht, der lallende speichelsprotzende Erstgeborene des Sultans, eine Missgeburt, ein bebender Grabstein. Das elende Geschöpf nimmt seinen Turban ab, nagt am Edelstein, ein leuchtendes Kronprinzenjuwel am Scheitel des Turbans. Er sagt zum blutenden Hodenlosen nur ein Wort: Warum?, und in den vielen Stunden, da man den Eunuchen foltert, gellt dies eine Wort in seinen Ohren. Man schneidet ihm die Zunge ab

und die Augenbrauen, man rupft ihm die Wimpern einzeln aus …
Nein, warte, hör zu, hör zu … Man züchtet einen Dichter. Qualen
erziehen den Leib. Er verfasst Klagepoeme und Totenlieder. Aus Erbarmen verreibt ihm der Folterknecht Opium auf die Innenhaut der
Wange. Ein zerschlagener Hüne mit der halben Zunge schreibt mit
der eigenen Scheiße die Poeme an die feuchte Wand. Der Kronprinz
besucht ihn oft, liest die Verse, sagt sie später vor seinem Vater auf.
Der Sultan gibt sie als seine eigenen Poeme aus. Die jüngeren Damen
in seinem Harem sind derart entzückt, dass sie sich in ihn verlieben. Warum?, denkt der Hodenlose auf dem Kerkerboden. Und es
fällt ihm wieder ein: Er wollte zur ersten Frau des Sultans aufsteigen. Ein abartiger, nicht erfüllbarer Wunsch. Er hätte Hunderte von
Haremsdamen töten müssen. Er hätte in Duftölen baden müssen.
Er hätte den Herrscher aller Herrscher betören müssen. Warum?,
denkt er, und er sagt es laut auf, der geistesgestörte Kronprinz wiederholt dies Wort, er schreit es hinaus, dass es in den Verliesen hallt,
und die Gottesmänner halten sich die Ohren zu, sie beten dagegen
an, der Frevler darf sie nicht mit dem frevlerischen Wort anstecken,
die Vorkoster ersticken, sie waren abgelenkt, und konnten das Gift
weder riechen noch schmecken. Die Gebete, die Gesänge, die Ab-
bitten und die Opfertiere, alles vergebens. Der Hodenlose schreit,
der Kronprinz, dem die Spucke an beiden Mundwinkeln herunter-
rinnt, schreit. Die Haremhuren schreien. Die Palastdiener, sie kommen um vor Kopfschmerzen, und sie stolpern über eine Falte des
Teppichs oder eine Unebenheit des Bodens, sie greinen wie kleine
Kinder …
Warte, hör zu, hör zu … Der Herrscher muss entscheiden, und man
fleht ihn an: Beglänzter Herr, beschließt seinen Tod! Königlicher,
Ihr habt ihm den Ring abgenommen, er sollte nicht Zauber wirken.
Nehmt ihm das Leben! Er behaucht die Wände mit diesem einen gif-
tigen Wort, das uns verdirbt … Und der Sultan stützt den schweren
Kopf mit den Händen, er träumt sich fort von den winselnden La-
kaien, er denkt an den Enteiten, der dank seines Richtspruchs zum
Dichter geraten ist, er denkt an die verliebten Jungfrauen, und an
die verliebten Frauen, denen er das kleine Häutchen zwischen den
Beinen zerriss, dabei dreht er Locken und kleine Kringel in seinen

Bart, und auf sein Zeichen reicht man dem Vorkoster ein mit Pistaziensplittern gefülltes Teigtäschchen, der Mann verbeugt sich, beißt eine Ecke ab, kaut und schluckt. Vor den Augen des Sultans stirbt er unter Krämpfen auf den Marmorfliesen. Man schafft die Leiche fort, dem Sultan ist der Appetit verdorben. Nachts im Lustbett, da ein junges Weib sein Stück ansaugt, atmet er tief ein, schickt sie weg, und lässt einen unbeflaumten Jüngling kommen. Nachts im Bett, da er zwischen den glänzenden Backen des Lusthundes wühlt, atmet er ein, und er atmet aus, der Sultan kommt im Gesäß des Jünglings, er schickt ihn weg, und staunt über die Macht des Kerkerhäftlings. Sein schwachsinniger Sohn wird bald sterben, das ist beschlossen. Einige Weiber im Harem, die behaupten, dass sie ihn verhext haben, sie werden sterben. Aber der Eunuch? Er sehnt sich nach dem Vergehen, und jeder, der ihm lauscht, wünscht das ewige Leben. In Begleitung von einem Dutzend Gardisten steigt er hinab zur Zelle des Poeten, der Sultan steht ihm gegenüber, und er fragt ihn: Warum was? Und da, vor seinen Augen, schneidet sich der Hodenlose mit seinen krallenlangen Fingernägeln die Kehle auf …

Das ist das Ende?, sage ich.

Das Ende der Eunuchen, und das Ende der Geschichte, sagt Igor.

Wir bleiben stehen: Lastenträger mit vollen Bastkörben am Rücken überqueren die Straße. Sie tragen Äpfel, Birnen, Tomaten und Kartoffeln zum Markt. Ihnen folgen Bäuerinnen, die Reisigbündel geschultert haben, sie starren uns an, sie sind verwirrt. Sie halten uns für hohe Beamte oder sogar Politiker, weil wir Anzug und Krawatte tragen. Nur sind wir zu jung, und wir benehmen uns auch nicht würdevoll, und also beschließen sie, nicht länger darüber nachzudenken, und eilen den Männern hinterher.

Wo hast du das gelesen?

Das steht in keinem Buch. Meine Großmutter hielt mich einmal für einen reifenden Dichter. Sie hat mir die Legende vom verrückten Haremswächter erzählt.

Schreibst du denn Gedichte?

Nein, sagt Igor.

Und wie kommt sie darauf?

Mein Bruder Agop, er geht keinem Zweikampf aus dem Weg. Damals dachte sie: Ein Enkel Schläger, ein Enkel Schöngeist.

Was denkt sie jetzt?

Sie ist tot.

Dein Vater, Istefan Bey, sage ich, er war damals von Hitler angetan.

Bei uns im Wohnzimmer hängt ein Bild vom Führer, sagt Igor.

Hundsgeburt, rufe ich und spucke aus.

Er vergöttert ihn. Er hält ihn für größer als den Heiland.

Das ist dumm … Entschuldige.

Ich bin der kleine Sohn. Was kann ich schon bestimmen? Wenn er sich wieder einmal ereifert, über die wahren Gründe der deutschen Niederlage, lächele ich ihn an und nicke brav.

Mächtige Männer, sie leben in Villen mit Blick auf den Bosporus. Sie sind mit schönen Frauen verheiratet, die sich nicht widersetzen. Sie rauchen teure Importzigaretten, sie tragen italienische Schuhe, und wenn sie des Weges schreiten, lüpft man den Hut und macht ihnen Platz. An der weißen Villa in Dschichangir, im Viertel der überlegenen Männer, bleiben wir stehen. Igor stößt mich an, ich gehe zum Wächter an der Pforte, nenne unsere Namen, er sucht unsere Namen auf der Gästeliste, liest sie stumm nach, streicht sie durch. Wir dürfen anklopfen. Die Mutter des Hauses lässt uns hinein. Ihr Rock. Ihre Kniekehlen. Die raschelnde Strumpfhose. Ich hefte verschämt den Blick auf die mit Wachs polierten Dielen. An den Kristallzapfen des Kronleuchters im Wohnzimmer bricht sich das Licht. Der dicke Mete klatscht vor Freude in die Hände, und da er aber sieht, dass wir mit leeren Händen gekommen sind, will er sich abwenden. Igor überreicht ihm einen Gutschein für vier große Papierkelche Nüsse und Rosinen. Mete ist nun milder gestimmt, er hat mit einem echten Geschenk gerechnet. Seine Mutter greift nach dem Gutschein, legt ihn zu den Geschenken auf den Beistelltischen. Hezro, Kubilay, Remsi, sie sind alle gekommen. Fünf Schüler aus der Parallelklasse, hochmütige Söhne hochmütiger Männer. Drei Mädchen, die ich nur flüchtig kenne. Wüssten sie, dass Igor einer Hure verfallen ist, würden sie ihn bespucken. Igor gibt jedem die Hand und bedankt sich höflich bei Mete und seiner Mutter für die Einladung. Auch ich danke der Mutter des Hauses, klopfe Mete auf die Schulter, versuche, die tuschelnden Mädchen nicht zu beachten. Kaum verlässt Metes Mutter den Raum, sagt das schmalgesichtige Mädchen: Bist du tatsächlich aussätzig, wie die Leute behaupten?

Die Leute?, sage ich.

Mitschülerinnen. Lehrer.

Sehe ich etwa krank aus?

Du hast Haare vom Arsch gerupft und dir auf die Oberlippe geklebt.

Mädchen, du bist unanständig.

Deine Mutter ist tot, sagt es.

Ja, und?

Wie man hört, hast du sie getötet.

Bist du blöd?, sage ich.

Ganz sicher klüger als du.

Wärst du ein Junge, würde ich dich würgen.

Wie der Eunuch, ruft Igor und lacht auf.

Was?, sagt das Mädchen.

Ein Eunuch ist ein hodenloser Mann, sage ich, wie aber nennt man solche Gören wie dich? Ferkel ohne Arsch?

Pack dich dahin, wo du herkommst!

Siebentürme, rufe ich und balle die Faust, dort sind die Mädchen so schön, dass man geblendet wird.

Und wie sind wir?

Zum Küssen schön bist du.

Sie errötet, und sie sagt: Kleiner Junge, ihre Freundinnen schimpfen mich einen Rüpel, als ich sie nach ihrem Namen frage. Feray. Ein dünner silberner Ring am Finger. Ist sie einem Jungen versprochen? Grünbraune Augen, verschattet. Hauchgrüne Seidenbluse, kleine Brüste. Als sie meinen Blick bemerkt, setzt sie sich um, sie setzt sich neben Ramses, der sein Glück nicht fassen kann. Die Mutter bringt die Geburtstagstorte, stellt das Tablett auf den Tisch, keine Kerzenflamme ist erloschen. Mete gelingt es erst nach dem dritten Mal, alle Flammen auszublasen. Er wird von den Mädchen getröstet: Drei ist eine heilige Zahl, er wird drei Mal dreißig Jahre leben. Ammenmärchen. Kubilay knetet die Knöchel. Wahrschein-

471

lich denkt er an Nur Hanim, seine sonderbare Mutter. Sie hält Wolken für die Rauchzeichen Gottes, ihr Nacken schmerzt, weil sie immerzu gen Himmel schaut. Gott teilt sich ihr in Zeichen und Ziffern mit, und sie schreibt jeden Tag viele Seiten voll. Kubilay muss die langen Bittgebete laut vorlesen. Ich bin zum Abendessen eingeladen, mir sind die Ausreden ausgegangen, ich werde bald am Tisch des zornigen Tschetschenen Platz nehmen müssen. Ich schlinge mein Kuchenstück herunter, bitte um ein zweites Stück. Die Mädchen und die hochmütigen Jungen spotten: Nur Bauern stopfen sich voll, ich solle bitte sehr die Tischsitten beachten. Ich esse auch das zweite Stück auf, wische mir den Mund mit dem Handrücken ab, peitsche die Stoffserviette einem Buben ins Gesicht, der mich einen Untermenschen genannt hat. Er springt sofort auf, und als er aber das Klappmesser in meiner Hand sieht, spuckt er trocken aus, richtet sich an seine Kameraden: Einmal auf dem Pausenhof, ich ging zufällig an dem Deutschen vorbei, er sprach mit seinem Vater am Schultor, ich konnte mich nicht halten vor Lachen, er dachte, er spricht deutsch, dabei hat er nur Affenlaute ausgestoßen, stellt euch das vor.

Setz dich, sagt Feray leise, das geht zu weit.

Wieso?, sagt er, der Arier hat Mete die Freude verdorben.

Die Arier sind mausetot, sagt Hezro, jetzt sind die Deutschen einfach nur deutsch.

Du bist Jude, und hältst trotzdem zu ihm? Er bedroht mich mit einem Messer.

Ich möchte mich bei dir entschuldigen, sage ich, das Eisen ist unnötig. Es braucht nur eines Faustschlags, und dir rappeln die Zähne nur so herunter.

Dann mal los, ruft der Junge.

Nein.

Hast du Angst bekommen?

Ich achte die Frau des Hauses, sage ich.

Er dreht sich um, sie steht in der Tür und betrachtet uns schweigend. Ich bitte sie, mir mein schändliches Benehmen zu verzeihen. Der Junge lässt eine halbherzige Entschuldigung folgen. Vertragt euch, sagt sie leise, es ist der besondere Tag meines Sohnes. Der

Junge und ich geben einander die Hand, und weil sie uns dazu auffordert, umarmen wir uns. Sie schließt hinter sich die Tür zu. Woher hast du das Messer?, sagt der Junge.

Von Kurde Memet.

Wer ist das?

Er führt die großen Brüder im Olivenhorn, sage ich.

Brüder?

Eine andere Welt, sage ich.

Große Worte, ich fühle mich sofort schlecht. Für diesen Jungen bin ich artfremd, ein Tier, das sein Winterfell am Stamm der Eiche abgeschabt hat. Die Väter der meisten Schulkameraden glauben, dass Hitler in einem Bergstollen ausharrt bis zum Tage seiner Wiederkehr. Der wahre Endzeitheiland wird dann aufräumen: mit den Parasiten, mit allen Volksschädlingen, mit der Brut der Negerliebchen. Mete rüttelt an mir, wir treten hinaus in den Hintergarten. Der Rasen ist frisch gemäht, es riecht herrlich, die Dienerinnen servieren Limonade und Plätzchen.

Wirst du alles aufessen?, sagt Feray.

Ich bin satt, sage ich und lächele sie an.

Was ist?

Du bist wirklich zum Küssen schön.

Hör auf damit!

Hast du einen Jungen, für den du schwärmst?

Viele, sagt sie.

Glaube ich nicht.

Du glaubst, ich bin ein Mauerblümchen?

Nein. Bestimmt schwärmen dich viele Jungen an.

Ein Rüpel, der mir Komplimente macht. Was soll ich davon halten?

Die Bluse steht dir gut, sage ich.

Ist es die Bluse, die dir gefällt?

Das, was sie verhüllt, gefällt mir mehr.

Deine Narben sind abstoßend, sagt sie.

Besser als Pomade im Haar ... Bist du eine reinblütige Türkin?

Ja, weshalb?

Neugier. Der Ring. Bist du verlobt?

Das geht dich nichts an, ruft sie.

Lass mich raten, sage ich, er benimmt sich tadellos und langweilt dich zu Tode. Wenn er dich ausführt, zählst du die Minuten. Er lädt dich immer ein. Er bezahlt, schaut dich so lange an, bis du dich bei ihm bedankst. Er denkt die ganze Zeit daran, deine Brüste zu saugen.

Kleines Schwein, zischt sie böse.

Feray, darf ich dich morgen in die Konditorei einladen?

Nein!

Auf der anderen Seite der Brücke, sage ich, bekommt man fangfrischen Fisch im Brot. Hast du eher darauf Appetit?

Trägst du mir deine Freundschaft an?

Mehr als das.

Du wirst unanständige Gedanken haben, wenn ich neben dir gehe.

Natürlich.

Also bist du nicht besser als der Junge, der mich ausführt.

Doch. Ich verheimliche es dir nicht, sage ich, es geht mir nicht um den Kuchen auf dem Teller. Oder den Fisch im Brot. Nur um dich in meiner Nähe.

Worte, sagt sie.

Ich knie mich vor ihr hin und rufe: Alle, die hier sind, sollen es wissen. Feray ist ein wunderschönes Mädchen. Ich will sie küssen, doch sie lässt mich nicht. Also küsse ich sie nicht. Ich will sie einladen, doch sie möchte nicht. Also essen wir nicht zusammen … Sie beugt sich vor, ich spanne mich an vor Vorfreude, und da flüstert sie: Nichts wirst du tun, nichts wird aus dir, du bist nicht berührt.

Feray verlässt den Garten, die Mädchen laufen ihr keckernd hinterher. Werdender Mann versagt, werdender Mann ist Aas: Schechos Worte. Jägerin lässt ab von der Beute. Ich richte mich auf, Grasflecken und Erdbrocken an meiner Hose. Es hat sich um mich ein böses geflecktes Tier geschlungen, ein Tier aus Luft und Linien, die Mädchen sehen es und prallen ab. Hitlersohn verwüstet. Hitlersohn ist ein Fresser guter und heiliger Gedanken. Hitlersohn ist der Kadaver der letzten Tage. Ich nicke den reichen Söhnen zu, gehe hinaus. Schöne Stille, aus verhallten Belllauten gemacht, Stille nach dem Raucherhusten harter Männer.

Langer Marsch, Wetterleuchten und Blitze im fernen Himmel, dort braust das Meer auf, zehn Marder flitzen in meinem Kopf hin und her, halbe Worte, halbe Sätze, halber Wille, halbe Unlust. Gauner streifen durch die Nebengassen der Peraallee, ein wüster Kerl nimmt den Hut ab, steckt den Finger durch das Loch in der Krempe, und da er mich bemerkt, steckt er danach schnell die Zunge durchs Loch, zuckende Zungenspitze, Hitlersohn ergötzt sich an diesem Anblick. Die neuen Menschen der Republik: feuergetaufte Asiaten. Ein junger Herr, allein, sagt der Lochlecker leise, von allen verlassen, das kann sich ändern, ein Schnips, und du schmeckst Zucker, du riechst Rosenöl, die Dummen leiden an der Schwermut, der Kluge küsst die Frau der Nacht ...

Feuchte flappende Gazettenseiten, über das ganze Pflaster verteilt, im Revier des Zuhälters kreischen die Möwen vor Wut oder vor Angst, sie picken in das Papier, der Kerl zischt mich böse an, da ich weitereile, ich kann ihn nicht bezahlen, er schimpft mich eine alte Warze. Krähen gehen. Tauben gehen. Möwen gehen. Spatzen hüpfen. Werdender Mann, Hitlersohn, großer Vogel stolpert, fällt nicht. Die alte deutsche Dame wird schlafen. Also muss ich zurück. Ich denke: Heimkehr ist Lüge. Vor dem Haus die umgeworfene Mülltonne, Katzen nagen an Wattebäuschen. Tante Rena schließt mir auf, drückt den Finger auf die Lippen, ich ziehe die Schuhe aus, stecke unter ihrem prüfenden Blick die Schnürsenkelenden in die Schuhe, ich reiche ihr mein Jackett, das sie am offenen Fenster ausschlägt. Bald sitze ich mit ihr am niedrigen Tisch im Wohnzimmer, sie streicht über die Falten des Morgenrocks, schaut mir zu, wie ich das harte Gebäck von der letzten Woche in den Saft tunke. Nach dem zweiten Biss wendet sie sich ab, sie sagt: Hörst du ihn? Er verrückt Sessel und Stehlampe. Er will an einer bestimmten Stelle sitzen und einen ausgeleuchteten Fleck betrachten ... Sie wartet, ich leiste ihr Gesellschaft. Dann klingelt es an der Tür, sie bittet den Nachbarn hinein. Ein Galan im Schlafanzug und Seidenmorgenmantel. Er hat sich den Oberlippenbart unsauber rasiert, ein Wattebäuschchen klebt in der Lippenmulde. Getränk und Gebäck lehnt er ab, er spricht mich als den jungen deutschen Herrn an, doch Tante Rena fällt ihm ins Wort: Nennen Sie ihn bitte bei seinem Vornamen.

Er hüllt sich in Schweigen, dann sagt er: Mode ist der Mörder des Geistes.

Gilt das auch für Frauen?, sagt Tante Rena mit zusammengepressten Lippen.

Nein, natürlich nicht.

Ein tadellos gekleideter Mann, ist er geistesschwach?

Er sollte es nicht übertreiben.

Womit?

Mit seiner Liebe für auffällige Anzüge, sagt er.

Einem wahrlich angezogenen Mann verzeiht man kleine Sünden, sagt Tante, sie wissen es aus eigener Erfahrung.

Heute sah ich einen Mann im Trenchcoat, die Ärmellaschen waren zerfranst.

Ist ihm aufgefallen, dass Sie ihn betrachten?

Nein, ich war diskret. Aber er schämte sich.

Weshalb?

Ob seiner Unvollkommenheit, sagt er.

Und abgesehen von den Laschen, war er vollkommen?

Es passte alles.

Ein hübscher Mann, sagt Tante und seufzt.

Ein Herr im Pulloverblouson mit Taillenabnäher.

Ungewöhnlich. Wie konnten Sie das erkennen?

Es wurde warm, er zog den Trenchcoat aus. Legte ihn über den Arm. Hielt den Arm in der vorgeschriebenen Stellung.

Am Mantelsaum verfing sich kein Straßenschmutz.

Nein, sagt er, es schien dem Herrn zu gefallen, auf Wildkastanienschalen zu treten. Ein Knacken und Bersten bei jedem Schritt. Ein Kalabreser als Kopfbedeckung.

Ein Künstler, sagt Tante, oder ein Mann, den Künste beeindrucken.

Sie wissen alles, sagt er.

Fast alles, sagt sie, … was ist?

Ich kann dem Gespräch nicht ganz folgen, sage ich, Sie, lieber Herr, stellten fest, dass Mode den Geist mordet.

Also hast du zugehört, sagt er, das freut mich.

Ja. Dieser Lehrsatz gilt nicht für den unbekannten Mann?

Wollen Sie es ihm erklären?

Es gibt ihn nicht, sagt Tante Rena, unser Nachbar und ich haben einen Geist eingekleidet.

Ich verstehe nicht, sage ich.

In den Modejournalen sind fast nur Frauen abgebildet.

Dank der fehlerhaften Anschauung der Redakteure, sagt er, dabei muss man mehr denn je den Männern in Haufen beibringen, welcher Linie sie folgen sollten.

Auf dem Appellplatz in der Schule bellen wir Parolen, sage ich.

Man erzieht euch zu Soldaten in Straßenkleidung … das bleibt aber unter uns.

Natürlich, lieber Herr.

Wolf hat seinen eigenen Kopf, sagt Tante Rena, er bleibt oft vom Unterricht fern. Und glaubt, er könne mich beschwindeln. Kurios, oder?

Zweifelsohne.

Das ist kein musterhaftes Benehmen.

Tante, sage ich, … es tut mir leid. Ich habe es Mutter versprochen, mich zu ändern.

Es wird dir kaum schaden, wenn du alle zwei Wochen einen Tag ausbleibst, sagt sie, unser Nachbar hält wenig von Nachbetern.

Deine Tante ist eine weise Frau, sagt er.

Der Geist ist ein eleganter Herr, und ihm zugewiesen ist die fahle Dame. Ihre Haare streng gekämmt, der Knoten aufgesteckt. Sommerkleid, Rundhalsausschnitt, gekräuselter Saum.

Alles schlicht.

Tante und der Nachbar sprechen wie Angestellte der Fertigkleiderabteilung eines Warenhauses, sie streiten über die Frage, ob die Dame am heißen Tag weiße gestickte Handschuhe tragen darf.

Der Dorfvorsteher schreibt dem Herrn weiterhin Briefe, es sind Berichte über Verfall und Unmoral. Über die hohlbrüstigen Wiedergänger, deren Herz man öffentlich verbrannte, und die aber dennoch auf den Strohdächern der Lehmhütten ein telegrafisches Alphabet klopfen. Die Bauern schwören auf ihre Ahnensäbel: Sie sind verflucht, und durch einen Riss im Himmel sind diese Kinder Satans entschlüpft. Der Herr ist dazu übergegangen, uns die Briefe laut vorzulesen. Depeschen aus dem wüsten Hinterland. Trockene

Äcker. Jungfrauen, die den Mund mit kleinen Steinen füllen und daran saugen, um sich zu vergiften. Kreischende Witwen in der Ödnis. Der Nachbar schrieb einen einzigen Brief, in dem er die Bäuerinnen und Bauern auf die Vernunft, die schöne Furie der Republikaner, einschwor. Der Dorfvorsteher wird auf dem Schemel sitzen, die drei Papierbögen in der Hand, er wird sich die Kehle frei räuspern, und die Männer werden ihm lauschen, eine kurze Weile, bis sie wütend ausspucken. Sie leben in einer Welt der singenden Gräber.

Tante Rena möchte den Geist eines Kindes nicht ankleiden, sie gähnt hinter vorgehaltener Hand, der Herr bricht hastig auf. Begehrt er sie, und ist das ein ernstes Spiel? Es geht ein leiser Regen nieder, er wird das Harte aufweichen, Katzen und Hunde mit nassem Fell beißen sich heut Nacht am Unrat der Menschen fest. Meine dralle Tante lässt im Bad die Bürste fallen, und ich drehe mich im Bett um. Ich zähle bis dreihundertsiebenundsiebzig: Sie liegt auf der Seite, ihre Hinterbacken sind entblößt, sie ist entzweigeschnitten, ein Mann und eine Frau, er begehrt sie, und sie ziert sich, keine Kluft zwischen ihnen, meine Tante raunt und rasselt, und ich drücke meine Schenkel, ich glühe in Erwartung des kleinen Glücks. Sie erwacht, ich schließe die Augen.

Gleich wird sie mich küssen.

50. Der Zeuge

Er kommt über die Brücke. Schlendernd, schlackernd, schlotternd. Die Köderfische springen aus den Kübeln, die Straßenkatzen fauchen ihn an, die Angler harren aus, bis er vorbeizieht. Er kommt über die Brücke, der Humpelnde, der Bucklige, das Haar verschnitten, die Weste falsch geknöpft, das Jackett auf den Schultern, die Ärmel sind Arme aus Luft und eines Geistervogels Schwanzfedern. Ein Seitwärtsschritt bei jedem dritten Vorwärtsschritt. Die Laute und die Schreie, der Lärm und die Flüche, Gesänge und Gebete, sie befeuern ihn: Zigeuner tänzelt. In den nassen Rissen im Beton, und in den Ölpfützen spiegelt er sich. Verzückter Pilger auf dem Weg zum Schrein. Ein Bürger fuchtelt mit dem Gehstock, um ihn auf Abstand zu halten. Doch Hayri Bey, Händler des Schrotts, des verbogenen und verbrannten Metalls, Einkäufer von Tischen und Stühlen mit zwei oder drei Beinen, der zerschrammten Kommoden, der blinden Spiegel, des verschimmelten Hausrats … Hayri Bey lässt das Jackett von den Schultern gleiten, und fängt es auf, um es über seinem Haupt wie das Banner der Barbaren zu schwenken. Seine Hand fährt oft über raues gesplittertes Holz, und also kann ihn der Bürger nicht kränken. Als er endlich vor mir steht, drückt er mir einen Kuss auf die Stirn und sagt: An einem ungeübten Arsch findet die Unterhose keinen Halt. Er hakt sich bei mir unter und wir gehen durch das Viertel, durch das ihn früher sein Vater geführt hat, Hayri Bey nennt sich einen Mann der Pferde, den Karren hat er geerbt, und nach vielen Jahren harter Arbeit kaufte er einen alten Mühlengaul. Er erzählt: Hier verbeugte er sich vor Melissa mit dem herben Atem, der Schönen vom Stadtrand, die den Zigeunerjungen mit dem Besen scheuchte. Sechs Verbeugungen später durfte er sie küssen, sie roch tatsächlich streng, ihr Mundgeruch benebelte ihn. Und er schenkte ihr Minzmastix zum Kauen, sie verstand und verließ ihn. Dort, in der Gasse der Dämpfe und Gase, der traurigen kleinen Maschinen, die nach kurzer Benutzung auseinanderfallen, dort im vierten Haus von uns aus gesehen, auf dem dritten Balkon von oben aus gesehen stand ein Greis und stellte einen gespaltenen Granatapfel auf die Balkonbrüstung, streute wie der Irre vom Fenster Kerne auf die Spaziergänger, und da fragte der zwanzigjährige Hayri ihn, was ihn umtreibe. Der Greis griff zum Granatapfel, steckte ihn hinter die Pyjamajacke, stürzte herunter, er fiel und starb vor seinen Augen. Kerne im Blut, das aus seinem Kopf sickerte. Und der Zuckerbäcker an der Ecke, da sich die unbepflasterte Gasse gabelt, als Kind hat er Süßteig gegessen, bis es ihm im Schwall hochkam, ein Freund aus alten Tagen, kein Zigeuner, aber der Sohn eingewanderter Bosnier, er zwickte ihn in den Buckel, weil er sich davon Glück an dunklen Tagen erhoffte.

Zigeuner erzählt, Zigeuner tänzelt. Wir setzen uns auf den Rasen gegenüber vom Volkshaus. Der Wächter greift nicht ein, ich winke ihm zu, er nickt und schreitet weiter die Straße ab.

Du kennst ihn, sagt Hayri Bey.

Ja, Herr. Er nennt mich einen Halunken. Trotzdem lässt er mich hinein.

Was tust du in diesem Haus?

Ich turne, sage ich.

Am Barren oder am Sprungkasten?

Du kennst dich aus.

Ich tobte in deinem Alter nicht nur durch Melonenfelder.

Ich übe an der Reckstange, Herr. Streckhang vorlings. Streckhang rücklings. Oder ich hänge am Klettertau.

Das ist also ein Haus des Sports, stellt er fest, du lernst, unter Anleitung, den Rist- und Zwiegriff am Reck. Du lernst, wie man sich am Tau hochhangelt, ohne als Äffchen verlacht zu werden.

Ich frage mich nur, was wir hier zu suchen haben.

Wir rollen die Bodenmatten ein, sage ich, zerren sie an die Wand. Dann haben wir genügend Platz. Tanz zwischen den Gymnastikgeräten, sagt er, wird uns das ... anregen?

Du zweifelst, Herr?

Der Wächter ist ein guter Mann. Er erlaubt uns den Eintritt. Ein Zigeuner im Haus, das er bewacht, das wird ihn bestimmt etwas beunruhigen. Nach unserem Fortgang würde er schnell nachschauen, ob auch nichts weggekommen ist.

Wir werden also nicht in der Sporthalle tanzen üben?

Nein, sagt er, falscher Platz, falsche Zeit. Bald verhüllt uns der Abenddämmer. Dann fangen wir an. Arier, hast du schon mal getanzt?

Ich kann mich nicht daran erinnern, sage ich.

Also noch kein einziges Mal.

Ich habe dir zugesehen, beim Beschneidungsfest der Brüder. Die Frauen waren verzaubert.

Was ist dir noch aufgefallen?

Mal tanzt du mit offenen, mal mit geschlossenen Augen, Herr.

Schädel. Wirbel, Gelenke, ruft er, daraus bestehen wir. Und was macht der Tänzer? Er vergisst. Er schwillt nicht, er ist mager. Er ist fest in der Hüfte, aber nicht steif … Du hast nicht zufällig eine Kerze in der Tasche?

Nein. Warum?

Du brauchst eine brennende Kerze mit kurzem Docht zum Tanz. Ich bringe dir bei, wie ein Mann alleine tanzt. Nimm nicht eine Magd oder eine hohe Dame bei der Hand. Erst musst du dich ausrichten.

Der Wächter hat eine weitere Runde gedreht, er gesellt sich kurz zu uns, und da er erfährt, dass wir nicht in der Turnhalle üben wollen, lächelt er mich an. Die Ertüchtigung gelingt am besten an der frischen Luft, sagt er, früher haben die Helden Baumstämme gestemmt und sind in wilden Wassern geschwommen. Hayri Bey erklärt, dass er mich im Tanz unterrichten werde. Der Wächter schlägt die Schirmmütze am Bein aus, setzt sie auf, geht kopfschüttelnd davon. Wir erheben uns. An den Pappeln im kleinen Park tritt der Zigeuner den feuchten Boden fest, er scheucht das nachtblinde Getier und die Kinder, die sich in Hauseingängen verstecken, hinter rostigen Tonnen ducken, sie gaffen, sie wedeln die Stechmücken fort.

Ich kaufe eine Kerze beim Krämer, Hayri Bey zündet erst die Zigarette an, dann hält er die Flamme an den Docht. Er trägt Spange und Schelle am Handgelenk, Silber. Risse im ausgebleichten Hemd, Jacke und Hose aus derbem Stoff, zerschlissen und an vielen Stellen geflickt, er klatscht mich wach, er ruft: Friss das Wachs, er zeigt mir, was ich machen soll, und ich tue es ihm nach, ich beiße in das untere Ende der brennenden Kerze, lege den Kopf in den Nacken, ich gehe langsam vor und zurück, das heiße Wachs tropft mir auf Wange und Hals, ich zucke und die Flamme erlischt, der Zigeuner zündet sie wieder an, er schreit: Tanz wie die Witwe am ersten Morgen nach dem Tod des Gatten, tanz wie ein dreibeiniger Hund, tanz wie die Jungfrau, die ihre Fingerspitzen ins Brunnenwasser taucht, dass ihre Nägel glänzen, tanz den Hahnenschritt mit den Beinen, und den Habicht mit dem Leib, tanz den Heiligen im härenen Leib, und den Teufel mit geborstenem Steiß, tanz wie der Lahme in sprossender Liebe, tanz um Brot und Braut, die Kerze brennt, das Wachs tropft mir ins Gesicht, Schritte zur Seite, Schritte vor und zurück, ich tanze zum leisen Gesang des Schrotthökers, ich schäme mich, weil es unmannhaft ist, der Arier verdirbt, Zigeuner singt ein fremdes Klagelied, bricht ab, er ruft: Sei der Flegel in der Hand des Dreschers, sei der wiedererweckte Kaytun, das tschetschenische Sautier, tanz wie ein Tschetschene ohne Kopf, friss die Kerze, friss die Flamme, friss deinen Mund, der frisst, tanz die Kinder an, die die Mücken totklatschen, biege dich und bleib verbogen, nicht ermüden, nicht zucken, nicht entlang der Kerze himmelaufwärts schielen, Arier, es klagt in meinem Lied das Mädchen auf Wanderschaft, es wandert an der Seite der fortgejagten Seelen, lausche dem Mädchen, das da flüstert: Ich bin es leid, mir Schorf an die Füße zu erlaufen, eine Weile will ich beim Jüngling bleiben, der mich lockt, kein Verbot ist mächtiger als seine dunklen Augen, er soll mir das Gedicht aufsagen, das ich ihm lehren werde: In meinem Leben gibt es viele Steine/Im Leben der Steine gibt es mich/Ich stolpere nicht/ Und sie liegen mir nicht im Weg … Hörst du, Arier, tanz zum Gedicht im Lied, die Irren sind nicht bei uns, die Begabten sind nicht bei uns, nur die Bälger, die sich die Rotze von der Lippe lecken, sie glotzen dich an, du bist der Irre mit der Kerze im Maul, ich bin der Irre, der springt und brüllt, tanz, Arier, tanz wie ein Beutel Blut, wie ein Sack Knochen, tanz wie die Witwe, die ein anderes Gedicht aufsagt, und hier die Verse: Eines Morgens tanzte ich mit seinen Kleidern/Ein Strumpf aus Haaren zog ich über meine linke Hand/ Schnitt den Füßling/Wickelte das zerriss'ne Ende um den Knopf am Rücken meines Mantels/Es kam Wind auf/Die Pferdebremsen, eine Tapete aus Luft/Ich führe den, der flattert … zwei Frauen, junges Mädchen sagt ein Gedicht auf im Lied, Witwe schreibt Verse, wirst du es verstehen?, Wachstränen in deinem Gesicht, Arier, dies ist die Nacht, da du Wachs weintest, du hast einen Wolfszahn und einen Gipskopf, den Zahn zieh ich dir, und den Kopf hack ich dir ab, Kerze gerade halten!, Flamme nicht erloschen, brennen dir die Lenden?, oder brennen dir die Lungen?, beides falsch, tanz, du herzverrücktes verstocktes Sautier, auf deine Narben geb ich nichts, soll dir der Gerber die Haut abziehen?, was bist du müde und mürbe, tanz zum Gedicht des Mädchens, du willst der Jüngling sein, der es lockt, womit?, mit dieser Kerze in deinem Maul ... spuck sie aus, es ist vorbei.

Ich lasse mich auf die feuchte Erde fallen, atme heftig ein und aus, durch die Nase, durch den Mund. Verbranntes Gesicht, ich kratze, kleine Wachsklumpen fallen ab. Der Zigeuner ruft den Kindern zu: Vorstellung vorbei, zieht weiter! Sie äffen ihn nach, aber gehorchen.

Schlimm?, sagt er.

Ja, Herr.

Erste Lehrstunde. Brandmale statt Schnittwunden.

Es tut nicht mehr weh, sage ich.

Bist zerschunden, stellt er fest, du wolltest es nicht anders. Wessen Herz soll beben?

Sie heißt Feray.

Keine aus unserem Viertel?

Von hier, Herr.

Siehst du sie morgen?

Das möchte ich, sage ich.

Sie wird denken: Der Junge ist über Nacht hässlicher geworden. Daran darfst du dich nicht stoßen.

Du bist ohne Frau, Hayri Bey.

Das verblüfft dich?, sagt er leise, die Frauen, sie staunen mich an. Manchmal reißt sich ein Mädchen los, und bittet mich, es zu entführen, ein buckliger Zigeuner, der mit dem Pferdekarren durch die Gassen fährt. Das sieht es nicht. Ich lehne ab. Verbeuge mich, küsse ihre Hand, lehne lächelnd ab. Das Mädchen wäre sieben Tage berauscht. Am achten Tage würde es den Rausch ausgeschlafen haben. Habe ich recht?

Ja, sage ich, leider.

Willst du vor dieser ... Feray tapsen wie ein Tanzbär?

Ich fordere sie zum Tanz auf.

Und dann?

Vielleicht stimmt es sie um.

Alles falsch, sagt er. Märchen, Gutenachtgeschichten, Wunder. Deshalb kann ich nicht über die Brücke. Du willst sie beschämen. Du willst protzen. Falsch, falsch, falsch!

Herr, ich und Igor sind die Einzigen von den sieben Türmen. Er …
hat sich verändert. Die anderen haben ihn aufgenommen. Mich
nicht.

Alles Schein, alles falsch, ruft er wütend.

Erklär es mir.

Vergiss die anderen. Vergiss das Mädchen Feray. Hasse die Liebe.
Geh nicht betteln. Trockne dir den Schweiß. Wasche das Handtuch.
Hänge es zum Trocknen auf. Verstehst du mich?

Nein, Herr, sage ich.

Ich verstehe mich auch nicht, sagt er und lacht auf, wir essen jetzt
Kürbiskerne … hier. Also, der Tanz. Arsch des Mannes darf nicht
wackeln. Dein Arsch hat gewackelt. Kerzentanz ist Messertanz. Mit
scharfer Klinge im Mund, so tanzt manch ein Zigeuner. Du, Arier,
stopfst beim Üben beide Fäuste in den Mund. Halt dich daran!

Hayri Bey gibt mir weitere Ratschläge, er ist nur für wenige Stunden mein Lehrer und Hüter, er wird heimkehren müssen, da er
dem Nasenlosen versprach, vor dem Ende des Tages an seine Tür
zu klopfen. Es ist die Zeit des Aufruhrs: Die Hunde des Viertels
fallen die Männer bei Nacht an. Die Alten dreschen ihre Gehstö-
cke aufs Pflaster und verfluchen den Gerber, den Herrn der kno-
chenknackenden Köter. Es haben sich Halunken nach Vater erkundigt, er streifte mit den Arbeitern seines Trupps die Gassen durch,
um die Fremden zu stellen. Doch sie hatten sich abgesetzt. Große
Brüder aus Samatya, sie schreiben auf die verfallenen Mauern: Bald
stirbst du, Rattenkönig. Die fette Herrin, sagt der Zigeuner, das ist
ein Traum der alten Zeit. Die Fremden jagen Vater, er ist der Sie-
bentürmemonarch, er trägt aus hellem Rauch eine Krone. Ich begleite Hayri Bey bis zur Brücke, er tänzelt, er schaudert, sein Buckel
gräbt eine Furche in die Luft.

51. Der Wahre

Igor wartet am Grab des Heiligen, und da ich näher komme, sehe ich, dass er betet. Bittet er die Seele des Gottesmannes um Fürsprache? Bettelt er um Kraft, die seinen Unterleib beleben soll? Frevler, rufe ich, er fährt herum und schimpft mich einen Ketzer. Vater hat ihm noch nicht geholfen, verletzt es seinen Stolz, eine Hure aufzusuchen? Ich bin Igors Schatten, ich schütze ihn vor jedem Kerl, der ihn von hinten anfallen will. Auf dem Weg zur dunklen Straße stolpert er über rostige Blechschüsseln, die sich mit Regenwasser gefüllt haben. Wir deuten es als ein gutes Zeichen. Ein Säufer wirft mit der leeren Flasche nach uns, er verfehlt meinen Kopf, ich starre auf die Scherben und denke: Heute sind wir unverwundbar.

Der Lochlecker sitzt auf der Parkbank, und als wir vor ihm stehen, sagt er: Der Hurenküsser und der liebe Junge. Glasscherbe in meiner Faust in der Hosentasche, ein einziger Stoß, und es spritzte aus seinem Hals. Ich beherrsche mich. Anderthalb Finger einer Hand.

Was tust du, während dein Freund sich vergnügt?, sagt der Zuhälter.

Meine Sache, sage ich.

Sie bedient nicht zwei … Männer gleichzeitig.

Ist mir recht.

Junge Seele, flüstert er.

Meinst du mich damit?, sage ich.

Dich. Ihn. Jeden Knaben in Schuluniform.

Wir gehen nicht in Lumpen.

Das freut jede Hure, glaub mir. Sie klagt über schmutzige Körper …

Bist du behaart?

Nein, sagt Igor.

Wir werden Freunde. Die Männer besteigen sie. Steigen ab. Sie liegt und sieht an sich herab. Fast überall auf ihrem Körper schwarze Haare. Es widert sie an. Sie könnte jeden Tag mit Nuttenspucke und Nuttensaft eine Mistkugel aus Brusthaaren kneten … Armenier, schmerzen dich meine Worte?

Ich verstehe nicht, wieso du mir das alles erzählst, sagt Igor.

Bist wohlerzogen. Ein anderer Jüngling hätte sich auf mich gestürzt.

Wieso, fragst du? Weil du gleich mit der Frau schlafen wirst, die dann unter meine Decke kriechen wird. Ist das schlimm?

Ich ertrage es.

Du lügst, sagt der Zuhälter lächelnd, du betest diese Nutte an. Mir bedeutet sie nichts. Hätte sie die Wahl, was glaubst du, für wen würde sie sich entscheiden?

Für dich nicht, und für den Bruder nicht, sage ich.

Ihr seid dauernass im Schritt, und ihr macht mir weis, ihr kennt die Frauen. Ich scheiße auf eure Knabenworte. Folgt mir.

Und wir folgen ihm tiefer in die dunkle Gasse, er zeigt auf das Hurenhaus, eine verfallene Villa, die Bürger zogen aus, das Gesindel zog ein. Igor legt ihm zwei Geldscheine auf die ausgestreckte Hand. Er zerknüllt sie, streicht sie glatt, steckt sie in eine der vielen Schlitze seiner Jacke. Glasscherbe in meiner versteckten Faust. Igor verschwindet in den Schatten, schwarzer Saum des Pflasters. Der Lochlecker scheucht einen Mann weg, der zur verkehrten Stunde erscheint. Er soll in einer halben Stunde wiederkommen, dann wäre die Grazie pässlich. Im Schein des Laternenlichts geht er auf und ab, lässt dabei eine Münze zwischen den Fingern wandern.

Du hast dir das Gesicht verbrannt, lieber Junge.

Reiz mich nicht, rufe ich.

Du schnurrst. Du hast eine andere Kehle als wir Türken. Du drohst mir. Soll ich dich streicheln?

Lass mich nur in Ruhe.

Der Mann, den du Vater nennst, hat mich aufgesucht.

Also doch!, sage ich laut.

Er kam in Begleitung von einem gewissen Agop. Der große Bruder des Kleinen, der jetzt in diesem Augenblick zwischen den Beinen meiner Hure stöhnt. Sie wollten ein Gespräch unter Männern. Ich hörte ihnen zu. Sie baten mich, Igor abzuweisen. Ich lehnte ab. Ich erklärte: Verzichtet ein Händler freiwillig auf einen seiner besten Kunden? Weißt du, was dein Vater tat?

Nein, sage ich.

Ich sehe die Schläge nicht kommen, er fällt mich mit drei aufeinanderfolgenden Fausthieben, ich gehe sofort zu Boden, befühle die aufgeplatzten Lippen, wälze mich im Straßendreck. Er tritt mir in den Schritt, ich bin ein glühender Leib, ich krümme mich zusammen, nicht winseln, nicht weinen. Er kniet neben mir und betrachtet mich lächelnd. Das tat der Kerl, der nicht dein Vater ist. Ich hatte Schmerzen beim Pissen. Mein Sack sah aus, als hätte ihn jemand geschminkt. Hatte ich das verdient? Nein.

Gottloser, zische ich.

Das ist rechtens, Gott anzurufen in der Not, sagt er und versetzt mir eine harte Ohrfeige.

Ich zahle es dir heim!

Du wirst Schläger anheuern, da bin ich mir sicher. Diese Stadt ist nicht meine Stadt. Vor ein paar Jahren zog ich hierher. Schaute mich um. Fremde, Abschaum, die Niedersten waren erhoben. Vaterländische Männer mit zuckender Schlange in der Hose. Ich dachte: Bediene die Schlange, spucke auf Achtbarkeit, zähle das Geld. Und das tat ich dann.

Hurenhüter, sage ich.

Erst verfiel mir ein Weib, ich ritt es ein, es ritten das Weib viele Herren, bis es verschwand. Es verschwand das nasse Nest der Schlangen. Man glaubte, ich hätte die Hure zerhackt, in ein Dutzend Stücke, und sie im Meer versenkt. Was ist in Wahrheit geschehen?

Du brennst in der Hölle, sage ich.

Lieber Junge, bestimmt komme ich nicht in den Himmel. Aber noch bin ich im Diesseits. Also, antworte mir. Sonst zieh ich das Messer.

Sie ist dir entlaufen.

Du Kind, sagt er und tritt mir in die Flanke, richte dem Kerl, dessen Sohn du nicht bist, Folgendes aus: Die Hure hat den Besitzer gewechselt. Sie ist der Besitz der Armenierin. Er soll mit ihr verhandeln … Dein Freund fragt jedes Mal die Hure nach ihrem Namen. Rosa. Lara. Linda. Viele Nächte. Viele Namen.

Er zerrt mir die Schuhe von den Füßen, stößt mit dem Messer Löcher in die Sohlen, zerschneidet das Leder, wirft mir die Schuhe auf die Brust, eilt davon. Noch eine ganze Weile liege ich keuchend am Boden, dann richte ich mich auf, krieche zur Linde, lehne mit dem Rücken gegen den Stamm. Igor hat vom Huren dicke Lider. Sie wärmt ihn, sie teilt ihn mit vielen Männern, es sind Dutzende, Hunderte. Zum Meer, zum Meer, ruft er, und ich erhebe mich langsam, folge ihm hügelabwärts, es riecht nach Salz, nach Okraschoten, nach Fischblut, Igor wäscht sich Gesicht und Hände. Hurenliebchen in der Nacht. Kleiner Armenier, der nach der Seife des Freudenmädchens riecht. Bruder gewesen, Finger einer Hand gewesen, Söhnchen geworden. Späte Stunde. Hinter den Fähren Furchen aus Wasser, bevor sie verschließen, stürzen Möwen hinunter, makrelendünne Fische krümmen sich im Schnabel. Qualm, Licht und Silberglanz. König wird Bettler: Igors Lust erwacht, er wird traurig, weil ihm das Geld fehlt, sie ein zweites Mal an diesem Tag zu kaufen. Er erzählt: Weißt du, was sie macht, davor? Nackt stellt sie sich hin, wirft eine Münze auf. Sie setzt immer auf Kopf. Das bedeutet: Es wird nicht schlimm mit dem Freier. Zahl bedeutet Schmerzen. Nach einer … schlimmen Vereinigung wäscht sie sich, bis ihre Scham taub wird. Sie macht Geschäfte mit Männern, so ist es eben. Sie kann alle Farben tragen. Das weiß ich, obwohl sie ein Negligé trägt, wenn sie mich empfängt. Negligé …

Reizwäsche, sage ich dumpf.

Kommt von negliger, vernachlässigen. Schön, oder?

Was ist schön?

Ein vernachlässigtes Kleid, so heißt das kurze Nachthemd mit Trägern.

Du spinnst.

Natürlich, ruft er und wischt über das nasse Gesicht, und du bist immer nüchtern.

Ich habe dir mein Taschengeld für den Monat gegeben, sage ich, ich habe, während sie dich umschlang, mit ihren Beinen, mit ihren Armen, Prügel eingesteckt. Ich habe …

Zu viel von diesem, zu wenig von jenem, ruft er, das bist du.

Der tropfende Armenier ist außer sich vor Freude, er hüpft, er schreit. Springspinne. Die Hure wird jetzt vielleicht vor den Augen eines Mannes ihr Negligé abstreifen. Igor tröstet sich damit, dass sie ihr Geschlecht nicht taub reibt, nachdem sie ihn aufgenommen hat.

Ich verlasse diesen Verdammten, diesen Zermalmten, schnüre wütend an Hauswänden entlang, es fliegt keine Flasche aus den Schatten in meine Richtung, und kein Kerl springt mich an.

52. Der Helfer

Ich klopfe an ihre Tür.
Wer ist da?, ruft die alte deutsche Dame.
Liebe Dame, ich bin es.
Wolltest du mich erschrecken?
Nein, meine Dame.
Bist du allein? Oder bringst du ein fremdes Mädchen zu mir?
Die Nachbarn denken bestimmt, dass ich einbrechen will, sage ich.
Sie schließt mir auf, Dame im langen Grobstrickkleid, strenge Dame, deren Krallenhände schmerzen, sie schimpft mich einen Bauernsohn, ich frage sie um Erlaubnis, und trinke zwei volle Gläser Wasser. Es brennt Licht im Lesezimmer, sie nimmt Platz, legt die Krallen auf den Schoß, zeigt auf die Seiten auf dem Tisch. Sie hat vor Wut den Brief von Franz zerrissen, und die Schnipsel auf Papierbögen geklebt.
Lieber Sohn,
ich bin mit einer schreckhaften Frau liiert, sie wird zur Hochzeit keinen Myrtenkranz tragen können. Es ficht mich nicht an, dass sie schlecht beleumundet ist. Ihr Vater drohte ihr oft mit der Ächtung durch die ganze Sippe, und sie aber sagt oft: Die Sitte der Sippe betrifft mich nicht. Eine moderne junge Dame, Landsmännin der Feldpächter Haydar und Hamit aus dem Siebentürmeviertel. Du bist alt genug, dass ich es offen aussprechen kann: Sie galt bis zu unserer Liaison als Gespielin der deutschen und französischen Gesandten. Alles verheiratete Männer, die in den Herrensalons den Ton angeben. Nun ist sie der Spielchen müde, sie nennt sich das Püppchen des einen deutschen Mannes. Ich sehe in ihr eine Freun-

din. Was sollte sie davon abhalten, mich bald zu verlassen? Spitzbuben machen ihr den Hof, sie überreichen ihr heimlich ihre Visitenkarten, für die baldige Zeit, da sie anderen Sinnes wird. Den Platz deiner Mutter kann sie und darf sie nicht einnehmen.

Mich erreichten Nachrichten von deiner Mittelmäßigkeit im Unterricht. Der Herr Direktor Doktor Liebig fühlte sich darob bemüßigt, mich anzuschreiben. Wolf, willst du versagen? Ausgerechnet das deutsche Kind stellt sich hinten an. Es behauptet: Ich habe meine Bolzen verschossen. Dass ich überm Loch hocken muss beim Kacken, grämt mich immer noch, ich komme mir vor wie ein schweinischer Kerl. Es ist gesund, der Umgebung mit einem gewissen Argwohn zu begegnen. Du aber, Sohn, bist allzu schnell eingegangen in dies orientalische Gefüge. Jedem Manne wird der Ort zugewiesen, an dem er durch beharrlichen Fleiß keimen mag. Hast du dich vergessen, und ist diese deine Selbstvergessenheit als Auflehnung zu verstehen? Ein mir übergeordneter Beamter beleidigte mich mit den Worten: Trink Pisse des räudigsten Hundes! Soll ich es ihm gleichtun? Nein, ich nehme ihre Worte nicht an, ich spreche nicht in Kehllauten. Was habe ich zu suchen in einem Kaffeehaus, in dem gaunerhafte Kerle an Wasserpfeifenmundstücken nuckeln? Der Pistazienhändler sagt: Herr, bringe einen Irren zum Lachen, und lache. Bringe eine Schöne zum Lachen, und lache ... Und er erklärt mir die Bedeutung der Worte: Lacht ein Irrer über dich, bist du verloren. Weint eine schöne Frau wegen dir, staunst du über ihre Schönheit. Dieses Volk der Türken, es bleibt mir fremd. Mein eigenes Volk will ich vergessen. Lieber Sohn, du bist mir zum Dachhasen geraten, du streunst auf den Dächern, leckst das Regenwasser in den Traufen. Entsinne dich der Worte deiner Mutter selig, die ich dir überlieferte: Hier ist mir alles vertraut, dort ist mir alles fremd. Kehr um!

Es ruft mich mein Land, meine Stadt, es rufen mich die Straßen und Häuser meiner Stadt. Manchmal träume ich von Frauen, die mich auf Deutsch ansprechen, dann bleibe ich stehen, schweige sie an, staune sie an. Sie betasten mein Gesicht wie Blinde es tun. Wir werden seltsam, Sohn, wir beide atmen fremde Luft. Bei unserer letzten Begegnung haben wir uns gestritten. Du warfst mir vor, ich wolle dich vergiften für dieses Leben. Du nennst meinen Freund Abdullah Vater, und die Dame Bayka Mutter. Es verletzt mich, dass du dich ihnen öffnetest: Sie werden dich nie als ihresgleichen annehmen. Die Dummen behaupten: Himmel und das Meer haben dieselbe Farbe. Dabei spiegelt das Wasser nur das Bleigrau und das Hauchblau der Wolken. Ich rate dir, spiegele mir bitte nicht das Wesen der Tataren, der Hunnen, der Tschetschenen. Sie haben sich aus den tiefsten Räumen und aus dem dunkelsten kaukasischen Hinterland losgerissen, es sind Horden, es sind Stämme, kleine Völkerschaften ...

Ich will nicht zu Ende lesen, sage ich und zerreiße die geleimten Schnipsel zu kleineren Schnipseln. Vater sieht das Blut der Opfergaben, das im Rinnstein versickert. Er sieht das Messer in der Hand der Schächter, die das Tier dem Gott der Himmel darbringen. Was kann ihn schon mit dem Mann versöhnen, der dem Opferschaf das Fell abzieht? Er würgt im Land der Moslems, und ich würge nicht: Ich bin eines anderen Mannes Sohn.

Lachst du über mich?, sagt die alte Dame.

Über ihn, sage ich und zeige auf das zerrissene Papier, er kann vor Angst nicht atmen.

Nicht in meinem Haus, ruft sie, nicht hier bei mir, kein schlechtes Wort über den, der das Schulgeld zahlt!

Nur weniger als die Hälfte. Das meiste zahlt der reichste Herr meines Viertels.

Das ist der, der die Ehebrecherin verschonte.

Sie können sich daran erinnern.

Natürlich, sagt sie und legt ihre Hände auf das Tuch auf meinen Beinen, reibe sie kräftig.

Ja, meine Dame.

Wer hat dir die Schuhe zerstochen?

Ein ... Hurenhöker.

Du verkehrst mit Luden?

Ich musste Igor begleiten, sage ich, ein letztes Mal.

Den Brief habe ich gelesen. Dein Vater warnt dich vor den falschen Völkern ... Welchem Volk fühlst du dich verbunden?

Ich bin deutsch, sage ich.

Sie schweigt und schaut mir beim Einreiben der Heilsalbe zu. Sie ist ein schöner Geist, der sich schnell bewegt. Die Dame denkt nach über die rechten Worte. Plötzlich erinnere ich mich; Feray sagte zu mir, dem vor ihr knienden Huldiger: Du bist nicht berührt. Wird die Dame mich rügen, weil ich ungeschliffen bin? Sie spricht davon, dass man im besiegten deutschen Land noch viele Jahre durch Trümmerfelder wird gehen müssen. Sie glaube den Gerüchten, nach dem großen Bombenhagel sei zwar ein neuer Staat entstanden. Die Schweine aber grunzten immer noch hemmungslos. Vielleicht würde deshalb Vater Franz zögern, was hielte ihn sonst davon ab, heimzureisen? Er ziehe es vor, zu klagen, und ausgerechnet jene Menschen schlechtzureden, die ihn in der dunklen Zeit aufgenommen haben.

Sind Sie deutsch?, sage ich.

Trotz alledem, ja, sagt sie leise.

Wegen der Bücher in Ihrem Haus?

Kleine Gräber. Winzsärge voller Zähne. Ich grabe sie aus beim Lesen.

Wirklich?

Ein Bild, Wolf, ruft sie, alberner Bub … Du liest nicht viel.

Es gilt als Schwäche, sage ich.

Du willst vor den Rasselbrüdern glänzen, stellt sie fest, der Lude, der dir die Sohlen zerstach, hat für Bücher nur eine Verwendung. Er wird sie stapeln, um darauf sitzen zu können. Es gibt unter den Belesenen und Gelehrten mehr Idioten als bei den einfachen Menschen des Volkes … Du freust dich zu früh. Man kommt mit seiner Dummheit fort, richtig. Schau dir die Alten an. Sie verleben ihre Tage wie die dumpfen Tauben, die sie füttern. Klinge ich lehrerhaft? Ja, aber ich bin es gewohnt.

Sie warnt: Nimm dich in Acht vor den Frettchenpfoten der Sekretärin. Ich verspreche, nicht immer zu erstarren, wenn mich Frau Kollack anlächelt. Krüppel, vom Lichtschein angezogen, das sind wir, die mageren Jungen, uns wächst der erste Bartflaum auf der Oberlippe, und oft bittet man uns, das Kohleschmier im Gesicht abzuwischen. Ich schabe die blonden Haare ab, und hoffe, dass Borsten nachwachsen. Der alten Dame fallen die Augen zu, sie schläft ein.

Ich stehle mich leise in den Flur, greife blind nach einem Buch, kehre zurück, lese auf der Innenseite der Rückklappe, dass der Dichter das Langpoem mit sechzehn Jahren verfasste. Der Verleger habe ihn am Brunnen auf dem Vorhof eines kleinen Gotteshauses entdeckt. Dort trug er den gläubigen Handwerkern ein Gedicht über das Ebenbild und das Spiegelbild vor, ein leichter Windstoß ließ seine Mantelschöße flattern, der Verleger setzte sich auf den Boden, lauschte dem jungen Mann. Dann brachen die Gläubigen zum Nachmittagsgebet auf, und der Dichter aber blieb zurück, faltete die Blätter und aß geröstete Kichererbsen. Das Gedicht trägt den Titel: Der Abend der Kinder, die Pfauenlaute ausstoßen, ich schlage das Buch auf, lese die Verse, die alte Dame atmet lauter, ihre Krallen zucken.

Ich lese: Die Welt, wie wir sie kannten, verschwindet nicht, sie verdunstet, die Welt wird Wasserdampf, und beschlägt die Brillengläser, die Glasaugen, die Fenster, den Hausrat aus Glas.

Ich lese: Aniskrapfen, Teigbällchen, die Spinne webt an ihrem Banner, die Söhne des Imperiums sind Lastenträger der Republik. Lasst uns doch bitte preisen, was nicht glänzt. Die Prahler, die Ruhmsüchtigen, die gekämmten Kommissare, die kostenlosen Volksertüchtigungsfibeln, die von Spucke, Haarbüscheln, von abgefallenen Schnurrbärten gesäuberten Bürgersteige, das Verbot von Zuchthäuslerliedern, die glanzlackierten Blüten und Blätter, die neuen Pantoffeln des Hausmeisters, der Suchpegler, an dem man nur drehen muss, um verwandelt zu werden, unser herrliches Jahrhundert, die Hosenkleider der mondänen Mäuschenmädchen, die weißen Troddeln, die von den Enden der Spannstreben ihrer Regenschirme herabhängen, die muskulösen Gesichter unserer Straßenkatzen, der verwässerte englische Tee, die in Pfützen badenden vollmondgesichtigen Schüler: All das mag verschwinden, es schmerzte mich nicht, der Himmel stürzte deshalb nicht ein.

Ich lese: Was wird geschehen? Kratze dich nicht am Schritt, bügele die Lumpen, mache es dem weisen Weibe nach, und rupfe dir die Augenbrauen, male auf die gerötete Haut ein einziges Halbrund. In Istanbul krähen nicht die Hähne den dämmernden Morgen an. Zu dieser Zeit schwappt immer eine hohe Woge übers Ufer, spült ans

Land die Leichenteile des Reichs: Fürstinnenspangen, Sägemehl, Mörtelbrocken, Papyrusmatsch, Unsterblichkeitskraut. Sohn der Republik, verschlafe nicht die Morgenstunde, hülle dich in warme Wollkleider, halte dich auf an der Kante, und warte auf das Wasser. Was wirst du finden? Liebestolle Lümmel stehen auf der Brücke, reißen Knöpfe von Hemd und Rock, werfen sie herunter. Spülte das Schlammwasser weiße und schwarze Knöpfe an, bücke dich nicht, bleibe ernst und ruhig. In Istanbul landen Knöpfe im Magen der Möwen, verachte die Vögel, verachte ihren Hunger.

Ich lese: Erlerne das Vorübergehen am Feind, der am Wegesrand mit seinem Taschenmesser Steine spaltet. Er ist deiner überdrüssig, grüße ihn nicht. Buchstaben, die wir nicht lesen können, machen uns wütend, beherrsche dich. Ich habe angelaufene Mäusezähne, Schwermut rülpse ich aus der Tiefe meines Leibes hoch, ich küsse meiner Geliebten vor dem Einschlafen auf die Schläfe, sie hat nicht einmal richtig zum Himmel aufgeschaut, sie ist berückt. Ich schlafe mich krank, ich bin ein Volksfeind, ich zeichne traumschiefe Bilder. Fremde Musik, leere Gesichter, meine Geliebte bettet ihren Kopf auf trichterblütigen Rankpflanzen. Ich schäme mich bis aufs Blut wegen meiner Ermattung. Sie kann auf einer großen Zehe stehen, sie hat es von einer Balletttänzerin abgeschaut. Elektrisches Licht ist kostbar. In dunklen Schaufenstern hausen Gespenster. Du, der du durch Volkes dunkle Ruinen streifst, liebe das Kleegrün und den zersprungenen Spiegel. Jeder Spiegel zerspringt, dein Spiegelbild gerinnt zum Irrlicht. Arbeite mit den Mitteln der Entmutigung, vertraue dabei auf dein Fleisch- und Sehnengedächtnis: Wie Fett um das Schwein, so setzte sich der Stolz um ihre Herzen. Hole hervor das Diensthandbuch und lese: Diese Nacht zerfielen die Schatten, und wir Soldaten in den Schützengräben küssten unsere Hände, wir stellten uns vor, dass wir schöne Frauenmünder küssten, in den Wunden unseres toten Spähers schmatzte der Schlamm, wir blieben unbesiegt. Du, der du das Doppelkinn und den Bronzeton der Haut von deinen Ahnen erbtest, lese dies Handbuch genau, allein und fern von den Beamten, übermale nicht die Zeilen mit Rußmalen, sitze still und schweige. Die Geräte sind die Wundstellen der Demokratie. Ich liebe stotternde Maschinen und lispelnde

494

Griechinnen. Meine Nachbarin tut sich heimlich weh, sie drückt die Stricknadel in das Fett ihrer Hüften, man hat ihren ehrenwerten Mann erschlagen. Ihr geschäumter Kaffee schmeckt jedem Mann. Sie lässt sich von mir kitzeln, sehr zum Verdruss meiner Geliebten, die sehr kitzlig ist, und die also nicht gekitzelt werden möchte. Darf ich deshalb kein anderes Mädchen kitzeln? Einmal träumte ihr, dass hohe Bürger das Fell nasser Katzen lecken: eine unanständige Fantasie. Werden wir modern?

Ich wache über die tief schlafende Dame und lese: Wenn die Bürger nicht arbeiten. werden die Toten nicht beerdigt. Das wollen wir nicht hinnehmen. Wenn am Feiertag der Jugend und des Sports unsere Kinder nicht marschieren im Stadion, und unsere Herren Zylinder und Melonen nicht lüpfen können, wissen wir: Wir veröden, wir vergreisen. Geliebte, ich trag mich zu dir hin, betaste meinen Hals, befühle meine Unterwäsche, drücke mir die Stricknadel in die Flanke. Heute wurden wieder Helden beerdigt, und der Kolumnist schrieb: Werden wir in den Grüften modern oder sind wir schon modern? Lege also das Handbuch weg, abonniere die Zeitung der staatsloyalen Männerbündler: Sie schimpfen mich einen Hurenbock, Furz des Maulesels, Rinnendreck. Ich schreibe, der Wind weht. Finde ich eine Seltenheit, verstumme ich. Junger Istanbuler, sammele Zirbelnüsse, fädele sie auf, hänge die Girlande dir um den Hals, gehe fauchend an anderen fauchenden Irren vorbei: Sie scharen sich um dich. Als ein Weiser mit großem Anhang wirst du gelten. Der Arbeiter in der Munitionsfabrik küsst deine Hand. Die verhüllte Magd zeigt dir ihr hennagefärbtes Haar. Der Hodscha ohrfeigt dich. Der Kolumnist wünscht dir den Tod. Die Tauben mit den Knöpfen im Magen kotzen im Flug auf dich. Das sind Ruhmestaten, das ist Beliebtheit, das ist Heldentum. Stifte die Kinder deiner Nachbarn dazu an: Sie sollen wie Pfauen schreien. Und wenn sie diese Kunst beherrschen, wenn sie schreien, ohne zu rotzen und zu husten, führe sie zum Ufer. Lass sie suchen im schwappenden Wasser nach unglücklichen toten Raupen. Sie sind meine Späher gewesen, und sie krochen fort von mir. Faul bin ich geworden, ich stecke am Fenster die Zunge durch meine beiden Zahnlücken. Die Kerbzeichen im Fensterbrett habe ich entziffert:

Gedenke der gepfählten Geiseln des Winters! Ich denke an Motten, vielleicht an große Insekten, an Zweigen aufgespießte Wespen. Junger Republikaner, der du in Istanbul lebst, nicht länger ist dies eine Reichshauptstadt, was blutet dir das Herz? Deine Geliebte: sehnt sich nach keiner anderen Heimat. Sie findet versehentlich beigemischte Mäuseohren im Brot. Am Fleisch muss sie lange kauen. Und doch kämmt sie sich jeden Morgen das Haar, und wenn du zur Arbeit gehst, leckt sie der Straßenkatze das Fell. Lobe ihr Haar, wie du auch lobst die Helden, die Generäle, die Palastbewohner, die Engel des Krieges. Die Seele braust und rauscht durch die Knochenkanäle: In Anatomieatlanten schlage nach, erkenne das Muskelantlitz als dein Gesicht. Stränge, Bahnen, frei geschabt. Zwei glotzende Augen, freigelegt. Die Lider, und andere Hautstreifen, die Knorpel, das unnötige Fett, sie schwimmen in Nierenschalen auf dem Tisch des Pathologen. Als ich ihn besuchte, als ich ihn bedrängte, als ich drohte, in die Wanne der konservierten Kadaver zu tauchen, gab er nach. Wir, Töchter und Söhne der Republik, sind kolorierte Wilde, das sagte er mir. Gebe ich mich damit zufrieden? ... Ich schaue auf, die Dame träumt, ich lese: Ist die Seele Gottes Ebenbild, und ist das Fleisch das Zerrbild der Seele? Ich bin ein gründlicher Mann, der den Tod aufschiebt. Ratten kauen, und die Minute vergeht. Gott zitiert mich, und die Sekunde vergeht. Die alten Frauen, die sich den Steiß wund gelegen haben, sie erzählen schmutzige Witze. Ich hänge, da das Wasser schwappt, alles an einen Nagel, alles an ein verbotenes Wort, und sage: Wir knüppeln in Richtung des Feindes, in Stofflappen gewandt, der Feind ist verdampft wie die Welt, wie der Nagel, wie das Wort. Grüne Scheiter wollt' ich brennen, vom grünenden Besenstiel träumte ich. Erschlagt die Dichter, denn sie tragen das Abzeichen der Bitternis. Ich habe den Löffel in den Schuh geworfen, ich liege auf dem Diwan, ich rauche Opium, meine Lungen pfeifen. Liebe Kommunisten: Russifiziert uns nicht länger, euer Rot ist pure Ketzerei. Geht zu den Mamelucken und Mongolen, geht zum Bleistifthöker in der Gasse der Männer, die mit alten Büchern handeln. Geht zu den Bürgersöhnen, die in Moskau studiert haben. Materie: Gewächs, Klumpen, Auswuchs, abgebrochener Henkel, faulende Suppengurken, Ölpfütze, das tote Mädchen.

496

Gott hat euch verlassen, wir aber sind bei Ihm. Die edlen Elemente des Westens, damit stopfen wir uns voll. Materie: Zuckerzange, Zylinder, Zwieback, Zauberstab. In der Not mahlen wir Schlamm mit müden Kiefern. Wir fressen Motten und aufgespießte Wespen. Kleinasiate, Keinrepublikaner, Kleindemokrat: Du scheißt Materie in großen Brocken! Stolzer Sohn jener, die Stolz in Schilder stanzten, dass du dir nicht abhandenkommst! Preise diese Stadt, denn das ist ungefährlich.

Spreche die Passwörter, und alle Gauner, die sich dir in den Weg stellten, werden beiseitetreten. Materie: rostiger Schlüssel, Büste, Patronenhülse, weißrote Knöpfe, Zikaden im Haar des toten Mädchens, das man im Park der Neuen Zivilisten fand. Wer hat es missbraucht? Wer hat es im Gebüsch abgelegt? Welcher Mörder lebt unbehelligt unter uns, weil sein Name nicht in der Zeitung steht? Junger Istanbuler, was erhoffst du dir, in Gedichten zu lesen? Männer meines Schlages werben für den Stalinismus. Sie dichten Lobeshymnen auf die Führer. Auf die Frauen, die sie mit Engeln vergleichen. Ich bin die Zeitung meiner Zeit, ein kolorierter Wilder, der Armenenglisch spricht. Noch kein einziges Mal war ich im Ausland. Ich sage, was andere sagen. Ich schreibe auf, was andere sagen, wenn ich schweige. Mein Onkel schnitt sich in die Hand, beim Halsaufschneiden, das Opferschaf blökte vier Male, bevor ihm alles Blut herausfloss. Ich sagte: Ich leide mit diesem Tier. Seitdem hält er mich für einen rot gelackten Hundesohn. Hundesöhne, Russenbüttel, zähle ich zu meinen Bekannten. Es sind Studenten, die nicht studieren, sie betreiben Agitation, und also Volksbelehrung. Sie besuchten fremde Städte, sie schwärmen von freundlichen Soldaten, russischen Genossen in Uniform. Das tote Mädchen. Kein Engel. Kein Artikel in der Zeitung. Keine Trauerrede an ihrem Grab. Ich bin dort gewesen, Istanbuler, und ich kann bezeugen: Der Hodscha ist ein freundlicher Mann im geflickten Rock, er öffnete die Hände, hob sie gen Himmel, und sprach, dass er dies Kind nicht vergessen werde. Materie: Luft, Parfüm, Speichel der Klageweiber, Pinienzapfen, Fäulnis des Sommers, auf die Gräber gewehte Fetzen, klackende Gebetsketten, Skelette, Gebein, das nicht in der Wanne des Pathologen schwimmt. Stricknadeln in der Hand meiner Geliebten. Ich vergesse. es trägt mich davon. Der Hund im Vorgarten hat sich heiser gebellt. Das bekümmerte Tier braucht die Liebe einer Frau, die zur Welt kam, als das neue Jahrhundert begann. Es taugt zum Zerbeißen der kleinen Geräte, die ich ihm vor das triefnasse Maul werfe. Ich lobe sein Fell, ich lobe die Demokraten, ich lobe den Istanbuler Regen. Reinigt eure Ärsche und lobt den Erfinder des Toilettenpapiers …

Wolf, sagt die Dame.
Ja?
Wie lange habe ich geschlafen?
Nicht viel, sage ich, weniger als eine Stunde.
Was liest du?
Ein seltsames langes Gedicht ohne Reim … Der Dichter heißt Tan.
Sollte ich mich an ihn erinnern?
Er hat Ihnen eine Widmung reingeschrieben: Für die famose Deutsche, auf deren Sieg ich setze.
Ein Wirrkopf, sagt sie, gefällt es dir?
Ein Gedicht, das kein Gedicht sein will.
Das ist heute modern.
Ich weiß nicht, sage ich, ich las mich fest.
Ein Enthusiast. Er sollte seine Begeisterung zügeln. Dann wäre er ein sehr guter Dichter. Jetzt fällt es mir ein, der junge Mann sprach mich auf offener Straße an. Ich habe deshalb mit ihm geschimpft. Er lachte, und ich konnte nicht mehr schimpfen, ich lachte mit.
Wohnt er in Ihrem Viertel?
Das hat er mir nicht verraten, sagt sie, er passte mich draußen ab, überreichte mir das Buch wie einen Blumenstrauß, und verschwand. Seitdem habe ich ihn nicht wieder gesehen.
Schade, sage ich leise.
Du willst ihn kennenlernen?
Ich würde wollen, dass er das Gedicht aufsagt.
Und dann?
Wieso schreibt man Gedichte, liebe Dame?
Verrate du es mir.
Ein Gedicht ist ein kurzärmeliges Hemd.

Ein schlechter Vergleich, sagt sie, man liest Gedichte vornehmlich im Winter. Dieser junge Mann schreibt, um die Männer und
Frauen abzulenken.

Wovon?

Von ihren Beschäftigungen. Vom Arbeiten. Vom Faulenzen.

Ich würde ihm gerne begegnen, sage ich, er ist aber ein Geist.

Frage deine Lehrer, sagt sie, es wird sie überraschen. Sie werden
argwöhnen, dass du sie mit ihren Waffen schlagen willst. Frage aber
nicht diese Frau Kollack.

Sie hassen sie, liebe Dame.

Für Dichter hat die Sekretärin nichts übrig. Sie besteht aus zwei zu-
sammengenähten Schweinehälften. Löst man das Garn, fällt sie auseinander. Ich gehe schlafen. Lösch das Licht. Mache einen Rundgang
durch die Wohnung. Rüttele von innen an der Tür. Wir wollen nicht
erschlagen werden, wenn wir träumen.

53. Der Starke

Der dicke Mete ist Klassenbester, er hat uns alle geschlagen: den Armenier, den Juden, den Deutschen, den Tschetschenen. Herr Bernhardt lobt meinen Fleiß und meine keimende Vernunft, er spricht
von mir als dem ewigen Angehörigen der mittleren Schicht: Meine
Leistungen sind zufriedenstellend, aber nicht gut. Ich frage ihn
nach dem verschollenen Dichter, er kennt ihn nicht. Herr Tamer
erscheint ohne die eingerollte Zeitung in der Faust. Er stellt eine
Schüssel vorsichtig auf den Tisch, taucht eine blanke Gräte in das
Wasser, hält die tropfnasse Gräte in die Höhe. Das wird von uns übrig bleiben, sagt er, gibt es Einwände? Mete widerspricht: Es bena-
gen uns Würmer und Insekten, das Fleisch zerfällt, das Haltegerüst
bleibt übrig. Der tote Leib ist Restbestand, wo aber ist der Charakter, die Psyche, die Seele? Herr Tamer hält sich zurück, am liebsten
würde er dem Dicken die Gräte in den Mund stopfen. Wir lauschen

seinem Vortrag, er schreit uns an. Die Seele des Fisches landet im Bauch der Katze, unsere Seelen werden von Wurmzähnen zerstückelt. Ramses wagt ein Widerwort, und wird mit der Gräte geohrfeigt. Wir sollen es endlich begreifen: Biologie ist die Lehre vom organischen Leben, sie schließt Metaphysik und Metaphorik aus. In der Pause tragen wir Mete auf den Schultern, bis Führer am Fenster dem Hausmeister bedeutet, sofort einzugreifen. Der Direktor wird Vater Franz von dieser meiner Verfehlung schreiben. Ich öffne die Proviantbüchse und starre auf vier gekochte kalte Kartoffeln. Essen, schnell schlucken, die nächste Kartoffel. Kubilay schaut mir dabei stumm zu, dann holt er tief Luft und sagt: Heute ist Kaytuns Geburtstag. Er erzählt: Seine Mutter, Nur Hanim, fastet immer an diesem bedeutsamen Tag, ihr Mann schweigt von Sonnenaufgang bis Sonnenuntergang. Ihr Sohn brennt in der Hölle, sie können noch so viele Gelübde ablegen und Götzen anflehen, er wird weiter als Höllenfackel leuchten. Kubilay wartet fast darauf, dass ich seinen toten Bruder laut verfluche, und als ich aber weiteresse, spuckt er aus. Er hat darum gebeten, neben einem anderen Mitschüler zu sitzen, seine Bitte wurde abgelehnt. Die Pausenglocke schrillt, wir laufen ins Klassenzimmer, Frau Schenay lässt uns erst einmal klatschen, Mete läuft vor Freude rot an, er steht auf und verbeugt sich mehrmals. Sie droht uns allen mit Strafarbeit, wenn wir nicht sofort aufhörten, zu applaudieren. Es kehrt Ruhe ein, Frau Schenay möchte über die Studentenunruhen reden, sie zeigt mit dem Stock auf mich, ich sage: Die Studenten, sie sprechen im Namen des Volkes. Die Politiker sprechen im Namen des Volkes. Für die einen wird das Volk geknechtet, für die anderen gut geführt ... Meine Frau Lehrerin, ich bin unentschieden ... Ich werde gerügt, Hezro übernimmt: Jeder ergreift Partei, ob er sich beteiligt oder nicht. Wie kann ein Land, für dessen Unabhängigkeit Tausende von Männern starben, Amerikas Liebchen werden?

Vorsicht, Hezro, sagt Frau Schenay und schaut mich an, es sind vielleicht Zuträger im Klassenraum.

Wie bitte?!, sage ich.

Ich habe dich nicht aufgerufen, Wolf.

Meinen Sie mich?

Womit?

Halten Sie mich für eine Verräterratte, meine Frau Lehrerin?

Habt ihr das gehört?, ruft sie, unser Musterpatriot ist aus unerklärlichen Gründen aufgebracht.

Sie unterstellen mir, dass ich Hezro petze.

Ruhig, sagt Kubilay neben mir leise.

Willst du dich mit mir streiten, Wolf?

In meinem Viertel leben Ratten nicht lange, rufe ich.

Ach ja, das Siebentürmeviertel. Hort der Helden. Heimat der anständigsten Männer Istanbuls. Mein Junge, ich bin es satt. Was stimmt mit dir nicht, weshalb machst du mir immer Ärger?

Werde ich beleidigt, wehre ich mich, sage ich, Sie können mich nicht bedeutsam anblicken, wenn Sie vor Zuträgern warnen.

Dein Pflegevater unterhält beste Kontakte zum Kommissar. Willst du das abstreiten?

Woher wissen Sie das?, sage ich.

Sie lächelt mich höhnisch an. Kubilay, denke ich, verfluchtes tschetschenisches Sautier, ich müsste dich vor den Augen dieser geschminkten Salonbolschewistin totprügeln. Er knetet seine Finger, es würde ihm gefallen, wenn ich jetzt auf ihn einschlüge. Igor erwacht aus seinem Wachschlaf und schlägt vor, über die hübschen radikalen Studentinnen zu reden: Als Zeichen ihrer Opposition tragen sie rote Haarspangen oder rote Halstücher. Sie legen Wert darauf, dass man sie als revolutionäre Schwestern anspricht.

Das missfällt dir?, sagt Frau Schenay.

Sie sind hart und unzugänglich, sagt Igor.

Du hast es versucht?

Ja, meine Frau Lehrerin. Ich stand auf dem Bürgersteig, der Revolutionszug strömte an mir vorbei, und ich ergriff die erstbeste Gelegenheit. Ich winkte einer Dunkelhaarigen zu. Da löste sie sich aus der Menge, kam zu mir und schimpfte mich ein Bübchen.

Was geschah dann?

Ich lud sie in das Lokal ihrer Wahl ein. Nun ja … da hat sie mich an der Krawatte gepackt, und den Knoten festgezogen. Ich bekam keine Luft. Ehe ich mich versah, war ich von zwei sehr grimmigen Frauen umgeben.

Welche Lehre ziehst du aus dieser … stürmischen Begegnung?
Dass ich die Grenze der Unschicklichkeit übertrat?
Nein, sagt Frau Schenay, du hast dich wie ein zivilisierter junger
Mann verhalten. Die Revolutionäre, ob Frau oder Mann, sie sind
angespannt. Sie müssen damit rechnen, dass sie herausgefordert
werden. Von einem Provokateur.
Von wem?, sage ich.
Von einem Lockspitzel, sagt sie böse, das besagte Mädchen hielt
dich, Igor, für einen Zivilbeamten. Dieser Tage häufen sich solche
Vorfälle. Ihr werdet euch fernhalten, ist das klar?
Wir brüllen im Chor: Ja, meine Frau Lehrerin!
Nach Schulschluss stellen wir uns auf dem Pausenhof in geordneten
Reihen auf und singen brüllend die Hymne. Ich erinnere mich an
einen Vers des Dichters: Der Hund … hat sich heiser gebellt. Führer schaut den Schülern auf den Mund: Wer bewegt nur die Lippen,
wer will ihn herausfordern? Lehrer Tamer, sein Lieblingsscherge,
flüstert ihm ins Ohr. Ich darf mich nicht umdrehen, ich weiß aber,
dass die alte deutsche Dame am hohen Metallzaun steht. Sie eilt
zu fast jeder Zeremonie in der Nachbarschaft, um durch hämische
Bemerkungen aufzufallen. Ich trete durch das Tor hinaus auf die
Gasse, sie reicht mir einen Krapfen, den ich in die Proviantbüchse
lege. Ich will zum Dank ihre Hand küssen, ihre Kralle schließt sich
zu einer unförmigen Faust. Sie entgegnet die Grüße der Kameraden
und tritt den Heimweg an. Mete lädt uns zum Zuckerwarenbäcker
in Eminönü ein. Wir sitzen auf niedrigen Hockern wie gelähmte
Ochsenfrösche, wir bestellen und schweigen, es ist uns nicht nach
Feiern zumute. Keine Markise, kein Schattenplatz. Kleiner Basar
auf dem Marktplatz. Bäuerinnen haben weiße Leinentücher ausgebreitet und darauf die abgeschnittenen geflochtenen Zöpfe ihrer Töchter gelegt. Hohe Damen kaufen oft einen Zopf, geben ihn
als Überbleibsel ihrer Mädchentage aus. Fromme Händler verkaufen Amulettkapseln und Amberkummerketten, ein Zigeuner preist
seine Armreifen aus reinem englischen Silber an. Mongole krault
Katze, denke ich, und schaue auf den Mann mit Schlupflidern: Er
hat auf einem großen angelaufenen Metalltablett Meerschaumpfeifen strahlenförmig geordnet. Ein Greis im knöchellangen Leibge-

wand, er streichelt das dösende Tier. Hülsen, Samen, Gewürzpulver, Heilkräuter in Hanfsäcken. Ein Bauchladenverkäufer zeigt die Rasierklinge vor, drückt leicht auf das Streichholz auf der flachen Hand, der Schwefelkopf fällt zwischen den Fingern auf den Boden. Er ruft: Seht, Bürger, und erkennt! Diese Klinge ist die Guillotine des Zündholzes! Sie verstumpft nicht, auch wenn ihr eine Schachtel Hölzer köpft! Vertraut auf deutsche Wertarbeit, und ihr werdet nicht verzweifeln! … Ich starre auf seine zerschnittenen Schuhe, ich höre das Gesumm der Pferdebremsen, ich trinke das zweite Glas leer. Das Wasser löscht nicht meinen Durst. Kubilay ist heimlich verschwunden. Der dicke Mete will von uns wissen, ob wir an die Legende glauben. Auf der Terrasse der Bäckerei klafft im Boden ein Loch, in das man das Rad eines Pferdekarrens werfen kann. Hier tropfte von der Spitze eines Felssporns Wasser auf dieselbe Stelle, höhlte die Erde, ein tiefer schlanker Schacht entstand. Seit dem Anbeginn der ewigen Zeit tropfte das Wasser, weil Gott Wunder wirkt, weil Gott möchte, dass wir uns den Kopf zerbrechen. Ramses zweifelt: Er hat einen Stein hineingeworfen, er hörte ihn unten aufschlagen.

Igor erzählt eine Geschichte, die er im Ahnenbuch seines Vaters gelesen hat: Der Teufel, verflucht sei er, stürzte aus größer Höhe. Die geheimen Schriften überliefern, dass dabei sein Schatten entzweiriss, die Schattenhälften entzweiten sich. Ein halbes Schwarz verschmolz mit dem brennenden Leib des Teufels. Das andere Schwarz, zerfetzt und zerfranst, nahm die Farben des Feuers nicht an, es wurde finsterschwarz wie das dunkle Herz eines Tyrannen. Dies Schwarz blieb nicht ganz, es teilte sich in Viertel, Achtel und kleinere Bruchteile, es legte sich auf die langen Wimpern der Mädchen, es wurde zum Schatten der schiefen Grabstellen, der delirierenden Säufer, zur Dunkelheit der Ratten, die in den Kanälen allmählich erblinden. Der Teufel wusste um seine Unvollkommenheit, er wusste um den Preis seiner Sünde ob seines Abfalls, und weil er Seelen sammelte, fing er an, schwarze Bruchstücke zu sammeln. Seelensammler Satan wanderte über die Erde, und er traf den Sohnessohn Adams, unseres Urvaters. Dieser hatte zwei Schattenstreifen erbeutet, und sie auf die Unterlider gelegt. Satan feilschte mit ihm: Schattenstücke gegen zwei Worte, die in das Haupt des Feindes führen, um ihn von innen zu zerkochen. Sohnessohn lehnte ab. Vier faustgroße Goldklumpen, eine Handvoll zerstoßenes Unverwundbarkeitskorn. Eine Phiole Duftwasser, ein Mann musste nur einen Tropfen aufstreichen, und jede Frau gäbe sich ihm hin. Sohnessohn lehnte ab. Satan feilschte mit ihm bis zum Morgengrauen, und da aber überfiel den Enkel des ersten Propheten große Müdigkeit, und er schlief ein. Satan sickerte in seinen Traum und schlug ihm einen Handel vor …

Die Geschichte will nicht enden, sage ich.

Ich bin auch fast eingeschlafen, sagt Hezro.

Ich kenne diese Geschichte, sagt der Mongole.

Er schiebt mit der Schuhspitze einen Hocker heran, krault dabei die Katze auf seinem Arm zwischen den Ohren, lässt sich langsam nieder, bestellt dunklen ungesüßten Tee.

Hast du noch nie einen Mongolen gesehen?

Verzeihen Sie, Herr, sage ich.

Junge Frauen, die an Mauern und Laternen lehnend Bücher lesen. Das gab es früher nicht. Die Greise in meinem Alter werfen diesen lesenden Mädchen hasserfüllte Blicke zu. Kann ich das gutheißen? Natürlich nicht. Euch Jungen muss es sehr gefallen.

Ja, Herr, sagt Hezro, nur dürfen wir sie beim Lesen nicht stören. Sie sind derart versunken, dass sie erschrecken und uns davonjagen.

Scheue Rehe, ruft der Mongole lachend.

Haben Sie keine Angst, dass man sie bestiehlt?, sage ich.

Wer es nötig hat, soll mir eine Pfeife wegnehmen. Gott wacht … Du bist blond, woher kommst du?

Aus dem Siebentürmeviertel.

Bist du ein Vertriebenenkind?

Vater Franz ist Deutscher, sage ich.

Meine Mutter ist Georgierin, sagt er, und doch bin ich nach meinem Vater gekommen. Diese Geschichte …

Ja, Herr?, sagt Igor.

Geht sie gut aus?

Je wie man's nimmt. Satan gelingt es nur, einen Streifen Schatten zu sammeln.

Willst du die Katze streicheln? ... Hier. Lass ihr Zeit. Sie muss erst an dir schnüffeln. Also, der Teufel, verdammt sei er. Sein Schatten, ein Flickenteppich. In einer anderen Fassung verhärten die Bruchstücke zu schwarzen Splittern, sie stecken in der Herzwand von Dichtern.

Kennen Sie einen Dichter namens Tan?, sage ich.

Ja, sagt der Mongole und starrt auf die Katze, die von Igors Knie auf den Tisch hüpft und an den Gläsern schnuppert.

Wirklich?

Will ich dich belügen? Nein. Was hast du mit ihm zu schaffen?

Ich las ein Gedicht von ihm.

Kinder und Pfauen, sagt er und lockt die Katze auf seinen Schoß, er las es uns vor. Mir und den Greisen, die lesende Mädchen hassen. Mir gefiel es, ihnen nicht. Sie wurden wütend, sie drohten ihm mit Fäusten und Besenstielen. Es hat mich sehr erheitert.

Wissen Sie, wo er wohnt?

Dort, wo er ungestört dichten kann. Nicht auf dieser Seite der Brücke. Nicht in deinem Viertel. Er lebt in Istanbul, vielleicht in der Nähe eines versiegten Brunnens. Vielleicht hat ihn eine reiche Jüdin aufgenommen.

Wieso Jüdin?, sagt Hezro kalt.

Bist du Jude, mein Junge?

Das bin ich.

Das wundert mich. Juden gelten als klug. Du aber bist wohl missraten.

Wieso?, sagt Hezro und versteift sich.

Wäre ich jung, und würde eine reiche jüdische Witwe mich nach Hause bitten ... was glaubst du, was täte ich wohl?

Sie würden nicht ablehnen, sage ich.

Ich würde an ihr schnuppern wie diese Straßenkatze an meinen gelben Fingerspitzen schnuppert. Ist das verwerflich?

Wir genügen uns selbst und brauchen keine weitere Gesellschaft, sagt Hezro, gehen Sie doch bitte zurück und werben für Ihre Meerschaumpfeifen.

Der Mongole ruckt vor, kneift ihm durch das Hemd in die Brustwarze, dreht sie um. Die Katze springt auf den Tisch, Hezro stöhnt voller Schmerzen.

Du geschissenes Kind, schreit der Alte, was schaust du auf mich herab, ich bin nicht die Warze an deinem Arsch, bist du ein Prinz, hau ab zu den Franzosen, die unseren verbuckelten osmanischen Adel aufgenommen haben, bist du kein Prinz, ehre die Männer, die die Franzosen aus dem Lande jagten …

Ich ergreife die Hand des Mongolen, küsse sie und führe sie an die Stirn, ich dränge ihn sanft zurück zum Basar, die Katze läuft neben uns her. Trottoirlieschen in besseren Pantinen, schimpft der Mongole, sie peitschen sich mit Gesang durch die Gassen, ich werde von ihnen verhöhnt, daran bin ich gewöhnt, aber dieses geschissene Kind, in der Uniform einer höheren Schule, behandelt mich wie einen Lakaien, Herr, sage ich, verzeih ihm, verzeih uns, darf ich neben dir sitzen, und er geht darüber hinweg, dass ich auf die höfliche Anrede verzichte, er nimmt hinter dem großen Silbertablett Platz, ich setze mich hin, die Katze kringelt sich zum Schlaf auf den Meerschaumpfeifen. Die Kameraden bezahlen und fliehen über die Brücke zurück.

Der Dichter hat eine Geliebte, sage ich.

Hatte, sagt der Mongole, sie verließ ihn, ihr missfiel die Bekanntmachung der Liebe, die sie lebten.

Das schmeichelte ihr nicht?

In einem Gedicht vergleicht er sich und die Frau mit zwei Giraffen, die ihre langen gefleckten Hälse aneinanderreiben. Sie las die Verse, schnürte ihr Bündel, schrieb ihm einen Abschiedsbrief, und verschwand für immer.

Hältst du sie für eine humorlose Frau, Herr?

Ich stecke nicht in ihrer Haut, sagt er, wäre ich eine Grazie, und würde ein Dichter mich ständig besingen, zwickte ich mich in die Brustknospe, um zu fühlen, dass ich keine Statue bin.

Der Dichter, sage ich.

Er zog um … Mein Junge, du bist nicht etwa ein Hinterbackenlüstling?

Nein, Herr.

Der Mongole starrt mich prüfend an, und ehe er dazu kommt, sich über mich ein Urteil zu bilden, wird er von einem Straßenhändler angesprochen, von dessen Armen Schlangencolliers herabhängen.

Sie geben einander die Hand, und bald sitzt er zur Rechten des Mongolen. Ich eile zum Zuckerwarenbäcker und kehre mit drei vollen Teegläsern zurück, ich habe dem Kellner auf das Leben meiner Mutter versprechen müssen, das Tablett mit den leeren Gläsern zurückzubringen. Der Händler erzählt aufgeregt von dem Dreiräder, den sein Vetter von einem deutschen Gesandten kurz vor dessen Versetzung in die Heimat kaufen konnte. Ein Kabinenroller der Marke Goliath Pionier, vernietetes Blech, sackende Tür, verzischende Reifenluft, der Vetter habe eine Kurve scharf genommen, und das Dreirad wäre einfach umgekippt. Zur Ehrenrettung des Gesandten müsse aber gesagt werden, dass er vor dem Kauf gewarnt habe.

Wie geht es deinem Vetter?

Nicht gut.

Wurde er schwer verletzt?

Er bekam keinen Kratzer ab. Stieg aus dem Spielzeugauto, schimpfte auf einen Mann, der nach dem umgekippten Auto trat. Sie haben sich auf offener Straße geprügelt, verdammt noch mal! Mein Vetter verlor ein Büschel Haare und einen Backenzahn.

Wahrscheinlich wackelte der Zahn, und er hat das Geld für den Arzt gespart, sagt der Mongole.

Ich habe ihm vorgeschlagen, dem Dreirad einen Gaul vorzuspannen.

Dein Vetter nahm es nicht gut auf.

Nein, das tat er nicht, sagt der Händler, seitdem nennt er mich Soldat Fakir …

Wieso? … Ja, natürlich. Fakir reimt sich auf Pionier.

Eine Schande, ruft der Händler.

Privat Passagier, sagt der Mongole grinsend.

Aristokrat Zier.

Resultat Papier.

Pirat Saphir, sagt der Händler.

Kandidat Stier … Der Junge sucht nach dem sonderbaren Poeten.

Noch ein Irrer. Der wäre entzückt, wenn er im Wagen meines Vetters mitfahren könnte.

Können Sie mir bei der Suche helfen, Herr?, sage ich.

Ich nahm gerade die Waschung vor dem Gebet vor. Da taucht der

Irre wie aus dem Nichts auf, zeigt auf seine Strümpfe und spricht von Sockenwürmern, die in der Sonne liegen. Ich wasche mich zu Ende, und erst dann frage ich ihn, der wie gelähmt neben mir steht, seit wann sich Strümpfe sonnen würden. Er antwortet: Nicht wichtig. Wichtiger ist die Frage, wer die Socken gestrickt hat.

Seltsamer junger Mann, sagt der Mongole leise.

Wir kommen ins Gespräch, fährt der Händler fort, er erzählt mir, dass er als Kind Unterhosen in den Brunnen geworfen hat, weil er glaubte, ein kleiner Mensch am Brunnenboden würde sich wegen seiner Nacktheit schämen. Ich kam zu folgendem Schluss: Dies ist kein Mann, mit dem man sich über ernste Angelegenheiten unterhalten kann. Ein geweißter Schwarzer.

Wie bitte?, sage ich.

Ein Albino, ruft der Mongole, weißblaue Wimpern, weißblondes Haar. Er trägt eine Sonnenbrille, auch im Herbst und Winter. Pirat Saphir … wenn ich es recht bedenke, passt der Name zu ihm.

Er hat sich aber nicht umgebracht, oder?

Liebe auf dem Papier gelingt ihm, sagt der Mongole und preist laut seine Meerschaumpfeifen an, vornehme Damen in Begleitung ihrer Zofen bleiben an den Ständen des Straßenmarkts stehen, und tatsächlich kaufen zwei Frauen ohne zu feilschen sieben Pfeifen, sie wollen von mir wissen, wieso ich derart oft auf den Kopf gefallen sei, litte ich etwa an Schwindsucht? Ich will sie nicht anlügen, ich will nicht zugeben, dass ich mich schlage. Ich senke den Blick und schweige.

Sie sind weg, mein Junge, sagt der Mongole, bist du schüchtern?

Nein, Herr.

Mir schien, als hätte die jüngste Dame die Augen zugekniffen, um dich zu mustern.

Wirklich?

Vielleicht habe ich mir das eingebildet, sagt er lachend, welche Schule besuchst du?

Das Sankt-Georg-Gymnasium.

Vor dem Tor lauert der Bandit, der Trillerpfeifen feilbietet.

Richtig, sage ich, ich habe zwei Stück gekauft.

Und, kannst du damit noch pfeifen?

Leider nicht.

Fünf Mal trillern, und die Pfeife geht kaputt. Frag den Scheinblinden. Er kennt den Dichter besser.

Danke, Herr. Gott beschütze Sie.

Er schenkt mir eine alte osmanische Münze, sie ist in der Mitte durchlöchert, ich verspreche ihm, eine Silberkette zu besorgen, und den Glücksbringer nah am Herzen zu tragen.

54. Der Dauerhafte

Große Brüder in den Gassen, die Hemdsärmel hochgekrempelt, das Jackett auf den Schultern, sie beben vor Wut, ein Kerl ruft: Mögen wir gesegnet sein, und dem Teufel nicht als Beute zufallen, diese harten Männer, sie dulden keine Rätsel, es gibt keinen Frontgraben, in dem sie ausharren können, sie spähen nach einem Feind unter den Bürgern, Eisenbeißer sind sie, am liebsten würden sie Wolfsbälger tragen, dass man sie als Herren der eisernen Zeit erkenne. Und doch finden sie jede Nacht den Weg zum Trinklokal, sie leeren ein Glas nach dem anderen, sie werden schlagartig müde und schlafen im Sitzen ein. Zwei große Brüder taumeln mir entgegen, und da ich weiß, dass sie mir nicht Platz machen werden, bleibe ich stehen, drücke mich gegen die Wand, beuge das Haupt und grüße sie. Sie wollen wissen, wer ich sei und was die vielen Narben am Kopf zu bedeuten haben. Ich sage: Ich kämpfte im Siebentürmeviertel, dem ich entstamme. Kurz schweigen sie mich an, dann fordert mich einer der Brüder auf, die Hand hochzuhalten, ich zeige ihm fünf Finger meiner Hand. Sie sehen und sind zufrieden, und der Bruder sagt: Wir trinken heute auf dein Wohl. Sie ziehen weiter, Männer der alten Welt. Ich gehe über die Brücke, wasche mir an einem Brunnen das Gesicht, drehe die gelöcherte Münze und versuche die osmanische Schrift zu entziffern: Schwung und Schnörkel. Versinke nicht in dem Tagtraum, denke ich, die Arbeit wartet. Schnel-

ler Schritt, in die Lücken vorstoßen, auf die Pferdedroschken achten, nicht die Mädchen anblicken, deren missmutige Mütter leise schimpfen. Vor dem prächtigen Bürgerhaus in einer Seitenstraße der Peraallee trockne ich mir mit dem Taschentuch Stirn und Hals. Mutter hat den Anfangsbuchstaben meines Vornamens hineingestickt. Im zweiten Stock klopfe ich an, betrete das Büro von Seyfettin Bey, die Vorzimmerdame Sümbül Hanim schaut auf und lächelt: Ich gebe ihr keinen Anlass für Schelte, ich habe mich nicht verspätet. Fünf Minuten später klingelt das Telefon auf meinem Schreibtisch, ich nehme den Hörer von der Gabel, ich sage der Telefonistin, dass ich das Ferngespräch annehme, dann spreche ich mit Herrn Miekowitsch, der mir den Wareneingang bestätigt, er werde die Rechnung fristgerecht bezahlen. Sümbül Hanim horcht entzückt, sie liebt den Klang der deutschen Worte, ich liebe ihre Beine in Seidenstrümpfen. Herr Miekowitsch erkundigt sich nach Seyfettin Beys Wohlergehen, ich frage nach dem Wetter in München. Kein Sonnenschein, sagt er laut, der Himmel kann mich am Arsch lecken! Ich trage in mein Arbeitsbuch Dauer und Inhalt des Gesprächs ein. Herr Miekowitsch bezahlt immer seine Rechnungen, allerdings erst nach der zweiten höflichen Mahnung. Also verfasse ich vorab das erste und das zweite Mahnschreiben, und als die Tür des Arbeitszimmers aufgeht, schraube ich schnell die Kappe auf den Füller, lege ihn ordentlich neben den Briefbogen, erhebe mich. Der Reichste des Viertels steht in der Tür, herrlicher dunkler Anzug, glänzende schwarze Importschuhe, mauskopfgroßer Krawattenknoten. Seine Sekretärin himmelt ihn an. Ein reicher Junggeselle mit ergrauten Schläfen, ein hochstehender und hoch geachteter Herr, sie würde ihm am liebsten selber ein Heiratsangebot machen. In mir sieht sie einen besseren Laufburschen, nur wenn ich mich mit Seyfettin Beys deutschen Geschäftspartnern unterhalte, glänzen ihre Augen. Er bittet mich in sein Zimmer, sie vertieft sich seufzend wieder in ihre Unterlagen. Großer Schreibtisch, Ledersessel, keine Bilder an den Wänden. Seine geschiedene Frau liebte Naturlandschaften in Öl, er hat sie alle abgehängt und sie ihr zukommen lassen. Er nimmt hinter dem Schreibtisch Platz, ich setze mich auf den Stuhl.
Miekowitsch ist kein deutscher Name, sagt er.

Sein Vater wird wohl ein eingewanderter Pole sein, sage ich.

Mir missfällt die Unsitte, seine Rechnungen nicht fristgerecht zu bezahlen. Setzt er auf mein weiches Herz?

Ich weiß nicht, Herr.

Soll ich es weiter dulden?

Eine Meinung steht mir nicht zu, Herr.

Ich frage dich, sagt er streng.

An Ihrer Stelle würde ich ihn persönlich anschreiben, sage ich, keine Bitte, keine Mahnung, aber ein Versprechen: Ich beende unsere Geschäftsbeziehung, wenn Sie, Miekowitsch, sich nicht ab sofort anständig verhalten.

Soll ich an seine Ehre appellieren?

Wir Deutschen sind nicht ehrlos, sage ich, doch mit dem Wort können wir wenig anfangen.

Anstand, sagt er leise.

Ja, Herr.

Du weißt, dass ich bei Zuwiderhandlung meine Drohung wahr machen muss.

Sie lehren ihm das Fürchten. Er wird nicht nur den Tadel herauslesen.

Sondern?

Es wird vielleicht einige Stunden dauern, bis er glaubt, zu verstehen. Er nimmt dann an, dass Sie ihn loswerden wollen.

Ein anderer Geschäftspartner. Bessere Konditionen.

Das zermürbt ihn.

Du bist dir sicher?

Ich kenne meine Landsleute, sage ich lächelnd.

Und was geschieht dann?

Er schreibt zurück. Ein Missverständnis. Bitte um Nachsicht. Wird nicht wieder vorkommen. Der Hinweis auf blühende Geschäfte in naher und ferner Zukunft.

Du achtest bei der Übersetzung auf die Feinheiten, sagt er.

Das werde ich.

Wie geht es Führer?

Er lässt sich einen Schnurrbart stehen, sage ich, jedenfalls nehmen wir das an. Vielleicht hat er es auch nur versäumt, sich zu rasieren.

Das sähe dem Mann nicht ähnlich … Eine Sache noch. Es ist mir etwas unangenehm, diese Angelegenheit anzusprechen. Sümbül Hanim ist, wie du weißt, eine unverheiratete Frau.

Ja, Herr.

Gerüchte töten die Frau. Bestimmt schwätzen sich ihre Nachbarn den Mund trocken. Wir sind ein revolutionärer Staat, nicht so revolutionär, wie es die Studenten gerne hätten. Gott bewahre uns vor dem bolschewistischen Terror. Ich weiß, Derya denkt darüber anders. Wir haben uns einmal über Politik unterhalten. Diesen Fehler begehe ich nie wieder. Für einige Minuten wurde ich zum glühenden Kommunisten … Sümbül Hanim, eine schöne Frau. Wir alle sind plötzlich sehr modern, doch wir sind es in Wahrheit nicht. Eine alleinstehende Frau ist Beute, ist eine Schande. Das ist die Ansicht der meisten Männer. Deshalb bitte ich dich: Schwärme sie heimlich an, belasse es bei heimlichen Blicken.

Verzeihen Sie, Herr, sage ich leise.

Das wäre es dann. Drücken die neuen Schuhe?

Ich laufe sie langsam ein.

Gut. Schreib' mir den Brief an Miekowitsch.

Zwei mal acht Ösen an jedem Halbstiefel, ich zähle sie an meinem Schreibtisch. Eine neue Stille, ein neues Schweigen, Keuschheit: Ich werde den Frauen nicht mehr gefallen wollen. Der Muezzin ruft zum Gebet auf, die Straßenhändler verstummen. Die taube Scham des Freudenmädchens nach dem Besuch eines Freiers. Der Eunuch, den die Liebesverzweiflung verhärtete. Kubilays Hass auf Vater, seines Bruders Mörder. Der Verkäufer von geröstetem Gekröse, den die Tauben umflattern. Mein Arierharn, um den mich kinderlose Damen des Viertels bitten. Nicht versinken. Ich feile an der richtigen Ausdrucksweise, Kopf über dem Papier gebeugt, Sümbül Hanim betrachtet mich durch die offene Tür, ich widme mich nur meiner Arbeit. Ich schreibe die ihr fremden Worte in Großbuchstaben auf, unterstreiche jedes Hauptwort, lege ihr den Brief vor, beantworte ihre Fragen. Sie weiß um den sanften Verweis. Sie tippt den Brief ins Reine. Klackende Fingernägel. Das

Wort Komplikation hörte ich zum ersten Mal aus ihrem Munde: Erschwerung, Hinzutreten einer zweiten zur schon bestehenden Krankheit, ich schlug im Wörterbuch nach. Sie zieht das Blatt aus der Schreibmaschinenwalze, ich lese und entdecke keinen Fehler. Wolf, sagt sie leise, verstehe doch. Ja, sage ich, verabschiede mich von ihr, verabschiede mich von Seyfettin Bey, laufe die Treppen herunter, laufe zur Schule, keine Erschwerung, keine Bedrängnis, keine Blicke, an kichernden und lesenden Mädchen eile ich vorbei, schaue auf meine Armbanduhr, erinnere mich an das Gebot von Vater Franz: Fünf Minuten vor der Zeit ist des Deutschen Pünktlichkeit.

Herr Bernhardt täuscht Verblüffung vor, weil alle Schüler zum frühabendlichen Unterricht erschienen sind. Er hat uns die Entscheidung überlassen, doch wir wissen, dass er ein harter Hund ist und gerne beißt. Wir dürfen die Jacketts ausziehen, wir rühren uns nicht und schauen ihn ernst an, er ist ob des ihm erbotenen Respekts gerührt. Schönling, Schönarsch, Ratte mit glänzendem Fell. Ungeschlächt, ruft er, Unschlitt, wer kennt diese deutschen Prachtworte? Ich hebe den Finger und sage: Schlachtabfall, all das, was sich vom geschlachteten Tier nicht essen lässt.

Woher weißt du das?

Ich habe bei einem Gerber gearbeitet, mein Herr Lehrer.

Volle Punktzahl, Wolf, ich bin begeistert. Es gab mal einen Herrn von einer gewissen Rundheit, ein üppig barock mollig geratener Mann in den späten Fünfzigern, ich lernte ihn im Club der Gesandten kennen. Durch und durch bayrisch. Er sprach ein grauenhaftes Türkisch, fürchterlicher Akzent, er konnte sich verständigen, die Türken mochten ihn. Er liebte sie auch. Dieser Bayer verfügte über einen sagenhaften Wortschatz, er kannte viele alte osmanische Worte, damit hat er sie alle beeindruckt. Was will ich damit erklären? Sprache ist ein Aromatresor, jedes Wort riecht ... Wolf, bitte an die Tafel ... Kennst du ein Kinderlied?

Klipp klapp, sage ich.

Wie bitte?

Wenn reichliche Körner das Ackerfeld trägt, klipp klapp, sage ich, die Mühle dann flink ihre Räder bewegt, klipp klapp, und schenkt uns der Himmel immerdar Brot, so sind wir geborgen und leiden nicht Not.

Die klappernde Mühle.

Jawohl, mein Herr Lehrer.

Ein recht rührseliges Volkslied, sagt er lächelnd.

Meinen Sie?

Acker, Mühle, Himmel Brot, ruft Ramses, völkischer Klumpatsch.

Klumpatsch, sagt Herr Bernhardt, es ist lange her, dass ich dies Wort gehört habe. Weitere Wortmeldungen!

Wenn die Deutschen romantisch werden, muss man aufpassen, sagt Hezro.

Du blöder Geck, rufe ich.

Wie war das?, sagt Herr Bernhardt kalt.

Ich habe es satt, mir von dem da vorwerfen zu lassen, dass wir Deutschen ein mieses Volk sind.

Ihr habt Millionen vergast!, schreit Hezro, ihr Blut klebt an euren Händen.

Ruhe! Wolf, setz dich wieder hin. Hezro, ich bin auf deiner Seite. Ohne Wenn und Aber erkläre ich: Wer andere Menschen in Gaskammern steckt, ist böse und verdorben. Mit solchen Leuten will ich und wollen wir nichts zu tun haben.

Was hat die Mühle damit zu tun?, sage ich.

Hezro, antworte ihm bitte?!

Erst kommt der Schwulst, die dunkle Ahnung, das Frohlocken im hellen Klang. Dann kommt die Ideologie, Blut und Boden, das Gas.

Volle Punktzahl, ruft Herr Bernhardt, und jetzt du, Wolf!

Heimat ist nicht Hitler, sage ich.

Schwacher Anfang. Noch einmal von vorn.

Bin ich, weil ich deutsch bin, für alle Zeiten verflucht?

Hezro?

Ja, das bist du, sagt er.

Wieso?

Ihr erledigt alles sehr gewissenhaft. Ihr habt diesen Mord an Millionen ersonnen, und ihr habt ihn ausgeführt. Man zerbombte euch, und ihr wurdet über Nacht zu Demokraten. Jetzt erwartet ihr von uns Beifall, und wenn er ausfällt, seid ihr beleidigt.

514

Du weichst ab, sagt Herr Bernhardt.

Er spricht wie ein Scharfrichter, sage ich, er urteilt über mich. Ein Kind singt das Lied von der Mühle am rauschenden Bach. Ich bin mir sicher, Hezro würde mit dem Kleinen schimpfen.

Hitlersohn, ruft Tamer von der letzten Bank.

An die Tafel, sofort! ... Lieber Tamer, der du die meiste Zeit im Unterricht schlummerst, ich will von dir wissen, warum du aufgewacht bist.

Wolf reißt das Maul auf, mein Herr Lehrer.

Zur Sache, Tamer!

Er ist mal deutsch, mal nicht deutsch, je nachdem, wie es ihm passt. Hier und heute baut er sich auf als Rächer der Deutschen. Morgen wird er den Schläger aus dem Siebentürmeviertel spielen. Was ist er wirklich?

Wolf, verteidige dich.

Sohn von Abdullah Bey und Bayka Hanim. Kind meines Viertels. Bruder meinen Brüdern. Deutsches Blut. Türkische Haut. Das bin ich. Haus, Hof und Heimatboden. Das liebe ich.

Sie lachen, sie höhnen.

Mir fehlen die feinen durchscheinenden Worte, die Herrn Bernhardt beeindrucken würden. Er glaubt, ich sei ein Knecht, der den Herrn besingt. Ich komme gut ohne Tapferkeit aus. Der Streber Hezro darf mich ungestraft einen Atilla der rechtsfuturistischen Avantgarde nennen, ich liebe die Unschuld im Sieg, und also widerspreche ich nicht. Sanft und ergeben wie eine sterbende Fliege will ich nicht sein. Der Lehrer erleuchtet uns, er schreibt vergessene Worte an die Tafel, seine Hand weiß vom Kreidestaub, er läuft aufgeregt zwischen den Reihen, peitscht die Streber an, er jauchzt und springt hoch, die Kameraden sind angetan, sie lachen ihn an wie Rekruten vor dem ersten Schuss. Schönarsch, Ratte mit glänzendem Fell. Liebhaber der Griechin, die ihn stark geschminkt empfängt. Kubilay knetet sich die Knöchel, sein Heft ist aufgeschlagen, er schreibt die neuen alten Zauberworte auf.

Mein Vater lädt dich zum Abendessen ein, flüstert er, nächste Woche, an einem Tag deiner Wahl.

Danke, ja.

Was soll ich ihm ausrichten?
Ich komme gerne, sage ich.
Glaube ich nicht.
Tschetschenenscheißer,
Hitlersohn, zischt er, Saukopf.
Kubilay, an die Tafel, sofort!
Er muss zur Strafe wiedergeben, worüber bislang gestritten und gesprochen wurde, und da ihm eine Zusammenfassung in fast fehlerfreiem Deutsch gelingt, bekommt er einen Lobeseintrag in Herrn Bernhardts Klassenbuch. Wir staunen ihn an, den stillen kräftigen Jungen, dem Führer nicht erlaubt, die Tschetschenenmütze zu tragen. Meneksche würde es gern wieder mit ihm versuchen, doch er sträubt sich, er will nicht über ihre Mädchenhaut krabblen wie eine sterbende Fliege. Der Lehrer klatscht in die Hände und erklärt den Unterricht für beendet. Die Griechin wird ihn mit Rosinenplätzchen füttern.

55. Der Schutzherr

Ich gehe zum Innereienröster, stelle mich in die Schlange, achte nicht auf den schreienden Säufer, der die steinköpfige Seele seines Vaters beschwört.
Fiel wieder ein Vogel vom Himmel?, sage ich zu dem grämigen Gekröseverkäufer.
Nein, sagt er, der Himmel ist ruhig, die Erde bebt.
Ja, Herr.
Der Vater des Säufers ist kein Steinkopf. Ich kannte ihn. Guter frommer Mann. Betest du?
Selten, Herr, sage ich.
Du bist Christ.
Ich mag keine Priester.
Rede keinen Unsinn, Junge.

Mögen Sie Priester?

Sie zaubern und bekommen dafür Geld, sagt er, ich röste und bekomme dafür Geld. Arbeitest du?

Im Büro eines reichen Mannes. Er gibt mir mehr, als mir zusteht.

Also bekommst du keinen Lohn, aber einen Teil der Armensteuer.

Geh jetzt. Und frag' mich nie wieder nach Vögeln im Himmel.

Die alte Dame sitzt vor der offenen Tür und betrachtet missmutig die kreischenden Kinder der Nachbarn, die in Pfützen springen. Ich trage den Stuhl ins Haus, ich zerschneide das gefüllte Brot in Happen, und wende mich ab, als sie anfängt zu essen. Die Kinder klopfen gegen das Fenster, ich drücke mein Gesicht gegen das Glas, sie bekommen Angst und fliehen. Was hast du heute erlebt?, sagt sie leise, und ich erzähle ihr von Herrn Bernhardt, dem flitzenden Zirkushund. Wir zucken zusammen, als jemand gegen die Tür trommelt. Keuchende Derya, getrocknetes Blut an ihren Nasenflügeln, nein, sie hat sich nicht verletzt, sie küsste nur einen verprügelten Genossen mit blutendem Zahnfleisch. Rote Windsbraut im Kampf für den Sturz der Kolosse, die niedere Klasse obsiegt, es gibt für keinen ein Entkommen.

Die alte deutsche Dame rümpft die Nase, sie freut sich aber über den unerwarteten Besuch.

Mädchen, sagt sie, nicht so stürmisch.

Sie schlucken mich nicht, sagt Derya.

Ja. Hast du Hunger?

Ich habe unterwegs gegessen.

Kommunisten sind mir zuwider, sagt die alte Dame, das weißt du.

Sie haben all diese Bücher gerettet, sagt Derya.

Vor den Viechern.

Sie müssten doch auf unserer Seite sein.

Das bin ich nicht, Mädchen. Ihr stört die Ruhe der Bürger, das gehört sich nicht.

Vater will mir das auch weismachen, sagt Derya.

Ehrst du ihn?

Natürlich. Aber er hat unrecht.

Scheißdreck, ruft die alte Dame, ich misstraue lauten Menschen …
Du solltest dir die Brauen zupfen.
Wie bitte?
Sie wachsen fast über der Nase zusammen. Hast du einen Mann?
Darüber spreche ich nicht, sagt Derya kalt.
Wolf kann es aufhalten, oder nicht?
Liebe Dame, sage ich, sie glaubt, ich würde sie bei den Eltern
petzen.
Tust du das?
Ich habe Derya noch nie verraten.
Also, Mädchen, da hörst du es, Wolf ist kein Lümmel. Bist du verliebt?
Habe keine Zeit für diese Albernheit, ruft Derya.
Sehr gut, sagt die alte Dame, lasst uns darauf trinken!
Ich fülle die Gläser mit Wein, Derya nimmt widerwillig einen
Schluck, dann einen zweiten und dritten, ich bringe ihr einen nassen
Lappen, mit dem sie das Blut des Genossen abwischt. Keine
schreienden Kinder, keine Parolen, kein Lärm. Rabe im stehenden
Wasser, denke ich, so könnte ein gutes Gedicht beginnen. Statue der
Verhexung und der Verhexten, Schutzpatron der jungen Frauen,
die mit dem Messer und dem Hanfstrick unter dem Kopfkissen
schlafen. Am Schnabel des Raben Raureif des Morgens. Es wirft
einen Stein die Dorfschönste, sie verfehlt den Raben, der auffliegt
und … Nein, schlechtes Gedicht, Kinderfabel, Kitsch.
Bist du betrunken?, sagt Derya.
Ja, nein … ich muss mich hinlegen.
Im Bett, Rausch und Betrübnis, Decke bis zum Kinn hochgezogen,
Schwester, die mir keine Schwester sein will, auf dem Sofa, Nacht
Tag, Nacht Tag, Frau Mann, Frau Jüngling, die entblößten Hinterbacken der Tante Rena, Ferays nackte Knie, die ich anstarrte, als ich
vor ihr kniete, Pelin, die mich ablehnte, Dame Palan, die mich jagte,
und die sich weigert, mich weiter zu jagen, Nacht Tag, deutsches
Mannskind, Hitlersohn, den Hezro hasst, das Judenkind, das mich
nicht in seine Gebete einschließt, weil es nicht betet, und weil ich
dem üblen Volk angehöre, halb wach berauscht, ich erkenne mich
und die anderen im Traum, alle toten begrabenen großen Brüder

zerteilen und reißen ihren Rippenbogen auseinander, dass ich sehen kann die hohle linke Brust, das Herz verbrannt von Bauern in großer Angst …

Ein Laut, ein Wort, ein Hauch weckt mich, ich richte mich auf, Derya am Fenster, Glanz im Gesicht, Hand zur Faust geballt.

Batur, sagt sie leise.

Mein bester Bruder, sage ich.

Du musst nicht flüstern, die Dame hat einen festen Schlaf.

Er fehlt mir auch.

Wirklich? Schwer zu glauben.

Wieso?

Unnahbar bist du … Arier.

Ich bin dir ein Dorn im Auge, sage ich, du vermisst Batur, und immer wenn du mich siehst, denkst du: Ihn hätte man begraben müssen. Er stahl Batur das Leben, er brachte ihn um.

Du liest meine Gedanken, sagt sie und lacht auf, das kannst du gut.

Einschleichen. Eindringen. Erwarte von mir keine Liebe.

Nein.

Du und ich, jeder von uns arbeitet für einen reichen Mann.

Vater ist damit einverstanden, sage ich.

Ein Eisenbahner. Der oberste Ausputzer des Viertels. Ein Mörder.

Du redest schlecht über ihn.

Du … stahlst Batur das Leben. Er stahl mir die Liebe. Er sieht in dir tatsächlich einen Sohn. Warum wohl? Ihr seid gut darin, auszulöschen. In eurer Nähe erlischt alles. Mutter und ich müssen das ertragen. Nicht einen Augenblick würde ich zögern, wenn Mutter ihn und dich verließe.

Du küsst blutende Kommunisten, sage ich kalt, und du verachtest deine Familie.

Gierig bist du, ruft sie, unter jeden Rock willst du kriechen. Dein gieriger Blick, widerlich. Irgendwann kratzt dir ein Schläger die Augen aus. Dann bist du endlich blind.

Auch dann könnte ich es dir nicht recht machen.

Deine Mutter …

Was ist mit ihr?

Sie gebar dich und starb. Dein Vater, er hasst dich. Er hat dich bei uns abgegeben. Denn du bringst Unglück. Zöge er dich auf, würdest du aufblühen, und er würde verkümmern.

Ab dieser Stunde bist du für mich gestorben, Derya.

Ich bin deshalb nicht bekümmert, sagt sie.

Du siehst in mir einen Feind. Das kann ich nicht ändern. Verachte mich, meinetwegen. Für mich bleibst du die Tochter des Mannes, der mich erzog.

Ein Wicht bist du, ruft sie, schlüpft in ihren Mantel, verlässt mich, verlässt das Haus, stürmt hinaus in die Nacht. Rotes Weib, Verräterin, Vaterhasser. Wird sie bei dem Genossen Unterschlupf finden? Sie will die Schrumpfherzen der Verruchten verbrennen. Der Reiche, bei dem sie arbeitet, Akkan Bey, er zählt zu jenen, die Derya zu hassen sich zwingt, und doch hält sie sich zurück bei diesem Mann. Verfluchte Schwester, ich fiele nicht tot um, wenn du in seine Villa einzögest als die neue Herrin, als die Dame des Palastes, der die Köchin und die Zofen sehr zugeneigt wären. Freundin der Zerlumpten, dein glühender Hass ist an mir verschwendet. Mein Blut für dich, Derya. Ich werde nicht erblinden.

56. Dem aller Dank gebührt

Ramses zeigt mir das schwarze Kastengerät und erklärt: Am Eichrädchen an der Seite musst du drehen, bis der Zeiger auf Mitte eingestellt ist. Der Zeiger überdeckt den dicken Eichstrich, dann brummt der Kasten, und du hältst ihn an die rechte und die linke Schläfe. Es überkommt dich sofort ein wunderbares Gefühl.

Was heißt das?, sage ich.

Du glaubst, dass man dich wie einen Apfel schält.

Man wird gehäutet?

Nein, falsch. Es ist, als würde dir jemand eine dicke Schmutzkruste abkratzen.

Und dann?

Na ja, du hast plötzlich ein … verbotenes Bild vor Augen.

Verrückt, sage ich.

Das ist ein Übertragungsgerät. Du schaltest den Kasten ein, lässt dir die Schläfen besummen und schnurrst.

Remsi, sage ich, du bist so blöd, dass die Kessel pfeifen. Das Weib hat dich betrogen. Was hast du dafür bezahlt?

Nicht viel, sagt er und blickt einem Mädchen nach, das durch bunte Farben und Fetzen lockt.

Wir sind nur einige wenige Gassen vom verbotenen Zigeunerviertel entfernt, Albanerkinder rucken mit dem Unterleib vor und zurück, sie schauen uns an, lachen schnappend, stecken den Finger in den Kreis aus Daumen und Zeigefinger. Im Grenzgebiet zwischen zwei Vierteln sind wir verloren.

Remsi verschwand für zehn Minuten in einem Haus, kam strahlend zurück, ein Mütterchen hat ihm das verbotene Spielzeug verkauft. Er schwitzt und wundert sich über die schwarze Farbe an seinen Händen.

Ofenruß, sage ich, hohles Holzkästchen.

Stimmt nicht.

Schüttel mal.

Es klappert, sagt er.

Wahrscheinlich ein loser Nagel. Das Zahnrad im seitlichen Schlitz ist verrostet. Schalt es ein.

Nicht vor diesen kleinen Scheißern, sagt er.

Wieso nicht?, sage ich.

Das ist eine Lustmaschine.

Drück auf den Knopf … ich hör' nichts.

Das verdammte Gerät sollte brummen, sagt er, es ist kaputt. Ich bringe es zurück.

Remsi, sie wird dich nicht freundlich empfangen.

Komm mit. Du hast Narben am Kopf, du wirst sie einschüchtern.

Nein. Sie schlagen uns.

Wer?

Ihre Söhne. Ihre Neffen. Siehst du einen Zigeuner, siehst du elf. Zehn Zigeuner halten sich versteckt.

Wir sind in der Straße des Holzknechts mit den Eislippen, die zerschmolzen, als der heiße Tag begann, des Knechts, dem Holz und Wurzelstock faulten, weil er den Baum zur Unzeit fällte, die Albanerkinder rücken näher, Ramses zertritt den Kasten, er zittert am ganzen Leib, und ich sage: Keine Angst, keine Angst, Schulbruder, das wird vergehen, lauf! Und wir fliehen vor den Buben ohne Flaum, vor den Wächtern ihrer Straße, die man nach dem Jungen benannte, der im Winter fror, blaue Lippen, blaues Gesicht, und der Tod bleichte ihn, als ihm der dicke Ast auf den Kopf fiel. Zwei Polizisten kommen uns entgegen, die Albaner zerstreuen sich in den Gassen. Wir müssen uns ausweisen, wir werden verwarnt: Dies ist keine Gegend für Schulschwänzer. Wenn wir euch hier noch einmal sehen, gibt es Maulschellen. Kehrt zurück zu euren Müttern und löffelt Säuglingsbrei aus dem Napf!

Ich verbeuge mich, packe Ramses an der Jacke, ziehe ihn mit, achte nicht auf seine Flüche auf das Zigeunerweib in bunten Fetzen. Die Webwarenhökerin, Schechos letzte Liebe, macht um diese Zeit halt am Brunnen, spricht zu den Frauen, die eisern schweigen, weil sie sie strafen wollen.

Diese Geschichten stammen aus meiner anderen Welt, den Reicheleutesohn Remsi Ramses kümmert das alles nicht, er hasst die Zigeuner, er hasst die Köhler und Lastenträger, er schimpft sie Kürbiskernfresser ohne Seele. Ein Albanerkind schrie ihm zu: Meine Faust frisst dich. Ich breche deine Augenhöhlen! Er wurde bedroht und beleidigt, der Schüler mit den guten Noten ist außer sich vor Wut. Er zeigt auf eine Frau mit Haarnetz und zerschlissenem Hauskittel, er zeigt auf einen Straßenhöker, der rote Plastikkämme verkauft, er zeigt auf alte Männer, die gehäkelte Gebetskäppchen tragen, sie hausen in Dreckslöchern, sagt er laut, sie schlagen morgens fingerdicke Kakerlaken tot, kehren sie in die Handschaufel, und werfen sie auf die Straße. Katzen und Hunde fressen das zerquetschte Ungeziefer, und sie trotten in meine Straße und kotzen und kotzen.

Halt den Mund, sage ich,

Ich stehe abends am Fenster und schaue auf kotzende Köter. Ist das gerecht?

Sie fressen euren Abfall.

Woher willst du das wissen?

Die Krähen und die Köter, sage ich, sie finden Fraß in den feinen Vierteln. Isst du alles auf, was auf deinen Teller kommt?

Meine Mutter will mich mästen, sagt Remsi Ramses,

Na also.

Was soll ich jetzt machen?

Nichts. Der Klapperkasten ist kaputt. Du bist dein Geld losgeworden.

Er knurrt mich an, dann holt er tief Luft, richtet den Krawattenknoten, und blickt sich um. Am Kiosk kauft er mit seinen wenigen Münzen das Volks- und Jugendmagazin. Wir setzen uns auf der Terrasse eines Kaffeehauses auf Korbstühle, ich lade ihn zum Zitronentee ein, er schlägt die Zeitschrift blind auf, und wir lesen einen Artikel mit dem Titel: ›Die Pest der Ehemänner‹.

Eine bekannte Filmschauspielerin vergnügt sich mit Fabrikanten, sie wird als liederliche Person ohne Moral bezeichnet. Auf einem Foto sieht man sie lächeln, die Augen sind mit einem schwarzen Balken versehen. Der Journalist zitiert zwei wütende Gattinnen: Ihr Geheimnis ist der Augenaufschlag. Wir schneiden dem Flittchen die langen Wimpern ab! Die jungen Leser werden davor gewarnt, das unziemliche Wort zu benutzen. Weitere Artikel: Ruhmreiche Geschichte und Heldentaten. Haben Tiere eine Intelligenz oder sogar eine Seele? Umfrage unter Studenten: Welche Dichter, Romanciers und Künstler lieben Sie? Wir blättern weiter. Innovationen in der Mode. Badeschönheiten am Strand, wir starren, ohne zu blinzeln. Ein Artikel über einen Mann, der seit achtunddreißig Jahren trinkt und raucht. Zitat: Ich habe in dieser Zeit achtzehntausend Lira für Alkohol und sechstausend Lira für Zigaretten ausgegeben. Ein vierseitiger Bericht über Bardamen, die schönen Hyänen der Lust, verstoßene sündige Töchter, die Männern im Alter ihrer Väter zu Gefallen sein müssen. Tugendhafte Mädchen, Vorsicht! Diese Frauen sind verwüstet, ihr Wille ist gebrochen, schaut sie euch genau an und bildet euch selber ein Urteil. Wir betrachten die Damen auf den Fotos, sie sitzen auf hohen Hockern am Bartresen, sie prosten einander mit Kelchgläsern zu. Remsi Ramses blättert weiter, tippt mit dem Finger auf die Anzeigen: Mittel gegen Lendenlockerheit. Ein lächelnder Ehemann und eine lächelnde Ehefrau: Wir hatten Würmer, die sich in unseren Därmen eingenistet haben. Sie ernährten sich von unserem Blut. Wir schämten uns sehr und trauten uns nicht mehr auf die Straße. Dank ›Ismets Wurmbiskuits‹ sind wir von dieser Plage befreit.

Zurück zu dem Bericht über die Bardamen, wir lesen uns fest. Der Artikel schließt mit dem Hinweis auf die Volksmoral, die zu schützen die hohe Pflicht der Staatslenker sei. Man müsse diese gefallenen Mädchen gewaltsam dem Milieu entreißen. Es gebe im Land genügend Witwer, denen es angelegen wäre, die Frauen zu ehelichen und sie Sittsamkeit zu lehren. Ramses und ich streiten uns, er würde eher allein verrotten, als eine Clubdirne zu heiraten.

Es sind keine Dirnen, sage ich.

Nicht alle, sagt er, die Schöneren sind Lockvögel. Sie lassen sich zu einem teuren Getränk einladen. Du musst gleich eine ganze Flasche kaufen.

Warst du mal in einer Bar?

Ja, war ich.

Erzähl, bitte.

Du plauderst es in der ganzen Klasse aus.

Habe ich das je gemacht?

Also gut, sagt er, ich bin reingegangen, ich trug noch meine Schuluniform. Ich sah die Brünette, und kaum dass sie mich sah, schlug sie die Beine übereinander.

Trug sie Strumpfhosen?

Nackte Beine.

Oh Gott, sage ich.

Genau, ruft er, ganz genau. Ich setzte mich neben sie hin, ich wäre fast vom Hocker heruntergefallen. Sie lachte und bat mich um eine Zigarette …

Du rauchst nicht.

Der Barmann legte mir eine Schachtel hin. In diesen Häusern wird gleich Kasse gemacht. Ich musste sofort bezahlen. Erst gab ich ihr Feuer, dann bestellte ich ihr Lieblingsgetränk. Rotwein, eine Flasche, sehr teuer, die Hälfte des Geldes war weg. Dann führten wir ganz gesittet ein Gespräch …

Was heißt gesittet?, sage ich.

Zu viel Platz zwischen unseren Barhockern. Es gab nicht eine zufällige Berührung. Der verdammte Barmann glotzte mich an. Sie trank das erste Glas schnell leer und wurde munter. Sie stellte Fragen, ich sprach und sprach, irgendwann unterbrach sie mich mit den Worten: Schätzchen, du bist ein lausiger Unterhalter. Ich hatte sofort Ohrensausen …

Ramses hat sein Spielzeug nicht bekommen, er beklagt die kleinen Betrügereien in der Bar, schuld an seiner Niederlage seien die vielen Mischlinge gewesen, überall im Raum Schlammblütler, Schlangenbeschwörer, an Brust und Schläfe tätowiert, die herbe Fresse vom Huren zerledert, Irre im Dirnenquartier.

Ich träume mich fort, er zupft an meiner Krawatte. Wir werden verrecken, denke ich, wir Jungen sind das erbrochene Ungeziefer auf dem Pflaster. Ich lese die in die Tischplatte geritzten Worte, Inschriften der Inbrunst, Lobpreis und Verrottung, Ich blättere im Magazin und lese die Geschichte von einem amerikanischen Kussprofessor, er lehrt die Filmstars das richtige Küssen. Auf der Fotografie sieht man Mann und Frau in inniger Umschlingung, sie küsst ihn, als wolle sie seine Lippen verzehren, er hängt wie eine große Puppe zwischen ihren Armen.

57. Der alles Aufzeichnende

Ramses Remsi möchte ins Kino gehen, er lässt sich wieder von mir einladen. Vor dem Filmpalast bieten Straßenhändler parfümierte Einstecktücher an. Der Kartenabreißer führt uns an unsere Plätze in der neunten Reihe im Parkett, und bedankt sich höflich für die Kupfermünze, die ich ihm einstecke. Der Saal ist zu einem Viertel voll. Nach den Nachrichten und der Vorschau ertönt zwei Male der Gong, im Dunkeln eilen die Verliebten zu den hinteren Sitzen. Ramses dreht sich neugierig nach ihnen um, ein Junge droht ihm harte Fausthiebe an, Ramses starrt wie gelähmt auf die Leinwand. Kein Liebesfilm, Gott sei Dank. Ein Mann mit einer vaterländischen Gesinnung wird von Studenten verlacht. Er ist ein einfacher Angestellter im Verwaltungsbüro einer Fleischfabrik, er erscheint immer pünktlich zur Arbeit, seine Kollegen halten ihn für ein schlichtes Gemüt. Er trinkt und raucht nicht, und er pfeift auch nicht kurzberockten Mädchen hinterher. Die roten Aufrührer in seinem Viertel marschieren durch die Straßen, sie gehen auf einen Straßenkehrer los, der sie beschimpft hat. Der Mann greift ein, schlägt einige Studenten nieder, und wird zum Volksfeind erklärt. Der Straßenkehrer und der Angestellte freunden sich an. Saallicht, Pause, die Filmrolle wird gewechselt. Ein hyänengesichtiger Mann in der Reihe vor uns steht auf. Entschuldigen Sie, sage ich.

Was willst du?, zischt er.

Ich bewundere Sie, Herr.

Und ich verehre Sie, ruft Ramses.

Ihr kennt mich?

Ja, Herr, sage ich, Sie sind der Gauner, der in jedem Film beim ersten Schusswechsel getötet wird.

Ich halte mich an die Anweisungen, sagt er, manchmal würde ich wenigstens einen Satz sprechen, und dann umkommen.

Dürfen wir Sie zu einem Glas Limonade einladen?

Mit Kohlensäure und Eis, sagt er.

Wir stehen im Foyer, er trägt einen glänzenden Nadelstreifenanzug, das Hemd ist zerknittert. Er zeigt uns die hufeisenförmigen Beschläge an den Sohlen seiner Stiefeletten. Es klackt bei jedem Schritt, den er macht. Wir sind begeistert, er erzählt: Meine Erfindung, der Regisseur war nicht einverstanden, ich bestand darauf. Ich riskierte den Rauswurf. Er hatte aber ein Einsehen.

Eine ältere Dame nähert sich uns, sie schaut ihn vorwurfsvoll an, hält ihm den mahnenden Finger vors Gesicht.

Sohn, so geht es nicht weiter, sagt sie, du musst dich bessern.

Ja, verehrte Dame, sagt er.

Wie oft hat man dich niedergeschossen?

Sehr oft.

Du hattest große Schmerzen. Der Arzt rettete dein Leben. Die

Wunde verheilte. Dann aber bist du trotzdem zu diesem schlechten Menschen gegangen. Und er hat dich wieder eingestellt.

Das tat er.

Du buhlst um seine Gunst. Er erpresst ehrbare Frauen, er stellt ihnen sogar nach. Und du bist stolz, in seinen Diensten zu stehen?

Ich verstehe, was Sie meinen, sagt er.

Schwindler, ruft sie, jedenfalls kann es so nicht weitergehen. Das siehst du doch ein, oder?

Ja, meine Dame.

Bessere dich. Sonst kommt der Tag, da eine Kugel dein Herz entzweireißt. Gott mit dir.

Mit Ihnen auch, verehrte Dame ... Ich habe es satt.

Er schaut sich missmutig um, und als der Gong ertönt, fragt er uns, ob wir den Propagandafilm zu Ende sehen wollen. Wir sind von dem Vaterlandspreiser gelangweilt. In der Nische neben der Kinokasse nehmen wir Platz. Der Kassierer mustert den Mann, schnalzt mit der Zunge, wendet sich ab.

Ich bin kein Gauner.

Nein, Herr, sage ich.

Es ist mein Beruf, einen schießwütigen Schläger zu spielen. Ich ziehe die Pistole, ich bin zu langsam, der Polizist oder der Personenschützer fällt mich, ich schreie und verblute am Boden. Der Regisseur hat mir empfohlen, mit den Fersen zu trommeln, bevor ich sterbe.

In Ihrem letzten Film haben Sie genau das getan, sagt Resul.

Ein Fehler. Es gab viele Drohbriefe von entrüsteten Zuschauern. Sie möchten keinen lebensechten Tod.

Was heißt das?

In der Liebe ist Drama erlaubt. Nicht aber beim Sterben.

Bekommen Sie Post von ... Verehrerinnen?

Hältst du mich für unanständig, Junge?, ruft er.

Um Gottes willen, nein, sagt Ramses, bestimmt gibt es Frauen, die Sie für Ihre Schauspielkunst bewundern.

Nun gut, es gibt sie.

Schmeichelt es Ihnen nicht?

Eine junge Dame, höhere Tochter im heiratsfähigen Alter, sie schrieb mir: Liebe dunkle Seele, ich bin von Ihnen bezaubert. Ich lasse mich von Ihnen trotzdem nicht umarmen. Nachts im Bett denke ich an Sie. Ich stelle mir vor, dass Sie in einem verdruckten Hinterzimmer Ihre Waffe ölen. Ich sehe mich in meinem Zimmer um, und danke Gott, dass Er mich mit herrlichen Gaben beschenkt hat. Leben Sie weiter gefährlich. Ich lebe in meiner schönen Welt.

Blödes Mädchen, sage ich.

Der Brief einer anderen jungen Frau: Mein Vater ist ein konservativer Politiker, ich nenne Ihnen ganz bestimmt nicht seinen Namen. Er erlässt Gesetze gegen das Gesindel. Hören Sie: Männer Ihres Schlages gehen immer unter. Und doch: Ich kann Ihr schmerzverzerrtes Gesicht nicht vergessen. Sie leiden, und ich habe ein Herz für kleine Teufel. Schneiden Sie die blutbefleckte Brusttasche Ihres Hemdes heraus, und schicken Sie sie mir. Ich werde sie wie meinen Augapfel hüten.

Und, haben Sie ihrer Bitte entsprochen?

Wie heißt du, Junge?

Remsi. Man nennt mich auch Ramses, nach dem ägyptischen Pharao.

Also Pharao, du bist ein seltsamer Vogel. Ich aber bin nicht verrückt. Ich zerschneide nicht mein Hemd für ein wildfremdes Mädchen, das mir ein baldiges Verderben wünscht.

Der Gauner, der kein Gauner ist, bedankt sich bei mir für die Limonade und stürmt wütend aus dem Foyer ins Freie. Im Film hätte er die Waffe gezogen, und wäre wohl von dem Kassierer erschossen worden.

Ramses bereut seine Worte, er wollte ihn um ein Autogramm bitten. Er rennt dem Gauner hinterher, ich soll auf ihn warten. Ich trinke das Glas leer. Bin ich verwandelt, was berührt mich? Die fette Ratte. Die Dame Palan. Der Eunuch, von dem ich träume. Igors geliebtes Freudenmädchen. Derya, gnadenlos, bruderlos, rein. Tante Rena. Vorletzte Nacht öffnete ich die Augen und flüsterte: Küss mich fest. Ihr Gesicht über meinem Gesicht, sie floh ins Bad, sie weinte laut, dann rief sie mich, und wir sprachen bei geschlossener Tür über ihre Scham: Das schöne Spiel ist verdorben, sie tritt nicht über die

Schwelle, ohne ein stilles Gebet zu murmeln; jeder würde auf seine eigene Art verrückt werden, sie sei ein altes geschminktes Weib, das ein schutzbefohlenes Kind küsste. Ich sprach: Dieses Spiel gefällt mir sehr, spielen wir es weiter. Sie schwieg, ich kroch wieder ins Bett, sie trat später an den Bettrand und küsste mich lange auf den Mund. Hat sie mich verwandelt? Meine Finger sind bekleckert mit Tinte, ich drücke auf die Füllerdruckschwiele am Mittelfinger.

Jemand ruft meinen Namen, ich schaue auf und sehe eine schöne junge Frau in Begleitung eines jungen Mannes im teuren Anzug. Er streicht über die Hutkrempe und starrt mich einfach an.

Du bist es, sagt sie, Wolf, Hitlersohn und braver Schüler. Erkennst du mich nicht wieder?

Nein ... Pelin?

Ja. Das Häschen an meiner Seite ist mein Verlobter Kemal.

Mein Kosename geht fremde Männer nichts an, sagt er kalt.

Sei nicht so steif, ruft sie lachend, darf ich dir einen der härtesten Schläger unseres Viertels vorstellen? Arier, hart und hundsgemein, der Kopf voller Läuse und Narben.

Freut mich, sagt er.

Mich auch, sage ich.

Männer sind miserable Zivilisten, sagt Pelin, schlagt euch doch, dann lernt ihr euch besser kennen. Übrigens: Ein bemerkenswert beschissener Film.

Pelin, bitte, sagt der Verlobte.

Was denn? Fast in jeder dritten Szene sieht man das Galgenmikrofon. Die Dialoge? Furchtbar! Den Skriptschreiber müsste man erschießen. Der Angestellte, umzingelt von zähnefletschenden grienenden Kommunisten, spricht, Zitat: Meine Ahnen gründeten ein Imperium. Jede Mauer brach beim Ansturm des osmanischen Heeres. Glaubt ihr, rotes Pack, ich fürchte mich vor euch? Zitat Ende.

Ich sah nur den ersten Teil, sage ich.

Recht getan!

Sie sind kein Patriot?, sagt der Verlobte.

In meiner Klasse gelte ich als Rechtsdeutscher. Meines Vaters Land ist auch das Land meiner Mutter.

Das verstehe ich nicht.

Musst du auch nicht, Liebling, sagt Pelin, Yeter, deine Kurdin, ist tief unglücklich.

Wieso?, sage ich.

Sohnesweib hasst Mannesmutter, du kennst das Sprichwort. Falsch. Meist spielt die Mutter des Mannes der Schwiegertochter übel mit. Yeter muss ihr dienen wie eine Leibeigene.

Es wird schon nicht so schlimm sein, sagt ihr Verlobter.

Du hast wie üblich keine Ahnung. Der Arier war früher in mich verliebt. Oder nicht, Wolf?

Jetzt wandelt sich sein Missfallen über die Begegnung mit einem jungen fremden Kerl in puren Hass: Er würde mir hier, an diesem zivilisierten Ort, am liebsten den Kopf von den Schultern reißen. Ich weiß, was ihn beschäftigt. Habe ich seine Verlobte geküsst, bin ich die Kakerlake in seinem Blütentraum, peitscht mich die Lust an der Verwüstung an, wird die Frau, als deren Wächter er sich versteht, heimlich an mich denken, wenn er sie umarmt, hat sie mir sogar ihre Unschuld geschenkt? Eine Ungeheuerlichkeit.

Liebling, sagt Pelin, du tötest ihn mit Blicken.

Warst du in ihn vernarrt?, sagt er leise.

Was meinst du, Arier?

Ich will mich nicht in eure Geschichte verstricken.

Wie feige, schäm dich! Also muss ich dir antworten, Kemal: Im Anfang, als sein angenommener Bruder Batur starb, war er Luft für mich. Dann aber, mit der Zeit, fing ich an, mich für ihn zu interessieren.

Wie bitte?, rufe ich.

Nicht wahr, du bist nämlich genauso blöd wie Kemal … Liebster, du platzt gleich.

Dieser Junge ist mir ein Gräuel.

Meinen Sie mich?, sage ich.

Ja, dich, du Lumpenhund.

Er packt mich an den Jackettaufschlägen, drückt das Jackett blitzschnell über Schultern und Arme, ich stecke im Schnürleibchen fest, er stößt mit dem Kopf vor, ich weiche aus, doch ehe er sich auf mich stürzen kann, versetzt ihm Pelin eine Ohrfeige. Der Kassierer und einige wenige verbliebene Kinogäste starren uns an, der Verlobte verschwindet. Sein Hut liegt auf dem Boden, ich hebe ihn auf und gebe ihn Pelin.

Wolltest du ihn reizen?, sage ich.

Mein Gott, ich habe mich mit ihm verlobt. Ist das zu fassen! Er ist eifersüchtig.

Spätestens morgen steht er mit einer Schachtel Pralinen und einem Strauß Rosen vor meiner Tür.

Pelin, sage ich.

Was?, sagt sie.

Du warst schon immer ein hübsches Mädchen. Du bist noch schöner geworden.

Du und Kemal, ihr seid euch sehr ähnlich. Unter anderen Bedingungen würdet ihr auf die Blutsbruderschaft anstoßen. Ja, Arier, ich bin vorzeigbar. Das Kitz ist zur Zicke herangewachsen. Ich schaue dich an, und sehe immer noch ein Kälbchen, das mit dem Stummelschwänzchen wedelt.

Sehr nett.

Wie geht es Derya?

Ich erzähle ihr von der Entzweiung, sie versucht erst gar nicht, mich zu trösten. Batur ist unersetzbar. Sie glaubt, ich würde in der Schule zum Feingeist erzogen werden. Das arische Kind ein blutbespritzter Geist, der arische Jüngling ein vergeistigter Christ. Meine Einwände prallen an ihr ab, sie sagt: Korn und Spelze, beides macht den Geist. Wie geht es ihr? Nicht gut, ihr Verlobter brummt zur falschen Zeit Liebesschwüre, drängt sie zu einer Entscheidung. Sie geht zu einer Schule des einfachen Volkes, und die einfachen Mädchen in der Klasse würden nur von ihren Mitgifttruhen und von den Lippenmulden schneidiger Offiziere sprechen. In Derya sieht Pelin eine große Schwester, die Quelle der Nachahmung. Ramses stürmt ins Foyer, wedelt mit einem kleinen abgerissenen Plakatstreifen, der Filmganove hat seinen Vor- und Zunamen in der Schrift der Halbalphabetisierten hingezeichnet, jeder Buchstabe ist ein gebeugter Mann. Ich mache sie miteinander bekannt, Ramses strahlt Pelin an. Ich weiß, sagt sie, ich raube dir den Atem.

Das stimmt, sagt er lahm.

Leider ist sie verlobt, sage ich.

Unerreichbar?

Für dich und für meine zweite Kinderliebe Wolf.

Sie stammen aus seinem Viertel?

Ich bin dort geboren, sagt Pelin, Arier, sie haben deinen Freund Dschenk verprügelt.

Was? Wer?

Es geschah in der Nacht. Vier Angreifer. Er kennt sie wohl, will aber ihre Namen nicht verraten. Ein paar gebrochene Rippen, die Fleischwunde am Arm hat man nähen müssen. Keine Sorge, er ist ein zäher Hund, er wird sehr schnell das Bett verlassen.

Teufels Schergen!, rufe ich.

Eher sahen sie in ihm einen Teufel, sagt Pelin, du weißt, weshalb.

Ja.

Was ist mit diesem Dschenk?, sagt Ramses.

Nichts, was dich angeht, mein lieber Junge, sagt Pelin. Ich bin es müde, dass ihr mich anhimmelt. Heute bleibt ihr ungeküsst. Arier, bist du liiert?

Ich kenne das Wort nicht.

Hast du eine feste Freundin?

Meneksche und Feray, er hat sein Glück bei beiden versucht. Vergeblich.

Halt's Maul, Ramses.

Pelin lächelt uns beiden zum Abschied zu. Wir stehen allein im Vorraum, bis der Kassierer erscheint und uns auffordert, das Kino zu verlassen. Zufällig begegnen wir draußen einem Herrenausstatter, bei dem unser Direktor seine Anzüge schneidern lässt. Führer möchte die Sekretärin Frau Kollack beeindrucken, es heißt, sie zierte sich nicht. Der Hochglanz des Tages vertrübt zum Bleigrau, Ramses schenkt das Magazin einem Bettler, der es unter seinen Hintern schiebt.

58. Der Beginnende

Wir trennen uns am Galataturm, ich setze mich auf die Bordsteinkante, schlage den Gedichtband in der Mitte auf und beginne zu lesen: Jemand sagt: Verschleißleiden. Jemand sagt: Würgefeige der
Frau. Jemand sagt: Ich spürte fast nichts, als ich mich beschmutzte.
Schamesrot meine Wangen, Darmdreck in meiner Unterhose. Sehr
viele Jemande in meiner Nähe. Meine Rüstung rostet, ohne Panzer
bin ich völlig entkleidet. Jemand sagt: Bist du der Dichter mit den
vierzehn teuren Kristalltumblern; wenn ja, woher hast du so viel
Geld? Die Jemande, das sind meist Männer, die einfach gekerbte
Pillen schlucken, wenn der Wind ihnen in die Augen weht. Am
letzten Mittwoch des vergangenen Monats traf ich meine Geliebte.
Ein Hirte trieb Widder mit hennagefärbten Schwänzen und bunten
Schleifen an den Hörnern durch die Straße, der Verkehr kam zum
Erliegen, ein kleiner Stau von Automobilen, ich starrte mir die Au-
gen wund. Sie saß im ersten Automobil an der Kreuzung, und als
sie mich unter den Gaffern entdeckte, machte sie den Mann am
Steuer auf mich aufmerksam. Was wird sie ihm gesagt haben? Der
Junge mit den Kupferringen an den Fingern, dort neben dem Zwie-
backhändler, dort schräg gegenüber, vor dem Laden, in dem ich
amerikanisches Kaugummi kaufe, genau der, das war für geschätzte
anderthalb Ewigkeiten mein Liebster. Jetzt bist du es, der mir kleine
Geschenke machen darf. Was wird die fremde Frau auf dem Beifah-
rersitz dem Fahrer des Automobils über mich verraten? Diese Widder sind für uns eine Ablenkung, ein Ärgernis, ein Grund, dass wir
uns verspäten. Für den beringten Jüngling sind sie der Beleg, dass
Gott noch nicht besiegt ist. Ihm fallen sehr blöde Worte ein wie
Bonbonland, Totentransport ... Die Jemande, die mit mir Wagen
und Mädchen bestaunten, musterten mich, da das Mädchen mir
zuwinkte. Zum Missfallen des Fahrers hauchte ich ihr eine Kuss-
hand zu. So sind unsere Geschäfte, so ist unsere Kurzweil, so belebt
uns der Zufall. Im asiatischen Teil Istanbuls gefällt es mir am besten, im alten Land ertränkt man Brauträuber in ihrer eigenen Spucke. Im alten Land gibt es noch Liegende, Ausgestreckte, im Schat-

ten von Krüppelplatanen Dösende. Turbanträger, Kaftanträger, bärtige Schmiede, kleine Mädchen hinter vergitterten Fenstern, trötende Irre, bissig und philosophiegläubig. Ein Jemand klärte mich über die Würgfeige des Weibes auf: Wer seinen Fleischstock in Weibes Säften badet, steckt sich an, schrumpft, verkommt, verdirbt. Bewohne keine Frau, allein in ihrem Schweiß sind hundert giftige Keime. Meine Honigschwester, eine Liegende und Ausgestreckte, braute mir dunklen ungesüßten Kaffee, ich nahm einen Schluck, fühlte etwas in meinem Mund, das nicht dahin gehörte, spuckte es heimlich in die Hand: eine große ersoffene Fliege. Ich lasse sie verschwinden. Sie sagte: Wir sind verwandt, sonst wärst du der geeignete Kandidat. Jeder andere Mann hätte einen großen Aufstand gemacht! Viele Jemande sind also bei ihrer Fliegenprüfung durchgefallen: alte Windhunde, Wassermelonenaufschneider, Kittelbügler in der heißen Sonne. Als meiner Honigschwester Bruder werde ich vorgestellt, ich erwiderte jeden Gruß, und dem Jemand flüsterte ich ins Ohr: Jeden Monat werden acht bis achtzehn Frauen vom Ehemann, jüngstem Bruder, abgewiesenem Bewerber erschlagen, erdrosselt, erstochen, erschossen. Bringen wir Opfer dar, und wenn ja, welchem Götzen? Nichts konnte ihn umstimmen. Meine Honigschwester, mit der mich keine Blutsbande verbinden, diese Lügnerin, kaufte bei ihm Wolle und Stricknadeln, und sie sprach über ihre große Segnung durch diesen kleinen knochigen Mann. Sie hat es ihm erlaubt, einmal in der Scheune, dass er sich an ihrer Kehrseite rieb, sie waren angezogen, sie hat auf seinen letzten Seufzer gewartet, und ihn an der Wange getätschelt. So sind unsere Geschäfte im Bonbonland, manchmal liegt ein totes Viech auf dem Feld und wird nicht abtransportiert. Automobile sind der Ruin unserer Tage, wir können Fliegen in der Backentasche unterbringen, wenn wir ein Teil des Sonntagsbürgertums werden. Wer hat in seinem Leben schon Pinkwein getrunken? Meine Geliebte, die sich für einen anderen entschied, sie rührte erst mit dem Finger im Wein, trank und kicherte. Dies Kichern der jungen Frauen, höre ich es, bin ich wirklich sehr erfreut. Auch meine Honigschwester kicherte, als der Würgfeigenhasser sich an ihren weichen Steiß drückte. Lügnerin, Liegende im alten Land, Sau der schlimmsten Art. Zerfranste

Fetzen an Widderhörnern, zerfetzen müsste man sie. Leuchte leuchte, Krieger auf Krücken, leuchte uns die Heimat aus: Verbrüdert bist du mit den Heroen dieser Republik. Eva, die Urmutter, von Farnblättern verhüllt, winkelt die Beine an, taucht die Zehenspitzen in den Urschlamm, darin es von Engelsputten wimmelt. Sie schänden die Quallen: Modernes Bild, gepinselt von einem abartigen Maler, ein Provokateur, der jedes liebliche Wort verrülpst. Man brachte mich zu ihm, die Honigschwester nahm mich mit, weil sie sich von mir als einem Mann der Kultur Erhellung erhoffte. Sie leuchtete nicht bei der Schau seiner Bilder an den Wänden. Die bepöbelten Gäste sahen ihm beim Fressen zu. Ein Fresser ohne Mundgelenke, sein Maul weitete sich, und schon schlang er den Brocken. Brauchbares Essen fraß er: die Hülsenfrüchte des Monats, verpappt, ersoffen in unbekömmlicher Soße, Sättigung des wilden Kerls. Mond am Himmel war eine halbe Scheibe, ich rauchte vor der Galerie, und sah die Hütten und Baracken, sah das nutzlose Zeug der Nacht: Hungerleider mit ellipsenförmigem Magen, geröstete Taubenköpfe kauend, eine Sippe aus dem Höllenpfuhl, stark und unvergänglich wie die Zukunft. Labilität, Ratten, Hurenkompanien mussten sie bekämpfen, obwohl man sie entwaffnet hat. Dichten verschlankt, die Aufgeblähten hassten mich, und also hasste mich der Maler, mit dem meine Honigschwester ins Bett ging. Ich mochte sie mir nicht verähnlichen, sie war ein kopulierendes sterbendes Biest in den Armen eines sterbenden Gummimannes, es ging allen schlecht, die Kranken blieben krank, sie litten am Verschleiß ihrer Gelenkkapseln, so sind unsere Transaktionen. Vereinigte erregte Jemande. Personen. Bürgerliches Recht. Kahle Kanaillen, wimpernlos. Auf den urinbenässten Schotterwegen des Elendsviertels bin ich gewandert, es war eine kleine dumme Mutprobe, und natürlich standen die Liegenden und Ausgestreckten auf und umringten mich: Wer bist du? Was klappst du das schwarze Heft auf und schreibst und schreibst? Bist du ein Spitzel? Wirst du verraten, dass wir die Stromleitung anzapfen? Ein Dichter? Wir ritzen deine Verse auf, du Hure. Wir zerknacken dich wie einen Taubenkopf. Nage an unseren dreckigen Nägeln, dann verzeihen wir dir, vielleicht. Ich gab ihnen alles Geld in meinen Taschen, ich schlüpfte aus den Schuhen mit hinten zerlaufener Sohle, sie aber starrten auf die Löcher in den Socken. Und nickten. Und nickten. Sie gaben mir eine Schüssel Stabilität, Knochenmark und Armeleutestolz. Alle Männer Patrioten. Alle Frauen Patrioten. Alle Kinder werdende Patrioten. Wir küssten die Fahne, und ich küsste die Gebeine ihres Heiligen, die sie zu festlichen Anlässen dem Steinsarg entnehmen. Halbe Heiden, sie kennen nur das erste Wort der ersten Zeile der Nationalhymne: Fürchte dich nicht. Wir kauten am Lagerfeuer amerikanisches Kaugummi, es war zu hell für Liebesspiele, meine Haarspitzen versengte ich bei dem Versuch, aufzuspringen und mich aus Dankbarkeit vor ihnen zu verbeugen. Die Schönheiten lauerten neben dem Glasscherbenhaufen, der Widerschein bunter Scherben in ihren Gesichtern. Ich sprach: Wer sind sie? Ein harter Mann sprach: Jedem anderen Jemand hätte ich wegen dieser Frage die Augenlider abgeschnitten. Du aber bist ein Dichter, es ist dir verziehen. Sie sind unsere Mädchen, wir geben sie nicht her, sie wünschen, auszubrechen, doch die Zivilisation würde sie fressen … Ich küsste die Hand des Mannes, der wusste, dass ihre Mädchen Nahrung dunkler Gassen waren. Stabile Hüttenmoral. Die Entjungferung feiert der Mann, er schwenkt das Penisbanner, das rot befleckte, und wenn das junge Mädchen ihm einen Sohn schenkt, brüllt der Mann Weisen des Glücks auf offener Straße. Ist dies mein Gedicht eine Mahnschrift? Unfassbar, dass ich jedes Poem, das ich schrieb, überlebte. Unglaublich, dass meine Honigschwester einen malenden Scharlatan ans Herz drückt, in seinen Bildern entdeckte ich Entkleidete, und also malte der Maler Malereien, und also schrieb ich Schriften, zwei Männer. Ich war nie gottlos. Ich fraß nur aus Versehen Fliegen. Ich vergaß mich nicht, trotz der Anweisung der Großen Anweiser, alles zu vergessen. Ich liebte das nutzlose Zeug der Nacht. Jemand sagte: Knick im Hut, Knitterfalte an der Hose, so kleidet sich der Mann. Jemand sagte: Dein Jammer, Dichter, ist eines wahren Kerls unwürdig.

59. Der Wiederholende

Rustam Bey sucht nach dem arischen Mal, betastet meinen Kopf, berührt den Hinterhauptshöcker, lässt wieder von mir ab, und sagt: Wenn du in unserer Sprache sprichst, sind deine Worte Diebesgut, du hast uns bestohlen … Keine Widerrede, ich schweige, ich bin auf weitere Beleidigungen gefasst. Er verschwindet, ich wage nicht, mich hinzusetzen. An der Längswand des Empfangssaals hängt ein Ölbild im breiten goldenen Rahmen: Ein Edelmann fasst einer Dame an die linke Brust. Er schaut nicht lüstern drein, sie ist nicht empört. Zwei Betrübte, ungläubig und traurig, eingefangen im Augenblick, da sie erfassen, was als Nächstes folgen wird. Sie müssen sich des schweren Rocks und der Robe, der fleischkneifenden Schnürleibchen entledigen. Dann ruhte die Hand des Mannes auf der nackten Brust der Frau. Wäre es der Mühen wert? Ich trete näher heran, strecke die Hand aus, Rustam Bey ruft: Nicht, lass das! Ich folge ihm in den Esssaal, der Tisch ist für sechs Personen gedeckt: zwei zusätzliche Teller für Kaytun, und Scheich Schamil, dem Gotteskrieger, unter dessen Führung die Tschetschenen die Russen vernichtend schlugen. Rustam Bey legt seine Filzkappe neben sein Besteck. Das Messer hat ihn zwei Male gebissen, eine Narbe zerteilt seine Oberlippe, eine Narbe zieht sich schräg über die Stirn. Auf sein Zeichen nehmen wir Platz, die Dame des Hauses, Nur Hanim, serviert das Essen: Reis und Hammelfleisch. Grau gewordene hagere Frau, Mutter des Jungen, der ihr geblieben ist. Kubilay isst mit großem Appetit, doch als sein Vater ihn anstarrt, zerteilt er das Fleisch in kleinere Bissen. Leerer Teller und leeres Glas von Scheitan Kaytun.
Mehrmals hast du meine Einladung ausgeschlagen, sagt Rustam Bey.
Ich entschuldige mich, sage ich leise.
Schmeckt es dir?
Ja, mein Herr. Gott segne Ihre Hände, Nur Hanim.
Ja, flüstert sie.
Im Munde Bibel, im Herzen übel, sagt Rustam Bey auf Deutsch.

Wie bitte?, sage ich.

Das sind die Worte des Direktors eurer Schule. Habe ich sie richtig ausgesprochen?

Fast akzentfrei, Vater.

Ich frage den Deutschen!

Haben Sie, sage ich.

Gut. Dieses Lob nehme ich an. Möchtest du Nachschlag, Arier?

Ich bin satt, Herr.

Mein Sohn sitzt neben dir. Er hat mir berichtet, dass du nicht mehr so häufig den Unterricht störst. Entweder hast du dich angepasst. Oder du bist klüger geworden.

Ich will keine schlechten Noten, sage ich.

Das freut mich. Mein Sohn liebt von Natur aus das Mittelmaß. Er kommt nicht nach mir. Er würde es bei einer befriedigenden Leistung belassen. Er weiß aber, was ihm dann zu Hause blüht. Ich bin mit ihm zufrieden. Was denkt Abdullah … Bey über dich?

Vater tadelt mich wegen meiner Wissenslücken, Herr.

Bist du wirklich unbedarft, oder täuschst du Dummheit vor?

Ich verstehe nicht.

Im Siebentürmeviertel sind die Dummen in der Überzahl, sagt er, du aber warst und bist der Bote von hundsgemeinen Kerlen.

Der Tschetschene wird mich an diesem Abend noch viele Male beleidigen, ich bin gewappnet, ich bleibe wachsam. Vater hat die Entseelten gebannt: ein ehrsames Gewerbe. Ich bin meines Vaters zusätzliches Bein, wenn er lahmt, ich bin meines Vaters dritter Arm, wenn ihn die Kraft verlässt. Rustam Bey hat einen brennenden Hintergrund, bei Tag wie bei Nacht, er will mit dem Feuer verschmelzen. In seiner Heimat herrschen Stalins Schergen, nun ist er ein reicher Bürger dieser Republik. Von den Herren des Landes hält er nichts, er schimpft sie gehäutete Schweine. Sie singen Hohelieder auf die Nacktheit, auf die jüdische Demokratie, auf den Himmel ohne Gott. Nur Hanim springt auf, er wird wütend, sie hat ihn unterbrochen.

Er hat aufgegessen, sagt sie leise.

Noch nicht, ruft er.

Kaytun ist satt. Siehst du nicht seinen leeren Teller?

Mutter, sagt Kubilay.

Still Frau, ich sitze noch an dieser Tafel. Wag' es nicht.

Du kennst unseren Sohn. Er wird schnell ungebärdig. Es ärgert dich, wenn er zappelt.

Kaytun gehorcht, sagt Rustam Bey.

Willst du ihn leiden lassen?

Räum seinen Teller weg! Geh mir aus den Augen.

Ich will mich verabschieden, sage ich.

Du bleibst noch, sagt er kalt, missbrauche nicht das Gastrecht!

Seltsame Worte, aus dem Munde eines Mannes ohne Kopfgelenke. Wie hätte der Dichter ihn beschrieben? Zersprungene Holzmaske. Tschetscheniens Überrest. Häufchen Salz, Häufchen Rosinen, Häufchen Muttererde. Katzenkönig. Altes Opium. Rest des Heiligtums. Große Fliege mit behaarten Flügeln, fluguntüchtig. Oder: mit Ziegenfett bestrichener Kahlkopf, die Harfenmädchen himmeln ihn an …

Arier, träum dich nicht fort.

Nein, Herr.

Mein Weib entartet. Hältst du sie für eine sieche Frau?

Sie ist sehr gütig, sage ich, sie hat mich immer freundlich behandelt.

Hörst du, Sohn?

Er weicht aus, sagt Kubilay.

Richtig, der reinste Diplomat dein Schulkamerad … Hast du eine Gespielin?

Sie meinen, eine Freundin?

Ich meine ein Flittchen, eine Magerärschige, eine Puppe mit Loch.

Das ist … unanständig, Herr.

Der junge Armenier treibt es mit einer Nutte, sagt er lachend, ich habe nichts dagegen. Er steckt ihn rein, er befüllt das Loch, er zieht ihn raus. In deinem Viertel spucken Jungen einander auf das Spundloch und dienen wie eine Frau. Du bist kein Knabenlecker?

Ich liebe Frauen, sage ich leise und blicke zu Kubilay.

Vater, er ist nicht abartig.

Was habe ich davon, wenn er keine Knaben leckt? Nichts. Arier, schau dich um in meinem kleinen Palast. Ich bin reich geworden. Viele Männer achten mich, nein falsch, sie fürchten mich, weil ich Fehler nicht verzeihe. Dort draußen wimmelt es von kleinen Betrügern. Ich lege jedem Dieb das Handwerk, und er darf nicht darauf hoffen, dass ich ihn laufen lasse. Hast du schon mal Diebstahl begangen?

Nein … Herr.

In Arabien hackt man Dieben heute noch die Hand ab, ruft er, ich würdige die gerechten Richter, ich würdige auch die Henker, die das Urteil vollstrecken. Abdullah Bey ist ein Henker.

Das ist er nicht, sage ich laut.

Einer, dem ich keine Achtung zolle.

Herr, es reicht jetzt.

Du verdammte Sau, brüllt er und wirft mir seinen Teller ins Gesicht, der Tellerrand trifft mich hart, ich kann mich nicht an der Tischkante festhalten, und kippe mit dem Stuhl nach hinten. Aufgeplatzte Lippen, Blut an meinen Zähnen, Tritt in die Hüfte, Tritt in die Flanke, ich rolle zur Seite, richte mich auf, stoße Kubilay gegen den Tisch, greife nach einem Messer und richte es gegen den Tschetschenen, der mitten in der Bewegung innehält.

Du willst mich abstechen?, schreit er, komm!

Kahle Kanaille, sage ich, ich reiß dir die Kehle auf und trinke dein verseuchtes Blut. Ich schicke dich zu Kaytun, dem Knochenhaufen in stinkender Erde …

Und ich bohr' dir die Klinge in den Nacken, flüstert Kubilay hinter mir.

Was jetzt? Arier, ruft der Tschetschene und macht einen Ausfallschritt.

Kubilay, sage ich, ich werde deinem Vater das Messer ins Auge rammen. Du kannst es verhindern. Zieh dich zurück. Dann räche ich mich nicht an dem Kerl, der zuerst angriff. Er schlug mich, ich ehre ihn dir zuliebe … Danke.

Mann gegen Mann, sagt der Tschetschene.

Hier, sage ich und werfe ihm das Messer vor die Füße.

Faustkampf? Meinetwegen.

Nein!

Hund, hat dich der Mut verlassen?!

Ich bin wehrlos, ich rühre mich nicht vom Fleck, ich erdulde alle Schläge.

Ergibst du dich?, sagt er.

Kein Sieger. Kein Verlierer.

Schäm dich, Mann, sagt Nur Hanim leise, der Sohn des Mörders meines Sohnes saß an unserem Tisch. Er hätte nicht kommen müssen. Er kam und aß vom Teller, den ich spülen werde. Seine Zunge glitt über die Gabel, mit der er das Fleisch aufspießte. Ich werde sie in Seifenlauge einlegen. Er steht in diesem Haus unter unserem Schutz. Das ist der Brauch. Wolf, hast du Kaytun gemocht?

Ich habe ihn gehasst, liebe Dame.

Weshalb?

Er quälte Tiere. Er quälte Kinder. Er lästerte Gott.

Sie verleumden ihn, alle meine Nachbarn im Viertel. Und auch du lügst, Wolf. Das gehört sich nicht. Ihr redet schlecht über einen Toten, der für ewig schweigen muss. Gott gelästert? Das tat er nicht. Er sprach keine Gebete, doch was bedeutet das schon? Die Kinder, sie liefen ihm nach, es missfiel ihm, war er deswegen böse? Er verkaufte kein Spielzeug, er scheuchte die Buben weg. Kaytun, mein Erstgeborener, mein Erstgestorbener, der Herr hat sich seiner Seele angenommen. Wolf, nie wieder will ich dich in diesem Haus sehen. Der Mann, der dich an Sohnes statt annahm, verschleimen sollen ihm die Lungen, dass er elendig ersticke.

Dies Bild werde ich nicht vergessen: Der Tschetschene setzt die Filzkappe auf, sein Haupt ist bedeckt, er geht zu seiner Frau, legt die flache Hand an ihre Wange, verlässt den Raum, Nur Hanim ist ein Pfahl, daran man eine Maske genagelt hat, sie flüstert ein Nein, und das Brotmesser fällt Kubilay aus der Hand. Sie lassen mich ziehen, weil sie einen Schuldspruch gefällt haben, es verlangt sie nach Blutrache, es wäre ein Leichtes, Meuchler zu dingen. Zahn um Zahn, Sohn um Sohn. Ich bleibe verschont, Rustam Bey hatte nicht die Absicht, mich heute zu erstechen. Vater will er fällen, Vater soll mit dem Leben büßen, daran hängt der Seelenfriede des Tschetschenen.

60. Der Lebensspendende

Nahe bei dem Steinrad, auf das die Abergläubischen geschrotete Kirschkerne streuen, nah bei dem verbrannten Fleck Gras an der Moschee, bade ich im Wasser. Ich bin starr vor Angst. Feray hat mich dazu gezwungen: zum Baden und zum Fürchten. Ich lese ihr ein Gedicht von Tan vor, eine Klage über die schlechten und falschen Überbleibsel: Moslemische Nonnen der eisernen Zeit, die jenen Despoten anhimmeln, der die Osmanen an die englischen Imperialisten verkauft hat. Statt Häkeldecken legen sie auf Beistelltische Papierbanner mit dem Bild des letzten Imperators. Sie lauscht ungerührt den Versen und putzt sich die glänzende Nase, der Blütenstaub in der Luft reizt sie gelegentlich zum Niesen. Ich werde sie beachten, aber keine Dummheiten begehen, mein Kniefall vor ihr war beschämend. Sie fächelt sich Luft zu wie die Chansonette vom Vergnügungslokal. Ergebenheit widert sie an, meine Angst Angst Angst vor dem schwappenden Wasser am Ufer erheitert sie. Sie hat alle Haarnadeln abgestreift, sie liegen vor ihr auf der verwaschenen gelben Decke. Sie hat eine Kirche besucht, der Gekreuzigte ist ihr im Traum erschienen, aus den Wundmalen blutend. Wärest du eine Christin, würdest du als Heilige verehrt werden, sage ich und klappe das Buch zu.
Das wird nicht geschehen.
Dass du übertrittst?
Nein, sagt sie, dass man mich heiligspricht. Weshalb geht ihr vor diesem … hängenden Mann auf die Knie?
Ich tue es nicht, sage ich.
Wieso nicht?
Weil kein Mensch Gott werden kann.
In den griechischen Sagen gibt es viele Götter.
Große fähige Männer. Sie starben alle. Die Hinterbliebenen haben ihnen, weil sie den Tod nicht verschmerzten, Unsterblichkeit angedichtet.
Du redest wie ein Materialist.
Ich bin kein Roter.

Weiß ich, sagt sie, geh' weiter ins Wasser.

Ich will nicht.

Gut … Dir sprießt kein Haar auf der Brust.

Meinen Kameraden schon, sage ich, ich bin der einzige unbehaarte Junge in der Klasse. Deshalb verhöhnen sie mich. Ich gelte in ihren Augen als unterentwickelt.

Mach einen Schritt, nur einen einzigen.

Fische nagen an meinem Bein.

Piranhas, ruft sie lachend, nicht zurückkommen. Das war ein Scherz … Weißt du, was eine Muräne ist?

Bestimmt eine Unterwasserbestie.

Genau. Sieht aus wie ein dicker Aal mit spitzen Zähnen. Lebt in der Tiefe und lauert auf Fußknöchel, in die er sich verbeißen kann.

Ich gebe auf, trete aus dem Wasser, krempele die Hosenbeine über die nassen Waden, setze mich auf die Decke: Zwischen ihr und mir ist ein Anstandsabstand. Das Buch stecke ich in den Schulranzen, Feray hält den Dichter Tan für einen besseren Gazettenspalten-schreiber, sie wird sich nicht von ihm inspirieren lassen. Sie bewundert die großen Russen, Dostojewski und Tolstoi.

Ständig redet man mir ein, ich sei zu jung, um zu verstehen, sagt sie, komisch. Genauso oft höre ich, von meiner Mutter und meinen Tanten, dass ich bald heiraten soll.

Und, sage ich, willst du das?

Ist deine Schwester verheiratet?

Sie ist nicht meine Schwester.

Derya, so heißt sie doch … sie ist längst über den Mittag hinaus, und trotzdem hat sie keinen Mann und keine Kinder.

Ich kenne die üblen Gerüchte, sage ich kalt.

Ich kenne sie nicht. Welche?

Man verleumdet sie. Man behauptet, dass sie … nun ja.

Oh, wirklich?

Sie ist nicht lesbisch!, rufe ich.

Natürlich nicht, sagt sie, und auch wenn sie es wäre, es störte mich nicht. Im Gegenteil.

Wie bitte?

Lesben sind apart.

Verstehe ich nicht.

Weil du ein Mann bist, sagt sie, wenn mich eine Frau … begehren würde, wäre ich geschmeichelt.

Obwohl sie lesbisch ist?

Gerade deswegen. Sie kennt mich, ich muss ihr nichts beibringen … Du wirst rot.

Das ist eine heikle Angelegenheit, sage ich.

Sie kann nicht mehr aufhören, zu lachen, und nachdem sie mehrmals geniest und die schöne Nase geputzt hat, erklärt sie mir, dass ich ein Gesicht machte wie ein Frosch, den die Mücken stechen. Sie lacht wieder, als ich ernst nicke. Gibt es in diesem Wasser vielleicht doch Aalbestien? Ich starre auf meine Füße, keine Biss- und Nagespuren.

Ich habe mich schon mit einem Mädchen geküsst, sagt sie.

Was hast du?

Es war sehr nett. Eine Schülerin von der Parallelklasse. Hübsch. Sie schwitzt so schön. Mir sind ihre heimlichen Blicke aufgefallen. An einem Nachmittag, ich musste zur Strafe nachsitzen, betrat sie den leeren Klassenraum. Leer bis auf mich, die ich an der vorderen Schulbank saß und einen blöden Aufsatz über die blöde amerikanische Verfassung schrieb. Sie setzte sich neben mich und wir küssten uns.

Einfach so?

Hätten wir unsere Absicht feierlich kundtun sollen?

Ich frage sie nach dem verstreuten Kirschkernbruch, sie erzählt: Im ersten Licht des Tages fegen Kinder, die von ihren Müttern aus tiefem Schlaf geweckt werden, den Platz um das Steinrad rein. Ein Ritual, das sich bis in unsere Zeit überliefert hat. Die Gläubigen einer heidnischen Sekte, halb verrückte Analphabeten, verbergen den Sinn dieser Handlung. Die Männer sind üble Anisschnapssäufer. Die Frauen sind streitsüchtig und gebärfreudig. Sie bekennen sich zu einem falschen Propheten, einem Giftmischer in tintenblauem Gewand, einer Hofschranze aus dem vorletzten Jahrhundert, er wurde der Ketzerei überführt und erdrosselt. Das wenige, das Feray weiß, hat ihr ein Heide dieser Gegend verraten, der sie unsittlich am Knie berührte. Sie hat ihn auf den Kehlkopf geschlagen und ist weggelaufen. Mit seltsamen Geschichten unterhält sie mich, sie mischt sich oft unter das Gesindel, um zu lernen, sie küsst ein schwitzendes Mädchen, und bestimmt würde sie einem fangfrischen Fisch den Kopf abbeißen, um Salzwasser, Blut und Meergeheimnis zu schmecken.

Begehrst du sie?, sage ich.

Wen?

Deine Kussfreundin.

Ich umarme sie gerne, sagt sie, und ich sauge auch gerne an ihren Lippen.

Ihr Bürgerkinder seid mir fremd.

Dein ... leiblicher Vater ist Lehrer. Und damit ein Bürger.

Du weißt schon, was ich meine.

In früherer Zeit, bei den Osmanen, war man zügelloser.

Alles vergangen, sage ich, es geht mich nichts an. Ihr tut, als hättet ihr zwanzig Arme und zwanzig Herzen.

Zwei Arme und ein Herz, sagt sie lachend, den Rest bildest du dir ein ... Wieso kannst du nicht schwimmen?

Ich fürchte mich vor dem Meer. Vor all dem, was darin lebt und Augen und Zähne hat.

Na gut, sagt sie und gibt erst einmal auf.

Sie öffnet ihre Proviantbüchse. Ihre Mutter hat Kartoffeln über Nacht in der heißen Asche belassen. Wir essen sie ungepellt, sie schmecken mir sehr. Ich werde schlagartig müde, strecke mich auf der Decke, schließe die Augen, und als ein Schatten auf mich fällt, öffne ich die Augen, Feray mustert mein Gesicht, ich werde dich nicht küssen, sagt sie, und ihr versagter Kuss macht mich froh, nur deshalb lächele ich sie an, sie missversteht mich und weicht zurück, sie auf ihrer Seite, ich auf meiner Seite, glucksendes schwappendes Wasser, ihr leiser Atem, schreiende Möwe in der Luft, in ihren Häusern verschanzte Heiden, ihr Atem, Fliegen auf den Kirschkernstücken, bös summende Fliegen in der Nähe, Feray legt die Hand auf meine Armbeuge, es kitzelt, ich aber halte still, küsst Kubilay in diesem Augenblick Menekşche, ist sie ihm hörig, sind die Schergen schon angewiesen? Ich habe mit Vater gesprochen, er versprach, sich vorzusehen ...

Du bist in Gedanken, sagt sie.

Ja, bin ich, sage ich leise.

Ihr Jungs schnüffelt. Wir Mädchen riechen an der Haut.

Verstehe ich nicht.

Rieche ich gut?

Ja, sehr.

Wonach?

Nicht nach einem einzigen Duft, sage ich, du riechst nach totem Engel.

Die Gedichte verderben dich, sagt sie.

Tete, meine Großtante, mit der ich nicht verwandt bin, das stammt von ihr.

Lebt sie noch?

Sie hat Schmerzen, fast am ganzen Körper. Die Frau, die sie aufnahm, kann ihr nicht mehr im Haushalt helfen. Sie ist wunderlich geworden. Mehr als wunderlich.

Eine Geistesgestörte?

Nein … doch.

Toter Engel, sagt sie, wie riecht er?

Nach Zimt und weißen Federn. Nach Herbstlaub und Gottesnähe. Nach Holzrauch.

Es ist mein Frauenschweiß … Ich bin mir selbst genug.

Ich weiß, ja.

Wieso hast du dich auf Metes Geburtstagsfeier vor mir hingekniet?

Weil ich mich nicht beherrschen wollte. Ständig ermahnt man mich, ständig soll ich mich gut benehmen, alle sind höflich und kalt und dumm. Jeder Junge, den ich in der Schule kenne, wäscht sich das Gesicht morgens nach dem Aufstehen mit Duftseife.

Gehst du ungewaschen zur Schule?, sagt sie.

Wasser reinigt, sage ich, mehr ist nicht nötig.

Dein Kniefall …

Niedliche Mädchen. Niedliche Jungen. Geburtstagstorte, brennende Kerzen.

Und der wilde Deutsche mittendrin. Schreit und tobt.

Soll ich mich mit einem zweiten Kniefall entschuldigen?, sage ich.

Das ist nicht nötig. Wolf …

Ja?

Gib mir deine Hand. Bleib liegen.

Sie führt meine Hand in ihren Ausschnitt und an ihre nackte Brust, drücke sanft die Spitze, sagt sie, und ich tue es und wundere mich, dass sie sich nicht umgeschaut hat nach heimlich spähenden Heiden am Steinrad, wir liegen am Ufer auf der gelben Decke, ein menschenleerer Platz, nur Möwen und Fliegen und Abfall, rostende Konservendosen, Unrat der Menschen, die sich nah am Wasser erleichtert haben, ich knete die Warze ihrer rechten Brust, es vergehen viele Minuten, ich bin erregt, wenn sie sich jäh aufrichtet, wird sie es sehen, sie zieht mich an sich heran, und ich drücke mich an ihren Rücken, an ihren Hintern, küsse sie auf den Hals und auf das Ohr, meine Hand in ihrem Ausschnitt, ich darf es nicht, ich muss es unterdrücken, ich darf es nicht, dann aber zieht es an meinen Leisten, ich erschaudere, weiter, nicht aufhören, sagt sie leise, und sie führt meine Hand an ihren Schoß, presst sie gegen die Unterhose, immer wieder, immer wieder, bis sie erzittert. Wir bleiben liegen, wir kommen zu Atem, sie streicht ihren Rock herunter, wir richten uns auf, wir teilen die letzte Kartoffel in der Proviantbüchse.

Sie wäscht sich Gesicht und Hände, sie ruft mich herbei, schönes kaltes Meerwasser.

Willst du es ein weiteres Mal?, sagt sie.

Ja, Feray.

Ich lege die Wäsche nicht ab.

Gut, sage ich leise.

Du bist noch Jungfrau, sagt sie, ich werde nicht diejenige sein, die dir die Unschuld raubt.

Ich versuche, eine Zigarette anzuzünden, der Wind bläst die Streichholzflamme aus, meine Hand zittert, es gelingt mir erst beim vierten Mal. Feray ist verblüfft, es erheitert sie, dass ich den Rauch nicht in die Lungen einziehe, ich mache beim Paffen dicke Backen. Ein Schwarm von Vögeln mit Silberrücken fliegt kreischend in Richtung der hohen Minarette. Keine versteckten Schläger fallen uns an, kein Heide aus diesem Grenzland zwischen zwei vernarbten Hügeln geht mit einem Knüppel auf uns los, weil wir gegen das Gebot der Züchtigkeit verstießen. Das Wasser ängstigt mich nicht mehr. Meine Unterhose klebt an meinem Geschlecht, ich müsste mich schämen.

Feray drängt zum Aufbruch, ich schlage die gelbe Decke aus, falte sie, lege die Decke in ihre Tasche. Verlier' dich in den Gassen, die vom Grab des Heiligen abzweigen, sagt sie, ich werde dich finden, dann küsst sie mich auf den Mundwinkel und verschwindet.

61. In dessen Hand der Tod ist

Nach einem langen Fußmarsch und einer halbstündigen Busfahrt erreiche ich mein Viertel, ich eile zum verbrannten Land, zur Erde des Blitzeinschlags und der verbackenen Glasscherben, hier haben wir den Kopf der Krähe begraben, wir waren fünf Finger einer Hand, Deryas Bruder Batur lebte noch. Dschenk, Nuyan, Igor, Blutsbrüder, große Brüder, sie scharren den Boden auf, Dschenk greift in das Loch, zeigt uns den Schnabelschädel.

Der Letzte im Bunde, sagt er, er kommt als Letzter und wird bestimmt als Erster gehen.

Friss meinen Schmalz und meinen Augenseim, sage ich.

Tolles Jackett, sagt Nuyan, du musst es zum Schneider bringen. Er näht dir Schulterstücke ein. Dann siehst du nicht mehr aus wie eine Latte.

Der Schädel lockt Fliegen an, sagt Igor leise.

Wein doch gleich.

Ich will ihn haben, sage ich.

Was machst du damit?

Verschenke ihn einem Dichter. Wenn ich ihn finde.

Kennen wir ihn?, sagt Dschenk.

Er lebt nicht in unserem Viertel.

Dachte ich's mir doch. Feine Gesellschaft.

Von der hält er sich fern.

Und was schreibt er?, sagt Nuyan.

Gedichte, die vier Seiten lang sind.

Poeme sind wie Nagellack Mädchensache.

Hast du mal ein Gedicht gelesen?

In der Schule, sagt Nuyan, vaterländische Hymnen, zum Gähnen blöde.

Ja ... Dschenk, Bruder, wie geht es dir?

Das Atmen fällt mir immer noch schwer, sagt er, in den ersten Tagen danach hab' ich mir alles Wasser im Leib rausgeschissen. Verschrumpelte zur Mumie.

Wer war's?

Die Kerle von der Moralbrigade.

Hamit, der Feldpächter?

Könnte sein, dass er sie anwies.

Ist er mächtig?, sage ich.

Mächtiger denn je, sagt Nuyan, wen er beißt, stirbt.

Er und der Kommissar, sagt Dschenk, sie sind die besten Freunde.

Deinen Vater hat er verdrängt.

Mein Vater kümmert sich um seine Arbeit, sage ich.

Natürlich, das tat er immer. Es weht ein anderer Wind.

Ich sehe wieder Verschleierte, ruft Igor.

Reine Einbildung. Es sind nicht die Frauen. Es sind die Männer, die verrücktspielen. Sie schlendern durch die Gassen und klacken mit der Kummerkette. Tadeln jeden Jungen, der sein Hemd bis zur Brust aufknöpft. Sie sprechen von der amerikanischen Verwilderung ...

Was auch wir nicht gut finden, sage ich.

Kinder lieben Filmhelden, sagt Igor, das kannst du nicht verbieten.

Kubilays Vater, ich war in seinem Palast.

Ein weiterer Irrer, ruft Dschenk.

Er hat Geld, er hat Männer, er hat Macht.

Faschistensau ... Habe ich dich verletzt, Arier?

Ich ramm dir gleich den Schnabel ins Maul.

Noch habe ich ihn dir nicht gegeben, den Schädel. Was ist mit dem Tschetschenen?

Er hat Meuchler auf Vater angesetzt.

Oh, das ist nicht gut.

Bist du dir sicher?, sagt Nuyan.

Die Brüder glauben an böse Ahnungen, an das Gefühl, das sich zur Gewissheit verdichtet, ich erzähle in wenigen Worten von dem Abendessen, ich lese in ihren Gesichtern, dass sie keine Zweifel haben: Rustam Bey wird alles unternehmen, um den Tod seines Erstgeborenen zu rächen.

Dschenk reicht mir den Krähenkopf, ich verstaue ihn im Schulranzen. Was können wir unternehmen, gegen die Moralwächter, gegen die Meuchler? Igor ist nachdenklich geworden. Denkt er darüber nach, die Seiten zu wechseln? Sein älterer Bruder Agop würde ihm den Verrat nicht verzeihen.

Du dämmerst, sage ich.

Sie sind stärker als wir, sagt er, sie zermalmen uns, wenn wir den Kampf offen austragen.

Was schlägst du vor?

Diplomatie.

Du wirst mit ihnen verhandeln?

Agop spricht mit Hamit. Bittet ihn, Dschenk und Nuyan in Ruhe zu lassen. Ihr schwört ab.

Was tun wir?, schreit Nuyan.

Ihr schaut Mädchen hinterher. Ihr sorgt dafür, dass man es mitbekommt. Und zwar ab sofort. Agop wird erst Ende nächster Woche Hamit aufsuchen. Man darf euch beide nicht mehr so oft zusammen sehen.

Verschlagener Armenier, sagt Dschenk lachend.

Du, Wolf, sprichst mit mir. Ich spreche mit Agop. Agop spricht mit Hamit über die zweite Angelegenheit: Abdullah Bey braucht Schutz. Ohne dass man ihn davon in Kenntnis setzt.

Kenntnis, sagt Nuyan, was bringt man euch in der Schule bei, Beamtenlatein?

Gewandtheit.

Gewandt ist das Kriechtier, das sich im Gras schlängelt.

Schluss damit, rufe ich, ist das jetzt beschlossen?

Wir legen Hand auf Hand und besiegeln die Entscheidung. Ich bin nicht nur deshalb gekommen, ich muss eine Wettschuld einlösen. Auf dem Weg zur Molkerei streiche ich mit dem Alaunstein über die Haare, ich denke an einen Vers des Dichters Tan: Ein Hund im Schatten einer Hyäne verstummt für immer. In den bösen Tagen verstecke die Zunge hinter den Zähnen. Drücke sie am besten gegen den Gaumen, sie gleicht der Schlange in der feuchten Grube, sie beißt sich fest …

Wir betreten die Scheune, ich setze mich am Trog auf einen Melkschemel, beuge meinen Kopf, die Kuh riecht das Salz in meinen Haaren und beginnt, mit großer Zunge zu lecken. Wie fühlst du dich, ruft Dschenk lachend, ihr gebt ein schönes Pärchen ab! Dreißig Mal geht die Zunge über die Haare, ich stehe auf, die Brüder brüllen bei meinem Anblick vor Begeisterung, am Brunnen wasche ich mich von Kuhspeichel rein, umarme die Brüder, die mich den Rindgeleckten nennen. In den Gassen des Viertels brennen fahle Gaslaternen, sie leuchten nur einen kleinen Fleck Boden aus. Bin ich verliebt? Ich bin es nicht. Feray, schönes Mädchen, das in einem freien Russland leben will, in einem Russland ohne Kommunisten. Ich werde mich wieder mit ihr treffen, ich werde den Mund halten: Die Roten werden lange herrschen, Hyänen haben ein starres Rückgrat.

62. Der Lebendige

Hristo hat an der Kneipentür ein Schild mit einem aufgemalten Sinnspruch angebracht: Freund in der Not, Freund im Tod, Freund hinterm Rücken, sind drei starke Brücken. Vater, der einäugige Krämer, der Nasenlose und Schecho sitzen zusammen, halb volle hohe Schnapsgläser auf dem Tisch, eine Schüssel Granatapfelkerne, eine Schale Walnüsse, die Männer rühren sie nicht an.

Herr Vater, sage ich und küsse seine Hand, ich küsse die Hände seiner alten Freunde, sie klopfen mir auf die Schulter und auf den Rücken, Schecho zieht mich an sich heran, schnuppert an meinem Kopf, nickt schweigend und drückt mich auf den Stuhl.

Knabenschnüffler, sagt Hristo.

Der Junge wurde vom Rind geleckt, sagt Schecho.

Ist das wahr?

Ja, Herr Vater.

Das verlangt die Mode, sagt der Einäugige.

Weil du modisch bist, hast du dir einen schwarzen Bindfaden auf die Oberlippe geklebt!

Süleyman, ich hab's dir oft genug erklärt: Ich tu, was mir gefällt. Und nicht das, was mir die Franzosen oder die Amerikaner vorschreiben.

Wo's Mode ist, trägt man die gegerbte Arschhaut des Mastochsen als Hut, sagt der Nasenlose.

Rede mit dem Gerber, er kann dir helfen.

Ich kenne einen Mann in Samatya, sagt Hristo, er trägt eine große Pelerine aus Schaffell.

Bimbab.

Genau der.

Komischer Name, sage ich.

Er macht einen Schritt und flüstert: Bim, beim zweiten Schritt: Bab. Er geht herum und wispert die ganze Zeit. Bimbab Bimbab.

Ist er … irre?

Ich habe ihn gefragt, sagt Vater, ich fragte ihn: Lieber Herr, verzeih mir meine Neugier, sprichst du eine mir unbekannte Schutzformel? Er wurde wütend und biss dich in den Kopf, sagt der Nasenlose.

Das tat er nicht. Er zog den Umhang fest um seinen Leib und erstarrte. Ich wartete. Nach einigen Minuten wünschte ich ihm einen guten Tag und zog weiter.

Himmel aufgerissen, wir stürzen, sagt Schecho leise und greift eine Handvoll Granatapfelkerne von der Schüssel ab. Sein kahler Schädel glänzt, er wischt den Schweiß mit einem Fetzen Tuch voller Flecken, stopft ihn in die Brusttasche. Die Webwarenhökerin ist seiner überdrüssig geworden, sie ist ins Zigeunerviertel zurückgekehrt. Mein Vater hat graue Schläfen, er drückt im Sitzen gelegentlich das Kreuz durch, oft fährt ihm der Schmerz in die Schultern und peinigt ihn viele Tage. Es zeugte von Dreistigkeit, vor den Männern Bier zu trinken, ich nippe an der übersüßten Limonade.

Ein kurzer Besuch in der Woche.

Ja, Herr Vater.

Besuche deine Mutter.

Natürlich.

Was quält dich?

Der Tschetschene will dich töten lassen.

Das hast du mir schon verraten, sagt er.

Weshalb führen nicht wir den ersten Schlag aus?, sage ich.

Dein Junge kommt nicht nach dir, ruft der Nasenlose, er ist klug. Irgendwann wirst du, Süleyman, mitten in der Nacht aufschrecken und in eine blutbeschmierte Hexerfratze starren. Das bin dann ich mit einer handgearbeiteten Maske am Gesicht.

Dein Sohn lässt sich vom Rind lecken, sagt der Nasenlose ungerührt, das ist dein verderblicher Einfluss.

Herr Vater …

Rustam Bey trauert um einen Kerl, den er nicht hätte zeugen dürfen. Er lässt sich seinen Unmut zu Herzen gehen. Die Wunde heilt übel. Er zog aus diesem Viertel, nun gehört er zu den fremden Leuten. Trotzdem will er wirken, als lebte er noch unter uns. Also wirken wir, als lebten wir drüben in seiner Nachbarschaft.

Seine Schergen.

Noch haben wir sie nicht aufgespürt, sagt Hristo.

Kurde Memet setzt die Schlammblütler auf sie an.

Das ist gut, Herr Vater.

Er wird Verluste erleiden, sagt der Einäugige, kein Händler verschmerzt einen schlechten Handel.

Kubilay?, sage ich leise.

Wird weiter atmen, sagt Vater.

Nur Hanim?

Eine ehrenwerte Frau, wir achten sie.

Fast jede Ware brennt, ruft Hristo lachend, Teppiche, Delikatessen, Schnaps, Zigaretten.

Opium, sagt der Nasenlose, verrecken soll der Giftmischer!

Verreckt er, stirbt bald darauf auch seine Frau. Das dürfen wir nicht zulassen. Oder, Wolf?

Nein, Herr Vater.

Wenn der kleine Tschetschene dir komische Fragen stellt, wirst du dichthalten wie Bimbab, der mir sein Geheimnis nicht verriet.

Arier Bimbab, du bist ein Junge mit vielen Namen, sagt der Einäugige grimmig.

Achte mir auch auf Igor. Ich weiß, ihr seid durch das Blut verbunden. Ein schwacher Bruder, sein Unterleib ist übermächtig.

Die Männer sprechen über seinen Vater, den Armenier Istefan, der immer noch glaubt, dass Hitlers Wunderwaffe die Kommunistenzentrale Moskau zerstören wird. Er hat alle Vornehmheit abgelegt: ein massakerlüsterner Greis, ein vor der Zeit Gealterter, der seine Söhne anpeitscht, das große kommende Wunder nicht zu verschlafen, und also kleine Wunder zu wirken. Agop übt mit schweren Keulengewichten, dass sich Muskeln spannen und wölben. Der Kleine ist für den Vater eine Enttäuschung. Schecho hat bei einem Rundgang in den Vierteln auf der anderen Seite Istefan Bey den Sohn schlagen sehen, vor den Augen seiner Knechte und seines Chauffeurs. Er schlug ihn wie einen Maulesel, und Schecho warf einen Stein, traf den Armenier an der Schläfe, duckte sich hinter einem geparkten Automobil.

Er hat dich nicht gesehen?, sagt der Nasenlose, schwer zu glauben. Einmal verstecktest du dich in der Scheune. Weil du durch den Mund atmest, habe ich dich gehört und dich herausgerufen.

Wieso soll ich mich verstecken?

Du wolltest mich anfallen.

Ich arbeite in der Scheune, sagt Schecho zu den Männern, da stürmt er brüllend hinein, wirft sich auf mich. Ein Zinken der Mistforke in meiner Hand hat ihn geritzt.

Er spießte mich auf, sagt der Nasenlose, ich wäre fast verblutet.

Ein Kratzer. Keine Wunde.

Mein Freund Süleyman, ruft der Einäugige, wir kennen dich schon sehr lange. Einmal lehnte ich mich gegen einen Laternenpfahl. Der Pfahl sprach grimmige Worte. Ich machte vor Schreck einen Satz zur Seite. Ich sah und erkannte Süleyman, den Prächtigen.

Wann war das?

Am Tage, da du deine Schuhsohle gewichst hast.

Das war ein Versehen …

Ich stehle mich heimlich aus der Kneipe, dann laufe ich durch die Pilgergasse, grüße die Brunnenfrauen, stolpere fast über die spielenden Kinder in der Efeugasse, sie werfen Kieselsteine und stumpfe Scherben hoch, klatschen und schnipsen, fangen Steine und Scherben auf. Ein Junge zupft an meinem Ärmel, bittet mich, ihn zu erwählen, er ist bereit, er fürchtet sich nicht vor den Mutproben, das Messer soll ihn beißen. Du bist noch zu jung, sage ich, übe noch, übe mit Zündhölzern, und ich greife nach der Streichholzschachtel in der Tasche, balle die Faust, stecke das Zündholz zwischen den gekrümmten kleinen Finger und Handballen, drücke die linke Hand gegen die staubige Erde, spreize die Finger, stoße zwischen die Fingerkuppen, schneller und immer schneller, die Jungen starren, die Mädchen kichern über dies alberne Spiel. Der kleine Junge verspricht mir, nicht eher einen großen Bruder anzusprechen, bevor er nicht so schnell hackt wie eine hungrige Krähe mit seinem Schnabel.

63. Der Ewige

Die Vorder- und die Hintertür des Hauses sind aufgerissen. Mutter sitzt zur späten Nachmittagsstunde im Hintergarten auf einer kleinen Bank, die der Schreiner gezimmert hat. Sie sieht mich kommen, sie lächelt über das ganze Gesicht, sie umarmt mich, küsst meine Wangen, streichelt meinen Kopf, zählt die Narben, und ist zufrieden. Sie bringt einen Teller mit süßem Gebäck, kleine feste Teigtaschen mit Walnuss-Rosinen-Füllung, ich muss alle drei Teigtaschen essen, und das Glas selbst gemachte Limonade austrinken.
Danke, Mutter.
Du bist dünner geworden. Isst du drei Mal täglich?
Morgens wie ein König, mittags wie ein feiner Bürger mit kleinem Appetit, und am Abend wie ein Bettler.
Warum bist du blass? Hast du Fieber? Schützt du dich gegen den kalten Wind?

Ich bin gesund.

Ziehst du auch das Flanellpyjama an?

Immer … fast immer.

Ich wusste es! Sohn, du musst deinen jungen Körper warm halten. Im Schlaf wirfst du die Decke ab, und dann schneit es auf dich.

Es schneit?, sage ich.

Dir wird kalt. Aber da du schläfst, kannst du dich nicht zudecken. Der Wollpullunder, den ich dir gestrickt habe, trägst du ihn nachts?

Nicht im Sommer, Mutter, ich schwitze darin.

Lockst du Fliegen an?

Wie bitte?

Lassen sich ungewöhnlich viele Fliegen auf dir nieder? Denkst du manchmal, dass du gärendes Fallobst bist?

Nein, Mutter. Mich umschwirren nicht mehr Bremsen als andere Menschen auch.

Bist du in Gedanken zu sehr bei den Mädchen?

Ganz bestimmt nicht, rufe ich.

Also doch. Ich rate dir, sei wachsam. Ich … wusste von nichts, bis zu meiner Heirat. Die Mädchen in dieser Zeit reifen schnell. Ich frage mich, woher sie ihr Wissen beziehen.

Aus den Magazinen.

In denen du blätterst?, sagt sie.

In denen die besagten Mädchen lesen, sage ich, sie erfahren alles.

Und wieso lässt man die Schreiber gewähren? Es sind unzüchtige Lehrer.

Wegen der Freiheit.

Frei wähnt sich der Esel, wenn er sich losgerissen hat und durch die Felder galoppiert. Dann fängt man ihn ein, hängt einen Hanfsack um seinen Hals, und er käut glücklich Hafer und Stroh. Meine Tochter Derya redet mir zu oft von der glänzenden Zukunft … Es hat sich nichts geändert?

Sie wandte sich von mir ab, sage ich, du kennst sie, sie bleibt immer bei ihrer Entscheidung.

Ich liebe dich, du bist mein Sohn, sagt sie, begehe ich dadurch Verrat an Batur, Gott sei seiner reinen Seele gnädig?!

Wir lieben ihn.

Derya sagte mir einmal: Ich bin eine Frau, ich bin ein Fehler der Schöpfung.

Das hat sie gesagt?!

Sie fuhr fort: Frauen sind geschminkte Tiere, mit denen die Männer ... schlafen können. Frauen werden auf dem Viehmarkt verkauft. Wenn sie nicht genug Wolle oder Milch geben, werden sie geschlachtet. Hier gibt es keine Zukunft für uns. Wir müssen alle auswandern.

Sie übertreibt.

Nein, sagt Mutter streng, sie hat recht. Dies Land ist verflucht. In die Erde dieses Landes versickerte das Blut der Unschuldigen. Es wird sich nichts ändern. Die neuen Herren, sie halten viele Reden. Sie brüllen: Wir haben als erstes Land der Welt das Frauenwahlrecht eingeführt. Das mag ja stimmen. Was nützt es uns? Die Männer bleiben Viehhändler. Du wirst mir nicht entraten, hörst du!

Ja, Mutter.

Schätze dich aus einem einzigen Grunde glücklich, ein Mann zu sein: Du darfst Frauen lieben.

Sie klopft mir auf die Hand, obwohl ich keine kleine Ungehörigkeit beging. Ich ziehe die Weisheit ihrer Worte nicht in Zweifel. Ich werde begehren, und ich werde gejagt werden. Sie hat mir sechs Teigtaschen eingepackt, ich klaube eine Handvoll Nüsse und Rosinen aus der Schale, sie umarmt mich zum Abschied, riecht an meinem Kopf, umarmt mich wieder. Als sie die Tür hinter mir schließt, höre ich sie im Haus laut lachen.

Auf dem Weg zur Bushaltestelle winkt mir Ayliye zu, die schöne Tochter des Metzgers. Sie muss im Auftrag ihres Vaters Besorgungen machen, wir steigen gemeinsam in den Bus, nehmen nebeneinander Platz, ich biete ihr eine Teigtasche an. Sie wickelt ihr zerkautes Kaugummi in Silberpapier ein, beißt in das Gebäck, schaut mich von der Seite an, und fragt, ob mich ein Rind geleckt hat. Sie lacht, bis ihr die Tränen kommen, es kümmert sie nicht, dass wir von den anderen Fahrgästen angestarrt werden. Es sind alles Frauen, sie arbeiten als Mägde und Zofen in den Häusern der Reichen auf der anderen Uferseite. Ayliye ist neugierig, ich erzähle von der Schule, von Führer und der Sekretärin, von dem hinterlistigen Doktor Bernhardt, den wegen seines Titels die Türken für einen Arzt halten.

Gestern habe ich die verdammte Möwe endlich erwischt, sagt sie.

Welche Möwe?

Das verdammte Biest, das mir die Fenster bekackt. Jeden Tag musste ich putzen.

Hast du sie erschossen?

Sei nicht albern. Ich habe Spucke im Mund angesammelt. Ich lauerte im Schatten unter der Dachtraufe. Da sah ich sie, zielte und spie ihr im Sturzflug ins rechte Auge.

Nein!

Doch. Sie hat gekreischt. Der Möwenschiss platschte aufs Pflaster. Heute lauerte ich ihr wieder auf. Aber sie hat verstanden. Sie scheißt andere Fenster zu.

Du bist verrückt, sage ich.

Wer lässt sich von einer Kuh lecken?, sagt sie lachend.

An der Brücke steigen wir aus und gehen zu Fuß hinüber. Straßenkatzen neben Eimern mit kleinen Köderfischen. Sesamkringelverkäufer, Höker und Händler von Plastiktand. Mädchen ausländischer Schulen in gestärkten weißen Blusen und im züchtigen Faltenrock. Beamte mit Gehstock, Beamte, die ihre schwarzen Aktentaschen schwenken. Meeresluft, warmer Wind, Ayliye zeigt auf den feinen roten Belag auf dem Gehweg, Wüstensand aus Afrika oder Arabien, von brausender Luft hochgeschleudert, über Tausende Kilometer herbeigeweht, niedergegangen vom Himmel über Istanbul. Die Weissager und Handleserinnen streifen durch die Gassen. Wir setzen uns an den runden Marmortisch auf der Terrasse eines neuen modernen Kaffeehauses, Ayliye ruft eine Zigeunerin herbei, starrt den Kellner so lange an, bis er den Blick abwendet und leise fluchend abrauscht. Sie legt die Hand auf die Hand der Zigeunerin, die mit dem Finger schweigend die Linien entlanggeht.

Ich lüge nicht, sagt sie.

Was liest du, liebe Dame?, sagt Ayliye.

Diese tiefe Furche, keine Handlinie.

Ich zog eine Glasscherbe aus dem Fleisch. Die Wunde verheilte schlecht.

Gut. Gut. Kein großes Unglück, sei froh, Mädchen.

Kleine Unglücke?

Einige wenige. Wie im Leben eines jeden Menschen. Dir wird ein Kleinod geschenkt werden. Zur rechten Zeit. Nicht Gold, also kein Ehering. Du hast schon Heiratsangebote bekommen. Mehr als zwei, weniger als fünf.

Richtig, ruft Ayliye.

Du wartest ... nein, du wartest nicht. Andere Mädchen warten, du aber bist deines Schicksals Herrin. Wer bist du, Junge?

Ein Bekannter aus ihrem Viertel, sage ich.

Kann man ihm vertrauen?, sagt die Zigeunerin zu Ayliye.

Sprich offen, liebe Dame, sagt Ayliye.

Gut. Gut. Ich schaue und sehe: reines Herz, reiner Kopf, reiner Schoß. Jederzeit bereit, zu empfangen ...

Soll ich euch vielleicht doch allein lassen?, sage ich.

Bleib sitzen, Junge. Und unterbrich mich nicht!

Verzeihung. Wollen Sie etwas trinken?

Danach. Wasch dich, wenn du zu Hause bist.

Ja, liebe Dame.

Mädchen, Mädchen. Ein Fohlen bist du. Ungestüm. Eine Kraft, die über dich wacht. Strenger Mann. Dein Vater, bin sehr sicher.

Das stimmt.

Blut. Wieso sehe ich so viel Blut, obwohl keiner blutet?

Das ist unheimlich, sagt Ayliye leise, mein Vater ist Metzger.

Mutter starb?

An Schwindsucht.

Gott nehme sich ihrer Seele an. Gut. Gut. Ein Kind mit dem Gesicht eines Mannes ohne Bartstoppeln. Wieso erscheint mir dies Angesicht? Es ist bemalt mit malvenfarbenen Zeichen. Puppe, Talismanmännchen, Strohpüppchen? Nein.

Sie lesen die Hand wie Kaffeesatz, sage ich.

Still, Junge. Ich bin dem versteckten Ding auf der Spur. Ding wird sichtbar. Linie von da nach dort, schmaler Weg, führt zum kauernden Tier, das eine Menschenkrone trägt. Wer hat es gekrönt? Wer lässt es herrschen über dich? Mädchen, jemand im zweiten Kreis um dich, als Freund getarnt, erscheint dir als Feind.

Eine Frau?

Frau. Sie lebt in der Nähe eines Brunnens.

Davon gibt es viele bei uns, sagt Ayliye.

Wo?, sagt die Handleserin.

Siebentürmeviertel.

Grausam seid ihr, wir wissen das.

Zigeuner jagen wir nicht, sage ich.

Männer verschlucken ihre abgeschnittene Zunge und ersticken, sagt sie böse.

Diese Frau, liebe Dame, wird sie mir schwer schaden?

Nicht, wenn du es verhinderst … Gut. Gut. Diese deine Hand schließe ich und spreche: Alles liegt in Gottes Hand. Er allein wirkt.

Ich bin Seher, kein Wahrsager.

Danke, sagt Ayliye, schließe mich in deine Gebete ein.

Ich sehe der hüftschweren Zigeunerin nach, sie hat bedeutungsschwere Worte gegen gutes Geld eingetauscht. Vor dem Fluch des fahrenden Volkes muss man sich hüten, es lebt in Ruinen ohne Strom und Wasser, es wird geknechtet und geschunden, es schützt sich mit Gottes Groll.

Aus der Richtung, in der die Frau verschwunden ist, eilen junge Frauen und Männer herbei: Schüler und Studenten. Sie schütten … Menschenhaar aus Hanfsäcken auf die Straße, Wüstensand stäubt auf. Sie entrollen keine Spruchbänder, sie sprechen die Bürger nicht an, sie schmettern keine Parolen. Derya in Halbstiefeln, sie trägt eine Männerhose, sie flüstert einer Studentin ins Ohr, zwei kahlköpfige Frauen im Feuer der Revolution, und ehe ich mich versehe, bin ich aufgesprungen, in wenigen Schritten bin ich bei meiner Schwester, die nicht meine Schwester ist, und ich sage ihr: Wieso hast du das getan, du hattest so schöne Haare?!, sie aber wendet sich ab, läuft davon. Kurz danach erscheinen die Polizisten, ich werde verdächtigt, der roten Rotte anzugehören, sie wollen mich abführen. Der Kellner bezeugt meine Unschuld, er hat meine Worte gehört. Ein Polizist stößt mir in die Flanke, fast lande ich auf den Haarknäueln. Die Männer und Frauen auf der Terrasse werden befragt, sie dürfen verweilen, aber die Polizisten nicht bei ihrer Ermittlung behindern. Ayliye bittet den Kellner um zwei Tässchen halb gesüßter Mokka.

Das war ohne Zweifel Derya, sagt sie leise.

Kahl geschoren.

Die Jüdin aus dem Lager. Jetzt trampeln die Kerle auf ihrem Haar.

Was bedeutet das alles?, sage ich.

Eine Protestaktion.

Wofür und wogegen?

Das weißt du doch, Arier, sagt Ayliye, für die Revolution, gegen die herrschende Klasse.

Das Volk ist befremdet.

Du sprichst wie ein Greis.

Soll mir das etwa gefallen?

Die Amerikaner haben uns gekauft, sagt Ayliye. die Patrioten liefern uns aus. Derya kämpft. Wir dagegen trinken Kaffee.

Das nimmt ein böses Ende, rufe ich, man wird die Kerker mit Leuten ihres Schlages füllen. Alle in meiner Klasse sind Salonsozialisten. Ihre Gottlosigkeit widert mich an.

Hast du Marx gelesen?

Ich habe es versucht. Er ist der König des Pöbels.

Und bist du der Knüppel der Bourgeoisie?, sagt sie lächelnd.

Reich und Arm kommen nicht zusammen.

Früher dachte ich, mein Vater ist der reichste Mann des Viertels.

In den Kriegsjahren.

Ja, sagt sie, jeder möchte Fleisch essen. Damals blieben die Armen aus.

Du hast mich zur Schule geführt, sage ich, jeden Morgen. Es missfiel dir. Trotzdem, ich danke dir.

Die Mädchen zogen mich auf: Das Goldkind, zerre es in die Büsche, richte es zu deinem Lustsklaven ab. Es soll dir dienen, wann immer du willst … Deinetwegen habe ich mit einer Klassenkameradin gerauft. Sie hat …

Was denn?

Nichts, sagt sie und leert ihre Tasse in einem Zug aus.

Was, Ayliye?

Gib Ruhe, ruft sie, es wird Zeit. Ich bezahle. Geh bitte jetzt.

64. Der alles Bekommende und Findende

Tante Rena läuft bei meinem Anblick rot an. Zwischen zwei Wä-
scheständern im Wohnzimmer erkläre ich ihr, dass ich den Dichter suchen wolle, den Dichter, der über die Mäuseburg Istanbul
schreibt, über die zerschlagenen Tonkrüge im Erdreich unter den
Fundamenten, über den neuen Gebetsausrufer in der kleinen Moschee, in der die Fellmützenverkäufer das Gebet verrichten, Jünglinge, vierzehnjährig, rein, unverdorben, bei der Andeutung einer
Teufelei bluten ihre Nasen, rein, unverdorben, wenn sie nach dem
Gebet ausschwärmen, seufzen die Mädchen und schrauben die
Duftölfässchen auf, den Dichter, der diese lesenswerten Nachrichten aufschreibt, will ich finden, und seltsamerweise gibt mir Tante
Rena für diese Nacht frei, ich muss ihr versprechen, dunkle Gassen zu meiden, und auf die Angebote der Unzüchtigen nicht einzugehen, bei diesem Wort errötet sie wieder, schiebt mich aus der
Wohnung. Wenigstens hat sie mich nicht auf mein gelecktes Haar
angesprochen.

Ich setze mit der Fähre auf den asiatischen Teil über, stehe an der
Reling, esse hungrig einen Teigkringel, denke an die Revolution,
die nicht kommen wird, an Deryas hasserfüllten Blick, mit dem sie
mich bedachte, ich bin der Schmarotzer, der sich an Buraks Leib
festsog, bis er starb. Ihre Kämpfe, ihre Protestaktionen, ihre Ge-
nossenliebe. Ich sehe junge Mütter, bewacht von finster starrenden
Ehemännern oder Brüdern. In ihre Welt will ich nicht hineinragen.
Ihre Kinder ziehen und zerren an Rockschößen, was stimmt mit
ihnen nicht, was schreien sie wie verzogene Gören? Pelin würde
mich einen kalten Arier schimpfen. Diese Kinder sind kleine Parasiten. Sie sind große Ratten, sie zerfressen die Tonkrüge in der tiefen Erde. Böses Gefühl, böse Gedanken, sie stärken mich.
Auf dem Platz der Kupferklopfer und der Messerschleifer steht
ein Mann mit rotblonden Haaren am Grab eines Osmanenkrie-
gers, dessen Gebeinen Wunderkräfte nachgesagt werden, sie sollen in finsteren Nächten die Gruft erleuchten. Der Mann rührt sich

nicht, er sieht aus, als wäre er stehend gestorben. Dann wippt er auf den Fußballen, vor und zurück, vor und zurück, summt eine Melodie, und als er sich umdreht, entdeckt er mich, der ich ihn anschaue, ich halte den Gedichtband hoch und gehe auf ihn zu. Er wartet. Er wippt auf den Fußballen. Er trommelt mit den Fingern am Schoß des Jacketts. Tiefbraune Augen, rote Augenbrauen. Er ist kein Albino. Hat er sich Stacheldraht um den ganzen kleinen Finger gewickelt. Stacheldraht, ja.

Der Mongole?, sagt er.

Bei meinem dritten Besuch fasste er Vertrauen, sage ich.

Die Höker haben mir hinterbracht, dass ein narbiger deutscher Junge nach mir sucht. Mich hat es überrascht. Also bin ich nicht untergetaucht.

Danke, sage ich dumm.

Wofür? Du liest mich.

Ihre Gedichte.

Nein, mich, sagt er, wieso ist deine linke Hosentasche ausgebeult?

Nüsse und Rosinen. Möchten Sie welche?

Möchte ich … reicht. Die Narben?

Aus Kämpfen mit Messer oder Steinen.

Werdender Krieger, bist du das?

Soldat will ich nicht werden.

Der Hundesohn, der verwirrt.

Wie bitte?

Der Scheinblinde, der Trillerpfeifen verkauft, so nennt er mich. Er nennt mich: Der Hausmeister der Worte. Der Ermahner der Kriechtiere.

Wollen Sie ihm ein Gedicht widmen?

Seine Ahnen waren Palastdiener. Suppenmacher. Dem Sultan brannte der Arsch. Eine Kichererbse hielt er für den Kopf eines Insekts. Er tobte. Kopfloser Mongole.

Arbeiten Sie?

Komische Frage, Jüngling, sagt er fröhlich, was ist Arbeit? Du bist Schüler, du lernst für die Prüfung. Der Bäcker, er steht um vier Uhr morgens am Feuer, schiebt den Teigling in den Ofen. Du und er, seid ihr verschieden?

Die meisten Männer des Volkes halten mich für arbeitsscheu, sage ich.

Weil deine Hände dein Kopf sind.

Ja, Herr.

Du bist nicht mein Knecht. Ich heiße Tan. Und du heißt Wolf. Übersetzt man deinen Namen ins Türkische, heißt du Kurt. Kurt wiederum ist auch ein deutscher Name.

Das stimmt, sage ich.

Ich ernähre mich von den Essensresten anderer Leute. Dafür schreibe ich Briefe und Anträge. Ich werde zu Hochzeiten eingeladen, ich halte eine Rede, ich sage einen Achtzeiler auf. Gesundheit, Schönheit der Braut, Stolz des Bräutigams, mindestens drei Kinder, Segen. Ist man zufrieden, speist man mich. Habe ich die Eltern der Braut verstimmt, droht man mir Prügel an und macht es wahr.

Das ist vorgekommen?

Ja, Jüngling. Nur ein paar Ohrfeigen. Keine Narben … Ich bin in einer seltsamen Verfassung.

Ihre Geliebte?

Sie hat mich längst vergessen, sagt er, und ich werde lernen, nicht an sie zu denken. Ich bin nicht traurig. Bist du es?

Nein, Herr … nein.

Wieso nicht?

Ich weiß darauf keine Antwort, sage ich.

Die Kichererbse in der Suppe, sagt er lächelnd, es wird überliefert, dass es eine halb gekochte Kichererbse war. Der Sultan brauchte nur einen Anlass. Er zeigte sie herum, und die Hofschranzen überboten einander mit Lauten der Missbilligung.

Kennen Sie die Geschichte vom verliebten Eunuchen?

Kenne ich … Was tust du jetzt, da du mich gefunden hast?

Kann ich mich Ihnen anschließen?

Ein Rothaariger und ein Blonder, ruft er lachend, wir ziehen durch die Nacht, und die Kupferklopfer halten uns für die Verkünder des letzten Tages, der anbricht.

Schicken Sie mich weg, wenn ich Ihnen lästig bin, sage ich.

Zu viel Höflichkeit, das bringt mich um.

65. Der Ruhmvolle

Er führt mich zum Vetter des Mongolen. Eine Bauernstube, Krumm-säbel und Zierteppiche an den Wänden, wir sitzen auf Bodenpolstern, die Frau des Hauses sitzt neben ihrem Mann, sie strahlen den Dich-ter an, sie mustern mich neugierig. Ein Nachbar klopft an die Tür und wird hereingebeten. Der Vetter spricht von den hageren Kerlen, die bei den Händlern Schutzgeld erpressen. Tschetschenen? Nein, Alba-ner und Zigeuner, eigentlich kommen diese Völker nie zusammen, eine Seltenheit. Der Mongole erscheint nach einer halben Stunde, man hat einen Boten nach ihm geschickt. Er erkundigt sich nach Hezro, dem verzogenen Kind. Wir reden nicht mehr miteinander, sage ich, er behandelt mich nach diesem Vorfall wie Luft, er hat mir vorgeworfen, ihn vor einem Fremden gedemütigt zu haben. Bengel, ruft der Mongole, Kamelkacke, wenn der Sumpf gluckst, gärt die Lei-che im Grund. Tan, der Dichter, muss über seine Worte lachen. Die Frau des Vetters möchte wissen, was man auf einer höheren Schule lernt. Geschichte, Deutsch, Türkisch, Algebra und Geometrie, Erd-kunde, griechische Hymnen, vaterländische Hymnen, Nationalstolz, Darwinismus. Was ist das? Ich erkläre: kein Gott, die Kraft der Natur. Sie verliert das Interesse, sie gähnt, sie verlässt gähnend die Stube. Der Mongole und sein Vetter unterhalten sich über die Erpresser, sie sind stark in diesem Viertel, sie wollen auch in anderen Vierteln mächtig werden. Ein großer Fehler, die Polizei, wegen der politischen Aufrüh-rer übel gestimmt, wird die Banditen niederknüppeln. Tan lauscht, isst Rosinenplätzchen. Ein Hund knurrt laut vor dem Haus.
Dein Wachhund?, sagt er.
Ist mir zugelaufen, sagt der Vetter, vor zwei Tagen. Er frisst mir aus der Hand.
Er liebt dich.
Nein, er mag nicht vom Blechteller essen. Ich muss ihn füttern.
Er winselt, sagt der Mongole.
Verliebter Rüde. Eine griechische Dame führte ihr Schoßhündchen spazieren. Hund sah das Weibchen, sprang sie an, die Dame ist seit-dem beleidigt.

Hund?

Die Seife, mit der ich mir die Hände wasche, sagt der Vetter, ich gebe ihr keinen Namen. Das Zimmer, in dem wir uns befinden, heißt nicht Hasan oder Hüseyin. Es heißt Zimmer.

Du bist dämlich, sagt der Mongole.

Was?

Der Hund lebt. Die Seife … nun ja, die Seife schäumt.

Und das Zimmer besteht aus vier Wänden. Du hast mich belehrt, ich habe nichts dazugelernt.

Meine Seife heißt Herr Seifchen.

Wer von uns beiden ist der Verrückte?, ruft der Vetter.

Herr Seifchen liegt gut in der Hand. Er flüstert mir beim Händewaschen zu: Etwas weniger Wasser, bitte bitte, etwas weniger Wasser.

Und was tust du?

Ich will Herrn Seifchen nicht kränken, ich komme seiner Bitte nach.

Hier, sagt Tan, ich mache euch mit meinem Daumen bekannt: Ismael Bey.

Feines Herrchen.

Nicht wahr? An jedem Festtag lecke ich über den Nagel, dann glänzt er.

Sehr lustig, sagt der Vetter, ich glaube eben nicht, dass ein Hund mehr ist als ein Hund.

Er ist kein Schakal und kein Spatz, da hast du recht, sagt der Mongole, Dichter, hast du je eine Ode an einen Hund verfasst?

Sollte ich das?

Das Tier gehört zu den schönen Dingen des Lebens, sagt der Nachbar.

Der Dichter und die Mongolen, sie sehen aus wie Bettelderwische, ich bin das kauernde Äffchen in ihrer Mitte, das sie schützen vor den Geldeintreibern und vor dem unreinen verliebten Rüden. Es gähnt der Hausherr, dies ist das Zeichen, dass wir aufbrechen, ich danke den Männern, ich beuge den Rücken, um die Hand des Händlers zu küssen, er entzieht sie mir, beschenkt mich mit einer Kummerkette aus Olivenkernen. Ich soll an den Perlen ziehen und ein Gebet meines Glaubens sprechen, ich soll den Herrn darum bitten, den von Ihm Begünstigten zugeschlagen zu werden. Draußen, im aufkommenden Wind, hören wir von weit her Trommelschläge. Ein Zigeuner wird, da ihm das Herz in der Nacht klopft, auf die Handtrommel schlagen.

Ich folge dem Rothaarigen. Taumelnde Männer kommen uns entgegen, es sind große Brüder, sie haben sich einen Bart stehen lassen, ein Eid bindet sie, oder aber ein Racheschwur, der Dichter grüßt sie im Vorbeigehen, sie lassen ihn hochleben, sie schreien seinen Namen hinaus, immer wieder, er eilt weiter und zieht mich mit. Es sind junge Säufer kurz vor dem Augenblick ihrer Verstimmung. Auf dem Platz zum steinernen Tändler setzt er sich in den Schatten der Pinien, er holt aus der Jackentasche ein kleines Heft hervor, schreibt eine Zeile hinein, liest die Zeile laut vor: Was kümmern mich die Wolken vom vorigen Jahr? Ein Junggeselle, ein Taugenichts, ein Jüngling, der Kind blieb zeit seines Lebens, bis ihn ein Automobil erfasste: Nach diesem Tändler ist der Platz benannt. Der Dichter erhebt sich. Ich folge dem Rothaarigen.

Am Tisch vor einem schiefen Haus sitzt Targu Manusch mit einer Fliegenklatsche in der Hand, gelegentlich ruckt die Hand vor, und dann liegt eine tote Fliege auf dem Tisch, die er auf den Boden fegt. Ich kenne ihn von den Erzählungen des Mongolen. Dürfen wir kurz verweilen?, sagt Tan, Manusch Bey scheucht uns nicht fort, und also bleiben wir. Ich werde ihm als der Sohn eines deutschen Vaters vorgestellt, der von Türken aufgezogen wurde. Targu Manusch nickt. Tan fragt ihn nach seiner steifen Hüfte, Manusch Bey braust auf.

Du kommst her, um dich nach meinen Schmerzen zu erkundigen?, ruft er, gib es zu, dich haben die Mongolen geschickt.

Wir waren ihre Gäste, das stimmt, sagt Tan.

Bin ich eine Sehenswürdigkeit?

Nein, mein Lieber.

Dein Lieber? Liebe einen anderen!

Hier, sagt Tan und hält ihm die Hand hin.

Targu Manusch beäugt das Häufchen Nüsse und Rosinen, dann fängt er an, zu essen. Währenddessen kümmert er sich nicht um die Fliegen, die ihn umschwirren. Er sieht aus wie ein deutscher Kaiser: zwei halbe Backenbartkränze, dicke schwarze Borsten auf der

567

Oberlippe. Amulettsteine an Lederschnüren liegen auf seiner nackten Brust auf. Er schwitzt trotz der Abendkühle. Eine Frau streckt den Kopf durch das offene Fenster im ersten Stock, sie ruft ihn hinein, und da sie keine Antwort bekommt, schließt sie fluchend das Fenster.

Mein Weib, sagt Targu Manusch, meine in allen Jahreszeiten geliebte Frau.

Du bist gesegnet, sagt der Dichter.

Wieso bin ich das?

Weil du sie gefunden hast.

Pah, Segen! Sie könnte mich noch heute Nacht verlassen. Errate den Grund, Deutscher.

Sie sind kein umgänglicher Mann, Herr.

Kennt er unsere Sitten nicht?, sagt er zu Tan.

Er ist einer von uns.

Ach, tatsächlich? Du hast ihn geprüft und für würdig befunden?

Das muss ich nicht.

Ich habe dich nicht erschlagen, als du mich in einem deiner Abfallgedichte erwähnt hast …

Du wurdest gewürdigt, sagt Tan.

Ach, tatsächlich?, sagt Targu Manusch ein zweites Mal, du nennst mich einen Unverdorrten.

Ein Kompliment.

Ein was?

Ein Lob.

Hättest du mich loben wollen, hättest du geschrieben: Der Kräftige, der Unvergleichliche.

Ich bitte um Nachsicht.

Targu Manuschs Hand ruckt vor, diesmal verfehlt er die Fliege, er flucht auf ihre Mutter und die Großmutter der Mutter: alles Fliegen, die von Mauleseln geschwängert wurden, geflügelte geschrumpfte Eselsfüllen, niedriger und unwichtiger als der Hautschuppen eines verkommenen Osmanenprinzen, schäbiger als eine Ameise, die einen trockenen Regenwurmkopf in die Höhle trägt. Plötzlich wendet er sich mir zu und ruft: Der Grund, der Grund, los, Deutscher!

Ihre Frau ist wegen der Liebe an Sie gekettet, Herr, sage ich.

Falsch, sagt er laut und klatscht mit dem Fliegentöter gegen meine Schulter.

Würde sie Sie hassen, wäre sie längst weg.

Das ist richtig.

Also haben Sie verborgene Eigenschaften.

Wieso verborgen?, sagt er argwöhnisch.

Der reine Blick Ihrer Ehefrau entdeckt sie.

Ach, wirklich? Jeder lobt mein Weib. Ich gehe jedes Mal leer aus, verdammt noch mal.

Targu Manusch, sagt Tan leise.

Ich soll keinen Streit vom Zaun brechen.

Ja, bitte.

Der Frieden stinkt, Deutscher. Lauf herum, frage die Leute, und sie werden säuseln: Wir leben im Paradies. Unsere Herrscher sind Erzengel. Sie lassen Wunderfutter herabregnen, wir sperren nur das Maul auf, das ist doch nicht zu viel verlangt. Knechte!

Volk der Toten, flüstert der Dichter.

Meinetwegen … Die große Revolution! Die Engländer, die Franzosen, wir haben sie mit einem Arschtritt vertrieben. Wieso steht in den Geschichtsbüchern nichts von ›Der große Arschtritt‹? … Was kichert der Deutsche wie ein Mädchen?

Er lacht dich an, sagt Tan.

Tust du das?

Ja, Herr, ich finde Ihre Worte sehr zutreffend.

Was trifft zu?

Stinkender Friede. Arschtritt.

Mein Weib glaubt, ich bin ein dummer dicker Kaiser … Was gibt es da wieder zu kichern?

Sie sehen wirklich aus wie ein deutscher Kaiser, Herr.

Herrscht er noch?

Nein, sage ich, er wurde vertrieben.

Recht so. Man verscheucht die Landstreicher. Nun zu meiner Frau …

Eine lange Geschichte, er warnt uns, beim kleinsten Zeichen von Ungeduld wird er die Klatsche schwingen. Er ist ihr vor einem Jahrzehnt aufgefallen als ein Mann, der den Mut nicht sinken lässt. Woran hat er sich immer gehalten? An den Kampfschrei seiner Ahnen, der da lautet: Bändige die Bestie. In einer Stadt aber verdorrt ein Kerl. Zur Mäßigung ruft man ihn auf, er will im Glanz der Neuen Zeit strahlen, es fehlen ihm die Mittel. Targu Manusch, Feind jeder Ketzerei, geht eines Abends unter dem Balkon einer jungen Dame vorbei, da hört er sie rufen: Wohin? Und er antwortet, ohne hochzuschauen, ohne einen Hintergedanken, er spricht: Einem Ketzer bin ich auf der Spur, ich muss ihm das Haupt abschlagen! Es entspinnt sich ein Gespräch über das rechte Strafmaß für einen Händler pornografischer Schriften. Der Ketzer verkauft Bilder von Tieren im Augenblick der Paarung, vor Lust fiebernde und wimmernde Jünglinge sind seine Kunden. Die Dame, ein keckes scharfzüngiges Mädchen, schilt ihn einen backenbärtigen Bummelanten. Sie hat ihn im Verdacht, die kolorierten Karten zu beschlagnahmen, und sie heimlich im Kerzenschein zu beglotzen. Was ein ungeheuerlicher Vorwurf! Targu Manusch, der Hände küsst und die Mütze lüpft, der beim Anblick eines scheuen Rehs sofort die Straßenseite wechselt. Targu Manusch, der nicht auf die Schultern eines Riesen steigen muss, wie es die Gaukler und Gauner tun. Targu Manusch, der seine Achselhöhlen mit Duftöl salbt, dass er nicht stinke, wenn er schwitzt. Das Mädchen beschuldigt ihn, bei der Betrachtung der Bilder von rammelnden Gäulen geifernd zu vergehen. Er schleudert also den Gehstock auf den Boden, ja den Gehstock, und nicht die verdammte Fliegenklatsche, er klettert das Regenrohr hoch, natürlich muss er sich an der Brüstung des Balkons im ersten Stock festhalten, denn das von Mauseln geschwängerte, regenwurmköpfige Rohr, von Rost zerfressen, mit rostigen Nägeln und rostigem Draht an der Außenmauer angebracht, zerbricht und zerfällt. Er kämpft, er hängt in der Luft, er kämpft, da schreit die junge Dame: Zu Hilfe! Ein Einbrecher, so helft mir doch! Und als würde das alles nicht genügen, leert sie eine ganze Flasche Traubensirup über meinem Kopf, will sagen, sie begießt mich mit zähem Sirup, und ich halte mich mit letzter Kraft an der Brüstung fest, ermahne sie aber, mit dem groben Unfug aufzuhören. Der herbeigeeilte Wächter, mögen seine Arschbacken schrumpfen, mögen sich Katzen in seine Arschbacken verbeißen … da, Hundesohn,

hab ich dich, die zweiundvierzigste Fliege, die ich heute erschlug …
Der Wächter knüppelt mir auf die Waden, er springt hoch und
schlägt jedes Mal mit dem Knüppel zu. Ich lasse los, ich falle auf
ihn, wir gehen beide zu Boden, ich wälze mich los und beschmiere
ihn aber mit Sirup. Ich fliehe, ich werde vom brüllenden Wächter,
blöden Kindern und kindsköpfigen Kerlen gejagt, sie stellen mich
in einer Sackgasse. In dieser Gasse machen die Lumpensammler oft
halt, und auch an jenem Tag reiner Verzweiflung sitzen sie auf dem
Pflaster, drehen Zigaretten. Sie springen hoch, ergreifen mich, der
Wächter gibt mir ein paar Maulschellen. Ich schildere die Ereignisse. Eine Maulschelle. Ich beteuere meine Unschuld. Eine Maulschelle. Ein Lumpenhöker sagt: Dies Mädchen hat einen Sinn für
grobe Streiche. Du, geehrter Wächter, bist neu in diesem Viertel,
deshalb kennst du es nicht, glaube bitte nicht, dass ich dich belehren möchte. Dies Mädchen versteckt sich auf dem Balkon, wirft mit
zermatschten Gurken nach arglosen Bürgern. Der Wächter leckt
sich den Sirup vom Arm, er scheint ihm zu schmecken, er befiehlt
wie ein Kommandant, dass wir ihm folgen sollen, eine falsche Bewegung, und er würde mir die Augen in die Höhlen drücken. Wir
laufen zurück, mir schmerzt das Gesicht von den Schlägen des
fliegenköpfigen Wächters, und dann stehen wir unter ihrem Balkon wie zwanzig rosenwangige wollüstige Jünglinge. Wie zwanzig
nach Milch maunzende Kater im Regen. Denn es hat begonnen, zu
regnen, ich bin froh darüber, das Wasser wäscht mir den verdammten Sirup von Kopf und Leib, der Wächter ist davon nicht angetan,
denn er leckte sich die Arme während des ganzen Weges zurück
zum verrückten Mädchen. Nach langem Maunzen und Bitten tritt
es endlich auf den Balkon heraus, blickt auf zwanzig nass geregnete
Idioten herunter. Und was sagt der Wächter? Er sagt: Liebe Dame,
bestätigen Sie, dass dieser Halunke, auf den ich zeige, ein arger
Strolch ist! Kann man das fassen? Ich reiße mich zusammen, ich
greife nicht nach meinem Gehstock, der immer noch dort liegt,
wo ich ihn habe fallen lassen. Es tritt eine ältere Dame heraus auf
den Balkon im ersten Stock, sie gibt unaufgefordert ihren Vor- und
Nachnamen an, ich werde wirklich sauer, und da sagt die Dame: Ich
bin Augenzeuge der furchtbaren Ereignisse gewesen, die sich un-

ter meinem Fenster abgespielt haben. Diesen recht zerschrammten Mann an Ihrer Seite trifft keine Schuld, Herr Wächter! …

Verschlucken soll sie sich an einem Bissen!, schreit Targu Manuschs Frau, ihr Hals soll anschwellen wie ein Lastwagenreifen!

Beruhige dich, ruft Manusch.

Einmal kaute ich nach Einbruch der Dunkelheit Kaugummi, sagt sie laut zu uns, sie sieht mich und spricht: Du mahlst Totenknochen zu Mehl.

Das verstehe ich nicht, sage ich.

Weil du blöd bist, ruft sie, alte Jungfern, Kummerkettenrassler, das abergläubische Volk: Sie halten sich an Gebote, die nicht von Gott, noch vom Propheten stammen. Jedenfalls habe ich weitergekaut, es hat sie erzürnt.

Du bist siegreich aus diesem Kampf herausgegangen, sagt Targu Manusch.

Kampf? Was für ein Kampf? Ich verschwende keine Zeit für diesen Mist.

Sie zog aus.

Sie zog zu ihrem Sohn und zu der Schwiegertochter. Das arme Kind tut mir leid! Dichter!

Ja, liebe Dame?

Der Junge, ist das dein kleiner Bruder?

Nein. Er las meine Gedichte.

Er soll lieber für die Schule lernen. Junge!

Ich beherzige Ihren Rat, sage ich.

Was tut er?

Er wird lernen, schreit Manusch.

Ja. Ich habe genau gesehen, wie du heimlich die letzten Rosinen auf dem Tisch geschnappt hast, Targu. Andere Ehemänner teilen alles mit ihrer Frau.

Ich habe noch Nüsse in der Hosentasche, sage ich.

Behalte sie. Der Mann, den ich geheiratet habe, fragt dich nach dem Grund, weshalb ich ihm das Jawort gab. Statt deine Antwort abzuwarten, redet er und redet.

Ich sprach über den Tag der Sirupbegießung, ruft Targu Manusch, das ist auch der Tag der zehn Maulschellen …

Du hast dich verzählt. Es waren bestimmt nicht mehr als vier leichte Klapse ... Hörst du auf, die Fliegen totzuklatschen!

Der Grund, sage ich.

Die Fliegenklatsche wischt über mein Gesicht, Targu Manusch springt vom Schemel auf, die Amulette an den Lederriemen klacken gegeneinander, er droht seinem Eheweib mit der Auslöschung all der jungen Buhler, die nachts unter ihrem Balkon Wiegenlieder singen, er brüllt, sie solle ihm nicht ins Wort fallen, es seien verdammt noch mal Wiegenlieder, die Buhler wollten sie einlullen, um ihre unvergleichlichen Wangen zu tätscheln. Am Himmel hochgewehte Bittfetzen. Nein, es sind Möwen, die über den Müllkarren kreisen.

Wieso hat der Dichter Stacheldraht um den kleinen Finger gewickelt? Der Dornenring sticht ihm ins Fleisch. Kleine Wundmale, aus denen Blut sickert. Er erhebt sich, ich folge dem Rothaarigen, der aufgebrachte Fliegenfeind ruft Gott und den Propheten an, er verspricht den fiebernden Hyänen des Viertels Höllenqualen. Wären wir geblieben, hätte er uns wahrscheinlich zerfleischt.

Der Grund, flüstert Tan im Gehen, der Grund für ihre Treue ... es bringt ihn um, dass sie es ihm nicht verrät, die Hölle ist aus Metall und rostet, Targu Manusch schmirgelt und poliert und flucht dabei, dass die Erzengel eröten. Wir laufen an kleinen Mädchen vorbei, deren Haare zur Springbrunnenfontäne hochgesteckt sind. Sie beäugen einen Schuhputzer, der die Bürste gegen die Holzkiste schlägt, um sie zu erfreuen. Die Mädchen weichen vor ihm zurück, ihre Mütter haben sie vor Männern mit schwarz gefärbten Händen gewarnt.

Der Dichter führt mich zwischen den Gläubigen auf dem Weg zum Gotteshaus zu Kuttelsuppenhändlern, sie schwenken große und kleine Kellen, sie preisen die Schärfe und die Würze der Brühen in den Blechkanistern, Tan isst eine Schale leer, ich begnüge mich mit rohen Knoblauchzehen im Brot. Er kauft eine Knoblauchknolle, wie ziehen weiter, die Nacht ist kein Schleier, in der Nacht sind die Männer und auch die Frauen unverhüllter, ich sehe große Brüder, die das Hemd aufgeknöpft haben, bleiche Grazien sitzen am vergitterten Fenster und kämmen sich das lange schwarze Haar, eine Frau kniet vor dem Holzbottich, der Rock rutscht über die Knie hoch, und da sie bemerkt, dass ich ihre Waden anstarre, kippt sie den Bottich, die Seifenlauge spritzt über das Kopfsteinpflaster. Tan und ich sind gezwungen, auf die dunklen Rinnsale zu treten, ich höre sie hinter uns laut auflachen.

66. Der Eine

Vor einem verfallenen Haus, dessen Eingang mit einem schwarzen Tuch verhängt ist, stehen Griechinnen, sie schlagen flache Steine wie Fingerzimbeln aneinander. Locklaute, im Dunkeln schnürende Männer, Mädchenlachen, stolpernde verschämte Jünglinge. Man nennt die Griechinnen: Mütter ohne dicken Bauch, Ungeschwängerte. Sie werden gelobt als Leichentröster, sie sind begabt, Kadaver zum Leben zu erwecken. In der Prachtstraße Peraallee würde man sie für überschminkte höhere Töchter halten, für das Weibsvolk der Moderne. Ich spreche den Dichter darauf an, er stößt mich grob zur Seite.

Wer bist du, dass du sie verdammst?!, ruft er, sie erbarmen sich uns Männern, und wir sollten sie hochleben lassen, jedes Mal, wenn wir das Weinglas zum Mund führen.

Ich habe es nicht böse gemeint, Herr, sage ich.

Winsel mich nicht an, Hund, ruft er.

Was?

Jüngling mit hündischem Blick, das bist du. Sind das in deinen Augen Huren?

Liebe gegen Geld, sage ich kalt.

Wann hast du dich das letzte Mal bekreuzigt?

Ich glaube an den Heiland, der nicht am Galgen starb.

Verkehrter Christ! Die Frömmler bei euch, sie schlagen doch das Kreuz beim Anblick des Bösen. Sind diese Mädchen böse?

Ja, sie sind Huren, sage ich, und sie sind so schön, dass sie in jeder

Bürgerstraße auffallen. Sie wollen mich missverstehen. Also sind
Sie der Hund.

Dann sind wir zwei Hunde an ihrer Tür, sagt Tan lachend, wir stinken aus dem Mund. Sie werden uns den Kuss verwehren.

Er reicht einer Griechin die Knoblauchknolle. Sie hat sich für die
fiebernden Hyänen schön gemacht, und jetzt, da wir vor ihr stehen,
befeuchtet sie den Finger, drückt den Haarkringel auf die Stirn.
Kara, die Schwarze, sie flüstert ihren Namen, und trotz der klackenden Steine in den Händen der anderen jungen Huren kann ich sie
verstehen.

Ist das eine Liebesgabe, sagt sie, so willst du mich für meine Dienste
unter meinem Wert entgelten. Ist es nur eine Knolle, bin ich überrascht. Kein Nelkenstrauß, kein Salbenfläschchen, kein Goldtaler.
Was soll ich also denken, Herz?

Denk dir etwas aus, sagt Tan.

Ihn seh' ich zum ersten Mal.

Er ist mir zugelaufen.

Hör zu, Rotschopf, rufe ich, soll ich dein Maul kerben?!

Nicht, bitte, sagt sie.

Friss die Seiten deines Gedichtbandes. Es wird dich trotzdem danach hungern, wie ein Rind, das den eigenen Speichel wiederkäut.

Du kränkst mich, sagt er, weil ich dich gekränkt habe.

Gleichstand, sagt sie, seid artig. Sonst kommen die bösen Wächter … Nimm es ab, Herz. Wie willst du mich denn streicheln?

Der Dichter starrt auf seinen kleinen Finger. Langsam streift er den
Dornenring ab, wirft ihn achtlos in die Büsche, die Stacheln werden
verrosten, sie werden einsinken in die Erde nach dem Regen. Kara
zeigt auf die Kummerkette an meinem Handgelenk. Glaubt sie, dass
wir Sünden begangen haben, die der Herr nicht verzeihen kann?
Ich bin der Fresser von Deryas geliebtem Bruder Batur, der Fresser
seines Leibes und seiner Seele. Vor den Schwestern der fetten Herrin schützt man sich mit Holzplatten, mit denen man das unreine
Loch abdeckt. Wie aber hält man mich davon ab, in das Haus einzudringen?

Herz, flüstert die Griechin, so viele Narben, so viele Sorgen, leg
deine Hand auf meine Taille, Rotschopf wird hier draußen warten.

Sie schiebt den Vorhang zur Seite, ich trete hinein in die Ruine, in ein kahles Zimmer, eine Bodenmatratze an der Längswand, ein Krug, ein Schweißtuch. Ich bleibe angezogen, sagt sie leise im Dunkeln, und sie erzählt, während ich mir die Hände wasche: Es gibt das Mädchen, dem ein Mann beiwohnt, es muss alle Kleider ablegen. Ich bin eine Jungfrau, Herz, ein schamloses Mädchen, das ein Mann streicheln darf. Und wenn er aber in der Hitze seiner Lust grob wird, muss ich mich wehren ...

Ich will ihr versichern, dass ich ihr nicht wehtun möchte, doch sie steckt plötzlich die Hand in ihre Achselhöhle, streicht mir ihren Schweiß übers Gesicht. Wie gut Sie riechen, sage ich, sie legt sich hin, ich lege mich neben sie auf die Matratze, sie streift die ärmellose Bluse über die Schulter, entblößt ihre Achselhöhle, küss sie, ohne Zunge, sagt sie, nicht zart, denn ich bin in manchen Nächten kitzlig, schäm dich nicht, Herz, ich erlaube es dir. Ich drücke die Lippen gegen die kleine Grotte, und ich atme sie ein, bis sie sich kichernd auf die Seite wälzt, ich darf mich an sie anschmiegen, knöpf die Hose auf, sagt sie leise, behalte aber die Unterhose an, sie zieht den Rock hoch, und ich darf mich an sie anschmiegen, sie bewegt sich, bis ich hart werde, sie fragt mich, ob ich es ihr erlaube, ja, flüstere ich, sie steckt die Hand in meine Unterhose, sie fängt an, meine Schenkel zu streicheln, sie erzählt: Im Schlaraffenland, Herz, wird der Teller, von dem man isst, nie leer. Davon träumen Männer, die es lieben, immerzu zu essen ... Bleib liegen, überlasse es mir ... Ich träume nicht von dampfenden Schüsseln. Ein junger Wächter, den ich streichelte, träumte von der Rehleber. Ein kleines Stück, kurz ausschwenken, leicht geröstete Zwiebeln und eine bekömmliche Soße, fertig. Die Rehleber aber behält immer der Jäger. Das bekümmert den Wächter ... Ruhig, noch nicht, Herz ... Er fragt mich also, ob er mich bestechen könne mit Rehleber, meine Jungfräulichkeit gegen ein Stück Leber, ich schweige. Eines Tages erscheint dieser Wächter, in einem anderen Viertel, in einer anderen Ruine, er hält mit spitzen Fingern eine Scheibe tropfendes Fleisch, dafür habe ich es jedenfalls gehalten, und sagt: Hier ist die Leber ... hier ist die Leber. Ich schaue genauer hin, und entdecke eine glatte Schnittfläche. Was hat dieser dumme Junge getan? Er kaufte Rindsleber beim

Metzger, schnitt sie in zwei oder drei Stücke, gab ein Stück als Reh-leber aus. Ich jagte ihn fort ... Wasch dich mit dem Rest Wasser im Krug.

Sie schaut mir dabei zu, reicht mir zum Trocknen das Schweiß-tuch, dann streicht sie mir wieder ihren Achselschweiß über das Gesicht.

Ich folge Kara hinaus in die Nacht. Vor den Augen der mit Stei-nen klackenden Griechinnen gebe ich ihr alles Geld, das ich bei mir habe. Sie bricht die Knolle, ich häute die Knoblauchzehe, esse sie roh, sie lacht, als mir Tränen in die Augen schießen. Tan bittet um zwei Zehen, eine Zehe will er später essen.

Hast du dich vergnügt, Herz?

Nein, sagt er.

Plagt dich eine Sorge?

Nicht mehr als an jedem anderen Tag auch ... Bist du glücklich, Junge?

Ja, bin ich, sage ich kalt.

Dann bist du Herr dieser Stunde ...

Ich bin es leid, ein Schaustück zu sein. Ein Lehrling zu sein. Eine Ta-fel zu sein, auf die Mädchen und Dichter ihre Zauberworte schrei-ben. Meine Ergebenheit widert Tan an. Doch ich bin es nicht, des-sen Finger von Dornen gebissen wird. Spinnweben haben sich an meinen Haaren verfangen, ich zupfe sie fort. Kara reicht uns Kog-nakbrot, in Branntwein getränkte Brotrinde.

Wie lange ... wohnen Sie noch hier?, sage ich.

Nach dieser Nacht steht die Ruine leer, sagt sie.

Die Säufer ziehen wieder ein, sagt Tan, die Ratten bleiben immer, sie haben sich jetzt nur verkrochen.

Wo werden Sie morgen sein?

Ach, Herz. Keine Gefühle. Bitte.

Gut, sage ich.

Hörst du, Kara?, ruft der Dichter. Er widerspricht nicht, er macht dir keine Scherereien.

Schmeckt euch das Brot?

Ja, Schöne, billiger Wein, altes Brot. Wird es geschehen, dass wir wieder zusammenkommen?

Was ist nur mit dir los?, sagt sie zu Tan, du verhöhnst deinen neuen Freund. Du spuckst auf meine Armut, ich kann nun einmal keinen guten Wein kaufen.

Verzeih mir, sagt er leise.

Geh mir aus den Augen, ruft sie und stürmt aber seltsamerweise davon.

Das war schlecht von mir, oder?

Sie haben sie behandelt, als sei sie nichts anderes als eine Hure.

Er versöhnt sich mit ihr hinter der Ruine, an den geplatzten und zerschlitzten Automobilreifen, sie bedecken das Brachland wie verendete schwarze Tiere. Eine Griechin mit dem Namen kleine Braut bricht einen Holzspieß in der Mitte entzwei. Der Dichter dreht ein Stück Paste zwischen Daumen und Finger zu einer Kugel, steckt sie einem Spießende auf. Kara spricht von der Einweihung, vom kalten Rausch, sie zwickt mich und ruft: Zeige dein Zeichen. Soll ich es tun, habe ich den Mut dazu, werde ich vergiftet?

Tan hält die Flamme unter die Opiumkugel, ich beuge mich darüber und atme den Rauch tief ein. Dann lehne ich mich gegen zwei gestapelte Reifen, schaue zu, wie Kara, kleine Braut und der Dichter es mir gleichtun. Ich warte. Ich warte. Ich warte. Himmel aus zerbrochenen Pailletten, über den Dächern, über den Zypressen, über den Karren der Müllsammler und den kreischenden Möwen, hängt ein brodelnder Mond, und ich flüstere ein altes Kriegsgebet, die Worte sind hart und stechen mir in den Gaumen, also gebe ich es auf, ein Geruch von Lehm und Rinderdung, ich bin winzig und dehne mich aus, ich schrumpfe und atme Licht, zehn schwebende Nadeln, ich stecke zehn Finger in zehn Nadelöhre, es ist in jedem Öhr genug Platz, dass ich hindurchspucken kann, dünn bin ich und werde dünner und dünner, und dann bin ich verschwunden, und dann erscheine ich, Kara rüttelt mich.

Herz, stirbst du?

Was bist du schön, sage ich leise.

Was siehst du, wenn du mich anschaust?

In deinen Augen … im Tränenwasser … winzige schwarze Murmeln.

Das ist der Rauch, sagt sie.

Sprechen wir, ruft Tan, mein neuer Freund, du hast dich in unsere Geschichte verstrickt. Bereust du es, willst du uns verlassen?

Nein, das will ich nicht.

Lass uns dichten! Kara, Braut, fangt an.

Albernes Kind, sagt Kara.

Ich bitte dich auch darum, sage ich.

Der Wirt des Gasthauses Zum eisernen Stiefel ist mein Stiefbruder ...

Sehr gut, weiter, ruft Tan.

Er erschüttert meine Welt. Ich bekomme das böse Fieber. Es ist nicht Liebe. Es ist nicht Hass ... Kleine Braut, jetzt du!

Ich kenne diesen Mann, sagt sie, seine Blicke sind Krähenkrallen in meinem Gesicht ...

Noch mal von vorn, deutlicher, dichter, ein anderes Bild!

Ein Kamm in der Regenrinne, an einem Festtag hochgeworfen von einem Mädchen, das die Männer nachmachte: Wenn sie jauchzen, schleudern sie ihre Mützen in die Luft. Ich fand den Kamm an dem Abend, als wir Mädchen Jagd machten auf das Ungeziefer ...

Ich war dabei, flüstert Kara.

Wir zerquetschten alles, was uns sticht und beißt. Wir waren eine Einheit aus vier Huren, aus keuschen kleinasiatischen Frauchen, wir jagten Silberfische und Spinnen, weil wir uns vor ihnen fürchten ...

Nicht vor Silberfischen, sagt Kara.

Spinnen lieben es, sie zu fressen, sagt Tan lachend, Spinnen, sie verhungern und vertrocknen, und die Dame des Hauses oder ihre Zofe wischt sie weg.

Ist das ein Gedicht?

Der Kamm, kleine Braut ...

Der Kamm auf dem Dach. Mäuse raschelten hinter meinem Rücken, ich jagte sie nicht. Ich war abgelenkt. Ich war angetan. Ich wollte den Kamm behalten, ich steckte ihn ein. Zwei Tage nach der Jagd sah ich das Mädchen ...

Das weinende Mädchen, sagt Kara.

Es weinte. Es zeigte auf das Dach. Es sprach: Mein Kamm ist dort, ich sehne mich nach ihm.

Eine kleine Lügnerin.

Sie wechseln sich ab, sie erzählen: Kann dies Mädchen den Kamm hochgeworfen haben, dass er in der Regenrinne landet? Es fehlt ihm die nötige Kraft. Es hat kleine Braut dabei beobachtet, wie sie das Kleinod fand und einsteckte. Der Dichter ist in der Stimmung, Volksweisen zu singen, er krächzt und leiert, bis ihn die Griechinnen bitten, aufzuhören. Himmel nackt, die Pailletten sind abgefallen, es riecht überall nach altem Gummi, Himmel im giftigen Weiß, diese Farbe vertropft.

Die Stunde vor dem Morgendämmer, in der Ferne Feuerschein, das Meer ist nicht weit. Soll ich dem Dichter folgen, der jetzt nach Mücken schnappt? Vater Franz sagt: Aus der Tiefe des Gemüts kommt nur ein Rülpser hoch. Bald bricht der Tag an, was werde ich tun, bis ich den Weg zur Schule antrete? Ein krummer Schatten, der Schatten eines gebeugt hustenden Mannes, der Schatten verschmilzt mit dem Mann, er spuckt Auswurf vor unsere Füße.

Was geschieht hier?, ruft er.

Wir gehen ja schon, Saven, sagt Kara und erhebt sich.

Ich hab gefragt, was ihr hier macht!

Der Junge in unserer Mitte, sagt Tan, er heißt Wolf und ist Deutscher, Kara hat ihn gestreichelt.

Stimmt das?

Ja, Saven, sagt Kara.

Hat er bezahlt?

Bei uns gibt es nichts umsonst. Hier.

Zwei Scheine. Das ist weniger als wenig.

Für fünf Minuten meiner Aufmerksamkeit, sagt Kara.

Lügt sie, Junge?

Nein, sage ich, ich lag auf dem Rücken, da bat sie mich schon, aufzustehen.

Wer mich belügt, beißt mein Messer, sagt der Mann, es riecht hier komisch.

Ich sog Rauch ein, sagt Tan.

Kraut? Du allein?

Opium, Meister. Ich und der Jüngling sind durch Rauch verbrüdert.

Du bist doch der, der seine Scheiße aufs Blatt schmiert, ruft Saven, man nennt dich Dichter. Die Scheiße anderer Leute ist die Scheiße anderer Leute. Bin ich also in deinen Augen ungebildet?

Kannst du überhaupt lesen, Armenier?, sage ich.

Wie war das?

Ob du lesen kannst, Kerl. Siebentürme, da komm ich her. Da schnitzt man Kerlen wie dir ein zweites Paar Augenbrauen.

Siebentürme, sagst du?! … Kennst du den Barbier Achmed?

Der einzige Mann, den man bittet, die Landeshymne nicht zu singen.

Wieso?, sagt Tan.

Er stottert … nicht immer.

Der Zuhälter der Griechinnen überlegt, ob er sich auf einen Zweikampf einlassen will. Ihn schrecken meine Narben nicht. Vielleicht würde er mich besiegen, der Lärm und das Blut würden die Wächter locken. Also nimmt er in unserer Mitte Platz, schickt seine keuschen Mädchen vor die Ruine: Die Hyänen hecheln, sie betteln um Hände auf ihrem staubigen Fell. Er raucht Haschisch, Scheiße aus des Teufels Arsch, Tan zuckt bei seinen Worten zusammen. Sie sprechen über Metalltechnik, über das harte Eisen der neuen Waffen, über den silbernen Zahnstocher, den Saven vorzeigt. Er hat ihn beim Würfeln gewonnen. Wundermetall. Auberginenfäden, Fleischfasern, er stochert alles zwischen den Zähnen heraus, Wundersilber, eine nützliche Erfindung. Gedichte dagegen sind nicht nützlich, sie kann er nicht als Werkzeug benutzen. Sie taugen auch nicht als Liedzeilen. Saven hat gehört, dass Dichter wegen ihrer Gesinnung aus dem Land gejagt wurden. Der schlechte Weg ist der Saumpfad des Teufels: Seine Schnapskameraden, allesamt verlauste Kerle, sprechen in der Not ein Gebet, sie sagen aber kein Gedicht auf. Der Scherer Achmed ist ein Kasernenfreund gewesen, sie haben gemeinsam im Hinterland bei den Kurden gedient. Tan war nicht beim Militär.

Hast du dich darum gedrückt?, sagt Saven.

Wurde ausgemustert.

Der Kopf?

Der Rücken.

Eine Schande, ruft Saven, für mich bist du ein Feigling.

Was hast du bei der Armee gelernt?, sagt Tan ungerührt.

Schießen. Und Hass auf die Feinde.

Klär mich auf. Wer ist mein Feind, vor dem du mich geschützt hast?

Russen, Araber, Griechen.

Ich bin umzingelt, ruft Tan lachend, hörst du, Jüngling? Das bringt mich um den Schlaf.

Machst du dich über mich lustig? Ein Streich, und die Wange klafft dir auseinander.

Herr, sage ich.

Was ist?

Der Rotschopf ist ein Dichter, er lebt in einer anderen Welt.

Es gibt nur diese eine.

Und die andere.

Glaub, was du willst. Mich kümmert's nicht.

Ich ehre Sie, weil Sie Soldat waren, sage ich.

Was hast du davon, dass ich gedient habe?, sagt er, und was soll überhaupt dieses verdammte Sie? Gut, dann reden wir eben offen.

Bist du auf einen Streit aus?

Pah, Streit, ruft er.

Ja oder nein! Willst du einen Messerkampf, hier am Hurenhaus? Willst du, Hurenwächter, dein böses Blut fließen sehen?

Dein Blut fließt auch, Junge.

Ich habe keine Angst, sage ich, steh auf Armenier!

Kein Kampf, ich habe mich entschieden. Weißt du, wieso?

Wegen Achmed, dem Barbier, sagt Tan.

Wegen Kaytun, sagt der Zuhälter und lächelt, weil ich erstarre. Er erzählt: Scheitan Kaytun ist eines Nachts erschienen, er stand plötzlich hinter Saven und blies Luft auf seinen Hinterkopf. Im nächsten Augenblick lag er am Boden und sein Mund war vollgestopft mit Krähenfedern. Der Kerl brach ihm die Nase, er erstickte fast, der Teufel saß rittlings auf seinem Bauch und starrte ihn reglos an. Er sprach zu Saven wie zu einem sterbenden Kind, er hielt ein großes Schlachtermesser in der Hand, damit wollte er Saven bei der nächsten Begegnung den Kopf abschneiden. Er könne es sich aussuchen: Kopf ab. Oder die Mädchen wechseln den Besitzer, der Armenier sucht sich eine andere Arbeit. Der Teufel sagte: Wenn sie mein Eigentum sind, reite ich jedes Hürchen einzeln ein, ich mache ihre Keuschheit kaputt.

Er schlug mich mit dem Messerknauf bewusstlos. Den Mädchen verdanke ich mein Leben. Sie zogen die Federn aus meinem Mund.

Und, kam er wieder?, sagt Tan.

Antworte du ihm, Junge.

Er starb, sage ich.

Nicht friedlich im Bett. Nicht an der Schwindsucht.

Oh, flüstert Tan und schaut mich an.

Es hat ihn ein anderer gerichtet, sage ich.

Gerühmt sei er, ruft Saven.

Wie klein doch die Welt ist, was?!

Sie wird immer kleiner, Dichter. Bald wird man keinen Fleck Erde ohne Fußabdruck finden. Bestelle dem Ehrenmann, der ihn mordete, meinen Gruß.

Ich bin niemandes Bote, sage ich.

Der niedere Haufen bekommt Zulauf. Verhexte Seelen aus dem Land. Ihre Mägen sind Hungerlöcher. Heiden, Götzendiener, spuckende Kamele, Pack. Meine Mädchen wollen sie besteigen. Ich erkläre es ihnen: Freunde, so wird das bei uns gemacht, das ist der Hausbrauch, haltet euch daran. Fickenden Ziegenböcken haben sie zugeschaut, und sie denken, sie müssen auf den Rücken der Frau klettern. Bei einem Bauernjungen hat das Gutzureden nicht geholfen. Böse Lust …

Hast du ihn getötet?

Unter ihm mein schreiendes Mädchen kleine Braut, das Kleid zerfetzt. Ich rammte dem Schwein das Messer in die Arschbacke.

In die linke oder die rechte?, sagt der Dichter.

Was weiß ich, Mensch?!

Das erinnert mich an eine Geschichte von früher, sage ich, damals hieß es: Man soll den Arsch des Feindes schonen.

Schonst du seinen Arsch, setzt er sich mit dem Arsch auf dein Gesicht, sagt Saven.

Der Dichter lacht, bis er sich verschluckt. Der Hurenwächter rührt sich nicht, klopft ihm nicht auf den Rücken. Es würde ihn freuen, wenn Tan erstickte. Der Dichter spuckt aus, schweigt kurz, und spricht, als wäre ihm ein Geist hineingefahren: Die verschluckte Stunde im Magen einer Möwe, hinter der Rinde einer Platane, im Becken eines leicht verwesten Heiligen. Rasselndes Maul eines Poeten, der den alten Brauch verrät. Er spricht von der Schakalspucke, dem Seim giftiger Blüten, von der Erschlaffung durch tugendsames Verhalten. Mitten im Satz schläft er ein. Erst verlässt ihn der Jungfrauenhüter Saven. Ich lege den bleichen Krähenkopf neben seine Hand auf die Erde. Dann verlasse auch ich ihn, im Dämmer sind die Pailletten zerschmolzen.

67. Der Einzige

Führer sitzt, Bernhardiner lauert an der schwarzen Tafel. Führer blinzelt uns an, wir atmen durch den Mund, durch den Mundspalt, leise, fast geräuschlos. Führer klärt die Klasse auf: Dies ist nur ein herkömmlicher Besuch. Wir lächeln und nicken. Wir wissen: Er ist die Pest, er ist eine üble Heimsuchung, er ist unser Unglück. Bernhardiner greift nach der Kreide in der Ablage, schreibt in Großbuchstaben ein deutsches Wort auf, das den dicken Mete entzückt: Verarbeitbarkeit. Doktor Bernhardt spricht das Wort aus: Verarbeitbarkeit. Ein verarbeitbarer Stoff. Er verspricht sich nicht, und da ihn der Direktor anerkennend ansieht, fühlt er den Augenblick seines Sieges über uns, den unwürdigen Lumpenhaufen. Er schreibt weitere technische Begriffe auf die Tafel, es benimmt uns den Atem: Flankenspielschwankung. Risslinie. Einhärtungstiefe. Kraftschlüssige Verbindung. Trockengleitfläche. Wirkweg. Werkstück. Dies sind verdichtete Worte, Fachbegriffe aus den technischen Wissenschaften. Metallbearbeitung. Schweiß- und Löttechnik, Eisenhüttentechnik. Was sie bedeuten, kann uns, die wir die Praktiken der Verzauberung lieben, erst einmal kaltlassen. Führer zuckt zusammen, wir wissen: Bernhardiner entheiligt das deutsche Sein, den deutschen Kern, den deutschen Weg der Gesundung.

Der Streber Hezro wagt einen Einspruch: Mein Herr Lehrer, verstehe ich das richtig, Sie leiten uns zur Unschärfe und Ungenauigkeit an?

Er ist Jude, er hat Narrenfreiheit. Führer liebt ihn und liebt ihn nicht, Hezros kritische Nachfrage freut ihn, Bernhardiner steckt in der Klemme. Deutsch ist wirkmächtig, sagt er, es reißt nicht, die Worte in einem guten Satz gehen eine kraftschlüssige Verbindung ein. Der Streber läuft rot an, ich werde ermahnt, weil ich auflache, Führer glotzt mich an. Er glotzt, ich blinzele. Dann sagt er, ohne den Blick von mir abzuwenden: Herr Doktor Bernhardt, darf ich einen Vorschlag machen? Es wird ihm erlaubt, Bernhardiner hechelt durch den Mund.

Der Narziss. Sprechen Sie doch bitte mit den Schülern über diese sagenhafte Figur.

Ein Selbstbewunderer, ruft Kubilay.

Das gefällt mir für den Anfang, sagt Führer, Herr Doktor Bernhardt?

Der Jüngling, der sein Spiegelbild beschaut. Der sich am Narren dumm gefressen hat.

Wie bitte?

Nur eine Redewendung, Herr Direktor. Was ich meine: Er verliebt sich in das Bild von sich.

Schon besser. Ich übergebe an die Schüler.

Wortmeldungen, bellt Bernhardiner.

Ich will ihn mir vorstellen, sagt Igor.

Weiter!

Er ist in etwa in unserem Alter. Ich habe einen bösen Verdacht. Dieser Narziss war homosexuell.

Unterstehen Sie sich!, schreit Führer, Sie haben die Stirn, ihn zu verleumden, vor mir, Ihrem Direktor?!

Darf ich … meine Idee erläutern?

Sie bewegen sich auf sehr dünnem Eis, Freundchen. Ein Fehltritt, und ich verdonnere Sie zum Strafstehen.

Jawohl, mein Herr Direktor!

Soll er lieber schweigen?

Herr Doktor Bernhardt, Feigheit steht uns Deutschen nicht gut zu Gesicht. Wir sind für unsere Schützlinge ein Vorbild. Also, Schüler Igor, auf!

Ich frage mich: Wie kann es sein, dass ein Junge einen Jungen liebt? Es ist sein eigenes Spiegelbild, ruft Ramses.

Ruhe!, schreit Führer, weiter ausführen, Schüler Igor.

Jawohl, mein Herr Direktor. Es ist für einen Jungen fast mehr als eine Naturgabe, ein Mädchen zu lieben. Narziss hat eine abseitige Neigung. Ich glaube …

Das reicht, danke, sagt Führer, ich habe Sie überschätzt. Sie, Igor, äußern keinen aufrührerischen, aber einen dummen Gedanken. Der Nächste!

Doktor Bernhardt würde ihm bestimmt das Wort Schweinehund mit Kreide auf die Stirn schreiben wollen. Er ist ein Werkstück in Führers Händen. Igor nestelt an seiner Federmappe, er hat jede Lust verloren, dem Unterricht zu folgen. Führer ersäuft in unserem Spuckeregen, ein schönes Bild. Führer treibt auf dem Rücken im Wasser, ich stehe auf der Galatabrücke, werfe Köderbrocken auf seinen Leib, damit die Möwen ihn mit spitzen Schnäbeln zerhacken.

Schüler Wolf!

Jawohl, mein Herr Direktor!

Sind Sie geistig weggetreten?

Nein. Ich erinnerte mich an eine Legende der … Trinker in den Lokalen der Peraallee.

Sie mischen sich unter die Säufer?

Ich begegne ihnen draußen auf der Straße, mein Herr Direktor.

Gut zu wissen. Also, machen Sie schon, erzählen Sie uns die Gossenfabel.

Es saßen am Ufer der Prinzeninsel verbannte adlige Byzantiner. Der Abt des Klosters hatte es veranlasst, er fürchtete, dass sie ihm in den Zellen vor Kummer starben. Sie zogen in Mönchskutten zum Wasser. Zum Fischen mit bloßen Händen waren sie zu müde. Zerbrochene Muscheln und glänzende Steine, oder sogar kleine Goldklumpen wollten sie an diesem Tage nicht sammeln. Das Wispern der Pinien machte sie sehr traurig. Sie hatten schon vor langer Zeit aufgegeben, Minnebriefe an junge schöne Adlige zu schreiben. Sie wussten, der Fährmann, der einmal in der Woche auf die Insel übersetzte, hatte den Befehl, die Briefe zu zerreißen. Und die Schnipsel den Fischen zum Fraß vorzuwerfen …

Wir haben verstanden, Schüler Wolf. Die Jünglinge sind bekümmert, und wir haben deshalb feuchte Augen. Sie sitzen am Ufer.

Sie sitzen. Das Wasser kräuselt sich, wenn ein Fisch nach einer tief fliegenden Libelle schnappt …

Schön, ruft Bernhardiner, ich sehe es vor mir.

Weiter, schreit Führer.

Ein Byzantiner steht auf, sage ich, ihm ist ein Bein eingeschlafen. Er geht ins Wasser, bis es ihm den Saum der Kutte nässt. Und da plötzlich schaut ihn vom Grund herauf eine Frau an.

Eine Meeresjungfrau, sagt laut Kubilay neben mir, wie langweilig.

Mund halten! Ist es so, Schüler Wolf?

Nein, mein Herr Direktor.

Worauf warten Sie? Auf eine schriftliche Einladung?

Ja, Nein. Also, Frau im Wasser. Sie lebt nicht mehr, sie ist tot.

Wie bitte?

Die Jünglinge ziehen die Tote aus dem Wasser. Sie sehen das goldbestickte Kleid, und sie erkennen: Das ist eine Hofdame. Sie begraben sie in der Erde hinter den Pinien. Seit diesem Tage, immer wenn der Abt sie für wenige Stunden freilässt, stehen sie im seichten Wasser und schauen. Sie hoffen und schämen sich wegen der Hoffnung. Die Byzantiner auf der Strafinsel wünschen sich, dass eine zweite Leiche angeschwemmt wird. Die Mönche, die sie heimlich beobachten, glauben: Diese kranke verzüchtete Brut liebt es, sich im Meereswasser zu spiegeln.

Ich bin entzückt, sagt Doktor Bernhardt leise.

Ach, sind Sie das?

Eine wunderbare Deutung, Herr Direktor, das müssen Sie zugeben.

Säufer fantasieren im Suff, sagt Führer kalt, in meiner Schule bleibt die Gerade gerade und die Krümmung krumm.

Es folgt ein kurzer Wortwechsel vor uns Schülern. Sogar Kubilay, der unter der Bank einen Papierflieger faltet, horcht auf. Bernhardiner riskiert seinen Kopf, Führer ist es ein Leichtes, störende Elemente zu entfernen. Streber Hezro und Streber Mete beten, dass man sie nicht aufruft.

Wäre es klüger, sich auf Führers Seite zu schlagen? Müssten sie dann nicht eine schlechtere Beurteilung im Fach Literatur fürchten? Der Direktor schaut auf seine Armbanduhr, erklärt den Disput für beendet, eilt zur Tür, strahlt vor Freude, als die Pausenglocke ertönt. Er hat in den letzten fünf Minuten Doktor Bernhardt blamiert, er hat ihm einen Hang zur pompösen Geste unterstellt. Wir verlassen ruhig das Klassenzimmer, steigen ruhig die Treppen herunter, greifen auf dem Hof in die Proviantbüchsen, kauen wie missgestimmte Beamte. Führer steht an der Brüstung und wacht über die Ordnung. Sein Scherge, der Hausmeister, hat sich beim Rasieren übel geschnitten, er ist gereizt und sucht nach einem Jungen, den er bestrafen kann. Er glotzt mich an, ich starre zurück, kaue, schlucke, beiße ab.

Arier, sagt Kubilay.

Was willst du?

Meneksche schmeckt gut.

Was?

Ich habe ihren Hals geleckt, sagt er, sie winselte.

Und?, sage ich, bist du jetzt ihr Schoßtier?

Hezro, ruft er, komm her … du warst dabei. Bezeuge, dass ich mich an Meneksche festgesaugt habe.

Es ist wahr, sagt Hezro lächelnd, sie kam um vor Lust.

Was geht mich das an?, sage ich.

Wie man hört, ist Feray dein Kussmädchen.

Das wiederum geht dich nichts an.

Weißt du, dass sie mit einem Jungen von der deutschen Schule ausgeht?

Wer soll das sein?

Ein gewisser Hakan, sagt Hezro, er ist einen Kopf größer als du. Und leider sieht er auch besser aus.

Schon traurig, sagt Kubilay, zerspringt dir das Herz, Arier?

Du warst einmal der fünfte Finger der Hand, sage ich, jetzt bist du nur noch ein Klatschweib.

Kauf dir eine Wassermelone vom Markt. Schneide Augenlöcher

und ein Mundloch hinein. Dann küsse dich satt, sauge den Saft aus dem Mundloch. Sie wird dich nicht verlassen, Arier, sie macht dich glücklich.

Bis die Fliegen ihre Eier legen, sagt Hezro, dann wird's Zeit für die Trennung.

Trollt euch, rufe ich, ihr seid ...

Schüler Wolf!

Ja, mein Herr Direktor?!

Er zeigt auf das Schultor, ich sehe einen Mann im Anzug, ich sehe Vater Franz. Führer ist eingeweiht, er gibt mir den Rest des Tages frei. Ich packe Buch und Heft in den Ranzen, gehe langsam über den Hof, achte nicht weiter auf die geflüsterten Hämeworte, trete auf die Gasse hinaus.

Herr Vater, sage ich und schaue auf den Boden. Die alte deutsche Dame dreht sich um, verschwindet in der Seitenstraße.

Komische Frau, sagt Vater Franz, starrt mich an, als liefe ich mit aufgeknöpfter Hose herum.

Sie ist nicht komisch.

Junge, fangen wir nicht wieder damit an.

Womit, Herr Vater?

Du kannst mich mit Vater anreden, das reicht vollkommen, sagt er.

Gut ... Womit, Vater?

Ein Kind bist du nicht mehr. Trotzdem bist du trotzig.

Ich bin nicht so alt wie du.

Ja, ist recht. Schau mich an, wenn ich mit dir spreche ... Hast du Hunger?

Ich habe gerade gegessen.

Die neugierigen Jungen, die uns beobachten, sind das deine Freunde?

Schulkameraden, sage ich.

Du hast keinen besten Freund?

Nicht hier.

Wo sonst? ... Ach ja, im Viertel, drüben.

Einmal über die Brücke, und ich bin bei ihnen.

Wir finden in der Nähe ein feines Lokal, sagt er, vielleicht hast du Appetit auf Gebäck.

Unterwegs ermahnt er mich, ihn anzusehen. Ein kurzer Blick. Wegsehen. Er spricht über die Tage, in denen wir leben, über die Heilsalbe, die er für die deutsche Dame gekauft hat, über Frauen, die ihn wegen seines unsteten Lebenswandels verlassen. Die letzte Frau hat ihm bei der Trennung gesagt: Du weißt dir aus jedem Rohr eine Pfeife zu schneiden! Er verstand diese Worte als Kompliment und handelte sich eine Ohrfeige ein. Er fragt, ob ich mich von den Mädchen verrückt machen lasse. Ich schweige, starre auf meine Schuhe, die ich heute Morgen geputzt und gewichst habe, und als er auf einer Antwort beharrt, sage ich, dass mir andere Dinge wichtig seien. Dinge!, ruft er aus, Dinge! Er führt mich zur Terrasse eines teuren Restaurants, ich warte ab, bis er Platz genommen hat, erst dann setze ich mich auf den Lederstuhl.

Benehmen hast du, sagt er nach der Bestellung, das wird von den Frauen honoriert.

Warst du bei Vater … bei Abdullah Bey?

Nein. Ich bin mir nicht sicher, ob ich willkommen bin. Außerdem halte ich ihn für einen Sohnräuber.

Du glaubst, er hat mich geraubt?

Richtig, sagt er.

Er sammelt keine Geister. Und die Geister verfangen sich nicht an seiner Leimrute.

Junge, du sprichst wie ein Mameluck … Haben sie dich umgedreht?

Was?

Bist du noch Christ?

Ja, Herr Vater.

Wieso?, sagt er.

Weil es mein Erstes war, sage ich.

Ich bin auch dein Erstes. Und du nennst Abdullah Vater.

Lassen wir das.

Zwei Kringel im Sirup, ich rühre sie nicht an. Die Herren des Viertels sitzen stocksteif an den Tischen, löffeln Pudding oder süßen Schaum aus Kristallpokalen. Ein Tor bist du, Vater, dass du dich unter diesen Kerlen wohlfühlst. Dein Hut, dein Anzug, deine Schuhe mit den langen dünnen Schnürsenkeln, deine glänzenden Fingernägel. Ich bin deutscher als du. Dir fehlen die Gespräche über den

Gartenzaun. Hier gibt es Gärten und Zäune. Nie würdest du Herz vom Rost essen, denn dein schwacher Magen verdaut nur Fleisch vom Rind, das heimische Gräser gerupft hat. Hier, am Ende der Welt, weht dir der Wind immer von vorn. Ich bin deutscher als du. Wer ist abgekommen, wer schimpft die Türken Knecht Heinz und Mistfink? Wer verhöhnt die Türkinnen, weil sie blonde Männer lieben? Zeit der toten Libellen im Wasser, Zeit der berauschten Rotschöpfe. Byzanz ist eine Ruine, keusche Huren verlangen Mietgeld, die Jünglinge sind erstarrt, es hilft kein Küssen und Streicheln, sie blinzeln Gott an, Gott über den wispernden Zypressen.

Meine Mutter, sage ich leise.

Greta, sagt er, viel zu lange tot.

Ich erinnere mich an sie.

Kann nicht sein, Junge.

Ihr Gesicht.

Sie hat dich rausgepresst. Blut und Fett. Die Schwester musste den Dreck abstreichen. Du hast geschrien, während sie starb.

Du warst doch nicht dabei, sage ich.

Man hat es mir erzählt, es kommt vor, dass Erstgebärende die Geburt nicht überleben. Blut und Fett, überall an dir, Himmelarsch.

Habe ich sie leer gesogen?

Sie gab dir nicht die Brust.

Du verstehst schon, rufe ich, war ich ein Sauger in Mutters Bauch? Brüll mich nicht an, Junge, sagt er kalt, ich fahr den langen Weg, um dich zu sehen. Und du dankst mir mit Feindschaft.

Wie war sie … Vater?

Ein Engel mit fünf Mängeln.

Verstehe ich nicht.

Wir haben uns gut verstanden. Sie wollte, dass ich mich verbessere. Dass ich zum Schulleiter aufsteige. Sie wurde gelegentlich fuchsteufelswild. Dann war's am besten, man ging in Deckung. Sie sagte: Franz, mehr Ehrgeiz! Wär sie am Leben, hätte sie dich mit dem Teppichklopfer verdroschen.

Wieso denn?

Weil du besser bist, und dich damit begnügst, schlechter zu sein …

Ich bin deutscher als du, Vater.

Er übergeht meine Bemerkung: Das Deutschsein ist ihm nicht wichtig, er möchte nur in jenem Land leben, dessen Männer über den Gartenzaun ein volles Schnapsglas reichen. Erstgebärende, mein Erstes, die erste Mutprobe, der erste Tod im Haus, Baturs Seele, die sich den Mund mit Deryas Schnitthaaren vollstopft. Mein Vater. In diesem Land wird er kein zweites Kind zeugen. Jetzt kommt er mit einem deutschen Handelsreisenden am Nebentisch ins Gespräch. Schon nach wenigen Minuten reden sie schlecht über die mickrigen Muselmanen, die ihnen nicht geheuer sind. Der Mann hat Angst, angefallen und niedergestochen zu werden. Er mustert mich, starrt auf meine Narben, er kann es nicht fassen, dass der Sohn des Landsmanns den Kerlen gleicht, vor denen er sich fürchtet. Vater Franz erzählt ihm, dass ich das österreichische Gymnasium besuche, der Mann verzieht das Gesicht, und sagt: Österreicher, na ja.

Sie mögen sie wohl nicht?, sage ich.

Unser Führer ausgenommen, ruft er und lacht.

Meinen Sie das ernst?

Jetzt bittet der Jude kräftig zur Kasse. Jeder hält die Hand auf: Der Ami, der Russe. Eine richtige Plage ist das.

Wir haben sie beklaut, sage ich, sie holen sich nur zurück, was ihnen gehört.

Mein Junge, du bist weit weg von Deutschland. Warst du dabei, als die Bomben fielen?

Gott sei Dank nicht.

Siehst du?!, sagt er.

Was sehe ich?

Die Abwehrschlacht ist verloren. Wir konnten nicht gegen alle gewinnen. Wir haben gekämpft. Hoher Blutzoll, mein Junge. Der Jude, der Ami, der Russe, sie haben sich bei uns eingenistet. Soll ich mich über den Sieg fremder Völker freuen?

Ihr habt die Juden vergast, sage ich laut, Sie sind ein elender Schwätzer.

Pass mal auf, du Knilch …

Kein Streit, sagt Vater Franz.

Ihr Sohn ist verjudet. Ich hätt' nicht übel Lust, ihm die Fresse zu polieren.

Versuch es nur, Kerl.

Halt den Mund, Wolf! … Mein Herr, reden wir doch nicht über die hohe Politik. Ich bitte Sie, regen Sie sich ab.

Hältst du zu diesem Schwein?, sage ich.

Wie hast du mich genannt?

Du bist Hitlers Arschlecker, so nenn' ich dich. Was ist jetzt? Willst du was auf die Mütze, oder nicht?

Er springt auf und wirft den Tisch um, ehe ich mich versehe, trifft er mich mit seiner Ledertasche seitlich am Kopf. Vater Franz will eingreifen, doch der Mann schlägt ihn mit dem Handrücken auf den Mund. Blut tropft ihm vom Kinn herunter auf die weiße Tischdecke. Der Mann läuft davon: fliehender Judenvergaser. Tan, der Dichter, hätte geschrieben: Deutscher Mann, Schnurrbart nach Franzosensitte auf der Hasenscharte, böser böser Hitlerist, er muss die neue Zeit erkennen, Führer verbrannt, Reich verloren, auf zu neuen Geschäften, es zählen ab sofort die Bilanzen, lieber Geschäftsmann, mäßige dich, lerne schöne Jüdinnen kennen, die dich bezirzen, küss' der einen die Hand, küss' der anderen die Lippen, so sie es zulassen …

Der Besitzer des Esslokals möchte die Polizei einschalten, Vater Franz winkt ab, drückt die Serviette gegen das blutende Zahnfleisch. Deutsch bist du mal gewesen, sagt er leise, ich weiß nicht, was du bist, nicht mein Fleisch, nicht ihr Fleisch, kein Mischling. Ein Knabe bist du, der versucht, mit einer Hand eine Schleife zu binden …

Ich lausche seinen Weisheiten, ich betrachte ihn, ich schließe und öffne die Augen: Er ist nicht weggezaubert, er spricht von meiner schleichenden Entartung. Mutter hat ihn geliebt, sie hat sich von diesem Mann schwängern lassen. Seine verborgenen Gaben, ich würde sie gern entdecken. Er begleicht die Rechnung, legt zwei Münzen in die Schale, geht grußlos davon.

68. Der Unabhängige

Der Hausmeister bittet mich, die Schuhe abzutreten, ich frage ihn nach dem Ökonomieprofessor, der einen Büroraum gemietet hat. Ein gebildeter Herr, sagt er, er trinkt Tee nach Art der Engländer, wie kann ihm nur dies Säuglingswasser schmecken? Ich steige die Treppen hoch, klopfe an, betrete den Empfangsraum: Sümbül Hanim hat eine sonnenverbrannte Stirn, die Haut am Nasenrücken löst sich, sie zupft an den kleinen Fetzen. Ich mache ihr ein höfliches Kompliment, sie übergeht das Lob, vertieft sich in das Studium der Unterlagen. Ich starre durch die offene Tür des Arbeitszimmers: Seyfettin Bey läuft auf und ab. Schecho steht an der Wand und glotzt.

Das Leder schmatzt, sagt er.

Es knarzt, sagt Seyfettin Bey.

Ein Gartentor knarzt in den verrosteten Angeln.

Das Tor quietscht. Die Dielen knarren.

Die Schuhe, sagt Schecho und nickt mir zu, haben Sie sie gefüllt? Womit?

Weiß ich nicht. Sie machen seltsame Geräusche.

Italienisches Leder, sagt Seyfettin Bey, beste Qualität. Sie drücken nicht. Ich kann in den Schuhen stundenlang gehen. Trotzdem nehme ich abends ein Fußbad.

Stinkt das Leder?

Nein, Schecho.

Wieso waschen Sie dann Ihre Füße?

Fußbad. Ich sitze, und meine Füße tauche ich währenddessen ins Quellwasser in der Zimmerwanne.

Was geschieht dann?

Es tut den Füßen gut. Außerdem weicht die Hornhaut auf.

Schlafen Sie in der Zeit?, sagt Schecho.

Ich entspanne mich.

Eine Kuh hat sich auf der Weide entspannt. Ich zog sie am Schwanz, und sie erschrak.

Hast du dich heimlich angeschlichen?

Ich verheimliche nichts, sagt Schecho und schaut Seyfettin Bey finster an.

Natürlich nicht … Sei gegrüßt, Wolf. Schecho ist den weiten Weg zu Fuß gelaufen.

Die Schuhe des Herrn sprechen, sagt er.

Seid ihr immer noch zerstritten?, sage ich.

Der Kerl hat seinen Führerschein gefälscht. Bin mir sicher. Er fährt auf die Kurve zu, reißt im letzten Augenblick das Steuer um.

Der Busfahrer?, sagt Seyfettin Bey.

Bruder, dein Wahn kostet uns noch das Leben. Das waren meine Worte. Seine Worte waren: Setz dich sofort auf deinen Platz!

Schecho erzählt von den Schreckensschreien sittsamer Bäuerinnen, von erbleichenden Greisen, von den Flüchen eines großen Bruders, der dem Fahrer einen langsamen qualvollen Tod versprach. An seiner Fahrweise ändert der Mann nichts, im Gegenteil, er fährt den Pferdedroschken dicht auf, bremst an Haltestellen derart hart, dass der Staub, den die Reifen aufwirbeln, die Menschen husten lässt wie Lungenkranke. Er will aber nicht weiter über den unwürdigen Ziegentreiber sprechen. Er ist gekommen, um mich abzuholen, natürlich setze er die Einwilligung von Seyfettin Bey voraus. Ich führe ein kurzes Telefongespräch mit einem Geschäftsmann in Deutschland. Schecho glotzt mit offenem Mund, er glotzt beim Hinausgehen Sümbül Hanim auf Stirn und Nase, und als wir wenig später über die Brücke laufen, glotzt er auf die jungen Damen mit Sonnenschirmen. Er denkt nach, und als wir einem Jüngling im aufgeknöpften Hemd begegnen, schüttelt er den Kopf.

Hast du das gesehen, Arier?

Das Brusthaar.

Als hätte er ein Bund Suppengrün in den Ausschnitt gesteckt.

Du bist auch behaart, sage ich.

Ich zeige nichts vor, sagt er.

Eine schlechte Nachricht?

Was? … Nein. Keiner tot. Keiner schwer verwundet.

Der Tschetschene?

Kurde Memet hat einen Messerstecher erwischt.

Gut, sage ich, wohin bringst du mich?

Zum Friedhof.

Um Gottes willen!

Es findet keine Bestattung statt. Geduld ... Die Frau.

Sümbül Hanim? Seyfettin Beys Vorzimmerdame.

Sie schmachtet ihn an, sagt Schecho, er wartet. Seine geschiedene Frau hat wieder geheiratet. Die Trauerzeit ist beendet. Wenn der Herr weiter wartet, fällt ihm der Arsch ab ... Lach nicht, das wird geschehen.

Was ist mit dir, Schecho?

Esther. Gott hab sie selig. Sie hab ich geliebt wie nichts sonst. Wir spielten Fingerfußball, auf dem Esstisch. Münze war Ball. Streichhölzer waren Tore. Sie schnickte und traf.

Lange her, sage ich.

Ist nicht verblasst, ruft er, übrigens, eine zerschnittene Katze haben wir gefunden. Nein, falsch, sie fand uns. Dein Vater, der Einäugige, und ich, wir saßen und tranken, im Hintergarten des Ladens. Da taucht sie auf, humpelnd. Kleines Mädchen Ayfer trägt sie durch die Gassen. Lässt sie von keinem streicheln. Mädchen hat ein Tierkind bekommen.

Vom Katzenmetzger keine Spur.

Keine Spur, sagt er, all die Jahre verborgen. Lebt unter uns. Versteckt sich gut.

Tete, wie geht es ihr?

Besuch sie, Arier! Sie kommt nicht mehr aus dem Haus. Schmerzen in den Beinen.

Die Dame Bela Palan ist ausgezogen, ich habe keinen Grund, das Haus zu betreten. Ich schäme mich meiner Gedanken. Tete wusste wahrscheinlich all die ganze Zeit, dass ihre Untermieterin und der angenommene deutsche Enkel eine große Sünde begingen. Sie schwieg, sie ließ es geschehen, sie verriet mich nicht. Ich werde ihr süßes Gebäck in der teuren Konditorei kaufen. Schecho freut sich über meine Treue zum Viertel, die Abhandengekommenen sind ihm ein Gräuel. Tete vertilgt Süßigkeiten, sagt er, such sie auf, küsse ihre runzelige Hand, spreche sie nicht auf die Altersflecken auf der Haut im Ausschnitt an.

Wir betreten den Friedhof. Die schiefen Grabstelen hat man aufgerichtet. Von Marmor und Backsteinen eingefasste Erdbuckel, sprießendes Unkraut, Totenvögel in den Baumkronen. Die Verdammten liegen in der Erde am Hinterausgang, ich mache einige Schritte in die Richtung, doch Schecho pfeift mich zurück. Ein Pfiff im Friedhof, ist das nicht lästerlich? Es kümmert ihn nicht, er zeigt zur Seite, und ich sehe meinen Vater an Baturs Grab stehen, er spricht mit zwei Totengräbern, der Irre vom Fenster verstummt bei meinem Anblick. Vater, sage ich und umarme ihn, ich umarme auch den Irren und grüße die Männer mit den Schaufeln und der Spitzhacke. Bauernsöhne, fremde große Brüder aus Samatya, Soldaten des Kurden Memet, Schlammblütler. Der Irre vom Fenster wirft sich auf ein frisches Grab, er drückt das Ohr gegen die Erde, er flüstert: Heulende Knochen, heulendes Fleisch an den Knochen, dieser Tote wird noch vom Engel befragt.

Was antwortet er?, sagt Schecho.

Engel fragt: Stehst du in der Schuld eines Dieners unseres Herrn? Toter antwortet: Das tu ich, Bote Gottes. Engel fragt: Hast du einen Diener unseres Herrn oder ein Geschöpf gequält? Toter sagt: Ich schlug Hunde blutig, Bote Gottes. Engel fragt: Hast du einen Mann oder eine Frau oder ein Kind oder ein anderes Geschöpf verleumdet? Toter sagt: Ich log, und die Lüge gereichte mir zum Vorteil. Ich gab vor, Zahnschmerzen zu haben, um Mitleid zu erregen. Dann aß ich heimlich Walnüsse, zwei Handvoll, bis mir die Kiefer schmerzten. Engel fragt: Du weichst aus. Hast du ein Geschöpf unseres Herrn verleumdet? Toter sagt: Ja, das habe ich, Flamme Gottes. Ich beschuldigte meine Schwägerin des Ehebruchs. Ihr Mann verstieß sie. Da stahl ich mich in ihre Kammer und wohnte ihr bei. Sie wehrte sich, ich aber brach ihren Widerstand.

Große Sünde, sagt Schecho.

Ich höre es, flüstert der Irre vom Fenster, ich höre die Schläge. Der Engel schlägt den Toten mit dem goldenen Stab auf die Stirn.

Es reicht, sagt Vater, störe ihn nicht in dieser schweren Stunde.

Darf ich bleiben?

Nur wenn du dich ruhig verhältst. Wolf?!

Ja, Herr Vater.

Wir sind hier, weil wir einem Gerücht nachgehen. Es heißt, man habe einen Toten in Baturs Grab beigesetzt.

Um Gottes willen!

Wir sind hier, weil wir den Lügnern in unseren Gassen das Maul stopfen wollen. Hältst du es aus?

Ich werde mich beherrschen, Vater.

Brüder, fangt an, ruft er.

Die Männer spucken in die Hände, rufen laut den Herrn an, greifen zu den Schaufeln. Nur ein Mal müssen sie die feste Erde aufhacken. Bald stoßen sie auf Holzlatten. Sie halten inne, schauen auf, und der Mann mit dem Vollbart sagt: Herr, da unten liegen die Knochen deines Erstgeborenen, willst du dir nicht den Anblick ersparen?

Es ist entschieden, sagt Vater.

Und dein zweiter Sohn?

Er lebt, er ist bei mir, er wird nicht verschont.

Nicht eine Sünde hat ihn verdorben, sagt der Irre leise, ihn nahm Gott in den Himmel auf.

Friede der Seele des Kleinen, sagt Schecho.

Los, ruft Vater, wenn ihr euch fürchtet, gebt mir die Schaufel.

Die Männer stoßen die Hackenspitzen zwischen die Bretter, legen sich schwer auf den Griff, das mittlere Brett fliegt plötzlich zur Seite, Grab der Verheerung leert sich, flüstert der Irre neben mir, und ich sehe durch den Spalt das zerfressene Leichentuch, ich muss wegen des Grabgeruchs würgen, und ich sehe den kleinen Schädel, der auf dem Schulterknochen liegt, Vater schluchzt laut auf, atmet tief ein, und bedeutet den großen Brüdern, das Grab zuzudecken. Wir schauen ihnen dabei zu. Mein Sohn, mein Sohn, sagt Vater, ich sollte statt deiner da unten verwesen, Herr, erbarme dich seiner. Die Männer klopfen mit dem Schaufelblatt die Erde fest. Batur gehört wieder dem Volk der Toten an.

Es liegt nur Batur in seinem Grab, sagt Schecho.

Du hast es gesehen. Ihr habt es gesehen?

Das haben wir, Herr, sagt der Vollbärtige.

Ich bezeuge, dass dies Erdloch nur einen Toten birgt, sagt der andere Totengräber.

Auch ich bin ein Zeuge, ruft der Irre vom Fenster.

Wie geht es dir, Wolf?, sagt Vater.

Nicht gut.

Du hast hineingeblickt?

Das habe ich, Herr Vater. Batur ruht allein in seiner Jenseitskammer.

Deine Mutter …

Sie wird nichts erfahren, sage ich.

Ich zähle auf euch. Bestellt Kurde Memet einen Gruß von mir. Er darf es wissen. Sonst keiner. Nicht die Verlobte, nicht die Mutter, nicht der Schnapskamerad im Wirtshaus.

Wir schwören auf das Leben unserer Mütter, sagt der Vollbärtige.

Ich möchte euch nicht beleidigen, aber die Sitte verlangt, dass die Totengräber nicht leer ausgehen. Was wünscht ihr?

Nichts, Herr.

Die Sitte herrscht, sagt Vater streng.

Wenn das so ist, dann eine Flasche Schnaps. Ist es recht?

Ihr seid mir in dieser Stunde zur Seite gestanden. Dafür danke ich euch.

Heut Nacht stoßen wir auf deinen Sohn an, Herr.

Schecho, sagt Vater, welches dreckige Maul stört die Totenruhe meines Sohnes?

Die Brunnenweiber, sagt Schecho.

Sie klatschen. Wer aber ist der Einflüsterer?

Der Tschetschene. Die Männer des Tschetschenen. Er verteilt Geld.

Auge um Auge.

Schlag ihm alle Zähne aus, ruft der Irre, dann muss er mümmeln.

Dann weiß er, wie es mir ergeht!

Ruhig, sagt Vater.

Das Grab behält seine Knochen. Mutter hat verfügt, dass sie neben Baturs Jenseitsloch bestattet wird, kein Stein, keine Stele, keine Inschrift, letzte Ruhe in der Nähe des Sohnes. Der Hodscha steht zwischen den Zypressen, betet stumm, bittet laut den Herrn um die Gnade, Ihn rühmen zu dürfen in der Not. Dann kommt er zu uns, die wir von den Totenvögeln angeschnarrt werden, er sagt, dass wir den Friedhof verlassen müssen. Ich verliere mich in den Gassen, keine Brüder, keine Kämpfe, keine Heldenmädchen. Hinter der verbrannten Scheune, bei den geschwärzten Steinen, bin ich geschützt vor den Blicken, ich stehe und weine. Batur, Bruder, Pelin hat dich geliebt, sie hat dich nicht vergessen. Keiner hat dich ersetzt, keiner hat deine Stelle eingenommen. Finger abgehackt, die Hand ein Stummel. Die Aaskrähen, hoch oben im Baum des Friedhofs, sie konnten dich nicht freischarren: Fleisch zerfiel, Seele blieb, Engel wachte. Ich stehe und heule den Acker an. In deinem Namen, Batur. In deinem Namen werde ich kämpfen, Untergang ist mir nicht möglich, ich schwöre auf mein Blut. Kindsknochen im Leichentuch. Ich falle hart auf die Erde, spucke auf das Handvoll Erdbrocken, streiche sie übers Gesicht, zerschramme mir die Haut, heule und weine mich müde, ich schlafe ein. Mit einem Ruck wache ich auf, meine Brust glüht, Vater und Mutter haben dich nicht vergessen, Batur, ich bin ihr Kind geworden, an dich denken sie jede Stunde und jeden Tag.

Ich laufe los, jemand ruft nach mir, ich laufe weiter, dann werde ich herumgerissen, ich starre in Ayliyes Gesicht.

Wie siehst du aus?!, ruft sie, hat dich der Irre angefallen?

Welcher Irre?, sage ich.

Der Zahnlose, der beim Reden das Zahnfleisch zerkaut.

Er tut mir nichts.

Komm, sagt sie, lass mich machen.

Sie wischt mir mit ihrem Ziertuch den Erdschmutz ab. Es kümmert sie nicht, dass Kinder uns necken, sie machen Kusslaute, so lange, bis Ayliye nach Kieselsteinen greift und sie bewirft, sie sprengen auseinander wie keckernde Hyänen. Sie schiebt mich in eine Gasse, ihre Hand an meiner Schulter, sie führt mich bis ans Ende der Gasse, sie drückt mich herunter auf einen verrosteten umgedrehten Kübel, sie setzt sich auf eine Seifenkiste.

Hier komme ich oft her, sagt sie, das ist mein Versteck. Geisterhäuser, sie verfallen. Keiner, der neugierig durch die Tüllgardinen späht. Was ist passiert?

Nichts, sage ich leise.

Hast du geweint, Arier?

Nein … Ja.

Liebeskummer?

Ich pfeife darauf.

Was ist es dann?

Batur, mein Bruder, sage ich.

Der, dessen Herz stehen blieb.

Der lange fort ist.

Fehlt er dir?, sagt sie und fegt Erde von meinem Kopf.

Er war mein bester Freund. Er war der Sohn des Hauses. Sein Tod brach Mutter das Herz.

In deinem Haus leben starke Frauen, Bayka Hanim. Derya. Sei froh.

Bin ich, sage ich.

Mein Vater wird noch verrückt, ich rechne jeden Tag damit.

Warum? Laufen seine Geschäfte schlecht?

Taufliegen, sagt sie, eine richtige Plage.

Tante Rena klagt auch darüber, sage ich, sie jagt sie.

Mit der Fliegenklatsche?

Nein. Sie füllt kleine Schalen mit Sirup. Die Mücken ersaufen.

Es heißt, eine Taufliege könne Hunderte Eier legen. Ist das nicht aufregend?

Na ja.

Die Mücke sieht lauter umherschwirrende Urururururenkel.

Jeden Morgen findet Tante mindestens fünfzig ersoffene Mücken in jeder Schale. Beim Auskippen des Sirups muss sie würgen. Mir macht das nichts aus. Sie hat es mir verboten.

Das ist komisch.

Sie fürchtet die Gerüchte.

Ach, die Gerüchte, ruft Ayliye, weißt du schon?

Was denn?, sage ich kalt.

Die Herrin des kahlen Baums. Tot. Hat sich aufgehängt.

Mein Gott, es hört nicht auf.

Die Menschen sind das Ungeziefer dieser Welt …

Fast hätte sie sich versprochen, sie hält die Männer für Schädlinge, für die schlimmste Plage. Die Brunnenfrauen nennen sie schon Deryas Zögling. Ayliye aber will von Politik nichts wissen. Der Metzger verkauft linke und rechte Schafskeulen an linke und rechte Männer und Frauen des Viertels. Sie besucht ein Fremdsprachen-institut, sie lernt Englisch, bei der Aussprache der deutschen Bar-

barenlaute beißt sie sich ins Wangenfleisch. Ich will schon zur Widerrede ansetzen, da lacht sie auf, sie nimmt meine Hand, mustert die Fingernägel.

Schief und krumm geschnitten, sagt sie, ich kenne Jünglinge, die zur Maniküre gehen.

Keiner aus unserem Viertel.

Seltsam. Für einen Schüler hast du sehr raue Hände ... Schlägst du dich noch?

Nur, wenn es nicht anders geht, sage ich.

Lange Wimpern, sagt sie leise und wendet sich plötzlich ab.

Soll ich verschwinden?

Was?

Das letzte Mal hast du mich nicht lange ertragen.

Du kannst bleiben ... Mein Vater ist sehr streng.

Er wacht über dich wie über eine teure Rehleber, sage ich.

Ein böser Vergleich, sagt sie lächelnd, würde er uns hier beisammen sitzen sehen, würde er dich mit dem Hackbeil jagen.

Wir tun nichts Unanständiges.

Wirklich nicht?, sagt sie und küsst mich auf den Mund.

Das war ... ein Kuss, flüstere ich.

Und das ... war ein zweiter Kuss, sagt sie, pfui, jetzt habe ich Erde im Mund.

Hast du mich jetzt nur getröstet?

Natürlich. Quäl dich nicht, Arier.

Sie schaut auf mich wie auf eine abgelegte Sache. Ich verstehe, ich bin entlassen. Hat sie gespürt, dass ich mich verstellte? Längst weiß ich vom Selbstmord der Steingebärerin. Dauert ihre Befragung durch den zornigen Engel länger als bei anderen Seelen? Wird die Flamme Gottes, zu Füßen des Leichnams stehend, ihr die Geheimnisse entlocken, die sie uns vorenthielt? Die Herrin des kahlen Baums spricht dann: Der Goldregenpfeifer nistet im Vorhof des Königspalastes. Sein Kot, vermischt mit den Unreinheiten anderer kleiner Vögel, hilft bei Leib- und Lendenkälte. Der Engel spricht: Mit deinen ungewaschenen Händen hast du diesen Dreckssud gekocht. Jungfrauen glaubten deinen Lügen, sieh diesen Stab und verzweifele. Batur, Steingebärerin. Ayliye. Zum Abschied umarmt sie mich, singt mir die erste Zeile eines Volkslieds ins Ohr: Glänzende Grazie, was schlägst du die Augen nieder? ...

Ihre Trostküsse. Sie ist nicht meine neue Kussfreundin, das will sie mir bedeuten. Die große Schwester drückt zwei verbotene Küsse auf den Mund des Kindes. Ich schüttele lächelnd den Kopf, Vasil steht am Steinhaus auf seinem Feld und tippt sich an die Schläfe. Arier, verrückter Hund, besuch mich später, ruft er, und ich nicke, laufe durch das Belgradtor, in dessen Schatten ein Morphiumsüchtiger schläft. Zerstörter großer Bruder, Bauernsohn. Die Wächter lassen ihn in Ruhe. Vertrieben sie ihn, würde er sich einen Platz an einem der Brunnen des Viertels suchen. Schande außerhalb der Mauern. Ich gehe durchs Brachland, durch Gemüsefelder, ich laufe am armenischen und griechischen Friedhof vorbei. Der Vernarbte, er sprach von den begrabenen Mädchen, von den Geschändeten, von der großen Sünde, die der Herr nicht verzeiht. Hikmet, Hasan, Knirschmund: Heroinhändler, das Messer hat sie gebissen.

An der Umfassungsmauer des Sanatoriums mache ich halt, denke nach, besinne mich eines Besseren, ziehe weiter, kämpfe mich einen steilen Pfad hinauf. Am Grab des Heiligen spreche ich das Vaterunser. Ein Liebling Gottes wird nicht darauf achten, ob ein Christ oder ein Moslem für seine Seele betet. Nach zehn Minuten Fußmarsch gelange ich endlich zum Hohen Hain. Maulbeerbäume, Feigenbäume, Granatapfelbäume. Backsteinhäuser der Bauern, die das Siebentürmeviertel für die große Stadt halten. Pluderhosen, Schamtücher an den Wäscheleinen. Ein leichter Wind spielt mit den Hosenbeinen und Tuchzipfeln. Ich schreibe auf einen Zettel den Namen des Mädchens auf, dessen Herz ich gewinnen möchte, falte das Papier zur Daumennagelgröße, begrabe es in der Erde eines Feigenbaums.

Was machst du da?

Nichts, rufe ich, ohne zu wissen, wer mich anspricht, ich richte mich langsam auf, und sehe eine junge Frau, die in der Tür des Hauses hastig ein buntes Tuch auf das Haupt legt. Eine Frischvermählte. Oder die älteste Tochter eines Mannes, der sein Feld bestellt hat, und sich auf den Heimweg macht.

Wer bist du?

Siebentürme, sage ich.

Ein Städter. Bist du Albaner?

Nein. Wie kommst du darauf?

Du sprichst mit einem Einschlag, sagt sie.

Bin kein Albaner.

Ein richtiger Türke bist du nicht.

Deutsch, sage ich.

Glaub ich nicht … Der Feigenbaum gehört mir.

Ich fälle ihn nicht. Er trägt nur wenige Früchte.

Es ist nicht gut, mich zu beleidigen, sagt sie.

Habe ich das getan?

Hast du. Die Feigen habe ich gepflückt. Das ist kein Krüppelbaum.

Dann entschuldige ich mich für meine Worte.

Du hast in einem kleinen Loch etwas versteckt.

Ein Bittpapier, sage ich.

Jetzt teile ich dein Geheimnis. Also musst du es wieder ausgraben.

Ich widerspreche ihr nicht, sie hat recht. Ich schüttele den Wunsch-
zettel von Erde frei, stecke ihn in die Hosentasche. Sie schaut mich
an, fast ohne zu blinzeln. Geblümte Pluderhose aus grobem Stoff,
sie muss darin schwitzen. Wartet sie, dass ich verschwinde? Ich bitte
sie um ein Glas Wasser, das sie mir nicht verweigern darf: Weist
man den Durstigen ab, droht Dürre, und die Muttermilch versiegt.
Ich trinke das Glas leer, wünsche ihrem Haus Segen und Gedeihen.
Sie beißt sich auf die Unterlippe, stellt das Glas auf das Fensterbrett.

Kennst du mich?, sagt sie.

Nicht deinen Namen, noch dein Leben, sage ich.

Lügst du mich an?

Was?

Wer hat dich hergeschickt?

Niemand.

Wieso bist du hier?

Ich bin spazieren gegangen, sage ich,

Und dein Weg führte dich zufällig zu mir?

Schwester, ich sehe, du fühlst dich von mir belästigt. Ich habe keine
Hintergedanken. Ich will dir nicht schaden. Ich habe mich schon
entschuldigt. Ich verabschiede mich am besten.

Warte!, ruft sie, warte. Du weißt also nicht, wer ich bin?

Was bringt mir eine Lüge ein?

Vielleicht bist du ein Kundschafter. Vielleicht willst du mich verhöhnen.

Der Teufel, sage ich, er höhnte, bevor er vom Himmel fiel.

Du blendest mich mit Worten.

Mach es gut, Schwester, sage ich.

Warte!, sagt sie noch einmal.

Weshalb traust du mir all diese Gemeinheiten zu?

Siehst du die anderen Häuser? Was fällt dir auf?

Sie sind weiter weg … Oh, sage ich leise.

Was hat sie getan, dass man sie in diesem Haus einsperrt, im ersten Haus des Hohen Hains? Die Webwarenhökerin wurde aus dem Viertel verbannt, weil sie das Gerücht von der vermeintlichen Schande Elifs verbreitete. Sie war schuldig geworden am Tod des Mädchens, das ins Wasser sprang und ertrank.

Ein Mann hat mich berührt, sagt sie plötzlich, er verschwand nach dieser Nacht. Ich musste bleiben. Die Sünde hat so viel Gewicht wie ich, das schnattern die Hurenhasser. Ich wieg nicht viel, also wiegt die Sünde auch nicht viel. Was wiegst du, Junge?

Weiß ich nicht.

Stell dich auf die Waage, lies die Zahl ab, so viel Stücke Sünde sind in dir.

Das alles tut mir leid, sage ich.

Ich tu dir leid?, sagt sie laut, große Steine soll der Himmel spucken.

Und erschlagen sollen die Männer.

Ja, liebe Dame.

Wie nennst du mich?, sagt sie heftig und macht einen Schritt über die Schwelle.

Nur eine höfliche Anrede.

69. Der Mächtige

Ich drehe ihr den Rücken zu, steige den Hang herunter. Hure des Hohen Hains, eingesperrt im Schandhaus, über dem Türsturz das Hennamal, eine fünfbeinige Spinne, Huren schimpft man Fünfsünder, jeder Mann, der sie beschläft, steckt sich mit fünf Sünden an. Die Männer und Frauen in den anderen Steinhäusern, sie lassen sie am Leben, vielleicht trifft sie ein Stein, ein Kind, verhetzt von der Mutter, zischt ihr im Vorbeigehen zu: Beinebreit, Krötenliebchen. Sie hat unrecht: Sünde ist leichter als Luft. Sonst müssten die Dünnen Heilige sein, die auf Gottes Erde wandeln. Ich haste am Sanatorium vorbei, es ist der falsche Tag, ich bin nicht in der Stimmung, die Verrücktgewordene zu ertragen.

Vasil stellt einen vollen Wasserkrug und zwei Zinnbecher vor mir auf den Tisch, er schenkt zwei Fingerbreit Schnaps ein. Wir trinken, ohne angestoßen zu haben. Die Nachrichten von der erfolgreichen Aufstandsbekämpfung im Osten beunruhigen ihn. Fanatische Frömmler widern ihn an, sie sollen nach Arabien auswandern. Er misstraut den Kolumnenschreibern, sie sind die Agenten der Herrscher, die Gazetten sind bedrucktes Papier. Trotzdem liest er jeden Tag die Zeitung, der einäugige Krämer schickt ihn ins Hinterzimmer, Vasil muss vorsichtig blättern, und jede Seite bügeln. Er erkundigt sich nach Derya. Es hat sich herumgesprochen, dass sie eine Aufständische ist, eine strenge Genossin, die kaum lacht und die roten Lehrsätze bellt.

Der Rauch verzieht sich, sagt Vasil, der lauernde Feind wird sichtbar.

Es droht ihr Gefahr?, sage ich.

Nicht von uns, die wir die Moskautreuen hassen.

Ich verstehe.

Nein, das tust du nicht.

Erklär es mir, großer Bruder, sage ich.

Sie ist unbekümmert. Ein Freund eines Freundes einer ihrer Genossen, er läuft mir über den Weg, ich bin über die Brücke nach drüben, ich kenne ihn. Ein guter Mann, kein Schwein. Er verehrt

Stalin, er spricht über ihn in lobenden Worten. Ich schweige, ich verrate nicht, dass Verbrecher auf den Schultern ihrer Anbeter thronen. Dann redet der Kerl über die Revolutionsschwestern. Von seinem heimlichen Wunsch, sie … zu begatten. Er redet von Derya, die jede Nacht in seinen Träumen vorkommt. Da habe ich mich vergessen …
Sprich weiter.
Ein Fehler. Ich gebe ihm was aufs Maul.
Du verteidigst Deryas Ehre, sage ich lächelnd, danke, Bruder.
Du bist blöd, Arier, ruft er, ich schlug ihn, weil …
Weil du von ihr träumst?
Was?!
Yorgo … ist tot. Derya hat eine Schwäche für Griechen.
Ich bin Halbgrieche, sagt er wütend, halb ist nicht dasselbe wie ganz.
Du weißt, dass sie nicht mehr mit mir redet?
Nein. Hast du sie geärgert?
Sie glaubt, ich habe Batur alle Kraft ausgesogen. Sie glaubt, ich bin sein Mörder.
Derya war schon immer eine zornige Frau.
Ich kann kein gutes Wort für dich einlegen, sage ich, ich wünschte, es wäre anders.
Vasil verdammt sein Schicksal, und er verdammt seinen griechischen Vater, dem es einfiel, eine Türkin zu heiraten. Dann aber schämt er sich, erwähnt die Tugenden seiner Mutter: eine großherzige Frau, seelenhaft, flink, sanft, sein Vater betet sie an, und sie küsst ihn oft laut ab. Plötzlich starrt er mich an, schreit auf, dass ich mich erschrecke, und spuckt mir in das rechte Auge. Ich falle auf den Rücken, erhebe mich, Scheißefresser, Ratte, elendes Halbblut, Kreuzküsser, ich brülle ihn an, und als ich die tropfende Spucke mit dem Jackettärmel wegwischen will, sagt er: Nicht!
Was soll das, du Nachttopf?!
Selber Kackpott, ruft er, ich hab dich gerettet.
Was hast du?
Das Gerstenkorn am Unterlid. Ist mir gleich aufgefallen.
Du rotzt mir deshalb ins Gesicht?

Ins Auge, sagt Vasil ernst, erst erschrecken, dann speien. In einer Stunde ist er verschwunden.

Glaub ich nicht.

Mir wächst oft ein Korn am Auge. Schon als Kind hat mich Mutter angespeit.

Das erfindest du doch alles, sage ich.

Warte eine Stunde, sagt Vasil, wenn der Korn nicht verschwunden ist, kommst du wieder her. Dann darfst du mir in beide Augen rotzen.

Das ist widerlich, Vasil.

Sonst reibt man sich das Auge aus. Arier, du wirst mir noch danken. Noch ein Schluck.

Wir trinken. Ich beäuge ihn misstrauisch: Wenn er lacht, stürze ich mich auf ihn. Er aber sitzt ungerührt auf seinem Holzschemel, lässt den Blick über sein Feld schweifen, kratzt sich am unrasierten Kinn. Tiefe dunkle Rinnen an den Händen, schwarze Augen. Er hat alle Kämpfe unbeschadet überstanden, man hat ihm nicht das Haus angezündet oder sein Feld verwüstet. Ein harter Mann, Sohn seines Vaters. Verliebt in eine unerreichbare Revolutionärin.

Ich war auf dem Hohen Hain, sage ich.

Gute Luft dort oben, sagt er.

Ja. Das erste Haus mit dem prächtigsten Feigenbaum, das ich je sah. Dort wohnt eine besondere Frau, sie ist …

Ich weiß, sagt Vasil und schaut mich an.

Stimmt die Geschichte?

Sie ist verstoßen, ja.

Diese Frau, sie ist aber keine Hure, oder?

Man müsste die Nachbarn totschlagen und den Aaskrähen zum Fraß vorwerfen.

Das heißt Nein?

Sie legt sich nicht in fremde Betten, sagt Vasil. Er erklärt das Gespräch für beendet, er muss arbeiten, er scheucht mich von seinem Feld fort. Auf dem Weg nach Hause zerreiße ich den Bittfetzen in kleine und kleinere Schnipsel.

Die kahle Derya schließt mir auf, es ist wie in alten Zeiten, es ist nicht wie in den alten Tagen, da sie mir ein Knochenspielzeug schenkte. Keine Grußworte, keine Wiedersehensfreude. Eine frische Platzwunde am Kopf, nasser Schorf, Stoppeln. Mutter und Vater sitzen am Tisch, es gibt Saubohnen mit Reis. Die Bauchbinde liegt über der Rückenlehne des Stuhls, das Strickzeug ist nicht verräumt, Deryas Besuch hat sie überrascht. Hände waschen. Der Geruch der Rosenseife lockt Taufliegen an, ich schlage sie mit dem gewrungenen Handtuch tot. Der Ahnensäbel hängt an der Wand. Die alten Zeiten sind vorbei. Mutter gibt Vater einen Klaps auf die Hand, als er Derya fragt, mit wem sie sich gebalgt hat.

Einer der Schläger in Polizeiuniform, sagt Derya kalt, er schlug mich, ich schlug zurück.

Du prügelst dich auf der Straße, stellt Mutter fest.

Er schlich sich von hinten an. Ich habe mich nur verteidigt.

Tochter, flüstert Vater.

Ja?

Wohin führt das alles?

Sie oder wir.

Dazwischen gibt es nichts?

Dazwischen haben es sich die Bürger bequem gemacht, sagt Derya, sie schauen zu.

Ihr könnt den Staat nicht besiegen.

Ich weiß.

Trotzdem begibst du dich in Gefahr, sagt Vater.

Wir sind nicht wenige. Und wir sind keine Straßenbanditen. Wir halten zusammen.

Tochter, ich habe mich nie eingemischt.

Na ja.

Was heißt das?, ruft Mutter, sie lässt ihre erhobene Hand sinken.

Soll ich es aussprechen?

Bitte, sagt Vater, du bist auch sonst nicht zurückhaltend.

Die Männer beugen vor dir das Haupt. Weshalb?

Sie achten Vater, sage ich.

Die Männer fürchten dich, fährt Derya ungerührt fort, Greise, große Brüder, kleine Knilche, Reiche, Habenichtse. Kriegskrüppel, Messerstecher. Zigeuner, Kurden, Albaner, Griechen. Sie raunen: Abdullah Bey, vor ihm sehen wir uns vor.

Soll mich das also bekümmern?

Furcht, Vater. Angst, der Nächste auf einer schwarzen Liste zu sein.

Von welcher Liste sprichst du?

Von der Liste, auf der auch Yorgo stand.

Gott hab ihn selig, sagt Vater.

Deshalb kämpfe ich: Dass nicht mehr die Mörder die Seelen ihrer Opfer Gott anbefehlen, sagt Derya.

Wie war das?, flüstert Mutter.

Du spuckst in den Napf, aus dem du isst, sagt Vater kalt, ich kenne die Roten, sie sind Maulaufreißer. Die Familie ist ihnen nicht heilig. Sie gehen nach der Gesinnung. Lebten wir im Sowjetstaat, würdest du mich der Geheimpolizei ausliefern.

Hast du Yorgo getötet, Vater?

Nein.

Schwörst du es auf das rostige Schwert deiner Ahnen?

Es sind auch deine Ahnen. Ja, ich schwöre es.

Derya blinzelt Vater an, sie versucht in seinem Gesicht zu lesen, und da er aber den Blick nicht abwendet und zurückschaut, fängt sie an, leise zu weinen. Mutter steht auf, umarmt sie, küsst sie auf Stirn und Wangen. Ich sitze wie versteinert auf meinem Stuhl, starre auf meine Hand an der Gabel auf dem Teller. Dann streiche ich heimlich Spucke über das geschwollene Lid.

Was machst du da?, sagt Vater.

Vasil hat mir ins Auge gespuckt, sage ich und verstehe nicht, dass sich Derya und Mutter vor Lachen schütteln.

Das war nicht lustig. Ich habe mich zu Tode erschrocken.

Das Lid schwillt bestimmt ab.

Ja, Vater.

Ich muss dich danach fragen.

Bessere Noten, ich bemühe mich.

Wer ist der Beste?, sagt Mutter.

Der dicke Mete, sage ich, frisst und lernt.

Wir Menschen fressen nicht, wir essen.

Gut, er isst sehr viel. Bald wird er platzen.

Und die Mädchen?

Sie lassen mich leider in Ruhe.

Sei froh, sagt Mutter, du wirst noch an meine Worte denken:

Wenn es so weit ist, dass sie dich jagen, wirst du dich verstecken wollen.

Da ist noch eine Sache, sagt Vater, Derya, Wolf, hört mir zu. Hier, unter diesem Dach, gilt nicht, woran ich oder eure Mutter glauben. Es gilt die Familiensitte. Meine Frau hielt es einmal für angebracht, mit mir tagelang nicht zu reden …

Mein Mann war in Schnaps gesotten, sagt Mutter, das ist euch Kindern bekannt.

Jedenfalls legt keiner von uns ein Schweigegelübde ab. Keiner von uns wird plötzlich unsichtbar. Keiner von uns schrumpft, dass man ihn übersieht. Verstehst du mich, Tochter?

Es betrifft nur ihn und mich.

Du verstehst also nicht. Hier betrifft es jeden von uns. Weshalb sprichst du nicht mit ihm?

Wegen Batur, sagt Derya.

Friede seiner reinen Seele, sagt Mutter traurig.

Er ist im Himmel, sagt Vater.

Glaubst du wirklich?

Läster nicht wider Gott, ruft Vater, antworte bitte auf meine Frage.

Du nennst ihn Sohn.

Er ist mein Sohn.

Mein Bruder ist er nicht, sagt Derya.

Ist Derya deine Schwester, Wolf?

Ja, sage ich, ich darf sie nie meine Schwester nennen, um sie nicht zu verstimmen.

Wir alle haben Baturs Tod überlebt, sagt Derya, deshalb haben wir ein schlechtes Gewissen. Bis auf ihn. Für ihn gab es ein Morgen danach. Und ein Übermorgen. Ich werde mich mit ihm nicht versöhnen. Eher schließe ich mit dem Schläger Frieden, dem ich die Kopfwunde zu verdanken habe.

Sie verlässt das Zimmer, Vater ist erschüttert: Er kann nichts wirken. Trotz der Achtung, die die Siebentürmler ihm entgegenbringen, bleibt er in seinem Haus ein Besiegter am Boden. Die Hure, der Igor verfiel, soll ihm gesagt haben: Dies Kind, du bittest darum, mich von ihm zu trennen. Ich aber warnte ihn: Gewöhne dich nicht an mich, Armenier. Ich bin nur die Haut, an der du dich reibst. Die rote Derya, seine eigene Tochter, bat er um Milde und Einsehen. Doch auch sie hat sein Machtwort angefochten. Wir, die Nichtfrauen, wissen nichts. Sie, die Frauen, beobachten uns bei unseren Spielen. Bald fallen wir und sterben im Staub, der Angstfrost lähmt uns.

70. Der alles Bestimmende

Jemand klopft gegen das Fenster, und als Vater die Läden aufstößt, sehen wir den Nasenlosen im Licht der Laterne stehen. Er bittet Mutter nicht um Entschuldigung für die Störung, er sucht nicht nach den rechten Worten, er sagt: Mich plagt eine Sorge. Ich brauche den Rat von Abdullah, und von dem neunmalklugen Schüler. Wir treten hinaus, wir folgen ihm durch die Nacht, er führt uns zum Friedhof. Plötzlich wirbelt er herum, und ich fürchte schon, dass er mir ins Auge spuckt.

Arier, du wirst sehr leiden.

Was ist geschehen?, sagt Vater streng.

Zwei Nachrichten vom Tschetschenen, sagt Süleyman Bey, sehr schlimm.

Wer?, sage ich.

Deine Freunde.

Wo sind sie?, sagt Vater, Wolf, erträgst du es?

Ja, Herr Vater.

Zwischen den wispernden Zypressen, auf einer verdreckten schwarzen Decke, liegen nebeneinander Dschenk und Nuyan, die Hälse sind bedeckt, der Stoff hat sich mit Blut vollgesogen. Man hat den Brüdern die Kehlen durchgeschnitten. Vater ist mit einem Satz bei den Leichen, er versucht, ihnen die Augen zu schließen, er gibt auf. Schecho hält die Totenwache, die Feldpächter Hamit und Haydar starren mich an. Mich verlässt alle Kraft in den Beinen, ich falle auf den Hosenboden, ich atme tief ein und rieche ihr Blut. Steh auf, sagt Vater leise, und ich gehorche. Schecho erzählt: Ich wälzte mich im Bett, Gesumm im Kopf wie von zehn Fliegen. Ich streifte durch die Gassen. Hab keine Angst, nicht vor der Finsternis. Ich kam her, um das Volk der Toten zu ehren. Da fand ich sie.

Hast du sie bewegt?, sagt Vater.

Ist das wichtig?

Ja, Schecho.

Nuyans Hand war mit Dschenks Hand verschränkt.

Hundesohn Rustam, zischt Hamit.

Was noch?, sagt Vater.

Bin nach Hause gerannt. Bin hergerannt. Hab Topflappen auf die Schlitze im Hals gelegt.

Sie haben rote Schmierspuren im Gesicht.

Lippenstift, sagt Schecho, ich hab's weggewischt.

Vater erstarrt, verschwindet im Dunkeln, kehrt wenig später wieder zurück. Er ist erleichtert, ich verstehe: Es haben sich keine Leichenräuber an Baturs Grab zu schaffen gemacht. Das Grab ist nicht eingestürzt, noch scharrten Leichenvögel die Erde auf. Ich rieche das Blut der Brüder. Hamit hält es nicht länger aus, reißt zwei Streifen vom Hemdsaum, legt sie auf die Augen der Toten.

Es war ihnen verboten, ein Gotteshaus zu betreten, sagt er, ich habe die beiden verabscheut für das, was sie taten. Oft habe ich mir gewünscht, dass sie tot umfallen. Aber das hier, das haben sie nicht verdient. Hundesohn Rustam.

Man hat sie hergefahren und hier abgelegt, sagt Vater.

Sie waren drüben, flüstert Schecho.

Diese dummen Jungen, ruft der Nasenlose.

Sie wurden nicht geschickt, sage ich.

Sie haben es erfahren, wie auch immer.

Der Einäugige, sie kauften bei ihm Kürbiskerne, eine große Tüte voll, flüstert Schecho, sie haben von den Tagen des Gegenschlags gesprochen.

Verbrannte Motten.

Der Krämer hat sie ausgelacht. Er scheuchte sie aus dem Laden. Sie spielten draußen mit Ayfer, die ihnen die Nase umdrehen wollte.

Wann war das?, sagt Vater.

Heute Morgen. Drei Stunden vor dem Mittagsgebet.

Dann müssen sie sich gleich auf den Weg gemacht haben.

Was tun wir?, sagt Haydar.

Wir können sie nicht heimlich begraben, sagt Hamit, ihre Eltern werden zum Kommissar gehen. Die Söhne als vermisst melden. Das gibt einen großen Aufruhr.

Den wird es so oder so geben, sagt Vater, ich überbringe den Eltern die Nachricht.

Nein, Vater.

Was?

Sie werden dich verleumden.

Ich glaube nicht.

Der Arier hat recht, Abdullah, sagt der Nasenlose, bist du der Bote, hängen sie es dir an. Dein Junge ist nicht besonders gescheit, er ist aber auch nicht sehr dumm.

Also gut. Wer ist der Bote?

Der Hodscha, sage ich.

Diesen Tag wird er so schnell nicht vergessen. Hol ihn, Schecho.

Der Hodscha fällt beim Anblick der Brüder fast in Ohnmacht. Auch er hielt sie für verdorbene Hinterbackenlüstlinge. Auch ihm waren sie ein Gräuel. Er sprach sie nie an. Nach ihrer Beschneidung beglückwünschte er sie zu diesem ersten Schritt der Mannwerdung. Doch damals wussten wir von nichts, vielleicht ahnten wir es, und schalten uns wegen unserer schlechten Gedanken. Ich rieche ihr Blut. Der Tschetschene hat die Leichen geschändet. Lippenstift, verschränkte Hände. Ein Mann und ein Mann, zwei Liebende. Dschenk, du Hund, du hast Nuyan überredet. Wobei hat der Tschetschene euch erwischt? Seid ihr bei ihm eingebrochen? Wolltet ihr ihm auflauern, und haben seine Schergen euch entdeckt? Tot, Seelen im Grab, keine Hand.

Jemand muss die Totengräber holen, sagt der Hodscha, sie werden hier begraben. Hat jemand Einwände?

Siebentürmesöhne, sagt Hamit, sie waren mutig. Der Herr verzeihe ihnen und uns unsere Sünden.

Es gibt für mich nichts zu tun, ich schaue auf sie ein letztes Mal. Leichen mit glasigen Augen, sie werden sich nicht mehr erheben, ich laufe zu unserem einstigen Sammelplatz, die Erde verbrannt, Glasscherben verbacken, ich schlage auf das Buch des Dichters, lese das Gedicht, das er nach dem Tod einer schwindsüchtigen Geliebten schrieb:

Ein Geistgesicht male ich mir auf. Toter Mann, der ich bin, lass ich mich besingen. Bei den Zigeunern, die vergorene Kräutersäfte trinken, mache ich halt. Sie singen: Großer Sammler, Spender der Furcht, Seuchenvater. Im Augenblick, da wir geboren, sind wir von dir geworben. Was verlangst du? Nichts, spreche ich, genießt den Trank. Ein Kindsmann verschluckt sich, und da ich ihm auf den Rücken klopfe, stirbt er. Herz, hast du das begehrt? Bei den Mongolen, Händler wider Willen, werd ich gut empfangen. Sie wissen, Natur und Kunst widern mich an, ich fäll die Männer, wie es mir gefällt. In allen Särgen klappert es, alle Särge füll ich mit Nebel, ich zeichne keine Kreidestriche auf die Tür des Todgeweihten. Hirngespinste erschrecken mich. Einem Tierfeind ist der Hund entlaufen, er weint. Ich reich den Fetzen Stoff, dass er sich schnäuze. Er schnauft, ein dicker Blutstrahl schießt aus seiner Nase, er stirbt auf seinem bunten Teppich. Herz, hast du dir das ersehnt? Huren spielen Schalmeien, auf einem Ölgemälde, das der Höker verkauft. Ich frage ihn: Kanntest du den Maler? Er sagt: Zerrst du mich gleich auf deine Seite, Tod? Für eine kurze Weile kann er alles vergessen, die Frau, die ihn verließ, das ruinöse Geschäft, den blassen Jüngling, in den er sich verliebt hat. Keiner weiß um seinen Kummer, steinigen würde man ihn. Ich frage: Der Maler, antworte doch! … Meine Vergesslichkeit ist ein Fluch, Natur und Kunst zerstör ich, und auch den Maler des schönen Blaus hatte ich zerstört, am vorvorletzten Tag des letzten Monats. Der Höker bleibt verschont, weil er nichts von mir annimmt. Bin ich allein, kann niemand sterben, also muss ich herumziehen. Rauch geht vor dem Feuer her, die Gerüchte eilen mir voraus. Ein Rabe auf dem Dach, ein Fuchs vor der Tür, am verlassenen Haus mach ich halt. Sie sind geflohen, der Mann, die Frau, das Kind, an meinem Gürtel hängen Fuchs und Rabe. Was begehrst du noch, Herz? Soll ich die Flüchtigen verfolgen? Soll ich ein Jäger sein wie der Teufel, der mich hasst, weil ich auch ihn holen werde, denn das Wort ist unverrückbar. Folge, so bist du selig …

Arier! Ich wusste, hier werde ich dich finden.

Burak, Bruder, sage ich und stecke das Buch in die Jacketttasche.

Ist es wahr?

Daumen und Finger. Weg.

Ermordet?

Ja. Kaytuns Sippe war's.

Nein, bitte nicht, sagt er.

Ich lasse ihn weinen, er würde es mir nicht verzeihen, wenn ich ihn umarmte. Als Kind war er ein Hänfling, bei dem ersten Schlag ging er zu Boden. Jetzt spannt ihm das Hemd über Brust und Schultern, er hat sich Koteletten wachsen lassen. Mann mit Kindsgesicht, er ist der Kindsmann in Tans Gedicht. Dünner silberner Ring am Finger. Ist er einem Mädchen versprochen? Eifert er einem Filmschauspieler nach? Er stößt mit der Faust auf den Boden, saugt an der kleinen Wunde.

Der Vater rächt den Sohn, sagt er, er verdoppelt im Hass und in der Liebe.

Tschetschenenbrut, zische ich.

Stimmt es, dass …

Er hat sie geschminkt, ja, sage ich.

Große Schande … Ich lauschte den Wächtern. Die behaupten, es habe diesmal die Richtigen erwischt, die Abart werde ausgerottet.

Nicht mal eine Stunde her, dass man sie fand.

Ist es schlimm?

Was?, sage ich.

Sehen sie schlimm aus im Tod?, sagt er.

Ja. Besonders Dschenk. Fleischpuppe, das Gesicht schmerzverzerrt.

Was sollen wir tun?

Wir beten an ihren Gräbern.

Und dann?

Denk darüber nicht nach.

Wieso, Arier? Hältst du mich für schwach? Bist du Stahl, und ich bin Blech?

Falsch. Man wird sie rächen. Das übernehmen die, über die man nicht spricht.

Gut, sagt er, das ist gut. Entschuldige.

Ist das ein Verlobungsring?

Ich bind mich nicht an ein Mädchen.

Hast du denn eine Kussfreundin?

Und du?

Ich durfte küssen, sage ich, vorbei.

Hast du schon Brüste angefasst?

Hab ich.

Nackte Brüste?

Ja. Nackt und groß.

Ich bin verrückt nach Brüsten, ruft er, ein Mädchen von hier passt mich letzte Woche auf dem Heimweg ab. Es ist allein. Es spricht mich darauf an, dass ich auf ihren Ausschnitt stiere, leugnen sei sinnlos, ich solle es zugeben. Ich gebe es zu, ich rechne mit einer Ohrfeige. Weißt du, was dann folgt?

Wie denn?, sagte ich, ich war nicht dabei.

Sie will mir erlauben, ihre Brüste zu küssen. Nur unter einer Bedingung …

Nämlich?

Ich darf nicht mehr von ihr verlangen.

Und?, sage ich, wie ging es weiter?

Wir verabreden uns in der verbrannten Scheune … kein romantischer Ort. Sie besteht darauf. Ich bin pünktlich, ich warte eine halbe Stunde. Nichts. Spinnweben, Rattenkötel. Ich stehe da wie eine Mumie. Ich will schon aufbrechen, da denke ich: Das ist eine Prüfung. Sie kommt bewusst viel später als zur vereinbarten Stunde. Gedulde dich …

Verdammt noch mal, Burak.

Was denn?

Erzähl die Geschichte zu Ende, sage ich, ich will nicht immer nachfragen müssen.

Na ja, ich warte und warte. Dann denke ich: Anderthalb Stunden? Ist das nicht übertrieben. Also beschließe ich, zu gehen. Da fällt eine platte Rattenleiche auf meinen Kopf.

Was?

Ich hab fast in die Hose geschissen. Das Mädchen lacht und lacht. Es steht auf der obersten Sprosse einer hohen Leiter.

Du hast sie die ganze Zeit nicht gesehen?

Dort oben ist es dunkel.

Burak, sie ist krank im Kopf.

Glaube ich auch, sagt er.

Bist du weggerannt?

Ich schrei sie an. Das verdirbt ihr aber nicht die gute Laune. Sie erzählt, dass sie mich für meine Geduld belohnen wolle. Sie hebt den Rock, darunter ist sie nackt. Ich sehe ihre ... du weißt schon.

Ihre Mumu, sage ich.

Mumu?

Ja, Mumu.

Gut, dann eben Mumu. Es hat mich nicht erregt. Zu meinen Füßen die platt gewalzte tote Ratte, auf der Leiter ein Mädchen, unten nackt. Außerdem ...

... wolltest du Brüste sehen.

Genau, ruft er strahlend, das Mädchen steigt herunter. Dreht sich langsam im Kreis, zeigt mir auch ihren Hintern.

Verrückt.

Ein Wort zu ihrem Hintern: schöne Monde. Sie merkt, dass ich dahin starre. Ich darf wählen, was ich kneten möchte. Brüste oder Backen.

Und du hast dich wofür entschieden?

Für nichts, sagt Burak und kratzt mit einem Stück Holz Zeichen in die harte Erde.

Ich roch ihr Blut, ich sah in ihre leeren Augen. Burak kann froh sein, dass ihm das erspart blieb. Man lebt nach altem Brauch und verreckt. Man lebt nach den neuen Gesetzen und verreckt. Die Tierbändiger, sie erziehen uns in den Schulen, und trotzdem sterben die Brüder, trotzdem kommt die böse Brut über uns. Burak erzählt von den Lehrern, von ihren Anfeuerungen und Parolen, von der Hymne, die die Schüler brüllend wie üble Schläger vom Hafenviertel singen müssen. Den Übermenschen sind Zweifel und Verzagtheit untersagt.

Ich bekam Angst, sagt er leise.

Was?

In der Scheune bei dem Mädchen. Es raffte den Rock und steckte den Saum hinter den Gürtel. Es lief herum, als sei nichts dabei. Es stellte wieder eine Bedingung: Schnüffel erst an der Ratte, dann darfst du an mir riechen.

Man muss sie wegschließen, sage ich.

Ich habe es getan.

Mein Gott, Burak.

Die Ratte konnte mich nicht beißen, sie war tot. Die Beine, die Hinterbacken, ich war hyperspintisiert.

Hypnotisiert.

Ja, flüstert er, ich griff nach der Ratte, schnüffelte, musste würgen. Dann ließ ich sie fallen, wartete auf meine Belohnung. Sie verlangte, dass ich auf die Knie gehe. Ich tat es. Ich war hyper...

Du warst hypnotisiert, sage ich.

Das Mädchen drückte mir ... ihre vordere Seite gegen das Gesicht, es verlangte, dass ich ihr Lust verschaffe. Ich schubste sie zur Seite, lief weg ... Oh Gott, sie sind tot, und ich rede von dieser Schweinerei.

Wir hören die Schreie der Klageweiber, wir erheben uns, gehen in Richtung des Brunnens, Dschenks Mutter Ayla Hanim zerreißt ihr Kleid, fällt bewusstlos in die Arme der sie stützenden Frauen, ihr Mann taumelt hierhin und dorthin, das Gesicht hat er sich zerkratzt. Nuyans Vater liegt im Krankenhaus, er fiel bei der Nachricht vom Tod seines Sohnes einfach um, Nuriye Hanim trocknet ihr tränendes Auge, spricht auf Nuyans Mutter ein, eine Frau mit bebendem Kinn und zerzausten Haaren. Die Wächter stehen in einigem Abstand, sie werden eingreifen, wenn die Stimmung umschlägt. Vater, Schecho, der Nasenlose, die Brüder Haydar und Hamit: Sie sind abwesend, sie rüsten zum Gegenschlag. Dschenks Mutter kommt wieder zu Bewusstsein, und als sie mich erblickt, schreit sie auf. Arischer Bastard! Du bist das Unglück unseres Viertels.

Es tut mir sehr leid, sage ich, er war mein Blutsbruder.

Dein schmutziges Blut floss nicht in seinen Adern, ruft sie, Männer! Wenn ihr Mumm habt, tötet den Hurensohn ...

Nicht, Schöne!, sagt Nuriye Hanim.

Der Bastard steckt dahinter. Blut für das Blut meines Sohnes.

Ich habe damit nichts zu tun, liebe Dame.

Lügner! Schweinekerl! Tötet ihn, Männer.

Gehen wir, sagt Hristo.

Er legt mir den Arm um die Schulter, führt mich die Pilgergasse entlang, an der Haltestelle der Straßenbahn biegen wir ab und laufen in das Fremde-Türken-Gebiet, auf den Schemeln vor Hristos Kneipe sitzen der Barbier Achmed, der Gerber Nedschati Bey, der Metzger, Minna Hanim, die Ehefrau des Zahnarztes, sie blicken mich an.

Endlich bist du da, sagt der Gerber.

Er soll erst Limonade bekommen, sagt Minna Hanim.

Steht … steht … steht … be…reit, sagt Achmed.

Hristo reicht mir das Glas, und während ich die selbst gemachte Limonade trinke, denke ich an Burak, der am Brunnen plötzlich verschwand, ich denke an das rattenliebende Mädchen ohne Unterhose: Wird es in der Scheune, auf der höchsten Sprosse der Leiter, ausharren, bis Burak erscheint, verschwitzt und müde, weil er in den Nächten wach liegt?

Überlasst es mir, sagt Minna Hanim, Wolf, bist du traurig?

Natürlich, sage ich.

Wir sind es auch. Dschenk und Nuyan, sie waren keine Kinder mehr. Und doch hätten sie noch weitere Jahre gebraucht, um zu Männern zu reifen.

Ja, liebe Dame.

Du trauerst wirklich?, sagt der Gerber streng.

Was wollen Sie andeuten?

Nichts, Wolf. Der Herr ist nicht so gebildet wie du. Er macht sich Sorgen.

Weshalb?

Wenn der kalte Wind durch unser Viertel fegt, sterben die Fliegen.

Unsere Menschen aber werden gemordet, zu jeder Jahreszeit.

Ich trauere um meine Brüder, rufe ich.

Es gibt Feinde, oder Feinde des Feindes deines Vaters. Sie werden gefällt, sagt der Metzger.

Lieber Herr, wann hat das alles angefangen?

Woher soll ich das wissen?

Mit dem Teufel Kaytun, sage ich.

Hristo bekreuzigt sich, Minna Hanim ruft den Heiland an, sie tadeln mich, weil ich seinen Namen aussprach, den Namen des Schweineköpfigen, auf dessen Leiche sich Fliegen legten. Er, dessen Namen man nicht ausspricht, war bekleidet mit einem Pferdebremsenpelz, die Bremsen flogen nicht auf, als man das Aas in die Grube warf. Dies sind die Geschichten, die sie den Kindern erzählen. Die Unerschrockenen unter ihnen zeigen die Narben an ihren Händen vor, und sie schreien: Kaytun, verwest bist du, verflucht bist du, verflogen bist du wie Rauch. Und doch fürchten sie sich, viele Jahre nach seinem Tod, sie fürchten den Wiedergänger Kaytun. Der Metzger ist kurz davor, mich anzuspringen. Wüsste er um die Küsse seiner Tochter Ayliye, er würde mich schächten.

Sie haben ihm einen Schrein errichtet, sagt er.

Wo?, sage ich.

Ein wandernder Schrein. Mal im Schatten der Mauer. Wir zerstören ihn. Mal zwischen den spitzen Felsen. Wir zertreten ihn.

Eine Fo… Fo… Fo, sagt der Barbier.

Eine Fotografie, ruft Minna Hanim, Achmed Bey, du solltest es mit einfachen Wörtern versuchen.

Der Metzger erklärt: Das Passfoto des Schweinsköpfigen im Rahmen, die Leiche eines kleinen Tiers als Opfergabe, Nägel, Haare, Bittfetzen, ein Messer. Knechte beten ihren Herrn an, sie sorgen dafür, dass er unvergessen bleibt.

Viech, sage ich, dümmer als das grasende Viech.

Ja. Nun zu Abdullah Bey. Er ist mehr als ein Eisenbahner.

Lieber Herr, du bist mehr als ein Metzger.

Gleich schneid ich mir eine Keule von deinem räudigen Leib.

Ruhig, sagt Minna Hanim, Wolf, setz dich wieder hin, bitte! Hör zu, hör mir zu: Du warst sechs, als du zu uns kamst. Erinnerst du dich an die Zeit?

Ja, liebe Dame.

Und wir erinnern uns sehr gut an die Jahre davor. Abdullah Bey ging man am besten aus dem Weg.

Ein ungestümer junger Mann …

Ein Bandit!, schreit der Metzger.

Nein, das nicht. Man musste achtgeben. Ein falsches Wort, das er als Beleidigung auffasste, und er wurde sehr ungehalten.

Dem Schreiner brach er die Nase, ruft der Metzger.

Und dir zwei Zehen, mit einem einzigen Tritt.

Halt dein Maul, Gerber!

Schluss damit! Hristo, bring uns allen zur Abkühlung kalte Limonade ... Also Wolf, dein ... Vater glaubte schon immer, das Schicksal habe ihn ausersehen. Man legte sich nicht mit ihm an. Dann sah er das Mädchen Bayka. Noch am selben Tag bat er um ihre Hand. Ihr Vater hat ihn hinausgeworfen. Was tat er?

Nein, das glaube ich nicht, sage ich leise.

Nicht, was du denkst, sagt Minna Hanim, er brach ihm nicht alle Knochen. Er raubte die Braut.

Und der Vater öffnete sich die Adern, zischt der Metzger.

Gesichtsverlust. Die Tochter war verloren.

Mutter hat es ihm verziehen?

Ja, hat sie. Sie hat sich sogar in ihn verliebt ...

Liebe ist Hurerei.

Noch ein Wort, Kerl, und ich schäl dir die Haut vom Gesicht, sage ich laut.

Ich hab ein Maul, dem geb ich zu essen, das muss reden, wie ich will!

Herr Metzger, hören Sie auf damit! Sonst verliere ich das Vertrauen zu Ihnen, und kaufe mein Fleisch in Samatya.

Ihre Worte zeigen sofort Wirkung. Er starrt mich finster an, und da ich Ayliyes Küsse wieder schmecke, lächele ich. Er erwählt mich augenblicklich zu seinem Feind. Nie wieder werde ich im Baum in seinem Garten sitzen dürfen. Hristo stellt die vollen Gläser auf den wackligen Tisch, er wartet geduldig ab, bis der Barbier Achmed einen kurzen Satz zu Ende stottert. Dann zieht er einen Schemel heran, setzt sich neben mich.

Rede ihm ins Gewissen, Arier, sagt er.

Verhetzt ihr nicht den Sohn gegen den Vater?

Nein, das tun wir nicht. Wir sind es müde.

Der Kämpfe und der Tode überdrüssig, flüstert Minna Hanim.

Sie wissen, dass der Tschetschene meine Brüder umgebracht hat?

So geht das Gerücht.

Ich bin meines Vaters Sohn, sage ich, ich bin sein Schatten und sein Panzer. Der Feind des Viertels ist sein Feind. Sein Feind ist mein Feind. Sie alle, die sich versammelt haben, verstehen nicht. Ich bin nicht feige, ich spreche seinen Namen aus. Kaytun. Ich bin nicht feige, ich verrate meinen Herrn Vater nicht. Dschenk und Nuyan, man hat ihnen die Kehle aufgeschlitzt …

Was?, ruft der Metzger.

Man hat sie ausbluten lassen wie Opfertiere. Wer war das? Vater? Ihn soll ich davon abhalten, dem gottverfluchten Tschetschenen Augen und Zähne zu nehmen? Verrecken soll der Kerl!

Wolf, bitte …

Minna Hanim, ich ehre Sie. Wozu aber haben Sie sich hinreißen lassen? Und Hristo, Vater sitzt oft bei dir, du kennst ihn. Weshalb also bist du auf ihrer Seite?

Große Worte, Arier.

Vaters Feuer brennt, sage ich, ihr seid erloschen.

Ich wusste es, sagt der Gerber, das Kind plappert ihm alles nach.

Er war dem Viertel nützlich. Jetzt glaubt ihr, er ist euch schädlich. Ich kenne den Grund.

Wir sind feige?

Du kümmerst dich um deine Häute. Der Metzger um seine Keulen. Hristo schenkt aus, poliert die sauberen Gläser. Minna Hanim betet in der Kirche …

Und du lernst für gute Noten.

Genau. Ich drehe aber der hechelnden Hyäne nicht den Rücken zu.

Was tust du stattdessen?, sagt der Metzger böse.

Ich häute sie, schneide ihr Fleisch von der Flanke, röste es und trinke Wein. Vorm Schlafengehen bete ich leise das Vaterunser.

71. Der Voranstellende

Sie entlassen mich, ich bin in ihren Augen zu einem niederen Geschöpf gesunken: Der Arier verrät das Viertel, er schlägt sich auf die Seite des Packs. Der Gerber zählt mich zu den menschenköpfigen Hunden, ich höre ihn hinter meinem Rücken fluchen. Erschiene der Tschetschene mit seinen Schergen und machte den Besiegten ein Angebot, sie würden es annehmen. Ihr Frieden stinkt, sie umarmen den Bluträcher. Ich greife zu einem Zweig am Boden, peitsche die Luft. Ist mir wirklich die Seele zerrissen, bin ich nicht berührt, soll ich zu den Grottenkurden ziehen und Rußzeichen malen auf verwitterte Steine? Ich peitsche auf meine linke Hand, eine weitere Wunde wird mich nicht verkrüppeln. Schecho zwischen wispernden Zypressen, er führt Selbstgespräche, ich ziehe an ihm vorbei, laufe über Felder, steige auf die Mauer und springe in den Hintergarten. Derya hat mich kommen sehen, sie tritt ins Haus, kehrt mit einem Teller zurück, sie sagt: Iss das, und ich breche den Sesamkringel in kleine Stücke, drücke ein Stück auf den Brockenkäse, esse erst im Stehen, dann setze ich mich auf den Stein am Hühnerstall. Dies ist die Stunde, da wir die Feindschaft vergessen.

Es tut mir leid um deine beiden Kameraden, sagt sie.

Danke, sage ich und schlucke.

Ich traf Burak in der Stillen Gasse.

Es ist nicht still dort.

Früher ging man schweigend durch die Gasse. Man wollte das tote kleine Mädchen nicht wecken.

Was ist das für eine Geschichte?

Die Mutter wurde wahnsinnig und erdrosselte sie. Lange Zeit glaubte man, das Mädchen werde schon aufwachen, man müsse es nur schlafen lassen.

Seltsam, sage ich.

Burak hat große Angst.

Hatte er sich dort versteckt?

Bestimmt. Überall ist Aufruhr.

Er fürchtet, dass der Mörder uns als Nächstes holt.

Wird er das tun?

Kubilay ist mein Mitschüler, sage ich, ich bin geschützt.

Und Burak ist ... Freiwild?, sagt sie leise.

Ihm wird nichts geschehen. Es sei denn, er verhält sich dumm.

Sind Dschenk und Nuyan deshalb gestorben? Weil sie etwas Dummes getan haben?

Ja, Derya.

Sie schaut auf, weil ich sie beim Namen ansprach, sie mustert mein hartes ausdrucksloses Gesicht, und da sie keine Freundlichkeit entdeckt, ist sie es zufrieden. Ich picke mit den Fingern Käseklümpchen vom Teller. In den Kriegsjahren hätte ich für einen Sesamkringel zwei Tage gearbeitet. Derya ist eine schöne Frau. Kein Mann des Viertels traut sich, sie zu einem Spaziergang zum Meer einzuladen. Man nennt sie die kahle Jungfer, den roten Zorn, die Verdorrte.

Ein paar feine Bürger wollten mich dazu bewegen, Vater zu verraten, sage ich.

Minna Hanim, Hristo, sagt sie leise.

Ach, rufe ich, sie sprachen erst mit dir.

Ich habe sie wohl enttäuscht.

Es braut sich ein großer Ärger zusammen.

Ja, das glaube ich auch.

Wir müssen Vater schützen, sage ich.

Er hat seinen eigenen Kopf.

Deine Genossen ...

Ich wusste es, sagt sie laut.

Der Tschetschene ist ein Ausbeuter, oder nicht? Er vergiftet Kinder und Männer.

Ein Drogenbaron?

Genau.

Wofür hältst du die Revolutionäre?

Für komische große Brüder, sage ich.

Sie lacht auf und verschluckt sich, sie stößt mich nicht weg, als ich ihr auf den Rücken klopfe. Ich renne in die Küche, laufe zurück, reiche ihr das Glas, sie trinkt, atmet durch, räuspert sich. Dann muss sie wieder kichern, bis ihr die Tränen kommen. Ich stehe vor ihr wie ein Wachsoldat. Ich bewache den leeren Hühnerstall und die kahl geschorene Bolschewistin.

Unmöglich, sagt sie heiser.

Die Genossen, sie können doch kämpfen?

Sie teilen gut aus.

Siehst du, sage ich, was verlange ich denn schon? Sie sollen ihm nur zusetzen. Hier ein Einbruch, dort ein verhindertes Geschäft. Für den Tschetschenen kommt es aus einer unerwarteten Richtung. Und er legt die Hände in den Schoß.

Nein, sage ich, er wird wütend.

Deine Freunde sind Opfer seines Zorns, sagt sie.

Sie wollten durch eine Heldentat glänzen. Deine Genossen sind gerissener.

Ach, sind sie das?

Derya, sage ich, schau mich an. Ja, ich habe mich oft geschlagen. Ja, ich habe den einen oder anderen besiegt. Aber stellte ich mich dem Mörder und seinen Schergen, könnte ich nur hoffen, dass sie vor Lachen tot umfallen.

Ich lobe dich für die Selbsterkenntnis, sagt sie, das ist ein seltenes Gut bei Männern.

Danke. Was denkst du darüber?

Kleinkrieg gegen einen Großkriminellen, ist das Klassenkampf?

Ich verstehe nichts davon, sage ich, ich weiß nur eins: Alles, was hilft, Vater zu schützen, ist richtig.

Du liebst ihn sehr, oder?

Ohne ihn kein Leben. Ohne Mutter kein Leben. Ohne … ja, ich liebe ihn.

Wolf …

Es ist doch alles gesagt, Derya. Ich weiß.

Es könnte sein, dass ich plötzlich verreisen muss.

Du meinst untertauchen, sage ich leise, ist man dir auf der Spur?

Ich bin vorsichtig. Ich werde nicht so lange warten, bis sie mich erwischen.

Gut. Was soll ich tun?

Ich spreche mit den Genossen. Dann bin ich weg.

Du bist im Ausland.

Wahrscheinlich.

Hoffentlich im freien Westen.

Frei?, ruft sie, frei?

Fahr nicht zu den Russen. Nicht in den gottlosen Osten.

Sie schaut mich an, als wäre ich ein Krüppel mit sechs Krücken. Welche Luft atmet sie, in welche Höhe ragt sie auf? Wird sie strahlen vor Glück im Sowjetland, weil Volkes Knebel als rote Banner wehen? Es ist mir unmöglich, sie zu lieben. Die Wächter rufen und hämmern gegen die Tür, sie haben Tete auf dem kurzen Weg gestützt, sie versprechen, sie in zwei Stunden, noch vor dem Einbruch der dunkleren Dunkelheit, abzuholen. In dieser Kummernacht, da die Männer und Frauen um zwei entratene Siebentürmesöhne trauern, bin ich in den meisten Häusern unerwünscht. Durch die Gassen streifen Polizisten, Wächter, große Brüder und Zigeuner, sie schützen das Viertel in den Stunden der Schwäche.

Derya und ich müssen die Bodenpolster näher rücken, damit Tete uns besser sehen kann. Sie weigert sich, eine Brille zu tragen. Wir werden befragt und gerügt. Mutter dreht zwei Zigaretten. Zwei rauchende Damen, sie stoßen Rauchkringel aus, Derya lächelt sie an. Tete erzählt: Auf den Dächern kriechen nachts zischende Geschöpfe, der Wind treibt die Seelen der Selbstmörder vor sich her, und sie verfangen sich später an den Glaszacken im Mörtel der Mauerkronen. Ich weiß es besser: Es sind Jünglinge, die zum Liebesnest hasten. Die neuen Menschen der Republik glühen wie Heiden. Ich aber habe gelernt: Gott wird schützen. Auf Tetes Bitten sage ich ein kurzes Gedicht auf:

Dorfheiliger marschiert.

Im gestreiften Hemd mit gestärktem Kragen.

Was singt er?

Ein Vaterlied.

Ein Mutterlied.

Ein Lied über Emsigkeit, die das Land stärker düngt als das Aas.

Wald, Frischluft, Sumpf, Leichen auf dem Grund.

Dorfheiliger predigt zu den Alten:

Hungert nicht für die Verdammnis.

Öffnet unterm Steiß ein Loch.

Aus dem Rücken drückt das verkörnte Mark,
und rieselt durch die Knochen.
Tempel bersten.
Verlasst dies verdammte Land ...
Das lernt ihr in der Schule?, sagt Tete.
Es sind die Verse des Dichters Tan, sage ich.
Ich bin nicht ergriffen ... Was gibt es da zu kichern?
Nichts, sagt Derya und läuft hastig aus dem Zimmer.
Hat sie ihre besonderen Tage?
Nein, sagt Mutter, sie ist einfach belustigt.
Worüber?
Mutter versucht es ihr zu erklären; Tete zupft sich Tabakkrümel aus dem Mund, legt sie in den Aschenbecher, winkt ab. Der besagte Dichter, spricht sie, habe es auf Rüpelei und Verschmutzung abgesehen, das belohnten die Menschen nicht. Sie würde keine Zeitung lesen, weil die Schreiber den Lesern vorgaukelten, dass der Schmutz uns alle bald unter sich begraben wird. Alt bist du geworden, liebe Tete, denke ich, und du glaubst noch unverdrossen an das reinigende Wasser und das läuternde Feuer. Auch der Schuster Tarik, der Puppenmacher, glaubte fest an die Wiederkehr der geliebten Frau. Bin ich verdorben, weil ich sie für Fantasten halte?
Was geht dir durch den Kopf?, sagt Tete.
Der Puppenmacher, sage ich.
Ein Gespenst. Auch er hielt es nicht mehr bei uns aus. Die feine Dame Palan hat sich übrigens verbessert. Sie ließ sich scheiden. Und heiratete ein zweites Mal. Diesmal aber einen sehr reichen Händler, der sie wohl auf Händen trägt ... Trifft dich diese Neuigkeit?
Nein, Tete.
Sie schrieb mir einen kurzen Brief. Für mich ist das unverständlich. Man lebt in derselben Stadt, und statt einander zu besuchen, verlässt man sich auf die Postboten. Vielleicht steckt etwas anderes dahinter.
Wir sind unter ihrem Stand, sagt Mutter und drückt die Zigarette aus.
Sie hat ein neues Leben angefangen. Sie fürchtet wohl, dass wir sie um Geld anbetteln.

Tete ist erbost, dass die Dame Bela Palan ihr die neue Adresse nicht verraten hat. Sie wirft mir heimliche Blicke zu. Ich begehe nicht den Fehler, die Dame zu verteidigen. Sie hakt sich vielleicht bei einem Emporkömmling unter. Sie teilt mit ihm ein Bett, sie nimmt seine teuren Geschenke an. Doch sie wird sich nicht angleichen. Schöne Frau, sie ist beglänzt.

Junge, du tauchst immer wieder ab!

Es ist kein guter Tag für mich, Tete.

Oh Gott, ja. Was bin ich nur vergesslich. Friede ihren Seelen, Wolf.

Ja. Ich darf nicht bei der Bestattung dabei sein.

Ich hörte schon, sagt Tete, Dschenks Mutter ist ein entsetzliches Weib. Gott erhört deine Gebete, du musst nicht deshalb zum Friedhof gehen.

Sie hat vor Wut Tränen in den Augen, ich küsse ihre Hand, bitte Mutter um die Erlaubnis für einen nächtlichen Spaziergang, sie zögert, und weil sie aber nicht will, dass ich aus dem Fenster herunterklettere, gibt sie nach.

Ich ziehe mich warm an, laufe los, am Belgradtor ruft ein Wächter im Schatten, dass ich stehen bleiben soll, sonst würde er mich mit Kugeln zerfetzen. Er leuchtet mir mit der Taschenlampe ins Gesicht.

Arier, fast hätte ich dich über den Haufen geschossen.

Das stimmt nicht, Herr, sage ich, du hast keine Waffe.

Das muss ja nicht jeder wissen. Oder erzählst du es herum?

Nein, Herr.

Arier?, sagt der zweite Wächter und tritt aus dem Schatten, er kratzt sich am Loch im Ohr.

Ich grüße dich, sage ich, seit wann gehst du wieder auf Streife?

Seit heute … Es tut mir leid um die Jungen.

Ja, danke.

Du bist doch nicht auf eigene Faust unterwegs, oder?

Was?! … Nein, nein.

Ich zeige dir was … hier.

Eine Pistole. Das darfst du nicht tun, Herr.

Stell dir vor, Arier. Wir laufen wie zwei Idioten mit Holzknüppeln durch die Gassen. Wir stoßen auf die Schergen des Tschetschenen.

Was sollen wir ihnen zurufen? Lasst die Waffen fallen, und wartet, bis wir bei euch sind, damit wir euch schlagen können.

Der Kommissar hat befohlen, jeden Fremden als wüsten Landstreicher zu behandeln. Wenn er sich als zivilisierter Mann ausweist, wird er nicht zum Revier verbracht. Wenn er aber an Bartstoppeln kratzt und schwitzt, hat man ihn in Haft zu nehmen. Der Wächter mit dem Loch im Ohr zeigt auf die Umrisse in der Ferne, auf blitzende Lichter, auf wogende huschende Gestalten zwischen den Felsen: Es sind die Bauernsöhne, die die Schergen aufstöbern wollen. Er wünscht ihnen Glück, er mahnt mich zur Vorsicht.

72. Der Aufschiebende

Ich werde auf dem Weg zwei Male angehalten, im Lichtschein von Taschenlampen gebe ich Auskunft. Nur mit Mühe kann ich den Pförtner überzeugen, dass ich ein erwünschter Besucher bin. Ich trage meinen Namen in das große schwarze Heft ein, er klappt es sofort zu, dreht umständlich an der Scheibe, spricht in den Hörer und legt auf. Nach einer Viertelstunde werde ich von einem Mann im grünen Kittel abgeholt, ein großer Bruder aus Samatya mit gebrochenen und schief gewachsenen Kiefern. Arier, sagt er, was störst du meine Nachtruhe, konntest du nicht morgen kommen? Ich entschuldige mich, frage ihn nach dem Herrn der Schlammblütler. Kurde Memet muss nach allen Seiten kämpfen, die jungen Marder stoßen im Rudel zu, als sei er Aas am Boden. Wir laufen durch Flure, wir werden von Wachschützern angehalten, der mit den Kiefern klappernde Bruder bürgt für mich. Schreie von Männern, Schrei einer Frau, die aus einem Zimmer herausstürmt, sie trägt einen weißen Irrenkittel, der Knoten am Rücken hat sich gelöst, die dicken langen Bänder hängen herab, der Kittel klafft auseinander, ich sehe ihren nackten schlaffen Hintern, ich senke beschämt den Blick. Eine Krankenschwester führt sie zurück ins Zimmer.

Ich folge dem Bruder in den zweiten Stock, an den Wänden Blumenbilder, Buntstiftzeichnungen von Häusern im Grünen, Schmetterlinge mit Glotzaugen, wehende Banner an zündholzdünnen Masten, und ich höre einen Mann schreien, er verflucht die Teufel, die sich über seinem Haupt erbrechen, wir hasten weiter, bis der Bruder mich in einen kleinen Raum schubst, er sagt: Hier bleiben, sitzen und atmen, alles andere ist verboten. Er schließt die Tür hinter mir ab, ich bin ein eingeschlossener Insasse, ich starre auf die kahlen Wände, auf den zerkratzten Tisch, das einzige Fenster ist vergittert, draußen dunklere Dunkelheit, und ich sitze im helleren Dunkel, ich zähle die Narben an meinem Kopf, ich zähle die Kratzer an der Tischplatte, ich zähle die Risse im Leder meiner Schuhe, plötzlich wird die Tür aufgerissen und das Licht geht an, ein Pfleger führt sie zum Stuhl, er ermahnt mich, ihr keine Fragen zu stellen und keine Geschichten zu erzählen, die sie erregen könnten. Er verlässt den Raum, wir sind allein. Züchtige Zofe, Schwester Gülfem. Lange Strähnen haben sich vom Haar gelöst und an den Wimpern verfangen, sie blinzelt wie ein müdes Tier. Sie reißt die Arme hoch, sie trägt Duftsäckchen unter ihren Achseln, die Leinenbänder sind mehrfach um die Schultern geschlungen. Die Zofe nach der Blendung. Sie starrt mich an, ich bin verwirrt: Erwartet sie ein lobendes Wort? Soll ich es übergehen? Möchte sie mich blenden? Sie steht auf, dreht sich um ihre Achse, sie trägt eine große Säuglingswindel, was will sie mich lehren, was möchte sie mir ein Zeichen deuten, und ehe ich dazu komme, sie zu fragen, nimmt sie wieder auf dem Stuhl Platz, sie kippelt und drückt am Duftsäckchen.

Tete hat uns besucht, sage ich.

Gnadenort meiner Entleerung, sagt sie leise.

Könntest du bitte etwas lauter reden?

Mein Darm ist sauber.

Schwester Gülfem …

In meinem Arsch ist Leben. Ich töte es. Leiche kommt in die Windel. Zwei, drei Leichen, manchmal. Leichensack kommt in die Tonne. Gnadenwindel.

Man kümmert sich um dich, sage ich.

Mutter Eva. Eva, Mutter. Du kennst sie?

Sie hat in der Grundschule gearbeitet.

Eva Eva, Mutter Mutter. Schuftende Heilige. Böse Kerle löschten ihr Licht.

Seht ihr euch?

Sie klaubt aus der Kitteltasche eine zerdrückte Zigarette, steckt sie sich zwischen die Lippen, hab sie gefunden im Bett, in dem ein anderer schläft, sagt sie. Ich könnte ihr Feuer geben, doch ich halte mich zurück, sie wird nicht rauchen wollen, die Zigarette ist nur ein Spielzeug, eine kleine Nuckelflasche, und sie sagt laut: Wo ist mein Stein, mein Amulett, das bannt den Blick des Hurensöhnchens ...

Wer ist das, Schwester Gülfem, das ... Söhnchen?

Aus dem Loch der Hure schoss er hinaus und wurde reif und überreif und faulte und wurde aufgesogen vom Loch der Erde und es blieben nur die Zähne übrig, Murmelzähne, mit denen spiel ich.

Ruhig, Schwester.

Bist du das?

Wer?

Hurensöhnchen.

Nein.

Batur ist Hurensöhnchen. Hab geträumt, dass sich ein Kerl hineinstahl ins Grab, ins Loch von Batur. Und dass er erstickte. Wie ich erstickte unter Trümmern. Hab es erzählt. Hab es nicht selbst geträumt. Traum von Mutter Mutter. Heilige, frisst Tabletten. Gläubige hier im Haus, sie glauben mir, weil sie ihr glauben.

Sie hat sich geirrt, deine Heilige, sage ich kalt, ein Kind, ein Grab.

Das Geschwister ist böse auf mich.

Nein, Schwester Gülfem.

Ich bin schnell verblüht, es ist zu Ende.

Du wirst dich erholen. Sie heilen dich hoffentlich.

Wovon?, sagt sie, wovon wovon?

Von deiner ... Erschöpfung.

Ich band dem Hund hinter der Brandmauer, dort hinten am Müll, ich band dem Tier, das war eine Hündin, band ihr eine Augenbinde um, sie biss mir keine Sehne aus. Festmägde sind das alles um mich herum, ich bin es nicht, das roch sie, das witterte sie und knurrte nur leise. Es will sie sonst keiner berühren, Aashündin ist sie, Hundeaas frisst sie, ich lag wie gesegnet neben ihr, legte mich hin und lag, sie starrte lidlos und sah: Was neben mir ausgestreckt liegt, was sich an mich anschmiegt, ist eine gesegnete Zofe. Wespenstachel zog ich ihr aus dem Maul. Der Mann, wie heißt er, der Mann, der flucht wie ein Herr der Dirnen, wie heißt er …

Wen meinst du, Schwester?

Hautabreißer heißt er, der schabte an mir auf dem Feld, schlug den Schürzenrock hoch, der Krautbund fiel mir aus der Hand, er schabte. Wir verzweiten dann. Weil er gestört wurde, von dem Kind, von Ayfer, die Gras rupft ohne Verstand. Werkzeug des Windes ist sie, ins Kleid gesteckt, das flattert. Er, der Bienen zerquetscht in der Faust. Er, dessen Hand schwillt von dem Stich, unter den Achseln stinkt er, puste nur, puste nur, sag ich, leis sag ich's, puste, mach die feisten Backen dick, Gestank verweht nicht. Ich band der Hündin, die lag wie tot zwischen den Gräsern, ich band ihr Tetes Weste um die Pfote, ich sprach: Wo ist dein Wohlstand jetzt, wo ist dein Futternapf jetzt, wo sind deine Zähne, die Knochen knacken, wo ist dein Fell, das der Hautabreißer mitgenommen, wo ist die Katze, die du jagtest, jagtest? Bis die Heilige sich ihrer annahm in ihrer Güte. Bis die Katze … wo ist mein Knochen, der an der Kette klappert? …

Die Katzen, rufe ich.

Heiligtum hat sie errichtet, Mutter Mutter, Eva Eva.

Wo?

Über Felder gehst du, in die Höhe steigst du, in der Grotte bist du …

Wo, Schwester, wo?

Sie spannt sich plötzlich an, sie versteift und läuft rot an, ich springe auf, laufe aus diesem verfluchten Raum, ich sage dem strengen Bruder im Gang, dass der Dame die Windel gewechselt werden muss, er verwünscht sie, und er verwünscht mich, nie wieder, schreit er, nie wieder wirst du das arme Weib besuchen, lass dich nie wieder bei uns blicken, sonst scheuch ich dich mit der Mistforke.

Milde Nacht, vernarbter Mond, die Felsenspitzen glänzen, die Bürgerwacht ist weitergezogen, ich sehe die in den Schatten verborgenen Wächter. Die Katzen. Tote Brüder. Heilige in den Irrenklausen des Sanatoriums. Batur, der im Zorn oder vor Angst ausrief: Mächtige Welt! Die Teufel, sie leben lange, sie vergreisen, sie rühren den Löffel im Teeglas und schauen den Kindern und Jungen bei ihren Spielen zu, junge Frauen erhängen sich, große Brüder verbluten, die Spucke der Engel verzischt auf der Haut der alten bärtigen Teufel. Nicht nur die Mädchen sind Nahrung dunkler Gassen. Die Häuser innerhalb der Mauern, es sind Grüfte, es sind holzgewordene Gesichter von lidlosen Riesen, was geschieht, wenn sie erwachen?

Wolf, sagt Vater, Sohn, ich wollte dich nicht erschrecken. Komm her. Ja, Vater, sage ich und trete näher, das Wasser tropft ihm von den Haarspitzen, er kühlt mit dem nassen Einstecktuch seine Stirn, ich sehe genauer hin, das Tuch färbt sich rot. Mir geht es gut, flüstert er, lass uns zur Scheune auf Süleymans Feld gehen, er wehrt jede Hilfe ab, ich stolpere neben ihm her, Eisen blitzt auf, der Nasenlose steckt das Messer wieder ein.

Weichen ist keine Schande, Abdullah.

Nicht auch du.

Ich rede von den Unsrigen.

Dies Viertel, sagt Vater, es ist entweder windig oder giftig.

Und so sind auch die Leute.

Der Metzger?, sage ich.

Ich sah den Schlag nicht kommen.

Der Kerl ist eine üble Frucht, ist der bösen Wurzel entwachsen, sagt der Nasenlose, Arier, ich hörte, du lässt dich von des Metzgers Tochter küssen.

Gerüchte, Herr.

Pass bloß auf, Junge. Wenn sie dich wieder küsst, bist du gezähmt.

War er allein, Vater?

Der Hundesohn schart viel Volk um sich.

Ist er unser Feind?

Ich spucke auf ihn.

Er wird es herumerzählen, sagt der Nasenlose, er wird prahlen: Ich fällte den Eisenbahner mit einem einzigen Schlag.

… und rannte davon.

Ich komme von Schwester Gülfem.

Die Irre lebt also noch, sagt der Nasenlose.

Sie war es. Sie hat das Gerücht von der zweiten Leiche in Baturs Grab gestreut.

Was?, sagt Vater, bist du dir sicher?

Mutter Eva träumte davon. Sie erzählte es der Schwester.

Zwei närrische Weiber, zischt Süleyman Bey, zwei Zungen im Maul des Teufels.

Sie redet wirr daher. Sie sprach von Katzen im Heiligtum.

Es ist gut, dass sie nicht frei herumläuft. Ich traf sie oft dort, wo sie nicht sein sollte.

Wo denn?, sage ich.

Auf der Brache, bei den Zigeunern. Sie fürchteten das irre Weib. Es kratzte an den Nägeln mit dem Messerrücken, legte die Späne in die hohle Hand, blies sie jedem, den sie locken konnte, ins Gesicht. Der Zigeuner ließ mich holen, und ich sah es mit meinen eigenen Augen. Zauberei.

Sie zauberte im Namen der Mutter Eva.

Wie hast du sie beruhigt?

Ich tat so, als hätte ich selber Nägelspäne in der Hand. Ich blies. Sie floh.

Dies Viertel brennt, flüstert Vater, wir löschen nicht das Feuer.

Zu viel an einem Tag, sagt der Nasenlose, ein Tag der Toten.

Wolf, heut Nacht schlafe ich nicht zu Hause. Deine Mutter soll sich keine Sorgen machen.

Ja, Herr Vater.

Sie wird glauben, dass ich trinke.

Er starrt auf das blutgetränkte Tuch, befühlt die Wunde. Der Nasenlose fragt, ob der Hundesohn mit einer eisengespickten Latte zuschlug. Vater schweigt, lässt sich einen Krug reichen, wäscht die Wunde aus. Er zuckt nicht zusammen, ihm entfährt kein Schmerzenslaut. Er hat mehr Narben als ich. Die Schergen des Tschetschenen, der Metzger und seine Freunde: viele Feinde. Der einäugige Krämer hat zwei Einladungen zu einem Trinkgelage bei Hristo ausgeschlagen. Er kümmert sich um seine Geschäfte und um seine Familie. Bald wird es heißen: Kaytun starb. Es lebe Abdullah, der wiederauferstandene Kaytun. Die falschen großen Brüder loben Vater, ihre Lobesgesänge beschämen ihn.

Wirst du trinken?, sage ich.

Heute wäre es erlaubt. Nein, ich bleibe nüchtern.

Du bleibst wach, Vater?

Ich muss … etwas abschließen! Sohn, dich kann ich diesmal nicht mitnehmen.

Es ist also gefährlich, flüstere ich.

Ich werde es meistern.

Er sollte in der Nähe sein, sagt der Nasenlose.

Wir gehen über die Brücke. Wolf, verabschiede dich zu Hause. Lass dir eine Ausrede einfallen. Los, mach zu!

73. Der Erste ohne Beginn

Die alte deutsche Dame liest aus einem Buch, sie blättert mit dem Handrücken, ihre Klauen sind gesalbt. Ein abgeschlagener Götzenfuß im Hanfsack eines Tempelräubers, er wird verwundet, ihm gelingt die Flucht, die Wächter des Hohepriesters setzen ihm nach. In der ersten Nacht verkittet der Räuber die Tonscherben, und er zählt sieben Zehen am Fuße des Götzen. Hat der Übermensch dadurch einen festen Tritt? Ist diese Missbildung ein Zeichen seiner Besonderheit? Der Räuber starrt auf seine Zehen, dann auf die Tonzehen, bis zum Morgengrauen, da die Häscher die Tür eintreten und ihn ohne Federlesens mit Lanzen durchbohren. Sein Blut befleckt die größte und die kleinste Zehe. Viele Tage später öffnen die Diener die Tempeltore, die Männer und Frauen, in schmutzig gelben Leibtüchern gewandet, werfen sich jubelnd vor dem Götzen auf den Boden. Der Übermensch, das Übertier, die Überpflanze, der Überfels, der Übertraum, die Überwelt. Der Hohepriester deutet auf die Blutflecken, er ruft: Dies ist die Stunde der Blutung. Ich zog den Dorn aus seinem Fuße, dies Blut ist euer Heil. Und die Gläubigen nennen ihn: den heiligen Stachelentferner, den Schmerzlinderer, den Wundenverschließer. Es gilt nunmehr als eine Auszeichnung, die Fußflecken des Götzen berühren zu dürfen. Eine junge Frau, deren Heiligkeit nie angezweifelt wird, zählt bei der Anbetung sieben Zehen. In ihrer Kammer starrt sie auf ihren Fuß: zwei weniger als sieben. Sie denkt und zerfällt, sie zerfällt in viele Stücke Seltsamkeit. Ein Stück Seltsamkeit findet ihr Vater in der Kammer, zwei Seltsamkeiten im Brunnen, zwei Stücke liegen auf dem Dach, ein Stück findet sich im Maul des Hofhundes, es fehlt eine Seltsamkeit, er sucht vergeblich danach. Die Tochter ist zersprungen. Der Vater träumt, dass er erstickt, doch es ist kein Traum, er verschluckt sich an der fehlenden Seltsamkeit, an der Zehe des Götzen.

Eine mystische Geschichte, sagt sie leise.

Ist sie zu Ende?

Nein. Ich habe keine Lust, weiter vorzulesen.

Soll ich es übernehmen, liebe Dame?

Überwelt, sagt sie, ein Spiel mit Worten. Geklingel. Es ermüdet mich.

Wollen Sie schlafen?

Im Bett liege ich wach. Wir gehen kurz vor die Tür.

Ich lege ihr den Überwurf auf die Schultern, schnüre ihr die Halbstiefel zu, stütze sie: hinkende Frau, hinkender Junge. Es brennt kein Licht im Nachbarhaus. Rauschen von weit her, schlagen die Wogen, prasselt das Feuer, stürzen am Ufer Häuser ein, spuckt der Himmel auf die Häupter der Elenden und der Beglänzten, es rauscht die Nacht uns an, vielleicht trägt der Wind die Wehklagen der Zigeuner herbei, ich knöpfe der Dame das knöchellange dicke Strickkleid zu. Sie friert in der Kälte, sie friert in der Hitze. Gott soll dich schützen, Vater. Ich warte auf dich.

Bist du ein glücklicher Junge, Wolf?, sagt sie.

Nein, meine Dame.

Glück macht die Kerle mürbe. Sei froh … Das Gekröse war diesmal sehr würzig.

Nach dem ersten Biss schwoll mir die Zunge, sage ich.

Ob der Mann das absichtlich macht?

Was denn?

Er vergiftet die Kunden.

Der Innereienhöker, sage ich, ein schwieriger Mensch. Lob ich seine Frau für ihre Gabe, gut zu würzen, hackt er mir fast den Kopf ab. Lob ich ihn für sein Geschick, gut zu verkaufen, starrt er mich an, als wäre ich abartig.

Falsches Lob. Er fühlt sich bespöttelt. Ich kenne ihn. Er war mal sehr fromm. Er scherte sich das Haar, ließ den Bart lang wachsen. Achtete nicht auf Hygiene. Kurz: Er stank aus dem Arsch … Was gibt es da zu lachen?

Nichts, meine Dame. Entschuldigen Sie.

Da ist ihm wohl der Gestank in die Nase gestiegen. Kaum roch er wieder wie ein zivilisierter Mensch, traf er auf seine jetzige Frau.

Sie kennen sie alle, sage ich.

Ich bin von ihnen umgeben, sagt sie, was bleibt mir da anderes übrig? Du hast einen echten und einen richtigen Vater.

Ja, meine Dame.

Der echte hat ein paar neue Stiefel für dich hinterlassen. Der richtige streift zur späten Stunde herum. Was führt er wohl im Schilde? Ich weiß es nicht.

Hast du geschworen, zu schweigen?

Nein.

Abdullah Bey ist ein gerissener Hund.

Er kommt heil zurück.

Wollen wir es hoffen. Die Nacht riecht. Wonach?

Altes Laub, sage ich.

Anis und Wild, sagt sie.

Pferdeschweiß.

Eine junge Frau, deren Heiligkeit nie angezweifelt wird, sagt sie, dieser Satz ist schön, ich werde ihn nicht vergessen.

Wir unterhalten uns leise über den Schriftsteller, der so lange mystische Geschichten schrieb, bis er der Trunksucht verfiel. Nach vielen harten Jahren, in denen er Unfälle und Unglücke überlebte, verfasste er eine Novelle: Eine Magd, die auf dem Heimweg verrückt wird. Diese wahre Geschichte hatten ihm Frauen aus dem Siebentürmeviertel erzählt. Mächtige Welt, rufe ich aus. Die alte Dame weist mich zurecht, sie will bis zum Schluss erzählen: Der gewesene Säufer hat Erfolg mit der Novelle, er wird in den Bürgersalons gefeiert, man lädt ihn ein, man lässt sich von ihm ausführen. Als bekannt wird, dass er eine Begebenheit verschriftlicht hat, lässt man ihn fallen. Der Kopist fällt in Ungnade. Dann aber stellt sich heraus, dass es die besagte Magd nie gegeben hat, der Schriftsteller hat sie erfunden, er sprach davon zu den Frauen am Brunnen in deinem Viertel, und sie nahmen alles für wahr.

Unglaublich, sage ich, ich war oft in der Gasse der Verrücktwerdung der Magd.

Diese Wendung hat dem Mann nicht geholfen. Einige wenige Bekannte aus seiner goldenen Zeit grüßten ihn wieder. Die Schande blieb an ihm haften.

Alle im Viertel fürchten diese Gasse.

Und du?, sagt sie, jetzt, da du aufgeklärt bist, wirst du weiter Angst haben?

Der Irre am Fenster ist ein unheimlicher Wächter, sage ich, er stimmt ein Geistergeheul an, immer dann, wenn ein Mann vorbeiläuft. Sogar Schecho glaubte, eine unerlöste Seele überfalle ihn …

Mein Junge.

Ja, meine Dame?

Abdullah wird kommen. Hast du das Bett hergerichtet?

Habe ich.

Wann musst du zur Schule?

Die erste Doppelstunde fällt aus, sage ich, Frau Schenay ist krank.

Was hat sie?

Eine gemeine Erkältung.

Wir schweigen, wir warten, wir können nicht mehr sprechen. Sie schläft ein, sie furcht im Schlaf die Stirn. Stellt Vater den Tschetschenen? Wird sein Messer zwei Schergen beißen, weil er die Rache nicht vertagen will? Als es an der Tür kratzt, schreckt die Dame auf, ich lege den Finger auf die Lippen, schleiche in den Flur, horche auf Laute und Geräusche. Ich bin's, Sohn, ruft Vater, ich öffne ihm und schiebe dann schnell den Riegel vor, blutender Vater, neue Wunden im Gesicht, die Handknöchel aufgeschürft. Er bittet die Dame um die Erlaubnis, das Bad zu benutzen. Ich höre ihn vor Schmerzen laut aufatmen. Als er im Wohnzimmer steht, sehe ich die Blutflecken an Hemd und Hose.

Sie sind hier sicher, sagt er, ich wurde nicht verfolgt.

Also werde ich heut Nacht im Bett nicht erwürgt, sagt sie.

Nicht heute und nicht morgen.

Man könnte Sie für einen Banditen halten.

Ich werde mich später umziehen, sagt er.

Haben Sie gemordet?

Nein, meine Dame. Ich wurde … in einen Kampf verwickelt.

Sie sind doch auch sonst nicht tobsüchtig.

Richtig, sagt Vater lächelnd.

Ihre Gegner haben Ihnen tüchtig zugesetzt, sagt sie.

Ein Gegner. Mann gegen Mann.

Der Tschetschene?, rufe ich.

Ich werde nicht bleiben können, meine Dame. Ich gehe über die Brücke.

Vater …

Still! Wach über sie. Geh zur Schule. Wir sehen uns am Wochenende.

Er beugt das Haupt vor der deutschen Dame und verschwindet in der Nacht. Wir warten nicht länger, wir schweigen und schlafen im Sitzen ein.

74. Der Letzte ohne Ende

Am frühen Morgen schüttelt sie mich wach. Ich spritze mir Wasser ins Gesicht, wasche mir die Achselhöhlen aus, schultere meinen Ranzen, mache mich auf den Weg zur Schule. Es ist zu früh, um gebratene Innereien zu essen. Ich rupfe am Sesamkringel, klopfe die Sesamsamen vom Jackett. Führers Fußsoldat lauert auf dem Schulhof, es plagen ihn düstere Gedanken, er blickt mich finster an, ich winke ihm zu. Hezro tuschelt mit Igor, man sieht sie in letzter Zeit öfter zusammen.

Arischer Hund, sagt Hezro.

Schläfenlocke, sage ich, schäm dich doch nicht, küss ihn. Du glühst für den Armenier.

Ich weiß, was du nicht weißt, Arier.

Was denn?

Kubilay und Meneksche. Sie haben es getan.

Ach, wirklich?

Sie erzählt es ihren Freundinnen, sagt Igor aufgeregt, sie ist schon sehr blöd.

Stell dir vor, Arier, sagt Hezro, sie schenkt ihm ihre Unschuld.

Ihr seid Klatschweiber, sage ich.

Meinetwegen. Traurig?

Sie bricht mir das Herz, Hezro.

Herz? Ist vermodert und stinkt in deiner Brust. Riechst du es auch, Igor?

Ich rieche nichts, ruft der dicke Mete hinter Hezros Rücken.

Fettsack! Schleich dich noch einmal an mich ran, und ich schlag dir die Wampe blau.

Mete erzählt: Frau Schenay lügt, Führer lügt, alle Lehrer sind eingeweiht. Frau Lehrerin heult sich zu Hause die Augen aus. Führer hat sie hart gerügt. Weshalb? Die Meinungen gehen auseinander. Die einen glauben, dass sie sich gestritten haben, es ging in diesem Streit um Führers Vorwurf der Radikalisierung. Sie habe sich zurückzuhalten, sonst müsste Führer sie leider entlassen.

Die anderen sehen in ihr eine liebestolle Person. Ein Denunziant hat Führer hinterbracht, dass sie in zwielichtigen Kreisen verkehrt. Dass sie eine Beziehung zu einem Jungen unterhält, der halb so alt sei wie sie. Führer stellt sie zur Rede. Sie wirft ihm vor, sich in ihre Angelegenheiten einzumischen. Führer stellt ihr eine Frist: Entweder beendet sie dies anstößige Verhältnis. Oder sie lehrt Geschichte in einer anderen Schule. Igor braust auf, macht den blöden Vorschlag, dass wir als Frau Schenays Schülerschar Führer um ein Gespräch bitten. Ich klatsche ihm auf die Stirn, er zwickt mich ins Ohr, der Hausmeister ist sofort zur Stelle und erteilt uns einen Verweis. Doppelstunde Biologie, Tamer mit dem Papierknüppel spricht über die Gallenblase, die Bauchspeicheldrüse und die Leber, es wird uns schlecht. Ein einziger Hieb in anderthalb Stunden: Ramses lobt die gebratene Kalbsleber, Tamer knüppelt ihn nieder. Er schaut sich um, er schaut in mein ernstes Gesicht, ich bleibe verschont. Pause. Führers Fußsoldat kreist um mich, Führer am Fenster, ich kusche.

Führer will dich heute vernaschen, flüstert Hezro.

Ist mir auch aufgefallen, sage ich.

Du glaubst doch an Gott, oder?

Und an den Heiland.

Schön. Wo, meinst du, ist Hitler? Im Himmel oder in der Hölle?

Er brennt, sage ich.

Ihm wird nicht verziehen?

Was willst du von mir, Hezro? Willst du übertreten?

Euer Heiland, Jesus, das war ein Jude.

Ja, und?

Findest du das nicht … unappetitlich?

Lass ihn, sagt Igor.

Nur noch eine Frage, sagt Hezro, wo zum Teufel steckt Kubilay?

Du kennst die Antwort?

Ihr wart Blutsbrüder. Er will sich umsetzen, er hält es nicht mehr neben dir aus. Sein Wunsch wird ihm nicht erfüllt. Jeden Tag muss er für Stunden deine Nähe ertragen. Er hasst dich wirklich, Arier. Dein bloßer Anblick kränkt ihn. Er fehlt, weil er sich von dir erholen muss …

Hezros Mund klappt auf und zu, doch ich höre ihn nicht, ich bin taub für seine Worte, er reiht eine Beleidigung an die andere, und natürlich ist das ein falsches Spiel, Führer am Fenster, sein Scherge auf der Lauer, vergäße ich mich und schlüge Hezro die Zähne aus, würde man mich der Schule verweisen. Sie wissen es. Der Schimmer in Igors Augen, ist es versteckte Freude? Ich drehe ihnen den Rücken zu, weiche den Fallenstellern, trete an das Gitter, nicke dem Trillerpfeifenhöker auf der anderen Straßenseite einen stummen Gruß. Die Dame Elena, schöne Griechin, stützt sich auf das Fensterbrett, erwacht aus ihrem Tagtraum, macht eine seltsame Kurbelbewegung mit der Hand, und schließt aber plötzlich das Fenster. Auf zum Herrn Direktor, sagt der Hausmeister hinter meinem Rücken, schnür dir den Krawattenknoten fester! Ich werde unter den Augen grinsender Jungen abgeführt. Frau Kollack nimmt mich in Empfang, das Vorzimmer riecht nach ihrem Duft, ich darf durchge-

hen, kein Zögern und Zaudern. Führer schnäuzt sich den Schnupf-
tabak aus der Nase, faltet das Taschentuch, legt es vor sich auf den
Tisch, starrt darauf, als würde er warten, dass es stirbt.

Schüler Wolf, setz dich.

Ja, mein Herr Direktor.

Du erstickst.

Wie bitte?

Der Knoten drückt dir den Hals zu, sagt er, setze ihn tiefer an.

Jawohl … danke, Herr.

Ich bin kein Unmensch. Oder bist du anderer Ansicht?

Sie sind der strenge Übervater, sage ich.

Das sind die Worte des Hausmeisters. Ich frage nicht ihn, ich frage
dich.

Mein Herr Direktor, darf ich frei sprechen?

Gewährt.

Die meisten meiner Mitschüler mögen mich nicht. Ich habe den
Eindruck, dass auch Sie mir gegenüber Vorbehalte haben.

Tatsächlich? Nenne mir die Gründe.

Sie glauben, dass ich nicht hierher passe. Dass ich ein arischer Wilder bin.

Arisch? Ein recht unpassender Ausdruck. Mir scheint, er ist aus der
Mode gekommen.

Sie nennen mich Hitlers Sohn, sage ich, flüchtiger Arier, Kind mit
Kraft.

Die Türken?

Nicht nur sie.

Ein Junge in deinem Alter bekommt eben Spitznamen, sagt er.

Jawohl.

Ich hasse dich nicht, Schüler Wolf. Du hast dazugelernt. Du bist in
deinen Leistungen besser geworden. Du bist etwas besser als mit-
telmäßig. Es gibt für mich keinen Grund, dich zu loben. Nur die
Besten bekommen von mir eine Vorzugsbehandlung. Du hast sie
dir nicht verdient.

Ich werde es mir merken, mein Herr Direktor.

Das wäre also geklärt.

Habe ich mich fehlverhalten?

Nein, nein, sagt er und greift schnell nach dem Taschentuch. Er niest so laut, dass ich zusammenzucke. Seine Sekretärin ist wahrscheinlich daran gewöhnt, sie stürzt nicht ins Zimmer. Ich warte, bis er sich die Nase geputzt und das Tuch weggelegt hat. Ein voreiliges Wort macht alles zunichte. Schüler schweigt, Schüler kuscht.

Also, sagt er, wir haben ein Missverständnis ausgeräumt.

Jawohl, mein Herr Direktor.

Nun kommen wir aber zu einem größeren Problem. Ein Mitglied deiner angenommenen Türkenfamilie ist wohl ein öffentliches Ärgernis. Die Tochter des Hauses …

Derya.

Die Tochter des Hauses lenkt die Aufmerksamkeit der Behörden auf sich. Ich will von dir wissen, weshalb sie das tut.

Ich kann nur mutmaßen, sage ich.

Wir haben uns doch auf ein ehrliches Gespräch geeinigt.

Sie ist politisch.

Falsch, sagt er leise, die junge Dame ist eine Kommunistin. Eine verachtenswerte Einstellung! Teilst du etwa ihre Ansichten?

Ganz und gar nicht, mein Herr Direktor.

Aber?

Sie gehört zu meiner Familie. Ich verrate sie nicht.

Wer verlangt das von dir?

Bislang niemand, sage ich.

Zwei Stunden meiner Freizeit!, schreit er, zwei volle Stunden saß ich im Ministerium. Man stellte mir Fragen zu deiner Person. Man klärte mich später über diese … diese Derya auf. Man unterstellte mir Duldsamkeit. Züchtete ich eine rote Brut in meiner Schule? Wäre ich vielleicht ein rotliberaler Sympathisant? Und würde ich klammheimliche Freude über die Anschläge der Vaterlandsverräter empfinden?

Das tut mir leid, Herr.

Das tut dir also leid. Nun gut, wenigstens etwas.

Mein Herr Direktor?

Was ist?

Sie ist weg.

Sie hat sich abgesetzt?, sagt er.

Ich werde sie nicht wiedersehen.

Du wirst ihr aber bestimmt schreiben wollen.

Sie hat keine Adresse hinterlassen, sage ich.

Schüler Wolf, lügst du mich an?

Ich schwöre es auf mein Blut und mein Haus.

Ein großer Schwur, sagt er, ich muss dir wohl glauben. Du weißt, dass das alles nicht unter uns bleibt, oder?

Natürlich, Herr.

Wie widersteht man der Gewalt, Schüler Wolf? Mit dem Recht oder mit dem Eisen?

Darauf gibt es bestimmt eine richtige Antwort, sage ich.

Er zieht ein Dokument aus der Mappe und beginnt zu lesen. Ich bin entlassen. Führer im Amtszimmer, bei der Durchsicht wichtiger Unterlagen. Ein Maler müsste diesen Augenblick festhalten. Was macht Führer im Ruhestand? Wird er ein Kompendium des unverdächtigen Benehmens verfassen? Wird er mich darin als das Paradebeispiel eines Halunken anführen: der Jüngling am Ufer, der sein Ebenbild im Wasser und im Spiegel in seiner Hand bewundert?

Frau Kollack erwidert nicht meinen Abschiedsgruß, ich steige langsam die Treppen herunter, gehe über den Schulhof, trete durch das Tor. Die Dame Elena hinter der Tüllgardine, sie macht wieder die seltsame Kurbelbewegung, sie erwartet mich im Treppenhaus. Wieso hat das Herz des Doktors aufgehört zu schlagen?, sagt sie. Ich verstehe, ich versuche, sie zu trösten, sie fällt mir ins Wort: Sei mein Bote, Wölflein, beschreibe ihm meine Not. Gestern vergaß ich vorm Schlafengehen, die Lockenwickler abzunehmen. Das macht keine Frau mit Verstand, das macht eine selbstvergessene Frau. Sie sind sehr schön, flüstere ich, und sie sagt, dass es leider nicht mein Ärschlein sei, das sie begehrte. Ich verspreche: Liebe Dame, er ist Ihrer nicht würdig, aber ich werde tun, worum sie mich bitten. Sie nennt mich einen Schwätzer und scheucht mich fort.

75. Der Offenbare

Igor steht am Heiligengrab, schlingt den letzten großen Bissen der Zuckerpastete herunter, wischt mit dem Jackettärmel über den Mund. Lauert Hezro in der Nähe, und will er mich von hinten anfallen? Lyriker sind Lügenrücker, ruft Igor, dein Dichter Tan ist ein Krötenmelker. Ich weiß, worauf er anspielt. Amor Amok, Tans Langpoem, hat für großen Wirbel gesorgt. Er hat es vor den Händlern im großen Basar vorgetragen, und es heißt, dass schon nach den ersten Zeilen Männer der Erbauungsbrigade ihn lautstark verwünschten. Dabei hat er sich keiner Lästerung schuldig gemacht. Er listet im Gedicht die Namen der früheren islamischen Herrscher auf, die durch die Hand der Gläubigen umgekommen sind. Nicht Byzanz, nicht die Kreuzritter, und nicht das teuflische Abendland haben die Meuchler geschickt. Die Tyrannenmörder waren allesamt Moslems. Tan lässt sie hochleben. Er musste untertauchen, die Frömmler haben ihn zum Ketzer erklärt. Bitte den Heiligen in diesem Grab um Fürsprache, sagt Igor laut, sonst rollt bald der Kopf deines Dichters.

Bist du von deiner Hure losgekommen?, sage ich.

Wie gemein, sagt er, wie tückisch … Ja, bin ich.

Und jetzt?

Ich suche mir ein anderes verbotenes Mädchen.

Steht dir Schläfenlocke bei?

Hezro ist sehr sittsam.

Da hast du beschlossen: Ich bitte den Deutschen um Hilfe.

Falsch geraten, sagt er.

Die Pastete hast du nicht mit mir geteilt. Du willst auch nicht mit mir hier beten. Also, Igor, ich bin ratlos. Was möchtest du?

Wie mutig bist du?

Wir haben gemeinsam gekämpft, sage ich, damals, als du Bürgersöhnchen noch nicht in den Arsch gekrochen bist. Eine Gegenfrage: Dschenk und Nuyan sind tot. Du bleibst gleichgültig. Wieso?

Ich lebe noch, sagt er.

Armenier, es waren deine Brüder!

Für einige wenige Monate … Bist du mutig?

Ein Herrscher, der glaubte, sein Thron ruhe auf den Schultern gold-bestäubter Engel, starb an einer vergifteten Dattel.

Was?

Ein Vers des Dichters.

Hast du Angst vor … Verruchtheit?, sagt er.

Ich rede nicht wieder mit dem Hurenhöker, sage ich.

Komm mit. Du wirst es genießen.

Tante Rena wird mich schelten, wenn ich einen weiteren Tag aus-bleibe. Bestimmt hängen am straff gespannten Wäscheseil im Wohnzimmer frisch gewaschene und gestärkte weiße Hemden an Bügeln. Ich würde am Tisch unter den Hemden sitzen, ich würde wahrscheinlich Reis mit Saubohnen essen, und einer Geschichte über den sonderbaren Nachbarn lauschen.

Ich folge Igor, Hezros neuem Busenfreund. Was verbindet die bei-den Jungen? Der eine Junge ist ein verzogener Istanbuler, der für den Judenstaat schwärmt: Ein fernes Land, in dem er leben möchte. Igors Vater, Agop Bey, ist immer noch ein nazigläubiger Armenier. Hassen sie mich derart glühend, dass sie über diese Kleinigkeiten hinwegsehen?

Wir stehen auf der Brücke, neben den Anglern, und ich denke da-rüber nach, ob der Dichter in seinem Versteck wahnsinnig wird. Er möchte, dass sich das Wasser mit Tinte färbt, weil man alle Bücher ins Meer wirft. Er schreibt: Häuser sind vermörtelter Müll. Viel-leicht legt er den Wollmantel an und zieht als Bettlerprediger durch die Grenzgebiete im Südosten. Vielleicht wird er, schicksalsergeben und hungrig, die Hand eines Herren küssen. Früher hat man heilige Verse auf die Blattstiele von Dattelpalmen geschrieben. Tunkt Tan den Finger in nasse Asche und zeichnet sein Alphabet des Irrsinns auf Rinde und Stein?

Igor sagt: Es ist Zeit, und wir laufen durch die Straßen, wir werden von Kindern, Greisen und Lastenträgern verhöhnt, wir beugen das Haupt und eilen weiter. Die Bürger ziehen sich im Abenddämmer in ihre Häuser zurück. Ein schönes Mädchen wirft sirupgetränkte Brotstücke aus dem Fenster, und da ich verharre, um den Straßen-katzen beim Balgen um das Futter zuzusehen, versteift sie sich, sie bittet mich, weiterzugehen. Sonst müsste sie das Fenster schließen, und die Katzen würden diese Nacht hungern müssen. Ich beuge das Haupt, renne Igor hinterher.

Vor einem alten Holzhaus mit einem verwilderten Garten bleibt er stehen, schaut sich nach beiden Seiten um, schiebt den Riegel des Gartentors zurück, bedeutet mir, leise zu sein. Er klingelt an der Haustür, sie wird sofort aufgerissen. Herr im Hausmantel, gefärbter gezwirbelter Oberlippenbart, gestutzter Haarkranz, Grieche. Mein lieber Junge Igor, sagt er, dieser schöne Jüngling an deiner Seite, wer ist das? Igor stellt mich vor, der Grieche verschweigt seinen Namen. Seine Wangen glänzen, hat er etwa Rouge aufgetragen? Das Wohnzimmer ist ein großer Saal, Männer in Anzügen sitzen auf orientalischen Bodenpolstern und Teppichen, es sieht aus wie ein Beduinenzelt, in das sich Europäer verirrt haben.

Es sind fast nur ältere Herren, sie haben die Krawatten gelockert und die Westen halb aufgeknöpft. Ich nehme das volle Glas aus der Hand des Gastgebers, nippe an dem Wein, nehme einen Schluck. Setz dich, flüstert Igor, und benimm dich bitte. Der Mann zu meiner Rechten fragt mich aus, ich erzähle ihm eine Lügengeschichte: Ich bin der Sohn eines Russen und einer Tschetschenin, Vater und Mutter haben die Flucht nicht unbeschadet überstanden, ich besuche sie einmal wöchentlich im Sanatorium, Vater zeigt mir dann seine nackten Füße, er steckt nämlich gerne Zündhölzer unter die Zehennägel, Mutter holt den Lippenstift aus der Tasche und malt sich die Fingernägel rot an … Der Mann verliert die Lust, mir zu lauschen, er kommt mit Igor ins Gespräch: Die Meuten, die Massen, das Heer der Besitzlosen, von diesem Lumpenpack drohe große Gefahr. Man müsse mit Bajonetten die Bauern aus dem Osten aus den Städten vertreiben. Der Staat lüge uns an, der Staat propagiere die Gleichheit. Wie könne man aber einen lumpigen Ziegentreiber ohne Raffinesse mit einem wahren Istanbuler gleichstellen? … Igor leert in einem Zug sein Glas, verlangt nach einem stärkeren Getränk, die Herren im Salon prosten ihm zu. Der Grieche rauscht aus dem Raum, kehrt bald wieder zurück, bittet mit erhobenem Finger um Aufmerksamkeit. Meine besonderen Gäste bereiten sich vor, sagt er, und wir glühen in Vorfreude. Lieber junger Freund, ist der junge Mann an deiner Seite Lust gebend oder Lust empfangend?

Er wartet ab, sagt Igor.

Das ist die richtige Einstellung, ruft der Grieche, auch wir sind gespannt. Der Neue in unserem Haus wird erstaunt sein. Denn Lust ist besser als Selbstbefleckung.

Er löscht das Licht, ich höre die Männer kichern und lachen, ich frage Igor leise nach der Bedeutung der Worte des Griechen, doch er kommt nicht dazu, mir zu antworten, vier nackte Jünglinge betreten den Saal, im Licht der brennenden Kerzen in den Händen bahnen sie sich einen Weg zwischen den Bodenpolstern, sie verstecken ihr Geschlecht, sie drücken die Schenkel zusammen, sie verfrauen sich. Die Verfrauten haben mit heißer Nadel und Asche Buchstaben an die Mundwinkel gestochen: Aschk. Hingebungsvolle Liebe. Der Meereswind hat ihre Haut glatt geschliffen. Puderbröckchen an Stoppeln am Kinn, am Hemdkragen, sie lachen und die Buchstaben schrumpfen oder verschwinden in den Lachfalten. Glänzende Kinder, so nennt man junge Schwule. Hennagefärbte Fußsohlen.

Der Mann neben mir atmet schwer, als sich ein glänzendes Kind auf seinen Schoß setzt, er macht Kreisbewegungen mit seinem Becken, er schaut mich an, spitzt den Mund, beugt sich zum Kuss, ich schrecke zurück, pralle gegen Igor. Er küsst den Verfrauten, ich kann den Blick nicht abwenden. Zwei küssende Jünglinge. Der Mann neben mir legt die Hände auf die Schenkel des Jungen, streichelt ihn, streichelt sein Geschlecht, umfasst das harte Glied. Der Jüngling stützt sich ab, öffnet den Hosenschlitz des Mannes, spuckt in die Hand, zwei zuckende Schlangen, ich weiche, dem Jüngling entfährt ein Schmerzenslaut, er gleitet herunter, ich weiche, ich springe auf, stoße Gläser um, achte nicht auf den Griechen, der auf mich einredet, ich achte nicht auf Igor, der mir hinterherläuft, ich verlasse dies verfluchte Haus, ich verfluche die Verfrauten, ich beiße mir in die Zunge und spucke das Blut aus, rein will ich werden, den Schmutz will ich mir abwaschen.

Bleib stehen, ruft Igor.

Hundesohn, sage ich, was hast du mir angetan?!

Es ist nichts passiert.

Ein Gehege der Perversen! Ich vertraue dir, und du bringst mich zu diesen … zu diesen …

Du hältst sie für abartig?

Widerlich, sage ich laut, und du machst mit.

Ich bin nicht wie Dschenk oder Nuyan.

Wie war das?

Die Jungen … sie sind Frauen, sagt er.

Sind sie nicht, verdammt noch mal. Ich habe es gesehen.

Was denn?

Ihre Ruten. Ihre Bartstoppeln.

Diese Fraugewordenen, sie beschließen, ihre neuen reichen Liebhaber bald zu enttäuschen. Und die alten Männer lechzen nach ihrer Gunst, sie schenken ihnen Goldstücke, so groß wie Oliven. Die Geliebten legen den Kopf in den Nacken, sie laufen, mit den Goldstücken auf ihren Augen, und in Schuhen mit hohen Kantholzabsätzen, durch die Wohnung. Ein Wettkampf …

Hör mal, Igor …

Der Erste, dem das Goldstück vom Auge fällt, muss sich dem schönsten Knabenhürchen hingeben.

Wie in der Hundehütte, sage ich, überall Knochen.

Ich habe den Griechen enttäuscht, sagt er.

Wieso?

Als er dich sah, glänzten seine Augen. Er hätte sich schnell in dich verliebt, Arier.

Verkehrte Jünglinge. Gierige Männer, die die Jungen verkehren. Sie lügen uns an, überall. Der Erbauungsbrigadist, ein flüchtig bekannter Frömmler, ermahnte mich vor wenigen Tagen: Die Hose muss deine Knie bedecken, Bruder! Er log, ich bin nicht sein Bruder. Hezro, Kubilay, sie erkennen in mir ihren Feind. Sie lügen, ich bin nicht das Ungesunde, und ich bin nicht die Sau, die sie in den Kessel stoßen wollen. Herrlich ist es, die Schatten für den Körper zu nehmen. Denn eines jeden Lügners Leib ist verseucht, und ein jeder Lügner spricht im schmeichelnden Ton, wenn er Segen und Wohlstand wünscht. Führer sehnt sich nach einem Zweikampf mit jedem seiner kuschenden Schüler, und doch muss er am Fenster stehen, und darf nur seinen treuen Schergen von der Leine lassen. Er lügt, denn er lehrt: Die Gewissenserforschung ist die erste Wissenschaft! Die Frau des Schreiners, die mich um meinen Arierharn bat, den Harn trank und schwanger wurde, man nennt sie einfältig, doch sie singt ihrem Kind Weisen, und Gerüchte und Geflüster kümmern sie kaum. Brennende Steine, die Herzen der Lügner. Fliegen auf der Leiche, ihre Worte. Bloße Redensart, ihre Weisheit: Der helle Taler nutzt an dunklen Tagen.

Lügner, sage ich leise.

Ich lüge?, ruft Igor.

Wer bezahlt dich, Armenier?

Was soll das heißen?

Das da vorhin, das war keine Mutprobe. Du nimmst mich mit in ein Bordell, in dem die Freudenmädchen Jungen in unserem Alter sind. Wer hat dich dazu angestiftet?

Niemand, sagt er und schaut weg.

Der Grieche kennt dich und er traut dir. In seinem Haus bist du ein willkommener Gast. Auch einen Fremden an deiner Seite heißt er willkommen.

Na also! Alles wahr.

Jemand hat dich auf mich angesetzt ...

Hör auf, Arier!

Jemand hat dir Lohn versprochen ...

Nein!

Jemand hat dir eingeflüstert: Wolf ist schlecht und abartig. Sonst hätte er Dschenk und Nuyan genauso gehasst, wie wir sie gehasst haben. Jemand flüsterte: Nimm ihn mit und bezeuge später, dass er es vor deinen Augen tat.

Nein. Nein. Nein.

Bezahlt er die Hurenmiete, Bruder?

Er schlägt mir mit der flachen Hand ins Gesicht, es schmerzt nicht, ich greife ihn am Handgelenk, ziehe ihn zu mir heran, er riecht nach Angstschweiß, nach Zwiebeln und Männerduft, er zappelt wie ein großes ungelenkes Kind, ich würde ihm gerne die Knochen brechen. Judasaas. Hundesohn.

Willst du mich küssen?, sagt er.

Ja, sage ich, ich zerbeiß dir die Lippen!

Lass mich los!

Igor, soll ich dir wehtun?

Lass mich, Arier.

Ich breche dir erst einen Finger. Dann den zweiten. Halt still ... So ist es besser. Wer ist es?

Keiner ... Oh Gott, hör auf, bitte!

Wer, Igor?

Ich kann nicht ... Kubilay.

Er steckt dahinter?

Ja ... Du bist ein krankes Schwein, Arier!

Das bin ich, rufe ich, hast du mal einen dieser Freudenjungen ... genommen?

Nein, sagt er leise.

Hast du dich benutzen lassen?

Nein.

Und der Grieche?

Bekannter meines Vaters.

Geht mich dann nichts an, sage ich, war Kubilay schon mal in dem Haus?

Ein einziges Mal. Er tut so, als lebte er in seiner eigenen Welt. Aber er bespitzelt uns. Er weiß alles über dich.

Was denn?

Bela Palan.

Was ist mit ihr?

Sie verwöhnte dich. Und sie verwöhnte auch Kubilay.

Was noch?, sagte ich.

Du bist ein Brudermörder.

Eine Lüge.

Dein ... Vater tötet Kaytun. Du hilfst ihm dabei.

Du glaubst dem Tschetschenen?

Es ging damals alles sehr schnell, sagt Igor, Dschenk war sich sicher, dass Abdullah Bey dahintersteckt.

Was hält man von einem, der Klatsch für Wahrheit nimmt?

Hitlersohn, sagt er und lächelt.

Judasaas, rufe ich, wie bist du entraten. Vor Jahren habe ich mich für dich verbürgt. Die, deren Andenken du beschmutzt, haben dich als Bruder angenommen.

Früher, früher, früher. Die Priester warnen vor der Neuerung. Sie warnen die Kinder und die Jungen: Fürchtet euch, steckt euch nicht an. Denn der Heiland wird, wenn ihr vor ihn tretet, sich nicht von euch salben lassen. Ihr würdet seine Hände und Füße sonst mit Sündenschlick beschmieren. Früher früher, früher …

Igor wütet, Messertanz des Armeniers ohne Messer, er spuckt aus, weil ich ihn den Spitzel des Spitzels nenne, Igor greift in den Ranzen, Armenier mit Messer tänzelt auf mich zu, ich trete zurück, ich warne: Ich schnitze dich wie Holz, Hundesohn, er versetzt mir mit dem Knauf einen Hieb auf die Stirn, er brüllt: Wer schnitzt, wer schlitzt, das werde ich sein, ich weiche und wanke, und ich trete ihm in den Bauch, ein einziger Tritt und er geht heulend zu Boden, der Diener des Tschetschenen weint, ich hocke mich neben ihn, das Messer stecke ich ein, es tut mir leid, Igor, es tut mir leid, und er sagt: Dein Vater ist der Siebentürmeteufel. Am liebsten würde ich seinen Schädel mit einem schweren Stein zerspalten, ich schnelle aus der Hocke hoch, entferne mich von der Schande und von dem Jungen, der nicht mein Bruder ist, hat ihm ein Greis Goldtaler auf die Augen gelegt, dass er ihn verderbe, hat er den Wettbewerb der Lustknaben gewonnen, ist er eine Stute im Stall des Griechen, sie sollen stürzen, die Hundesöhne, sie sollen fallen und liegen bleiben.

76. Der Verborgene

Vor dem Spiegelpalast eines Sultans, der vor den Festen Tulpenblätter streuen ließ, bei den nackten Pappeln, stehen der Mongole und sein Vetter, der vor Aufregung in die hohle Hand atmet. Der Dichter dankt, sagt der Mongole, für den Krähenkopf hat er Verwendung. Wann wird Tan aus der Versenkung auftauchen? Keine Antwort. Man kann nie wissen, wer alles ein Zuträger ist, die Freunde haben sich abgewandt, sie wollen nichts mit einem Kerl zu tun haben, der eine säugende Zigeunerin in seinem letzten Poem verherrlicht hat. Der aber die Gelehrten Gottes als Raben beschreibt, die ihre stumpfen Schnäbel aufsperren, auf dass Himmelsdatteln hineinfallen. Der verfemte Dichter spuckt die Hetzer an, die Brigadisten machen weiter Jagd auf den Ketzer.

Du hast dich verspätet, sagt der Vetter Hasan.

Ich wurde angegriffen, sage ich.

Die Beule, sagt der Mongole und zeigt auf meine Stirn, dir ist ein Horn gesprossen.

Ich hatte keinen kalten Löffel zur Hand.

Tage der Verhundung. Immer mehr Männer bellen.

Können wir anfangen?, sagt der Vetter.

Gib dem Deutschen den Zettel.

Was ist das?, sage ich.

Hasan hat sich vorbereitet. Ist seine Schrift leserlich?

Ja, Herr.

Bitte lies die Zeilen laut vor, sagt der Vetter, ich muss prüfen, ob die Worte klingen.

Also gut, sage ich, ich fange an: Die Dame soll nicht denken, dass ich überflüssig bin. Ich bin kein stürzender Stein. Ich habe die Berechtigung, zu heiraten. Ich verstehe, dass Maschinen dröhnen müssen, um zu arbeiten. Ich dröhne nicht. Ich werde beim Küssen nicht mit der Zungenspitze über ihre Lippen lecken. Ich schrumpfe nicht mitten in der Liebe. Ich verdiene so viel, dass es ausreicht. Nicht weniger.

Was hältst du davon?, sagt der Mongole.

Nun ja, sage ich.

Du bist unzufrieden mit mir, ruft Vetter Hasan.

Es geht bei dieser Angelegenheit nicht um mich.

Der Deutsche hat die Anzeigen in der Zeitung durchgelesen, sagt der Mongole zu ihm, er ist darüber zum Fachmann geworden.

Lieber Herr …

Du bist bescheiden, Deutscher, das ehrt dich …

Ich muss ihre Hoheit würdigen, sagt der Vetter.

Hoheit?, sage ich.

Er meint das, was eine Frau zur Frau macht.

Ja, Herr.

Sie muss wissen, dass ich ein Gutgestellter bin.

Gutgestellt im Sinne guter Charakter.

Ich verstehe.

Dann können wir die Anzeige aufgeben.

Lieber Hasan, Bruder …

Du tadelst mich?

Lass ihn ausreden.

Lieber Bruder, ich habe tatsächlich geforscht …

Was geforscht?

Verdammt noch mal, Ruhe, ruft der Mongole.

Also, ich habe alle Anzeigen durchgesehen. Dann habe ich mich hingesetzt und ein kurzes Stück geschrieben.

Du willst auch heiraten?

Nein, Bruder, das tat ich für dich.

Trage es uns vor, sagt der Mongole.

Junger Mann mit Bildung, ehrenhaften Charakters und vorzüglicher Gesinnung, sucht die Bekanntschaft einer reichen Witwe von moderner Anschauung. Neigungsheirat gewünscht. Vermittler verbeten. Offerten mit Bild erwünscht, senden an das Annoncenbüro dieses Blattes.

Noch einmal, sagt der Vetter.

Ich lese ihm die Zeilen ein zweites und drittes Mal vor. Der Mongole starrt seinen Vetter an, als wolle er sich brüllend auf ihn stürzen. Er zischt ihm aber nur zu, dass er aufhören soll, in die Faust zu atmen, sonst verlöre er die Beherrschung. Hasan lässt den Kopf kreisen, zieht am Saum seiner dicken Wollweste, reibt die Hände an der Hose.

Ich bin aufgeregt, sagt er.

Steck die Hände in die Hosentaschen, sagt der Mongole.

Moderne Lebensanschauung? Sie könnte mich für einen Mann halten, der leichten Mädchen zugetan ist. Wir reden hier von einer Witwe.

Ihr Mann ist tot, ja.

Eine Witwe mit einer Ehre ohne Flecken.

Deutscher, sagt Vetter Hasan, bei mir in der Straße lebt eine Witwe. Sie trägt dicke Röcke, so dick wie ein Theatervorhang. Keuschheit ist ihr Tugendsiegel.

Sie hat Männerwaden, sagt der Mongole, sie muss sie unter dem langen Rock verstecken.

Jedenfalls ist diese Witwe sehr wählerisch. Ich hatte ein Auge auf sie geworfen. Sie entschied sich für einen schrumpfköpfigen Beamten. Eine Mumie. Mindestens zehn Jahre älter als ich.

Das ist schade, sage ich, können wir ...

Ich bin zu der Witwe hingegangen. Meine Worte waren: Verehrte Dame, Sie sind sehr dumm. Er wird sie nie zum Lachen bringen.

Die Worte der Witwe waren: Ich lasse es nicht zu, dass ein Strolch mich berührt.

Sie streiten sich: Der Vetter wirft dem Mongolen Traumzerfetzung vor. Schönes Wort, der Dichter würde es übernehmen. Ein wachträumender Mann will keine Unterweisung, er gerät immer an die Falschen, an hart feilschende Händler wie den Mongolen, dem es Freude bereitet, Traum und Träume zu zerfetzen. Ich habe viele Vettern, ruft der Händler, dieser da entwickelt sich seltsam. Anständige Männer lernen anständige Mädchen nicht über eine Anzeige kennen. Anständige Männer beleidigen keine anständigen Witwen, weil die Brunft sie ausbrennt.

Brunft?, sagt der Vetter.

Geschlechtsfieber.

Ich bin kein Hirsch.

Hast du je gesehen, dass eine Gabel durch die Luft fliegt?

Mein Messer fliegt, wenn ich es werfe.

Ich rede von einer Gabel, die aus eigener Kraft schwebt.

Das gibt es nicht.

Richtig, sagt der Mongole, du kannst nicht eine Witwe erpressen, dass in ihrem Herzen Liebe keimt.

Zurück zur Anzeige, sage ich, Bruder, der Satz: Ich schrumpfe nicht mitten in der Liebe, ist missverständlich.

Wieso?

Die Dame könnte eine Unanständigkeit vermuten.

Die nächste halbe Stunde bin ich damit beschäftigt, ihn zu besänftigen. Er besteht darauf: Er ist kein Blender. Eine Frau muss darauf vertrauen, dass ihr künftiger Mann sie … in den Schlaf wiegen wird, wenn das Licht erlischt. Unter seinen Bekannten gibt es Jünglinge ohne die Aussicht auf Mannesreife, sie sehen gut aus und umgarnen die Mädchen, sie haben sogar eine Kussfreundin. Ein Junge, den man hinter seinem Rücken Mikro-Mirsa nennt, dieser Junge, nun ja, hat ihm erzählt, dass er einen Beutel mit einer Murmel trage, der Junge ist ein Eineiiger. Was spricht also dagegen, dass er zu den Leserinnen der Anzeige in klaren Worten spricht?

Der Anstand, sagt der Mongole, der Deutsche hat es dir erzählt.

Mirsa kommt aus dem Persischen. Der Name bedeutet: Herrensohn, Prinz.

Ja, und?

Aus Mirsa wird Mikro-Mirsa, sagt der Vetter.

Hast du eine Murmel im Beutel?

Nein.

Zwei Murmeln, ruft der Mongole, man wird dich nicht Mikro-Hasan nennen.

Wofür entscheiden wir uns?, sage ich, für deinen oder meinen Wortlaut?

Für meinen, sagt Vetter Hasan.

Wir haben dich umsonst hierherbemüht, Deutscher, sagt der Mongole, ich hatte gehofft, dass er einlenkt. Die Brunft vernebelt ihm die Sinne. Er wird sich entblößen.

Ich bin kein Hirsch, ruft Hasan.

Streite mit dem Angestellten der Zeitung. Er wird die Annahme verweigern.

Ich verabschiede mich von den Mongolen. Hasan lehnt den Ratschlag ab, alles noch einmal zu überdenken. Grübler verrecken, Tatkraft stählt den Mann. Die Menschen auf der Straße sind auf sie aufmerksam geworden, sie bleiben in Erwartung einer blutigen Schlägerei stehen. Als ich mich ein letztes Mal nach ihnen umdrehe, sehe ich Vetter Hasan den Zettel mit meinen Sätzen schreiend zerreißen. Mongole der Moderne, ein Viehhirte mit dem Eisenstachel, Freund des verfemten Dichters, strenger Höker der unnützen Dinge, Makro-Bey: Ich erfinde Namen, ich binde die Namen zu einer Girlande. Er wird Tan eine Nachricht zukommen lassen: Der Deutsche bittet um eine heimliche Begegnung, zur genehmen Stunde am genehmen Tag. Wird er kommen, und wird er ein neues Langpoem vorlesen? Weiß er, dass Tante Rena mich aufgenommen hat, meine unanständige Nenntante mit einer modernen Anschauung?

Ich muss diese Nacht in meinem Bett neben ihrem Bett schlafen, sie wartet. Nicht jetzt, ich habe noch etwas Geld, es reicht für ein Glas Wein, für einen Teller Mandeln. Vor dem Vergnügungslokal hecheln die Hyänen, sie starren mich voller Hass an, weil ich eingelassen werde. Der Chefkellner blickt weg, ich setze mich freiwillig an den hintersten Tisch, der niederste Charge des Hauses nimmt meine Bestellung auf. Er fasst das Glas am Trinkrand, stellt das Glas achtlos hin, der Wein schwappt über. Bei jedem anderen Gast wäre der Chefkellner wütend herbeigeeilt und hätte sich entschuldigt. Die Kerle beglotzen die Chansonette im Rüschenkleid, ihre Gebete werden erhört: Sie stolpert über das Mikrofonkabel und entblößt ihren Oberschenkel. Der Beifallssturm erschreckt sie und sie macht zwei Schritte, um an der Seite abzugehen, doch dann atmet sie tief ins Mikrofon und singt weiter. Die Männer werden sie rühmen, wegen ihrer Stimme und ihrer Schauspielkunst. Sie glauben ihr die Empörung nicht. Eine Viertelstunde nach dem Ende ihrer Vorstellung setzt sie sich an meinen Tisch. Der Chefkellner bringt ihr Wasser und Weißwein, er flüstert mir ins Ohr: Bei der kleinsten Berührung mische ich mich ein. Nicke ihr lächelnd zu. Dann weiß ich, dass du mich verstanden hast. Ich lasse die Serviette fallen, beuge mich über seinen Schuh, löse den Schnürsenkel, richte mich auf und lächele sie an. Er stürmt fluchend davon.

Das war nicht nötig, sagt sie.

Sie haben es gesehen?

Du darfst mich nicht berühren, richtig?

Ja, liebe Dame.

Rote Knospe.

Wie bitte?

An deiner Stirn, sagt sie.

Ein Hundesohn aus meiner Klasse.

Du hast ihn herausgefordert?

Er nahm mich mit … zu den Abartigen, die Jünglinge begatten.

Mein Gott, ruft sie und winkt dem Chefkellner besänftigend zu.

Entschuldigen Sie.

Bist du …

Nein, sage ich, ich begehre Frauen.

Begehren, sagt sie und lacht auf, begehren! Du bist ein Deutscher und verwendest seltsame Worte in unserer Sprache.

Ich bin von hier, sage ich, diese Worte haben mir Vater und Mutter beigebracht.

Willst du mich denn begehren?, sagt sie und schaut mich an.

Das darf ich nicht, meine Dame.

Weil sonst der Chefkellner dich ersticht?

Weil Sie es mir nicht erlauben.

Danke, flüstert sie.

Lob für meine Artigkeit, sage ich, kein Grund zur Freude.

Sie lässt mich auf mein Augenlicht schwören, dass ich mich nicht zu einem hartnäckigen Bewerber verwandele. Ich gebe mich nicht für einen anderen aus, ich werde sie im Stillen anhimmeln. Fremdheit ist auf lange Sicht ermüdend, sagt sie, glaubst du nicht auch? Die Chansonette glänzt im Halbdunkel, die Halbschatten im Saal können ihr nichts anhaben. Sie raucht, beißt vor jedem tiefen Zug in das Filterstück, sie fegt die Asche von den Rüschen ihres Kleides, ein heftiger Ruck mit ihrer goldberingten Hand. Hat der Tschetschenensohn hier gesessen und um ihre Gunst gebuhlt? Er kennt meine Wege: Hat er eine Hyäne vor der Tür bezahlt, dass er mir beim Verlassen des Lokals das Messer in den Rücken stößt? Die Sängerin legt die Hand kurz auf die meine, und die Kerle an den Tischen blicken sofort auf den Chefkellner, ihren Höllenhund. Seid unbesorgt, er ist mein Neffe, ruft sie, der Höllenhund stürmt kurz darauf herbei und stellt ein volles Weinglas und Beilagenschüsseln auf den Tisch. Wieso hast du mir nichts davon erzählt, Junge?, sagt er. Ich wollte Sie nicht von Ihrer Arbeit abhalten, Herr, sage ich. Die höfliche Anrede schmeichelt ihm, alle seine Zweifel sind ausgeräumt. Die Männer lächeln mir zu.

Sie lügen gut, sage ich.

Die Lüge hängt zusammen wie Sand, man kann sie nicht ballen.

Schöne Worte.

Ich bin mit vielen jungen und alten Männern versippt, sagt sie, der Eiswind hat sie verweht und zerstreut.

Geht das alles aufs Haus?

Du hast kein Geld.

Ein Glas Wein kann ich bezahlen, sage ich.

Der Chefkellner liebt dich. Obwohl du ein besserer Lügner bist als ich.

Ich verstehe nicht.

Träumst du von mir?

Nein, meine Dame.

Siehst du?!

Also gut, manchmal.

Soll mir das gefallen?, sagt sie, soll ich mich freuen, dass ich mich in deinen Träumen ausziehe?

Es geschieht aber nicht wirklich, sage ich.

Ich fühle mich trotzdem ... beschmutzt.

Was soll ich tun?

Immer dann, wenn ich dir im Traum erscheine, musst du mich beleidigen. Oder ohrfeigen. Dann sind wir derart zerstritten, dass eine Vereinigung unmöglich ist ... Oh, da kommt wohl ein Freund von dir. Ich muss auf die Bühne.

Kubilay nimmt auf dem freien Stuhl Platz. Der Höllenhund verbeugt sich mehrmals vor ihm, fragt nach dem Wohlbefinden des jungen Herrn. Er schweigt. Die linke Faust hält er mit der rechten Hand umschlossen. Wein und Wasser. Er rührt es nicht an. Dann nimmt er die Hand weg, lockert die Faust. Die Finger und der Daumen sind mit je zwei Stichen an den unteren Gliedern aneinandergenäht.

Fünf Finger einer Hand, flüstert er.

Was soll das, Kubilay?

Nimm meinen Namen nicht in den Mund, Hurenkind.

Wie war das?

Ich wusste, er wird es nicht schaffen, sagt er, Igor ist schwach.

Dein Handlanger, sage ich, dein abartiger Diener.

Nicht wahr? Bosheit ist eine Gnade, Arier. Mein Bruder war der Einzige im Hurenviertel Siebentürme, der einzige wahre Mann. Ein Beutel Knochen.

Mich kümmert nicht, was Hurenkinder glauben.

Hör auf, sage ich leise, sonst steckt bald dein Kopf in deinem Arsch. Der Chefkellner liebt dich, obwohl du ein besserer Lügner bist als ich ...

Was? Das Weib singt Lieder für Lumpen. Es unterhält sie. Ich habe das Weib unterwiesen. Es sollte dir diesen Satz sagen. Damit du dir vorkommst wie ein ausgewachsener Kerl. Dabei bist du, Arier, nichts weiter als das Kind einer deutschen Hure. Ach, Knäbchen, jetzt bist du wütend!

Wir reden über die Toten?

Ja, das tun wir.

Kaytun blutete aus wie ein frisch geschlachtetes Schwein, sage ich, wie erbärmlich, oder? Da schwingt er sich zum Tschetschenenfürst auf, und dann fällt er, für immer und ewig verflucht.

Mördersohn, ich räche mich, sagt er.

Wir sind stärker als du denkst. Ihr tötet zwei Brüder? Zwanzig Brüder rücken euch zu Leibe.

Es lief immer darauf aus: Wir gegen sie. Damals, in den Tagen, da uns die Glasscherbe biss. Jetzt heißt es: Wir gegen euch.

Ich und meinesgleichen gegen dich und deine Rotte.

Die Russenknechte, die Freunde des roten Flittchens Derya, sie machen uns keine Angst.

Wirklich nicht?

In ihre Ohren kann man schneiden wie in einen Filzhut, sagt er, Kaytun hat ein Ohr gelöchert. Ein Fehler. Wir schneiden sie den Roten ab. Wir fädeln sie auf zu einer Kummerkette. Bald wird ihr Eifer erlahmen.

Hundesohn, sage ich, du bist mein Feind.

Kleiner Feind, heute Nacht verrate ich dir viele Geheimnisse. Ich habe mich in Menekşe ergossen. Sie wird schwanger werden. Natürlich heirate ich sie. Mein erstes Kind wird ein Sohn. Meinen Erstgeborenen werde ich Kaytun nennen.

Ich sehe ihn schon nackt auf dem Schoß eines Greises sitzen. Kubilay führt die Faust zum Mund, zerbeißt die Fäden, achtet nicht auf das Blut an seinen Lippen und Zähnen. Der Mann am Nebentisch starrt ihn an, er setzt sich an einen anderen Tisch. Die Chansonette singt ein vaterländisches Lied: Gottes Land, in dem ich lebe. Gottes Land der gefallenen Helden, der Soldaten, die mit ihrem Fleisch die Erde düngten. Die Männer sind gerührt, ein Kerl legt die Hand auf die Brust, er widersteht dem Drang, aufzustehen, er würde sich des Frevels schuldig machen, nur beim Absingen der Landeshymne reckt man den Leib.

Du willst in ihr Loch hineinkriechen, sagt Kubilay.

Sie ist eine Dame, sage ich, achte sie, Hundesohn.

Du hast den Speichel meines Dieners getrunken. Er hat in deinen Wein gespuckt.

Miese kleine Geschäfte, das ist dein Leben, sage ich, und es ist das Leben deines Vaters. Wie geht es ihm wohl?

Nicht gut, sagt er leise.

Sitzt er auf seinem Gift?

Wovon redest du?

Opium, sage ich, der hohe Herr Rustam ist ein Giftmischer.

Kinderglaube.

Also, was trübt ihm das Gemüt?

Sein Herz.

Ach, sage ich, das wundert mich nicht.

Es schlägt nicht so oft, wie es soll, sagt er.

Wieso enthüllst du das deinem ... kleinen Feind?

Ich habe mir kleine Löcher in die Hand gerissen, ruft er, verdammt noch mal ... Enthüllen? Nein, Arier, du deutest es falsch. Mit großem Hunger isst Herr Vater Kaninchenrücken. Er wacht, stark und unbeugsam, über unser verspuktes Haus. Er spricht zu mir: Es ist meine Pflicht, es auszuhalten. Wir werden geprüft, wir werden versucht. Uns fürchten viele Kerle und viele Kinder. Trotzdem spukt deine Mutter durch die Räume. Meine Mutter? Sie sitzt inmitten neuer Geräte, die sie besummen. Wir sind wie das da, sagt sie und zeigt auf das Radio, jeder von uns ist eine Stimme, gefangen im hohlen Kasten. Meine verehrte Mutter hat sich wie eine Raupe eingesponnen. Sie stellt ihre Sache auf Gott. Die Ehrenbezeigungen der Frauen, deren Männer Vater fürchten, bedeuten ihr nichts. Materialermüdung, sagt Herr Vater. Er meint sie, und er meint das Herz in seiner Brust.

Er erzieht mich, er unterweist mich. Ich bin bereit.

Wofür?, sage ich.

Für die kommenden Kämpfe.

Ich will mich nicht mehr schlagen, Kubilay.

Du gibst auf?

Hör zu, hör bitte zu: Früher haben wir Krieger nachgeahmt. Wunden, Narben, Mutproben. Ich habe das alles überwunden ...

Lustknabe, zischt er.

Meinetwegen.

Du liest Gedichte. Welcher Mann tut das? Einer, der Frauen ins Garn locken will. Einer, der seine Kälberzähne vorzeigt, schief grinst, und behauptet, alle seine Sünden gebüßt zu haben. Einer, der sich erhaben fühlt über das Gesindel. Mich täuschst du nicht, Hurenkind.

Pfützenschwarz sind seine Augen, er dünstet Hass aus. Ich bin der Junge, von dem die Chansonette fürchtet, dass ich ihr im Traum erscheine, sie fühlt sich bedrängt. Ich bin das Mischblut, das der Zweitgeborene des Tschetschenen aus ganzem Herzen hasst. Er flucht: Deine Haut soll platzen. Dann lässt Gott auf deine Geschwüre Blutregen niedergehen. Finger voller Löcher, Schweiß auf seiner Stirn, Kubilay ist Kaytuns Erbe. Er verschwimmt im Licht und er verschwindet im Dunkeln. Ich erinnere ihn an den Bruderschwur, den wir mit Unschuld, Bekenntnis und Blut besiegelten. Er sagt: Ich blende dir das Auge, so wie dein Meuchlervater es tat bei Igors Vater, er schnitt ihm das Auge aus dem Gesicht, das ist der Kerl, und du bist sein Sohn, ich nehme dir das Auge, Arier, du bleibst nicht verschont ... Auch der letzte Funken Glut in der Asche ist gelöscht.

Ich lege mein ganzes Geld auf den Tisch, blicke nicht zu der gekauften Chansonette, und nicht zum gekauften Höllenhund, ich verlasse das Lokal, in dem der junge Herr, mein ärgster Feind, sitzt. Agop

Bey, der Verräter. Sein Sohn Igor, ein Verräter. Zuträger, Meister der Täuschungen, abgestreifte Schlangenhäute. Nicht mehr schlagen, keine Schläge mehr.

Auf dem Weg zu Tante Rena bleibe ich im Schein der Nachtlaterne stehen, schlage das Buch auf und lese: Wir leben nicht abgeschieden, doch die Brücke zum Westufer ist eine Fallbrücke, oder sie ist ein breiter Steg, der im Licht verschwindet. Und das Licht zerfrisst die Männer, die herüberkommen. Welche Jenseitigen besuchen uns? Kopflose Osmanen, rumpflose Kleinasiaten. Aus den Bastkörben, die sie an den Rücken schnallen, quillt das Allerlei des Orients: geplatzte Feigen, gerissener Stoff, Kessel und Pfannen, Taubenleber, Krähenkopf, rostzerfressenes Zeug. Dies Zeug verteilen wir in unseren Häusern. Gärendes, Wucherndes, Ungeweihtes. Im Leib eines Mongolen wuchert eine böse Drüse. Im Leib eines Zigeuners wächst eine behaarte Geschwulst. Eine Dame mit traurigen trägen wippenden Hinterbacken findet mich in meinem Unterschlupf, und sie flüstert: Böser junger Tan, ich kann dir nicht das geben, was du dir wünschst, nicht in diesem Drecksloch, nicht zur verbotenen Stunde, nicht begehe ich die Sünde des Ehebruchs, nicht küsse ich dich … Aus einer Proviantdose holt sie einen gelben platten Fruchtkringel hervor, der Saft tropft mir auf die nackten Füße. Was ist das? Eine Ananasscheibe, ich verschlinge sie, der Saft rinnt mir vom Kinn auf die nackten Füße. Mein Kopf ist zu voll, ich kann die Zeichen nicht mehr deuten. Die Dame überlässt mir die Dose, darin sind zwei weitere Fruchtkringel im Saft, den ich vor ihren Augen austrinke. Dann nimmt sie Abschied, für immer, nicht hat sie Ehebruch begangen, nicht muss sie ihren Gatten belügen. Armenspeisung, wir Byzantiner kennen uns darin aus. Behängen wir den Spiegel, wenn ein Gast kommt? Lesen wir Brotkrümel vom Boden, dass wir auch nicht versehentlich darauftreten? Sprechen wir andere Gebete, um uns Gottes Gunst zu versichern. Wir tun es. Wir sind Byzantiner ohne Haupt, halb berumpfte Griechenkinder. Getuschel über den langen Marsch durch die Wüste. Ich frage: War es der Dorfheilige mit seinem Anhang? Wollte er ein fernes Land befrieden? Nein, wispert der Himmel, nein, wispert der Händler, nein, schallt es in ihren

Häusern, die sie verlassen mussten. Wer sind sie? Ein Volk, das uns verriet. Hat nicht der Sultan, haben uns nicht seine Höflinge verraten? Tuschelnde Geister, mal fallen sie mich an beim Aufschreiben des ersten Verses. Mal würgen sie mich im Schlaf. Ihr habt es getan. Ihr habt es getan. Und ich schreie: Was denn, mein Gott?! Ich lerne ein neues Alphabet: Arman. Ashot. Arpine. Bebo. Bartev. Baykur. Dikran. Dsovinar. Diran. Entsa. Frik. Gamar. Garo. Hasmik. Hermine. Hranuysh. Hrarpi. Iskuhi. Isahak. Jbdanush. Kayane. Khatun. Kristine. Khajak. Kaspar. Loris. Lilit. Lusine. Maral. Marina. Mayranush. Margos. Melkon. Mateos. Nvart. Narine. Nazaret. Nubar. Ohan. Oshin. Ovsanna. Parkine. Paruhi. Paylak. Peniamin. Ruzan. Rupina. Raffi. Sara. Sharmagh. Silva. Sirun. Syuzan. Shiras. Samuel. Serop. Sevak. Simon. Sirak. Stepan. Suren. Samson. Tamar. Tzoline. Tvin. Tateos. Toros. Tatul. Vane. Vartiter. Vosgehan. Vahan. Varak. Varujan. Viken. Vrej. Yeranuhi. Yester. Yeva. Yeram. Yesai. Yeznik. Yetvard. Zartar. Zepyur. Zareh … Dies Alphabet, lerne es. Ich bin ein Bekehrter, ich entstamme einem düsteren Geschlecht, damals erschlugen die Krieger meines Stammes viele Marder, dann aber brach die Zeit nach der Offenbarung an, und die Marderjagd ward verboten. Blinder Sohn der Marderjäger, diesen Titel gab mir die Dame mit den hängenden Backen, wenn sie über die Brücke zu den halb berumpften Osmanen geht, erzeugt sie Randwirbel, die Angler und die Katzen und die Fische in den Kübeln werden erfasst. Es schüttelt sie alle. Arman. Ashot. Arpine. Erster Buchstabe des Mordes, Mord am ersten Buchstaben: Das geschieht, weil sie Staub und nasse Schuppen und abgebrochene Gehstockspitzen aufwirbelt, unsere Dame von der toten Frucht, die sie abführte im vorletzten Jahr, und die Seele des Schrumpfkindes verfing sich an ihren Fingernägeln, unsere Dame von den Randwirbeln und Fußwinden spricht im Gehen auf der Brücke: Varak. Varujan. Viken. Namenlos waren sie nicht, die Wüstengänger, bedenke dies! Worte sind nichts. Löcher im Leben, Logik des Todes …

77. Der Herrscher

Löcher im Viertel. Dschenk und Nuyan, neue Tote, beweint und begraben. Ihr Heldenmut wird besungen. Wieso, Brüder? Was habt ihr euch dabei gedacht? Die Liebenden der klaffenden Kehle. Zwei Bisse des Messers. Und Vater kam herüber, Rächer in der Nacht, Augenausstecher. Es geht weiter, die Kämpfe und das Sterben gehen weiter, wer fällt als Nächster? Hunde, Katzen, raunende Kerle, ich hefte den Blick auf den Boden, der dünne Band in der Hand, ein Schritt nach dem anderen, nicht horche ich auf bei einem Schrei, nicht stolpere ich in eine Gossenrinne, späte Stunde, es brennt Licht in der Wohnung. Tante Rena im zweiteiligen Strickkleid, der Gürtelknoten liegt seitlich auf, sie nestelt an den Ärmeln. Sie sitzt mit übereinandergeschlagenen Beinen auf dem Sofa, die Zierkissen sind neu bezogen: eingestrickte kleine Fackeln auf altrosa Grund. Ich breche das Brot, esse Oliven, behalte die Kerne im Mund, spucke sie in die hohle Hand. Die Stirnbeule schmerzt, sie spricht mich nicht darauf an.

Ich habe mich hübsch gemacht … für dich, sagt sie leise.

Danke, Tante … danke.

Danke?

Du siehst schön aus, sage ich.

Wirklich?

Das Kleid hat genau die richtige Länge. Und es betont die … Schwellungen.

Du meinst meine Brüste, sagt sie lachend.

Und die Hüften.

Der Nachbar hat es gewagt.

Was denn?

Er saß dort, wo du sitzt, dann sprach er: Wollen wir es wagen?

Oh … und, was geschah dann?

Ich habe so getan, als hätte ich es nicht gehört.

Er gab sich damit zufrieden?

Es fiel mir gleich auf, sagt sie, er verhielt sich von Anfang an sehr absichtsvoll. Er staunte mich an, machte mir wegen des Kleids

Komplimente. Versuchte, nicht dahin zu blicken, wohin du schaust.

Trotzdem errötete er.

Ich höre ihn oben auf und ab gehen, sage ich.

Er sprach ein zweites Mal: Wollen wir es wagen? Da konnte ich mich nicht länger dumm stellen. Ich wies ihn darauf hin, dass ich ihn für einen guten Mann halte. Für einen Freund.

Das hat ihn enttäuscht.

Ich bekomme Witwenrente, sagt sie plötzlich.

Ja, Tante ... Ja, Rena.

Gestern war's, da fühlte ich mich wie ein junges Mädchen. Ich stürmte los, zum Basar, kaufte beim erstbesten Stand dieses Kleid. Ein kleines Vermögen habe ich dafür bezahlt. Die halbe Rente ist weg. Sollte ich es bereuen?

Nein, Rena.

Ich habe große Hüften.

Die ich streichele, sage ich.

Sie würden mich steinigen, wenn sie es wüssten, sagt sie.

Wer?

Bayka. Abdullah. Und alle Frauen des Viertels.

Ich würde verstoßen werden, sage ich.

Der Nachbar ahnt nichts. Ich schweige.

Ich schweige auch.

Du bist nicht böse, dass es nicht ... zum Letztendlichen kommt?

Nein. Ich weiß nicht.

Eine Jungfrau verderben? Niemals, ruft sie, ich darf nicht diejenige sein, bei der du deine Unschuld verlierst. Oder hast du es schon erfahren?

Es kam noch nicht dazu, sage ich leise und schaue zur Seite.

Dabei brennst du dafür. Mein lieber Junge, schätze dich glücklich.

Vorhin verriet mir ein Bruder, der kein Bruder mehr ist, dass er sich ergossen hat.

Ein hässliches Wort, ruft sie, was sind wir Frauen, Erde, die man bewässert?

Es hat ihn nicht verwandelt, sage ich.

Das Kind des Tschetschenen?

Ja.

Ich habe ihn ein einziges Mal gesehen. Ich dachte: ein geschwollener Narr. Rußiger Kessel, nicht sauber zu reiben. Böses Kind, das die Rute braucht. Hat das Gesicht eines Wichts. Alle Menschen sind ihm Gesinde und Gesindel ...

Das alles hast du an ihm gesehen?

Mehr, viel mehr, sagt sie, sein Licht hat der Wind gelöscht. Er rühmt, er rächt, er richtet ...

Tante Rena im neuen Kleid: Über den Gott in der toten Welt will sie berichten. Über das, was in Seiner Anwesenheit verglüht und verbrennt. Vater Franz hat über sie gesagt: Ihre Schönheit ist über den Mittag hinaus. Das ist falsch, sie ist eine schöne Frau, die sich heimlich ihre Hüften knetet, um das Fett aus den Poren zu drücken. Ihr bebender Rücken im Schlaf. Immer noch spielt sie Traumtheater, wehrt Herren mit eindeutigen Absichten ab. Jetzt steht ihr der Schweiß in der Lippenmulde, sie bemerkt meinen Blick und wischt ihn ab.

Es ist sehr spät, flüstert sie.

Bist du müde?, sage ich.

Sehr müde.

Gut.

Bist du enttäuscht?

Nein, Rena. Wir gehen ins Bett und schlafen.

Ich lege mich auf den Bauch. Und du legst dich auf mich.

Wie du magst.

Diesmal nackt, sagt sie.

Dabei werde ich aber nicht einschlafen können, sage ich.

Dir ist verboten, was verboten ist.

Ja, Rena.

Bleib hier sitzen, bis ich dich rufe, sagt sie und springt auf, sie eilt aus dem Zimmer, schließt hinter sich die Tür zu, und gleich darauf höre ich auch die Tür des Badezimmers zufallen. Ich schließe die Augen: Das Kleid fällt auf den Fliesenboden. Sie hält den Waschlappen unter den Wasserhahn, reibt ihre Achselhöhlen, ihren Bauch und ihre Brüste mit Seife ein. Wäscht ihre heimliche Stelle. Streicht Mandelsalbe aufs Gesicht ... nein, erst schminkt sie sich ab. Dann meinem Lokal sind Prügeleien verboten. Auch wer aufrührerische Reden hält, darf nicht wiederkommen. Du zeigst sie also nicht an?, sagt der Polizist. Sie werden ihre Getränke bezahlen, da bin ich mir sicher. Hört alle zu, ruft der Polizist, ich bin jetzt sehr schlecht gelaunt. Jemand, dessen Namen ich nicht verrate, bat mich, der ich auf Streife ging, um Hilfe. Er sagte: Zwei Schläger prügeln sich bei Resul. Es sind Schutzgelderpresser. Ich lief herbei. Erkannte den Kerl aus Tophane. Ich zählte eins und eins zusammen. In der Zeit, in der er seine Strafe absaß, hat der Wicht gut kassiert. Er nahm den Platz des Zuchthäuslers ein. Natürlich hat er ihn nicht um Erlaubnis gefragt. Nun ist der Mann wieder draußen, und was muss er feststellen? Er geht leer aus. Also muss er den Nebenbuhler rausdrängen. Hier fand ein Kampf statt. Ihr alle, die ihr wegschaut, solltet euch schämen. Ihr macht gemeinsame Sache mit diesen Straßenkötern. Ich werde es dem Kommissar erzählen.

Er dreht sich um und verschwindet.

82. Der Vergeber der Sünden

Keiner ist gefeit vor Schwund und Verschleiß. Wir, die Jungen, sind Maschinen der Republik, wir stampfen, dampfen, in unseren Öfen schmilzt das Eisen, wer kaputtgeht, wird ausgeschlachtet. Die Alten schließen die Augen, man achtet sie nicht länger als Helden des Befreiungskampfs. Was ist aus uns geworden? In früheren Tagen hätte es kein Ausputzer aus Tophane gewagt, Geld bei Männern aus dem Viertel einzutreiben. Auch der einäugige Krämer beschwert sich über Hundesöhne, die ihn bedrohen. Wir sind ungeschützt. Vater gilt als Unruhestifter. Der Kommissar hat ihn sogar verwarnt: Der Staat ist der Rächer. Allein der Staat richtet. Was war, ist vergessen. Wer Recht fordert, muss Recht pflegen. Wem das nicht gefällt, soll Siebentürme verlassen.

Der Zuchthäusler sagt dem Hundertjährigen: Es wird heute entschieden, dann verlassen beide Schläger das Lokal. Resul Bey
schimpft mit mir, ich dürfe mich nie wieder in anderer Leute Angelegenheiten einmischen, wie hätte er es vor Abdullah Bey rechtfer-
tigen können, wenn sich beide Schläger zusammengetan und mich
verprügelt hätten. Ich schaue weg, bleibe sitzen. Falten und Runzeln, Schweiß und Ofenruß: Er zittert vor Angst. Dann zahle, denke
ich, zahle und blute.

Kannst du tanzen?, sagt der Zigeuner und nimmt mir gegenüber
Platz.

Wie oft willst du mich noch fragen?, sage ich.

Schlechte Laune. Ich habe also nichts verpasst.

Prügelei der Halunken.

Ich weiß. Ich sah die Kerle. Sie suchen sich ein ruhiges Plätzchen.

Das Hauen und Stechen geht dann weiter.

Bist du vorhin deshalb verschwunden?

Zufall, sagt er.

Es ist umgekippt, Herr, sage ich.

Fehde unter Narren. Wir schauen zu.

Es stinkt wie Aas. Man stinkt wie Aas, wenn man sich verschanzt.

Du trauerst den alten Tagen nach, Arier. Was ein Fehler.

Der Gebetsausrufer kündigt die Gottesverehrung an, die Greise erheben sich von ihren Stühlen. Der Hundertjährige verschwindet im
Hinterzimmer, um die Waschung vor dem Gebet vorzunehmen.
Sie sind abgewandt, so wie ich abgewandt bin, die Moslems sind
meine fremden Brüder, und ich bin meines Vaters fremder Sohn.
Abwesender Junge, ruft Hayri Bey, statten wir dem Zahnlosen, dem
Fensterirren, einen Besuch ab, es wird dich erfrischen … Ich folge
dem Zigeuner, meine Brüder sind tot, fünf Finger der Hand zerbrochen, es gibt für mich wenig zu tun. Der Irre streut Kürbiskernschalen auf unsere Häupter. Er verhakt die Daumen, seine Hände
flattern, es sind die Schwingen eines ertrinkenden Vogels. Er streift
zwei Kupferringe ab, wirft sie uns zu, Kupfer vom Himmel, Kupfer-
hagel am Sommerabend. Der Irre, so heißt es, schluckt jeden Tag
eine Handvoll Tabletten, gekerbte Pillen, Stimmungsaufheller. Sein
Vater kennt einen Arzt, der in seiner Schuld steht. Der Sohn wird

betrachtet sie sich im runden Handspiegel, verwundert, ernst, minutenlang. Sie kämmt ihr Haar in langen Strichen, schaut danach wieder in den Spiegel. Wirft die benutzten Wattebäusche in die aufgerissene Papiertüte unter dem Waschbecken ... Bereit, sagt sie laut, ich ziehe die Gardinen zu, steige aus den Schuhen und den Kleidern, ich falte nackt Unterhemd und Unterhose, trete in das stockdunkle Schlafzimmer, taste mich an der Wand entlang, schlage die Decke zurück. Die Verhüllte ist enthüllt, ich lege mich auf sie, ich bin größer, mein Kopf liegt über ihrem Kopf.

Bin ich zu schwer?, sage ich.

Es ist gut, flüstert sie, bekommst du Luft?

Ich atme durch die Nase.

Du hast keine Haare auf der Brust.

Nein.

Blonde Stoppeln am Kinn, und ein paar an den Wangen. Rasierst du dich?

Ich gehe alle zwei Wochen zu Achmed, dem Barbier.

Dem Stotterer, sagt sie.

Es ist schlimmer geworden. Also schweigt er die meiste Zeit.

Ein Verfemter.

Wie bitte?

Man glaubt bestimmt, Gott hat ihn mit der Zungenlahmheit bestraft. Für eine Sünde ...

Für die Sünde der Mutter?, sage ich.

Oder die des Vaters.

Ich glaube nicht daran.

Hat sich Derya gemeldet?

Nein. Ich warte. Wir warten.

Armes Mädchen, flüstert sie, wo steckt es wohl?

Ich weiß es nicht.

Hältst du mich für eine vernachlässigte Frau?

Nein, Rena.

Willst du mir gefallen und lügst mich an?, sagt sie und bewegt sich.

Keine Lüge, sage ich, soll ich ...

Bleib. Mein Arm ist eingeschlafen. Du atmest ins Kissen.

Ich bekomme Luft. Rena, du bist traurig, oder?

Alles ist gut. Oder wird gut, sagt sie.

Woher kommt der Kummer, Rena?

Ich rieche den Herbst. Tote Motten, tote Fliegen.

Totes Fleisch des Sommers, sage ich.

Stammt das vom Dichter?

Sein vorläufig letztes Gedicht ... Was machst du da?

Still!, ruft sie und bewegt sich, reib dich an meinem Rücken ... Ist es schön?

Ja, Tante.

Jetzt hast du dich versprochen. Erzähle mir eine Geschichte.

Ich kann nicht, sage ich leise.

Es sollen Worte aus schönen Silben sein.

Frauen im Mondlicht.

Ein guter Anfang, sagt sie.

Die Stadt ist verlassen. Die ... Männer sind abgeschafft, Gott hat sie vom Antlitz der Welt getilgt. Sünder zu Asche, sie brannten, sie waren Fackeln, sie zerfielen. Es ist das Jahr vor dem Jüngsten Tag. Noch einhundertachtundzwei Tage bis zum Ende ...

Komische Zahl.

Komische einhundertachtundzwei. Die Frauen, sie sprechen nicht von einhundertzehn Tagen. Achtundzwei. Ewige Nacht. Also nennen sich die Frauen: die Nächtlichen. Mit der Asche der Männer düngen sie die Felder. Das Vieh will die Asche nicht fressen. Männerasche in den Futterkrippen und Trögen. Männerasche, sogar die Knochen und Zähne sind zerfallen. Großer Kummer der Frauen über das Wunder. Sie fragen sich: Wir wurden verschont. Sind wir auserwählt? Sind wir böses Gezücht, und werden wir dem Endzeittier ausgeliefert? Die Jungfrauen, sie versammeln sich ... sie ...

Beherrsche dich, sagt Rena streng.

Sie strömen auf die Marktplätze. Wehklage über die männerverlassene Welt. Wer wird sich ihrer annehmen? Es kümmert den Mond nicht, dass Jungfrauen ihn anschreien. Eine Frau wehklagt: Mein Bauch wird nicht anschwellen, ich bin verflucht. Eine alte Jungfer schimpft sie eine Metze, schimpft sie das verdorbenste Aas ...

Rena?!

Was ist?

Ich halte mich zurück. Aber du darfst dich nicht bewegen.

Ist es schrecklich?, flüstert sie und lacht.

Nein. Bitte.

Ich liege still. Reich mir deine Hand … Schön. Schön. Geht das?

Mächtige Welt, hauche ich.

Mein klebriges Früchtchen, sagt sie und lacht wieder, weiter.

Wo war ich stehen geblieben?

Metze. Verdorbenstes Aas … Wie passend, oder?

Nein, Rena … Junge Nächtliche, voller Kummer und voller Wissen. Von den Vätern haben sie gelernt: Die beste Mühle steht zwischen Wasser und Wind. Diese Männer haben aber auch gesagt: Weibergeschirr macht die Welt irr. Alle zu Asche verwandelt. Die Frauen, jung und alt, erkennen: Nie wieder Morgenrot. Nie wieder Tanz mit einem Mann. Keine Huren, keine Buhler. Keine liebestollen Männer am Fenster, die sich schlitzen. …

Aus Lust küsst die Frau die Frau, sagt Rena leise.

Es gibt ihrer immer mehr, sage ich, bald gilt der Mann als geringes Ding, weil … oh Gott, Rena.

Schön, flüstert sie, komm, Wolf, komm.

Ja.

Und als ich mich ergebe, ihren Händen, und als ich bebe auf ihrem Rücken, klopft der Nachbar mit dem Besenstiel gegen den Boden, ruhig, still, keine schöne Silbe mehr, unser beider Schweiß vermischt, nur sie und ich atmen in diesem Zimmer, und der Herr, der es endlich wagen wollte, ist zum grollenden bösen Geist verwandelt, wir hören ihn schreien und mit dem Stiel gegen Wände schlagen, er kann uns nicht belauscht haben, wir waren leise, was ahnt er, dies ist das Sündenbett, an dem keine Schaulustigen stehen, tobender alter Narr, die Bauern auf seinem Land verehren böse Fratzen aus geschnürten Zweigenstücken, sie schnurren beim Kniefall, sie schnurren, und ihre Mäuler sind aufgesperrt, die Lügen stinken heraus, sie lecken die Messer, schneiden sich ins Fleisch, das Blut besänftigt die bösen Fratzen, ein Messer wetzt das andere, der Herr bekommt Briefe voller Blutkleckse, ist er darüber irre geworden, sind ihm zwei weitere Ohren aus dem Schädel gesprossen, dass er alles hört, was Rena tut, er brüllt: Die Mücken pissen, er brüllt: Du hast kein Herz, ich berge noch deinen verborgenen Schatz, er brüllt: Schamrot ist meine Farbe, und da verstehe ich, dass er nichts weiß von unserem Sündenspiel, er tobt vor Wut, seine Rosen sind verblättert, weil Rena ihn abwies, sie aber kümmern nicht seine Hiebe mit dem Besenstiel, noch seine Flüche, sie drückt ihren Rücken gegen meinen Leib, sie flüstert: Ich liebe deine Bubenhaut, kämm dich zwei Mal am Tag, dann hast du ein anständiges Aussehen, ich lache ihr ins Haar und küsse ihren Nacken. Sie schickt mich ins Bad, ich mache mich sauber, kehre zurück, krieche in mein Bett. Es hat dir also gefallen, flüstert sie, und ich sage: Ja. Dummes Wort, ich bin verlegen, ich bin glücklich.

Die Geschichte?

Ich habe sie erfunden, sage ich.

Morgen bist du weg.

Für zwei Tage. Mutter und Vater erwarten mich.

Und dann?, sagt sie, wirst du zur deutschen Dame gehen?

Ein kurzer Besuch, sage ich.

Du übernachtest bei ihr.

Soll ich herkommen?

Wenn du es wünschst.

Ja, sage ich wieder, ja.

Ich habe mir auch einen breiten schwarzen Lackgürtel gekauft, sagt sie.

Zeigst du ihn mir?

Jetzt?

Bitte.

Nein, sagt sie, erst, wenn du zurückkommst. Verlieb dich bloß nicht in ein junges Ding.

Die Mädchen wollen nichts von mir wissen, sage ich.

Weil du ein narbiger Junge bist. Du kannst dich nicht benehmen.

Ich versuche es.

Tu das nicht. Die Mädchen haben nichts im Kopf. Ihre Liebe ist an einem Tag verrauscht. Hast du ein Liebchen?

Kein Liebchen, Rena.

Du brauchst neue Hemden, sagt sie, die Kragen sind verschlissen.

Ich rede mit dem reichen Herrn.

Er soll dich neu einkleiden ... Was macht seine Sekretärin? Ich erzähle, dass sie heimlich weint: Seyfettin Bey möchte sie nicht zur Frau nehmen. Er lässt keinen Zweifel daran, dass für ihn eine Heirat, mit welcher Frau auch immer, ausgeschlossen ist. Sie hofft und weint. Auch Führers Vorzimmerdame Frau Kollack hat die Hoffnung nicht aufgegeben. Wir wissen es nicht, wir ahnen: Führer hält sie sich als Geliebte in der Nacht. Am Tage steht er am Fenster, und bestimmt starrt sie manchmal durch die offene Tür auf seinen Rücken. Verruchte Liebesspiele, sage ich leise und bemerke meinen Fehler, es ist bei uns anders, ich schade dir nicht, du schadest mir nicht, sie aber schaden einander. Rena schweigt im Dunkeln, und dann flüstert sie: Es ist spät, wir schlafen.

78. Der Reine

Yeter wurde mit einem Stein erschlagen, von ihrem Mann, der es nicht guthieß, dass sie seine Regeln und Gebote nicht länger befolgen wollte. Eine große Verheerung. Seine Haut werde ich gerben, in Streifen schneiden und den Hunden vor die Mäuler werfen. Dummer Junge, ruft Ayliye, trauere nur um sie, das reicht. Bete für ihre Seele, das reicht ... Und der Mörder? Ist er frei oder eine Geisel? Totgeschlagen von den Seinen. Seine Sippe rächte den Tod des fremden Mädchens, strenge glutgläubige Kurden. Es musste getan werden, eine lohnende Arbeit. Ayliye küsst mich immer wieder hart auf den Mund, und ich gebe auf. Stehe da, empfange. Yeter folgt den schwebenden Frauen, den Schönen in der Luft, Hals gebrochen, Lunge voll mit Meerwasser, ihr aber schlug man den Schädel ein. Im Himmel bist du, in der Hölle ist er. Vaterunser schütze sie, in deiner Gnade lebe sie. Ayliye verküsst mein Gebet. Sie umschlingt mich, stürzt in die dunkle Gasse. Ihr Vater, der Metzger, ist meines Vaters Feind. Schön ist es, seine Tochter zu küssen. Es gäbe keinen Mann und keine Frau im Viertel, es gäbe keinen Hund

und keine Katze und keine Amsel, dies Viertel wäre verwaist, wenn man nicht an die Verdammnis und die Verdammung der Schamlosen glaubte. Auch Kommissar Taylan schmiert seine alten Stiefel und verweist auf das jenseitige Strafgericht, er schickt die Kerle ins Zuchthaus, und manch einer endet am Strang. Ginge es aber nach ihm, würde er nach dem alten Gesetz richten und strafen. Nur der Schrotthändler Hayri Bey ist unbeeindruckt, alle streiten um Schalen, Hülsen und Kleien, er aber kaut Kern und Frucht. Kannst du endlich tanzen?, sagt er. Er hängt einen Hanfsack um den Hals seines Maulesels, schaut auf den alten Hausrat auf dem Karren, er ist zufrieden, er pfeift, er tänzelt um den kauenden Esel.

Nein, Herr, sage ich.

Mein Buckel sinkt nicht ein. Und deine Hüften werden nicht weich.

Gott hat dich beschenkt.

Weil ich tanzen kann?

Und weil die Frauen lächeln, wenn sie dich sehen.

Der Bucklige macht sie verrückt, sagt er. Vorgestern fragt mich Minna Hanim: Wie nehme ich ab? Ich gebe ihr den Rat: Ziehen Sie nachts so lange wie möglich den Bauch ein. Vergessen Sie nicht, zu atmen.

Wird sie es tun?

Wer weiß das schon? Man müsste ihren Mann, den Herrn Zahnarzt Zawen, fragen. Das wäre aber unziemlich. Er würde mich mit seinen starken behaarten Armen erdrosseln.

Haben Sie und die anderen sich mit Vater versöhnt?

Sie nennen Abdullah Bey den Monteur, ruft er fröhlich, den gebleichten Teufel, der böse Wunder wirkt.

Alles bleibt beim Alten, sage ich.

Reißverschluss, Toilettenpapier, Fensterglas, Hufhobel, gute Erfindungen. Wir werden besser.

Der Stein trifft den Esel an der Flanke, er hebt den Kopf aus dem Sack, steckt ihn wieder hinein: Der Nasenlose lacht bellend, es ist gut, dass er fast immer an der Schwermut leidet und sich selten freut. Ausgebleichtes Hemd, schwere Wollhose ohne Gürtel, die Schlaufen hängen am letzten Faden, an einem Fersenschrund kleben Blut und Dreck der Gassen.

Was soll das?, sagt der Zigeuner.

Ein Scherz, ruft der Nasenlose, man soll nicht auf Belustigung warten. Ich bin ein Mann der Tat.

Du steinigst meinen Esel.

Es war nur ein Kieselstein.

Du steinigst ihn, und es erheitert dich. Was verrät mir das über deinen Charakter?

Nichts, sagt Süleyman Bey.

Dieses Tier ist kein toter Löwe.

Verstehe ich nicht.

Die Memme zupft dem toten Raubtier am Schwanz und prahlt, sagt der Zigeuner.

Siehst du hier einen geschundenen Löwen, Arier?

Nein, Herr.

Da hast du's, Blechhöker.

Ich lege ihm Säcke auf, manchmal, sagt der Zigeuner, ich muss ihn nicht schinden und nicht treiben. Er kennt die Richtungen, die er traben muss.

Na und?

Man müsste meinen Esel krönen. Er ist klüger als manch ein Kerl, der mit Pantoffeln aus dem Haus geht.

Du meinst natürlich mich.

Grauenhaft, ruft der Zigeuner.

Das sind Sandalen.

Sie sind dir zwei Nummern zu klein.

Sie passen, sagt der Nasenlose, meine Zehen können atmen.

Und die Fersen?

Harte Hornhaut. Hinten am Fuß brauche ich keine Sohle … Arier, hast du dich wieder vom Rind lecken lassen?

Nein, Herr. Das ist Öl.

Keine Kuhspucke?

Olivenöl, sage ich, ich tunke die Kammzinken leicht hinein, kämme die Haare.

Armeleutebrillantine, ruft Hayri Bey, früher spritzte ich Zuckerwasser aufs Haar, strich es nach hinten. Die Mädchen waren entzückt.

Glaub ich nicht, sagt der Nasenlose, du hast bestimmt ausgesehen wie ein Tümpelkäfer.

Der Zigeuner schlägt ihm vor, bei einem Wanderzirkus anzuheuern, er müsste nur vor das Publikum treten und mit brennenden Zündhölzern jonglieren, und schon regnete es Schuhe in allen Größen, er suchte sich die dickbesohlten Schuhe aus und verschwände von der Manege. Süleyman, der Nichtmehrnacktfüßige, der Liebling der Irren, der schwachsinnigen Kinder und der kreischenden Greise, dieser Zirkussüleyman würde bestimmt auch bald eine halbblöde Witwe finden, der es nichts ausmachte, morgens nach dem Aufwachen, nach einem Blick in das Gesicht des schnarchenden Jongleurs, vor Schreck aufzuschreien. Der Nasenlose droht ihm mit einem Steinhagel in einer der nächsten Nächte, er schaut auf, und als ich mich umdrehe, sehe ich Vater und Schecho im Gehen leise sprechen, Schecho hat sich die Schläfen kahl rasiert, die wenigen Haarsträhnen am Hinterkopf kleben am Schädel.

Kommt mit, sagt Vater, und wir folgen ihm, wir treten durch das Belgradtor aus dem Viertel, in den Schatten der Mauern Kriechtiere, berauschte Männer an kalten Steinen, auf halbem Wege zum Hohen Hain nimmt Vater einen staubigen Weg, der zwischen den Felsen hindurchführt, er legt den Finger auf die Lippen, ich setze leise einen Fuß vor den anderen, der Nasenlose atmet mir in den Nacken, Schecho wischt sich den Schweiß von den Schläfen, Vater bleibt im Eingang einer kleinen Höhle stehen, er strafft sich und sagt laut: Liebe Dame, hier ist Abdullah in Begleitung seines Sohnes Wolf und seiner Freunde Schecho, Süleyman und Hayri. Du bist dort drin, ich weiß es. Erschrick nicht wegen der vielen Männer in deiner Höhle. Wir sind eine Schutzmannschaft. Wir begleiten dich zurück. Wir sorgen dafür, dass du unversehrt heimfindest …

Keine Antwort, wir atmen und warten, Vater räuspert sich, schüttelt aber den Kopf: Er hat unser Kommen angekündigt, es braucht keiner weiterer Worte. Haust die fette Herrin in diesem großen Loch? Vater geht vor, der Nasenlose stößt mich an und ich stolpere in die Höhle, ein schlimmer strenger Geruch steigt mir in die Nase, Fleisch und Blut, es klappert, es blitzt und glänzt, erst sehe ich den Rücken einer vermummten Frau, dann schaue ich hoch:

Knochen, Girlanden aus kleinen Knochen, Sünde, Himmel hilf, Vaterunser.

Mutter Eva?, sagt Vater leise.

Was willst du, Kerl?, sagt sie.

Du kennst mich. Du kennst meine Frau. Und du kennst Wolf. Er ging in die Schule, die dein Zuhause war. Erinnerst du dich?

Alles nichts, sagt sie.

Soll ich sie packen?, ruft der Nasenlose.

Nein, lass, sagt Vater.

Kranke Brut, ruft Hayri Bey, kranke Brut, gehe zuschanden.

Ist das ein fremdes Gebet?

Ruhig, ruft Vater, ich rede jetzt mit Mutter Eva … Liebe Dame, wir stören dich ungern bei deiner Andacht. Aber es muss sein.

Was muss sein?, faucht sie.

Dass du mit uns mitkommst.

Ihr wollt den schönen Schmuck herunterreißen!

Sei beruhigt, das tun wir nicht.

Brennen soll dieser schwarze Schrein, ruft der Nasenlose.

Brennen wirst du!, schreit Mutter Eva und dreht sich um. Sie hält ein Katzenbein in ihren Händen, auf einem Steinblock liegen Messer, Garnrollen und Nadeln. Hexe im Licht der Kerzen, Höhlenbrut. Sie spuckt aus, die Spucke tropft vom Kinn auf den Boden. Weißer Sanatoriumskittel, befleckt, verschmutzt, an den Ärmeln zerrissen, Mutter Eva ist darunter nackt, schlaffe Brüste, schmutzige Haut, Wundschorf an den Knien.

Ich bete, sagt sie laut.

Zu wem, meine Dame?, sagt Vater.

Zu dem, der mich führt.

Du bist von Gott verlassen, Hexe, ruft der Nasenlose, deine Seele hängt an der Girlande.

Nasenkrüppel, zischt Mutter Eva, leckende Ratte.

Liebe Dame, lass uns gehen, sagt Vater und macht einen Schritt in ihre Richtung, sie wirft ihm das abgehackte Katzenbein ins Gesicht und greift nach dem Messer auf dem Opferblock. Sie hat Vater getroffen, er wischt sich das Blut von den Augen, er ist blind, das irre alte Weib kreischt uns an und geht auf uns los, wir können es nicht bändigen, doch dann bleibt es stehen und starrt auf den Zigeuner, der an einem Knochen zieht, die Girlande fällt zu Boden.

Nein!, schreit sie.

Das war erst der Anfang, sagt Hayri Bey laut, keine Bewegung.

Bitte bitte bitte bitte …

Weg mit dem Messer!

Nein, schreit sie.

Ich reiß alles herunter, ich zerstampf den ganzen Dreck unter meinen Sohlen!

Er wird es tun, Mutter Eva, ich kann ihn nicht davon abhalten, sagt Vater.

Böse Kerle. Böse böse Kerle.

Leg das Messer auf den Stein … Danke. Gut.

Arier!, ruft sie.

Hier bin ich.

Mir ist der Heilige erschienen.

Ich weiß, meine Dame. Er fand dich für würdig. Uns nicht.

Aus seiner kleinen Kanne floss das Wasser, sagt sie leise, es floss ihm auf die Hände. Er empfing das Wasser. Und ich empfing das Wasser durch seine Hände. Böse Augen sehen nie nichts Gutes. Nichts Gutes hab ich nie gesehen. Überall ist's gut. Der Heilige wusch sich. Ich wusch mich. Und ich wusch die Katzen in ihrem eigenen Blut. Die Knochen, sage ich.

Bin eine Magd, die will in Ehren leben. Hurtig mach ich die Arbeit, denn der Heilige sieht. Und die andere Magd, die mir zulief …

Schwester Gülfem?

Die mir zulief. Die vom Mistkarren absprang. Denn sie stank. Nie nichts Gutes, das hab ich der gelehrt, nie nichts Böses. Salz dich, hab ich gelehrt, dass du nicht faulst am lebendigen Leibe. Tu, damit nie nichts ungetan bleibt …

Was faselt die Hexe?, ruft der Nasenlose.

Dir ist der Kopf wund. Ich bin die Magd, der anderen hab ich gelehrt, von Fremden nimm Geld nicht an, keinen Knopf, keinen Bund Petersilie, nicht eine Kupfermünze. Denn zur Hure machen sie dich. Huren haben kein Heiligtum. Meine Knochenketten. Brustschmuck des Heiligen … Hört ihr's?

Was denn?, sagt Vater.

Goldener Galgen meine Ketten, daran hängen die Geister. Daran vertrocknen die Geister.

Mutter Eva, ich bin Abdullah. Mein Fremd Hayri werde ich bitten, dass er deine … goldenen Galgen nicht zerstört. Er erfüllt meinen Wunsch. Aber nur, wenn du dich nach Hause begleiten lässt.

Der Zigeuner ist unrein, ruft sie.

Es reicht, sagt der Nasenlose und läuft zu ihr hin, er schlägt ihr hart ins Gesicht, zerrt sie zu Boden, dreht sie auf den Rücken, fesselt sie mit der Knochengirlande, die Hayri Bey ihm reicht, Mutter Eva versucht nach ihm zu schnappen, er stopft ihr sein Taschentuch in den Mund. Dann fassen der Zigeuner und Vater sie unter die Arne, ziehen sie hoch, sie sträubt sich, und da aber Vater ihr damit droht, den bösen Hayri auf ihr Heiligtum loszulassen, erschlafft sie. Wir gehen langsam den Weg zurück, der Kittel ist aufgeknöpft, ich sehe ihre schlaffen Altweiberbacken bei jedem müden Schritt zittern. Schwester Gülfem. Mutter Eva. Die heiligen Frauen des Viertels. Katzenmetzger. An den Knochen waren Schab- und Bissspuren. Haben sie in das rohe Fleisch gebissen? Schmutzige Tage, Licht ist verdorben, weise ist der Irre vom Fenster, böse sind die beiden irren Frauen, sie müssen in anderen Gegenden gejagt haben, sie haben die hungrigen Tiere gelockt und abgeschlachtet, Gott verdamme sie. Der Kommissar und zwei Polizisten stehen vor dem Eingang des Sanatoriums, er bemerkt die aufgeplatzte Lippe von Mutter Eva.

War das nötig?

Hier ist das Messer, mit dem sie uns bedrohte, sagt der Nasenlose, ich habe sie geschlagen.

Das hast du nicht, sagt der Kommissar, sie ist bei der Festnahme gestürzt.

Genau das ist geschehen, sagt Vater.

Mutter Eva?

Knecht, zischt sie.

Staatsdiener. Also hast du recht. Ich muss dich verhaften.

Den Hurenschlitz deiner Mutter frisst der Teufel!

Ich stelle vor Zeugen fest: Sie ist nicht ansprechbar.

Aber gefährlich, sagt der Zigeuner.

Du hast die Wahl, Weib, sagt der Kommissar laut, entweder befrage ich dich in der Heilanstalt. Oder du bist störrisch, und die Beamten müssen dich zum Revier bringen. Dabei wirst du mindestens ein Mal stolpern und auf das Gesicht fallen.

Der Teufel ...

Ja, ich habe verstanden. Abführen!

Nein, ruft sie.

Nein, was?

Hier.

Das Weib zeigt sich einsichtig, sagt der Kommissar, es hat vor Zeugen mich angefleht, die Befragung in vertrauter Umgebung vorzunehmen. Ich bin nicht herzlos. Auch wenn ich viele Nächte schlaflos im Bett lag. Weil mir die zerfleischten Katzen nicht aus dem Kopf gingen.

Kranke Brut, ruft der Zigeuner und spuckt aus.

Ich hasse dich, Weib. Die Frauen vom Brunnen hielten dich für eine Heilige. In jenen Tagen glaubte auch ich den Gerüchten. Eine weitere Narbe in meinem Herzen. Bringt sie hinein. Ich komme nach. Wir schauen ihr hinterher, sie schimpft die Mütter der Polizisten Huren, ein Polizist flüstert ihr ins Ohr, das böse Weib erstarrt und verstummt. Was wird er ihr gesagt haben? Ich sorge dafür, dass deine Heiligkeit erlischt. Oder: Ich lasse dich gleich allein mit zwei geistesgestörten Männern. Der Kommissar spricht mit dem Pförtner, der daraufhin zum Hauptgebäude stürmt.

Danke, Schecho, sagt er.

Es war Zufall, sagt Schecho, vom Herrn gefügter Zufall.

Das Kopfgeld steht dir zu.

Will ich nicht.

Es reicht für einen Mantel. Der Winter wird kommen.

Wofür werde ich belohnt?, sagt Schecho, dass ich herumlief wie ein Kind?

Er erzählt: Vom Sprechen des Tischgebets zu Mittag und am Abend ist sein Mund wund geworden, er flieht ins Freie, schlägt eine Richtung ein. Knurrt Hunde an, die sich ihm knurrend nähern. Gärendes Fallobst, Fliegengeschwirr, Opiumhyänen in den Mauergrotten: All das schlägt ihm aufs Gemüt, er will brechen, und also bricht er einen trockenen Zweig. Er will schreien, also ballt er die Fäuste und beherrscht sich. Er glaubt, er werde an diesem Tage erlöst, wenn er Kurde Memet aufsucht, es reicht ihm nicht, wie ein Greis an der Kummerkette zu ziehen. Er kommt aber vom Wege ab. Die Heilige im Irrenkittel, er sieht sie in der Ferne, wer hat sie entlassen, wer hat ihr freigegeben, das will Schecho wissen. Er folgt ihr, späht in die Höhle, Geklirr der Knochen an den Ketten, er zieht sich zurück, allein wird er sie nicht bändigen.

Dies ist deine Geschichte, sagt der Kommissar, und du sagst sie auf dem Revier Satz für Satz auf. Wir kürzen den Anfang. Deine Missstimmung geht niemanden etwas an. Du drückst die Kuppe deines Zeigefingers auf das Stempelkissen, dann auf das Dokument.

Was ist das?

Ein Blatt amtliches Papier. Deine Aussage, die du mit deinem Zeichen beglaubigst.

Was geschieht mit dem anderen Weib?, sagt der Nasenlose.

Mit wem?

Schwester Gülfem, sage ich.

Sie ist Mutter Eva hörig, sagt Vater, sie hat ihr geholfen. Eine Schande. Tete bricht es das Herz.

Dann bekommt auch sie ihre Strafe, sagt der Kommissar und eilt zur Vernehmung.

Die Männer sprechen über die beiden Katzenschlächter. Werden sie, trotz ihres Irrsinns, in die Haftanstalt überführt? Gilt das Gesetz auch bei Verrückten? Die Frauen werden nicht genesen. Man hat sie im Sanatorium eingeschlossen, sie bekamen Spritzen und Tabletten, sie hatten ein warmes Bett und mussten nicht hungern. Wie sieht es in ihrem Kopf aus? Ein finsteres Loch, der Teufel kratzt mit der Glasscherbe an der Wand, jeder Gedanke ist eine Entzündung. Der Teufel sprotzt Worte, der Widerhall der Worte gellt in den Ohren. Der Heidenschrein muss zerstört werden. Am besten, man begräbt die Katzenknochen in der Erde vor der Höhle. Der Nasenlose und der Zigeuner brechen auf, sie holen Hacke und Spaten. Schecho soll sich vom Kommissar die Erlaubnis zur Zerstörung des Teufelstempels geben lassen.

79. Der Gute

Wir gehen zum Brunnen, waschen uns Gesicht und Hände. Schükran Hanim und die Frau des Dampfbadbetreibers starren uns an. Erst tuscheln sie miteinander, dann fassen sie Mut. Abenddämmer, die Brunnenfrauen decken um diese Zeit den Tisch, ein Mädchen springt über das schlaffe Seil, und als die Mutter ruft, verschwindet es im Haus.

Gottes Segen, Abdullah Bey, sagt Schükran Hanim.

Dir auch, meine Dame.

Hast du Schmerzen?

Wie bitte?

Knirscht ein Knie? Ist ein Arm vereist?

Nein, sagt Vater und mustert sie, was erzählt man über mich?

Keiner, der dich tadelte, Herr.

Man liebt mich?

Wünschst du dir das wirklich, Abdullah Bey? Willst du es allen recht machen?

Ich sah ein Ei, sagt Vater, ein Ei im Gras. Neun Hennen setzten sich darüber, aber kein Küken schlüpfte heraus. Da kam der Hahn, pickte mit spitzem Schnabel in die Schale. Das Ei zerbrach. Dotter und Eiweiß zerliefen in der Erde.

Schade um das Ei, sagt Schükran Hanims Freundin.

Ist das ein Gleichnis?, sagt Schükran Hanim.

Nein, sagt Vater, ich habe die Geschichte gerade jetzt erfunden.

Verstehe ich nicht.

Genauso wenig, wie ich deine Worte verstehe.

Ich habe mich nach deiner Gesundheit erkundigt. Was ist falsch daran?

Frau, ich weiß, dass du fast immer etwas im Schilde führst. Also, wer erzählt was über mich?

Namen nenne ich nicht.

Meinetwegen.

Es heißt, du hast sie gerächt …

Weiter, ruft Vater.

Die armen abartigen Jungen. Ich bin mir sicher, dass sich ihre Seelen am Gestrüpp verfangen haben. Oder an niedrig hängenden Zweigen.

Unsere Welt haben sie verlassen.

Ja, vielleicht, sagt Schükran Hanim, aber nur deshalb, weil du ein ganzer Kerl bist.

Die anderen Männer, ruft die Freundin, sie schwätzen nur. Während du, Abdullah Bey, den Meuchlern nachsetzt. Du prahlst nicht damit.

Womit?, sagt Vater.

Bayka Hanim wacht über dich, Herr, sagt Schükran Hanim lachend, sie hat allen Grund dazu. Junge Frauen mit breitem Becken himmeln dich an, Herr. Achte nicht auf die Kerle. Sie sind nur neidisch. Sie sind feige.

Die Frauen nicken Vater beim Abschied zu, mich würdigen sie keines Blickes. Ich weiß, dass sie mich verleumden: Der Arier, dies aufgenommene fremde Kind, ist auch ein Hinterbackenlüstling. Wir achten den Herrn, wir achten seine Frau, wir schweigen über die rote Derya, wir sprechen ein Gebet für die Seele Baturs. Den Arier dulden wir, weil wir sonst die Rache des Herrn Abdullah fürchten müssten. Warte nur, Goldlocke, verliert er seine Macht, verlierst du dein Leben. Ich kenne die Gerüchte, und ich kenne den Haufen der Verleumder. Fremde Türken, Bewunderer des Hundesohns Kaytun, Bauernjungen. Es sind zwei Dutzend zischender Schlangen, sie sind noch keine Gefahr.

Dies Weib ist ein Gräuel, sagt Vater, Frauen werden schöner im reifen Alter. Sie aber nicht.

Vater?

Ja, ich habe es getan.

Istefan Bey?

Nun ist auch er einäugig.

Igor hat mich in die Falle gelockt, sage ich, Fest der Lustknaben, alte Männer.

Du hast diesen Ort sofort verlassen?

Das habe ich, Vater.

Dahinter steckt Hitlerfreund Istefan.

Und Agop?

Der Erstgeborene rächt den Vater, sagt er und schweigt den ganzen Weg nach Hause. Batur, sein Erstgestorbener, zerfressen bis auf die Knochen. Am Tisch, beim Essen, reden wir über den Tod, es gehen uns nicht die Worte aus. Sultan Tod. Der Sultan, der alles aufhebt. Die Kurdin Yeter, im Tode verschwistert mit Batur. Meine Kinder verschwinden, flüstert Mutter, bist du der Nächste, Sohn, wirst du mich verlassen?

Bayka ...

Lass mich, ruft sie.

Ich bin bei dir, sage ich.

Heute, jetzt. Ich sehe dich hier sitzen. Morgen, im nächsten Jahr, läufst du weg.

Nein, Mutter.

Herr Franz verschenkt dich nicht. Herr Franz baut für dich in seinem Land ein anständiges Steinhaus. Es trotzt Wind und Regen. Darin wirst du gedeihen.

Bayka, sagt Vater leise, es ist genug.

Willst du mich fortschicken, Mutter?, sage ich und starre auf die Suppe aus gesäuertem Teig, ich bin auf einen Schlag nicht mehr hungrig. Ich bin auf einen Schlag wütend auf Vater Franz, der bestimmt glaubt, dass er mich ausgeliehen hat.

Er hat wieder einen Brief geschickt, sage ich.

Diesmal an uns, sagt Vater, er macht uns Vorwürfe. Er beruft sich auf ein Gebot, das ich nicht kenne: Du sollst die Füße nicht unter eines anderen Tisch stellen. Ist das deutsche Volksweisheit?

Weiß ich nicht.

Seine Zweifel schwinden. Es ruft ihn die Heimat.

Ich gehöre hierher, sage ich, er kann mich nicht rauben wie die Zigeuner.

Mutter klopft mir auf die Hand, und ich entschuldige mich für meine Worte. Die Webwarenhökerin, eine Frau aus dem Zigeunervolk, ist ein übles Klatschweib, aber keine Kinderräuberin. Das kann Mutter auch über fast alle Brunnenfrauen behaupten. Das letzte Gerücht: Ihr Mann Abdullah sieht sich um, er will eine heimliche Liebschaft, er sucht nach einer geeigneten Buhle im Viertel. Vater läuft vor Zorn rot an, lockert die Leibbinde, er würde am liebsten Teller und Gläser vom Tisch fegen, er beherrscht sich und erzählt: Das Lügen wird den Menschen zur Gewohnheit. Der Lügner schwört und betört. Jeden Morgen, da er den Fuß über die Schwelle setzt, weiß er, dass er eine große Lüge und neun kleine Lügen hören wird. Der Mann verweiblicht. Die Frau vermännlicht, das sind die neuen Zeiten, und doch sind sie alle verschwärzt …

Du weichst aus, ruft Mutter.

Ich halte mir keine Geliebte.

Das Böse ist gewinnbringend. Wir, die wir nicht Gebote achten, um dem Herrn zu schmeicheln, gewinnen nichts. Willst du aber gewinnen, Abdullah?

Wieso sollte ich das wollen?

Wegen der grauen Schläfen. Wegen deines Arms, der schmerzt, wenn du das Sofa verrückst.

Noch bin ich kein Greis, sagt Vater, ich knete die Muskeln, und der Schmerz vergeht …

Abdullah, Herr des Viertels, komm raus!

Draußen vor dem Fenster steht ein Mann. Vater knotet die Leibbinde, springt auf, dreht uns den Rücken zu, ich sehe kurz Metall aufblitzen, er hat das Messer in den Ärmel gesteckt. Mutter greift nach dem Schürhaken. Mein Messer im Ranzen, ich fasse es an der Lederscheide, schiebe es langsam hinter den Gürtel an der linken Seite, ich bin bereit. Mutter bleibt im Flur, Vater öffnet die Tür, schaut hinaus, tritt über die Schwelle, ich folge ihm, ich bin sein Schatten.

Du lungerst vor meinem Haus, sagt Vater.

Mann gegen Mann, ruft Agop.

Ich und Wolf, wir sprachen über dich. Vor nicht einmal einer Stunde.

Der Arier weiß, was du getan hast?

Er nahm Istefan Bey ein Auge, sage ich.

Schenk mir deines, sagt er und lächelt, tust du mir den Gefallen?

Nein, Bruder.

Er spuckt aus, erblickt die heimlich spähende Frau des Hauses, bittet sie, sich zurückzuziehen. Mutter weicht zurück, ich bin mir sicher, dass sie am Fenster lauert. Sie hat kein besänftigendes Wort gesprochen, Agop würde sich von ihr nicht umstimmen lassen. Das Hemd ist bis zum Nabel aufgeknöpft, seine Brust glänzt vor Schweiß. Er sieht aus wie ein Freischärler: dunkler Bart, schwarze Augen. Fürchte mich, sagt er, denn ich räche meinen Vater.

Das ist gerecht.

Er lebt. Er lebt gut mit der Augenhöhle.

Istefan Bey hat sie verraten.

Wen verraten?

Dschenk und Nuyan, sagt Vater.

Entartete, schreit Agop, geschminkte Mädchen!

Hast du dich gefreut, dass sie starben?, sage ich. War es ein Festtag für dich?

Nein. Aber sie fehlen mir nicht.

Hast du sie gemordet?, sagt Vater.

Du weißt, dass nicht ich der Mörder bin.

Wusstest du über Istefan Beys Verrat?

Ich habe es später erfahren.

Was hätte ich tun sollen, Agop?, sagt Vater.

Du fragst mich?

Ja, ich frage dich.

Ich hasse dieses Viertel. Es laufen viele Männer herum, Memmen, die sich für Männer halten. Memmen mit dem Kopf in der Schlinge. Sie winseln darum, dass man die Schlinge zuzieht. Dass sie ersticken. Es gibt genug Todessüchtige in Siebentürme. Was musst du über die Brücke gehen? Was musst du meinem Vater zum halben einäugigen Mann machen?

Du bist sein Sohn. Es tut mir leid.

Zum Teufel mit dir!

Er hat es verdient, Agop.

Deine Zunge gegen sein Auge, das fordere ich!

Keine Fingerkuppe, keine Wimper und keine Schuppen bekommst du, sagt Vater.

Sie handeln und feilschen um Vaters Fleisch, die Messer sind gezückt, sie stehen einander gegenüber, der Armenier drückt die Klinge in den Handballen und zeigt uns das herausquellende Blut.

686

Es prallt eine rote Murmel gegen seine Brust, Agop tritt einen Schritt zurück, starrt auf den Boden, Vater entfährt ein Knurrlaut, er dreht sich um: Mutter am offenen Fenster, sie sagt: Dein Vater ist gerächt, dann fällt sie, ich blicke auf die abgehackte Fingerspitze, was hast du getan, Mutter, was hast du getan. Agop hebt die Fingerkuppe, legt sie mir auf die flache Hand, Heldenfrau, flüstert er und verschmilzt mit den Schatten.

80. Der die Reue seiner Diener Annehmende

Sie nennen sie die Verdreckte. Wenn sie hinabsteigt, reiben sie mit dem rechten Zeigefinger über den linken, eine Spottgebärde. Sie zischen der Vorbeiziehenden zu, dass sie mit Hunden um die Rinderpansen balgen soll. Ihre Schuld ist unermesslich, sie bleibt nicht unangefochten. Jeden Morgen findet sie ein Brusthaar des Teufels in ihrem Nabel. Die Verrenkte. Gekotzte Knochen. Grubenwasser. Das Eis ist geschmolzen, und sie ist als Wurm hochgequollen. Die Frau des Schreiners mahnt: Der, den sie säugt, verreckt. Ob Junge, ob Mann, er verreckt. Die Abtrünnige ohne Kraft und ohne Waffen. Ungeschützt. Schlickhäutig. Bruchstück, abgefallen von einer lebenden Maschine. In der Backentasche des Hundes sterbende Bienenkönigin, von Speichel umspült und langsam verdaut. Was ist ihr gemäß? Zu wirken die Stirnspaltung und Hufspaltung bei Tieren, die sie mit bösen Blicken lähmt, und denen sie schadet. Was ist ihr gemäß? Zu streuen Antimonpulver in die Augen, zu wirken die Betörung der Kindsmänner. Man muss sie verbannen, auch außerhalb der Mauern schabt sie Knochen an Knöchel und besingt die fette Herrin. Uns umwallend das Unglück. Uns umsummend die Fliegen, es sind die Boten, die ihren Gesang weitertragen. Eine Pelerine aus toten Bremsen legt sie an, in der tiefsten Dunkelheit einer Kammer, und sie knetet kleine Götzen aus Ziegenmist. Wenn wir zur finstersten Stunde in unseren Betten liegen, gräbt sie Mistgötzen unter unsere Hausschwellen. Wie oft haben wir uns versengt? Wie oft sind wir gestrauchelt? Wie oft sind Kanne und Karaffe umgefallen, und ist all das schöne Wasser ausgeflossen, zerflossen, versickert? Wie oft kochte sauberes Wasser schwarz auf? Wehe ihr, die Dreckkünste lehrt! Ihre böse Zunge, ihr böses Gewehr. Ihr Zauberspruch lässt vereisen. Dschenks Mutter, gebrochen, zerschlagen, besiegt, sie mahnt: Wer seinen Acker mit Fleiß bestellt, hat genug Brot. Die Hur vom Hohen Hain, backt Brot ohne Mehl, aus Resten, aus Abfall, aus Darm und dem Innersten einer schlechten Seele. Hur und Bub, das gibt ein Gespann. Meide sie! Schande auf der Hügelkuppe, Nackte im sterbenden Licht, was in ihrem Garten blüht, ist verdorben. Gott hat das Hürchen gezeichnet: Es weint Leichensaft, es weint keine Tränen. Falsches Gold, das gleißt. Sie lässt Hagel auf unsere Dächer niedergehen, ihr Fluch spaltet unsere Balken, spaltet die Holzschwelle, spaltet uns …

Man hasst dich, sage ich. Sie sitzt auf einem Schemel am Feigenbaum, sie hat mich beim Aufstieg angeschaut, und jetzt blickt sie mich weiter schweigend an, sie bewegt nicht die Lippen, sie verwünscht mich nicht heimlich, ich frage sie, ob ich ihr Land betreten darf, sie nickt, und ich betrete das kleine Stück Land der Verhassten auf dem Hohen Hain. Sie vernäht einen Riss in der Schürze eines Überkleids, zerbeißt den Faden, legt Nadel und Garn in eine farbige Schatulle. Teller mit Nüssen und Rosinen zu ihren Füßen. Ihr langes Haar ist hochgesteckt. Zugeknöpfte Bluse, knöchellanger zerfranster Rock, schwere schwarze Eisenbahnerstiefel.

Der Deutsche, sagt sie, der Junge, der einen Zettel vergraben wollte.

Ja, meine Dame.

Damen leben drüben am Westufer.

Ich weiß nicht, wie du heißt.

Wie heißt du?

Wolf, sage ich.

Was willst du?

Ich will dich kennenlernen.

Weshalb, Deutscher?

Wie man's einem gönnt, so gibt man's ihm, sage ich.

Was?

Ich hab nicht vergessen, dass ich hier war. Und dass du hier warst.

Ist mein Haus, sagt sie, ist mein Garten.

Ich wollte nicht mit leeren Händen kommen. Das ist für dich.

Du schenkst mir ein Buch? Was steht drin?

Ein Gedichtband, sage ich.

Gedichte, ruft sie, wofür?

Wenn man sie liest, ist man manchmal erhitzt. Man erkaltet nicht.

Ein Bub, der Gedichte liebt, ist das zu fassen. Sind sie auf Deutsch geschrieben?

Nein, türkisch, sage ich.

Schlag blind auf und lese mir eins vor, sagt sie ... was ist?

Auf dieser Seite ist ein komisches Gedicht abgedruckt. Es trägt den Titel Gottlosigkeit. Die Seite ist aber unbeschrieben. Kein einziger Vers. Nur dieses eine Wort.

Wie heißt der Dichter?

Tan.

Dieser Tan hat was mit dem Kopf, sagt sie, er schämt sich wohl seines Handwerks.

Ich bin mit ihm eine Nacht durch die Stadt gezogen.

Drüben?

Ja, jenseits der Brücke. Er hat mich seltsamen Männern und Frauen vorgestellt. Die Männer sehen aus, als hätte man sie in scharfer Lauge gewaschen. Aber sie hatten fröhliche Herzen. Tan lachte selten. Jetzt muss er sich vor den Frömmlern verstecken.

Das gefällt mir, sagt sie, man hasst ihn, so wie man mich hasst. Du hast dich umgehört?

Ja, meine Dame.

Nenn mich noch einmal Dame, und ich stopfe dir alle Rosinen auf dem Teller ins Ohr.

Gut.

Was gibt es da zu grinsen?

Es wäre schade um sie, sage ich.

Ich hatte entzündete Lungen, sagt sie, eine Arme riet mir: Misch dem Honig Safran, Aprikosen und Rosinen bei. Du wirst gesunden. Es hat gewirkt. Bin nicht gestorben ... Du störst mich bei der Arbeit, Deutscher.

Soll ich gehen oder dir helfen?

Ein Kerl, der einer Frau hilft? Das gibt Pfusch. Kannst du nähen?

Nein, aber Holz spalten.

Brauche keine Hilfe, sagt sie, brauche auch dies Buch nicht.

Ich habe lange danach gesucht, sage ich.

Hast deine Zeit vergeudet. Was man schreibt, leckt die Geiß ab. Sie hat dann eine tintenblaue Zunge, und die Schrift ist verschwunden. Leere Blätter. Gut genug zum Heizen. Gestern stand ein Derwisch ohne Turban in meinem Garten. Ich jagte ihn fort. Er gehört auch zu denen, die Bücher hassen …

Ich weiß, worauf sie anspielt: Der Erbauungsbrigade ist Gegnerschaft erwachsen durch andere fromme Geschwister. Sie heißen die Geliebten oder die von der Liebe Verheerten. Lehnen Härte und Eifer ab, predigen die Entrückung, singen das Loblied auf Seelenbindung. Im Viertel trauen sich nur manche Verheerte, auf Bekehrungsjagd zu gehen. Sie besuchen die Sünder, sprechen ihnen Mut zu, binden ihn durch klebrige Worte an die Gemeinschaft der Seligen. Was soll das sein, die Seligkeit? Dass entzündete Lungen verheilen? Dass der Nachbar nicht länger Tante Rena auflauert, und dass er nicht geplagt wird von den Bauern auf seinem Land, den Männern, die Pflöcke in Leichname treiben? Dass Mutter die fehlende Fingerkuppe wächst? Sie tröstet mich: Ein Nagel weniger zum Schneiden und Lackieren.

Bist du eingeschlafen?, sagt sie.

Nein, meine … nein.

Ich habe mich tatsächlich mit einer Hündin um einen Pansen gebalgt. Schlachtabfall, gut genug für uns beide. Sie zerrte, ich zerrte, der Pansen riss, jede begnügte sich mit ihrem Stück.

In den Tagen des Krieges?

In jenen Tagen.

81. Der gerechte Vergelter

Es wird kühl, ich gehe rein. Danke für deinen Besuch, Deutscher. Was habe ich erwartet, die Seligkeit? Das Buch des Dichters Tan lasse ich liegen, sie kann die Seiten knüllen und ins Feuer werfen. Diese harte Frau weist uns alle ab: die Verheerten, die Höker, die seilspringenden Mädchen, mich, den vernarbten Arier. Auf dem Weg hinab begegne ich Bäuerinnen, die an vollen Wasserkübeln tragen. Sie suchen mein Gesicht nach einer schweren Sünde ab, und da ich sie lächelnd grüße, ziehen sie hastig den Tuchzipfel über den Mund, drehen mir den Rücken zu. Sie dürfen keinen Anlass bieten, dass man schlecht über sie redet. Also hefte ich den Blick auf den Boden, nehme den Abzweig vom Hauptpfad, scheuche wilde Bienen, die meinen Kopf umfliegen. Efeugasse, Pilgergasse, es ändert sich nichts, der Mann stirbt, die Söhne füllen die Lücke, die Frau stirbt, die Tochter zieht in das Haus ihrer Kindheit ein. Die Greise sitzen vor Resuls Kaffeehaus, und da ein leichter kalter Wind aufkommt, greifen sie nach ihren Wasserpfeifen oder Gehstöcken und gehen hinein. Der Hundertjährige steht am Ofen, starrt mich an, ich küsse seine Hand, die schlaff in meiner Hand liegt.

Lange Zeit hast du dich nicht bei mir sehen lassen, sagt er, dachtest du, ich stecke dich an?

Nein, Herr.

Ich musste von anderen erfahren, wer du jetzt bist.

So viel Gerassel wie als Kind mach ich nicht mehr, sage ich.

Bestaunst du mich, weil ich noch lebe, Arier?

Herr, du hast mir mal geraten: Das Alte behalte.

Du hast es dir gemerkt.

Und ich habe mich daran gehalten.

Schmucker Junge, sagt er, gut gekleidet. Was lässt du dich kahl scheren? Wegen der Narben?

Aus Gewohnheit, sage ich.

Beim Stammler?

Meistens, ja.

Stimmbruch, sagt er.

Wie bitte?

Du krähst.

Das ist wegen der trockenen Kehle, sage ich.

Falsch, Arier. Du bist ein Kerl in Bubenhaut. Setz dich hin. Deine Limonadenzeit ist vorbei. Ich bringe dir Tee.

Erst gehe ich von Tisch zu Tisch und küsse die Hände der Alten. Sie brummen, sie zeigen mir ihre Zahnlücken. Sie fragen mich nach dem großen Staub auf der anderen Seite. Was geschieht jenseits der Brücke? Sie reißen die schiefen zerfressenen Holzhäuser, sage ich. Die Tore sind geöffnet, sagen sie, die Siegel sind gebrochen, wir ragen in diese Zeit hinein, auf unseren Gräbern wird man tanzen, die Erde feststampfen, unsere Knochen sinken tiefer ein, tiefer und tiefer, wir machen den Herren in ihren neuen Häusern Platz. Der Schrotthändler Hayri Bey wischt mir über den kahlen Schädel, trinkt den letzten Schluck und flüstert: Es tanzten auch früher die Irren und Verzückten zwischen den Grabsteinen, es ändert sich nichts, Arier. Der Hundertjährige stellt das Tulpenglas auf den Tisch, pechschwarzer Tee, bitterer Geschmack, ich schaudere. Ich schaue mich um, entdecke keinen einzigen Mann vom Fremde-Türken-Viertel. Ist es Zufall? Oder meiden sie das Kaffeehaus, weil Vater öfter hier einkehrt? Ein Ausputzer tritt herein, sein Jackett liegt ihm auf den Schultern auf, großer grober bleicher Kerl, Narbe an der Braue. Er achtet nicht auf die Greise, läuft zu Resul Bey, Hundskopf, ruft er, ich kerb dir Runzeln in die Fratze!

Ruhig, sagt der Hundertjährige.

Dich hat deine Mutter ausgeschissen! Du schuldest mir Geld, Hurensohn.

Ich kann nicht zwei Näpfe füllen, Herr.

Was schwätzt du da?!

Hau ab, ruft ihm der Ausputzer an der Tür zu.

Der Große wirbelt herum, doch er ist zu langsam, der Kleine reißt ihm mit der Rasierklinge die Haut vom Jochbogen bis zum Kinn auf, das Blut spritzt ihm in den Kragen, der Kleine schreit: Küss die Huren mit dem zweiten Mund! Drück den Schlitz an ihre Wange!, der Große greift schnell nach einem Schemel und trifft den Kleinen am Kopf, er taumelt, fängt sich vor dem Fall, er hält plötzlich einen

Stein in der Hand, schlägt dem Großen auf den Kopf. Jeder wartet auf den Schlag des anderen, ohne zu weichen, sie stehen einander blutüberströmt gegenüber.

Resul Bey warnt mich, doch ich stelle mich zwischen die beiden Ausputzer, ich bin dumm, sie werden mich zerfleischen.

Bitte, sage ich.

Wer bist du?, sagt der Kleine.

Siebentürmler, Herr.

Eilst du dem Zweimäuligen zu Hilfe?

Hundesohn, sagt der Große, ich kratz dich alleine wund.

Stehst du mir bei?, sagt der Kleine.

Ihr braucht mich nicht, sage ich, ihr könntet mich mit einem Schlag fällen.

Setz dich wieder hin, Junge, sagt der Große.

Bitte, Herr ...

Setz dich hin! Er und ich, wir folgen dem Brauch. Er oder ich, das ist der Brauch.

Polizei, ruft ein Greis am Fensterplatz.

Die Ausputzer wischen das Blut vom Gesicht, setzen sich an einen Tisch, schauen auf ihre geschundenen vernarbten Fingerknöchel, der Hundertjährige heißt den Polizisten willkommen, der aber den Schlagstock gegen die Wand schlägt und ihn auffordert, still in seinem Tee zu rühren. Zuchthäusler, ruft er, ich spreche zu dir, Kerl!

Ja, sagt der Große.

Möchtest du den Halunken anzeigen?

Weshalb sollte ich das wollen?

Weil dein Gesicht klafft wie ein Arsch. Weil kein guter Bürger eine blutende Arschritze im Gesicht hat.

Wird verheilen.

Genauso wie die Wunde am Kopf des Wichts ... dreh dich um!

Herr Beamter, sagt der Kleine.

Ich sehe einen Schemel mit zwei Beinen. Ich sehe deinen auf geplatzten Schädel. Hat es wehgetan? Hast du es ihm heimgezahlt?

Er hängt einer anderen Mannschaft an. Ein Wort gab das andere.

Sie wissen, im Fußball geht es sehr grob zu.

Du belehrst mich?, sagt der Polizist.

Sie stecken in Uniform.

Was soll das heißen?

Sie sind unser Lehrer. Wir sind Analphabeten.

Was kicherst du, Arier?

Ich entschuldige mich, Herr. Ich habe mich an die Ansprachen meines früheren Schulleiters erinnert.

Ja, und?

Er wühlte uns mit seinen Worten auf, sage ich. Fahne, Blut und heiliger Boden.

Belächelst du mich, weil ich daran glaube?, sagt er kalt.

Herr, Sie kennen Vater. Abdullah Bey. Zum Verräter hat er mich nicht erzogen.

Nun gut, Zuchthäusler!

Ja, Herr Beamter?

Du stammst aus Tophane.

So ist es. Gute Gegend für Männer, sagt der Große.

Von drüben kommst du den weiten Weg hierher. Gibt es dort keine Kaffeehäuser?

Resul ist bei uns eine Legende. Jeder weiß: Es lohnt den Aufwand.

Gelegentlich sitze ich bei ihm, esse Mandeln, trinke Tee.

Die Mandeln schmecken dir?

Sie knacken zwischen meinen Zähnen, Herr, sagt der Große.

Er wird aufgefordert, sich sofort zu erheben und vor den Polizisten zu treten: Er hat mit seinen spöttischen Worten die Staatsmacht herausgefordert, das brüllt ihm der Polizist ins blutende Gesicht, ich bin die Staatsmacht, und du bist eine üble Wanze! Er lässt auch den Kleinen antreten, und die Finger spreizen, der Schlagstock saust sechs Mal nieder, doch dem kleinen Ausputzer entfährt kein Schmerzensschrei. Der Polizist schlägt dem Großen auf Hals und Schultern, und als er sich erschöpft hat, schickt er sie zurück an den Tisch. Die Schläger schweigen und warten.

Resul Bey!

Ja, junger Herr?

Du kannst Gläser trocknen, wenn wir hier fertig sind. Hast du gegen diese Kerle etwas vorzubringen?

Es sind Gäste, sagt der Hundertjährige, sie haben sich vergessen. In

nie gesunden. Pick die Schalen, Arier, schreit er, ich belohne dich mit einem zweiten Kupferring. Ich knie mich hin, stoße mit der Nase vor und zurück, der Ring prallt von meinem Rücken ab. Ich streife beide Ringe über den Mittelfinger, halte die Hand hoch. Er klatscht vor Vergnügen. Man wird dich für einen verlobten Bauernjungen halten, ruft er, das ist nicht gut, kläre jeden über seinen Irrtum auf, es ist nicht gut, keine Verlobung, keine Hochzeit, es sollen die Schalmeien verstummen ... Er zieht sich zurück, wir warten, er wird eine Tablette schlucken. Hayri Bey starrt auf den Ring an seinem Daumen, er gefällt ihm nicht, er schenkt ihn mir.

Die Lieblinge waren bei mir, sagt der Irre laut, selig ist die Seligkeit!

Haben sie dich bekehrt?, sagt der Zigeuner.

Wo ist dein Maultier?

Es verdaut.

Bring es das nächste Mal mit. Ich werde zum Esel sprechen.

Du schreist, sagt der Zigeuner, das Tier würde verschreckt davontraben.

Ich schreie?

Ja, Bruder, sage ich.

Das ist Geschrei, brüllt er.

Leise, junger Herr. Sonst laufen die frommen Brüder zusammen.

Welche meinst du, Schrotthändler?

Die von der Brigade, sagt Hayri Bey.

Die anderen Brüder, die Verheerten, sie standen unter meinem Fenster. Ich rief: Habt ihr euch das Haar gekämmt, und habt ihr saubere Hemden angezogen? Und warum? Ihr seid Männer, ich bin ein Mann. Wieso schickt ihr keine Mädchen her? ... Ich bin zu wild, sie zogen fluchend ab.

Jeder predigt, sagt Hayri Bey, ich habe genug von Predigten.

Arier, du trägst drei Ringe!

Du hast gute Augen, Bruder, sage ich.

Gib ihn zurück.

Ich will ihn nicht haben. Ich habe es ihm geschenkt, sagt der Zigeuner, junger Herr, hör zu, ich habe für dich eine Geschichte: Vorgestern war ich im Gotteshaus und habe Hodschas Predigt gelauscht.

Also doch!

Ich muss gestehen, dass ich dämmerte. Fast wäre ich eingenickt. Doch da sprach der Gottesmann ein Wort. Ein Wort, das ich nicht kannte. Ich habe ein neues Wort gelernt. Magnetisierend. Der Eseltreiber bildet sich, sagt der Irre laut.

Ich hörte dies Wort und war plötzlich hellwach.

Ich bin der Magnet. Und ihr seid kleine Nägel!

Du hast es verstanden, junger Herr.

Was ist ein magnetischer Tag?

Der Tag des Vergessens und der Vergesslichkeit, sage ich.

Schön!, ruft der Irre, dann sind meine Tabletten Magnete.

Frauen sind Magnete, sagt der Zigeuner und lacht, er dreht sich zum Entzücken des Irren im Kreis, er erzählt: Er wird in den alten Liedern das Wort Minne durch das Wort Magnet ersetzen, oder sogar beide Wörter zu einem Wort verschmelzen. Magnetminne. Minnemagnet. Die neue Zeit, in der wir leben, die nicht mehr taufrische Zeit, benötigt Begriffe der Wissenschaft, wir brauchen diese neuen Fachbegriffe, Metall, Maschine, Magnet, wen kümmert es, dass wir die eigentliche Bedeutung nicht verstehen, wir schaffen, wir fertigen und formen, die Republik gibt uns Werkzeuge in die Hand, was wollen wir nur an der Kummerkette ziehen, das Gewinde der Schrauben ist Kunst, die Glühfäden in der Glühbirne sind Kunst, die Grübelei ersetzt die Knüppelei, in den Gassen sieht er, der mit seinem treuen Maulesel durch ebendiese Gassen streift, mit Knüppeln bewehrte Grübler, und er weiß auch um die Studenten im Istanbuler Jenseits, knüppelschwingende Grübler, alles setzt sich richtig zusammen, Magnet zieht Minne an, die Wissenschaft zieht die Männer des Siebentürmeviertels an …

Herr, sage ich, das sind recht gewagte Ansichten.

Recht gewagt, schreit der Irre, da spricht der glühend gehirnte Arier!

Du glaubst, ich spinne?

Nein, Herr, sage ich.

Der da oben spinnt … Was soll das?

Ein magnetischer Tag, schreit der Irre vom Fenster, der Tag, an dem ich Kupfergaben verteile. Streif ihn über, den Ring, los sofort … Gib zu, dass er dir steht, Schrotthändler!

Meinetwegen.

Arier!

Ja?

Die Schöne ist fort. Die Strenge hat uns verlassen.

Wen meinst du?

Jenes große Mädchen, dem Vasil viele Tränen nachweint.

Derya, sage ich, kein Grieche nimmt Yorgos Platz ein.

Die Toten stehen Schlange, um die Schöne zu küssen. Was macht sie? Sie küsst den Arsch der Sowjetmacht.

Rede nicht schlecht über Schwester Derya, sagt der Zigeuner laut, sie hat mir einmal sanft auf den Buckel geklopft. Sie nannte mich Glücksbringer.

Jedes Kind lernt Ärscheküssen, Schrotthändler!

Und du? Wessen Kehrseite drückst du einen Kuss auf?

Euch allen! Wer aber küsst meinen Arsch? Du nicht, der Arier nicht.

Junger Herr, lassen wir das. Ich bin aus einem bestimmten Grund hier.

Gaben habe ich verteilt. Es gibt nix mehr.

Der Arier kann nicht tanzen, sagt der Zigeuner, ist das nicht zum Zähneknirschen traurig?

Dein Buckel schlackert beim Tanz wie der Höcker eines Kamels, schreit der Irre.

Hayri Bey schaut nach spitzen Steinen am Boden, aber beherrscht sich. Er bittet den jungen Herrn um Hilfe: Er soll im Takt klatschen, und den ungelenken Tänzer mit Hochrufen anfeuern. Der Irre trommelt auf das Fensterbrett, er lässt wieder Kürbiskernschalen niederregnen, bis ihn der Schrotthändler zurechtweist: Es wäre für uns beide ein Leichtes, zum Feld des Nasenlosen zu ziehen, von ihm weiß er, dass er über die Brücke gelaufen ist, um Nüsse, Gewürze und Tee zu kaufen. Er achtet nicht auf die Katzenschreie des Irren, er bittet mich, Jacke, Hemd und Unterhemd auszuziehen. Dann zückt er eine Rasierklinge, ein schneller Streich und ich blute an der Brust, zweiter, dritter Streich, Risse am Arm, weitere Streiche, Risse an den Schultern, tanz, ruft er und lässt die Klinge fallen, er klatscht, der Irre am Fenster klatscht mit, dies ist die Stunde der Magnete, ich tanze zum Schmerz, ich tanze zu Luft und Leere, zum Herzschlag, ich bin der Ungewaschene unter den Reinen, und Hayri Bey macht mich rein. Ich fächere die Arme zu Schwingen auf, strecke den Leib, Arsch muss wackeln, schreit der Zigeuner, sachte, sachte, was wölbst du die Brust vor, bist doch kein Wachsoldat, zähl nicht die Schritte, verdammt noch mal, so ist's gut, viel besser, Mund zu, sonst rinnt dir der Speichel, achte nicht auf die Schnitte, tanz, Arier, das ist gut! … Der Irre ist heruntergekommen und hüpft und hüpft, er schnappt nach Mücken und Vögeln, er schnappt nach durchsichtigen Seelen, ich kann nicht mehr, ich kann nicht mehr, ich setze mich auf den Boden und keuche, der Irre flitzt ins Haus, und wenig später wirft er einen Kupferring herunter, vier Ringe, ich kann den Finger nicht mehr krümmen. Schrotthändler, schreit der Irre, du hast ihn zerstochen wie ein Moskito!

Wie was?

Wie eine Stechmücke. Lerne und verzweifle.

Moskito Magnet, sagt Hayri Bey, das gefällt mir.

Zerriss'nes Häutchen, ruft der Irre, klingelt es bei dir, Arier?

Ich verstehe dich nicht, sage ich.

Armes Hürchen vom Hohen Hain …

Halt dein Maul.

Sie ist defekt.

Gib Ruhe, sagt der Zigeuner.

Dein geliebter Dichter ist auch defekt. Möchtest du, dass die beiden sich verpaaren? Er würde ihr verfallen. Sie würde zu ihm weniger hart sein. Das reicht für eine Umarmung.

Bruder, wieso beleidigst du mich?

Tu ich das, tu ich das?

Du kennst sie?, sagt Hayri Bey.

Ja, Herr.

Ein dämlicher Hund ist der Arier! Schenkt ihr einen Gedichtband. Die wissende Frau ist die verlorene Frau. Man muss die Frau dumm halten.

Erzähl es deiner Mutter, sage ich laut.

Sie hat mir den Ratschlag gegeben.

Was?

Sie meint natürlich das Mädchen, das ich mir zur Frau nehme.
Da wird sie lange warten müssen, deine Mutter.
Nicht wahr, Schrotthändler?! Ich saß bei geschlossenen Fenstern im
Zimmer, ich dachte nach, ich dachte nach. Wolf und das Mädchen.
Das Mädchen und Wolf. Ich drehte und wendete, ich schaute es mir
von allen Seiten an, und ich erkannte ...
Was denn?
Es passt nicht. Bist du enttäuscht?
Du kennst die Schöne?, sage ich.
Kenne sie gut, sehr gut, mehr als sehr gut ... Nein, mir gab sie sich
nicht hin. Sosehr ich auch bettelte. Nix. Nix und nix.
Die Leute hassen sie.
Und weshalb, Arier?
Weil sie mit einem Mann ... in Schande lebte.
Das hat sie dir erzählt?
Ist das falsch?, sage ich.
Es ist nicht die ganze Wahrheit, sagt Hayri Bey.
Verrate es ihm! Los los los los ...
Still! Also, wo anfangen? ... Ihr Name. Perihan.
Hexe, die Feen anruft, das bedeutet ihr Name, schreit der Irre, er-
zähl ihm von der Feenkrankheit.
Hysterie, Epilepsie, sage ich.
Ihr Name war Schicksal. Als Kind fiel sie plötzlich hin, tobte am
Boden. Die Bauern glaubten, dass sie besessen war. Vom unsaube-
ren Geist bewohnt. Man mied ihre Nähe, man scheuchte sie fort.
Sie lebte im Viertel. Je älter sie wurde, desto einsamer wurde sie.
Keine Bewerber. Kein junger Mann, der sich in sie verliebte. Sie war
schroff. Dann, eines Tages, hat sie den Vater im Schlaf erschlagen ...
Was?, sage ich.
Ihre Mutter wachte davon auf. Sah den Stein in der Hand ihrer
Tochter. Sie schlug immer wieder auf den Kopf des Vaters ein.
Böses böses Mädchen!, schreit der Irre, was hat sie sich wohl da-
bei gedacht?
Der Vater, sagt der Zigeuner, kein ehrbarer Mann.
Beschlief das böse böse Mädchen Perihan. Schlimm, schlimm,
schlimm!

Kam sie ins Zuchthaus?, sage ich.

Der Kommissar hat sie geschützt, sagt Hayri Bey, die Mutter hat erzählt, dass ihr Mann in der Nacht entschlief. Infarkt. Das Herz machte nicht mehr mit. Doch sie bekam Angst vor der Tochter. Vatermörderin! Heldenmädchen!

Nicht so laut, verdammt noch mal! ... Ist es ihr zu verdenken?

Sie hat es geduldet, sage ich leise.

Was hat der Arier gesagt?

Dass die Mutter alles wusste. Richtig. Sie schwieg.

Und dann?

Dann, Arier, verstieß die Mutter die Tochter. Und weil es von Hundsköpfen nur so wimmelt, auch hier im Viertel, kamen Gerüchte auf. Perihan, sie steckt mit den Dschinnen im Bunde. Perihan, sie spricht ein Wort, löst sich in schwarzen Rauch auf, spricht ein Wort, erscheint in einem fremden Haus. Perihan, sie schneidet Fratzen und spiegelt sich im öligen Grubenwasser, von ihren Fingerspitzen tropft das Fett des Opferschafs. In den Lumpenbalg, den sie als Überwurf trägt, hat sie das Alphabet der Lüsternheit gestickt. Noch der gröbste Holzknecht verfällt ihr, sie schlägt Liebeswunden ...

Der Irre vom Fenster wird zum hell schnarrenden Greis, dies ist eine Geschichte, die ihm gefällt, und da er keine Kupferringe auf uns streuen will, regnet es Nüsse und Rosinen, ich ziehe mich an, das Unterhemd reibt an den kleinen Wunden, wir fliehen ihn und sein Geschrei, Hürchen auf dem Hügel, ruft er uns nach, das Lustwäldchen ist gerodet, die Lustmörder umzingeln sie, Arier, besorge ihr den richtigen Stein, sie wird alle Köpfe spalten, wehe den Bauern! ...

Der Zigeuner spuckt aus, wischt über die Strieme an seiner Stirn, drückt in den Schweißband seiner Mütze. Die Worte des Irren sind ihm auf die Stimmung geschlagen, er schimpft ihn einen Stinkkäfer, geht wortlos davon. In der Pilgergasse stehen die Brunnenfrauen um Braut und Bräutigam, die Mutter des Mannes legt den Lieben den ein Tuch über die Häupter und reicht einen Handspiegel unter den Schleier. Unbehelligt von den Blicken der Umstehenden sehen sich die Frischvermählten im Spiegel, sie haben sich verborgen und versteckt, vielleicht drücken sie die Lippen aufeinander. Dann wird das Tuch weggerissen, sie strahlen und erröten. Die Braut winkelt das Bein an, eine Frau schreibt auf ihre Schuhsohle den Namen ihrer Tochter auf. Der Brauch der Armen: Es soll bald ein Bewerber kommen und das gebärfähige Kind freien. Die Frau des Schreiners und die Frau des Dampfbadbetreibers stehen und tuscheln in einigem Abstand. Über sie sagt man: Ihre Zungen sind falsche Zeugen, Zähne und Zunge sind gute Nachbarn, diese bösen Weiber beißen übel mit Gerüchten.

Vasil würde ihnen am liebsten den Hals umdrehen wie verkrüppelten Hühnern. Alle im Viertel wissen, dass er für Derya brennt, es war sein Geheimnis, und das Geheimnis einiger weniger Männer. Wer hat ihn verraten? Mich hat er von jeder Schuld freigesprochen, er hat Schükran Hanim und ihre beiden Freundinnen im Verdacht.

Vater steht bei ihm am Rande des Feldes, wir laufen zusammen in das Fremde-Türken-Viertel, wir treten durch die offene Tür in Hristos Kneipe, ich sehe große Brüder, die an den Wänden lehnen, Armenier, Griechen, Türken, sie haben längst die Mutproben bestanden, sie haben die Lücken gefüllt, sie ehren nicht die Schlitzer und Schlächter in den Gräbern des Friedhofs, sie hassen aber jeden ehrlosen Mann und jeden Eindringling von außerhalb der Mauern. Ich kenne einige wenige Brüder beim Namen, sie kennen mich: Sie starren auf die Narben an meinem Schädel, dann blicken sie zu Vater, dem Monteur, dem alten harten Hund. Minna Hanim sitzt mit dem einäugigen Krämer, dem Apotheker Ilya, und dem Thunfischverkäufer Teologos an einem Tisch. Frau unter Männern. Führt sie sie an? Hat sie ihnen Reinheit und lichtere Tage versprochen? Ich und Vater, Arier und Monteur, wir sind hier auf uns allein gestellt.

Vater sagt: Ihr wolltet Wolf umdrehen, es ist euch nicht gelungen.

Ich grüße dich, sagt der Einäugige.

Wen siehst du und wen grüßt du? Deinen Freund, mit dem dich nichts mehr verbindet? Deinen ehemaligen Schnapsbruder, der für dich Makrelen zubereitete? Oder einen Kerl, dem du dich entfremdet hast?

Abdullah Bey, sagt Minna Hanim.

Liebe Dame, wo ist dein Mann?

Zawen hat zu tun.

Seltsam ist es doch, dass er immer beschäftigt ist, wenn wir uns treffen. Muss er Zähne ziehen? ... Ihr stimmt ab. Was geschieht bei einem Unentschieden? Zerfällt die Einheit?

Nein, sagt Teologos, keine langen Sitzungen, keine Zermürbung. Ein Tanz der scharf geschliffenen Messer ohne Messer, ein Tanz der Stöße in die Luft. Veitstanz der Krummen, der Buckligen, der sitzenden Bürger, deren Bäuche fast den Gürtel sprengen. Sie wollen das Glück an die Deichsel spannen, sie ersehnen sich Stille ohne Hunde und ohne Tschetschenen. Sie schlafen sich krank. Mutloses Pack. Was ist mit dem Thunfischverkäufer geschehen, dass er spricht, als hätte er sich das Maul lackiert? Die großen Brüder: Was stecken sie die Hand in die Hosentasche und streicheln das Klappmesser? Zweizüngige Kinder. Sie mustern mich und lächeln, sie glauben: Der Arier ist unser Opfer. Ich mustere sie, ich lächele: Rennt in mein offenes Messer, Saubrut. Minna Hanim versucht es ein letztes Mal: Vater soll auf den Ahnensäbel schwören, dass er nicht eingreifen wird.

Kommende Kämpfe, flüstert er.

Ja, sagt Minna Hanim.

Kurde Memet hält sich heraus. Ich soll mich nicht einmischen. Der Kommissar ist der unbeteiligte Wächter. Die Verheerten, die Trottel Gottes, ihr habt euch bestimmt nicht mit denen verbündet. Wer also bleibt übrig?

Wir, sagt der Einäugige.

Der strenge Hamit braucht nur zu husten, und schon fällst du hinüber.

Der soll nur kommen.

Beschreie es nicht, sagt Vater.

Herr, ruft der große Bruder, genug geschwätzt!

Junge, halt dich zurück.

Verschnapp du dich lieber nicht mit dem Maul!

Ich vergesse mich, ich greife nach dem Glas auf dem Tisch, werfe es nach dem Schläger, treffe ihn an der Brust, in wenigen Schritten bin ich bei ihm, zerre ihn an den Haaren zu Boden, und als ihm ein

Junge zu Hilfe eilt, breche ich ihm mit einem Fausthieb die Nase, er fällt heulend auf die Knie, mein Vater, brülle ich, ehrt meinen Vater, Gesindel!, die Jungen wollen mich umzingeln, ich trete sie aus dem Weg, ich stoße in Bäuche und Flanken, kämpfe mich zurück zum Tisch meines Vaters, stelle mich mit dem Messer in der Hand hinter seinen Stuhl, vier Schläger winden sich am Boden, Minna Hanim starrt mich an, die Männer starren mich an. Ich will mich nicht schlagen, sie zwingen mich zum Messertanz.

Wolf, sagt Hristo leise.

Vater hat deine Schatulle mit vielen Münzen gefüllt, sage ich, bist du ehrlos, Grieche?

Was?

Krämer!, schreie ich, verdammt sollst du sein.

Bitte, Wolf, sagt Minna Hanim.

Schau sie dir an, deine Soldaten. Ihr zieht mit diesen Krüppeln in den Kampf? Hamit ist ein wahrer großer Bruder, er pustet euch weg.

Gehörst du etwa auch zu den Frommen?, sagt Hristo.

Ich bin Christ. Das steht auf dem Papier. Ich glaube an den Gott meiner gewesenen Mutter, der Herr hab sie selig.

Du schweigst, Abdullah Bey?, sagt Minna Hanim.

Grüße mir bitte Bayka Hanim. Wir verehren sie.

Weil sie eine Fingerkuppe opferte?

Sie trennte Fleisch von ihrem Fleisch, sagt Hristo, eine Großtat.

Ja, sagt Vater, was ist das für eine Versammlung?

Die neue Bürgerwacht, ruft ein großer Bruder von hinten.

Du bist einer von Kurde Memets Leuten, was suchst du hier?

Dich, Herr. Ich soll dich von ihm grüßen.

Grüße zurück. Also, hinter meinem Rücken nennt ihr mich Monteur. Erklärt es dem Eisenbahner. Erklärt es so, dass der Monteur es versteht.

Um den Tschetschenen musst du dich selber kümmern, sagt der Einäugige hastig.

Eine seltsame Eröffnung.

Minna Hanim blickt den Krämer tadelnd an, er hat das Spiel verdorben. Die großen Brüder stoßen sich von der Wand ab und straffen sich. Hristo lässt die Perlenkette zwischen den Fingern klacken.

Vater schweigt, nestelt an der Leibbinde. Worüber denkt er nach? Wir sitzen mit dem Rücken zur offenen Tür, es bräuchte nur eines großen Sprungs, um hinauszukommen. Hat man draußen Wächter abgestellt, und würden Vater und ich angefallen werden? Minna Hanim spricht von den frommen Brigadisten, und vom Kommissar, den es wohl nicht weiter störte, dass hartleibige Gläubige in seinem Jagdgebiet wilderten. Sie müsse sogar von einer großen Sympathie des größten Wächters des Viertels ausgehen, er wäre sonst nicht nachlässig und greife durch. Die frommen Brüder jedoch haben ihre eigenen Regeln, ihr Paradies ist nicht von dieser Welt, sie nennen Hristos Kneipe einen Hort der Verrottung. Sie schließt mit den Worten: Ich gelte in deren Augen als Sünderin, als ein Weib, das sich den Mund aufzutun getraut und über ihren Mann regiert.

Was hat das alles mit mir zu tun?, sagt Vater.

Wir alle bitten dich um eins: Halte dich heraus.

Woraus, meine Dame?

Aus den kommenden Kämpfen, ruft der große Bruder von hinten.

Ist das auch Kurde Memets Wille?

Ich spreche nur für mich.

Ihr wollt kämpfen, sagt Vater, wofür und wogegen?

Für Ruhe, und gegen die Ruhestörer, sagt der Einäugige.

Langweilt dich das Familienleben, Freund?

Was?

Der Nasenlose, er warf dir vor, deine Freunde zu vernachlässigen. Ich widersprach, ich nahm dich immer in Schutz. Plötzlich tauchst du wieder auf. Und ich entdecke: Mein guter Freund früherer Tage streitet wider mich …

Abdullah Bey, sagt Minna Hanim, du hast zu viel Macht.

Und eure vereinte Macht bricht meine Macht?

Du missverstehst uns.

Ich glaube nicht, sagt Vater, du glaubst, ich bin mächtig?

Eigenmächtig, sagt ein anderer großer Bruder, alles, was du tust, fällt auf uns Siebentürmler zurück. Wir stehen in deinem Schatten.

Schön … Wer führt euch an?

Wir beratschlagen. Wir entscheiden, sagt Minna Hanim.

Alle Worte gesprochen, alle Schläge ausgeteilt, sagt Vater und erhebt sich, ihr werdet verlieren. Richtet es dem Mann aus, der sich vor uns verbirgt. Sein Kopf wird an Hamits Gürtel hängen. Noch atmet er. Bald wird er fallen.

83. Der Mitleidige

Wir verlassen die Frau und die Männer, die nicht länger unsere Freunde sind, wir laufen durch die Gassen, Vater hält plötzlich inne, zieht seine Uhr aus der Westentasche, klopft gegen das Glas und schüttelt den Kopf. Dann lacht er auf, umfasst meinen Kopf mit beiden Händen, küsst mich auf die Stirn. Ehrt meinen Vater, ruft er, das war eine Übertreibung, aber gekämpft hast du gut, die Hunde gingen zu Boden wie leere Flaschen! … Er legt mir die Hand auf die Schulter, wir laufen weiter.

Sie haben nicht verraten, wer sie anführt.

Nein, Herr Vater.

Die Milch in der Pfanne auf der heißen Herdplatte schäumt auf.

Ich verstehe nicht.

Der Einäugige, er ist nicht blind.

Er kommandiert?, sage ich.

Er kann das Wort sogar buchstabieren … Die Leute lassen bei ihm anschreiben, ganz bestimmte Männer und Frauen. Er ist der Hüter der Schuldscheine. Im Laufe der Jahre ist er zu einigem Wohlstand gekommen.

Genauso wie der Metzger.

Richtig, sagt Vater, der Fleischhöker hasst mich. Der Krämer wird ihn an die Brust gedrückt haben.

Süleyman Bey hatte die ganze Zeit recht, sage ich.

Er hat keine Nase, aber das richtige Gespür.

Was werden wir tun, Vater?

Wir schauen zu.

Das wollen sie doch …

Und das will ich auch. Wenn sich die Narren balgen, ist es viel Lärmen um nichts. Soll der Krämer Kommandant spielen. Morgen sitze ich in Resuls Kaffeehaus und stöhne wegen meiner alten Knochen. Ich werde beiläufig erwähnen, dass ich der Kämpfe überdrüssig bin. Minna Hanim bekommt ihren Willen, sage ich.

Sie wird strahlen. Der Halbblinde wird glauben, dass er mich eingeschüchtert hat.

Ein großer Triumph, rufe ich lachend.

Kurde Memet, sagt Vater.

Herr der Schlammblütigen.

Ich achte ihn. Er duldet keine Abweichler. Diese beflaumten Knaben in der Kneipe, sie haben sich ohne Erlaubnis davongestohlen.

Vater erzählt: Kurde Memet isst gerne Kuttelsuppe, er löffelt die halb garen Knoblauchzehen heraus, knackt sie mit einem Biss seiner Wolfszähne. Das besänftigt ihn, das stimmt ihn versöhnlich. Also wird er Kurde Memet zu einer großen Schüssel Kuttelsuppe einladen. Und sie werden sprechen über seine vielen Söhne und Sohnessöhne, und über die Söhne seiner Blutsbrüder, die sich von halb blinden Krämern dingen lassen.

Vater führt mich zum Meer, Wasser in Wellen rauscht ans Land, bricht sich an Felsen, zerrinnt zwischen panzergrauen Steinen. Er löst die Leibbinde, er sagt: Wir sind nie zusammen geschwommen, er zieht sich aus bis auf die lange Unterhose, ich starre auf das ergraute Brusthaar: Fell eines alten Wolfes, grau und gekräuselt. Er ermahnt mich, in Ufernähe zu bleiben, und ich kraule im seichten Wasser, bis ich über den Grund scheuere, ich richte mich auf, sehe Vater beim Schwimmen zu, mit leichten Stößen seiner Füße treibt er sich voran. Der Tschetschene und seine Mordbrenner, die harten frommen Brüder der Brigade, der Einäugige und die Bürgerwehr, noch haben sie ihn nicht besiegt, noch ist er unverwundet. Sind wir leichtsinnig? Es wäre für jeden Meuchler eine gute Gelegenheit, am Ufer zu stehen und auf Vater zu feuern.

Ich stapfe aus dem Wasser, laufe in der Unterhose den verlassenen Strandstreifen ab, und als ich Ayliye hinter den Pinien entdecke, erschrecke ich mich zu Tode. Sie blickt mich ernst an, kein Kuss, keine Liebesworte, sie sagt: Warum verbessert dich keiner, du bist fehlerhaft? ... Und sie sagt: Der Knabe fürchtet das Wasser. Ich habe dich nie schwimmen gesehen.

Ayliye, was ist geschehen?

Mein Lidschatten ist zerlaufen. Habe ich ihn verschmiert?

Über das ganze Gesicht, sage ich.

Ich habe dich auch nie betrunken gesehen.

Ich beherrsche mich.

Das ist schlecht, sagt sie, Abdullah Bey im Meer, viel älter als du, lebendiger als du.

Du bist auf mich wütend.

Sie schimpft mich einen Nachtmahr, sie kann nicht an sich halten, schlägt mich mit Worten: Kleiner Knabe, der Labskrautkränze flocht, und sie im Garten verbrannte. Knabe, der Wasser vom Brunnen schöpfte. Arier, aufgenommen von Türken, aufgewachsen im Viertel, vernarbtes Kind, spielte nicht mit Holzflinte und Blechauto mit Garnrollenreifen. Spielte nicht mit zerstückeltem Regenwurm. Schaute nicht himmelaufwärts und sah nicht in den Wolken: schmelzende Watte, Schädel des jungen Raben mit halbem Schnabel, tropfende Polierpaste, Nebelmurmeln, Fee im Festkleid. Knabe, ernst und sittsam, nie unbeholfen, voller Furcht vor einem Fehltritt, leuchtende Augen, gesegnetes Goldkind. Führte eine kleine Streitmacht an, alles Jungen, deren Herzen klopften, nachts im Bett, aufgeregt waren sie, mutig und unverdrossen waren sie. Nachtmahr Arier, der strenge Knabe, hat Kämpfe ausgefochten und ist fehlerhaft geblieben. Maschine, Maschinchen. Gerät, Gerätchen. Tropfender Jüngling, gierig und falsch ...

Ayliye ...

Ich hasse deinen Mund, ruft sie, ich hasse mich, dass ich diesen Mund geküsst habe.

Ja, sage ich.

Misch dich unter die Hunde vor dem Haus des Gerbers. Bell ihn an, dann wirft er dir halb verweste Stücke zu. Du wirst glücklich werden.

Ich gehe jetzt.

Wohin?!

Mir ist kalt, sage ich, ich ziehe mich an.

Willst du das wirklich tun, Arier?

Ich verstehe dich nicht.

Sammle deine Kleider auf, sagt sie, lauf halb nackt den Hügel hoch.

Küss die Hure!

Sie ist keine Hure, sage ich kalt.

Jede Frau, die sich mit dir einlässt, ist eine Hure.

Ich wehre mich nicht, als sie mich ohrfeigt, sie schlägt mich hart.
Beim dritten Schlag gehe ich zu Boden, sie setzt sich rittlings auf
mich, kleine Wunden reißen auf, ich schütze mein Gesicht, ich bitte
sie, aufzuhören, und als sie immer härter zuschlägt, werfe ich sie
ab, gehe zwei Schritte auf Abstand. Sie springt sofort auf, schleudert
eine Handvoll Erde und Steine in meine Richtung. Dann starrt sie
mich hasserfüllt an.

Du hast mich getäuscht, Arier.

Habe ich nicht, sage ich.

Mein Vater hatte recht, ruft sie, er hat mich vor dir gewarnt. Das
ist eine Schmiere, die auf alle Stiefel passt, das waren seine Worte.

Ich rede vor dir nicht schlecht über den Metzger.

Du fühlst dich ihm überlegen, ja?

Er hat Vater hinterrücks angefallen.

Der Mann, den du Vater nennst, sagt sie leise, er ist ein Verbrecher.

Wärst du keine Frau, hätte ich dir jetzt die Nase zertrümmert.

Wir wissen es alle, zischt sie, der Mörder ist entmachtet …

Nennst du mich Mörder?

Wir fahren herum: Tropfender Vater, das Wasser rinnt ihm die
Beine herab, und bildet eine kleine Pfütze zu seinen Füßen. Die
Leibbinde hat er aus Anstandsgründen um die Hüften geschlungen,
er sieht aus wie ein Wilder aus meinem Lehrbuch für Völkerkunde.
Er wischt sich über die Augen, steckt das Messer zwischen Rücken
und Bauchbinde, eine fließende Bewegung. Ayliye atmet durch und
sagt: Ich nenne dich beim Namen.

Du plapperst die Worte des Metzgers nach, sagt Vater.

Zwei halb nackte Männer. Der Henker und der Arier. Wenn ich ihm
davon erzähle, wird er nach dem Hackbeil greifen und losstürmen.
Das traue ich dem Kerl zu.

Henker, sagt Ayliye leise.

Mädchen, geh nach Hause.

Einst hat man dich geliebt. Jetzt bist du verhasst.

Soll mich das bekümmern?, sagt Vater.

Jeder andere wäre mit seiner Familie weggezogen.

Das tun die Ängstlichen und die Schuldigen.

Der da, ruft Ayliye und zeigt auf mich, der ist ängstlich und schuldig.

Nahm er dir die Unschuld?

Was?

Hat er dich entjungfert, Mädchen? Wenn ja, zerre ich ihn sofort zum Standesamt.

Ich bin kein Flittchen, schreit Ayliye, ich gebe mich nicht her.

Du bist eine Frau von Ehre, sagt Vater, der Herr sei mein Zeuge, das denke ich über dich.

Dein Lob bedeutet mir nichts!

Auch gut ... Wolf, habt ihr beide unter einer Decke geschlafen?

Nein, Herr Vater.

Habt ihr euch ... bekleidet vergnügt?

Nur geküsst, sage ich.

Stimmt das, Ayliye?

Er hat mich nicht verdorben.

Leiser, bitte. Mein Junge hat dich enttäuscht. Das ist schlimm. Er hat dir das Herz gebrochen. Er wird erfahren, dass sich das rächt.

Wolf?

Ja, Vater?

Auf die Knie, sofort! ... Jetzt küsst du ihre Füße. Und jetzt bittest du sie um Vergebung.

Vergib mir, Ayliye, sage ich.

Hund, sagt sie und schlägt mir auf den Mund, der sie ekelt, sie spuckt mir ins Gesicht, läuft in schnellen Schritten zurück ins Viertel.

Du bist glimpflich davongekommen, sagt Vater, an ihrer Stelle hätte ich dir die Haare in Büscheln ausgerissen ... Ich bin genauso dumm wie du. Das darf dich nicht trösten.

Er hat Mutter betrogen, wahrscheinlich nicht nur ein einziges Mal.

Sie weiß es, sie ahnt es: Wenn sie ihm tadelnd auf die Hand klopfen möchte, erstarrt sie mitten in der Bewegung, sie möchte ihn nicht berühren. Sie darf nicht verkümmern wie die Frau des Tschetschenen, die laut rufend und leise zischend durch die Räume geistert. Ich bin der Nachtmahr, der schlechte Geruch des Hauses in der Nacht, der Zwiebelatem des Dämons Kaytun, wenn er in der blauen Stunde an den Fensterläden rüttelt. Mutter spricht die neunundneunzig schönen Namen Gottes aus, sie zieht an der Gebetskette, die schönen Namen löschen andere Worte, der Lobpreis des Herrn macht ihre Augen glänzen. Ich ziehe mich an, ich nehme mir vor, ihre Hände zu küssen, die Hände, die Perlen an der Schnur klacken lassen.

84. Der Machthaber

Die verbotenen Gedanken von heute sind für die Morgigen lächerlich. Die Franzosen, ich traue ihnen nicht, sie sind nur auf dem Papier säuisch, und die Dichter Frankreichs erheben die Lästerung zur ersten Tugend. Kleine Frettchen, sie halten die nassen Schnauzen in den Wind, sie wittern das Aas, dabei ist es der Gestank ihrer verrottenden Hirne. In den Regalen stehen viele Bücher, geschrieben von Männern, die ihre Geschichte lieber hätten für sich behalten sollen. Eine Scheißerei, eine große Scheißerei. Dem Nazigelump bin ich nicht bös wegen der Bücherverbrennung, ich würde im Hinterhof diese Schweinebücher der Schweinebrüder gern verbrennen. Das muss man mir schon glauben. Und unsere Dichter? Leichen im Licht, das ist recht geschmacklos. Liebeskasperei, das langweilt mich. Der deutsche Dichter will grausam sein, will düster sein, und er nennt sich einen Chronisten, einen Hellseher. Ein Medium. Fleisch und Sehnen, Blut und Galle, zusammengehalten von der Idee, von der Eingebung. Sie behaupten: Dichtung macht den Geist groß. Unsere deutsche Erfindung, der Geist. Halt dich fern davon. Nun zu deinem Dichter im Untergrund. Er hat was ausgefressen. Nun hockt er wohl in der Besenkammer. Oder im Kohlenkeller, mit einem Kohlenstück schwärzt er Gesicht und Hände, dass man ihn nicht sieht. So stell ich ihn mir vor, als Negerpoeten. Hat man den Fememord beschlossen? Will man ihn meucheln? Wer weiß? Die dummen Kerle und die dummen Lieschen, sie reden viel, und immer biegen und beugen sie, wenn sie reden. Heil Hitler und Dankeschön. Es wird behauptet, dass die Frömmler ihn jagen. Ich bin mir nicht sicher, vielleicht will ich mich auch nur nicht mit dieser Causa befassen. Sein Name besteht aus einer Silbe. Seine Poeme, sie ziehen sich über mehrere Seiten, ein kleiner Junge mit großen Gefühlen, jedenfalls will er das den Leser glauben machen. Ein Dichter hat Geliebte. Er nennt sie Musen. Sie inspirieren ihn. Er erwartet Dankbarkeit, er überschätzt sich. Er bestiehlt sie, er stiehlt ihre Worte. Er nennt sie kleine Schwestern, die er beschlafen kann. Er schiebt sie beiseite, das ist sein Leben, er tröstet sie nicht. Soll mich das beeindrucken? Jedes dieser Mädchen, die sich mit ihm eingelassen haben, wird ins Trost- und Tagebuch schreiben: Viel zu lange dageblieben, viel zu spät weggegangen. Ich bin alt, und ich bin eine Frau. Ein Tan ist ein Berserker, ein säuischer Lästerer, ein Meister der Depression. Du bist sehr angetan von ihm, von seinen Schweineversen. Ich würde seine Bücher in die Flammen werfen, glaube mir das. Du bist jung, für dich zählt Kraft. Worte sind so kräftig wie Droschkengäule. Worte sind Luft, die durch die Stimmritze entweicht. Genauso wie der Darmwind, den wir durch die schmutzige Ritze drücken. Worte sind Darmgas. Poeten verstehen es prächtig, melodiös zu blähen. Bist du erschüttert? Nein, du kicherst. Ich bin nicht lustig. Merke dir Folgendes, Bub: Du wirst versucht! Bist dem Knabenalter entwachsen, und also wächst du ins Säuische. Habe lange Kinder erzogen, mir machst du nichts vor. Schwärmerei, Liebe zum Unbekömmlichen, tausend Stürme im Wasserglas, am Ende des Tages schlechte Bilanz. Du wirst nachlässig, die Krawatte um deinen Hals sieht aus wie ein Galgenstrick, den Dreck unter den Fingernägeln streichst du mit dem Zahnstocher ab. Wär ich Führer, würd ich dich zum tagtäglichen Frondienst verdonnern. Der Armenier, der Tschetschene, der Jude, mach dir nichts draus, sie neiden dir das Glück, denn du bist einfältig. Keine Widerrede. Ich habe mir die besagten Burschen aus der Nähe beschaut, sie sind ernste junge Männer, sie müssen natürlich in diese Rolle hineinwachsen. Sie spielen, also sind sie Gaukler. Du spielst nicht, also bist du ihnen zuwider ...

Liebe Dame ...

Nix liebe Dame. Sei still, widme dich meinen Händen. Das alles war das Vorwort, jetzt komme ich zu meinem eigentlichen Anliegen. Es ist der Tag nicht fern, da werd ich nicht mehr sein. Ruhe! Bald bin ich tot, und dann sehen wir mal, ob im Himmel Engelschöre singen. Hab in meinem letzten Willen verfügt, dass du alle Bücher bekommst. Aber ich habe meine Zweifel. In deiner Einfalt hältst du alles, was du liest, für wahr.

Ich unterscheide schon, sage ich.

Bub, das tust du nicht. Dir fehlt dafür die nötige Reife. Kaum liest du seine Gedichte, hängst du dich an Tan.

Ich habe ihn lange nicht gesehen.

Weil er nicht auffindbar ist. Fehlt er dir?

Er ist abenteuerlustig, sage ich.

Der Mann streift nachts durch finstere Gegenden. Er ist lebensmüde. Du bist es auch, weil du ihm wie ein Lämmchen gefolgt bist.

Die Mongolen, sage ich, Targu Manusch.

Ein liederlicher Mensch, ruft sie.

Sie kennen ihn?

Er blickte lüstern auf meine Hinterbacken.

Nein!

Vor vielen Jahren, sagt sie, ich ging spazieren, benutzte den Schirm als Gehstock. Da fällt mir der Kerl auf: Er glotzt und grinst. Lässt die Fliegenklatsche sachte pendeln. Ich wurde auf einen Schlag wütend. Die Lüsternheit ist ihm nicht gut bekommen.

Was haben Sie gemacht?

Ich stieß ihm den Schirm in den Schritt.

Ich salbe ihre Hände, sie redet. Sie nennt die Hundewelpen, die jungen Hunde, die blinden Katzen, die räudigen Kater Tänzer der Vierbeinertänze, ein zerschmetterter Haufen, das Tiervolk, das frisst und schläft, frisst und schläft. Sie lacht über die neuen Modeworte der Gecken: Maximum, Gefühlstaubheit, Seelenmaniküre. Die Händler von Spangen und Kupferkellen, von bunten Strickstrümpfen und Zündsteinen, sie kümmert nicht Minimum, nicht Belebung noch Nagelfeile, sie füllen die Näpfe des Tiervolks, sie scheuern beim Gebet die Stirn am Boden, sie beten sich frei. Kein Wunder dieser Welt schreiben sie sich selber zu, sie sind nicht erhaben, sie sind nicht übergeordnet. Schöne Barbaren. Strenge Heidenhasser. In den Hütten an den Rändern wächst die Dorfjugend heran, die Mädchen, achte auf die Mädchen, sie machen sich stadtfein, sie stehlen sich heimlich davon, ihre Väter, diese Könige des Gesindels, diese Männer mit hässlichen Makeln, sie wissen: Ihre Töchter, es sind Katzen, die Katzen hüpfen aus dem Sack, und fremde eitle Gecken werden ihre Töchter betasten, bekneten ihre dicken Brüste, sie beeindrucken mit Moderweisheiten: Wirf eine Münze auf und wähle dann die Richtung. Hinter der Schattenschanze, hinter den Schatten wuchtiger Bäume lauern die Gecken. Halbe Kommunisten. Glutäugige Schweine … Ich salbe ihre Finger, sie redet. Was für eine Verlockung. Was für Melodramen. Was für ein Amerikanismus. So ist es. Diese Mädchen lassen sich kaufen, lassen sich betören, der Geck schenkt dem Mädchen ein Stück Kaugummi, und weil es Kaugummi kauen kann, glaubt es, das ist das Gegenteil vom Hanfsack, aus dem es gehüpft ist. Herzenswünsche werden der gepuderten Kindsfrau erfüllt, und die Gecken feiern Feste der Entjungferung. Die Väter, sie rösten Pistazien, Mandeln, Paranüsse in einem großen Becken in einer Safransalzpaste. Ihre Mädchen, die entflohenen, lernen zu benutzen den Lippenpinsel, den Puderpinsel, den Rougepinsel. Was für Gezänke. Da können die harten Heidenhasser noch so oft mit der Rute schlagen, es lässt sich das Unheil nicht abwenden. Häutchen zerrissen.

85. Derjenige, dem Majestät und Ehre gebühren

Die alte Dame bittet mich, die Karaffe mit kaltem Wasser zu füllen und sie auf die Nachtkommode zu stellen. Sie hat sich müde gedacht und müde gesprochen. Hunde schleichen um das Haus. Ich will sie nicht täuschen, ich sage: Ich werde gehen, nicht zu Tante Rena, ich muss diese Nacht im Freien verbringen. Sie schließt hinter sich die Schlafzimmertür, ich höre sie leise grollen. Zwischen den Baracken streune ich, die Angst, die Angst, ich habe Angst vor dem Nachtgesindel, doch ich zeige es nicht, nicht den Zigeunerjungen, die mich mit Walnussschalen bewerfen, nicht den braun gegerbten Lastenträgern, die um ein kleines Feuer hocken, zweieinhalb Piaster, ich spiele mit dem Geld in meiner Hosentasche und achte nicht auf die ruchlosen Kerle, die mir die angerissenen Zündhölzer in den Rücken schnicken, ich werde nicht brennen, die Flamme erlischt, zweieinhalb Piaster, kann ich das Geld entbehren, wird man es mir ansehen, hat die deutsche Dame es sofort gewusst, und als sich der bestochene Schutzmann mir in den Weg stellt, pralle ich fast gegen ihn, er stößt mich gegen die Schulter, ich entschuldige mich, er flucht und ich aber halte den Mund.

Bist du betrunken, Junge?

Nein, Herr.

Blind bist du auch nicht. Geh schlafen.

Erlauben Sie es mir. Bitte.

Was denn, Jüngling?, sagt er und grinst.

Ich bitte um Durchlass, sage ich.

Verhöhnst du mich, Jüngelchen?

Nein. Wieso denn, Herr?

Bin ich ein Durchlasser?

Sie entscheiden, sage ich, wenn ich Ihnen nicht gefalle, schicken Sie mich fort.

Mir gefallen?, sagt er kalt.

Ich kenne mich nicht aus, Herr. Ich will kein Aufsehen erregen.

Das Tanzlokal, in dem junge Frauen den Rock lüften. Warst du schon dort?

Einige Male.

Die Damen sind dir gefällig?

Nein, Herr.

Schade, sagt er.

Mein Geld reicht nur … dafür.

Es wird immer trauriger, mein Junge. Wofür bin ich wohl zuständig?

Sie halten die Ordnung aufrecht, sage ich.

Das tut der Verkehrspolizist auch.

Sie sind die Grenzschranke, Sie bestimmen, wer hineinkommt, und wer nicht.

Schon besser, sagt er.

Beim nächsten Mal entrichte ich die doppelte Einlassgebühr. Ich verspreche es, Herr.

Das soll ich dir glauben?

Ich bin ein Siebentürmler. Ich breche mein Wort nicht.

Er mustert mich, dann schüttelt er den Kopf und weicht zur Seite.

Schnarrende, schabende, zischende Männer, Gaunerfratzen, Spötter, die von Beischlafgräueln berichten, von der Übelkeit, die einen Freund oder Bekannten, einen Vetter oder Cousin befiel im Angesicht einer nackten Lohnhure, Verrohung droht im Dirnenquartier, Zusammenbruch droht jedem feinen Knaben, der hofft, an einem parfümierten Unterrock zu riechen und sich zu vergießen, die Spötter zeigen auf mich und lachen auf, ein Kerl sagt: Sobald der Blick der Hure auf dich fällt, splittert dein Gesicht, flieh Freund, wir passen auf deinen Schatten auf, sonst müssen wir deine Leiche umstehen. Ich eile weiter, der Kerl macht Anstalten, mich am Zipfel zu packen, doch ich zeige mein Messer vor, und sie bleiben ruckartig stehen, mein Messer beißt, rufe ich, es beißt jeden Hundesohn zu Tode! Ich laufe zum Haus mit rot bestrichener Holztür, der Wirtschafter fragt, ob ich das Schutzalter überschritten habe. Ich nicke, übergebe ihm das Messer, er stellt keine weiteren Fragen, ich schlüpfe hinein. Die Madame im kleinen Eingangsflur starrt mich an.

Dein erstes Mal, sagt sie.

Ja, liebe Dame.

Das Geld ... Hast du mehr?
Leider nicht.
Ich kann dich nicht begünstigen.
Ich verstehe nicht.
Zweieinhalb. Gerade mal genug.
Es tut mir leid, sage ich.
Das Taschengeld eines Kindes, sagt sie laut.
Ich will wirklich keinen Ärger machen.
Ängstliches Kind.
Weisen Sie mich ab?
Du wirst dir kein Mädchen aussuchen. Ich tue es für dich.
Die Frauen sitzen halb nackt auf schmalen Stühlen. Eine dicke
Hure spreizt die Beine, zeigt die glänzende Scham, eine gespal-
tene Frucht, eine Schnittwunde, sie lacht rau auf, weil ich erblei-
che, sie nennt mich Söhnchen vom Öfchen, die Puffmutter weist
sie zurecht. Die Hure rückt den Stuhl zur offenen Tür, ruft nach
den Kerlen draußen, lockt mit ihrer Wunde. Sie nimmt dich mit
aufs Zimmer, sagt die Puffmutter, und eine magere hartgesichtige
Frau erhebt sich vom Stuhl, ich folge ihr in den zweiten Stock, beim
Treppensteigen schaue ich verstohlen unter ihren Rock, ein nackter
Knabenhintern, es erregt mich nicht, ich will nichts falsch machen.
Es riecht nach Fell, nach Hurenbock und Gesindel. Es riecht nach
Duftsalbe, nach Harz und Mottengift, nach Unheimlichkeit. Nach
nassem Rosshaar und Nagellack. Sie lässt mich in ihr Zimmer ein-
treten, drückt die Tür leise zu, sie zeigt auf das Waschbecken und
sagt: Verspritz mir nicht Wasser auf den Boden, seife Hände und
dein Fleisch ein, bis es schäumt ... Sie schaut mir zu, ich säubere
und trockne mich, sie legt mein Geschlecht auf die flache Hand, mit
flinken Fingern dreht und wendet sie das weiche Fleisch.
Du hast noch eine Vorhaut. Bist du das Kind getaufter Türken?
Nein, sage ich, was tust du da?
Brennt es beim Wasserlassen?
Nein.
Zieh die Haut zurück und wasch die Stelle, sagt sie.
Das habe ich schon getan.
Noch einmal, sagt sie, weigerst du dich, musst du gehen.

Ich wasche mich, reibe die Spitze und die Stelle mit einem Handtuch trocken, und als ich mich umdrehe, sehe ich sie nackt auf dem Bett liegen, sie zieht die Beine an und entblößt ihre Scham, keine Zusatzdienste, ruft sie, zweieinhalb Piaster, das meiste bleibt bei der verfluchten Oberhure hängen, ein paar krötige Münzen landen in meiner Bettlerschale, zum Teufel mit dir, Knabe, ich bedien dich nicht, bedien dich selbst, los, rein mit der Bubenrute, zehn Minuten, länger duld ich dich nicht … du weißt nicht, wie das geht, verdammt sollst du sein, stütz dich ab, mit beiden Händen, merk's dir fürs nächste Mal, zweieinhalb für die Oberhure, zweieinhalb für mich, dann bin ich gütig, dann bin ich anschmiegsam, dann kannst du mich anfassen, genug gerieben, rein mit dir, nicht ausruhen, ich bin kein Polsterkissen, verfluchter Knabe … Mein Unterleib ist mit ihrem Unterleib verschmolzen, ich starre in ihr Gesicht, und weil sie mich deshalb verwünscht, schaue ich weg, kleiner zersprungener Spiegel am Boden, der an der Wand lehnt, Lippenstift, Puderdose, Salbentiegel, ein Bodenkissen, Rock und Bluse, ein Kleiderhaufen, wer liegt unter mir, wer hat mich gejagt, wer drückt gegen mein Kreuzbein, immer wieder, immer wieder, ich tauche ein, ich ziehe mich zurück, hat mich Ayliye gejagt oder ist es Perihan, die Feenherrin, nicht träumen, ruft sie, ich arbeite nicht für deinen Traum, Hurenknabe, los mach, los mach, los los los, ich rutsche aus ihr heraus, sie will mich wieder aufnehmen, und ich gelange aus Versehen in ihre verbotene Pforte, in das Hinterloch, sie schreit auf und stößt mich von sich fort. Hurensohn, hältst du mich für abartig?

Das habe ich nicht gewollt, sage ich.

Parasit, sagt sie laut, ich bin Hure und kein Stricher.

Ich habe mich vertan.

Du besteigst mich wie ein Tier, Hurensohn.

Beschimpf mich, nicht aber meine Mutter.

Hurensöhne besteigen Huren, ruft sie, was hast du hier erwartet? Dass ich dich kostenlos unterweise? Liebst du Dirnenhaut? Willst mich durchlöchern, damit du vor den Schweinekerlen auf der Straße angeben kannst: Hab Löcher in die Nutte gestoßen? Die hat gewinselt, die hat geheult, sie war erschüttert von meinen Stößen. Die hat bekommen, was sie verdient …

Bitte, sage ich, ich kenne mich nicht aus.

Dein Elend geht mich nichts an, Hurenstoßer!

Die Tür wird aufgerissen, der Wirtschafter stürmt in Begleitung eines Schlägers hinein, er möchte von ihr wissen, was vorgefallen ist, er wollte mich wie einen Stricher nehmen, schreit sie, ein Versehen, sage ich, ich schwöre es auf meine Ehre. Der Wirtschafter ohrfeigt mich, und als er mir eine zweite Ohrfeige versetzen will, halte ich die Hände vors Gesicht.

Deine Ehre kostet zweieinhalb Piaster, sagt er, raus mit dir.

Herr, ich habe nichts Schlechtes getan.

Das Lämmchen lügt, sagt sie, glaub ihm kein Wort.

Anziehen, sofort!

Ich schlüpfe hastig in Hose, Hemd und Jackett, der Wirtschafter und der Schläger nehmen mich in ihre Mitte, wir steigen die Treppen herunter, es wäre mir nicht recht, wenn du mich für einen Abartigen hältst, Herr, sage ich, sie hat ständig geflucht, ich habe sie aber kein einziges Mal beleidigt.

Deine Zeit war abgelaufen, sagt er.

Wie bitte?

Jeden Tag legen sich Männer auf sie. Sie wird vom Gewicht der Kerle fast zerdrückt. Ihr Bett ist nicht mehr heilig, ihr Schlaf ist nicht mehr heilig. Sie schläft in dem Bett, in dem sie die Kerle empfängt. Es schlägt auf ihre Gesundheit.

Sie ist krank?

Ein Nervenleiden. Ich komme gut mit ihr aus.

Ich auch, sagt der Schläger hinter mir und lacht.

Herr, ich wollte sie nicht ausnutzen.

Auf deine Unschuld gebe ich nichts, Junge, sagt der Wirtschafter.

Darf ich mein Messer zurückhaben?

Ich behalte es als Unterpfand.

Es hilft kein Bitten, ich soll den Mund halten, ich soll, wenn die Lenden wieder schmerzen, die Mädchen in den anderen Hurenhäusern besuchen. Er stößt mich hinaus, ich fange mich vor dem Fall, streunende junge Kerle spotten über mich: Weichleibiger, geknickte Rute, Lustknabe. Die dicke Hure klopft auf ihre Frucht, sie ruft: Söhnchen vom Öfchen, geprüft haben wir dich und für untauglich befunden, rüste dich für den nächsten Ritt, denn ich werde dich reiten! …

Das Hallenweib, das über meine Unnatur lacht, ich bin beschämt und besiegt, es hat ein leichtes Spiel mit mir. Ich könnte zurücklaufen, ich könnte es darauf anlegen, mich mit dem Wirtschafter und seinem rohen Gesellen anzulegen, doch sie zerquetschten mich ohne Gnade. Der Schutzmann, angelockt von ungehörigem Lärm in seinem Gebiet, packt mich am Kragen, rempelt die Kerle zur Seite, zerrt und zupft an mir, ich leiste keinen Widerstand. Narbiger Teufel, ruft er, lass dich hier nie wieder blicken. Am Tage meiner Entjungferung werde ich verflucht und verdammt. Ich schleiche mich wie ein bestohlener Dieb davon. Spät in der Nacht, kleine Feuer in den Hinterhöfen. Männer rösten Kastanien oder brauen Kaffee auf, ich bleibe beim zweiten Feuer stehen, frage die Lastenträger, ob ich mich kurz aufwärmen darf. Sie reichen mir die halb volle Mokkatasse, sie zeigen auf den Teller Nüsse und Mandeln. Ich verteile die Kupferringe, sie nehmen das Geschenk nur widerwillig an. Bin ich zum Mann geworden, bin ich vom Jüngling zum harten Arier verwandelt? Machmud, am rechten Ohr ertaubt, erzählt vom Landsmann, der mit ihm zusammen das Dorf an der Grenze verließ und in die einstige Hauptstadt des Reiches zog. Zwei Jahre sind vergangen, er hatte ihn aus den Augen verloren, er traf ihn wieder, am Denkmal der Republik, auf dem Taksim-Platz. Zum Herrn ist er geworden. Er besitzt Talg und Tran in Bottichen. Ein Reicher ist er geworden. Vor Herren, die sich vergötzen, muss er das Knie nicht beugen. Machmud fielen die Goldringe an seinen Fingern auf, sie zeigten den Wohlstand an. Nun habe ich, als Zeichen meiner Dankbarkeit, Ringe verschenkt, Kupfer ist von geringerem Wert als Gold, es zählt allein mein Wille zur Verbrüderung mit ihnen, den Menschen von geringem Wert. Trotzdem weiß er nicht, wie er sich verhalten soll, es macht ihn verlegen.

Wieso, Herr?, sage ich.

Ein Mann, der Ringe trägt, sagt er, er ist arbeitsscheu. Oder wohlhabend. Oder verkommen.

Ihr habt mich aufgenommen.

Das Feuer brennt, sagt der Mann, der sich als Selami vorgestellt hat.

Du bist uns nicht fremd, Junge, sagt der Dunkelhäutige.

Ihr kennt mich?

Ein Schüler in Uniform, in Begleitung von Mongolen. Ein ungewöhnlicher Anblick.

Dann kennt ihr vielleicht auch den Dichter Tan?

Sie verstummen und starren in die Flammen, Machmud trinkt schlürfend seinen Kaffee aus, streicht den Kaffeesatz vom Boden der Tasse, schleudert ihn in das Feuer. Dann leckt er an seinen Fingern, holt aus der Hosentasche einen zergriffenen Zettel, entfaltet ihn, legt ihn mir auf den Schoß.

Lies es uns laut vor, sagt er, so laut, dass wir dich trotz des prasselnden Feuers hören können. Ich streiche das Blatt glatt, räuspere mich, und beginne zu lesen:

Ich faste, um Gott wieder zu gefallen. Ich spreche kein amerikanisches Wort, denn es würde mich beschmutzen, es würde meine Mundhöhle belegen mit dem Schimmel der Welt. Mein Körper eine Wippe, Leere und Gewicht, Leere und Gewicht, mehrmals am Tag, vornehmlich und vermutlich öfter im November, der da kommen wird. Eine Frau schläft nicht mit mir, weil ihr Magen grollt. Sesamsoße? Fleisch in schwarz gerösteten Scheiben, die ihr nicht bekommen? Nervosität, weil die Samstage zu schnell verstreichen? Die nicht geliebte Liebe, die Liebe der Leiber, setzt mir zu. Ich bin innerhalb der Mauern dieser Stadt, halb verschattet, verschluckt, ein ersoffenes Maultier, das die mandelknackenden Lastenträger mit Hakenstangen an Land zogen. Ich hätte herrlich verrecken können, doch die Männer trommelten auf meine Flanke, und ich kam ein zweites Mal kotzend auf die Welt. Das Spuckwasser vertrieb meine Retter, ein Mann gab mir sogar einen Tritt, und schimpfte mich ein gottloses Viech. Die Sonntage sind mir zu lang, ich trabe im Kreis, die Bremsen beißen mich … Das war's, hier bricht das Gedicht ab.

Er behauptet, wir hätten ihn gerettet, sagt Machmud, dabei kümmern wir uns nicht um Tierkadaver im Meer.

Ich habe ihn einmal getreten, ruft der Dunkelhäutige, das stimmt schon. Ich trat nach ihm, und nicht nach einem Maultier.

Wie bist du zu diesem Zettel gekommen, Herr?

Er schenkte mir keinen Kupferring, sagt Machmud, er schenkte mir dieses Blatt.

Es ist seine Handschrift, sage ich.

Dieser Dichter ist ein weißer Hund. Wenn er sich schon mit einem Tier vergleicht, dann mit einem Schäferhund mit weißem Fell.

Er beißt, sagt Selami, er beißt Herren und Knechte. Wohin führt das?

Wir sind nicht seine Feinde, sagt Machmud, vor uns muss er sich nicht verstecken. Und doch denken wir: Dieser Mann will sich mit niemandem vertragen. Und über dich, Junge, denken wir: Was sucht der Schüler im Hurenhaus? Wir sahen dich aus der Richtung kommen.

Ich darf nicht mehr hin, sage ich leise.

Der bestechliche Wächter hat dich eingelassen?

Ja, Herr.

Er wirft mir den Kupferring zu, die anderen Männer tun es ihm gleich. Sind sie fromm und halten mich für einen hurenden Sünder?

Selami sagt: Den Dichter können wir nicht leiden. Es gab eine Zeit, da hatten wir Umgang mit ihm. Wir haben sogar gemeinsam Nüsse und Mandeln gegessen, am Feuer in einem anderen Hinterhof. Stumme Hunde sind gefährlich. Er schwieg die meiste Zeit, lauschte unseren Geschichten. Konnten wir ahnen, dass er sie aufschrieb, in seinen komischen Worten? Mit Tücke hat er unsere Kameradschaft vergolten. Und du, Schüler? Was treibt dich in die Straße der Schandhütten?

Nimm die Ringe mit, flüstert Machmud, gib mir das Blatt.

Danke für Feuer und Mandeln, sage ich und stehe auf. Machmud zerreißt das Papier, wirft die Schnipsel in das Feuer. Es sind gute Männer, sie sondern sich nur ab von den unheiligen Poeten und Hurenstoßern. Sie werden mich nicht wieder in ihrer Runde dulden.

86. Der Richtende

Talg und Tran in Bottichen, es ist die Nacht meiner Verrücktheit, ich werde es wagen.

Ich laufe los, stehe wenig später vor dem schönen Bürgerhaus. Der Nachtportier lässt mich nach einer kurzen Verhandlung herein, er meldet mich beim Herrn an, ich warte so lange in der Empfangs-halle, bis ich endlich die Treppen hochsteigen kann. Akkan Bey steht im Hausmantel in der Tür, er mustert mich, winkt mich in den Flur. Ich folge ihm ins Wohnzimmer, schöne Möbel, ich nehme mit seiner Erlaubnis auf einem Stuhl mit geschwungenen Beinen Platz.

Du bist aufgewühlt, mein Junge, sagt er.

Ja, Herr.

Was ist also geschehen?

Ich ... habe vor einer Stunde meine Unschuld verloren.

Bei einer Liebesdame?

Ja.

Bedank dich bei ihr, wenn du sie das nächste Mal triffst.

Ich weiß nicht, Herr.

Du bist Christ. Ihr Christen denkt viel über die Sünde nach. Ich bin kein Priester, Wolf.

Nein, Herr.

Er öffnet die Flügeltüren eines Hängeschranks, eine Holzplatte glei-tet auf Schienen heraus, die Wände des Schranks sind verspiegelt, vervielfachte Spiegelbilder von dickbäuchigen Flaschen mit dün-nen Hälsen, es ist die Hausbar eines reichen Herrn, er füllt zwei Gläser mit hellbraunem Schnaps, Importwhisky, sagt er, teuer und gut, wir feiern aus gegebenem Anlass, trink und achte nicht auf dei-nen brennenden Schlund. Nach dem ersten Schluck fauche ich mir den Glassplitter aus der Kehle, nach dem zweiten Schluck wandert der heiße Kloß in meinen Magen.

Madame Manukyan, sagt er leise und lacht, ein armenisches Luder, sehr geschäftstüchtig.

Stimmen die Gerüchte?, sage ich.

Sie musste nie darben. Sie entwarf und schneiderte Kostüme für die Damen der höheren Gesellschaft. Ein guter Anfang für die Absolventin einer Nonnenschule, nicht wahr? Sie erbt das Vermögen des Vaters, kauft sich in die Bordellstraße ein. Jetzt gehören ihr alle Lusthäuser. Sie wird von Tag zu Tag reicher.

Sie ist auch bei uns im Viertel bekannt.

Natürlich. Die einen neiden ihr das Geld. Die anderen wünschen ihr einen qualvollen Tod.

Sind Sie ihr schon einmal begegnet, Herr?

Mehr als einmal, ruft er, diese Dame hat Honig im Mund, und Galle im Herzen. Eine alte Betschwester, nicht schön, nicht hässlich, etwas dazwischen. Das mag sie gar nicht hören. Huren und Wirtschafter zittern vor ihr. Wehe dem, der sie erzürnt.

Und Sie haben Sie erzürnt?, sage ich.

Ich sprach die Madame auf die … Ereignisse an, bei der ihr Volk auf türkischem Boden einfach verschwand. Eine Armee zieht in den Krieg, Tausende Soldaten kommen um, die geschlagene Armee kehrt zurück. Das verstehe ich. Aber ihr Volk verschwand in einem Loch. Madame, sprach ich, wird Ihnen nicht mulmig bei dem Gedanken, dass Sie unter uns Mördern leben? Und erlauben Sie mir eine weitere Frage: Wie denkt wohl ihr Restvolk im Sowjetreich über Sie, die Sie vorgezogen haben, den Erben des Imperiums Freuden zu spenden?

Ich verstehe.

Madame zog umständlich an ihren weißen Stulpenhandschuhen, schlug mich damit. Eine Aufforderung zum Duell. Sie schickte zwei Schergen, ich lud sie zum Essen ein. Erklärte, dass es nicht meine Absicht war, die verehrte Dame zu beleidigen. Dass ihre Ehre unangetastet sei. Dann bat ich die Männer, mich zu Madame zu begleiten. Sie ließ mich eine volle Stunde warten. Spielchen, ich war ihr deshalb nicht gram. Ich durfte schließlich eintreten. Sie saß auf einem furchtbar geschmacklosen Sessel, ihr Rouge hatte zur späten Tageszeit Risse bekommen. Ich verbeugte mich tief vor der Hurenkönigin, und sie sprach: Verschonen Sie mich bitte schön mit diesen Farcen. Wunderbar. Ich lachte, verschluckte mich, lachte weiter, sie fiel in mein Lachen ein. Wir unterhielten uns wie zivilisierte Menschen. Sie klingelte mit dem Tischglöckchen das Serviermädchen herbei. Mokka, süßes Gebäck, sie nagte am Kringel wie eine alte Adlige. Dann, mitten im Gespräch, sprach sie: Ich habe Ihnen verziehen. Als Zeichen unserer neu aufgeflammten Freundschaft schicke ich Ihnen mein bestes Mädchen ...

Oh Gott!

Wie hättest du dich an meiner Stelle verhalten, Wolf? Keine Ausflüchte!

Ich hätte dankend abgelehnt, sage ich.

Und damit Madames ewige Feindschaft riskiert?

Sie steckten in der Klemme, Herr.

Nein, eigentlich nicht. Ich hielt mich an den Menschenverstand.

Sie empfingen die Lohnhure?

Ein hässliches Wort, Wolf, ruft er, du müsstest deinen Mund sofort auswaschen. Eine wunderschöne Frau nimmt sich eine ganze Nacht Zeit für einen Mann. Hier, in diesen Räumen, ist es geschehen. Hier hat sie mich beschenkt. Eine armenische Schönheit. Madames Rache, sehr elegant.

Und dann?, sage ich.

Die Dame Manukyan ist eine listige Weibsperson. Sie hat angenommen, dass ich mich in ihre Sendbotin verliebe. Es wäre mir ein Leichtes gewesen. Nein, falsch. Es wäre sehr leicht gegangen.

Sie blieben standhaft, Herr, sage ich.

Wovon redest du?, ruft er wütend, bin ich ein Frömmler? Bin ich ein Kerl, der glaubt, er stecke sich bei einem Freudenmädchen mit Keimen an, die seine Seele zerfressen?

Ich entschuldige mich. Ich wollte Sie nicht verärgern.

Akkan Bey schlägt auf die Armlehne, der teure Importwhisky schwappt über den Trinkrand, spritzt auf seinen Hausmantel. Er achtet nicht darauf, er springt auf, füllt sein Glas an der Hausbar, schaut mich finster an. Ich muss ihm berichten, wie sich das zuständige Mädchen verhalten hat, ich erzähle stockend und mit brennenden Wangen von dem Missverständnis. Jetzt ist er besänftigt, ich habe mir den Schnaps verdient, er füllt mein Glas. Gut, flüstert er, gut, nicht schlimm. Er erzählt: Es gibt Männer, ich war oft Zeuge, es gibt Kerle, die wechseln sofort die Straßenseite, wenn ihnen ein Lustmädchen entgegenkommt. Sie beleidigen das Mädchen, sie ma-

chen widerliche Zeichen, es bleibt dem Mädchen nichts anderes übrig, als in der nächsten Seitengasse zu verschwinden. Diese Kerle sind Hurenstoßer ... Ist dir das Wort geläufig?
Ja, Herr.
Gut, nicht schlimm ... Glaubst du, dass du der fluchenden Hure überlegen bist?
Das glaube ich nicht, sage ich.
Weißt du, wer giftige Sporen aushustet?
Die Verleumder?
Sie tun es auch. Es sind die Herren meines Standes. Hüte dich vor ihnen, Wolf!
Treffen Sie sich noch mit Madame Manukyan?
Gelegentlich ... Man hat dich im Sperrbezirk zur unerwünschten Person erklärt?
Der Schutzmann und der Wirtschafter wollen mich nicht wiedersehen, sage ich, man hat mir mein Messer nicht zurückgegeben.
Du läufst mit einem Messer herum?
Es droht Gefahr, fast überall.
Gut, gut. Du bittest mich um einen Gefallen?
Nur, wenn es Ihnen nichts ausmacht.
Es macht mir was aus, sagt er und verstummt.
Ich bin zu weit gegangen. Ich könnte mich entschuldigen, doch auch ich schweige. Der Herr besitzt Talg und Tran in Bottichen. Seine Sekretärin ist in ihn verliebt, und bestimmt verabreden sie sich zu heimlichen nächtlichen Treffen. Er beschäftigt mich als besseren Botenjungen. Er versteht sich sehr gut mit der Hurenkönigin Manukyan. Weshalb habe ich ihn verstimmt?
Der Bordellverweis ist mir sehr recht, sagt er.
Ich verstehe nicht, Herr.
Das gemeine Volk hat Orte der Zerstreuung. Und der Ausschweifung. Bist du ein Junge des Volkes?
Ich bin ein Siebentürmler, rufe ich.
Dort bist du zu Hause, hier lebst du. Man wird dich aufschlitzen. Halt dich fern von Manukyans Häusern. Du musst es mir versprechen.
Herr, bitte nicht.

Er bricht meinen Widerstand, der Barackenbeischlaf für zweieinhalb Piaster ist mir ab sofort verboten. Der Importschnaps hat mich betäubt, ich schwanke beim Aufstehen. Akkan Bey bringt mir Kissen und Decke, wünscht mir eine gute Nacht, er wird mich früh wecken, damit ich rechtzeitig zur ersten Schulstunde erscheinen kann, er löscht das Licht. Hartgesichtiges Lustmädchen. Frauenhaut, nackte Schenkel, fluchender Mund, lockende Scham. In meinem Wachtraum kämme ich ihr das Haar, tauche die Zinken des Kamms ins Nelkenwasser, kämme das dunkle Haar in langen Strichen. Sie betrachtet mich im zersprungenen Spiegel, kein fluchbeladenes Wort kommt ihr über die Lippen. Spiegelschöne, wütendes Barackenmädchen, es fasst mich an der Hand, führt mich zum Bett. Sauberes Laken, blütenweiße Bettwäsche, sie nimmt mich auf, sie hält mich in den Armen. Ramses. Schnell verliebte ich mich in die junge Hure, ich wäre gefesselt und gebunden wie Ramses Remsi. Der Herr des Hauses geht im Schlafzimmer auf und ab, er darf sich nicht fürchten vor mir, mein Messer hat der Wirtschafter behalten.

87. Der Versammelnde

Kubilay sitzt vorne links an der Wand, ich sitze allein. Es heißt, er habe den stahlharten Führer höchstpersönlich darum gebeten. Stahl wurde weich. Die Geschichtslehrerin, Frau Schenay, ist wieder zurück. Sie trägt eine Perücke auf dem Kopf, das strohige Haar fällt ihr wie ein Perlenvorhang auf Stirn und Augen. Keiner von uns wagt es, zu fragen: Meine Frau Lehrerin, hat Ihr feuriger junger Liebhaber die Feuerzeugflamme an die Haarspitzen gehalten? Oder sind Ihre Haare vor Kummer und Gram ausgefallen? … Hat sie wie meine vermisste große Schwester Derya zur Schneiderschere gegriffen? Hezro, Igor und der dicke Mete lassen sich ihre Verwunderung nicht anmerken. Wir sind Schüler, wir sind lammfromm, wir kuschen. Frau Schenay sucht einen Anlass, um endlich zu schreien und zu toben, sie ruft mich auf, und auch wenn mein Kopf dröhnt, kann ich in ganzen Sätzen sprechen. Der Krieg, sage ich, fast jeder Krieg ist eine elende Aufregung. Erst sind es die einfachen Männer, junge Patrioten, die man in eine Uniform steckt. Sie paradieren auf einer Allee oder auf der Heerstraße. Marschschritt, stolze Gesichter, jubelnde Verlobte, die vor Rührung weinen. Sie werden an die Front versetzt, die Soldaten, und da geht das große Sterben los. Kugeln, die sich ins Fleisch fressen, abgerissene Arme und Beine, Wundbrand im Lazarett, Höllenschmerzen. Wofür das alles? Damit sich ein General eine Tapferkeitsspange aus Metallblech an die Brust heften kann. Lästerliche Worte, zischt Hezro.

Einen Augenblick, sagt Frau Schenay, deine Rede wider den Krieg halte ich für sehr bemerkenswert. Was ist der Grund für deinen Sinneswandel, Wolf?

Kriege habe ich immer gehasst, meine Frau Lehrerin.

Du schlägst dich doch.

Ich bin, wie heißt es, ein Zivilist.

Gewalt schließt du also nicht aus?

Not lehrt den Affen geigen, sage ich.

Wie war das?

Er meint, dass er schlägt, wenn er es muss, sagt Igor höhnisch, das ist aber gelogen.

Du spricht für mich, und doch kennst du mich nicht, Armenier.

Besser, als du glaubst.

Uns machst du nichts vor, ruft Hezro.

Ruhe! Ich erteile hier die Redeerlaubnis. Wolf, deine Meinung in allen Ehren, aber was hätten wir Türken tun sollen, als die Imperialisten unser Land besetzten? Palmwedel schwenken?

Nein, natürlich nicht, sage ich.

Das ist also etwas anderes?

Meine Frau Lehrerin, die Besatzer haben es nicht anders verdient. Dies Land gehört ihnen nicht. Wer schießt, muss damit rechnen, dass auf ihn geschossen wird.

Hört hört, sagt Kubilay leise, der Arier reimt sich alles zurecht.

Möchtest du dich auch am Unterricht beteiligen?, sagt Frau Schenay.

Der Tschetschene beruft sich auf die heilige Pflicht der Kaukasier, die Russen mit allen Mitteln zu bekämpfen. Ein Krieger hält nicht still, nicht im vermummten Frieden, den man ihm aufzwingt. Der Russe ist ein Räuber, er reißt alles an sich, man muss ihm die Finger brechen, man muss ihm beide Hände abhacken. Sonst kennt er kein Halten. Er, Kubilay, hat in seinen romantischen Jahren noch geglaubt, dass man Recht verhandeln kann. Längst ist er von diesem Irrglauben abgerückt. Sein Vater, seine Mutter, seine Sippe: Heimatvertriebene. Sollen sie sich damit abfinden? Sollen sie auf den Ahnensäbel an der Wand blicken und aufseufzen? Er bittet Frau Schenay, ihm zu antworten.

Ich beklage das Leid, das euch widerfuhr, sagt sie.

Das ist alles?

Ihr habt euch hier eingelebt. Ihr seid Bürger dieser unserer Republik.

Soll ich also die Russen lieben lernen?, sagt Kubilay.

Das schreibt dir keiner vor, lieber Schüler. Es würde mich zerreißen, wenn ich vom verlorenen Land träumte.

Ich habe unter Ihrer Anleitung die Geschichtsbücher gelesen, meine Frau Lehrerin. Auch die Biografien großer Männer. Ich stieß auf ein Motiv, das ihr Leben prägte ...

Größenwahn, ruft der dicke Mete.

Nein. Man hielt sie für verrückt. Man riet ihnen, sich in das Unabwendbare zu fügen. Man redete ihnen gut zu, und als es nicht half, mied man ihre Nähe ...

Dann gründe doch einen Heimatvertriebenenverein, rufe ich.

Was?

Die Kerle, die unter deinem Vater arbeiten. Sie ernennen dich zum König der Tschetschenen im Ausland. Du hängst eine große Landkarte an die Wand: Tschetschenien in den Grenzen von fünfhunderteinundzwanzig ...

Russenknecht.

Ein Arier sollte in Geschichte das Maul halten, sagt Hezro.

Keine Polemik!, ruft Frau Schenay, dein Mitschüler leidet, Wolf. Und du reizt ihn mit recht einfältigen Vorschlägen. Betrachten wir es doch nüchtern. Ein Volk, das man zur Knechtschaft zwingt, wird aufbegehren ...

Sie spricht in milden dummen Worten, sie zupft gelegentlich an der Perücke, die ihr ins Gesicht rutscht. Sie will uns zur Freundschaft anleiten, es ekelt mich an. Ramses schaut auf sie, als wäre er betört. Zwei junge Hurenböcke, der eine schmachtet die kahle Lehrerin an, der andere verschäumt in seinen Lustträumen. Der Jude und der Armenier, kühle Jünglinge, die Herzverrücktheit vorgaukeln, immer dann, wenn ihnen ein Lohn winkt. Jetzt schwätzt der Streber Hezro: Republik, Volkswille, Bildung im Sinne der Belehrung der Massen. Er irrt sich. Die Geister funkeln. Sie rauschen, sie fegen durch die Flure, sie können aber nicht tanzen. Hayri Bey, der Schrotthändler, müsste sie im Messertanz, in den Tänzen der regentropfenden Nacht, unterrichten. Ich bin nicht verrückt. Bin ich verrückt? Einen Tag ohne Salz kann ich überleben. Gegen die Schreie der Irren zur blauen Stunde kann ich mich wappnen. Nicht mit den Lehrsätzen, nicht mit der Gewissheit der Modernen, dass der Himmel unbeseelt sei, und dass wir auf die Macht der Muskeln und der Zahnräder vertrauen dürfen. Ich werde aufgerufen, ich wiederhole auf Frau Schenays Wunsch hin Hezros milde dumme Worte, ich widerspreche, ich werde getadelt und belehrt. Nichts wird sich ändern, ich bleibe der rüpelhafte Arier, deutschrechts, stur, ein Siebentürmewilder. Sie bleiben die lieben Schüler und die liebe Frau Lehrerin, der Hausmeister bleibt Führers Knüppel, der Führer bleibt ein strafender Bürger. Durchhalten, ich halte durch, ich benehme mich in den nächsten Stunden, ich kusche.

88. Der Reiche

Führer am Fenster, wir vermeiden beim Passieren des Schultors bengelhaftes Benehmen. Der scheinblinde Höker hat sein Angebot erweitert, er verkauft kleine handliche Talismane und Oberlippenbartendenzwirbelbürsten. Er kann das Wort fehlerfrei aussprechen, ich lache ihn an, er ist verdutzt, er will zu einer Standpauke ansetzen, doch da öffnet sich das Fenster: Matilda, schwachsinniges Mädchen, es steckt im zerfransten Kittelkleid. Tochter des Schwagers, oder der Base, oder der Schwägerin, oder des Vetters von Elena Hanim. Im Irrsinn verwandt mit dem Irren am Fenster, ich werde ihm von ihr erzählen, es ist unglaublich. Matilda zeigt das Stück vom schwärmerischen Daumen. Sie verwandelt sich in eine Taubstumme. Der Höker und ich stellen uns nebeneinander, wir sind das stehende Publikum. Sie schaltet die Tischlampe an, hält den Handspiegel über ihr Haupt. Wir sehen ihre hochgesteckten Haare und staunen. Sie spreizt die Finger ihrer linken Hand, zeigt den Daumen: der verliebte Junge. Sie zeigt den Zeigefinger: das schöne schlanke Mädchen. Ich bitte um eine Liebesszene, und Matilda drückt den Daumen leicht gegen die Fingerkuppe. Da errötet das Mädchen. Matilda sticht sich mit der Stecknadel, bestreicht den Finger mit Blut. Sie lehrt uns die Scham. Mein Blick geht zwischen Matildas linker Hand und der Hand im Spiegel hin und her. Das Spiegelbild ist eine Filmszene, das Fingerspiel am offenen Fenster eine echte Darbietung. Der Daumenjunge küsst das Fingermädchen, der Höker und ich klatschen Beifall. Verrückte Matilda, sie trommelt manchmal auf ihrer Unterlippe, um die Spatzen und Tauben und Krähen anzulocken. Manchmal geht sie in Elena Hanims Begleitung durch die Gassen, und sie sagt laut seltsame Sätze auf. Sie ruft: Das ist ein langer Abschied, oder: Die Katzen schnüffeln an den abgefallenen Rindenstücken, sie lutschen sie nass. Die anderen Schüler haben mich gewarnt, ich soll nicht zum Fenstertheater gehen, Matilda wird mich noch mit ihrer Krankheit anstecken. Woran werde ich wohl erkranken? Werde ich Fieberträume haben? Ich bin der vernarbte Kindsmann, alles ist erdichtet, ich lebe in der Lügenwelt der Erwachsenen.

Elena Hanim erscheint im Zimmer, sie löscht das Licht und unterbricht die Vorstellung. Matilda steckt sofort den Finger in den Mund, saugt und schluckt das Blut. Der Höker packt seinen Bauchladen, zieht zu einem anderen Stehplatz. Elena Hanim hat einen Ring aufgesteckt, ein Fingerrosenkranz, sie dreht an den zehn Pocken, zehn Mal Ave-Maria, ein Gesetz. Sie bewegt die Lippen, schickt die Nichte mit stummem Nicken fort.

732

Komm mir nicht auf falsche Gedanken, Junge, sagt sie.

Was denn, meine Dame?

Tu nicht so, als wärst du wirklich ein Lämmchen, das am Kleeblatt nagt. Sie ist dir verboten.

Ihre Nichte hat ein großes Talent, sage ich.

Ach, wirklich? Und auf welche Begabung spricht du an?

Ihre Finger sind Schauspieler.

An jeder ihrer Fingerspitzen ein fester Knoten, sagt sie leise, von jedem Knoten führt eine Schnur nach oben, jede Schnur endet an einer Schlinge, jede Schlinge schnürt den Hals eines kleinen Dämons zu. Zehn Finger, zehn böse junge Dämonen.

Ich sehe nichts, meine Dame.

Du bist kein reinherziger Christ. Ich sehe sie, weil ich zum Heiland bete. Sie haben Namen, ich kenne sie auswendig. Dämon Kara. Dämon Sakkum. Dämon Renkka. Dämon Refizul. Dämon Nerrat. Dämon Etgesch. Dämon Schabbol. Dämon Medej. Dämon Billran.

Das sind neun.

Dämon Tannat, der zehnte. Alles männliche Teufelsbälger. Glaubst du mir?

Ich weiß nicht, sage ich.

Was weißt du nicht?

Ich sah nur Matildas Finger. Und ich sehe den Ring an Ihrem Finger.

Lassen wir das, ruft sie, Doktor Bernhardt ist nicht die Liebe meines Lebens ... Was gibt es da zu grinsen, Lämmchen?

Ich freue mich, sage ich.

Du machst dich lustig über eine bekümmerte Frau?

Nein. Ihr Herz ist frei.

Lieber deutscher Junge mit den festen Hinterbacken, sagt sie, wofür hältst du mich?

Ich würde Sie gerne anspringen. Ich würde mich von Ihnen gerne jagen lassen.

Die errötende Dame streift den Ring ab, sie möchte ihn nicht durch lästerliche Worte fremder Männer verunreinigen lassen. Sie hat sich leicht geschminkt, und ich muss mich zwingen, nicht in den Ausschnitt der schönen Griechin zu schauen. Sie mahnt mich mit gespielter Strenge: Sie ist kein liebestrunkenes Weib, das ihr Leben wegwirft, weil Straßenkater sie anmaunzen, ich soll mich bittesehr zusammenreißen.

Will ich aber nicht, sage ich und trete einen Schritt näher an das Fenster.

Bleib, wo du bist, sagt sie, nein, geh wieder einen Schritt zurück … So ist gut.

Ich war Ihr Liebesbote.

Dafür habe ich mich schon bedankt, Lämmchen.

Bin ich zu jung?

Zu dumm, zu dumm, sagt sie und lacht auf, du entbrennst für jedes Mädchen. Sogar für meine knallverrückte Nichte.

Ist das falsch?

Liebe ist immer auf eine Einzige ausgerichtet.

Lügen, sage ich, Lügen, Lügen, Lügen.

Sind wir heute wütend, Lämmchen?

Nicht mehr als sonst. Jeder ermahnt mich: Warte ein Weilchen. Warte auf Besserung. Warte auf die Richtige, die da bald kommen wird. Warte still, bis der Himmel einbricht, dann bleibt kein Zaunstecken ganz. Warte auf die Reife. Reife, dann wirst du nicht warten. Reife, dann bist du weich gerüttelt und milde, deshalb wirst du dir nicht mehr viel wünschen …

Und du willst brennen?, sagt sie.

Ja, meine Dame.

Böser Zauber, Lämmchen, sagt sie, du hast dich mit Dämon Sakkums Geifer eingerieben. Reißende Gefühle. Geh fort und lecke an anderen Lippen.

89. Der Verleiher der Reichtümer

Was lehrt mich Vater? Der Nebel, in dem wir uns bewegen, der Fiebertraum des Teufels, die Tage unseres Lebens, wir sehen und es zermürbt uns aber nicht. Die Ketzer der neuen Zeit: das vergnügungssüchtige Gesindel, und die Gottlosen, die nur erzittern, wenn der Schnapsrausch verfliegt. Was lehrt mein Vater? Wir sind nicht fehlgegangen, da wir im Nebel des Ödlands irren. Der Hunger des Fleischerhundes ist gesegnet. Die Messerspiele der Türken und Tataren sind gesegnet. Der Filmvorführer im Lichtspielhaus ist gesegnet, er achtet die Volkslust. Das Papiergeld, mit dem wir bezahlen, der Zerreißer der bedruckten und mit einem Wasserzeichen versehenen Scheine ist gesegnet, auch wenn es unter Strafe steht. Die fette Herrin, keiner kennt sie, keiner hat sie gesehen, viele sahen einen Schattensaum, einen Nebelfetzen, einen schwindenden Traum, viele sahen den im Hitzeflirren aufgewehten feinen Staub, und sie glaubten, einen Blick auf die Herrin in der Versenkung geworfen zu haben. Die fette Herrin ist gesegnet. Da ich durch die Gassen laufe, von der schönen Griechin gescheucht und vertrieben, wundere ich mich über den schwachen Doktor Bernhardt. Ist er gelangweilt? Verdrießt ihn die Erziehung halbwüchsiger Knaben? Wieso hat er die wunderbare Dame Elena verlassen? Sie, die sich an manchen Tagen, zur Belustigung der kleinen Kinder, eine Krone aus steifem Kartonpapier aufsetzt. Sie, die wir lieben, und in die wir alle verliebt sind. Sie, die uns abweist, trotz unserer strammen Waden und muskulösen Hinterbacken. Elena Hanim weicht sogar das Herz des Strebers Hezro auf. Ihre wogenden Brüste bringen ihn aus der Fassung. Sie hat sich nicht über Nacht in eine Schwarze oder eine Blasse verwandelt. Der Doktor sprach, entgegen seiner Gewohnheit, vulgäre Worte: Lieber kacke ich Glasscherben, als dass ich in ihrer Umarmung schwitzen wollte. Seyfettin Bey, der Reiche des Viertels, der Mann, der seine Ehefrau im Bett mit ihrem Geliebten erwischte, er, der sie nicht erschoss, dieser Herr sagte mir: Trotzdem, Junge! Trotzdem bin ich überwältigt vom Anblick einer Frau. Nichts hat sich dadurch geändert! … Der Lehrer mit dem Doktortitel ist ein studierter Idiot.

Ich kehre in der neu eröffneten Mokkastube ein. Neue Gerüchte über den Dichter, hier nennt man ihn: Götze des Gekritzels, kurzschwänziger Kerl, versteckt hinter dem Gesträuch am Wegknick. Im grauen Kapuzenmantel streife der Vermisste, der Fahnenflüchtige, durch verlassene unterirdische Gänge aus der Zeit des Reiches, er schmutze und verschmutze, da er nicht das Dichten aufgegeben habe. Er habe ein Duell ausgetragen, mit Messer und Zimmermannsnagel, der Nagel des Gegners sei in die Ferse eingedrungen, der Krüppel humpele seither, das sehe einem Kerl ähnlich, der sich immer in Schwierigkeiten bringen wolle. Die Herren Beamten und Angestellten wissen, dass Tan und ich uns begegnet sind, sie bitten mich um die neuesten Nachrichten. Nichts weiß ich, sage ich, das ist die Wahrheit. Man verflucht ihn und seine Haare, seine Poeme und seine unheiligen Augen, seine Bücher und sein unrasiertes Kinn. Ich aber glaube nicht, dass er sich mit Männern duelliert. Ihn beißt kein Messer … Die Herren starren mich an, als wäre ich zehn Dämonen in einem Kindsknabenleib, sie sind beunruhigt, weil sie keine Radikalen dulden. Die Narben weisen mich als einen fanatisierten Jungen aus, sie lassen sich von der Schuluniform und meinen hochtürkischen Worten nicht täuschen. Endlich betritt Akkan Bey die Stube der aufgebrachten Bürger, er erspart mir die Peinlichkeit, dem einen oder anderen Herrn Ernüchterung durch Hiebe anzudrohen. Er steckt eine Importzigarette in die Spitze, lässt sich vom Kellner Feuer geben, bestellt halb gesüßten Mokka, schweigt rauchend, bis der Kaffee serviert wird. Nach dem zweiten Schluck sagt er: Bist du vorbereitet?

Nein, Herr, sage ich.

Angst?

Nein.

Du zappelst nicht. Also bist du nicht besonders aufgeregt.

Fremde Welt, in der ich mich aufhalten werde.

Hast du Fragen?, sagt er.

Ich bin nicht fein angezogen.

Was macht das schon? Du trägst eine Krawatte. Deine Schuhe glänzen. Du bist ein fein erzogener Junge … Blamiere mich nicht.

Nein, Herr, sage ich, ich bin Ihnen zu großem Dank verpflichtet.

Zu kleinem Dank, sagt Akkan Bey, du kennst den Weg dorthin?
Natürlich.
Ich werde noch kurz verweilen. Es wird für dich Zeit.
Unter den Blicken der erbosten Herren verlasse ich die Bar. Sie sind
erschüttert: Mein Gönner genießt ein hohes Ansehen. Wie kann
es sein, dass ich mit ihm verkehren darf? Ich bin mir sicher: Sie
haben darüber nachgedacht, ob ich Akkan Beys Lustknabe sein
könnte, sie haben diesen Gedanken aber verworfen. Der Mann,
den sie wertschätzen, ist bekannt für seine gelegentlichen heimlichen Amouren, er ist kein Abartiger, der es den dekadenten osmanischen Sultanen gleichtut.

Nach zehn Minuten Fußmarsch klingele ich an der Tür eines alten,
instand gesetzten Istanbuler Holzhauses, ich werde von einer reifen
Dame eingelassen, sie mustert mich in der Eingangsdiele von Kopf
bis Fuß, ihr Blick bleibt am Wappenaufnäher an der Brusttasche
meines Jacketts hängen.

Österreichische Schule?, sagt sie.
Ja, meine Dame.
Leitet der Herr Doktor Liebig noch die Schule?
Füh... Ja, das tut er.
Frau Kollack?
Seine Sekretärin, sage ich.
Nun ja, dann ist ja alles gut. Gehörst du zu den musterhaften Schü-
lern?
Ich fürchte nicht.
Das spricht für dich, sagt sie und lacht, du bist das erste Mal un-
ser Gast.
Ja, hohe Dame.
Hoch steht allein der, der uns erschaffen hat. Eine Sünde, Seinen
Namen im Mund zu führen, hier in diesem Haus ... Du wurdest
uns von einem tadellosen Mann empfohlen. Ein unanfechtbarer
Leumundszeuge.
Das haben Sie schön gesagt.
Auf das Lob eines Knaben geb' ich nicht viel. Zu den Gepflogen-
heiten in diesem meinem Haus. Ich händige dir keine Rehfiepe aus,
verstehst du das?

Nein, meine Dame.

Eine der Frauen wird dich erwählen.

Natürlich, sage ich.

Das ist für dich selbstverständlich?

Immer, wenn ich jagen wollte, brach ich mir das Genick. Die Schöne jagt den Mann.

Siehst du Bäume, siehst du ein Dickicht?, sagt sie, ich sehe nur einen Salon, den ich unterhalte.

Ich meine es im übertragenen Sinne, sage ich.

Übertrage und übersetze woanders … Abtritt, westliches Klosett, den Flur entlang, bis es nicht mehr weiter geht, links ab, die zweite unverschlossene Tür aufklinken. Noch Fragen?

Wo ist … der Warteraum?

Folge mir zum Saal der Grazien.

Strenge Führerin, sie würde auf der Straße mit gerümpfter Nase an mir vorbeihasten, blind für Männer ohne Gold an den Fingern und Seide am Leib. Wir betreten ein Spiegelkabinett, die schönen jungen Frauen und ihre Spiegelbilder schauen auf. Sie tragen alle schwarze Kleider mit weißem Kragen und weißen Manschetten, das aufgebürstete lange Haar ist an der Seite gescheitelt. Höhere Töchter im Rendezvoushaus, manch ein Glamourmädchen ist herrlicher anzusehen als die Filmsternchen, deren eingerahmte Fotografien an den Wänden hängen. Führerin weist auf einen Ledersessel, ich nehme Platz, eine Frau im Zofenkleid stellt mir ein Glas Brombeersaft auf den Ziertisch. Akkan Bey erzählte: Die Männer zu Besuch heißen Hausfreunde, sie sollten sich, wenn sie klug sind, mit Schmeicheleien zurückhalten. Bedenke dies! Du bist kein Bauer mit Goldplomben, das nimmt sie für dich ein. Du bist jung und groß und blond. Ein besonders hübscher Junge, der ihre Herzen zum Klopfen bringt, bist du nicht. Die Narben. Verhalte dich nicht tollpatschig, das wird helfen … Sie schauen mich an, sie schlagen die Beine übereinander, ich höre die Nylonstrümpfe knistern, ich verbiete mir jeden heimlichen Blick und trinke an meinem Saft. Bin ich der einzige Hausfreund zu dieser Stunde? Werden sie mich für das Liebesspiel für untauglich erklären? Akkan Bey wäre enttäuscht: Er hat alle Kosten übernommen, es ist mehr als nur ein kleines Geschenk. Ich trinke den Saft aus, ein Fehler, es zeugt in den Augen der Rendezvousdamen bestimmt von Hunger und Gier. Plötzlich steht eine Frau auf, bittet mich, sie in das Separée zu begleiten. Ist sie eine getaufte Türkin? Ich gehe hinter ihr her, zwinge mich, nicht auf ihren Rücken und nicht auf ihre Fesseln zu starren. Sie sagt: Bitte, treten Sie ein ...

Fast hätte ich gehorcht, ich lasse ihr den Vortritt, sie lächelt, ich warte, bis sie Platz genommen hat, dann setze ich mich vorsichtig auf den Stuhl mit den schlanken Beinen.

Ein kleiner Fauxpas, sagt sie kichernd.

Wie bitte?

Ein Formverstoß. So lege ich den Mann herein, der allzu zwanghaft wirkt.

Ja, sage ich.

Du tust so, als wenn jedes Wort einen Taler kostet.

Sie meinen, ich bin wortkarg?

Soeben hast du eine Prüfung bestanden. Rate mal, welche.

Ich bin schlecht im Raten, liebe Dame.

Ich ging wie selbstverständlich von Sie auf Du über. Du aber, Blondchen, hast es mir nicht gleichgetan. Weißt du, was ich daraus schließe?

Ich bin nicht übermütig?

Ich lobe deine Tugend und halte dich für dumm, sagt sie.

Tugend, welche Tugend?

Die Tugend, manchmal schamhaft zu sein. Weshalb glaube ich wohl, dass du nicht der hellste Junge bist, dem ich bislang begegnet bin?

Sie stellen viele Fragen, sage ich kalt.

Oh, jetzt sind wir aber ungehalten.

Sind Sie vielleicht im bürgerlichen Beruf eine Lehrerin?

Nein, Blondchen.

Die zermürben mich mit ihren Fragen.

Schön, dass du mich aufklärst, sagt sie, schön, dass du mich erleuchtest. Aber was nützt mir dies Wissen?

Nichts. Meinen Sie das?

Nun zu deiner Dummheit. Du bist unter achtzehn?

Ja, bin ich.

Du hast, wie ich sehe, nicht nur Bücher gelesen.

Das Licht scheint durch einen großen Lampenschirm mit Troddeln, die Widerborstige sitzt im Separée, spielt mit einer Troddel und befragt mich, als müsse sie über meine Zulassung als ausreichend gereifter Jüngling entscheiden. Ihre grünbraunen Augen sind wunderschön, ihren Mund spitzt sie schmollend, wenn ihr meine einsilbigen Antworten nicht gefallen. Ich weise mich aus als Zögling von Türken, die in einem windschiefen, in harten Winden knarrenden Holzhaus leben. Der Adoptivsohn, das Einzelkind. Nein. Über die rote Derya schweige ich, es geht dieses Glamourmädchen nichts an. Zur Abwechslung spricht sie über einen Verliebten, der ihr gegenüber vom Gleichklang ihrer beider Seelen schwärmte. Sie will es sich mit diesem wohlhabenden Herrn nicht verscherzen. Deshalb hat sie ihm nicht verraten, dass er sie sehr langweilt.

Langweile ich Sie?, sage ich.

Nun ja, sagt sie, du unterhältst mich nicht. Du bringst mich nicht zum Lachen. Du beeindruckst mich nicht mit deinem Esprit ...

Esprit?

Witz. Geist.

Ist das Französisch?

Richtig, Blondchen.

Sprechen Sie diese Sprache?

Ich bilde mich, sagt sie, du bist also ein deutscher Junge. Ihr habt den Krieg verloren.

Mein Volk hat gejubelt, jetzt muss es büßen.

Wie erwachsen du klingst. Also, jetzt zu uns beiden ... Wie findest du mich?

Sie sind wunderschön, sage ich.

Du bist geblendet. Das Kompliment gebe ich an meinen Friseur und meine Kosmetikberaterin weiter.

Sie werden beraten?

Eine jede von uns, sagt sie, ich bin also nichts Besonderes. Ich bin noch unschlüssig, ob ich dich in mein Liebesnest locken wollen soll, Blondchen.

Ich verstehe.

Warte hier. Bleib sitzen.

Sie rauscht aus dem Zimmer, ich höre sie im Flur mit Führerin tuscheln: Sie verhandeln bestimmt über die Bedingungen meiner Bloßstellung. Ich rieche an der Troddel, mit der sie gespielt hat, sie riecht leicht nach Haussalbe.

Was machst du da?

Vor Schreck verfehle ich fast das Sitzpolster, ich setze mich gerade hin und erröte. Die Dunkelhaarige schnalzt mit der Zunge, und da ich schweige, sagt sie: Meine Freundin, die sich deiner angenommen hat, sie ist entlastet, weil du kompliziert bist.

Was heißt das?

Sie vermeidet den drohenden Streit. In diesem Haus liebt man die Konversation, den leichten Plausch, das gute Bild.

Wollen Sie sich nicht hinsetzen?, sage ich.

Das will ich nicht, sagt sie.

Wünscht man, dass ich verschwinde?

Noch nicht ... Das Buch, das du am Rücken in die Hose gesteckt hast, was ist das?

Ein Gedichtband, sage ich.

Lies mir etwas vor.

Ich schlage blind auf und lese: Bald machen sie die Bilder zu Gerichten. Dann schlemmen sie. Haben, da sie gerne tunken, gewürzte Nasen. Hochrote Köpfe, da im Essensdampf ihre Schädel garen. Sie stecken, wie sie glauben unbemerkt, den Finger in den angebratenen Reis. Sie erkennen, über die Haarrisse fahrend: Teller zerbrochen, Scherben geleimt. Die Köche bekochen sie, die Wirte bewirten sie, von den Resten werden wir alle satt. Dort, die Mätresse an der hintersten Tafel, dort verlässt die Metze die Gesellschaft, sie bricht das Bild. Hat man nicht für viele Stunden in Töpfen gerührt? Hat man nicht auf parfümierten Reis geviertelte Sultaninen gestreut? Was glaubt sie, was sie tut? Sie flieht, sie sucht im Gelump des Hinterhofs Erholung. Knisternde Schwärze jenseits des Lampenlichts. Endlich können wir die Bildgewordene betrachten: die Reinste unter den Metzen im Lokal? Eine Übertreibung. Was ein Bild, welches Bild, was sehen wir? Eine geschnitzte Maske, mehlbestäubt, ein schlanker Baumstamm, mottengiftgetränkt, flatternder Mantel, von Vogellauten zerschossen, dies ist eine Scheuche. Die Fresser sind satt, die Tischbeine ruhen auf diesem Gemälde auf zerbrochenen Hühnerschlegeln. Das Gelump dringt ein. Betrachtet mich als Maler, ich beiße in meine Lippen aus gezuckertem Teig ... Letzter Vers, letztes Wort.

Gewürzte Nasen, sagt sie, das gefällt mir.

Der Mantel des letzten Mannes, der aufstand und ging, hängt noch am Haken.

Wie bitte?

Dieser Satz steht als Fußnote unten auf der Seite, sage ich.

Herzchen ...

Ja, meine Dame?

Komm mit.

Ein Himmelbett. Eine Schminkkommode: Tiegel. Quasten, Bürsten. Holzbürste mit blonder Perücke. Schwere cremefarbene Gardinen, schwere cremefarbene Tagesdecke. Die Fotografie einer abgewandten Frau an der Wand, durchgebogener Rücken, das Tuch um die nassen Haare zum Turban geschlungen. Zwei Sessel, Holzboden. Ich stehe im Lustzimmer, benenne die Gegenstände, die sie manchmal gebraucht, benenne die Möbel, und als ich es nicht mehr aushalte, sage ich leise: Meine Dame, ich bin unerfahren, ich bitte Sie, mich zu leiten. Und sie lacht mich an, dunkelhaarig ist sie, eine dunkle Stimme hat sie, sie weist mich an: Männer in Strümpfen sind lächerlich. Jackett, Hemd, Unterhemd, ausziehen. Kein einziges Haar sprießt dir aus der Brust, deutscher Junge, du bist herrlich. Schuhe, Strümpfe. Jetzt die Hose, keine Scham, jetzt die Unterhose, keine Scham, Schöner, schau, ich küsse dich, was zitterst du, ist dir kalt, willst du unter die Decke, gedulde dich kurz, schau, ich küsse dich, nicht zittern, warte ein Weilchen, ich ziehe mich aus für dich, schaust du zu, es ist nicht schamlos, ich mag das, komm her, du darfst meine Brüste streicheln, liebst du das, nicht schnell atmen, du hechelst wie ein Wolf, langsam, ins Bett mit dir, es darf doch nicht gleich zu Ende sein, lausche du meiner Geschichte, manchmal nämlich muss ich ... langsam, Schöner ... manchmal muss ich verreisen, die Dame, die diesen Salon führt, du hast mit ihr gesprochen, sie hat mich gelehrt: Es ziemt sich nicht für eine junge Frau, mit schwerem Gepäck zu reisen. Sonst gleicht sie einem Käfer, der eine Mistkugel vor sich hin rollt. Ich halte mich daran, Schöner, gefällt es dir, liege still, hab keine Angst, ein gelernter Liebhaber ist mir nicht lieb, er würde mich durchs Bett schleudern, als wäre ich eine große Stoffpuppe, ich leite dich, keine Angst, nicht zittern, Schöner, leg die Hände an meine Taille, noch nicht, noch nicht, beherrsch dich, denke an etwas Ekelhaftes, wovon wird dir schlecht, Okraschoten, sämig und zerflossen, stell dir den Geruch vor, und male ein Bild wie der Dichter, ja, Schöner, siehst du, siehst du, siehst du, ja, bist du so weit, du bist so weit, schön Schöner, bleib liegen, ich streichele dir das Gesicht.

Danke, sage ich.

Still.

Das habe ich noch nie erlebt, meine Dame.

Bist du erschrocken?, sagt sie.

Ein bisschen.

Ich war auch einmal ein Mädchen.

Sie sind jung.

Jünger als heute. Ein Mädchen war ich, das rote Wollfäden, kurze Fäden, in den Wind hielt und losließ. Am Ufer stand ich, das Wasser schäumte, in der Farbe des nebelblauen Himmels. Und mein Haar, von vielen Nadeln festgesteckt. Rote Fäden, und mein Haar so fein, dass ich glaubte, es würde eines heißen Tages schmelzen ... Du bist ein versteckter Junge. Willst du, dass man dich findet?

Ich halte mich von den meisten fern, sage ich.

Weil sie sich einmischen?

Früher oder später ja.

Unsere Hausfreunde, sagt sie, die meisten sind durchsichtig. Man sieht sie und man sieht sie nicht, es ist zum Verzweifeln.

Aber sie haben Geld.

Reiche Geister ... Wir sind gegangen. Wir sind gewesen. Wir grüßen die Gebliebenen. Kennst du das?

Klagegesang, sage ich.

Die Reinen und die Gläubigen singen das Lied ... Jetzt streichelst du mich, Schöner. Sanfter, so ist es gut.

Sie haben ein Gähnen unterdrückt, sage ich.

Ich bin müde, sagt sie.

Wir ziehen uns an. Ich will ihr einen Kavalierskuss aufdrücken, sie entzieht mir die Hand, sei ein Hausfreund, sei kein Haustier, sagt sie kalt, die Glamourgrazie hat keine Zeit für weitere Liebenswürdigkeiten, Geschäft abgeschlossen und alles getan, wofür sie ihren Lohn empfängt, ich verabschiede mich von ihr, ich verabschiede mich von Führerin: Sie hofft, dass mir mein Gönner noch lange gewogen bleibt. Ihre Worte klingen nach, als ich mich auf den Weg zu Tante Rena mache, wird sie an mir den Duft des Rendezvousmädchens riechen, sie wird ihn riechen. Wie entschuldige ich mich, wie besänftige ich sie? Geschälte Maronen im süßen Sirup. Das Gesellschaftsmagazin. Strumpfhosen. Sie wird die Maronen zerdrücken. Die alte deutsche Dame gibt mir ein Obdach für diese Nacht. Ich werde ihre Hände salben. Rassenbester Hurenbock im Haus der gichtkranken Greisin, sie lehrt mich das Alphabet der Dichtung, und ich laufe höheren Töchtern und Huren nach. Ich bin nicht der, für den sie mich hält. Entratener Arier, Türkenkind.

90. Der Hindernde

Mutter hält das parfümierte Ziertuch unter die Nase, ich bitte den Kutscher, langsamer zu fahren. Die Brunnenfrauen winken uns zu, wir winken zurück, die Frau des Dampfbadbetreibers starrt uns böse an. Sie findet es unziemlich, dass man die Familie des Mannes grüßt, den sie und ihre schwatzhaften Freundinnen für einen Schläger und Schlächter halten. Der Kutscher klopft auf die Hinterbacken der Pferde, Mutter hat ihn hart gerügt, sie hat ihm erzählt, dass Gäule peitschende Seelenquäler geradewegs in die Hölle kommen. Er hält es nicht mehr für nötig, uns mit gebrüllten Weisheiten zu unterhalten, der Kutscher ist wütend, er umgreift den Knauf der Peitsche wie einen Knüppel. Mutter lässt sich davon nicht beeindrucken. Sie zeigt auf Häuser und Felder, sie winkt mit dem Tuch, wenn kleine Jungen der Kutsche lachend hinterherlaufen. Ich habe ihr die Kutschfahrt geschenkt, es frisst sie der Kummer auf. Keine Nachricht von Derya. Minna Hanim meidet sie. Ihre einst beste Freundin Nuriye Hanim, die Dame mit dem tränenden Auge, schickte den Boten zurück, er übergab Mutter einen gefalteten Zettel ohne versiegelten Umschlag. Zwei Zeilen: Meine Tochter und mein Mann nehmen meine ganze Zeit in Anspruch. Weder kann ich dich besuchen, noch ist es mir möglich, dich willkommen zu heißen ... Vater flucht auf den halb blinden Krämer, den besseren Kamelhirten. Wir warten. Sie versucht, das Unheil durch Gebete abzuwenden. Mutter ist eingekerkert, selten sitzt sie im Hintergarten, wir können sie nicht durch Scherze und Geschichten von Sonderlingen aufheitern. Ich halte ihre Hand, ich erzähle vom strengen Direktor, von Frau Schenay mit der Perücke, von Hezro, meinem jüdischen Mitschüler: Er hat das Gerücht verbreitet, dass ich kolorierte Postkarten von Männern und Frauen im Liebesakt verkaufe. Mutter tadelt mich: Bei Gerüchten wüsste der Verleumdete nicht wirklich, wer sich der Verleumdung schuldig machte. Ich müsste mich nur gedulden, der Einflüsterer würde sich bald verraten, sie glaube nicht, dass der liebe Junge Hezro dahintersteckte. Ich widerspreche ihr nicht. Wer ist der Ohrenbläser? Mutter hat recht, ich werde warten, so wie sie auf Deryas Wiederkunft wartet. Sie bittet den Kutscher, auf der Brücke anzuhalten, ich helfe ihr beim Aussteigen, die Angler drehen sich nach ihr um und lächeln zurück. Bald erzählen sie ihr von ihrem bislang größten Fang, und von den amerikanischen und englischen Herren, es sind freundliche Touristen, die es lieben, mit den Anglern an der Brückenbrüstung auszuharren, und gelegentlich das verfilzte Fell der Katzen zu streicheln. Mutter streichelt eine schwarze magere Katze, und als sie wieder auf die Kutsche steigen will, läuft sie ihr nach. Ein Angler sagt: Was sollen wir jetzt tun? Das Tier hat sich in Sie verliebt. Mutter steht auf der Brücke, spricht zu der maunzenden Katze, die sich an ihrem Bein reibt. Mutter hebt sie hoch, setzt sich auf den gepolsterten Sitz, fordert mich auf, sie nicht länger mit offenem Mund anzugaffen. Der Kutscher ist wie verwandelt. Er brüllt: Füttern Sie sie bloß nicht mit Regenwürmern.

Um Gottes willen!, sagt Mutter laut.

Meine kleine Tochter hat es getan. Eigentlich ist sie gar nicht so klein, fünfzehn ist sie. Da legt sie ihr doch zwei lebende Regenwürmer in den Napf.

Und die Katze hat sie aufgefressen?

Hat sie, sagt er, das ist ihr aber nicht gut bekommen. Hat die Stube vollgeschi... Es verdarb ihr den Magen.

Milch und Fleisch, sagt Mutter.

Fleisch ist teuer, liebe Dame. Geben Sie ihr die Essensreste. Nur nicht lebende Tiere vom Garten.

Keine Ameisen und Fliegen, sage ich grinsend.

Mutter klopft mir auf die Hand, sie weiß, dass ich den Kutscher auf den Arm nehme. Wir fahren zum Galataturm, Mutter gibt dem Kätzchen den Namen Nanick. Im Krämerladen besorge ich eine Blechschüssel, die ich auf Mutters Wunsch mit Wasser ausspülen muss. Dann gießt sie Milch hinein, Nanick schleckt die Schüssel leer, ich fülle nach. Die Ohrenspitzen und die hintere linke Pfote sind weiß gepunktet. Mutter Eva, die Katzenmetzgerin. Man hat sie und ihre Beihelferin Schwester Gülfem weggesperrt, wir müssen Nanick nur vor den wilden Hunden schützen. Jetzt hängt sie über Mutters Schulter, schnüffelt an ihrem Hals.

Ich war lange nicht hier, sagt Mutter, danke, Sohn.

Magst du gewürztes Gekröse essen?, sage ich.

Ich bin satt. Außerdem würde ich alles an das Kätzchen verfüttern ... Wer sind diese Leute?

Streuner und Schwänzer.

Und die Zerlumpten dort hinten?

Wir haben sie auch bei uns, sage ich, Vergiftete, Giftsüchtige.

Alte junge Männer.

Ja, Mutter.

Es nimmt mit uns ein böses Ende.

Ist etwas geschehen?

Im Viertel geschieht das, was jeden Tag geschieht, sagt sie, wir verwesen bei lebendigem Leib.

Du bist schwermütig, sage ich, Derya ist wohlauf, glaube es mir.

Politik, ruft sie, musste sie sich einmischen? Nun jagt man sie wie den Hasen auf dem Feld. Legt die Flinte an, drückt ab. Dies Land ist mein Land, dies Land ist gottgesegnet. Aber die Herren, die alten und die neuen, ich verfluche sie. Junge Männer, sie vergreisen, schau sie dir an! Es sind Menschensöhne. Und meine Tochter? Ich kann sie nicht umarmen. Wieso nicht? Weil sie vor den Herren fliehen musste.

Ist sie eine Bolschewistin?, ruft der Kutscher.

Und was, wenn sie es wäre, Herr?

Moskaus Knechte, zischt er böse.

Du glaubst den Märchen, sagt Mutter, du musst dich bilden.

Ich lese im heiligen Buch.

Es weist uns den Weg, gelobt sei der Herr. Im Glauben gibt es keinen Zwang, hast du das gelesen?

Hab ich, liebe Dame.

Wenn es also für den Glauben gilt, um wie viel mehr gilt es auch für die schmutzigen Geschäfte der Herren.

Das eine ist das eine. Das andere ist das andere, sagt der Kutscher und wendet sich ab.

Kubilay und Manolya, sie hat sich bei ihm untergehakt, ich sehe sie, er sieht mich, er sieht Mutter. Sofort läuft er in unsere Richtung, hält seine Verlobte fest, sie stolpert hinter ihm her. Dann steht er vor uns, starrt und schweigt.

Ich grüße dich, mein Sohn, sagt Mutter.

Sie haben keinen Sohn mehr, sagt er, er liegt unter der Erde.

Hund, sage ich.

Lass ihn, Wolf. Er verweigert mir den Gruß, er wird einen Grund haben.

Ihr Mann. Abdullah. Der Grund.

Für dich ist er Herr Abdullah, sage ich.

Ich langweile mich mit diesen Leuten, sagt Manolya, du hast mir versprochen, dass wir uns vergnügen.

Kauft er dir Zuckerwatte?

Halt's Maul, Arier.

Du sprichst nicht wie ein Schweineknecht von meiner Mutter.

Mutter?, sagt Manolya, ist diese Frau wirklich seine Mutter?

Nein, das bildet er sich nur ein.

Wer bist du, Junge?, ruft der Kutscher, der hinzutritt, er hält die Peitsche am Griff fest, er hat große Lust auszuteilen. Wir tragen dünne Schönwettermäntel, deren Säume sich wellen. Die Bäuerinnen werden in Scharen zu den Heiligengräbern strömen, in zerschlissenen Überwürfen. Die alten Kinder schnüffeln Gift in Kugeln, in den Schatten in Reichweite, und Manolya, in deren Nähe ich verblasse, die giftig Schöne will von alledem nichts wissen, wir bedeuten ihr nichts. Sie wird bald in der französischen Pastetenbäckerei sitzen, bei einem Teller pralinengroßer Zuckerteigstücke, und der Tschetschene, halb Bosheit halb Luft, hält sie mit den neuesten Sensationen aus der Gazette bei Laune. Wie bist du entraten, Kriegerkind, Sohn des Ludengenerals, dass du bunt lackierte Gestelle unterhältst? Nimm dein Mädchen und hau ab, Hund, sage ich, sonst schlitz ich euch. Mutter und der Herr Kutscher werden es bezeugen: Ich wehrte mich gegen einen Bergbanditenspross, der uns bedrohte. Ich bezeuge es, sagt der Kutscher laut und lacht sie böse an. Kubilay weicht. Er fährt wild in den Haufen der alten Kinder. Er verflucht sie. Die Verlobte zerrt ihn in die Seitengasse.

Auf der ganzen Rückfahrt hat Mutter einen heftigen Schluckauf. Es schüttelt auch Nanick, das zweite aufgenommene Tier, wir können Batur nicht ersetzen, er war Fleisch, wir sind Pappe und Plastik. Der Kutscher lobt mich als wahren Teufelskerl mit echten Lungen und echtem Maulwerk.

Er traut mir zu, Kadaver ins Leben zu klopfen, mit Fausthieben und Zaubersprüchen. Mutters gestauchter Leib neben mir, habe ich sie beschämt, ich habe sie beschämt. Könnte ich singen, würde ich sie mit einem dummen Lied aufheitern: Es ist mir recht geschehen, dass mir nach meinem Sturz der Schädel barst. Nur Gott und der bleiche Mond, sie allein wissen, dass du mein Liebchen warst ... Wo ist Vater? Bei den letzten Männern, die zu ihm halten, die ihn schützen gegen Schergen und Meuchler, gegen den Einäugigen, der Vater verraten hat. Die Katze hüpft auf meinen Schoß, ich kraule sie zwischen den Ohren, die wie Heuschreckenfühler zucken. Ich spreche von dem Gold, das die Fürsten und Prinzen Byzanz' im Meer versenkten, aus Angst vor des Sultans Janitscharen. Lüge der Christen. Die Lügen der Juden, die Lügen der Moslems, schriebe man sie auf, die Bücher würden die Regale aller Büchereien der Welt füllen. Mutter lächelt mir zu, dann sagt sie: Wir lügen alle, und wir werden vom Teufel belogen. Sohn, nimm dich in Acht vor diesem Jungen. Ich muss ihr mein Wort geben, dass ich nicht zum Messer greife, auch wenn er mich reizen sollte. Sind die Kämpfe ausgefochten? Drohen wir nur noch, die strahlenden Kinder der Republik, und ölen das Eisen, reiben das Metall auf Glanz? Ich bleibe stumm, Mutter denkt nach, es wäre unangemessen, sie zu stören. Vor unserem Haus setzen wir Mutter ab, es gibt zu Abend Reis und Bohnen, ich werde mich nicht verspäten. Sie will aus alten Stoffresten einen Schnürbeutel für Nanick nähen. Man kann sie dann bei Spaziergängen durch das Viertel in den Sack stecken, ihr Kopf würde hinausragen, sie wäre sicher vor Hund und wildem Getier. Die fette Herrin, hat sie schon Nanicks Witterung aufgenommen? Mächtige Welt! Vor Schreck sind mir diese Worte entfahren, Mutter erstarrt und flieht ins Haus, der Kutscher klopft dem Gaul auf die Hinterbacke.

Die Fahrt ist zu Ende, sagt er.

Fährst du am Friedhof vorbei, Herr?

Wieso? Willst du die Totenvögel aufscheuchen?

Ich bete am Grab meines Bruders, sage ich.

Woran starb er?, sagt er.

Das Herz blieb ihm stehen. Er war noch ein Kind.

Friede seiner Kinderseele … Dir ist wohl ein arger Feind zugewachsen.

Ja, Herr.

Mir fiel es wieder ein, sagt er, ich kannte seinen Vater. Lebt der noch?

Er lebt.

Übler Schinder. Sein Ältester, verflucht sei sein Name, hat mir zugesetzt.

Wie das?, sage ich.

Ich fahr dich zum Brudergrab. Dafür schwörst du auf seine Seele, dass du es für dich behältst. Das, was ich dir verrate.

Ich schwöre.

Eines Tages, ich hör Gejohle von Knaben, ich greif zur Peitsche, stürme in den Stall. Große Sünde, ich war gelähmt. Ein Hocker, auf dem Hocker ein Junge, er drückt sich gegen den Arsch der Stute, er klatscht immer wieder dagegen. Du verstehst, was er macht?

Ich verstehe, Herr.

Fünf Knaben schauen zu und feuern ihn an. Den, dessen blanker Arsch vor meiner Nase glänzt. Der Hundesohn, dessen Name ich nicht ausspreche, steht da wie eine lebende Leiche. Ich peitsch den Stutenklatscher, ich peitsch seinen Arsch. Eh ich mich verseh, hat Hundesohn mir die Peitsche weggenommen. Er sagt, er sagt es so leise, dass ich heute noch nicht sicher bin, ob ich ihn richtig verstanden habe, er sagt: Jetzt ficke ich dich mit der Gerte.

Scheitan Kaytun, sage ich.

Ruf ihn nicht herbei, ruft der Kutscher, verdammt noch mal … Meine Peitsche in seiner Hand, der Tierschänder winselt am Boden, ich bin allein mit all diesen sündigen Irren, ich denke: Du stirbst jetzt. Und man findet dich, gepfählt und geschunden.

Was geschah dann, Herr?

Hundesohn roch meine Angst, sah die nasse Hose, das genügte ihm. Da tat er etwas, wofür er ewig brennen soll … Er steckte schnell drei Finger in den Arsch meiner Stute, roch daran, rieb die schmutzige Hand an meinem Arm ab, ging pfeifend davon. Ich rührte mich nicht.

Verrotten soll er, sage ich leise.

91. Der Schaden Zufügende

Der Kutscher setzt mich am Friedhof ab, ich verspreche ihm erneut, sein Geheimnis nicht zu verraten. Kaytuns schwarze Seele. Kaytuns Schandtaten. An Schreinen treffen sich heimlich Schläger und große Brüder, und sie schwören die Jungen auf den bösen Hundesohn ein, sie erzählen: Er, dessen Namen wir aussprechen, sorgte für Zusammenhalt. Schaut euch an, das Viertel, und die Männer des Viertels: Kakerlaken, zweibeinige Maultiere, Memmenherzen ... Die Jungen prüft man nicht mit dem fingerbeißenden Messer. Sie müssen lebende Ratten erwürgen. Mädchen den Rock aufschlitzen, sie in den Staub oder in Schmutzwasserlachen stoßen. In ein Haus einbrechen und sich im Wohnzimmer auf dem Teppich entleeren. Dies sind die Übungen der Jünger von Kaytun, dem Verderbten. Am Grab meines Bruders Batur bete ich das Vaterunser, ich öffne die Hände wie ein Moslem und spreche ein christliches Gebet. Vater Franz würde mich deswegen tadeln. Fremde Einflüsse, das Gift des fremden Landes, Mongolenverse zum Ruhme eines Gottes, der mit dem blonden blauäugigen Jesus nichts gemein hat. Der Streber Hezro und der einstige fünfte Finger einer Hand Igor haben sich mit mir gestritten: Judenheiland gegen den Araberpropheten, Strahlenkranz gegen Wüstensand, das Alte und das Neue Testament gegen das heilige Buch der Muselmanen. Jude und Christ, sie verbanden sich, und sie warfen mir vor, dass ich mohammedanisiert sei. Ich bin mit fünf Jahren in mein gesegnetes Viertel gekommen, sie aber sind hier geboren. Verschlossene und Verdrossene habe ich sie geschimpft, Moses- und Jesusbengel, elende kleine Bürger, die den Pfaffen den Saum küssen. Sie lachten mich aus.

Hinaufgefahren in den Himmel ist das Kind, sagt Schecho und tritt von seinem Versteck hinter der Platane hervor.

Unser Vater hat ihn aufgenommen, sage ich, wie geht es dir?

Wer fragt das? Der Siebentürmler, den ich kenne, würde es nicht tun.

Ja, lieber Herr.

Hat der Ackergaul während der Kutschfahrt geschnaubt?

Hat er, sage ich.

Kennst du den Grund?

Bremsen umschwirrten ihn.

Pferdeschweiß, sagt Schecho, guter Geruch, lockt auch mich an.

Daran liegt es nicht.

Du glaubst, der Gaul ist unglücklich?

Über Ali, seinen Besitzer. Der hat ein loses Handgelenk.

Seid ihr Freunde?, sage ich.

Wir leben beide im Viertel, das reicht aus ... Ich hab dich gesehen, Süleyman, du schleichst dich an wie zehn Kriegsveteranen.

Das stimmt nicht, sagt der Nasenlose. Er klopft Staub und Erde von den Kleidern, dann mustert er mich, schnaubt wie der unzufriedene Ackergaul des Kutschers Ali. Er sieht an mir Zeichen der Verweichlichung: Die Narben verblassen, und mein Gesicht gleicht einem Strauß verwelkter Nelken.

Schecho lacht über die Worte des Nasenlosen.

Das sagt der Richtige.

Was soll das heißen?

Gesichtsgeäst, sagt Schecho.

Verstehe ich nicht.

Düngst du deine Ohren? Es wachsen dir Zweige, es wachsen dir Äste aus den Läppchen.

Stimmt das, Arier?, sagt der Nasenlose.

Ich enthalte mich, sage ich.

Was tust du?

Ich will mich nicht dazu äußern, lieber Herr.

Aus Feigheit?

Gut, sage ich, es stimmt, man sieht deine Ohrläppchen vor vielen Haaren nicht.

Und was schlägst du vor?

Schneiden schlägt er vor, sagt Schecho, die Läppchen. Oder die zweigdicken Borsten. Die Leute, sie würden dich nennen den Nasenläppchenlosen.

Schluss damit. Arier, was geht vor im Istanbuler Jenseits?

Ich erzähle von meinen Glaubenskämpfen mit Hezro und Igor. Scheingefechte. Ich erzähle von dem Tschetschenensohn, dessen Hass ich nicht achte. Er spricht von Kurde Memets Kämpfen, der Herr des Stammes der Schlammblütler im Viertel Olivenhorn treibt die großen Brüder an, sie sind besonders wachsam, und haben wieder zwei Schergen gefasst. Was ist mit ihnen geschehen? Frag nicht, sagt der Nasenlose, wir kennen die Antwort, aber wir schweigen. Der Tschetschene verlässt nicht sein Haus, die Wächter werden gut bezahlt, man kann sie nicht bestechen. Er hat sich mit den Kommissaren seines Viertels gut gestellt. Was heißt das? Sie bekommen heimlich teure Geschenke: Wein, Schnaps, Importzigaretten, Liebesnächte in Rendezvoushäusern. Der Nasenlose schaut mich streng an, er nickt Schecho zu.

Du wurdest gesehen, sagt Schecho.

Ihr überwacht mich?, sage ich.

Wir schützen den, der zu uns gehört.

Akkan Bey, sagt der Nasenlose, Mann von Ehre. Nie ist er wortbrüchig geworden. Er gehört nicht zu uns. Er gehört nicht zu den anderen. Er gehört sich selbst. Ich habe ihn nicht anzuzweifeln.

Er hat für mich bezahlt, sage ich, ist das falsch?

Ist es richtig, mit einer teuren Hure zu schlafen, Arier?

Also habe ich einen Fehler gemacht?

Drei aufeinanderfolgende Fragen, sagt Schecho, mir zerspringt der Kopf. Freund Süleyman mahnt dich. Der Tschetschene, er hat Gold und Geld. Er könnte zur Puffmutter gehen. Er könnte sie beschenken. Er könnte dem Mädchen, das dich beglückte, drohen. Sie wissen, ein Wort von ihm genügt, und die Kommissare schließen das Haus.

Lässt er mich beschatten?

Ein Lümmel der Fragen bist du geworden. Meine Antwort: Vielleicht ja, vielleicht nein.

Das war dein erstes und letztes Mal, sagt der Nasenlose, dies Haus betrittst du nie wieder.

Ich bin nicht gefährdet.

Fern von deinem eigenen Haus, nah bei Schaden, sagt Schecho, es wird Zeit.

Wir machen uns auf den Weg ins Fremde-Türken-Viertel. Ich frage nach Neuigkeiten. Schükran Hanims Lieblingswort lautet: Scharlatanerie. Abgelauscht, vom Glanzblatt eines Gesellschaftsmagazins abgelesen, von den Lippen einer Dame von Rang abgeschaut. Scharlatanerie. Das ist das tägliche Anstehen am Brunnen, im Laden des eingebildeten Einäugigen, in der Metzgerei. Scharlatanerie ist das Wangenküssen der niedergestellten Frauen, wenn sie sich auf der Straße begegnen. Sie hat der Frau des Dampfbadbetreibers und dem Eheweib des Schreiners das Lippenabreiben an ihrer Wange verboten. Die Frauen, sie gehen nach den Moden der

Zeit, sie können eine bunte Schärpe umhängen, sie können aber auch Haare und Augenbrauen blondieren, oder Hosenanzüge tragen wie Männer: Der Nasenlose ist darüber zerknirscht, er gibt zu, immerzu überrascht zu werden vom Ungestüm der reifenden und gereiften Mädchen.

Der Diener führt uns in den Garten, Hakko Bey kommt uns entgegen, er erklärt uns die Regeln: Zwei Parteien sind eingeladen, dies ist eine Anhörung, Flüche, Beleidigungen und Gewaltausbrüche haben den sofortigen Abbruch zur Folge. Auf seine Bitte hin legen wir Messer und Spießdorne auf einem Ziertisch ab, ein Wächter eilt herbei, trägt den Tisch in die Abseite. Zwischen den Marmorstatuen, an der gedeckten Tafel, sitzen und stehen Vater, Seyfettin Bey, Minna Hanim, Hristo und ein großer Bruder der Gegenseite. Es halten sich in der Nähe kräftige Kerle bereit, sie werden bei einem Zeichen ihres Herrn Hakko eingreifen. Vater hat bestimmt auf meiner Anwesenheit bestanden, sonst hätte man mich bei dieser Zusammenkunft der mächtigen Männer und der mächtigen Frau nicht geduldet. Ich grüße sie, sie grüßen lustlos zurück. Vater küsst mich auf die Stirn, er besteht darauf, dass ich ihm zur Rechten sitze. Minna Hanim nickt, sie hat verstanden: Wir sind eine Kraft und ein Blut. Die Gläser werden mit Tee oder selbst gemachter Limonade gefüllt. Hakko Bey entlässt die Diener, lächelt allen Anwesenden zu. Seyfettin Bey hat mich gebeten, das Wort zu führen. Ich spreche also auch in seinem Namen. Er wird sich selbstverständlich äußern, wenn er es für notwendig erachtet. Sie haben meiner Bitte entsprochen, ich danke ihnen. Wir werden eine Angelegenheit aus der Welt schaffen. Worum geht es? Um die Entzweiung. Um die Spaltung. Um die Unruhe im Viertel. Die Siebentürmler sind aufgebracht. Sie schlagen sich auf die eine oder andere Seite. Es droht Gefahr von außen, und was tun wir? Wir springen einander an die Gurgel. Das ist nicht hinnehmbar. Minna Hanim, ich bitte Sie als Erste, uns zu erzählen, was Sie bekümmert.

Abdullah Bey ist der Quell meines Kummers, sagt sie.

Und weshalb?

Ein Gebieter ist er geworden. Wir sollen vor ihm kuschen. Wir sollen ihm den Rang nicht aberkennen.

Welchen Rang, Dame?, sagt der Nasenlose.

Den Rang des heimlichen Herrn.

Entrichten Sie ihm … Schutzgelder?, sagt Hakko Bey.

Das fehlte noch!

Also nicht. Bedroht er sie? Fügt er Ihnen Schaden zu? Bespricht er sich mit Konkurrenten?

Konkurrenten?

Nun ja, Ihr Mann ist Arzt.

Zahnarzt!, ruft Minna Hanim.

Also Zahnarzt. Abdullah Bey könnte beispielsweise Männer und Frauen mit Zahnweh davon überzeugen, einen anderen Arzt aufzusuchen.

Ausgeschlossen. Wer hört schon auf einen Eisenbahner?!

Ich stelle fest, sagt Hakko Bey, dass die Geschäfte Ihres Herrn Gemahls weiterhin gut laufen.

Das liegt an seinem guten Ruf.

Natürlich. Was genau werfen Sie Abdullah Bey vor?

Ich will mich nicht wiederholen müssen.

Bislang habe ich nichts Substanzielles vernommen.

Was heißt das?, sagt Schecho leise.

Bislang nur Geschwätz, flüstere ich.

Das habe ich gehört, ruft Minna Hanim, gerade wurde ich von … diesem Arier beleidigt. Machen Sie Ihre Drohung wahr, Herr Hakko. Werfen Sie ihn hinaus.

Wolf hat das Fremdwort in ein verständliches Wort übersetzt, sagt Seyfettin Bey, ich sehe keinen Grund, ihn des Hauses zu verweisen.

Richtig, sagt Hakko Bey, beruhigen Sie sich bitte. Hristo Bey?

Meine Kneipe ist an guten Tagen gut besucht. Es hat sich nichts verändert.

Wurde ein Gartenzaun eingetreten? Wurden Fenster eingeworfen? Hat man Kehricht in einen Vorgarten gekippt? Und glaubt man, dass Abdullah Bey oder einer seiner … Mitstreiter dahintersteckt? … Nein? Sie schweigen. Abdullah Bey?

Ja, Herr Hakko.

Die Dame unterstellt Ihnen einen gewissen Ehrgeiz. Sind Sie nicht der, der Sie zu sein vorgeben?

Ich bin Eisenbahner, Minna Hanim hat es festgestellt. In der Vergangenheit ist es tatsächlich zu Kämpfen und Zusammenstößen gekommen. Der Kommissar ist davon unterrichtet.

Was ist mit Yorgo?, ruft sie, er hatte sich in deine Tochter verschaut, der dumme Kerl. Und dann aber lag er in seinem eigenen Blut.

Der Fußsoldat eines Giftmischers, zischt der Nasenlose, du weißt es, Frau.

Er machte einen Fehler, sagt Minna Hanim.

Und büßte mit seinem Leben, sagt Vater, sein Tod gehört zur Geschichte unseres Viertels.

An deinen Händen klebt sein Blut!

Er hat sich selbst gerichtet, meine Dame, sagt Vater.

Mörder!

Seyfettin Beys Faust kracht auf den Tisch, sein halb volles Glas fällt ins Gras, die Schläger springen herbei und ziehen sich aber sofort wieder zurück, als Hakko Bey sie in die Schatten scheucht. Wir schauen Herrn Seyfettin an: Er ist zornrot angelaufen, er lässt eine kurze Zeit verstreichen, bevor er das Wort ergreift.

Hristo, habe ich in all den Jahren die Miete erhöht? Habe ich einen größeren Anteil an deinem Gewinn beansprucht?

Nein, Herr, dafür bin ich …

Minna Hanim, habe ich Sie und Ihren geschätzten Mann je bedrängt? Ich bin der Eigentümer des Hauses, in dem Sie wohnen. Mir gehört auch das Haus, in dem Herr Zawen seine Praxis unterhält.

Wir wissen das zu schätzen, sagt Minna Hanim kalt.

Ist es nicht so, Hakko, dass du in deiner Großherzigkeit den Herrn Zahnarzt deinen wohlhabenden Freunden empfiehlst?

Ja, das tu ich.

Schön, sagt Seyfettin Bey, das hat hier und jetzt ein Ende.

Sonst geschieht was?, sagt der große Bruder.

Bist du nicht der Vetter des Schreiners?

Das bin ich.

Ich kenne ihn als einen Mann, der Umgangssitten achtet. Was redest du, statt zu schweigen? Wolf hat sich nicht eingemischt. Zählte ich seine Narben, käme ich auf mehr verheilte Wunden als bei dir.

Diese Tafel ist aufgehoben, ruft der große Bruder zornig, was soll ich mich hier noch aufhalten?

Dann geh, Kerl!

Ich verstehe, sagt Minna Hanim, ich verstehe wohl, was man uns andeutet.

Sie werden aufhören, zu hetzen, meine Dame. Kehrt nicht der Friede ein in unser Viertel, räum ich auf. Ich schlage hart zu. Ich fege euch alle weg. Ist das klar?

Ja.

Die Armenierin fasst an das Kreuz an der Kette, als wolle sie den Heiland gegen die Heiden bemühen. Ihr Mann hält sich aus allen Händeln heraus, sie wird ihm berichten. Hristo muss alle Feinde meines Vaters abweisen, sie werden sich an einem anderen Ort treffen. Wie nimmt es der halb blinde Krämer auf, dass er verloren hat? Bittet er für die letzte Schlacht um den Beistand des Tschetschenen? Er schreckt davor zurück, ich bin mir sicher. Minna Hanim hat den Kampf verloren, das Kreuz auf ihrer Brust pendelt aus, sie steht auf, der große Bruder steht auf. Hristo bleibt sitzen. Ein verdammter Abtrünniger, flüstert sie, das ging schnell, Grieche. Sie gehen grußlos davon.

92. Der Vorteil Gebende

Hakko Bey bestellt einen Diener, der wenig später Hristo ein volles Schnapsglas hinstellt. Er trinkt den Schnaps in einem Zug aus, er hustet nicht, seine Augen tränen.

Sie ist geschlagen, sagt er.

Was ist mit dir?, sagt der Nasenlose, du gehörst zu ihrer Meute.

Kurzer Traum. Jetzt bin ich aufgewacht.

Es hängt dir ewig an, der Verrat, sagt Schecho leise.

Hart bist du, Kurde, sagt Seyfettin Bey, und hart sprichst du zu ihm, dem reuigen Wirt. Du musst mich nicht fürchten, Hristo.

Ja, Herr.

Die Freundschaft ist zerbrochen, sagt Vater, ich kann nicht mehr zu dir kommen.

Ich weiß.

Ein Trinker bin ich nie gewesen, sagt der Nasenlose, würde ich mit dem Trinken anfangen, miede ich deine Kneipe, Grieche.

Wir stehen auf, Hristo bleibt sitzen. Hakko Bey verabschiedet Vater nicht besonders freundlich. Langsam gehen wir durch die Gassen, ein jeder von uns denkt nach: Was ist wahr, und was ist falsch? Seyfettin Bey setzte Vaters Feinde unter Druck, nahm mich in Schutz. Er verstellte sich nicht, es sollte jeder sehen, auf wessen Seite er steht. Wer ist Vater? Einer, der es aushält. Einer, der die Leibbinde festzurrt, und der an manchen Tagen den Ahnensäbel küsst. Derya, die Vermisste, hat darüber gelacht, sie nannte es: Kuss des gebeugten Kriegers ohne Krieg. Wer ist Vater? Ein Finger ohne Hand, das ist er. Im Traum ist er mir erschienen, jappendes Fischmaul einer gegen die Felsen geschmetterten Makrele, mit einem solchen Mund sprach er, ich verstand kein Wort, weil die in Sacktücher gehüllten Seelen schnatterten und kehlige Hymnen sangen, hinter mir, ich hörte sie, die dicht gedrängten Leiber ohne Leib, Seelen ohne Seele, ich drehte mich zu ihnen um, und eine Frau trat hervor, ich erkannte sie, es war unsere Frau Grundschullehrerin, Ebru Hanim, wie haben wir sie geliebt, wie haben wir geweint, als wir die Gehenkte in der verfallenen Hütte fanden, geliebte junge Dame Ebru, sie trat hervor, zwei tote Reiher auf ihren Schultern, sie hingen kopfüber herab, die Hälse schlackerten bei jedem Schritt, den sie tat, sie küsste das Fischmaul und Vater umschlang sie, ich sah sie auf den Sand aus funkelnden Gebetskettenperlen sinken, ich sah sie in der Liebe vergehen, und ich lief ins schäumende Wasser, schwamm nah am Ufer, schwamm nah an den Liebenden. Mächtige Welt, mächtiges Wasser, mächtiger Leib. Jetzt schaue ich Vater an: Seine Kraft, sein Blut, seine Worte. Wie konnte er Hakko Bey überzeugen? Er spielt in den dunkelsten Schatten, er sorgt für Helligkeit und Verfinsterung. Eisenbahner, alter Siebentürmler, Bewahrer der Sitte, dass böses Blut fließen muss.

Haben wir gesiegt, Vater?

Sieg?, sagt er, sie sind gebrochen, wir sind gebrochen. Denn was eins war, zerbrach in Stücke.

Das störrische Weib hat sich beherrscht, sagt der Nasenlose, ich lobe ihre Kraft.

Kräftig sind die Reichsten, ruft Schecho, sie haben sie niedergezwungen.

Wolf?, sagt Vater.

Ja, Herr?

Du hast begriffen?

Ich weiß weniger als vor einer Stunde, sage ich.

Arier wird weise, sagt Schecho und lacht.

Du wusstest, wie es ausgeht, Vater.

Ich wusste es, sagt er.

Hakko Bey ...

Ein feiner Herr. Er braucht keine Belehrung. Ich habe mich nicht mit ihm abgesprochen.

Minna Hanim wird erzählen: Abdullah Bey ist mächtiger als das Geld.

Das wird sie, sagt Vater, morgen schon wird man jedem von uns Wasser aus Kupferkaraffen auf die Hände schütten.

Ich habe saubere Hände, ruft Schecho, ich kraule Hunden und Katzen das Fell. Danach wasche ich mich. Arier, wir jubeln nicht, und du wunderst dich. Feind wie Wachs zerschmolzen, vor unseren Augen. Bitter ist der Sieg. Als er verreckte, der, dessen Namen ich nicht ausspreche, habe ich getanzt, auf dem Feld von Süleyman ...

Du hast geflackert wie der Schatten der fetten Herrin, sagt der Nasenlose, ein schrecklicher Anblick.

Ich tanzte vor Freude. Mit Hristo habe ich kein Mitleid. Aber die Dame, sie rieb am Christentalisman. Sie rieb und rieb, und der Himmel brach aber nicht auf. Großer Kummer.

Und der Krämer?

Keine Rache, sagt Vater.

Hat eine Tochter, die Nasen umdreht. Später, als junges Mädchen, wird sie dem Jüngling nach dem ersten Kuss an die Nase packen.

Vater besteht darauf, er will der Erste sein, er will Minna Hanims

Boten zuvorkommen. Als wir seinen Laden betreten, schaut er von der Kaffeewaage auf, nach einem flüchtigen Blick gibt er dem Lehrling frei: Kehr in einer halben Stunde zurück. Tändle nicht, sonst werde ich ungnädig.

Er wartet, legt Papiertüte und die kleine Schaufel weg, er sagt: Abdullah.

Es ist das letzte Mal, dass ich dich aufsuche, Einäugiger, sagt Vater.

Ist es so weit?

Wofür?

Du kommst mit deinen ... Schergen. Das ist ein Zeichen.

Wir töten dich nicht. Wir werfen keine Bohnensäcke um. Wir drohen dir nicht. Ich sage: Es ist entschieden, es ist vorbei.

Für mich?

Vor allem für dich.

Die Armenierin hat nichts gewirkt.

Sie ist die Beste von euch Eseln, sagt Vater, ich rühme ihre Kraft.

Und jetzt?, sagt der Krämer.

Ich spucke auf dein verrottetes Herz, Verräter. Stirb einsam und von Gott verlassen.

Bevor wir uns abwenden, von ihm und den Delikatessen aus Schweinefleisch, den verbotenen Würsten, den verbotenen Salamischeiben, von seinen Feigensäcken, von Mehl und Zucker, von seinem teuren Importkäse aus den kultivierten Zonen des Westens, von Kaffee und Tee in kleinen Schubladen, sagt er: Das sollst du wissen, dich hab ich gehasst, Gesindelsultan, immer gehasst. Hab gewünscht, dass mein Schnaps dich vergiftet. Dass meine Luft dich erstickt. Ich bete für Kaytuns Seele, bin nicht der Einzige, morgen noch zimmere ich einen Schrein, knüpfe Knoten aus festem schwarzen Garn, und lege sie als Dankesgabe ab ...

Und Vater lacht, wir wenden uns ab, kehren dem Blinden den Rücken zu, und Vater lacht schallend in den Gassen, er muss die Leibbinde lösen, die ihn beim Lachen schnürt, und als sie uns kommen sehen, die Brunnenfrauen, weichen sie auf die Felder, dort stehen sie, halten die flache Hand vor den Mund, um den Atem einzufangen. Abergläubische sind sie, die sich schützen vor dem Unheimlichen, und der Unheimlichste wäscht sein Gesicht, ist es Wasser, das vom Kinn tropft, ist es Schweiß, der von der Stirn spritzt, Vater ängstigt die jungen Frauen, und doch müssen sie ihn anstarren: einen Mann in seiner heitersten Verrücktheit. Dann lacht er wieder, atmet tief durch, er nennt den Krämer ein Kind, das Knotenpuppen macht, dieser Mann spielt, er hat Frau und Tochter, und seine Geschäfte, und doch spielt er das Spiel der kleinen Hexer, die Moos von der Wand der Kurdengrotten kratzen, und mit Fingernägeln eines Gehenkten in der Erde verscharren, auf dass die dunkle Macht sie durchdringe. So tief ist er gesunken, der Halbblinde, so schlimm steht es um den Kerl. Schecho und der Nasenlose, auch sie weichen vor Vater, dem Unheimlichsten, denn sie wissen: Sein Hass allein wird den Krämer brechen. Wer ist Vater? Er empfiehlt, er befiehlt.

93. Das Licht

Nach dem Essen, ruhelos im Hintergarten, ich laufe im Dunkeln auf und ab, der leere Hühnerstall, das kleine Gemüsebeet, die Felder hinter der mannshohen Mauer, nichts lenkt mich ab, nicht die Verse des Poeten, nicht das Knochenspielzeug, das mir die vermisste Derya schenkte, auf und ab, bis ich es nicht mehr aushalte, ich muss es tun. Mutter wickelt mir den Strickschal um den Hals, sie setzt mir die Mütze auf, deren Krempe entzweigebrochen ist, der Stoff hält die Stücke zusammen. Klopfe das Zeichen, flüstert sie, und ich werde wissen, dass du es bist, der vor der Tür steht. Ich stürme zum Belgradtor, Männer und Ratten in Löchern und Verstecken, ich laufe an ihnen vorbei, die Hand am Messer, ich bete still, ich singe lauter und vertreibe die Angst. Der kleine Hügel im Nachtnebel, ich bleibe im Schlamm stecken, treibe mich vorwärts, ich bete still, ich fluche lauter, und endlich bin ich an ihrem Gartentor, es brennt Licht im Haus der Fünfsünderin. Ich klopfe und warte, ich klopfe wieder und warte. Ihr Gesicht am Fenster, ihre Hand an der aufgezogenen Gardine, sie schaut mich an, zieht die

Gardine zu, ich klopfe und warte, bis sie den Riegel zurückschiebt, die Schöne vom Hohen Hain steht in der Tür, harte Augen, vor Wut gerötete Wangen, ich sage: Dame Perihan, ich habe kein Geschenk, um dich zu bestechen. Ich achte nicht auf die Gerüchte. Ich komme nur zu Besuch.

Hast du getrunken?, sagt sie.

Nein.

Ein Kerl nachts an meiner Tür. Du belästigst mich, Junge.

Ich habe Nüsse und Rosinen in den Taschen, sage ich.

Ja, und?

Lass sie uns zusammen essen.

Ich beherrsche mich, um dich nicht anzuspucken, sagt sie.

Spuck mich ruhig an.

Geh weg.

Dulde mich so lange, bis wir die Nüsse und Rosinen aufgegessen haben, Dame Perihan.

Sie zerrt mich am Ärmel hinein, zeigt mir meinen Platz am Boden, ich setze mich auf das Polster, sie reicht mir einen Kupferteller, ich schütte die frisch gerösteten Nüsse und die Rosinen aus den Papiertüten, sie nimmt auf dem Polster mir gegenüber Platz, ich warte, bis sie zur Schüssel greift, ich warte, bis sie die Nuss und die Rosine im Mund zermahlen hat, erst dann beginne auch ich, zu essen.

Hast du wieder dein Buch dabei?, sagt sie.

Nein, Dame Perihan.

Liest du keine Gedichte mehr?

Doch, sage ich, ich bin aber nicht gekommen, um dir ein Gedicht vorzulesen.

Weswegen bist du hier?

Bin ich für dich ein abstoßender Kerl?

Ja, sagt sie, das bist du.

Warum stoße ich dich ab?

Ich rufe dich nicht. Du erscheinst.

Ja, das stimmt, sage ich, hasst du mich deswegen?

Ich vergeude meinen Hass nicht für einen Kerl … Was gibt es da zu grinsen?!

Schöne Worte.

Ich beschimpfe dich, und es gefällt dir?, sagt sie.

Es macht mir nichts aus.

Du glaubst, du bist stark?

Nein. Hab Kämpfe verloren.

Sie waren stärker als du?

Ich war dümmer als sie, sage ich.

Leer den Teller. Täusch mich nicht. Verzöger nicht deinen Abschied.

Dame Perihan, sage ich.

Iss, sagt sie, hab noch zu tun.

Du bist schön.

Iss, verdammt noch mal.

Ich will bei dir sein, sage ich.

Meine Wange brennt von der harten Ohrfeige, ich schaue sie an, sie wendet den Blick nicht ab. Dann steht sie auf, füllt einen Zinnbecher mit Wasser, stellt ihn vor mir auf den Boden, ich trinke, ich warte auf den nächsten Hieb, sie aber sagt leise, mit durchgebogenem Rücken, über einen alten Rock gebeugt, einen Riss näht sie zu, sie sagt: Das hast du verdient, die Ohrfeige und das Wasser, ihr Gesicht im Licht der Petroleumlampe, die harten Augen, die Hand über dem Stoff fährt auf und nieder wie ein verzweifeltes Insekt im Frühherbst, ich werde sie ansehen, solange ich in ihrem Haus willkommen bin.

Du willst, dass ich dich fülle, sagt sie, bist mehr Kind, mehr kleiner Knabe als irgendwas, bist mit der Zirkusjacke und dem Schal mehr Äffchen als irgendwas. Und das Äffchen tollt herum in meinem Garten, den Mund voll mit halben Nüssen und halben Worten, geliehen vom kleinen Knaben Dichter. Gefällt mir nicht, und du Kind willst, dass es mir gefällt. Ich flick lieber das hier.

Ich mach lieber Loch zu, bin ja mein eigener Schneider. Gerade jetzt sprech ich, und ob du dort Nüsse beißt, oder ob dort die Katz, mir zum Vergnügen, was spielt, ist mir einerlei. Mir einerlei, ob ein Kerl mit geschwoll'nen Lenden, ob der Kerl an meine Tür kratzt. Oder ob die Katz reinspringt durchs offene Fenster, mir zum Vergnügen die Pfote leckt, mir einerlei. Hab erfahren, dass du der Arier bist, hast dich nicht falsch ausgewiesen, du Kindsknochen. Die Herrin des kahlen Baums, die kennst du, die hat sich totgemacht, die saß mal bei mir. Wollte die Bäuerinnen, die an ihre Tür klopften, töten, mit Sense und Klingen. Die brachten ihr Brot, Oliven, Krüge Wasser, Goldreifen, zerknitterte Geldscheine, Blechkanister, Gürtel aus der Truhe der Mutter. Die Herrin, ihr nennt sie Steingebärerin, sie gebar nicht Stein noch Rinde, sie war früher Hure, hurengemachte Frau, von Huren zur Hure erklärte Frau, hurengemacht wie ich, aber anders als ich. Dein Vater bestieg sie, Kurde Schecho bestieg sie, Kommissar und Wächter bestiegen sie, bis ihr die Brüste wie platt gedrückte Hanfsäcke herabhingen. Da war sie keine gute Hure mehr, und es gingen zu ihr nur noch Zahnlose, Einarmige, Kriegsverletzte, sie gingen hin, um sie auszuhöhlen. Ihre heiße Höhle, Knabenknochen, wurde kalt, kaltes Fleischversteck, denn dort, in ihr, da versteckten die Kerle das, was sie sonst in der Hose verstecken. Saß also bei mir, die zaubernde Herrin, und sagte: Ich sollte Kerle morden, ich hasse aber die Mädchen. Lieber flick ich, lieber bin ich unbelästigt, ich gab keinen Rat, und als sie einsah, dass sie auch allein schweigen konnte, ging sie fort und hängte sich auf. Kindknabe, hörst du mir zu?

Ja, Dame Perihan, sage ich.

Lass das, schmeichele mir nicht, sonst zertret ich dich.

Gut.

Soll ich mein Haar bedecken?

Wieso denn?

Weil sie mir das befehlen, sagt sie, die Kerle, die mich aushöhlen würden, wenn ich sie ließe.

Du fühlst dich doch unverhüllt wohl.

Ja, sagt sie.

Dann lass dein Haar auf die Schultern fallen, Perihan.

Was sprichst du immer wieder meinen Namen aus? Glaubst, dass es mich belebt. Glaubst, dass es mir durch und durch geht. Knabenzauberei.

Zwei Nüsse sind noch auf dem Teller, sage ich.

Iss dich satt. Bin fertig mit dem Flicken. Kehr jetzt zurück zu deinem Haus.

Darf ich wiederkommen?

Du hoffst, sagt sie, und das ist schlecht.

Ja, Perihan.

Frauen haben sich mit dir angefreundet?

Sie hielten es nicht lange mit mir aus, sage ich.

Wieso?

Weiß ich nicht.

Dann bist du dumm. Was willst du von mir?

Ich möchte bei dir sein, sage ich, und da schließt sie aber die Tür.

94. Der Leitung Gebende

Ich steige den Hang herab, der Schlamm schmatzt bei jedem Schritt, die Dame vom Hohen Hain hat mich nicht abgewiesen, ich durfte bei ihr Nüsse und Rosinen essen, küssen durfte ich sie nicht, wie hätte es Dichter Tan beschrieben, eine unverbindliche Annäherung, kussfreudiger Junge im Schneidersitz, ungeküsste Näherin, ich suche beim Gehen nach den richtigen Worten, Hure, keine Hure, zur Hure gemacht, Arier, noch nicht zum Mann gereift, buhlt um eine Nacht, um hundert Nächte mit der Fünfsünderin, weshalb ist sie fünffach sündig, fünf Sünden sind eine Sünde: dies Hurenweib, flüstern die anständigen Weiber, hat nicht Mann, noch Kind, ich suche nach Worten für diese eine Sünde, da höre ich Hunde knurren, ich ziehe das Messer und laufe dem Hund entgegen, vier große Hunde mit Narben, ich schreie sie an, ich bewerfe sie mit Steinen, ich belle und knurre, und sie trotten davon, als die Leichen in den Schatten am Belgradtor schnalzende, schnappende Laute ausstoßen, ich fliehe in mein Viertel innerhalb der Mauern. Trost finde ich nicht bei ihm, doch er wird mir die richtigen und die falschen Worte zuwerfen wie Kürbiskernschalen, ich laufe zur Gasse der Magd, die bei Mondschein verrückt wurde und verschwand. Der Irre steht mit geschlossenen Augen am Fenster. Vor der Schwelle des Hauses liegen Blumengebinde und Honigmandel-Krapfen auf

Zeitungspapier, die Frauen haben Bittfetzen an die Sträucher gebunden und dünne kleine Holzstelen in die Erde gepflockt. Er ist heilig geworden, weil er nicht verdarb, weil er stärker war als das Gift. Magerer Mann, Liebling der Frauen, freut es ihn?

Du kommst mit leeren Händen, schreit er, du bist ein ärgerer Knecht als der ärgste Knecht.

Was wünschst du dir? Das bring ich dir mit, das nächste Mal.

Tomaten!

Was?

Nein, was will ich mit Tomaten. Die Krawatte an deinem Hals, ist sie gestreift?

Dunkelblau, sage ich.

Keine Krawatte, brüllt er, keine Krawatte!

Ist gut.

Trägst du meine Kupferringe?

Manchmal.

Sind sie dir zu schäbig, Arier? Schämst du dich, sie vorzuzeigen?

Sie behindern mich beim Greifen, sage ich.

Was musst du schon mit deinen Händen tun? Elender Lügner.

Bruder, ich danke dir für deine Geschenke. Ich will dir von Mona erzählen.

Griechin, schreit er und verschwindet in seinem Zimmer. Ich gebe vor, es nicht zu sehen, dass er am Boden kauert und mit einem Auge herunterglotzt. Er prüft mich: Werde ich fluchen? Werde ich einen Krapfen in den Mund stopfen? Werde ich, da er mich warten lässt, vor Zorn verrückt werden wie die Magd?

Du glotzt, sage ich.

Fische und Rinder glotzen, schreit er und richtet sich auf, ich glotze nicht.

Ja. Mona …

Ist sie schön?

Wundersam und schön, lieber Bruder. Sie macht Fenstertheater mit ihrem Daumen und Zeigefinger.

Sind die Finger bekleidet?

Was? Nein.

Dann ist sie achtlos, deine Mona.

Sie ist nicht meine Mona. Du kannst sie besuchen.

Der Irre vom Fenster zieht sich zurück. Er galt als weise, jetzt gilt er als von Gott berührter heiliger Mann. Die Steingebärerin, Mutter Eva, Schwester Gülfem: Sie sind tot, oder ihrer Heiligkeit beraubt worden. Wer sich weigert, im Strahlglanz der Republik zu leben, wird von Gläubigen, aber auch von Abergläubischen, verehrt. Ich aber sehe in dem Irren keinen Einsiedler, der die unreinen Geister bändigt. Ich will mich abwenden, da wird die Tür aufgerissen, er stürmt mit einer Schere auf mich zu, ich wappne mich gegen den Angriff, zum Messer greife ich nicht, es darf ihn nicht beißen, den vergifteten Heiligen, ich strecke ihm zur Warnung die flachen Hände entgegen, er aber reicht mir die Schere, legt mir den Arm um die Schultern, drückt mich nieder, ich setze mich hin, er rupft sich ein einzelnes Haar vom Kopf, er sagt: Schneide es in zwei Hälften, ich versuche es, ich will ihn nicht enttäuschen, er klopft mir wie Mutter auf die Hand, der leichte Wind weht das Haar fort, und er erzählt: Ein Radiergummi, ich zeichne magere Herrchen, das Radiergummi, ich fand es unter den Gaben vorm Haus, ich teile Herrchen, ich radiere, es fehlt von oben nach unten ein Streifen Kopf und Leib, verschwundene Haut, in der Mitte gehäutet, so musst du es machen bei der Fünfsünderin, so muss ich es machen bei der Griechin mit den schamlos nackten Fingern, hörst du, hörst du? Schrei bitte nicht nah an meinem Ohr, sage ich und rücke von ihm ab.

Deine Schuhe schlammbespritzt!

Ich war bei ihr.

Hast du dich radiert, Arierarier?

Ich verstehe dich nicht, Bruder.

Vom Scheitel bis zur Arschrinne, sagt er laut, häute dich, Arierarier.

Das ist wieder einer deiner üblen Scherze, oder?

Ich geh zur Hainhoheit, ich sag zur Hainhoheit: Der Schüler will hineinkriechen in dich …

Er verschwindet im Haus, und wenig später steht er wieder am offenen Fenster: glotzendes großes Kind, das am Knoblauchwurstzipfel nagt. Was habe ich von ihm erfahren? Er quält mich mit Rätseln. Radiergummi. Häutung. Sein Vater, seine Mutter, er hat sie besiegt, sie pflegen und nähren ihn, und sie scheuchen die Bäuerinnen nicht von der Gasse der verrückt gewordenen Magd, weil sonst der Sohn Spiegel, Kannen, Tassen zerschlägt.

Die Metzgerstochter, ruft er, schöne Ayliye, trauert sie dir nach?

Nein, bestimmt nicht, sage ich.

Sie küsst jetzt einen Juden!

Wen, Bruder?

Wen, Bruder, schreit er mit verstellter Stimme.

Einer von uns?

Keiner von uns. Von drüben. Der ist tausendmal schöner als du, Narbenviech.

Schön und mächtig ist die Frau, sage ich, wir sind nur dazu da, sie anzustaunen.

Braver Schüler. Halbes Herrchen.

Erklär mir das. Wie kann ich mir einen Streifen Haut abziehen?

Frag den Gerber.

Hier ist mein Messer, sage ich, was soll ich damit tun?

Versteck es, versteck es, schreit er.

Ist gut, Bruder.

Gift fehlt, ruft er.

Bist du deshalb aufgebracht?

Gift kommt, morgen. Ich bin ein duldsamer Diener.

Bruder, sage ich, wie soll ich mich verhalten?

Hat dich Feenherrin gestochen, Arierarier? Hast du auf ihrer Schwelle gebettelt und gewinselt? War alles vergeblich?

Er wirft die Schere herunter. Ich soll mich im Haarespalten üben, im Zerteilen eines einzigen Haars, ich soll nicht glauben, dass ein Zauber wirkt, wenn es mir gelingt. Er spottet über mich, die elektrifizierte Leiche, er verhaspelt sich beim Aussprechen des Fremdworts, er gibt nicht auf, er stammelt Silben, bis ich ihn bitte, damit aufzuhören. Er erzählt schreiend: In der Hütte haust sie, und die Feen sind ihr Gespuk, kein Bauer kann sie ihr wegnehmen, nicht selten, nicht oft, streicht ein großer Bruder um diese ihre Hütte, magere ungehäutete Herrchen, die sie mit lauten Flüchen vertreibt. Das sind ihre Tage, die Tage der Hainhoheit, die sich wenig schert um Hunde und Männer. Harte Perihan. Sie ist kein Versteck. Der Streifen Haut, den ich, der Arier, auf die Erdfurche legte, würde sie entsetzen. Sanftmut steht dem

Schaf gut. Scharfer Schnabel steht dem Falken gut. Ein einziges Auge steht dem Krämer gut. Mir steht es gut, Nüsse zu brechen im Maul …

Woher weißt du das?, rufe ich.

Euer Heiliger stand im Dunkeln, lauschte, lauschte, lauschte.

Das ist verboten, verdammt noch mal.

Lauschte also gut verborgen ich. Fielen mich die Feen an? Wurd ich gebissen von Hund, von Messer, von einem anderen verliebten Kerl?

Nein. Aber ich sah den, der mich nicht sah, draußen im Dunkeln.

Wen, Bruder?

Bist blinder als der Krämer, schreit er. Schlamm spritzte auf meine Hose. Hast die Spritzer nicht gesehen. Hast die Männer nicht gesehen, die dir folgten. Der eine, das war ich. Der andere, das war ein kranker Schleicher.

Wer?, rufe ich.

Keine Gabe. Keine Antwort.

Was soll ich dir schenken, Bruder?

Das Messer.

Hier, sage ich, ich lege es zu den anderen Geschenken.

Ist es meins?

Es ist deins.

Nimmst du es nicht heimlich weg?

Nein. Wer war mein Verfolger?

Ich war das.

Und der andere? Einer von hier?

Einer von uns, ruft er, Schande Schande Schande!

Das Messer gehört dir, sage ich, es beißt jeden, von dem du willst, dass er blutet. Nenn mir den Namen, los!

Der Weise am Fenster stößt Tierschreie aus: Menschenlaute, vom gequälten Tier gekrächzt. Er prüft mich, er glotzt, ich werde vor der Schwelle seines Hauses ausharren. Endlich beginnt er, zu erzählen: Teologos, früher verkaufte er Thunfisch in Salzlake. Teologos, der dann für Krämer und Krämerseelen den Botenjungen spielte, älter als ein großer Bruder, und doch zum Handlanger herabgesetzt, würdelose Arbeit, bekümmerter Grieche, und da aber nahm Dschenks Mutter, Ayla Hanim, ihn zum Geliebten. Ihr Mann konnte nicht mehr bei ihr leben, erst saß er bei Resul im Kaffeehaus, betrunken am Tage, betrunken in den Morgenstunden, sein Sohn, dem man die Kehle aufgeschlitzt hatte, erschien ihm in den Träumen, er stand mit dem Rücken zum Vater, der sich immer vor dem Augenblick fürchtete, da Dschenk mit dem schmatzenden Kehlenmund den Vater rief, und er konnte nicht anders, er ging um den Sohn herum, er sah das blutende zweite Maul, er fuhr schreiend hoch. Er zog fort, er verließ seine Frau, er sagte ihr: Ich bin von dir geschieden, such dir einen anderen Mann. Sie tat es, was tat sie? Sie nahm den Griechen, sie nahm ihn bei der Hand, vor den Augen der Brunnenweiber, vor den Augen der Kriegskrüppel, die vor Schreck mit den Medaillen an der Brust klimperten, vor den Augen der murmelspielenden Knaben, und manch eine Mutter drückte ihrem Jungen die Augen zu, dass er nicht dies zur Hure verwandelte Weib sehe. Teologos wurde zur Dachratte. Sie, die Zornige, wird von der Dachratte in den Nächten besänftigt. Ist der Fluch übergegangen auf ihn? Erscheint dem Griechen der Kehlenschmatzende, und ist also der fortgezogene Vater erlöst?

Niemals, schreit der Irre am Fenster, niemals!

Danke, Bruder, sage ich.

Das Messer!

Ist dein Messer, sage ich und gehe durch das Dunkel und durch die Schatten. Der Herr wird mich schützen. Er wird den Griechen davon abhalten, mich im Namen seiner Geliebten zu morden. Klipp, klapp, singe ich leise, die Worte berühren mich nicht. Fiele er mich an, könnte ich ihn nur mit dem ersten kräftigen Hieb fällen.

95. Der Schöpfer des Neuen

Auf dem Feld hinter der Tankstelle verstecke ich mich hinter rostigen Öltonnen, ich balle die Hand zur Faust, ich atme durch den Mund. Es wispern die Zypressen, es weben die Spinnen, es schaut Gott herab auf uns.

Wolf, flüstert er, ich bin's, Teologos, versteck dich nicht.

Was willst du, Grieche?

Sprechen, sagt er.

Glaub ich nicht.

Hier, sagt er und wirft sein Messer neben die Tonnen, nimm es. Du hast deins dem Irren geschenkt. Jetzt bin ich unbewaffnet.

Wird das ein Kampf?

Kein Kampf, Arier.

Schickt sie dich?, sage ich.

Ja, das tut sie.

Du gibst es zu, rufe ich und ergreife schnell das Messer, trete hinter den Öltonnen hervor. Teologos rührt sich nicht, er zeigt mir seine Hände, er zieht die Hosenbeine hoch und dreht sich langsam im Kreis, er zieht das Hemd aus der Hose. Ich schaue mich nach Mordknechten um, ich höre nur Hundegebell aus der Ferne, die Hunde werden den Gerber um Fett und Pansen anwinseln.

Du bist mir zum Hohen Hain gefolgt.

Das geht mich nichts an, Arier.

Was geht dich nichts an?

Dass du an die Tür der Fünfsünderin klopfst, sagt er.

Stellst du ihr nach?

Wem? Dieser Perihan? Heiland hilf, nein!

Ich soll einer Dachratte trauen?

Nicht nur mir. Sie will dich sehen.

Wer?

Ayla ... Hanim.

Sie hat mich damals den Mörder ihres Sohnes geschimpft, sage ich kalt.

Du warst Dschenks bester Freund, Arier.

Nein. Das war Nuyan.

Die beiden ... Wir wissen, wie sie zueinander standen.

Näher als nah.

Hast du je ...

Was habe ich?, schreie ich, was habe ich, Grieche?

Nichts.

Er war mein Bruder. Seine Lust habe ich gehasst.

Ich enthülle dir ein Geheimnis, sagt er leise, dann hast du etwas gegen mich in der Hand.

Du hast dann einen Grund mehr, mich zu töten.

Hör zu, Arier. Es ist nicht so, wie du glaubst … Hör zu. Ich erinnere mich, und das ist meine erste Erinnerung, ich erinnere mich an die Brustwarze meiner Mutter in meinem Mund.

Was erzählst du da?

Hör zu. Bitte. Eine große Warze mit großem dunklen Hof. Und ich schmecke es immer noch.

Die Muttermilch?

Nein, die Warze auf meiner Zunge.

Du bist verrückt, Grieche, sage ich.

Mein Geheimnis, flüstert er, keiner kannte es, bis jetzt. Verrätst du es, gelte ich als abartig.

Will mich die Dame Ayla anspucken?

Du bist doch Christ.

Anders als du.

Glaubst du an unseren Heiland?

Das tu ich.

Ich schwöre auf unseren Heiland, sagt er laut, möge er mich aus dem Himmelreich ausschließen, wenn ich lüge. Ich schwöre, dass Ayla dich sehen will, weil sie sich nach Dschenk sehnt.

Wann?

Jetzt. Tu mir den Gefallen, Arier.

Ich lasse ihn vorgehen, halte das Messer in der rechten Hand, blicke mich um: kein Scherge des blinden Krämers oder des Tschetschenen. Sie steht im kleinen verwilderten Vorgarten, eine zornige geschminkte Frau in Pullover und Strickjacke, die Dame sieht uns kommen, greift nach der Petroleumlampe auf der obersten Treppenstufe, tritt hinein. Haben sich Männer hinter den Sträuchern versteckt? Ich schließe zum Griechen auf, sein Leib wird mein Schild sein, wenn ein Meuchler aufspringt und schießt. Keine Häkeldecken und Zierkissen, die Armlehnen der Sessel sind zerschlissen, eine Fotografie von Dschenk im Silberrahmen auf dem Beistelltisch. Ayla Hanim sitzt mit übereinandergeschlagenen Beinen an der Stirnseite des Wohnzimmers. Ihr überknielanger Faltenrock ist hochgerutscht, sie trägt echte Nylonstrümpfe.

Teologos, mach uns Tee, sagt sie und zeigt mir meinen Platz im Sessel gegenüber.

Ja, Täubchen.

Er verschätzt sich. Er ist nicht der letzte Mann, auf den ich angewiesen bin.

Ich bin dir verfallen, ruft er aus der Küche.

Ihr habt immer draußen gespielt, sagt sie leise.

Ja, meine Dame.

Du bist das erste Mal in meinem Haus?

Das stimmt, sage ich.

An das meiste aus dieser Zeit kann ich mich erinnern, sagt sie, du warst ein wilder Junge.

Wir haben auch Knicker gestoßen. Wir hörten schnell damit auf.

Und wieso?

Wir mussten uns wehren.

Gegen den, dessen Name ich nicht ausspreche.

Gegen ihn, und gegen die Bauernkinder.

Der Grieche stellt das Tablett auf den Tisch, Ayla Hanim rügt ihn: Er hat Tee verschüttet, kleine Pfützen in den Untertassen, er eilt in die Küche, kehrt mit dem Geschirrtuch in der Hand zurück. Sie reißt es ihm aus der Hand, zwirbelt einen Tuchzipfel, tupft die Tulpengläser vorsichtig an, das Tuch saugt sich voll. Teologos ist ihr Schoßhund, ein gezähmter Mann, er wird sie bald langweilen. Wir trinken Tee, und weil er dabei schlürft, bittet sie ihn mit kalter Stimme, aufzubrechen, sie entlässt ihn für eine Stunde, sie wird ihm nicht aufsperren, wenn ihm einfallen sollte, früher an ihre Tür zu klopfen. Er nennt sie wieder Täubchen, nickt mir zu, und eilt hinaus. Ich starre auf sein halb volles Glas.

Bist du missmutig?, sagt sie.

Sie behandeln ihn nicht gut, sage ich.

Er kann sich wehren, aber er wehrt sich nicht.

Es geht mich nichts an.

Richtig, sagt sie.

Ich bin hier, meine Dame.

Wir warten noch.

Worauf?

Teologos wird heimlich durchs Fenster spähen. Er weiß nicht, was ich vorhabe.

Und was haben Sie vor?

Später, sagt sie, lass uns so tun, als würden wir ein Gespräch führen. In fünf Minuten wird er sich überzeugt haben, dass ich nur den Freund meines Sohnes sehen will.

Der Herr nehme sich seiner an.

Was hast du da gesagt?

Gott hab ihn selig.

Gott, ja. Der Gott, der ihn mir wegnahm.

Ein großer Schmerz, sage ich.

Davon weißt du nichts, also halte den Mund.

Mein Bruder … Batur, der mir Bruder war, ist mir entrissen worden.

Er war nicht dein Fleisch und Blut, sagt sie, Bayka Hanim ist von diesem verdammten Schmerz gebrannt worden.

Sie haben recht, meine Dame.

Du trägst deine Schuluniform. Sie steht dir gut.

Danke.

Sie trinkt einen letzten großen Schluck, blickt schnell zum Fenster, sie lächelt. Der Grieche hat sich verzogen. Sie zieht den Pullover hoch, ich sehe ihre Taille mit Hüftknick, ich sehe den schwarzen Büstenhalter, sie greift in den Korb und entblößt die linke volle Brust, ich sehe die große Warze mit dem großen dunklen Hof, der Grieche hat mich angelogen, es ist nicht die Warze seiner Mutter, die er schmeckte, es ist die Warze von Ayla Hanim, die er jede Nacht schmeckt. Das reicht, sagt sie und versteckt die Brust im Korb, sie zieht den Pullover herunter, glättet ihn am Rockbund.

Es hat dir gefallen, ohne Zweifel.

Was haben Sie gemacht?, sage ich ungläubig.

Ich zeigte dir meine Brust, Arier. Und du hast fast gehechelt.

Spielen Sie mit mir?

Ich habe dich geprüft. Du bist genauso geraten wie fast alle anderen Männer.

Es geht also um Dschenk, sage ich.

Mein abartiger Sohn. Dafür hast du ihn gehalten, oder? Für abartig?

Ja, das habe ich, meine Dame.

Hass vergeht nicht, Narbenjunge. Ich kann nichts daran ändern.

Sie laden mich ein, obwohl Sie mich verachten. Ich sehe Ihre nackte Brust. Sie werden mich bitten, dass das unter uns bleibt.

Es ist mir gleich, ob du es ausplauderst oder nicht, sagt sie, der Liebhaber meines Sohnes, lebte er noch, würde ich ihm die Augen auskratzen. Ich trauere nicht um ihn, er hat bekommen, was er verdient hat. Dich, Arier, habe ich lange Zeit nach Dschenks Tod verdächtigt.

Ich bin nicht sein Mörder, rufe ich.

Ich glaubte, dass du meinen Sohn verdorben hast.

Meine Dame, er wurde nicht verdorben. Dafür war er zu stark.

Ach, wirklich?, sagt sie und lacht auf, wie erklärst du dann seine Krankheit?

Ich weiß es nicht.

Dschenk, wo ist er wohl jetzt? Alle im Viertel würden sagen: Dein Sohn schmort in der Hölle.

Er ist erlöst.

Wovon, Arier?

Vom Hass der Männer und Frauen, die ihn zu Lebzeiten für sündig hielten.

Ist er im ewigen Feuer?

Gott verzeiht.

Auch meinem verdorbenen Sohn?

Ayla Hanim, sage ich, was stellen Sie mir diese Fragen?

Antworte mir!, ruft sie.

Der Mörder von Bruder Dschenk und Bruder Nuyan wird brennen.

Und mein Sohn?

Mutig war er, und nicht böse. Er hat kein Kind und kein Tier gequält. Sein Blut war mein Blut. Ich weiß es: Dschenk wird vom Herrn belohnt. Hören Sie nicht auf die Frömmler von der Erbauungsbrigade. Das ist die Sündenpolizei. Diese Leute warten nicht, bis Gott straft, es dauert ihnen zu lange.

Sie steht auf, zieht mich vom Sessel hoch, sie weint und sie bittet mich, ihr die Tränen vom Gesicht zu küssen, ich küsse sie auf die Augen, auf die Wangen, und da küsst sie mich, ich schmecke ihre Zunge, die sich unter meine Zunge schiebt, dann beißt sie mir in die Lippen und stößt mich von sich fort. Ich verlasse das Totenhaus, in dem eine Mutter die Seele ihres Jungen quält. Teologos steht wie ein Baum ohne Äste am Zaun.

Du blutest. Hat sie dich geschlagen?

Ja, sage ich.

Ein wildes Weib!, sagt er, aber herzlos ist sie nicht.

Sie wird dich bestimmt bald verlassen.

Was?

Geliebter auf Zeit, das bist du, Grieche.

Kümmer du dich um deine Hure, sagt er laut.

Nimm das zurück.

Sonst was? Beißt mich mein Messer in deiner Hand?

Perihan ist keine Hure.

Gut, sie ist es nicht. Was bringst du mich gegen dich auf, Arier?

Du liebst sie?

Ich habe mich für sie geschnitten, sagt er, sie sah mein Blut und lachte mich an.

Lebe dein Glück, sage ich, hier dein Messer.

Zwei geschenkte Messer in einer Nacht, das ist ein Zeichen. Nimm es.

Danke, Bruder.

Sie, die dich geschlagen hat, sie will mir schmeicheln, sie sagt mir: Du bist anderthalb Männer, Teologos. Sie ergötzt sich an meiner Scham. Ein Mann und ein halber Mann, das bin ich in ihren Augen. Die Frau vom Hohen Hain, bringe sie auch dazu. Wenn sie dir sagt, dann, wenn du es nicht erwartest, wenn sie sagt: Du bist zwei groß gewachsene Männer, kannst du ihr alles andere glauben.

96. Der ewig Bleibende

Die größten Heldenherrscher aller Zeiten. So viele von ihnen in unserer Zeit. So viele Büsten. So viele abgeschlagene Köpfe, vergoldet, poliert, in Marmortempeln auf hohen Steinstelen. So viele Kniefälle, so viele hochgezogene Hosensäume, so viele Knickse und Verdrehungen des Leibes. So viele auf Gesicht und Bauch Liegende und Rutschende. Heil euch, Büsten in China. Heil euch, Büsten der Sowjets. Eine Streitmacht ist die Internationale der Balsamierten, heil euch, Totenmasken, heil dir, abgezogene Haut. Widerlegt mich. Widerlegt den, der sich zugrunde richtet in einem Keller hinter dem Weinberg. Niemals schlief ich besser als auf zerplatzten Traktorreifen, die Rufe der käuflichen Knaben acht ich nicht, niemals erinnerte ich mich an so viel von geringem Gewicht und Sinn. Nimm dein Gedicht, nimm den Staub deiner Hose, nimm deinen Mund, der beim Sprechen Luft zermahlt, nimm die Büsten, die mit Wischlappen geputzten und ungeputzten, und geh. Nimm deinen Schnapsjubel, dein Gottvertrauen, huste aus die Brocken, die Wortlaute, nimm deine Vertröstung, den zerbissenen Abfall. Die Schalen des Zorns sind umgestoßen. Nimm den Hungerlohn, deine leeren Schalen, in denen es dir verboten war, zu rühren, nimm die Tiegel und das Schminktäschchen der Geliebten, nimm ihren Geruch der letzten Nacht, nimm deinen letzten Seufzer im Augenblick deiner leiblichen Erfüllung, blase alles auf mit deinem Lungengas, mit dem Rest Luft in Kehle und Mund, und siehe: Dies ist deine Seele, und dein Staat, und dein balsamierter Heldenherrscher. Keiner ruht. Keiner hält dich auf. Keiner ist belustigt, weil du zauberst. Keiner zweifelt an deiner Tüchtigkeit. Ein Wanderzirkus ist ein Wanderbordell, wer sagt es, es sagt mein Lustprinzesschen in der Schneckenschale, jene Frau, die Schleifen bindet in ihr Haar wie eine Erstklässlerin, sie sagt: Dies sind die Tage deiner Bedrängnis, denke an das Schmierfett zwischen Zahnrädern, es ist gut, dass die Kindgesichtigen mit den Häkelkäppchen auf dem Kopf dich jagen … Die Jäger, ich kenne sie, ich träume von ihnen, wie es nur Liebende tun, es wird sie nicht kümmern, sie haben den Zorn aus den Schalen ausgegossen. Sie haben sich abgewandt, von Götzen und den Vergötzten, und einen frommen Geist traf ich, als ich den Weinberg bestieg, und hiernach den Bergrücken herablief. Der Heilige marschierte in der Wildnis, es waren Wehrübungen mit Haselnussstecken, er peitschte die Dschinnkinder fort von seinem Käppchen. Der Heilige erblickte mich, war ich ein wandelnder Tongötze, sprach das Böse aus meinen Knochen? Er flüsterte ein Gebet, ich flüsterte ein Gebet, er schlug mich mit dem Zweig, ich ließ es geschehen. Nach dem dritten Schlag erlahmte sein Arm, zu viel Fett an den Hüften und am Bauch, er sollte fasten. Ich ertrug seine Flüche. Er ist einer der Jünger der in den Staub gefallen Lepralippe, der Oberlippe des Leprakranken, dieser Meister schläft oder ist schläfrig, ein im Rauch der brennenden Scheite gefangener Greis, den die Jünger bewachen. Seine Lippe fiel ihm letztes Jahr vor die Füße, als er vors Haus trat: Fleisch, aus dem hennagefärbtes Barthaar spross. Es gibt Legenden, die sich um dies Fleisch ranken. Die einen glauben: Diese Lippe wurde zu einem Exportartikel, zu einer außer Landes gebrachten Reliquie, sie schwimmt in hochprozentigem Alkohol, in einem vergoldeten Gefäß, das die Jünger in der gottlosen Diaspora, in der Diaspora der Gottlosen, anbeten. Die anderen sagen: Die Lepralippe haben wir begraben, es wird unserem Meister am Jüngsten Tag eine gesunde Lippe anwachsen, hört nicht auf die Lügen der Gifthöker! … Der Mann lebt in einem Aussätzigenheim, an Tagen, da ihn eine Schwester im Kittel versucht, steckt er den Daumen in das Loch im Gaumen, und er bittet die Jünger Ausschau zu halten nach einem geeigneten Weib, das ihn erfrischte. Ich ertrug die Schläge, die Flüche, und die vierzehn leichten Tritte. Ich wagte keinen Widerspruch. Und da setzte er sich auf einen flachen Stein, und lehnte gegen den Felsen. Er sprach: Nimm deine beschriebenen Papiere, nimm die Steine dieses Bergrückens, nimm dein Englisch und Französisch und dein Amerikanisch, nimm die hurende Moderne, nimm die Stöckel der Hurenschuhe, und streiche ab die Wichse von den Bärten der Hurenstoßer, nimm meine Schalen des Zorns, nimm deine Lehren der Verfettung, der Herzkranzgefäßverengung und der Veraffung, nimm meinen Hass und scher dich fort! … Wohin, junger dicker Mann? Wohin, wenn nicht in meinen Keller? Zu Händlern und Mongolen kann ich nicht sprechen. Sie glauben, der Dinge Deutung heraufbeschwöre Düsternis. Wesen aus den Kernen quetschen, weshalb? Wohin, Dickerchen des halbmündigen Meisters? Doch ich scherte mich fort wie angewiesen. Schälte eine Frucht mit Druckstellen, legte die Schalen in die Rinnen und Rillen. Das Ungeziefer möcht ich vergiften. Ich fürchte, ich nähre sie. Istanbul strahlt, Licht auf den Kuppeln. Ich ziehe um in ein anderes Verlies, denn die Jünger werden dies Gebiet durchkämmen. Stadtschreiber, Stadtstreicher.

97. Der einzige Erbe

Eine Frau war hier, sagt Tante Rena, ich soll dir ausrichten: Der Verschwundene trifft sich mit dir. Dort, wo man Fischköpfe brät und Fischaugen aussaugt. Heute Nacht, zu der Stunde der letzten Begegnung. Er hält sich woanders versteckt.
Ich weiß, sage ich und hänge das Jackett über den Kleiderbügel.
Woher denn?
Er teilte es uns mit, allen, die ihn lesen. In seinem letzten Poem.
Wie geht es Bayka?
Nicht gut. Sie isst wenig. Sie träumt schlecht.
Der Nachbar fastet auch, sagt sie.
Rena, die mir verboten hat, sie Tante zu nennen. Rena im Nachtkleid, die mir beim Entkleiden zuschaut. Ich wende den Blick ab von ihren glänzenden Beinen. Alle Vorhänge sind zugezogen, die Haustür ist verriegelt. Sie besteht auf der Tagliebe, auf die Verschmelzung im Bett am Spätnachmittag. Als ich vor ihr stand, verdreckt und zerkratzt nach einem Handgemenge mit Zigeunerjungen, als sie mich umarmte und den Scheitel gerade zog mit den Fingernägeln, sagte sie: Tagliebe, das wird dir helfen. Jetzt erzählt sie von dem ruhelosen Herrn in der Wohnung über uns: Er schreibt jeden Tag einen Brief, sieben Briefe in der Woche, er wählt einen

Brief aus und verschickt sie an seinen Statthalter im Hinterland. Er hat Rena ein Buch geschenkt. Ledereinband, Lesebändchen. Die gesammelten Reisegeschichten eines nationalistischen Wandersmanns. Der Herr kennt ihn, er wird sogar gleich in der ersten Geschichte erwähnt.

Er ist vielleicht etwas eitel, sagt sie.

Er ist in dich verliebt.

Das geht mich nichts an.

Fühlst du dich belästigt?

Von ihm? Nein, sagt sie ... Du schwitzt dir Flecken ins Unterhemd. Sie sind schwer rauszuwaschen.

Ich danke dir, sage ich.

Die Botin des Dichters, sie war nicht die Einzige, die an die Tür geklopft hat. Akkan Bey hat dir Briefe zugestellt. Du sollst sie übersetzen. Sie liegen auf dem Tisch. Es hat Zeit bis übermorgen.

Ich kümmere mich darum.

Dann standen zwei böse Kerle vor meiner Tür. Sie sagten, sie seien Armenier in Diensten eines Tschetschenen. Sie sagten, du würdest es schon verstehen. Ich fragte sie: Wollt ihr einer Dame Angst einjagen?

Was haben sie dir geantwortet?

Nichts.

Eine Warnung, sage ich.

Wir schließen uns ein im Schlafzimmer, Rena hat Apfelschalen mit Gewürznelken gespickt und auf das Fensterbrett gelegt. Sie legt sich auf mich, unter der schweren Decke, sie liebt mich wild, sie leckt mir den Schweiß von den Achselhöhlen. Danach bin ich erschöpft und verwandelt. Ich setze mich auf den Schemel im Bad, sie seift meinen Rücken ein und kratzt, Dreck vermischt sich mit Wasser, fließt ab. Rena, reinliche Frau, hält mich als jungen Geliebten, es ist mein Glück. Ist es ihr Unglück, dass sie glaubt, mich teilen zu müssen mit schüchternen Frauen, mit jungen Bürgerdamen, die in Gesellschaft von Männern schamhaft das Tagesjournal vors Gesicht halten? Ich erzähle: Sie schauen durch mich hindurch, ich bin durchsichtig, sie verachten mich, ich bin in ihren Augen ärger als ein Grottenkurde ... Rena schiebt mich langsam an den Bettrand, bis ich aufstehe, um nicht auf den Boden zu fallen. Sie bleibt für meine Worte unempfänglich, ich schließe hinter mir leise die Tür.

Er sitzt seelenruhig am niedrigen Holztisch, er hat sich Scheiben vom Rindfleisch im Bockshornkleemantel schneiden lassen, er beißt bei jeder Scheibe erst die Randpaste ab. Kein Brot, kein Tee. Im Laden sitzen Händler des Gewürzbasars, sie kennen ihn, es eilt keiner hinaus, um Brigadisten herbeizuholen. Ich nehme auf dem Schemel zu seiner Linken Platz.

Ein kleines Rätsel, sagt er.

In deinem Gedicht heißt es: Wer saugt aus die Augen gerösteter Fischköpfe? Schlammblütler, sie lagern am Wasser. Ich kehre um, ich begebe mich an den Anfang. Nicht in das Gebiet der jungen Huren, die von Byzanz' Diademen träumen. Im Laden des Schlägers, der sich zur Ruhe gesetzt hat, in seinem Laden esse ich die liebste Delikatesse der Kleinasiaten.

Ja, das habe ich geschrieben. Kannst du das ganze Gedicht rezitieren?

Nein.

Ich freue mich, dich zu sehen, Deutscher.

Danke, sage ich.

Die schönen Mädchen zogen weiter. Der Hurenwächter treibt sie an.

Glaubst du an Gott?

Das tu ich, sagt er, und nicht erst seit der Hatz der Frömmler.

Du bist nicht abgefallen.

Sie lügen. Ich bin Moslem. Und du bist Christ. Iss ein paar Scheiben.

Er hält sich an die Benimmregel, den Menschen beim Essen nicht auf den Mund zu schauen. Es heißt, er komme aus reichem Hause, sein Vater habe ihn verstoßen, weil er die Lästerung der guten Geister im Himmel nicht mehr dulden wollte. Tan aber fürchtet die Entweihung, die bösen Gerüchte schaden ihm nicht, er trotzt der Gefahr und schreibt. Wird er die Stadt oder das Land verlassen? Ich erinnere mich an seine Verse: Oben und unten, ewige Dauer, bis zu dem Tag, da der Herr uns, den Dreck der Welt, zertrümmert.

Du bist hier nicht wirklich sicher, sage ich.

Der Geist leidet, überall, sagt er.

Worte.

Was hältst du von uns Türken?

Ihr seid gut, sage ich, und ihr seid krank.

Und woran leiden wir, Deutscher?

Große Worte. Große Gefühle. Und am Ende doch nur Gewalt.

Wir sind eigenartig, sagt er und drückt hungrig zwei Scheiben in den Mund, mit zwei Fingern, die er ableckt, jeder andere Türke würde ablenken. Würde dich anfahren, würde dich als Feind seines Volkes beschimpfen … Sie ist da, endlich.

Eine kleine Frau im Sommermantel setzt sich neben Tan, der sofort einen Teller Rindfleischscheiben und ein Glas Tee bestellt. Er hebt die Stimme, stellt sie mir als seine Schwester vor. Die Männer im Laden sind zufrieden, sie sind nicht Zeugen einer unstatthaften Annäherung. Sie beugt sich über den Tisch, ich fange an, ihre wenigen Sommersprossen zu zählen, sie sagt: Jeder in seiner Nähe tarnt sich. Die Lügner bekennen, die Ehrbaren wechseln die Farbe. Ich verderbe?, sagt Tan.

Bald ist es Herbst. Die trockenen Blätter an den Ästen werden nicken wie kleine Reptilienköpfe. Werden rasseln und zippzappzappeln, wenn der Wind durch die Bäume fährt.

Sie sprechen wie eine Dichterin, sage ich.

Gott bewahre! Dann wären wir beide verrückt. Wir würden uns bei einem flüchtigen Kuss schwer verletzen.

Im Herbst wechseln wir den Laden, sagt Tan, wir trinken gegorenen Weizenschrot … Ich habe eine Bitte an dich, Deutscher. Geh herum und erzähle unseren Freunden, dass ich vor Gesundheit strotze. Die kleine Frau neckt ihn: Den meisten Männern fallen die Haare aus, Tan, ihr verderbender Scheinbruder, wird über den Augen kahl. Sie kennt ein Mittel gegen die Augenbrauenkahlheit: Eine Knoblauchzehe schälen, mit dem Messerrücken leicht andrücken, dass der Saft wie Schweiß aus den Poren herausquillt. Die Zehe über die kahle Stelle streichen. Wenn die Stelle brennt, sind die Haarwurzeln nicht tot. Nach zweiwöchiger Anwendung sprießen die Brauen …

Ich verabschiede mich, die Liebenden werden bald aufbrechen, ich sehe ihnen beiden die Ungeduld an. Und ich suche und finde den Mongolen, ich küsse ihm die Hand, ich sage: Der Dichter, unser

gemeinsamer Freund, ist halb heiter, halb schwermütig, er hat an Verrücktheit nichts eingebüßt. Er hasst weiterhin die unsinnlichen Schnapssäufer, und er hasst die rote, quer verlaufende Abdruckstrieme, die das Schweißband auf der Stirn hinterlässt, sie ist der Bluterguss der Hutträger. Er hasst einsame Wäscheleinen, einsam geworden, weil Frauen aus den Häusern traten, die trockene Unterwäsche, die Hemden und Socken in langer Reihe, den Leinen grob abnahmen wie geborgte Kleider, es bekümmert den Dichter, dass die nackten Wäscheleinen klagend singen … Der Mongole starrt mich an, wischt den Staub von den Meerschaumpfeifen auf dem Tuch, wünscht mir und Tan, zwei ochsenköpfigen Narren, Verstand und die Geistesgabe, den Mund zu halten, wenn es sich geziemt. Und ich suche und finde Targu Manusch, den Meister mit den klackenden Schutzamuletten, er thront auf Teekisten unter dem Balkon, auf dem sein zänkisches Weib die bestickte Tagesdecke ausschüttet. Ich erzähle: Der Rothaarige wickelt nicht mehr Stacheldraht um den kleinen Finger, trotzdem ihm die Soldaten der Tugendwacht nach dem Leben trachten, ist Tan nicht verdrossen. In der erzwungenen Versenkung ist er zum Experten für Vogelschlag geworden. Kohlmeisen, Drosseln, Ringeltauben, sie fliegen gegen blank gewischte Fenster, weil sie sich von den Spiegelungen täuschen lassen, und man kann die Bilder und Spuren am Fensterglas lesen. Wir schlagen auf im Lehrbuch und erfahren: An den Federn eines jeden Vogels ist das Fett der Bürzeldrüse. Dies Fettbild am Fenster sieht aus wie die Fotografie der Vogelseele im Augenblick, da sie von Fleisch, Schnabel und Flügeln reißt. Der Rothaarige studiert kleine Vögel, er kann sie mittlerweile bestimmen anhand der folgenden Merkmale: Schulterfleck, Flankenflausch, Unteraugenstreif, heller oder dunkler Scheitel, Querbänderung am Kopf, schwarze Augenmaske, gebogene oder spitze Schnabelspitze …
Targu Manusch wischt mir mit der Fliegenklatsche übers Gesicht, er hat lange geübt und beherrscht die Kunst, unerwartet zuzuschlagen, die Kisten knarren, als er sein Gewicht verlagert, er sagt: Ist es gescheit, mir das Morgenhäufchen von hundert Mäusen vorzusetzen? Gehört es sich, mich mit grobem Unfug zu reizen? Teile dem Dichter mit, dass ich bei unserer nächsten Begegnung auf je-

783

des Wort achten werde, das er spricht. Ein verrücktes Wort, und die Klatsche knallt … Und ich suche lange und finde in der Nacht die Beilieger, die jungen Frauen vor einem geflickten Zelt, Kara, Kleine Braut, und andere Mädchen mit geflochtenen Zöpfen, sie spucken aus, sie wetteifern miteinander, wessen Spucke wird vom Wind weiter getragen, und Saven, hustender Hurenkönig, packt einen Freier am Kragen, er schreit: Wolltest du meiner Griechin die Hand unter den Rock schieben? Gib mir das doppelte Entgelt, das ist das Lösegeld, und als wir hinter dem Zelt sitzen, die Mädchen zittern in Erwartung des Gesindels, das zur späten Stunde herkommt, wo immer Saven das Zelt aufschlägt, als der Hurenkönig Lungenstücke oder den schwarzen Sündenseim seines Leibes aushustet, sage ich: Ich habe Tan gesehen, den Dichter, der dich Kara und euch beleidigte bei unserem letzten gemeinsamen Besuch eures Zeltes. Er schält Knoblauchzehen, zerquetscht sie in der Faust, den Mus streicht er auf die schrundigen Fersen, und streicht ihn in die Haare, damit zeichnet er sich von Scheitel bis zur Sohle, der Geruch und das Zeichen sollen Ratte, Ameise und alles, was die Abwasserrohre bewohnt, vergrämen, und er ist …

Junge, ich habe keine Lust auf Späße, sagt Saven böse.

Ich scherze nicht, Herr, sage ich, und ich nehme Sie nicht auf den Arm.

Der Kerl schmiert sich mit Mus ein?

Ja.

Du bist ihm begegnet?

Vor wenigen Stunden am Gewürzbasar.

Stank er?

Er roch ziemlich schlecht, sage ich, ich musste durch den Mund atmen.

Männer sollen nicht riechen wie Frauen, sagt Saven.

Herr, ich fürchte, er wäscht sich nicht mehr.

Seht ihr, ruft er, ich hab euch gleich vor dem Mistkäfer gewarnt. Aber ihr wusstet es besser.

Er muss sich verstecken, sagt Kleine Braut leise.

Musste ich auch oft, schreit Saven, habe ich mich mit Marmelade vollgeschmiert?

Knoblauchmus, sage ich.

Mus oder Marmelade, beides gehört aufs Brot!

Es geht ihm schlecht?, sagt Kara.

Er hat abgenommen, sage ich, er schweigt die meiste Zeit. Dann macht er Vogellaute nach.

Was für Vögel?, sagt Saven.

Misteldrosseln. Perlhalstauben. Silberreiher.

Kenne ich alle nicht.

Als wir uns trafen ... er schwieg, und dann, mein Gott ...

Was denn?

Er schrie plötzlich mit verstellter Stimme, und spuckte mir in das Auge.

Ins Auge, sagt Saven, das soll er bei mir versuchen.

Es wird sich herumsprechen, dass der Dichter in seinem Versteck den Verstand verloren hat: Der Narr wird nicht belangt. Darin setze ich meine Hoffnung. Tan wird verstehen oder nicht, ich bin der Bote, der die Botschaft ins Gegenteil verkehrt. Sie spüren ihn auf, früher oder später, und bestimmt ringen sie ihn zu Boden, sie würgen ihn aber nicht zu Tode, weil in der imperialen Zeit, nach der sie sich zurücksehnen, jeder Hofnarr den Sultan überlebte.

Willst du Kara beiliegen in deinen Kleidern?, sagt Saven.

Ja, Herr.

Zeig mir dein Geld.

Er ist nicht zufrieden, er schnappt nach dem Geldschein und den Münzen. Eine halbe Stunde, ruft er, ich bin belustigt über den Verrücktgewordenen, also bin ich großzügig, nur diesen Abend, Deutscher, sei sittsam in deiner Lust! Im Zeltbett führt Kara meine Hand unter den Bund ihres Rocks, sie drückt die Schenkel zusammen, ich halte den Schmerz aus, bis ihr ein Schrei entfährt. Was ist da los?!, ruft der Hurenkönig, und sie sagt laut: Er hat mich gekitzelt. Kara dreht sich zu mir um, sie flüstert: So ist es also, und dann steht sie auf, streicht ihre Kleider glatt, und sie sagt: Du bist verliebt, es ist für mich unmöglich, zu zaubern, dein Geld bekommst du nicht zurück. Ich bedanke mich, gehe zurück zu Saven, der auf den Fußballen hockt, er wiegt sich vor und zurück, raunt eine Liedzeile. Er springt auf, bedeutet mir, ihm in die Dunkelheit zu folgen. Er schüttelt den Kopf: Heute ist nicht der Herr der Beilieger das Tier, das mich zerfetzt. Zwischen kahlen Bäumen auf verbranntem Boden bleibt er stehen. Er hält die Zigarette zwischen Finger und Daumen, er überlegt es sich anders. Auf die Glut könnte ein Kerl zielen, der davon träumt, die Mädchen zu übernehmen.

Du bist der angenommene Sohn von Abdullah ... Bey.

Ja, Herr.

Nenn mich nicht Herr. Sonst schneid ich dir ein Loch in den Leib.

Gut, sage ich.

Kennst du diesen deinen zweiten Vater?

Ich liebe ihn wie meinen ersten.

Das frag ich dich nicht, Junge, zischt er.

Ich kenne ihn.

Du weißt, was er macht?

Er ist bei der Eisenbahn, sage ich.

Harte Arbeit, ich achte ihn. Siebentürmler, zäher Mann. Zäher als du.

Ich lerne noch.

Herrvater, so spricht man ihn an. Blieb nicht in seinem Viertel, er kam zu uns. Zu Männern meines Schlages. Wir haben uns gut geschlagen. Er kam immer wieder, allein und mit Kämpfern. Ich bot ihm Schutzgeld an. Schmutziges Geld, auf das er spuckt ... Nennst du ihn auch Herrvater?

Ja, sage ich, so geht die Sitte bei uns.

Die Sitte, ruft er, das ist ein ausgedachter Brauch. Kerle, die zu meinem Zelt strömen, sie schwätzen von den Tagen, als der Pflug noch blinkte. Als das Schwert den Mann fällte, und nicht die Kugel. Als man die Weiber in schwarze Gardinen einwickelte. Als der Turban die Glatze verdeckte.

Das alles ist nicht meine Sitte.

Geht die Sohle ab, geh ich zum Schuhmacher, sagt er, platzt das Leder, werf ich's den Hunden vor, sie haben dann etwas zu kauen. Alte Sitte stinkt, Deutscher.

Ich befolge sie.

Also wirst auch du bald stinken ... Er ist nicht mein Herrvater, nicht durch Blut, noch durch Brauch. Der Armenier, von Geburt aus zweiäugig, hat jetzt ein Auge. Gestern da, heute weg, er erscheint, und nimmt das Stück Fleisch. Was wird er mir wegnehmen? Nichts, sage ich.

Wenn's Brei regnet, fehlt mir der Löffel, sagt er, so war das immer. Richte ihm aus, dass sich meine Mädchen waschen. Huren sind die Kerle, die ins Zelt gehen. Ich nehme dich nicht aus.

Der Hurenkönig legt es auf einen Messerkampf an, ich weiche zurück, er wird Kara, Kleine Braut und Männern seines Schlages und seines Standes erzählen: Den Sohn Herrvaters habe ich besiegt, es brauchte dafür nicht eines Stoßes, kein Feuer zwischen den Lenden, kein Wasser in den Augen. Ich laufe zwischen verbrannten Bäumen auf verbranntem Boden, der Himmel hellt auf, ich trete auf einen Platz, ein Maronenverkäufer hängt den heißen Kessel an den Haken auf, zieht an seinem Karren, geht in Richtung des Zeltes: Kerle hungert es nach der bezahlten Liebe, er wird die Maronen aus dem Kessel schaufeln, er wird ihnen die vollen Papierkelche reichen. Ich grüße ihn, und da ich nichts kaufe, grüßt er nicht zurück.

98. Der Führung Gebende

Vater holt mich am nächsten Tag von der Schule ab. Igor spuckt aus: Er würde dem Augenausstecher am liebsten den Spieß ins Gesicht treiben, doch er legt ihn wieder in die Proviantbüchse, die gebratenen Fleischstücke fallen ihm dabei vor die Füße. Führers Scherge ist sofort zur Stelle, er fordert Igor auf, seinen Dreck aufzuheben und in die Tonne in der Schulgasse zu werfen. Wir wenden uns ab von den Hohngrinsern, kleine schnappende Hunde. Vater trägt seinen Anzug, die Leibbinde ist festgezurrt, die schwarzen Schnürstiefel glänzen. Savens Mädchen waschen sich, sage ich, und er nickt und reicht mir den Sesamkringel, wir essen und gehen, wir laufen über die Brücke, Vater ist festlich angezogen, es ist ein besonderer Tag, er wird mir verraten, was wir feiern. Wir steigen in die Straßenbahn und steigen an der Haltestelle im Siebentürmeviertel aus. Die alte deutsche Dame, sagt Vater, es geht ihr schlechter, ich habe sie heute Morgen besucht. Sie sieht in dir einen belesenen Halunken, der in den Morgenstunden bei ihr anklopft. Ich werde mit Rena sprechen. Du musst öfter bei der Dame übernachten.

Das werde ich, sage ich.

Die Frauen haben dich beschenkt, sagt er, sie haben dich zum Mann gemacht.

Ja, Vater.

Ich kümmere mich nicht um das, was unwichtig ist. Nebensachen. Eine Nebensache: Renas Zuneigung.

Das kann ich …

Du hörst mir zu. Keine Blutsbande. Keine Inzucht. Kein Vergehen. Eine Nebensache: Du bezahlst für das Lustglück. Schecho ist dein Schatten, beschäme ihn nicht.

Ich verspreche es.

Wir haben heute einen besonderen Gast. Mein Freund Franz wartet auf dich.

Mächtige Welt, rufe ich.

Nie wieder, schreit er, nie wieder wirst du diese Worte in den Mund nehmen. Hast du mich verstanden?

Es tut mir leid, Vater.

Ob du mich verstanden hast?!

Habe ich.

Deine Mutter ist aufgelöst. Sie war kurz davor, sich drei Fingerspitzen abzuhacken. Die erste Kuppe war Blutschuld und Gabe für Baturs Seele. Ihre Worte. Die zweite und dritte wären für Derya und für dich gewesen. Ich war, Gott sei Dank, im Haus. Sonst hätte ich jetzt eine sechsfingrige Frau.

Ich verstehe, sage ich.

Er sitzt allein am Tisch: ein schöner deutscher Mann. Der Mann, in den sich Derya verliebte. Der Kaisertreue, der Reichsgläubige, der Witwer, der die Dame Palan vor Liebeskummer hat weinen lassen. Es wird von mir erwartet, dass ich ihm die Hand küsse, eine Türkensitte, die er verabscheut. Ich tue es Mutter zu Gefallen, ich beuge mich, er wehrt ab. Knechte bücken sich, sagt er leise.

Sie lächelt mir zu, sie steht am Fenster, als würde sie auf den Boten warten, der sie erlöst. Ich breche den süßen Teigkringel, starre auf die Krümel auf dem Teller, beiße ab, kaue lustlos. Komm Junge, sagt er, wir gehen spazieren, das wird uns beiden guttun. Vater schweigt. Wir laufen durch die Gassen, am Belgradtor bleibe ich stehen, die Schatten sind belebt, wir schlagen die Richtung zum Brunnen ein. Tete winkt mir aus der Ferne zu, ich muss sie bald besuchen.

Dies ist kein Abschied, sagt er.

Du gehst zurück?, sage ich.

In unser Land.

Na ja.

Dein Deutsch hat gelitten, Junge. Es ist deine Muttersprache.

Nicht mehr.

Was?, ruft er.

Ich vergesse, und es tut mir nicht leid, sage ich.

Vier Wochen, länger nicht. Dann bist du wiederhergestellt.

Ich bin nicht krank.

Du bist verwelscht.

Und du, was ist mit dir … Vater?

Das alles geht mich nichts mehr an. Bin nicht undankbar. Das Pack hat uns vertrieben. Man nahm uns hier auf. Die Türken, sie sind ein eigenes Völkchen. Es ist nicht leicht, mit ihnen auszukommen …

Ich vertrage mich gut mit ihnen.

Nennen sie dich immer noch Hitlersohn?, sagt er.

Arier, sage ich.

Sie sind verrückt.

Nicht mehr als das Volk, zu dem du zurückkehrst, Vater.

Wir, ruft er, wir beide fahren heim.

Ich bleibe.

Die Dame Bayka hat alles für dich gepackt. Der Herr Direktor ist unterrichtet. Er beanstandet einige charakterliche Mängel, aber er wünscht dir Glück in Deutschland.

Vater …

Es ist beschlossen, sagt er.

Hör mir zu, sage ich kalt, du zwingst mich nicht zur Heimkehr.

Wenn du mich anfasst, setze ich dir mein Messer an die Kehle. Du willst weg. Ich will es nicht.

Du drohst mir?

Es bleibt nicht bei der Drohung.

Ich bin dein Vater, Himmelarsch, ruft er.

Gezeugt hast du mich, dafür acht ich dich. Geboren hat mich deine Frau, ich bete für ihre Seele.

Tust du das, Junge? Das wird ihr viel helfen im Grab.

Batur, Dschenk und Nuyan. Derya, der Dichter: Sie verschwinden. Wir haben Wurzeln getrieben in diesen Boden, sind wir allein deshalb beständig, weil wir leben? Was streite ich mit dem Rückkehrer? Was wird er von hier mitnehmen? Seine Maßanzüge, den Schneider lobt er als guten Türkenmann. Zwei Koffer, Mitbringsel von außerhalb der Mauern, deutsches Leder, in dem er sein wenig Hab verstaut. Bald lebt er unter seinesgleichen. Das Pack ist besiegt, sein richtiges Leben wurde unterbrochen, nun setzt er es fort, als Deutscher unter Deutschen. Ich würde zu viel vermissen, sage ich leise, ich bleibe in meinem Viertel.

Ist das dein letztes Wort?

Ja.

Wolf, du machst dir was vor. Diese Leute … sie werden dich nie annehmen.

Das haben sie schon längst, sage ich.

Umgeben von Fremden, du wirst es hassen.

Nein.

Bist stur wie deine Mutter, ruft er, ist das zu fassen!

Schreib mir. Schick mir am besten Postkarten.

Wieso das denn?

Schecho sammelt sie. Karten aus dem Ausland.

Dann liest er alles, was ich schreibe, sagt er.

Ich kratz es weg, sage ich, mit dem Messerrücken.

Er fährt sich durchs Haar, starrt auf das Haarfett an seiner Hand, streicht es an der Hose ab. Die Brunnenfrauen werfen uns heimliche Blicke zu: Zwei Arier, Sohn und erster Vater, ein heftiger Wortwechsel, sie werden mit ihren Männern darüber reden.

Das ist also ein Abschied, sagt er.

Schreib mir, sage ich.

Grüß mir Abdullah und die Dame Bayka.

Du kommst nicht mit?

Leb wohl, Junge, sagt er und versucht, mich zu umarmen. Mitten in der Bewegung erstarrt er: Fremde Sitte, er hat sich vergessen. Ich sehe ihn den Weg zur Brücke einschlagen, ein langer Fußmarsch. Sein Glück ist deutsch. Ein Sprichwort fällt mir ein, das er früher immer wieder aufsagte: Wer eine Gelegenheit hat, soll auf die andere nicht warten. Ich kehre zurück, winke Vasil auf dem Feld zu. Er brennt für Derya, er wird warten, und in dieser Zeit nicht jeder Versuchung widerstehen. Vor einigen Tagen hat er Ayliye geküsst, sie legte es darauf an, dass ich es sehe. Ich drücke die Klinke herunter, schnüre mir die Schuhe auf, schlüpfe in die dicken Pantoffelsocken, trete in das Wohnzimmer.

Mutter, Vater, sage ich, er lässt grüßen. Er hatte es eilig. Er muss für die lange Reise packen.

Dein Bündel ist geschnürt, sagt sie leise.

Ich verlasse dich nicht. Nie.

Du musst gehorchen.

Er wird mir schreiben, sage ich, das hat er mir fest versprochen.

Du bleibst, sagt Vater.

Ja, Herr Vater.

Sie beginnt, zu weinen, ich laufe zu ihr hin, umarme sie, küsse ihre Wangen. Niemals geh ich fort von dir, Mutter, sage ich, niemals niemals. Wir sitzen am Tisch, Vater hat seinen Festtagsanzug nicht ausgezogen, er erzählt: Es wurde im Nachbarviertel Samatya der Tag des modernen Hutes begangen, junge und ältere Männer liefen mit einer Melone oder einem Zylinder auf dem Kopf durch die Gassen. Ein Held des Befreiungskrieges trug eine braune Filzkappe, um die er einen langen Stoffstreifen geschlungen hatte. Er wurde von den Polizisten ermahnt, er durfte nicht am Umzug teilnehmen. Der Mann klopfte auf die Orden an der Brust, zeigte auf einen Geck, und auf den Strohhut mit zergriffener Krempe, er schimpfte die Polizisten Agenten, sie ließen ihm seinen Willen. Wo aber waren die Frauen? Die Mädchen standen am Straßenrand und jubelten den Männern zu, als wären sie Soldaten, die in den

Krieg zogen. Und ihre Mütter? Sie standen an den Fenstern der Häuser. Man hatte sie nicht gefragt. Derya wäre in die Horde der Hütchenschwenker gestürmt, sie hätte den Mann mit dem größten Bauch ausgesucht, und ihn vor Zorn ausgeweidet. Mutter starrt ihn an, und lacht dann aber auf, sie kann nicht aufhören, zu kichern wie ein kleines Mädchen. Es wird Zeit, Vater besteht darauf, mich über die Brücke auf das andere Ufer zu begleiten. Er legt mir unterwegs die Hand auf die Schulter, ich fühle seine Hand noch im Bett im Wohnzimmer der alten deutschen Dame, was kümmert mich der Säufer draußen in der Nacht, er verflucht die Pflastersteine, über die er stolpert, er verflucht den Mond, in dessen Licht er gezwungen sei, jeden Tag nach dem Besäufnis nach Hause zu eilen. Die Dame liest im Buch der deutschen Märchen. Wird Vater Franz mir schreiben?

99. Der Geduldige

Der Tschetschene liegt im Bett, er regt sich nicht. Ahnensäbel auf der nackten Brust. Das Schweißtuch bedeckt die Lenden und die Beine bis zu den Fußknöcheln. Augen geschlossen. Zehennägel, Spiralen aus Horn, gebogene Krallen, sie sind in die Fußballen hineingewachsen, aufgerissenes klaffendes Fleisch, getrocknetes Blut in den Schrunden. Ein Gelübde, Kubilay hat es mir verraten, Rustam Bey hat geschworen: Ich schneide sie erst an dem Tag, da der Mörder fällt ... Keine Schergen im Haus, sie lauern in der Nähe, sie werden mich nicht festsetzen, sie werden mir nicht die Wimpern einzeln rupfen, oder alle Fingerspitzen fordern als Blutschuld. Er ist tot, sein Herz blieb stehen, er starb in den Morgenstunden. Das heilige Buch auf dem Beistelltisch. Keine Heiligkeit in seinem Gesicht, Seele ist gerissen, sein Fleisch ist verlassen.

Was siehst du?, sagt Kubilay.

Die Leiche eines Mannes, der uns bekriegte, sage ich leise.

Du dämpfst die Stimme. Du achtest die Totenruhe, das soll ich dir glauben.

Der Tote ist dein Vater.

Der Mann, den Kaytuns Mörder nicht bezwang. Vereint mit seinem Erstgeborenen, endlich.

Das wünsche ich ihm nicht, sage ich, seine Haut würde sich schälen im Grubenfeuer der Hölle.

Drecksgeschöpf, zischt Kubilay.

Ich bin nicht traurig. Ich freue mich nicht. Ich schaue auf ihn, ich wundere mich. Er ist still. Immer wenn ich ihn traf, sprach er zornige Worte. Jetzt schweigt er.

Mein Vater hat selten gebetet, sagt Kubilay, sein Tischgebet bestand aus einer einzigen Bitte: Herr, schenke mir die Häupter des Eisenbahners und des Bastards.

Wir atmen noch, sage ich.

Der Dichter schreibt: Wir lernen das Alphabet der Amerikaner: Traumfrau, ich liebe dich, God bless me, Tschocklett, Sterne und Streifen auf dem Fetzen, Banner und Fackel. Wir lernen: Der Tod hebt alles auf, das ist die Sünde der Asiaten, Amerika lebt als Mann mit zwanzig Lungen und mit zwanzig Beinen ... Tans Verse in meinem Kopf. Was zerrt mich der kleine Tschetschene hierher? Ein Menschentier mit Krallen, die Dame des Hauses hat ihm mit einem Schwamm das Gesicht gesäubert. Ich höre sie, Nur Hanim. Sie flüstert Liedstrophen, Haushaltsregeln und Gebete, sie flüstert aus heiserer Kehle Laute der Müdigkeit, sie schleicht durch die Räume, sie will das finden, was aus ihrem Mann nach dem Tode herauszog, herausbrach, heraussprang: den Rauchfaden, den Nebelfetzen, die Schatten der Organe, Wolfszähne, eine vollgesogene Zecke, ein Gramm schweres zerschmelzendes Hagelkorn.

Arier, sagt Kubilay.

Was?

Er vererbt mir Geld und Gold. Den Ahnensäbel. Ein halbes Dutzend schwarze Fellmützen. Und vier russische Wörter: tschort twaji materi. Das heißt: Dem Teufel schenk ich deine Mutter. Ein schlimmer Fluch. Und: ubyjtsa. Mörder. Du verstehst mich?

Wir kämpfen weiter, sage ich.

Freue dich nicht über den geschlagenen Feind. Es ist nicht zu Ende.
Dann wünsche ich dir ein kurzes Leben, Tschetschene. Deine Braut
wird weinen.
Verdammte Brut, ruft er, verschwinde.
Ich trete hinaus aus dem Totenzimmer, aus dem Haus. Toter Feind
und des toten Feindes Sohn im Rücken. Vier Wörter. Fünf Sünden.
Ich laufe zum Hohen Hain. Ich möchte, dass sie mich jagt.

Personenverzeichnis

1. Teil

Wolf	
Franz	Wolfs Gastvater
Abdullah Bey	türkischer Vater
Bayka Hanim	Ehefrau
Derya	Tochter
Batur	Sohn
Tete	Nenngroßmutter

Dschenk	
Nuyan	Wolfs Freunde
Burak	

Rustam Bey	tschetschenisches Sippenoberhaupt
Nur Hanim	Ehefrau
Kaytun	Erstgeborener
Kubilay	Zweitgeborener

Istefan Bey	armenisches Sippenoberhaupt
Agop	Erstgeborener
Igor	Zweitgeborener

Zawen Bey	armenischer Zahnarzt
Minna Hanim	Ehefrau
Hristo	Kneipenwirt
Theologos	Thunfischverkäufer
Yanni	Apotheker
Dr. Paskalidis	Arzt
Vasil	Feldpächter
Nuriye Hanim	Bayka Hanims beste Freundin
Ayfer	Tochter
Schükran Hanim	Witwe
Hayriye Hanim	Frau des Schreiners
Herrin des kahlen Baumes	Hexe
Ayla Hanim	Dschenks Mutter
Dame Bela Palan	
Ebru Hanim	Grundschullehrerin
Perihan	Frau vom hohen Hain
Süleyman, der Nasenlose	Feldpächter
Fewsi, der Einäugige	Krämer
Schecho	kurdischer Tagelöhner
Hayri Bey	Schrotthöker
Der Irre vom Fenster	
Kommissar Taylan	
Nedschati Bey	Gerber
Schuster Tarik	
Kurde Memet	Abdullah Beys Freund aus dem Viertel Samatya

796

Barbier Achmed
Ekrem Bey
Resul Bey   Kaffeehausbetreiber

Pelin ⎫
Berna ⎬   Mädchen aus der
Yeter ⎭   Grundschule
Ayliye   Tochter des Metzgers

Akkan Bey ⎫
Firuse Hanim   Schwester
Alpay Bey   Ehemann der Firuse
                            Hanim
Seyfettin Bey   ⎬ Die Reichen
                                              des Viertels
Herr Levi   Geschäftsmann
Esther   Tochter
Herr Hakko   Geschäftsmann ⎭

Hikmet ⎫
Hasan   Hikmets erster
                            Soldat
Knirschmund   ⎬ Die großen
Yorgo   Brüder
Haydar   Feldpächter
Hamit   Feldpächter ⎭

2. Teil

Remsi ⎫
Hezro ⎬   Schüler am St. Georgs-
Mete   Gymnasium
Kubilay ⎭

| Meneksche | } | Schülerinnen am |
| Feray | } | St. Georgs-Gymnasium |

Dr. Liebig	Schuldirektor
Frau Kollack	Sekretärin
Frau Schenay	Geschichtslehrerin
Herr Bernhardt	Deutschlehrer
Herr Tamer	Biologielehrer

Tante Rena
Die alte deutsche Dame
Dame Elena
Dichter Tan

Inhaltsverzeichnis